UMA HISTÓRIA
DE DEUS

KAREN ARMSTRONG

UMA HISTÓRIA DE DEUS

Quatro milênios de busca do judaísmo, cristianismo e islamismo

Tradução
Marcos Santarrita

Revisão da tradução
Hildegard Feist
Wladimir Araújo

3ª reimpressão

Copyright © 1993 by Karen Armstrong

Título original
A history of God — The 4000-year quest of Judaism, Christianity, and Islam

Capa
Jeff Fisher

Revisão
Renato Potenza Rodrigues
José Muniz Jr.

Índice remissivo
Flávia Yacubian

Dados Internacionais de Catalogação na Publicação (CIP)
(Câmara Brasileira do Livro, SP, Brasil)

Armstrong, Karen
 Uma história de Deus : quatro milênios de busca do judaísmo,
cristianismo e islamismo / Karen Armstrong ; tradução Marcos
Santarrita ; revisão da tradução Hildegard Feist, Wladimir Araújo
— 1ª ed. —São Paulo : Companhia das Letras, 2008.

 Título original: A history of God — The 4000-year quest of
Judaism, Christianity, and Islam.
 ISBN 978-85-359-1158-9

 1. Deus (Cristianismo) — Histórias das doutrinas 2. Deus
(Islamismo) — História das doutrinas 3. Deus (Judaísmo) —
História das doutrinas 4. Deus — Ensino bíblico 5. Deus —
Estudos comparados 6. Islamismo — Doutrinas — História
7. Judaísmo — Doutrinas — História I. Título.

07-10073   CDD-291.211

Índice para catálogo sistemático:
1. Deus : Estudos comparados : Religião 291.211

2021

Todos os direitos desta edição reservados à
EDITORA SCHWARCZ S.A.
Rua Bandeira Paulista, 702, cj. 32
04532-002 — São Paulo — SP
Telefone: (11) 3707-3500
www.companhiadasletras.com.br
www.blogdacompanhia.com.br
facebook.com/companhiadasletras
instagram.com/companhiadasletras
twitter.com/cialetras

SUMÁRIO

Introdução 6

1. No princípio... 15
2. Um único Deus 59
3. Uma luz para os gentios 105
4. Trindade: o Deus cristão 147
5. Unidade: o Deus do islã 177
6. O Deus dos filósofos 221
7. O Deus dos místicos 267
8. Um Deus para os reformadores 324
9. Iluminismo 366
10. A morte de Deus? 429
11. Deus tem futuro? 466

Glossário 493
Notas 500
Sugestões de leitura 519
Índice remissivo 531
Sobre a autora 557

INTRODUÇÃO

QUANDO CRIANÇA, tive várias crenças religiosas fortes, mas pouca fé em Deus. Há uma distinção entre a *crença* num conjunto de proposições e a *fé* que nos possibilita depositar nossa confiança nelas. Eu acreditava implicitamente na existência de Deus; mas também acreditava na Presença Concreta de Cristo na Eucaristia, na eficácia dos sacramentos, na perspectiva de danação eterna e na realidade objetiva do purgatório. Contudo, não posso dizer que minha crença nessas opiniões religiosas sobre a natureza da realidade última me fizesse acreditar que a vida aqui na terra fosse boa ou benéfica. O catolicismo romano de minha infância era assustador. James Joyce mostrou-o bem em *Retrato do artista quando jovem*: cansei de ouvir sermões sobre o fogo do inferno. Na verdade, o inferno parecia uma realidade mais poderosa que Deus, porque era algo que eu podia apreender intelectualmente. Deus, por outro lado, era uma figura um tanto difusa, definida em abstrações intelectuais, e não em imagens. Lá pelos oito anos, tive de memorizar a seguinte resposta à pergunta do catecismo "O que é Deus?": "Deus é o Espírito Supremo, o Único que existe por Si Mesmo e infinito em todas as perfeições". Não surpreende que isso pouco significasse para mim, e devo dizer que ainda me deixa indiferente. Sempre me pareceu uma definição singularmente árida, pomposa e arrogante. Depois que escrevi este livro, no entanto, passei a achá-la também incorreta.

À medida que crescia, fui compreendendo que há na religião outras coisas além do medo. Li vidas de santos, poetas metafísicos, T. S. Eliot e alguns textos mais simples dos místicos. Comecei a me emocionar com a beleza da liturgia e, embora Deus continuasse distante, senti que era possível chegar até ele e que essa visão iria transfigurar toda a realidade criada. Para isso, entrei numa ordem religiosa e, como noviça e jovem freira, aprendi muito mais sobre a fé. Dediquei-me à apologética, às Escrituras, à teologia e à história da Igreja. Mergulhei na história da vida monástica e numa minuciosa discussão da regra de minha ordem, que tínhamos de decorar. O curioso é que Deus entrava muito pouco em cada uma dessas coisas. Parecia que a atenção se concentrava em detalhes secundários e nos aspectos mais periféricos da religião. Ao rezar, lutava comigo mesma, tentando obrigar minha mente a encontrar Deus, mas ele continuou a ser um feitor severo, atento a cada uma de minhas infrações à regra, ou, ao contrário, tantalicamente ausente. Quanto mais eu lia sobre o êxtase dos santos, mais me sentia um fracasso. Eu tinha a triste consciência de que, de algum modo, havia fabricado minha parca experiência religiosa, ao trabalhar meus sentimentos e minha imaginação. Às vezes, a sensação de devoção era uma reação estética à beleza do canto gregoriano e à liturgia. Mas, na verdade, não me *aconteceu* nada que procedesse de uma fonte transcendente. Nunca tive um vislumbre do Deus descrito pelos profetas e místicos. Jesus Cristo, sobre quem falávamos muito mais que sobre "Deus", parecia uma figura puramente histórica, entranhada no final da Antiguidade. Também passei a ter sérias dúvidas sobre algumas doutrinas da Igreja. Como alguém pode ter certeza de que o homem Jesus era Deus encarnado? O que essa crença significa? O Novo Testamento realmente ensina a complexa — e contraditória — doutrina da Trindade, ou, como tantos outros artigos de fé, ela também foi inventada pelos teólogos, séculos após a morte de Cristo em Jerusalém?

Acabei, com pesar, deixando a vida religiosa, e, uma vez livre do fardo do fracasso e da incompetência, senti minha fé em Deus esvair-se tranqüilamente. Ele na verdade jamais entrara em minha vida, apesar de todos os meus esforços nesse sentido. Agora que já não me sentia tão culpada e ansiosa a seu respeito, ele se tornou distante demais para ser real. Mas meu interesse pela religião se manteve, e fiz vários programas de televisão sobre a história dos primórdios do cristianismo e a natureza da experiência religiosa. Quanto mais me enfronhava na história da religião, mais minhas apreensões anteriores pareciam justificadas. As doutrinas que, na infância, eu aceitara sem questionar eram, na verdade, constructos humanos, elaborados ao longo do tempo. A ciência parecia ter eliminado o Deus Criador, e os estudiosos bíblicos haviam provado que Jesus jamais se proclamara divino. Sendo epiléptica, eu tinha visões que, bem sabia, eram um mero defeito neurológico: será que as visões e os êxtases dos santos também não passavam de esquisitice mental? Cada vez mais Deus parecia uma aberração, algo que a humanidade havia superado.

Apesar de meus anos de freira, não acredito que minha experiência de Deus seja incomum. Minhas idéias sobre Deus se formaram na infância e não acompanharam meu crescente conhecimento de outras matérias. Abandonei meus conceitos simplistas de Papai Noel; passei a compreender as complexidades da condição humana com uma maturidade que, evidentemente, não seria possível no jardim-de-infância. Contudo, minhas primeiras e confusas idéias sobre Deus não se modificaram nem se desenvolveram. Pessoas sem meu histórico religioso também podem achar que sua idéia de Deus se formou na infância. Mais tarde na vida, deixamos de lado essas infantilidades e descartamos o Deus de nossos primeiros anos.

No entanto, meu estudo da história da religião revelou que somos animais espirituais. De fato, há motivo para afirmar que o *Homo sapiens* é também o *Homo religiosus*. Homens e mulheres começaram a adorar deuses assim que se tornaram reconhecivelmente humanos; criaram religiões ao mesmo tempo que criaram obras de arte. E não só porque desejavam propiciar forças poderosas; essas crenças primitivas exprimiam a perplexidade e o mistério que parecem um componente essencial da experiência humana deste mundo belo mas aterrorizante. Como a arte, a religião constituiu uma tentativa de encontrar sentido e valor na vida, apesar do sofrimento da carne. Como qualquer outra atividade humana, a religião pode sofrer abusos — os quais, ao que tudo indica, sempre ocorreram. Ela não foi imposta a uma natureza primordialmente secular por reis e sacerdotes manipuladores, mas é inerente à humanidade. Nosso secularismo atual é uma experiência inteiramente nova, sem precedentes na história humana. Resta saber como vai funcionar. Também é verdade que nosso humanismo liberal ocidental não é espontâneo: como a apreciação de arte ou poesia, tem de ser cultivado. O próprio humanismo é uma religião sem Deus — nem todas as religiões são teístas. Nosso ideal ético secular tem suas próprias disciplinas da mente e do coração e nos fornece os meios para encontrar o sentido último da vida humana, outrora proporcionados pelas religiões mais convencionais.

Quando comecei a pesquisar esta história da idéia e da experiência de Deus nos três credos monoteístas correlatos — judaísmo, cristianismo e islamismo —, esperava descobrir que Deus é apenas uma projeção das necessidades e desejos humanos. Pensava que "ele" reflete os medos e anseios da sociedade em cada etapa de seu desenvolvimento. Minhas previsões não eram de todo injustificadas, mas algumas de minhas descobertas me surpreenderam muito, e teria sido ótimo saber tudo isso trinta anos antes, quando me iniciei na vida religiosa. Teria me poupado muita ansiedade aprender — com eminentes monoteístas das três religiões — que, em vez de esperar que Deus descesse das alturas, eu deveria defini-lo para mim. Outros rabinos, padres e sufistas teriam me repreendido por supor que Deus fosse — em algum sentido — uma realidade "que está lá fora"; teriam me advertido para não esperar experimentá-lo como um fato objetivo, passível de ser descoberto pelo processo racional comum. Teriam me dito que, num sentido importante, Deus é um produto da imaginação criadora, como a poesia e a música que eu achava tão edificantes. Uns poucos monoteístas extremamente respeitados teriam me explicado, com calma e firmeza, que Deus não existe — e, no entanto, é a realidade mais importante do mundo.

A história contida neste livro não é a da inefável realidade de Deus, que transcende o tempo e a transformação, mas a da maneira como homens e mulheres o têm percebido desde Abraão até hoje. A idéia humana de Deus tem uma história, já que sempre significou algo ligeiramente diferente para cada comunidade que a adotou em diversos momentos. A idéia de Deus formada numa geração por um grupo de pessoas pode não ter sentido em outra. Com efeito, a afirmação "Eu creio em Deus" não tem sentido objetivo como tal, mas, como qualquer outra afirmação, só significa alguma coisa dentro de um contexto, quando pronunciada por determinada comunidade. Por conseguinte, a palavra "Deus" não contém uma idéia imutável; ao contrário, contém todo um espectro de acepções, algumas das quais contraditórias ou até mutuamente excludentes. Se não tivesse tal flexibilidade, a noção de Deus não teria sobrevivido e se tornado uma das grandes idéias humanas. Sempre que um conceito de Deus deixou de ter sentido ou importância, foi discretamente abandonado e substituído por uma nova teologia. Um fundamentalista negaria isso, pois o fundamentalismo é anti-histórico: acredita que Abraão, Moisés e todos os profetas posteriores experimentaram seu deus exatamente como as pessoas de hoje. Contudo, basta examinar nossas três religiões para constatar que não há visão objetiva de "Deus": cada geração tem de criar a imagem de Deus que funciona para ela. A mesma constatação se aplica ao ateísmo. A declaração "Eu não creio em Deus" sempre teve um significado ligeiramente diferente em cada período da história. Os chamados "ateus" sempre negaram um determinado conceito do divino. O "Deus" rejeitado pelos ateus de hoje será o Deus dos patriarcas, o Deus dos profetas, o Deus dos filósofos, o Deus dos místicos ou o Deus dos deístas do século XVIII? Todos eles foram venerados como o Deus da Bíblia e do Corão por judeus, cristãos e muçulmanos em vários momentos de sua história. Veremos que são bastante diferentes entre si. O ateísmo muitas vezes foi um estado de transição: assim, judeus, cristãos e muçulmanos foram chamados de "ateus" por seus contemporâneos pagãos porque adotaram um conceito revolucionário de divindade e transcendência. Será o ateísmo moderno uma negação semelhante de um "Deus" que já não condiz com os problemas de nosso tempo?

Apesar de sua transcendência, a religião é extremamente pragmática. Veremos que é muito mais importante uma determinada idéia de Deus *funcionar* do que ser lógica ou ter validade científica. Assim que perde a eficácia, é substituída — às vezes por algo radicalmente diferente. Os monoteístas do passado costumavam não se incomodar com isso porque tinham plena consciência de que suas idéias sobre Deus não eram sacrossantas, mas só podiam ser provisórias. Eram inteiramente humanas — não podiam deixar de ser — e bem distintas da Realidade indescritível que simbolizavam. Alguns desenvolveram meios bastante ousados de enfatizar essa distinção essencial. Um místico medieval chegou a dizer que essa Realidade última — erroneamente chamada de "Deus" — não era sequer mencionada na Bíblia. Ao longo da história, homens e mulheres experimentaram uma dimensão do espírito que parece transcender o mundo material. De fato, é uma característica notável da mente humana poder criar conceitos que a transcendem dessa forma. Seja qual for nossa maneira de interpretá-la, essa experiência humana de transcendência faz parte da vida. Nem todos a encaram como divina: veremos que os budistas consideram suas visões e intuições naturais à humanidade, e não procedentes de uma fonte sobrenatural. Todas as grandes religiões concordam, porém, que é impossível descrever essa transcendência por meio da linguagem conceitual corrente. Os monoteístas chamaram de "Deus" essa transcendência, mas estabeleceram importantes condições. Os judeus, por exemplo, são proibidos de pronunciar o sagrado Nome de Deus, e os muçulmanos não devem tentar representar o divino com imagens visuais. A disciplina é um lembrete de que a realidade do que chamamos "Deus" ultrapassa toda expressão humana.

Esta não será uma história no sentido habitual, pois a idéia de Deus não evoluiu a partir de um ponto e avançou de modo linear até um conceito final. Funcionam dessa forma as idéias da ciência, mas não as da arte e da religião. Assim como existe apenas um certo número de temas na poesia lírica, também se têm repetido as mesmas coisas sobre Deus. Com efeito, descobriremos uma impressionante semelhança nas idéias do divino propostas por judeus, cristãos e muçulmanos. Embora achem as doutrinas cristãs da Trindade e da Encarnação quase blasfemas, judeus e muçulmanos produziram suas próprias versões dessas teologias polêmicas. Mas cada expressão desses temas universais é ligeiramente diferente, mostrando a engenhosidade e a inventividade da imaginação humana em seus esforços para manifestar sua percepção de "Deus".

Como se trata de um tema bastante amplo, decidi ater-me ao Deus Único adorado por judeus, cristãos e muçulmanos, embora por vezes aborde conceitos pagãos, hinduístas e budistas da realidade última, para esclarecer melhor alguma questão monoteísta. Parece que a idéia de Deus guarda extraordinária semelhança com idéias de religiões que se desenvolveram de maneira independente. Quaisquer que sejam nossas conclusões sobre a realidade de Deus, a história dessa idéia deve dizer-nos alguma coisa importante sobre a mente humana e a natureza de nossa aspiração. Apesar do teor secular de grande parte da sociedade ocidental, a idéia de Deus ainda afeta a vida de milhões de pessoas. Pesquisas recentes mostraram que 99% dos americanos dizem acreditar em Deus: resta saber a qual "Deus" se referem, entre os muitos em oferta.

A teologia quase sempre é enfadonha e abstrata, mas a história de Deus é apaixonada e intensa. Ao contrário de algumas outras concepções da realidade última, foi originalmente seguida por lutas e tensões. Os profetas de Israel sentiram seu Deus como uma dor física que lhes torcia os membros e os enchia de raiva e euforia. Os monoteístas muitas vezes experimentavam a realidade a que chamavam de Deus num estado extremo: falam em cimos de montanha, trevas, desolação, crucificação, terror. A experiência ocidental de Deus parece particularmente traumática. Qual o motivo dessa tensão inerente? Outros monoteístas falam em luz e transfiguração. Usam imagens bastante ousadas para expressar a complexidade da realidade que experimentaram e que ia muito além da teologia ortodoxa. O recente renascimento do interesse pela mitologia talvez indique o desejo generalizado de uma expressão mais imaginativa da verdade religiosa. A obra do falecido estudioso americano Joseph Campbell tornou-se extremamente popular: ele explora a mitologia perene da humanidade, relacionando mitos antigos com os que ainda perduram em sociedades tradicionais. Para muitos, as três religiões monoteístas são desprovidas de mitologia e simbolismo poético. Contudo, embora os monoteístas originalmente rejeitassem os mitos de seus vizinhos pagãos, esses mitos muitas vezes voltaram a se infiltrar em sua religião. Alguns místicos viram Deus encarnado numa mulher, por exemplo. Outros falam com reverência da sexualidade de Deus e introduziram um elemento feminino no divino.

Isso me leva a uma questão difícil. Porque esse Deus começou como uma divindade especificamente masculina, os monoteístas em geral se referem a "ele". Nos últimos anos, as feministas têm protestado, compreensivelmente, contra isso. Como vou registrar os pensamentos e as intuições de pessoas que chamavam Deus de "ele", usei a terminologia masculina convencional. Talvez valha a pena assinalar que o teor masculino da discussão sobre Deus é particularmente problemático em inglês. Em hebraico, árabe e francês, porém, o gênero gramatical dá ao discurso teológico uma espécie de contraponto e dialética sexuais, que proporcionam um equilíbrio muitas vezes ausente em inglês. Assim, em árabe, *al-Lah* (o nome supremo de Deus) é gramaticalmente masculino, mas o termo que designa a essência divina e inescrutável de Deus — *al-Dhat* — é feminino.

Toda discussão sobre Deus tropeça em enormes dificuldades. Não obstante, todos os monoteístas são muito positivos em relação à linguagem, ao mesmo tempo que lhe negam a capacidade de expressar a realidade transcendente. O Deus dos judeus, cristãos e muçulmanos é um Deus que — de algum modo — fala. Sua Palavra é crucial nessas três religiões. A Palavra de Deus moldou a história de nossa cultura. Temos de decidir se a palavra "Deus" tem algum sentido para nós hoje.

Nota: Como estou examinando a história de Deus da perspectiva judaica e muçulmana, além da cristã, acho inadequados os termos "a.C." e "d.C.", convencionalmente usados no Ocidente. Assim, preferi os alternativos "AEC" (Antes da Era Comum) e "EC" (Era Comum).

1. NO PRINCÍPIO...

No princípio, os seres humanos criaram um Deus que era a Causa Primeira de todas as coisas e o Senhor do céu e da terra. Ele não era representado por imagens e não tinha templos nem sacerdotes a seu serviço. Era excelso demais para um inadequado culto humano. Aos poucos, foi-se esmaecendo na consciência de seu povo. Distanciou-se tanto que seus adoradores decidiram que não o queriam mais. Acabaram dizendo que ele desaparecera.

Esta, pelo menos, é a teoria popularizada pelo padre Wilhelm Schmidt em *A origem da idéia de Deus* (1912). Segundo Schmidt, houve um monoteísmo primitivo antes de homens e mulheres começarem a adorar vários deuses. Originalmente, reconheciam apenas uma Divindade Suprema, que criara o mundo e governava de longe os assuntos humanos. A crença nesse Deus Alto (às vezes chamado de Deus Céu, já que está associado ao céu) ainda é uma característica da vida religiosa de muitas tribos africanas, que anseiam por ele em suas preces e acreditam que ele as observa e punirá as más ações. Contudo, Deus está estranhamente ausente de seu cotidiano: não tem culto especial e jamais é representado em efígie. Essas tribos explicam que ele é inexprimível e não pode ser contaminado pelo mundo dos homens. Alguns dizem que ele "foi embora". De acordo com os antropólogos, esse Deus se tornou tão distante e excelso que foi substituído por espíritos menores e divindades mais acessíveis. Assim também, reza a teoria de Schmidt, nos tempos antigos o Deus Alto foi substituído pelos deuses mais atraentes dos panteões pagãos. No princípio, portanto, havia um Deus Único. Se assim é, então o monoteísmo foi uma das primeiras idéias desenvolvidas pelos seres humanos para explicar o mistério e a tragédia da vida. Também indica alguns dos problemas que tal divindade tinha de enfrentar.

É impossível provar isso de um modo ou de outro. Existem muitas teorias sobre a origem da religião. Contudo, parece que criar deuses é algo que os seres humanos sempre fizeram. Quando uma idéia religiosa deixa de funcionar, simplesmente a substituem. Tais idéias desaparecem de maneira discreta, como o Deus Céu. Em nossa época, muitos diriam que o Deus adorado durante séculos por judeus, cristãos e muçulmanos se tornou tão remoto quanto o Deus Céu. Alguns até afirmaram que ele morreu. Sem dúvida parece que ele está saindo da vida de um número crescente de pessoas, sobretudo na Europa ocidental. Essas pessoas falam de um "buraco em forma de Deus" que ficou em suas consciências, onde ele estivera, porque, por mais irrelevante que pareça em certas áreas, ele desempenhou papel crucial em nossa história e é uma das maiores idéias humanas de todos os tempos. Para compreender o que estamos perdendo — se de fato ele está desaparecendo —, precisamos ver o que as pessoas faziam antes de começar a adorá-lo, que significado lhe atribuíam e como o conceberam. Para tanto, precisamos remontar ao mundo antigo do Oriente Médio, onde a idéia de nosso Deus surgiu aos poucos, cerca de 14 mil anos atrás.

Um dos motivos pelos quais a religião parece irrelevante hoje em dia é que muita gente não tem mais a sensação de estar cercada pelo invisível. Nossa cultura científica nos educa para que concentremos nossa atenção no mundo físico e material que está diante de nós. Essa maneira de ver o mundo produziu grandes resultados. Uma de suas conseqüências, porém, é que nós, por assim dizer, eliminamos o senso do "espiritual" e do "santo" que impregna, em todos os níveis, a vida de sociedades mais tradicionais e que foi outrora um componente essencial da experiência humana do mundo. Nas ilhas dos Mares do Sul, chama-se essa força misteriosa de *mana*; alguns a percebem como uma presença ou um espírito; outros a identificam com um poder impessoal, semelhante a uma forma de radioatividade ou eletricidade. Acreditava-se que residia no chefe tribal, nas plantas, nas rochas ou nos animais. Os latinos sentiam os *numina* (espíritos) nas grutas sagradas; os árabes achavam que uma paisagem era povoada de djins. Naturalmente, as pessoas queriam entrar em contato com essa realidade e fazê-la trabalhar para elas, mas também queriam apenas admirá-la. Quando personalizavam as forças ocultas e as convertiam em divindades, associadas ao vento, ao sol, ao mar e às estrelas, mas com características humanas, expressavam seu senso de afinidade com o invisível e com o mundo ao redor.

Para Rudolph Otto, o historiador alemão da religião que publicou seu importante livro *A idéia do sagrado* em 1917, esse senso do "numinoso" era fundamental para a religião. Precedia qualquer desejo de explicar a origem do mundo ou de encontrar uma base para a conduta ética. O poder numinoso atuava nos humanos de modos diferentes — tanto inspirava uma excitação selvagem, orgiástica, quanto uma calma profunda; às vezes, infundia pavor, respeito e humildade em presença da força misteriosa inerente a todo aspecto da vida. Quando começaram a criar seus mitos e a adorar seus deuses, as pessoas não estavam buscando uma explicação literal para fenômenos naturais. Com suas histórias, suas pinturas rupestres e suas esculturas simbólicas, procuravam expressar sua perplexidade e incorporar esse mistério à sua vida; ainda hoje, um desejo semelhante muitas vezes impele poetas, pintores e músicos. No período paleolítico, por exemplo, quando a agricultura estava se desenvolvendo, o culto da Deusa Mãe exprimia a percepção de que a fertilidade que transforma a vida humana era de fato sagrada. Na Europa, no Oriente Médio e na Índia, os arqueólogos encontraram esculturas que a representam como uma mulher nua e grávida. Durante séculos a Grande Mãe se manteve importante no âmbito da imaginação. Como o velho Deus Céu, foi absorvida em panteões posteriores e assumiu seu lugar entre os deuses mais antigos. Geralmente era uma das divindades mais poderosas, com certeza mais poderosa que o Deus Céu, que continuou sendo uma figura meio vaga. Chamavam-na Inana na Suméria, Ishtar na Babilônia, Anat em Canaã, Ísis no Egito e Afrodite na Grécia, e todas essas culturas criaram histórias muito semelhantes para indicar seu papel na vida espiritual das pessoas. Esses mitos não deviam ser entendidos ao pé da letra, mas eram tentativas de descrever metaforicamente uma realidade demasiado complexa e fugidia para ser expressa de outra maneira. Essas histórias dramáticas e evocativas de deuses e deusas ajudavam as pessoas a verbalizar sua percepção das forças poderosas, mas invisíveis, que as rodeavam.

Parece que os antigos acreditavam que só participando dessa vida divina se tornariam humanos de verdade. A vida terrena era obviamente frágil e toldada pela mortalidade; porém, se imitassem as ações dos deuses, homens e mulheres partilhariam, em certa medida, seu poder maior e sua maior eficiência. Assim, dizia-se que os deuses ensinaram os homens a construir cidades e templos, simples cópias de suas moradas no reino divino. O mundo sagrado dos deuses — segundo o mito — não era apenas um ideal a que homens e mulheres deviam aspirar, mas o protótipo da existência humana; era o modelo ou arquétipo original da vida aqui embaixo. Acreditava-se que tudo na terra era uma réplica de alguma coisa do mundo divino — uma percepção que deu forma à mitologia, ao ritual e à organização social da maioria das culturas antigas e continua a influenciar as sociedades mais tradicionais de nossa época.[1] No Irã antigo, por exemplo, acreditava-se que cada pessoa ou cada objeto do mundo material (*getik*) tinha sua contraparte no mundo da realidade sagrada (*menok*). É uma interpretação difícil de entendermos hoje em dia, pois vemos a autonomia e a independência como valores humanos supremos. No entanto, o famoso provérbio *post coitum omne animal tristis est* ainda expressa uma experiência comum: após um momento intenso e ansiosamente aguardado, muitas vezes nos parece que perdemos alguma coisa maior, que permanece além de nosso alcance. A imitação de um deus ainda é uma importante idéia religiosa: descansar no Sabbath ou lavar os pés de alguém na Quinta-Feira Santa — atos em si desprovidos de sentido — são hoje significativos e sagrados porque as pessoas acreditam que já foram praticados por Deus.

Uma espiritualidade semelhante caracterizou o mundo antigo da Mesopotâmia. O vale do Tigre-Eufrates, no atual Iraque, era habitado em 4000 AEC pelo povo conhecido como sumério, que estabeleceu uma das primeiras grandes culturas do *oikumene* (mundo civilizado). Nas cidades de Ur, Erech e Kish, os sumérios inventaram a escrita cuneiforme, construíram as extraordinárias torres-templos chamadas zigurates e conceberam uma legislação, uma literatura e uma mitologia admiráveis. Algum tempo depois, a região foi invadida pelos acádios semitas, que adotaram a língua e a cultura da Suméria. Por volta de 2000 AEC, os amoritas conquistaram essa civilização acádio-suméria e fizeram da Babilônia sua capital. Cerca de quinhentos anos depois, os assírios se instalaram na vizinha Ashbur e acabaram por conquistar a Babilônia no século VIII AEC. Essa tradição babilônica também afetou a mitologia e a religião de Canaã, que se tornaria a Terra Prometida dos israelitas. Como outros povos antigos, os babilônios atribuíam suas conquistas culturais aos deuses, que haviam revelado o próprio estilo de vida a seus míticos ancestrais. Assim, achavam que a Babilônia era uma imagem do céu, sendo cada um de seus templos uma réplica de um palácio celeste. Anualmente, celebravam e perpetuavam essa relação com o mundo divino na grande festa do Ano-Novo, já consolidada no século VII AEC. Realizada na cidade santa da Babilônia no mês de nisan — nosso abril —, a festa entronizava solenemente o rei e confirmava seu reinado por mais um ano. Contudo, essa estabilidade política só podia durar se participasse do governo mais duradouro e eficiente dos deuses, que haviam arrancado a ordem do caos primordial quando criaram o mundo. Os onze dias santos da festa tiravam os participantes do tempo profano e os projetavam no mundo eterno dos deuses, por meio de gestos rituais. Matava-se um bode expiatório para anular o moribundo ano velho; a humilhação pública do rei e a entronização de um rei fictício representavam o caos original; uma batalha simulada reproduzia a luta dos deuses contra as forças da destruição.

Esses atos simbólicos tinham, portanto, um valor sacramental; possibilitavam ao povo da Babilônia mergulhar no poder sagrado, ou *mana*, do qual dependia sua grande civilização. Considerava-se a cultura uma conquista frágil, que sempre poderia sucumbir às forças da desordem e da desintegração. Na tarde do quarto dia da festa, sacerdotes e cantores entravam no Santo dos Santos para recitar o *Enuma Elish*, o poema épico que comemorava a vitória dos deuses sobre o caos. Não era uma narrativa factual das origens físicas da vida na terra, mas uma tentativa deliberadamente simbólica de sugerir um grande mistério e liberar seu poder sagrado. Um relato literal da criação era impossível, já que ninguém presenciou esses acontecimentos inimagináveis: o mito e o símbolo eram, pois, a única maneira adequada de descrevê-los. Um breve exame do *Enuma Elish* nos oferece uma visão da espiritualidade que, séculos depois, deu origem a nosso Deus Criador. Embora a versão bíblica e corânica da criação assumisse uma forma muito diferente, esses estranhos mitos nunca desapareceram por completo, mas, numa data bem posterior, tornariam a entrar na história de Deus revestidos de um idioma monoteísta.

A história começa com a criação dos deuses — um tema que, como veremos, seria muito importante no misticismo judeu e muçulmano. No princípio, diz o *Enuma Elish*, os deuses surgiram aos pares de uma massa informe, aguada — uma substância por si mesma divina. No mito babilônico — como depois na Bíblia — a criação não brota do nada (essa é uma idéia alheia ao mundo antigo). Anterior aos deuses ou aos seres humanos, essa matéria-prima sagrada existia desde toda a eternidade. Quando tentaram imaginar esse material espiritual divino, os babilônios pensaram que devia ser semelhante às terras pantanosas da Mesopotâmia, onde as inundações constantemente ameaçavam destruir as frágeis obras dos homens. No *Enuma Elish*, o caos não é, portanto, uma massa ígnea fervilhante, mas uma pasta mole na qual tudo carece de limite, definição e identidade:

> *Quando o doce e o amargo*
> *se misturaram, nenhum junco foi trançado,*
> *nenhuma palha sujou a água,*
> *os deuses não tinham nome, natureza, futuro.*[2]

Então, três deuses emergiram do pântano primordial: Apsu (identificado com as águas doces dos rios), sua esposa Tiamat (o mar salgado) e Mummu, o Ventre do caos. Mas esses deuses eram, por assim dizer, um modelo primitivo, inferior, que precisava de melhoramentos. Os nomes "Apsu" e "Tiamat" podem ser traduzidos como "abismo", "vazio" ou "fosso sem fundo". Eles tinham em comum a inércia amorfa da informidade original e ainda não possuíam uma identidade nítida.

Conseqüentemente, deles saiu uma sucessão de outros deuses, num processo conhecido como emanação, que se tornaria muito importante na história de nosso Deus. Os novos deuses surgiram, um do outro, aos pares, cada qual adquirindo maior definição que o anterior à medida que a evolução divina avançava. Primeiro vieram Lahmu e Lahamn (os nomes significam "aluvião": água e terra continuavam misturados). Seguiram-se Ansher e Kishar, identificados, respectivamente, com os horizontes do céu e do mar. Por fim, Anu (o Céu) e Ea (a Terra), ao que parece, completaram o processo. O mundo divino tinha céu, rios e terra, distintos e separados úns dos outros. Mas a criação apenas começara: só com uma luta penosa e incessante seria possível neutralizar as forças do caos e da desintegração. Os dinâmicos deuses novos se rebelaram contra seus pais, mas, embora subjugasse Apsu e Mummu, Ea não conseguiu vencer Tiamat, que produziu toda uma raça de monstros disformes para lutar por ela. Ea, porém, tinha um filho maravilhoso: Marduc, o Deus Sol, o mais perfeito espécime da linhagem divina. Numa reunião da Grande Assembléia de deuses, Marduc prometeu combater Tiamat, com a condição de governar seus pares. Conseguiu matá-la, mas com grande dificuldade e após uma longa e renhida batalha. Nesse mito, a capacidade criadora é algo que se conquista ao cabo de uma luta ferrenha contra desvantagens arrasadoras.

Vitorioso, Marduc resolveu criar um novo mundo: cortou ao meio o vasto cadáver de Tiamat, para formar o arco do céu e o mundo dos homens; e concebeu as leis que manteriam tudo no devido lugar. Era preciso alcançar a ordem. Mas a vitória não estava completa. Tinha de ser restabelecida, por meio de uma liturgia especial, ano após ano. Assim, os deuses se reuniram na Babilônia, centro da nova terra, e construíram um templo onde se executariam os ritos celestes. O resultado foi o grande zigurate em homenagem a Marduc, "o templo terreno, símbolo do céu infinito". Quando ficou pronto, Marduc sentou-se no topo, e os deuses gritaram: "Esta é a Babilônia, cidade querida do deus, seu amado lar!". Depois realizaram a liturgia "a partir da qual o universo recebe sua estrutura, o mundo oculto se faz claro e os deuses determinam seus lugares no universo".[3] Essas leis e esses rituais eram obrigatórios para todos; até os deuses tinham de observá-los para garantir a sobrevivência da criação. O mito expõe o sentido intrínseco da civilização, na visão dos babilônios. Eles sabiam muito bem que seus ancestrais haviam construído o zigurate, mas a história do *Enuma Elish* expressa a crença de que sua criação só perduraria se partilhasse o poder do divino. A liturgia que celebravam no Ano-Novo fora concebida antes de surgirem os seres humanos: estava escrita na própria natureza das coisas, à qual até os deuses tinham de se submeter. O mito também exprime a convicção de que a Babilônia era um lugar sagrado, centro do mundo e morada dos deuses — uma idéia crucial em quase todos os sistemas religiosos da Antiguidade. A idéia de uma cidade santa, onde homens e mulheres se sentiam em íntimo contato com o poder sagrado, fonte de toda existência e eficiência, seria importante nas três religiões monoteístas de nosso Deus.

Por fim, quase como uma decisão de última hora, Marduc criou a humanidade. Matou Kingu (o aparvalhado consorte de Tiamat) e moldou o primeiro homem, misturando o sangue divino com o pó. Os deuses observaram, boquiabertos. Há, porém, certo humor nessa versão mítica da origem da humanidade, que, longe de ser o pináculo da criação, deriva de um dos deuses mais broncos e incompetentes. Mas a história estabelece outro ponto importante. Feito da substância de um deus, o primeiro homem participava, ainda que infimamente, da natureza divina. Não havia um fosso entre os seres humanos e os deuses. O mundo natural, os homens, as mulheres e os próprios deuses partilhavam da mesma natureza e derivavam da mesma substância divina. A visão pagã era holística. Os deuses não estavam isolados numa esfera ontológica separada: a divindade não era essencialmente diferente da humanidade. Portanto, os deuses não precisavam fazer nenhuma revelação especial ou impor sua lei à terra. Estavam na mesma situação dos seres humanos, com a única diferença de que eram imortais e mais poderosos.

Essa visão holística não se limitou ao Oriente Médio; ao contrário, era comum no mundo antigo. No século VI AEC, Píndaro expressou a versão grega dessa crença numa ode sobre os jogos olímpicos:

Única é a raça, única,
de homens e deuses;
de uma única mãe todos tiramos alento.
Mas uma diferença de poder em tudo
nos mantém separados;
pois somos o mesmo que nada, enquanto o brônzeo céu
para sempre será sua morada. Contudo, podemos, na grandeza da
[*mente*
ou do corpo, ser como os imortais.[4]

Em vez de ver os atletas como indivíduos isolados, cada qual lutando para dar o melhor de si, Píndaro os compara aos deuses, cujos feitos ditavam o padrão de todas as conquistas humanas. Os homens não estavam fazendo uma imitação servil dos deuses como seres irremediavelmente distantes, mas vivendo de acordo com o potencial de sua própria natureza, que, na essência, era divina.

Parece que o mito de Marduc e Tiamat influenciou o povo de Canaã, que contava uma história semelhante sobre Baal-Habab, o deus da tempestade e da fertilidade, muitas vezes citado em termos extremamente descorteses na Bíblia. A história da batalha de Baal com Yam-Nahar, o deus dos mares e dos rios, é contada em tabuinhas que datam do século XIV AEC. Baal e Yam viviam com El, o Deus Alto cananeu. No Conselho de El, Yam exige que Baal lhe seja entregue. Com duas armas mágicas, Baal derrota Yam e está para matá-lo quando Asera (esposa de El e mãe dos deuses) diz que é desonroso matar um prisioneiro. Baal envergonha-se e poupa Yam, representante do aspecto hostil dos mares e dos rios que constantemente ameaçam inundar a terra, enquanto Baal, o deus da tempestade, fertiliza a terra. Em outra versão do mito, Baal mata o dragão de sete cabeças Lotan, chamado em hebraico de Leviatã. Em quase todas as culturas, o dragão simboliza o latente, o informe e o indiferenciado. Assim, Baal interrompe o retorno à informidade primordial com um ato verdadeiramente criativo e é recompensado com um belo palácio construído pelos deuses em sua honra. Portanto, já no início da religião, a capacidade criadora era vista como divina: ainda usamos a linguagem da religião para falar da "inspiração" criadora, que refaz a realidade e confere novo sentido ao mundo.

Mas Baal sofre um revés: morre e tem de descer ao mundo de Mot, o deus da morte e da esterilidade. Ao tomar conhecimento desse fato, o Deus Alto El deixa seu trono, veste uma tanga e retalha as faces, porém não consegue resgatar o filho. É Anat, amante e irmã de Baal, quem parte do reino divino à procura de sua alma gêmea, "desejando-o como uma vaca a seu bezerro ou uma ovelha a seu cordeiro".[5] Quando encontra seu corpo, realiza um banquete fúnebre em sua homenagem. Depois, corta Mot ao meio com sua espada, queima-o, tritura-o como milho e o espalha pelo chão. Há histórias semelhantes sobre as outras grandes deusas — Inana, Ishtar e Ísis — que buscam o deus morto e dão vida nova ao solo. A vitória de Anat, no entanto, deve ser perpetuada ano após ano em celebração ritual. Mais tarde — não sabemos ao certo como, pois nossas fontes são incompletas — Baal é revivificado e devolvido a Anat. Na antiga Canaã, festejava-se com sexo ritual essa apoteose da inteireza e da harmonia, simbolizada pela união dos sexos. Assim, ao imitar os deuses, homens e mulheres participavam de sua luta contra a esterilidade e asseguravam a capacidade criadora e a fertilidade do mundo. A morte de um deus, a busca empreendida pela deusa e o retorno triunfante à esfera divina eram temas religiosos presentes em muitas culturas e reaparecem na religião, muito diferente, do Deus Único adorado por judeus, cristãos e muçulmanos.

A Bíblia atribui essa religião a Abraão, que, em algum momento entre os séculos XX e XIX AEC, saiu de Ur e se instalou em Canaã. Não temos informações contemporâneas sobre ele, mas os estudiosos acham que talvez tenha sido um dos chefes tribais errantes que conduziram seu povo da Mesopotâmia para o Mediterrâneo no fim do terceiro milênio AEC. Esses errantes, alguns dos quais são chamados abiru, apiru ou habiru em fontes mesopotâmicas e egípcias, falavam idiomas semitas ocidentais, um dos quais é o hebraico. Não eram nômades do deserto como os beduínos, que migravam com seus rebanhos segundo o ciclo das estações; eram mais difíceis de classificar e com freqüência entravam em choque com as autoridades conservadoras. Tinham um nível cultural geralmente superior ao do povo do deserto. Alguns atuavam como mercenários; outros eram funcionários do governo; outros ainda trabalhavam como mercadores, criados ou funileiros. Alguns enriqueciam e tratavam de adquirir terra e assentar-se. O livro do Gênesis mostra Abraão servindo ao rei de Sodoma como mercenário e descreve seus freqüentes conflitos com as autoridades de Canaã e arredores. Por fim, quando sua esposa Sara morreu, ele comprou terra em Hebron, na atual Cisjordânia.

Tal como é relatada no Gênesis, a história de Abraão e seus descendentes imediatos sugere que a instalação dos hebreus em Canaã, o moderno Israel, ocorreu em três etapas. A primeira, associada a Abraão e Hebron, teve lugar por volta de 1850 AEC. A segunda relaciona-se com o neto de Abraão, Jacó, que recebeu o nome de Israel ("Que Deus mostre sua força!"); ele se estabeleceu em Siquém, hoje a cidade árabe de Nablus, na Cisjordânia. A Bíblia nos informa que os filhos de Jacó, que se tornaram os ancestrais das doze tribos de Israel, emigraram para o Egito durante uma grande fome em Canaã. A terceira etapa remonta a aproximadamente 1200 AEC, quando tribos que se diziam descendentes de Abraão partiram do Egito para Canaã. Contavam que os egípcios as escravizaram e uma divindade chamada Javé, deus de seu chefe, Moisés, as libertara. Depois de entrar à força em Canaã, aliaram-se aos hebreus locais e passaram a ser chamadas de o povo de Israel. A Bíblia deixa claro que o povo que conhecemos como os antigos israelitas era uma confederação de vários grupos étnicos, ligados sobretudo por sua lealdade a Javé, o Deus de Moisés. Mas a história bíblica foi escrita séculos depois, por volta do século VIII AEC, embora sem dúvida usasse fontes narrativas anteriores. No século XIX, estudiosos bíblicos alemães conceberam um método crítico que discerne quatro fontes diferentes nos cinco primeiros livros da Bíblia — Gênesis, Êxodo, Levítico, Números e Deuteronômio —, que, reunidos no século V AEC, formam o Pentateuco. Esse método crítico sofreu muitos ataques, mas até agora ninguém produziu uma teoria mais satisfatória para explicar por que há duas versões bastante diferentes de acontecimentos bíblicos cruciais, como a Criação e o Dilúvio, e por que a Bíblia às vezes se contradiz. Os dois primeiros autores bíblicos, cuja obra se encontra no Gênesis e no Êxodo, escreveram provavelmente no século VIII AEC, embora alguns lhes atribuam uma data anterior. Um é conhecido como "J", porque chama seu Deus de "Javé", e o outro como "E", porque prefere o título divino mais formal de "Elohim". No século VIII, os israelitas haviam dividido Canaã em dois reinos separados. J escrevia no reino de Judá, no sul, e E era do reino de Israel, no norte. (Ver mapa da p. 115.) Discutiremos as duas outras fontes do Pentateuco — as versões deuteronomista (D) e sacerdotal (P*) da história antiga de Israel — no capítulo 2.

Veremos que em muitos aspectos J e E partilhavam as perspectivas religiosas de seus vizinhos no Oriente Médio, porém seus relatos mostram que no século VIII AEC os israelitas começavam a desenvolver uma visão distinta. J, por exemplo, inicia sua história de Deus com uma versão da criação do mundo que, comparada com o *Enuma Elish*, é surpreendentemente superficial:

---

* Do inglês *priestly*. (N. E.)

[...] quando Deus Javé fez a terra e os céus, ainda não havia planta do campo, nem brotara erva do campo; porque Deus Javé não tinha feito chover sobre a terra, e não havia homem para lavrar a terra. Mas da terra jorrava uma fonte, que regava toda a face da terra. Deus Javé formou o homem [*adām*] com pó da terra [*adāmah*]. Depois insuflou em suas narinas o sopro da vida: e o homem se tornou alma vivente.[6]

Era uma novidade absoluta. Em vez de se concentrar na criação do mundo e no período pré-histórico, como seus contemporâneos pagãos da Mesopotâmia e de Canaã, J está mais interessado no tempo histórico comum. Em Israel, só haveria verdadeiro interesse pela criação no século VI AEC, quando o autor que chamamos de "P" escreveu sua majestosa narrativa, que é hoje o primeiro capítulo do Gênesis. J não está absolutamente certo de que Javé é o único criador do céu e da terra. Mais digna de nota, porém, é sua percepção de uma certa distinção entre o homem e o divino. O homem (*adām*) não se compõe do mesmo material divino de seu deus, mas, como indica o jogo de palavras, pertence à terra (*adāmah*).

Ao contrário de seus vizinhos pagãos, J não descarta a história secular como profana, frágil e insubstancial em comparação com o tempo sagrado, primordial, dos deuses. Passa rapidamente dos acontecimentos da pré-história ao final do período mítico — que inclui episódios como o Dilúvio e a Torre de Babel — e à história do povo de Israel. Ela começa de forma abrupta no capítulo 12, quando o homem Abrão, que mais tarde será chamado de Abraão ("Pai de uma multidão"), recebe ordem de Javé para deixar sua família em Haran, onde hoje é a Turquia oriental, e migrar para Canaã, à margem do mar Mediterrâneo. Sabemos que seu pai, o pagão Taré, já havia migrado de Ur para o oeste, com a família. Agora Javé diz a Abraão que ele tem um destino especial: tornar-se pai de uma grande nação, que um dia será mais numerosa que as estrelas do céu, e um dia seus descendentes possuirão a terra de Canaã. Ao relatar o chamamento de Abraão, J estabelece o tom da futura história desse

Deus. O antigo Oriente Médio experimentava o *mana* divino no ritual e no mito. Marduc, Baal e Anat não se envolviam na vida comum e profana de seus adoradores: suas ações haviam se realizado no tempo sagrado. O Deus de Israel, no entanto, tornava seu poder efetivo em fatos contemporâneos do mundo real. Era vivenciado como um imperativo no aqui e agora. Sua primeira revelação de si mesmo consiste numa ordem: que Abraão deixe seu povo e vá para a terra de Canaã.

Mas quem é Javé? Abraão adorava o mesmo Deus que Moisés, ou o conhecia por um nome diferente? Essa seria uma questão de extrema importância para nós hoje, porém a Bíblia é curiosamente vaga sobre o assunto e nos fornece respostas conflitantes. J diz que os homens adoravam Javé desde a época do neto de Adão, mas no século VI P sugere que os israelitas só ouviram falar de Javé quando ele apareceu a Moisés na sarça ardente. P faz Javé explicar que *era* de fato o mesmo Deus de Abraão, como se essa fosse uma idéia meio controvertida: ele diz a Moisés que Abraão o chamara de "El Shaddai" e não conhecia o nome divino Javé.[7] A discrepância não parece preocupar muito os autores bíblicos ou seus editores. J chama seu deus de "Javé" do princípio ao fim: em sua época, Javé era o Deus de Israel, e só isso importava. A religião israelita era pragmática e não tinha maior interesse no tipo de detalhe que nos preocuparia. Contudo, não devemos imaginar que Abraão ou Moisés acreditavam em seu Deus como nós acreditamos. Estamos tão familiarizados com a narrativa bíblica e a história subseqüente de Israel que tendemos a projetar nosso conhecimento da religião judaica posterior nessas primeiras personagens históricas. Por conseguinte, supomos que os três patriarcas de Israel — Abraão, seu filho Isaac e seu neto Jacó — eram monoteístas, acreditavam num único Deus. Não parece que assim fosse. Na verdade, provavelmente é mais correto definir esses primeiros hebreus como pagãos que partilhavam muitas das crenças religiosas de seus vizinhos. Decerto acreditavam na existência de divindades como Marduc, Baal e Anat. Talvez não adorassem a mesma divindade: é possível que o Deus de Abraão, o "Temor" ou "Parente" de Isaac e o "Poderoso" de Jacó fossem três deuses distintos.[8]

Podemos ir mais longe. É muitíssimo provável que o Deus de Abraão fosse El, o Deus Alto de Canaã. Ele se apresenta a Abraão como El Shaddai (El da Montanha), que era um dos títulos tradicionais de El.[9] Em outras passagens, é chamado de El Elyon (O Deus Altíssimo) e El de Betel. O nome do Deus Alto cananeu se preserva em nomes hebraicos como Isra-El e Isma-El. Os israelitas o vivenciaram de modos que não seriam estranhos para os pagãos do Oriente Médio. Veremos que, séculos depois, acharam aterrorizante o *mana* ou "santidade" de Javé. No monte Sinai, por exemplo, ele se manifestou a Moisés no meio de uma apavorante erupção vulcânica, e o povo teve de manter distância. Em comparação, o deus El de Abraão é uma divindade bem gentil. Aparece-lhe como um amigo e às vezes até assume forma humana. Esse tipo de aparição divina, conhecida como epifania, era bastante comum no mundo pagão da Antiguidade. Embora em geral não se esperasse que os deuses interviessem diretamente na vida dos mortais, nos tempos míticos alguns indivíduos privilegiados se viram face a face com seus deuses. A *Ilíada* está repleta dessas epifanias. Os deuses e as deusas aparecem a gregos e troianos em sonhos, quando se acreditava que caía a barreira entre os mundos humano e divino. No final da *Ilíada*, Príamo é conduzido até os navios gregos por um jovem encantador que acaba se revelando como Hermes.[10] Quando os gregos lembravam a Idade do Ouro de seus heróis, acreditavam que eles tiveram estreito contato com os deuses, que eram, afinal, da mesma natureza dos seres humanos. Essas histórias de epifanias expressam a visão holística pagã: não sendo o divino essencialmente distinto da natureza ou da humanidade, podia-se experimentá-lo sem alarde. O mundo vivia cheio de deuses, que se podia ver inesperadamente a qualquer momento, numa esquina ou na pessoa de um transeunte desconhecido. Ao que parece, a gente simples acreditava que esses encontros com o divino podiam ocorrer em sua vida: isso explicaria a estranha passagem dos Atos dos Apóstolos em que, já no século

I EC, o apóstolo Paulo e seu discípulo Barnabé são identificados como Zeus e Hermes pelo povo de Listra, na atual Turquia.[11]

Assim também, ao lembrar sua Idade do Ouro, os israelitas viam Abraão, Isaac e Jacó convivendo familiarmente com seu deus. El lhes dá conselhos amistosos, como qualquer xeque ou chefe tribal: orienta suas andanças, diz-lhes com quem casar-se e fala-lhes em sonhos. De vez em quando, eles o vêem em forma humana — uma idéia que mais tarde os israelitas abominariam. No capítulo 18 do Gênesis, J nos conta que Deus apareceu a Abraão junto ao carvalho de Mambré, perto de Hebron. Abraão ergueu os olhos e avistou três estranhos aproximando-se de sua tenda, na hora mais quente do dia. Com a cortesia típica do Oriente Médio, insistiu que se sentassem e descansassem, enquanto corria a preparar-lhes uma refeição. Durante a conversa subseqüente, descobriu, com toda a naturalidade, que um daqueles homens era ninguém menos que seu Deus, a quem J sempre chama de "Javé". Quanto aos outros dois, eram anjos. A revelação não provocou grande surpresa. Quando J escrevia, no século VIII AEC, nenhum israelita esperaria "ver" Deus dessa forma: a maioria acharia a idéia chocante. E, o contemporâneo de J, considera indecorosas as velhas histórias sobre a intimidade do patriarca com Deus: ao relatar os tratos de Abraão ou Jacó com Deus, prefere distanciar o fato e tornar as velhas lendas menos antropomórficas. Assim, diz que Deus fala a Abraão por intermédio de um anjo. J, no entanto, não é tão escrupuloso e preserva o antigo sabor dessas primitivas epifanias.

Jacó também presenciou várias epifanias. Numa ocasião, decidiu retornar a Haran para tomar esposa entre a parentela local. Na primeira etapa da viagem, dormiu em Luza, perto do vale do Jordão, usando uma pedra como travesseiro. Nessa noite, sonhou com uma escada que se erguia até o céu: anjos subiam e desciam entre os reinos de Deus e do homem. Não podemos deixar de lembrar o zigurate de Marduc: no topo, como que suspenso entre o céu e a terra, o homem podia encontrar seus deuses. No alto de sua escada, Jacó viu El, que o abençoou e repetiu as promessas feitas a Abraão: os descendentes de Jacó se tornariam uma poderosa nação e possuiriam a terra de Canaã. Também fez uma promessa que, como veremos, causou profunda impressão em Jacó. A religião pagã comumente era territorial: um deus tinha jurisdição sobre determinada área, e sempre era sensato adorar as divindades locais, quando se ia ao exterior. Mas El prometeu a Jacó que o protegeria quando deixasse Canaã e vagasse numa terra estranha: "E eis que estou contigo, e te guardarei por onde quer que fores".[12] A história dessa primeira epifania mostra que o Deus Alto de Canaã começava a adquirir uma implicação mais universal.

Quando acordou, Jacó compreendeu que passara a noite num lugar santo, onde os homens podiam conversar com seus deuses. "Na verdade, Javé está neste lugar, e eu não sabia!", J o faz dizer. Estava tomado de assombro, como geralmente ocorria com os pagãos, quando se deparavam com o poder sagrado do divino: "Que temível é este lugar! E outra coisa não é senão a casa de Deus (*beth-El*) e a porta do céu!".[13] Expressou-se instintivamente na linguagem religiosa de seu tempo e de sua cultura: a Babilônia, morada dos deuses, chamava-se "Porta dos deuses" (*Bab-ili*). Jacó resolveu consagrar aquele solo santo à maneira pagã tradicional da região. Colocou de pé a pedra que usara como travesseiro e santificou-a com uma libação de óleo. Dali em diante, o nome do lugar seria Beth-El [Betel], a Casa de El. Pedras eretas eram uma característica comum dos cultos cananeus da fertilidade, que, como veremos, floresceram em Betel até o século VIII AEC. Embora israelitas posteriores condenassem vigorosamente esse tipo de religião, o santuário pagão de Betel estava associado, na lenda antiga, a Jacó e seu Deus.

Antes de deixar Betel, Jacó resolveu: o deus que encontrara ali seria seu *elohim* (o termo abrangia tudo que os deuses podiam significar para os mortais). Se cuidasse dele em Haran, El (ou Javé) devia ser muito eficiente. Jacó fez uma barganha: em troca da proteção especial de El, o tornaria seu *elohim*, o único deus que importava. A crença israelita em Deus era profundamente pragmática. Abraão e Jacó depositaram sua fé em El porque funcionava para eles: não se preocuparam em provar sua existência; El não era uma abstração filosófica. No mundo antigo, o *mana* era um fato consumado, e um deus provava seu valor se conseguia transmiti-lo com eficiência. Esse pragmatismo seria um fator constante na história de Deus. As pessoas continuariam adotando determinada concepção do divino porque funcionava para elas, não porque era científica ou filosoficamente correta.

Anos mais tarde, Jacó deixou Haran com esposas e família e, ao entrar na terra de Canaã, presenciou mais uma estranha epifania. No vau do Jaboc, na Cisjordânia, lutou a noite inteira com um desconhecido. Como a maioria dos seres espirituais, pela manhã o adversário disse que tinha de partir, mas Jacó o segurou: não o soltaria enquanto não revelasse seu nome. No mundo antigo, saber o nome de alguém equivalia a ter certo poder sobre ele, e o desconhecido se mostrou relutante em fornecer essa informação. No decorrer do estranho encontro, Jacó percebeu que o adversário era o próprio El:

> E Jacó lhe pediu: "Diz-me, teu nome". Mas ele respondeu: "Por que perguntas meu nome?". E ali o abençoou. E Jacó chamou esse lugar de Fanu-El [Rosto de El], dizendo: "Porque vi El face a face e sobrevivi".[14]

O espírito dessa epifania está mais próximo da *Ilíada* que do monoteísmo judaico posterior, que consideraria blasfemo um contato tão íntimo com o divino.

Contudo, embora mostrem os patriarcas encontrando seu deus quase do mesmo modo que seus contemporâneos pagãos, essas primeiras narrativas introduzem uma nova categoria de experiência religiosa. Em toda a Bíblia, Abraão é chamado de homem de "fé". Hoje tendemos a definir fé como a aceitação intelectual de um credo, mas, conforme vimos, para os autores bíblicos a fé em Deus não é uma crença abstrata ou metafísica. Quando louvam a "fé" de Abraão, o que enaltecem não é sua ortodoxia (a aceitação de uma opinião teológica correta sobre Deus), porém sua confiança, mais ou menos como quando dizemos que temos fé numa pessoa ou num ideal. Na Bíblia, Abraão é um homem de fé porque confia que Deus cumprirá suas promessas, mesmo que pareçam absurdas. Como Abraão poderia ser o pai de uma grande nação se sua esposa, Sara, era estéril? Imaginar que ela poderia ter um filho é tão ridículo — Sara já passara da menopausa — que o casal ri da promessa. Quando, apesar de tudo, finalmente o filho nasce, eles o chamam de Isaac, um nome que pode significar "risada". Mas a alegria acaba quando Deus faz uma exigência horripilante: Abraão deve sacrificar-lhe seu único filho.

O sacrifício humano era comum no mundo pagão. Era cruel, mas tinha uma lógica e uma explicação. Com freqüência, acreditava-se que o primogênito era filho de um deus que engravidara a mãe num ato de *droit de seigneur*. Ao gerar a criança, a energia do deus se esgotava, e, para restaurá-la e assegurar a circulação de todo o *mana* existente, devolvia-se o primogênito ao pai divino. O caso de Isaac, porém, era muito diferente. Ele era uma dádiva de Deus, e não seu filho natural. Não havia motivo para sacrifício nem necessidade de restaurar a energia divina. Na verdade, o sacrifício tornaria sem sentido a vida de Abraão, baseada na promessa de que ele seria o pai de uma grande nação. Esse deus já começava a ser concebido de um modo diferente de quase todas as divindades do mundo antigo. Não partilhava da condição humana; não precisava de um influxo de energia de homens e mulheres. Pertencia a outra categoria e podia fazer as exigências que quisesse. Abraão decidiu confiar em seu deus. Junto com Isaac, empreendeu uma viagem de três dias ao monte Moriá, onde mais tarde se ergueria o Templo de Jerusalém. Isaac, que ignorava a ordem divina, carregou a lenha para o próprio holocausto. Só no último instante, quando Abraão já empunhava a faca, Deus recuou e disse que tudo não passara de um teste. Abraão se revelara digno de tornar-se pai de uma poderosa nação, que seria tão numerosa quanto as estrelas do céu ou os grãos de areia da praia.

Aos ouvidos modernos, a história é horrível: mostra Deus como um sádico despótico e caprichoso, e não surpreende que, hoje em dia, muita gente que soube desse episódio na infância rejeite tal divindade. O mito do Êxodo do Egito, quando Deus conduziu Moisés e os filhos de Israel à liberdade, é igualmente revoltante para as sensibilidades modernas. A história é bem conhecida. O faraó relutava em deixar partir o povo de Israel, e Deus flagelou o povo do Egito com dez pragas pavorosas. O Nilo foi transformado em sangue; a terra, devastada por gafanhotos e rãs; e o país inteiro mergulhou em trevas impenetráveis. Por fim, Deus enviou a mais terrível das pragas: mandou o Anjo da Morte matar todos os primogênitos dos egípcios e poupar os filhos dos escravos hebreus. Diante disso, o faraó decidiu deixar os israelitas partirem, mas depois mudou de idéia e os perseguiu com seus exércitos. Alcançou-os no mar dos Juncos,* porém Deus abriu as águas para os israelitas passarem a pé enxuto e tornou a fechá-las para seus perseguidores se afogarem.

Esse é um Deus brutal, sanguinário, guerreiro — seria conhecido como Javé Sabaot, o Deus dos Exércitos. Passionalmente parcial, propenso a compadecer-se apenas de seus favoritos, não passa de uma divindade tribal. Quanto antes desaparecesse, melhor para todo mundo. O mito final do Êxodo, tal como está na Bíblia, evidentemente não se atém aos fatos. Mas sua mensagem era clara para o povo do antigo Oriente Médio, acostumado a ver divindades abrindo mares ao meio. Contudo, ao contrário de Marduc e Baal, Javé dividiu um mar físico no mundo profano do tempo histórico. Não há muita tentativa de realismo. Quando contavam a história do Êxodo, os hebreus não estavam tão interessados em exatidão histórica quanto nós estaríamos. Ao contrário, queriam realçar o significado do fato original, qualquer que tenha sido. Para alguns estudiosos modernos a história do Êxodo é uma versão mítica de uma vitoriosa revolta de camponeses contra a suserania do Egito e seus aliados em Canaã.[15] Teria sido uma ocorrência muito rara na época e deixado uma impressão indelével na mente de todos os contemporâneos. Teria sido uma experiência extraordinária da força dos oprimidos contra os poderosos.

Veremos que Javé não continuou sendo o deus cruel e vio-

* Ou mar Vermelho. (N. E.)

lento do Êxodo, apesar da importância do mito nas três religiões monoteístas. Por mais surpreendente que pareça, os israelitas o transformaram num símbolo irreconhecível de transcendência e misericórdia. Mas a sangrenta história do Êxodo continuaria inspirando perigosos conceitos do divino e uma teologia vingativa. Veremos que no século VII AEC o autor do Deuteronômio (D) usa o velho mito para ilustrar a horrenda teologia da escolha, que em diferentes épocas desempenhou um papel fatídico na história das três religiões. Como qualquer idéia humana, a noção de Deus também está sujeita a exploração e abuso. O mito de Povo Eleito e escolha divina tem inspirado teologias tacanhas, tribais, desde a época do deuteronomista até nossos dias, em que convivemos com o nefasto fundamentalismo de judeus, cristãos e muçulmanos. Contudo, o deuteronomista também preservou uma interpretação mais positiva do mito do Êxodo, sobre um Deus que está do lado dos impotentes e oprimidos. O capítulo 26 do Deuteronômio contém o que talvez seja uma primeira interpretação da história do Êxodo antes das narrativas de J e E. Os israelitas recebem ordem de entregar os primeiros frutos da colheita aos sacerdotes de Javé e fazem esta afirmação:

> Sírio prestes a perecer, meu pai desceu ao Egito, em busca de refúgio, e ali peregrinou com pouca gente, porém se tornou uma grande nação, forte e numerosa. Os egípcios nos maltrataram e nos afligiram e nos impuseram uma dura servidão. Mas clamamos a Javé, Deus de nossos pais. Javé ouviu nossa voz, olhou para nosso sofrimento, nosso trabalho e nossa opressão, e nos tirou do Egito com mão forte e braço estendido, com grande espanto, com sinais e prodígios. E nos trouxe a este lugar [Canaã], e nos deu esta terra, terra que mana leite e mel. E eis que agora ofereço as primícias dos frutos da terra que tu, Javé, me deste.[16]

O Deus que pode ter inspirado o primeiro levante camponês vitorioso da história é um Deus de revolução. Nas três religiões, inspirou um ideal de justiça social, embora se deva admitir que judeus, cristãos e muçulmanos muitas vezes não corresponderam a esse ideal e o transformaram num Deus do *status quo*.

Os hebreus chamavam Javé de "o Deus de nossos pais", mas parece que ele era uma divindade bem diferente de El, o Deus Alto cananeu adorado pelos patriarcas. Talvez tenha sido o Deus de outro povo, antes de ser o de Israel. Em suas aparições a Moisés, Javé repete que é o Deus de Abraão, apesar de originalmente ser chamado de El Shaddai. Essa insistência talvez preserve os ecos distantes de um antigo debate sobre a identidade do Deus de Moisés. Sugeriu-se que, em sua origem, Javé teria sido um deus guerreiro, um deus dos vulcões, um deus adorado em Madian, onde hoje é a Jordânia.[17] Nunca saberemos onde os israelitas o descobriram, se ele era de fato uma divindade completamente nova. Essa questão também seria muito importante para nós, mas não foi tão crucial para os autores bíblicos. Na Antiguidade pagã, muitas vezes se amalgamavam diferentes deuses ou uma localidade identificava com seus deuses divindades de outro povo. A única coisa de que podemos ter certeza é que, fosse qual fosse sua proveniência, os acontecimentos do Êxodo fizeram de Javé o definitivo Deus de Israel e que Moisés conseguiu convencer os israelitas de que ele era o mesmo El, o Deus amado por Abraão, Isaac e Jacó.

A chamada "teoria madianita" — segundo a qual Javé era originalmente um deus do povo de Madian — caiu em descrédito, mas foi em Madian que Moisés teve sua primeira visão de Javé. Obrigado a fugir do Egito por ter matado um egípcio que maltratava um escravo hebreu, ele se refugiou em Madian; ali se casou e, quando cuidava das ovelhas do sogro, teve uma estranha visão: uma sarça que ardia sem se consumir. Quando se aproximou para verificar, Javé o chamou pelo nome e Moisés exclamou: "Eis-me aqui!" (*hineni!*), resposta de todo profeta de Israel perante o Deus que exigia total atenção e lealdade absoluta:

> E [Javé] disse: "Não te chegues para cá; tira as sandálias de teus pés, porque o lugar em que estás é terra santa. Eu sou

o Deus de teu pai", acrescentou; "o Deus de Abraão, o Deus de Isaac e o Deus de Jacó". Diante disso, Moisés cobriu o rosto, porque temeu olhar para Deus.[18]

Embora afirme ser o Deus de Abraão, essa divindade é muito diferente daquela que amistosamente se sentou e partilhou uma refeição com Abraão. Inspira terror e insiste na distância. Quando Moisés lhe pede o nome e as credenciais, Javé responde com um jogo de palavras que, como veremos, daria trabalho aos monoteístas durante séculos. Em vez de simplesmente revelar seu nome, responde: "Eu sou quem eu sou (*Ehyeh asher ehyeh*)".[19] O que significa isso? Ao contrário do que afirmariam filósofos posteriores, Deus por certo não quis dizer que era o Ser auto-subsistente. O hebraico ainda não tinha uma dimensão tão metafísica, e levaria quase 2 mil anos para adquiri-la. A resposta parece mais direta. *Ehyeh asher ehyeh* é uma expressão idiomática deliberadamente vaga. Na Bíblia, uma frase como "Eles foram aonde foram" equivale a "Não tenho a menor idéia de onde eles foram". Assim, quando Moisés lhe pergunta quem é, na verdade Deus responde: "Não interessa quem eu sou!", ou "Não é da sua conta!". Não se discutiria a natureza de Deus e com certeza não se tentaria manipulá-lo como os pagãos às vezes faziam, ao recitar os nomes de seus deuses. Javé é o Incondicionado: Eu serei o que serei. Será o que quiser e não dará garantias. Simplesmente promete participar da história de seu povo. O mito do Êxodo se revelaria decisivo: conseguiu infundir esperança no futuro, mesmo em circunstâncias adversas.

Mas havia um preço a pagar por essa nova sensação de força. Os velhos Deuses Céus estavam muito distantes dos assuntos humanos; as divindades mais novas, como Baal, Marduc e as Deusas Mães, haviam se aproximado da humanidade, porém Javé restabelecera o fosso entre o homem e o mundo divino. Isso está bem claro na história do monte Sinai. Quando chegaram à montanha, os israelitas receberam ordens de purificar as roupas e manter-se à distância. Moisés teve de adverti-los: "Cuidai de não subir a montanha nem tocar-lhe o sopé. Quem tocar a montanha morrerá". Eles recuaram, e Javé desceu em fogo e nuvem:

> Ao amanhecer do terceiro dia, houve trovões e relâmpagos sobre o monte, e uma espessa nuvem, e o toque muito forte de uma trombeta; e todos que estavam no acampamento estremeceram. Então Moisés os levou para fora do acampamento, ao encontro de Deus, e eles se postaram ao pé do monte. Todo o monte Sinai fumegava, porque Javé descera sobre ele em forma de fogo. A fumaça subia, como de uma fornalha, e todo o monte tremia violentamente.[20]

Moisés subiu sozinho ao cume e recebeu as Tábuas da Lei. Em vez de discernir os princípios de ordem, harmonia e justiça na própria natureza das coisas, como na visão pagã, agora a Lei provém do alto. O Deus da história pode inspirar maior atenção ao mundo terreno, que é o teatro de suas operações, mas há também a possibilidade de uma profunda alienação desse mundo.

No texto final do Êxodo, editado no século V AEC, Deus faz uma aliança com Moisés no monte Sinai (o que teria ocorrido por volta de 1200). Travou-se um debate erudito sobre isso: alguns críticos acreditam que a aliança só se tornou importante em Israel no século VII AEC. Qualquer que seja a data, a idéia da aliança indica que os israelitas ainda não eram monoteístas, pois ela só faria sentido num cenário politeísta. Eles não acreditavam que Javé, o Deus do Sinai, era o *único* Deus, mas prometeram, em sua aliança, ignorar todas as outras divindades e dedicar-lhe adoração exclusiva. É muito difícil encontrar uma única declaração monoteísta em todo o Pentateuco. Até os Dez Mandamentos entregues no monte Sinai reconhecem a existência de outros deuses: "Não terás outros deuses diante de mim".[21] A adoração de uma única divindade era um passo praticamente inédito: o faraó Akhenaton tentara adorar o Deus Sol e rejeitar as outras divindades do Egito, porém seu sucessor reverteu essa política. Desprezar uma fonte potencial de *mana* parecia uma grande imprudência, e a história posterior dos israelitas mostra que eles relutaram muito em abandonar o culto de outros deuses. Javé provara sua habilidade na guerra, mas não era um deus da fertilidade. Quando se instalaram em Canaã, os hebreus instintivamente abraçaram o culto de Baal, o Senhor de Canaã, que fazia as plantações crescerem desde tempos imemoriais. Os profetas os exortavam a se manter fiéis à aliança, mas a maioria continuava adorando Baal, Asera e Anat à maneira tradicional. A Bíblia nos diz que, enquanto Moisés estava no monte Sinai, os israelitas retomaram o velho paganismo cananeu. Fizeram um bezerro de ouro, efígie tradicional de El, e diante dele executaram os antigos ritos. Ao contrapor esse incidente à apavorante revelação no monte Sinai, os editores finais do Pentateuco talvez estivessem tentando mostrar a gravidade da divisão em Israel. Profetas como Moisés pregavam a elevada religião de Javé, mas o povo em geral preferia os rituais antigos, com sua visão holística de unidade entre deuses, natureza e humanidade.

Contudo, os israelitas *prometeram* fazer de Javé seu único Deus após o Êxodo, e os profetas os lembravam desse acordo. Prometeram adorar apenas Javé como seu *elohim* e, em troca, receberam a promessa de que seriam seu povo especial e desfrutariam de sua proteção, esplendidamente eficaz. Javé lhes advertira que os destruiria sem piedade se quebrassem esse acordo. Mesmo assim, fizeram o pacto. No livro de Josué, encontramos o que pode ser uma primeira versão dessa aliança entre Israel e seu Deus. A aliança era um tratado formal usado com freqüência na política do Oriente Médio para comprometer duas partes. Seguia uma forma estabelecida. Primeiro apresentava o rei, que era o parceiro mais poderoso, e depois traçava a história das relações entre as duas partes até aquele momento. Por fim, estabelecia os termos, condições e penalidades que se aplicariam em caso de negligência. Na aliança que firmou com seu vassalo Duppi Tashed, no século XIV, o rei hitita Mursil II exigiu: "Não recorras a mais ninguém. Teus pais pagaram tributo ao Egito; não farás isso [...] De meu amigo serás amigo e de meu inimigo serás inimigo". A Bíblia nos conta que, quando os hebreus chegaram a Canaã e se juntaram a seus parentes, todos os descendentes de Abraão fizeram uma aliança com Javé. A cerimônia foi conduzida pelo sucessor de Moisés, Josué, que representava Javé. O acordo segue o padrão tradicional: apresenta Javé, relembra seus tratos com Abraão, Isaac e Jacó e relata os acontecimentos do Êxodo. Por fim, Josué estipula os termos e exige o consentimento formal do povo ali reunido:

> Agora, pois, temei a Javé e servi-o com perfeição e sinceridade; deitai fora os deuses aos quais servistes além do rio [Jordão] e no Egito e servi a Javé. Porém, se não quereis servir a Javé, escolhei hoje quem desejais servir: se os deuses a quem vossos ancestrais serviram além do rio, ou os deuses dos amorreus, em cuja terra agora habitais.[22]

Era possível optar entre Javé e os deuses tradicionais de Canaã. Os israelitas não hesitaram. Não havia outro deus como Javé; nenhuma divindade ajudara seus adoradores com tamanha eficiência. Sua poderosa intervenção nos assuntos de seus devotos demonstrara, sem sombra de dúvida, que Javé tinha os requisitos necessários para ser seu *elohim*: adorariam apenas a ele e abandonariam os outros deuses. Josué advertiu-os de que Javé era extremamente ciumento. Se descumprissem os termos da aliança, ele os destruiria. O povo se manteve firme: Javé era seu único *elohim*. "Então, expulsai os deuses estranhos do meio de vós", exclamou Josué, "e entregai vosso coração a Javé, o Deus de Israel."[23]

A Bíblia mostra que os israelitas não foram fiéis à aliança. Lembravam-na em tempos de guerra, quando precisavam da especializada proteção militar de Javé, mas em tempos de bonança adoravam Baal, Anat e Asera. Embora fosse fundamentalmente diferente em sua tendência histórica, o culto de Javé muitas vezes se expressava nos termos do velho paganismo. O templo que o rei Salomão construiu para Javé, em Jerusalém — a cidade que seu pai, Davi, tomara dos jebuseus —, era semelhante aos templos dos deuses cananeus. Compunha-se de três áreas quadrangulares, que culminavam no Santo dos Santos, pequena sala onde ficava a Arca da Aliança, o altar portátil que os israelitas carregaram consigo durante seus anos no deserto. Dentro do Templo havia um enorme tanque de bronze, representando Yam, o mar primordial do mito cananeu, e duas colunas de doze metros, indicando o culto da fertilidade de Asera. Os israelitas continuavam adorando Javé nos antigos santuários que haviam herdado dos cananeus em Betel, Silo, Hebron, Belém e Dan, onde freqüentemente se realizavam cerimônias pagãs. Mas o Templo logo se tornou especial, embora, como veremos, também ali houvesse algumas atividades bem pouco ortodoxas. Os israelitas começavam a ver o Templo como a réplica da corte celeste de Javé. Festejavam o Ano-Novo no outono, começando com a cerimônia do bode expiatório no Dia do Perdão e prosseguindo, cinco dias depois, com a festa dos Tabernáculos, que celebrava a colheita e o início do ano agrícola. Estima-se que alguns Salmos comemoram a entronização de Javé em seu Templo na festa dos Tabernáculos, que, como a entronização de Marduc, relembrava sua vitória sobre o caos primordial.[24] O próprio rei Salomão foi um grande sincretista: teve muitas esposas pagãs, que adoravam seus próprios deuses, e relações amistosas com os vizinhos pagãos.

O perigo de o culto de Javé acabar submerso pelo paganismo popular era constante e se agravou na segunda metade do século IX AEC. Em 869, o rei Acab ascendeu ao trono do reino setentrional de Israel. Sua esposa, Jezabel, filha do rei de Tiro e Sidônia, no Líbano atual, era uma pagã fervorosa, decidida a converter o país à religião de Baal e Asera. Importou sacerdotes de Baal, que imediatamente conquistaram seguidores entre os setentrionais, que haviam sido submetidos pelo rei Davi e eram javistas tíbios. Acab permaneceu fiel a Javé, mas não tentou conter o proselitismo de Jezabel. Contudo, quando uma grave seca atingiu o país, no final de seu reinado, um profeta chamado Elias ("Javé é meu Deus!") passou a vagar por lá, com sua capa de pêlos e sua tanga de couro, fulminando a deslealdade de Acab. Convocou o rei e o povo para uma disputa no monte Carmelo entre Javé e Baal. Ali, na presença de 450 profetas de Baal, perguntou à multidão: até quando hesitariam entre as duas divindades? Depois, ordenou que dois bois, um para si e outro para os profetas de Baal, fossem colocados em dois altares. Ambos os lados pediriam a seus deuses que mandassem fogo do céu para consumar o holocausto. "De acordo!", gritou o povo. Os profetas de Baal invocaram seu nome a manhã inteira, saltitando ao redor do altar, gritando e cortando-se com espadas e lanças. Mas "não houve voz nem resposta". Elias zombou: "Gritai mais alto! Porque ele é um deus: estará preocupado, atarefado ou viajando; talvez esteja dormindo e venha a despertar". Nada aconteceu: "Não houve voz nem resposta, e nenhuma atenção lhes foi dada".

Então foi a vez de Elias. A multidão se apinhou em torno do altar de Javé. Elias cavou um fosso em volta do altar e encheu-o de água, para dificultar ainda mais a combustão. Depois, chamou Javé. Imediatamente, o fogo baixou do céu e consumiu o altar, o boi e toda a água do fosso. A multidão se prostrou com o rosto por terra, exclamando: "Javé é Deus! Javé é Deus!". Elias não foi um vencedor generoso. "Pegai os profetas de Baal!", ordenou. E não poupou nenhum deles: levou-os para um vale das proximidades e os matou.[25] O paganismo não tentava se impor — Jezabel é uma exceção interessante —, pois sempre havia lugar para mais um deus no panteão. Esses acontecimentos míticos mostram que, desde o início, o javismo exigia repressão violenta e negação de outros credos, um fenômeno que examinaremos mais detalhadamente no próximo capítulo. Após o massacre, Elias subiu ao alto do monte Carmelo, sentou-se com a cabeça entre os joelhos e rezou. Entrementes, seu criado de quando em quando examinava o horizonte e por fim lhe informou que uma pequena nuvem — mais ou menos do tamanho de um punho humano — se erguia sobre o mar. Elias o mandou dizer ao rei Acab que voltasse depressa para casa, antes que a chuva o detivesse. Nem bem acabou de falar, o céu escureceu e uma chuva torrencial desabou. Em êxtase, Elias ergueu a capa e correu ao lado da carruagem de Acab. Ao enviar chuva, Javé usurpara a função de Baal, o Deus da Tempestade, provando que era tão eficiente na fertilidade quanto na guerra.

Temendo uma reação contra o massacre dos profetas, Elias foi para a península do Sinai e se refugiou no monte onde Deus se revelara a Moisés. Ali presenciou uma teofania que manifestou a nova espiritualidade javista. Recebeu ordem de ficar na fenda de um rochedo, para abrigar-se do impacto divino:

> Então Javé passou. Sobreveio um vento poderoso, tão forte que rasgou as montanhas e despedaçou os rochedos diante de Javé. Porém Javé não estava no vento. Depois do vento sobreveio um terremoto. Porém Javé não estava no terremoto. Depois do terremoto sobreveio um fogo. Porém Javé não estava no fogo. E depois do fogo sobreveio o sussurro de uma brisa amena. E, quando o escutou, Elias cobriu o rosto com a capa.[26]

Ao contrário das divindades pagãs, Javé não estava em nenhuma das forças da natureza, mas num reino à parte. Ele se faz sentir no sopro quase imperceptível de uma brisa tênue, no paradoxo de um silêncio sonoro.

A história de Elias contém a última versão mítica do passado nas Escrituras judaicas. A mudança estava no ar em todo o *oikumene*. O período de 800 a 200 AEC é chamado de Era Axial. Em todas as principais regiões do mundo civilizado havia gente criando novas ideologias, que continuaram sendo cruciais e fecundas. Os novos sistemas religiosos refletiam as novas condições econômicas e sociais. Por motivos que não entendemos completamente, todas as grandes civilizações tiveram um desenvolvimento paralelo, mesmo quando não havia contato comercial (como entre a China e a Europa). A nova prosperidade levou ao surgimento de uma classe mercantil. O poder se transferiu das mãos do rei e do sacerdote, do palácio e do templo, para o mercado. A nova riqueza propiciou o florescimento intelectual e cultural, bem como o desenvolvimento da consciência social. A desigualdade e a exploração se tornavam mais visíveis à medida que o ritmo da mudança se acelerava nas cidades e as pessoas começavam a compreender que seu comportamento podia afetar o destino de futuras gerações. Cada região concebeu uma ideologia distinta para abordar tais problemas e preocupações: taoísmo e confucionismo na China, hinduísmo e budismo na Índia, racionalismo filosófico na Europa. O Oriente Médio não produziu uma solução uniforme; porém, no Irã e em Israel, Zoroastro e os profetas hebreus elaboraram, respectivamente, diferentes versões do monoteísmo. Por estranho que pareça, a idéia de "Deus", assim como outros grandes achados religiosos da época, evoluiu numa economia de mercado, num espírito de agressivo capitalismo.

Proponho examinar rapidamente dois desses novos fatos antes de ver, no próximo capítulo, a religião reformada de Javé. A experiência religiosa da Índia foi semelhante, mas sua ênfase distinta esclarecerá as características e os problemas peculiares da noção israelita de Deus. O racionalismo de Platão e Aristóteles também é importante, porque judeus, cristãos e muçulmanos usaram as idéias desses filósofos e tentaram adaptá-las à sua experiência religiosa, mesmo sendo o Deus grego muito diferente do seu.

No século XVII AEC, arianos de onde é hoje o Irã invadiram o vale do Indo e dominaram a população nativa. Impuseram suas idéias religiosas, preservadas na coletânea de odes conhecida como Rig-Veda. Ali encontramos uma multidão de deuses, expressando, em grande parte, os mesmos valores que as divindades do Oriente Médio e apresentando as forças da natureza como instinto dotado de poder, vida e personalidade. Contudo, havia indícios de que as pessoas começavam a pensar que os vários deuses podiam ser simples manifestações de um Absoluto divino transcendente a todos eles. Como os babilônios, os arianos tinham plena consciência de que seus mitos não eram versões factuais da realidade, mas exprimiam um mistério que nem os próprios deuses podiam explicar de modo adequado. Quando tentaram imaginar como os deuses e o mundo haviam evoluído a partir do caos primordial, concluíram que ninguém — nem mesmo os deuses — conseguia entender o mistério da existência:

> *Quem, pois, sabe de onde surgiu,*
> *de onde surgiu essa emanação,*
> *se Deus a dispôs ou não —*
> *só aquele que tudo vê no mais alto céu sabe.*
> *Ou talvez não!*[27]

A religião dos Vedas não procurava explicar as origens da vida nem dar respostas privilegiadas a questões filosóficas. Ao contrário, tinha como objetivo ajudar os devotos a aceitar o prodígio e o terror da existência. Propunha mais perguntas que respostas, a fim de manter as pessoas numa atitude de reverência e assombro.

No século VIII AEC, quando J e E escreviam suas crônicas, as mudanças nas condições sociais e econômicas do subcontinente indiano significavam que a velha religião védica perdera a importância. As idéias da população nativa, suprimidas nos séculos subseqüentes às invasões arianas, afloraram e suscitaram uma nova fome religiosa. O reavivado interesse pelo carma, a idéia de que nosso destino é determinado por nossas próprias ações, fez com que os mortais deixassem de culpar os deuses pela conduta irresponsável dos seres humanos. Mais e mais os deuses eram vistos como símbolos de uma única Realidade transcendente. A religião védica se preocupava com os rituais de sacrifício, mas o renovado interesse pela antiga prática indiana da ioga (o "jugo" dos poderes da mente mediante disciplinas especiais de concentração) mostrava a insatisfação generalizada com uma religião que se concentrava em aspectos externos. O sacrifício e a liturgia não bastavam: as pessoas queriam descobrir o sentido oculto desses ritos. Os profetas de Israel sentiam a mesma insatisfação. Os indianos já não viam os deuses como outros seres, exteriores a eles, mas, ao contrário, buscavam uma compreensão interior da verdade.

Os deuses não tinham mais muita importância. Daí em diante, seriam desbancados pelo mestre religioso, tido como superior a eles. Era uma admirável afirmação do valor da humanidade e do desejo de assumir o controle do próprio destino: seria o grande achado religioso do subcontinente. As novas religiões hinduísta e budista não negavam a existência dos deuses nem proibiam que as pessoas os adorassem. Consideravam prejudiciais tanto a repressão quanto a negação. Seus adeptos buscavam novas maneiras de transcender os deuses. No século VIII AEC, alguns sábios começaram a tratar dessas questões nos Aranyakas e Upanishads, tratados conhecidos coletivamente como Vedanta: o fim dos Vedas. Surgiram tantos Upanishads que, ao encerrar-se o século V AEC, havia cerca de duzentos. A religião que chamamos de hinduísmo não permite generalizações, porque evita sistemas e nega a validade de uma interpretação exclusiva. Os Upanishads, porém, desenvolveram uma concepção distinta da divindade, que transcende os deuses e, não obstante, está em todas as coisas.

Na religião védica, os devotos sentiam a presença de um poder sagrado no ritual do sacrifício. Chamavam-no de Brahman. Acreditavam que a casta sacerdotal (os brâmanes) também possuía esse poder. Como o sacrifício ritual se equiparava ao microcosmo de todo o universo, Brahman pouco a pouco passou a significar um poder que tudo mantém. O mundo inteiro era visto como a atividade divina brotando do misterioso Brahman, o significado oculto de toda a existência. Os Upanishads estimulavam as pessoas a cultivar um senso de Brahman em todas as coisas. Era um processo de revelação no sentido literal da palavra: um desvelar da base sagrada de todo ser. Tudo que acontecia constituía uma manifestação de Brahman: o verdadeiro discernimento estava na percepção da unidade existente por trás dos diversos fenômenos. Alguns Upanishads vêem Brahman como um poder pessoal, enquanto outros o consideram estritamente impessoal. Ninguém pode se dirigir a Brahman como "vós"; Brahman é neutro, nem masculino nem feminino; tampouco é percebido como a vontade de uma divindade soberana. Brahman não fala à humanidade. Não pode se encontrar com homens e mulheres; transcende essas atividades humanas. Não reage como pessoa: o pecado não o "ofende" e não podemos dizer que nos "ama" ou que "se enfurece". Agradecer-lhe ou louvá-lo por criar o mundo seria inadequado.

Esse poder divino seria absolutamente estranho, não fosse o fato de que *nos* impregna, mantém e inspira. As técnicas da ioga levam os adeptos a conscientizar-se da existência de um mundo interior. Outras culturas, como veremos, também desenvolveram disciplinas de postura, respiração, alimentação e concentração mental que aparentemente ocasionam uma experiência de esclarecimento e iluminação que, embora interpretada de modos diferentes, parece natural à humanidade. Os Upanishads dizem que essa experiência de uma nova dimensão do eu é o mesmo poder sagrado que sustenta o resto do mundo. O princípio eterno de cada indivíduo recebeu o nome de Atman: é uma nova versão da antiga visão holística do paganismo, uma redescoberta da Vida Única, essencialmente divina, dentro e fora de nós. O Chandogya Upanishad explica isso na parábola do sal. O jovem Sretaketu estudou os Vedas durante doze anos e ficou meio presunçoso. Depois de lhe fazer uma pergunta que ele não conseguiu responder, seu pai, Uddalaka, deu-lhe uma aula sobre a verdade fundamental que ele ignorava por completo. Mandou-o pôr uma pedra de sal na água e informá-lo na manhã seguinte. Quando o pai lhe pediu que mostrasse o sal, Sretaketu não conseguiu encontrá-lo, porque se dissolvera. Uddalaka começou a interrogá-lo:

"Bebe deste lado, por favor. Tem gosto de quê?"
"De sal."
"Bebe do meio. Tem gosto de quê?"
"De sal."
"Bebe do outro lado. Tem gosto de quê?"
"De sal."
"Joga tudo fora e volta aqui."
Ele assim fez, porém [o sal] continuou sendo o mesmo.
Disse-lhe [o pai]: "Meu querido filho, é verdade que não consegues ver o Ser aqui, mas também é verdade que ele *está* aqui. Essa essência primeira — todo o universo a tem como seu Eu. Isso é o Real. Isso é o Eu. Isso és *tu*, Sretaketu!".

Assim, embora não possamos vê-lo, Brahman impregna o mundo e, como Atman, é encontrado eternamente dentro de cada um de nós.[28]

Atman impediu que Deus se tornasse um ídolo, uma Realidade exterior, uma projeção de medos e desejos humanos. Portanto, o Deus do hinduísmo não é um Ser acrescentado ao mundo que conhecemos e tampouco é idêntico ao mundo. Não há como compreender isso por intermédio da razão. Ele nos é "revelado" somente por uma experiência (*anubhara*) que não podemos exprimir com palavras ou conceitos. Brahman é "o que não pode ser dito com palavras, mas pelo qual se dizem palavras [...] O que não pode ser pensado com a mente, mas pelo qual a mente pode pensar".[29] É impossível falar *a* um Deus tão imanente, ou pensar *sobre* ele, transformando-o em mero objeto de pensamento. Trata-se de uma Realidade que só se pode discernir em êxtase, no sentido original de transcender o eu: Deus

> vem ao pensamento daqueles que O conhecem além do pensamento, não daqueles que O imaginam alcançável pelo pensamento. É desconhecido para o culto e conhecido para o simples.
>
> É conhecido no êxtase de um despertar que abre a porta da vida eterna.[30]

Como os deuses, a razão não é negada, mas transcendida. A experiência de Brahman ou Atman é tão inexplicável racionalmente quanto uma peça musical ou um poema. A inteligência é necessária para a criação e a apreciação de uma obra de arte, que, no entanto, proporciona uma experiência que transcende a faculdade puramente lógica ou cerebral. Esse também será um tema constante na história de Deus.

O ideal de transcendência pessoal se corporificava no iogue, que deixava a família e abandonava todos os laços e responsabilidades sociais para buscar a iluminação, situando-se em outro campo do ser. Por volta de 538 AEC, um jovem chamado Siddharta Gautama também deixou sua bela esposa, seu filho, sua casa luxuosa em Kapilavashtu, cerca de 150 quilômetros ao norte de Benares, e se tornou um asceta mendicante. Horrorizara-se com o espetáculo do sofrimento e queria descobrir o segredo que acabaria com a dor da existência. Durante seis anos, sentou-se aos pés de vários gurus e se submeteu a terríveis penitências, mas nada conseguiu. As doutrinas dos sábios não o convenceram, e suas mortificações o levaram ao desespero. Só quando abandonou esses métodos e entrou em transe, alcançou a iluminação. O cosmo inteiro exultou, a terra estremeceu, flores caíram do céu, brisas fragrantes sopraram e os deuses se rejubilaram. Como na visão pagã, os deuses, a natureza e a humanidade estavam unidos e solidários. Havia uma nova esperança de libertar-se do sofrimento e atingir o nirvana, o fim da dor. Gautama se tornara o Buda, o Iluminado. A princípio, o demônio Mara o tentou: devia ficar onde estava e desfrutar sua recém-descoberta felicidade; não adiantava querer espalhar a mensagem, pois ninguém acreditaria nele. Contudo, os dois deuses do panteão tradicional — Maha Brahma e Sakra, Senhor dos *devas* — intervieram e pediram-lhe que explicasse seu método ao mundo. Buda concordou e, durante os 45 anos seguintes, percorreu toda a Índia, pregando sua mensagem: neste mundo de sofrimento, só uma coisa era estável e firme: Dharma, a verdade sobre o viver correto, único meio de nos livrar da dor.

Isso nada tinha a ver com Deus. Buda acreditava implicitamente na existência dos deuses, pois eles faziam parte de sua bagagem cultural, mas não acreditava que tivessem muita utilidade para os seres humanos. Também estavam presos no mundo de dor e fluxo; não o ajudaram a alcançar a iluminação; estavam envolvidos no ciclo de renascimento, como todos os outros seres, e acabariam desaparecendo. Entretanto, em momentos cruciais de sua vida — como quando tomou a decisão de pregar sua mensagem —, Buda imaginou os deuses influenciando-o e desempenhando um papel ativo. Não negava os deuses, portanto, mas acreditava que a Realidade última do nirvana era superior a eles. Os budistas não atribuem a felicidade ou a transcendência que sentem na meditação a um contato com um ser sobrenatural. Esses estados são naturais à humanidade; qualquer um que viva de forma correta e aprenda as técnicas da ioga pode alcançá-los. Portanto, Buda exortava seus discípulos a buscar a salvação, em vez de contar com um deus.

Quando encontrou seus primeiros discípulos em Benares, após a iluminação, ele delineou seu sistema, baseado num fato essencial: toda a existência é *dukkha*. Consiste inteiramente em sofrimento; a vida é terrível. As coisas vêm e vão num fluxo sem sentido. A religião começa com a percepção de que algo está errado. Na Antiguidade pagã, isso levara ao mito de um mundo divino, arquetípico, correspondente ao nosso e capaz de transferir sua força para a humanidade. Buda ensinou que podemos nos libertar do *dukkha*, levando uma vida de compaixão por todos os seres vivos, falando e agindo com delicadeza e precisão e abstendo-nos de todo tipo de coisa que, como as drogas, anuvia a mente. Ele não dizia que inventou esse sistema, e sim que o *descobriu*: "Vi uma trilha antiga, uma estrada antiga, palmilhada por budas de outrora".[31] Como as leis do paganismo, seu sistema guarda estreita relação com a estrutura essencial da existência, inerente à condição da própria vida. Tem realidade objetiva, não por ser logicamente demonstrável, mas porque qualquer um que se esforce para viver dessa maneira descobrirá que o sistema funciona. A eficácia, mais que a demonstração filosófica ou histórica, sempre foi a marca da religião vitoriosa: durante séculos, os budistas em muitas partes do mundo descobriram que esse estilo de vida realmente proporciona um sentido de transcendência.

O carma prende homens e mulheres a um interminável ciclo de renascimento para uma série de vidas dolorosas. No entanto, se conseguirem reformar suas atitudes egoístas, eles poderão mudar seu destino. Buda comparou o processo de renascimento à chama de uma lâmpada, na qual se acende outra lâmpada, e mais outra, até a chama se extinguir. Se ainda arde numa atitude errônea, o moribundo simplesmente vai acender outra lâmpada. Contudo, se o fogo é apagado, o ciclo de sofrimento cessa e atinge-se o nirvana. "Nirvana" significa, literalmente, "esfriar" ou "apagar". Não é, porém, um estado negativo; ao contrário, desempenha na vida budista um papel análogo ao de Deus. Como explica Edward Conze em *Buddhism: its essence and development*, os budistas muitas vezes usam as mesmas imagens dos teístas para descrever o nirvana, a realidade última:

> Dizem-nos que o Nirvana é permanente, estável, imperecível, inamovível, atemporal, imortal, não nascido e não tornado; que é poder, alegria e felicidade, o refúgio seguro, o abrigo e o lugar de inatacável segurança; que é a Verdade autêntica e a Realidade suprema; que é o *bem*, a meta suprema e a única consumação de nossa vida, a Paz eterna, oculta e incompreensível.[32]

Alguns budistas talvez discordem dessa comparação, pois consideram o conceito de "Deus" demasiado restritivo para expressar sua concepção da realidade última. Isso se deve, em grande parte, ao fato de os teístas usarem a palavra "Deus" de um modo restrito para referir-se a um ser que não é muito diferente de nós. Como os sábios dos Upanishads, Buda insistia que não se pode definir ou discutir o nirvana como se fosse qualquer outra realidade humana.

Atingir o nirvana não é a mesma coisa que "ir para o céu", como os cristãos em geral entendem. Buda sempre se recusou a responder perguntas sobre o nirvana e outros assuntos cruciais, por serem "impróprias", ou "inapropriadas". Não podemos definir o nirvana porque nossas palavras e conceitos estão presos ao mundo dos sentidos e do fluxo. A experiência é a única "prova" confiável. Seus discípulos saberiam que o nirvana existe simplesmente porque, levando uma vida correta, acabariam por vislumbrá-lo.

> Existe, monges, um não nascido, não tornado, não feito, não composto. Se, monges, não existisse esse não nascido, não tornado, não feito, não composto, não haveria uma fuga do nascido, do tornado, do feito, do composto. Mas, como existe um não nascido, não tornado, não feito, não compos-

to, há uma fuga do nascido, do tornado, do feito, do composto.[33]

Seus monges não deviam especular sobre a natureza do nirvana. Tudo que Buda podia fazer era oferecer-lhes uma jangada para levá-los à "outra margem". Quando lhe perguntavam se um buda que atingira o nirvana vivia após a morte, ele descartava a pergunta como "imprópria". Era como perguntar para que lado vai a chama quando se "apaga". Dizer que um buda existe no nirvana é tão errado quanto dizer que ele não existe: a palavra "existir" não tem relação com qualquer estado que possamos entender. Descobriremos que, durante todos esses séculos, judeus, cristãos e muçulmanos deram a mesma resposta à questão da "existência" de Deus. Buda tentava mostrar que a linguagem não está equipada para tratar de uma realidade que ultrapassa os conceitos e a razão. Mais uma vez, ele não negava a razão, porém insistia na importância do pensamento claro e preciso e no uso acurado da linguagem. Em última análise, afirmava que a teologia ou as crenças de uma pessoa, assim como o ritual de que ela participa, não são importantes. Podem ser interessantes, mas não cruciais. A única coisa que conta é a vida correta; se tentam levá-la, os budistas descobrem que o Dharma é verdadeiro, mesmo que não consigam expressar essa verdade em termos lógicos.

Os gregos, em contrapartida, eram entusiastas da lógica e da razão. Platão (c. 428–348) constantemente aborda problemas de epistemologia e da natureza da sabedoria. Dedicou grande parte de suas primeiras obras à defesa de Sócrates, que obrigara os homens a clarear as idéias com perguntas que os faziam pensar, mas fora condenado à morte em 399, sob acusação de irreligiosidade e corrupção da juventude. Como os indianos, não mais se contentava com as velhas festas e mitos da religião, que achava degradantes e inapropriados. Platão também recebeu influência do filósofo Pitágoras (século VI AEC), que, por sua vez, pode ter sido influenciado por idéias da Índia, transmitidas via Pérsia e Egito. Ele acreditava que a alma era uma divindade decaída e maculada, encarcerada no corpo como num túmulo e condenada a um perpétuo ciclo de renascimento. Verbalizou nossa sensação de sermos estranhos num mundo que não parece ser nosso verdadeiro elemento. Pitágoras ensinava que a alma podia se libertar por meio de purificações rituais, que lhe possibilitariam alcançar a harmonia com o universo ordenado. Platão também acreditava que havia uma realidade divina imutável, além do mundo dos sentidos, e que a alma era uma divindade decaída, afastada de seu elemento, aprisionada no corpo, mas capaz de readquirir seu status divino mediante a purificação dos poderes racionais da mente. No famoso mito da caverna, ele descreve a escuridão da vida humana na terra: tudo que o homem percebe são sombras das realidades eternas tremulando na parede da caverna. Mas, aos poucos, pode ser tirado dali e alcançar a iluminação e a libertação, acostumando sua mente à luz divina.

Mais tarde, Platão abandonou a doutrina das formas ou idéias eternas, porém elas se tornaram cruciais para muitos monoteístas que tentaram expressar sua concepção de Deus. Trata-se de realidades estáveis, constantes, apreensíveis aos poderes racionais da mente, mais completas, mais permanentes e efetivas que os fenômenos materiais mutáveis e falhos com que nos deparamos através dos sentidos. As coisas deste mundo apenas refletem, "compartilham" ou "imitam" as formas eternas da esfera divina. A cada um de nossos conceitos gerais, como Amor, Justiça, Beleza, corresponde uma idéia. Porém, a forma suprema é a idéia de Deus. Platão deu forma filosófica ao antigo mito do arquétipo. Podemos ver suas idéias eternas como uma versão racional do mítico mundo divino, do qual as coisas terrenas são mera sombra. Embora ele não discuta a natureza de Deus e se atenha ao mundo divino das formas, às vezes parece que a Beleza ou o Bem ideais representam uma realidade suprema. Para Platão, o mundo divino é estático e imutável. Para os antigos gregos, o movimento e a mudança indicam uma realidade inferior: o que possui identidade verdadeira se mantém sempre igual, caracteriza-se pela permanência e pela imutabilidade. O movimento mais perfeito, portanto, é o círculo, porque gira e retorna perpetuamente a seu ponto original: a circulação das esferas celestes imita o mundo divino na medida do possível. Essa imagem absolutamente estática da divindade exerceria enorme influência sobre judeus, cristãos e muçulmanos, embora tenha pouco em comum com o Deus da revelação, que está sempre ativo, é inovador e, segundo a Bíblia, até muda de idéia, como quando se arrepende de ter feito o homem e decide destruir a espécie humana no Dilúvio.

Há em Platão um aspecto místico que os monoteístas achariam muito interessante. Suas formas divinas não são realidades "que estão lá fora", mas podem ser encontradas dentro do eu. Em seu diálogo *O banquete*, Platão mostra como o amor por um corpo belo pode ser purificado e transformado numa contemplação extática (*theoria*) da Beleza ideal. Diotima, mentora de Sócrates, explica que essa Beleza é única, eterna e absoluta, diferente de qualquer coisa que experimentamos no mundo:

> Essa Beleza é, antes de mais nada, eterna; não nasce nem morre; não aumenta nem diminui; depois, não é bela em parte e feia em parte, nem bela num momento e feia em outro, nem bela em relação a isso e feia em relação àquilo, nem bonita aqui e feia ali, variando segundo quem a vê; tampouco aparece à imaginação como a beleza de um rosto, de mãos ou de qualquer outra coisa corpórea, nem como a beleza de uma idéia ou ciência, nem como a beleza contida em outra coisa que não ela mesma, seja numa criatura viva da terra ou do céu, seja em qualquer outra coisa; ele a verá como absoluta, existindo em si mesma, única, eterna.[34]

Em suma, uma idéia como a Beleza tem muito em comum com o que muitos teístas chamam de "Deus". Contudo, apesar de sua transcendência, as idéias se encontram na mente humana. Nós, modernos, entendemos o pensamento como uma atividade, como algo que *fazemos*. Platão o vê como algo que ocorre à mente: os objetos de pensamento são realidades ativas no intelecto do homem que as contempla. Como Sócrates, ele considera o pensamento um processo de lembrança, a apreensão de uma coisa que sempre soubemos, porém esquecemos. Sendo divindades decaídas, preservamos dentro de nós as formas do mundo divino e podemos "tocá-las" com a razão, que não é apenas uma atividade racional ou cerebral, mas uma compreensão intuitiva da realidade eterna existente em nós. Essa idéia teria enorme influência sobre os místicos das três religiões historicamente monoteístas.

Platão acreditava que o universo era, em essência, racional. Esse era outro mito ou concepção imaginária da realidade. Aristóteles (384-322 AEC) deu um passo além. Foi o primeiro a reconhecer a importância do raciocínio lógico, base de toda a ciência, e estava convencido de que era possível compreender o universo aplicando esse método. Além de tentar uma compreensão teórica da verdade nos catorze tratados intitulados *Metafísica* (o termo foi cunhado por seu editor, que colocou esses tratados "depois da *Física*": *meta ta physika*), estudou física teórica e biologia empírica. Contudo, tinha uma profunda humildade intelectual, e insistia que ninguém pode chegar a uma concepção adequada da verdade, mas todos podem dar uma pequena contribuição à compreensão coletiva. Há muita controvérsia sobre sua avaliação da obra de Platão. Por temperamento, ele se opõe à visão transcendente das formas de Platão, rejeitando a idéia de que tivessem uma existência anterior e independente. Sustenta que as formas só possuem realidade na medida em que existem nos objetos concretos, materiais, de nosso mundo.

Apesar da abordagem pragmática e da preocupação com o fato científico, Aristóteles compreendia muito bem a natureza e a importância da religião e da mitologia. Observou que não se exigia dos iniciados nos vários mistérios que aprendessem qualquer fato, "mas que experimentem certas emoções e cheguem a certa disposição".[35] Daí sua famosa teoria literária de que a tragédia efetua uma purificação (*katharsis*) das emoções de terror e piedade equivalente a uma experiência de renascimento. As tragédias gregas, que em sua origem faziam parte de uma festa religiosa, não apresentam necessariamente um relato factual de acontecimentos históricos, mas tentam revelar uma verdade maior. A história é mais trivial que a poesia e o mito: "Uma descreve o que aconteceu; a outra, o que poderia ter acontecido. Por isso a poesia é mais filosófica e séria que a história; a poesia fala do universal, e a história, do particular".[36] Pode ter havido ou não um Aquiles ou um Édipo histórico, porém os fatos de suas vidas são irrelevantes para as personagens criadas por Homero e Sófocles, que expressam uma verdade diferente e mais profunda sobre a condição humana. A visão aristotélica da *katharsis* da tragédia equivale à exposição filosófica de uma verdade que o *homo religiosus* sempre compreendeu intuitivamente: uma exposição simbólica, mítica ou ritual de fatos que seriam insuportáveis na vida diária pode redimi-los e transformá-los em algo puro e até agradável.

A idéia aristotélica de Deus influenciaria profundamente monoteístas posteriores, sobretudo cristãos ocidentais. Em sua *Física*, ele examina a natureza da realidade e a estrutura e a substância do universo. Desenvolve o equivalente a uma versão filosófica das antigas descrições emanacionistas da criação: havia uma hierarquia de existências, cada uma das quais transmitia forma e mudança para a que estava abaixo dela. Já na teoria de Aristóteles, as emanações se tornam mais fracas à medida que se distanciam da fonte. No topo dessa hierarquia está o Motor Imóvel, que Aristóteles identifica com Deus. Esse Deus é puro ser e, como tal, eterno, imóvel e espiritual. Deus é puro pensamento, ao mesmo tempo pensador e pensamento, empenhado num eterno momento de contemplação de si mesmo, o mais elevado objeto de conhecimento. Como a matéria é falha e mortal, não há elemento material em Deus, nem nas formas elevadas de ser. O Motor Imóvel suscita todo movimento e toda atividade que ocorre no universo, pois todo movimento deve ter uma causa que se possa relacionar com uma fonte única. Ele ativa o mundo por um processo de atração, pois todos os seres são atraídos para o Ser em si.

O homem está numa posição privilegiada: sua alma possui o dom divino do intelecto, o que o torna semelhante a Deus e partícipe da natureza divina. Por essa capacidade divina de raciocinar, situa-se acima das plantas e dos animais. Como corpo e alma, porém, é um microcosmo de todo o universo, contendo em si os mais reles materiais, além do divino atributo da razão. Tem o dever de se tornar imortal e divino, purificando-se pelo intelecto. A sabedoria (*sophia*) é a mais elevada das virtudes humanas; expressa-se na contemplação (*theoria*) da verdade filosófica, que, como em Platão, nos diviniza pela imitação da atividade de Deus. A *theoria* não é alcançada apenas pela lógica, mas é uma intuição disciplinada, que resulta numa extática autotranscendência. Pouquíssimas pessoas, porém, são capazes dessa sabedoria, e a maioria só consegue chegar à *phronesis*, o exercício de previsão e inteligência no cotidiano.

Apesar da importante posição do Motor Imóvel em seu sistema, o Deus de Aristóteles tem pouca relevância religiosa. Não criou o mundo, pois isso teria envolvido mudança imprópria e atividade temporal. Embora tudo anseie por ele, permanece indiferente à existência do universo, pois não pode contemplar nada que lhe é inferior. Certamente não dirige nem orienta o mundo, e não pode fazer diferença em nossa vida, de um modo ou de outro. Talvez nem saiba da existência do cosmo, que emanou dele como um efeito necessário de sua existência. A questão de sua existência talvez seja inteiramente periférica. É possível que, mais tarde, Aristóteles tenha abandonado sua teologia. Como homens da Era Axial, ele e Platão se preocupavam com a consciência individual, a vida correta e a justiça na sociedade. Mas o pensamento de ambos era elitista. O mundo puro das formas de Platão ou o remoto Deus de Aristóteles pouco impacto poderiam ter na vida dos mortais comuns, um fato que, posteriormente, seus admiradores judeus e muçulmanos foram obrigados a admitir.

As novas ideologias da Era Axial concordam, portanto, que a vida humana contém um elemento transcendente essencial. Os vários sábios que examinamos interpretam essa transcendência de maneiras diferentes, porém todos a consideram crucial para o pleno desenvolvimento da humanidade. Não descartaram inteiramente as velhas ideologias, mas reinterpretaram-nas e ajudaram as pessoas a superá-las. Ao mesmo tempo que se formavam essas ideologias momentosas, os profetas de Israel desenvolviam suas próprias tradições para enfrentar suas novas condições, e em função disso Javé acabou se tornando o *único* Deus. Mas como o irascível Javé corresponderia a essas visões grandiosas?

2. UM ÚNICO DEUS

EM 742 AEC, um membro da família real de Judá teve uma visão de Javé no Templo que Salomão construíra em Jerusalém. Era uma época de ansiedade para o povo de Israel. O rei Ozias de Judá morrera naquele ano, e lhe sucedera seu filho Acaz, que desejava estimular o povo a adorar deuses pagãos, além de Javé. O reino de Israel, ao norte, achava-se em estado de quase anarquia: após a morte do rei Jeroboão II, cinco monarcas ocuparam o trono entre 746 e 736, enquanto Teglat-Falasar III, soberano da Assíria, cobiçava-lhes as terras, ansioso por acrescentá-las a seu império em expansão. Em 722, seu sucessor, Sargão II, conquistou o reino setentrional e deportou a população: as dez tribos de Israel se submeteram à assimilação e desapareceram da história, enquanto o pequeno reino de Judá temia pela própria sobrevivência. Quando rezava no Templo, pouco depois da morte de Ozias, Isaías provavelmente tinha maus pressentimentos; ao mesmo tempo, devia estar incomodado com a impropriedade do pródigo cerimonial do Templo. Embora pertencesse à classe dominante, tinha opiniões populistas e democráticas e era extremamente sensível à situação dos pobres. O incenso que queimava diante do Santo dos Santos e o cheiro do sangue de animais sacrificados talvez lhe infundissem o temor de que a religião de Israel houvesse perdido integridade e sentido.

De repente, ele viu Javé sentado em seu trono, bem acima do Templo, réplica terrena da corte celestial. Seu séqüito lotava o santuário. Dois serafins cobriam o rosto com as asas e gritavam um para o outro: "Santo! Santo! Santo é Javé Sabaot. Sua glória inunda a terra inteira".[1] Ao som de suas vozes, o Templo estremeceu e se encheu de fumaça, envolvendo Javé numa nuvem impenetrável, semelhante à nuvem e à fumaça que o esconderam de

Moisés no monte Sinai. Hoje em dia, quando usamos a palavra "santo", em geral nos referimos a um estado de excelência moral. No entanto, o hebraico *kaddosh* nada tem a ver com moralidade; significa alteridade, separação radical. A aparição de Javé no monte Sinai enfatizou o imenso fosso que de repente se interpusera entre o homem e o mundo divino. Agora os serafins gritavam: "Javé é outro! Outro! Outro!". Isaías experimentou essa sensação do numinoso que periodicamente ocorria a homens e mulheres e lhes inspirava fascinação e pavor. No clássico *A idéia do sagrado*, Rudolph Otto descreve essa experiência da realidade transcendente como *mysterium terribile et fascinans*; é *terribile* porque se dá como um profundo choque que nos priva das consolações da normalidade, e *fascinans* porque, paradoxalmente, exerce uma atração irresistível. Nada há de racional nessa experiência arrasadora, que Otto compara à da música ou do erotismo: as emoções que engendra não podem ser expressas de forma adequada em palavras ou conceitos. Na verdade, nem se pode dizer que "existe" o senso do Inteiramente Outro, porque não se encaixa em nosso quadro normal de realidade.[2] O novo Javé da Era Axial era ainda o "deus dos exércitos" (*sabaot*), porém não mais o deus da guerra. Tampouco era apenas uma divindade tribal, passionalmente parcial em favor de Israel: sua glória já não se limitava à Terra Prometida, mas inundava a terra inteira.

Isaías não era nenhum Buda experimentando uma iluminação que proporcionava paz e felicidade. Não se tornara o perfeito mestre de homens. Ao contrário, estava tomado de terror mortal e gritava:

> *Em que estado deplorável me encontro! Estou perdido,*
> *porquanto sou um homem de lábios impuros*
> *e convivo com um povo de lábios impuros,*
> *e meus olhos viram o Rei, Javé Sabaot.*[3]

Subjugado pela santidade transcendente de Javé, só tinha consciência da própria incompetência e de sua impureza ritual. Ao contrário de Buda ou de um iogue, não se preparara para aquela experiência com uma série de exercícios espirituais. Ela acontecera de repente e o abalara com seu impacto devastador. Um dos serafins purificou-lhe os lábios com uma brasa, para que pudessem dizer a palavra de Deus. Muitos profetas não queriam ou não podiam falar em nome de Deus. No episódio da sarça ardente, quando Deus chamou Moisés, protótipo de todos os profetas, e lhe ordenou que transmitisse sua mensagem ao faraó e aos filhos de Israel, Moisés alegou que não sabia "falar bem".[4] Deus levou em conta esse impedimento e permitiu que seu irmão, Aarão, falasse por ele. Esse motivo constante nas histórias das vocações proféticas simboliza a dificuldade de falar a palavra de Deus. Os profetas não ansiavam por proclamar a mensagem divina e relutavam em assumir uma missão que implicava tensão e angústia. A transformação do Deus de Israel num símbolo de poder transcendente não seria um processo tranqüilo, mas envolveria dor e luta.

Os hindus jamais descreveriam Brahman como um grande rei, porque seu Deus não pode ser descrito em termos humanos. Devemos nos abster de interpretar ao pé da letra a história da visão de Isaías; é uma tentativa de descrever o indescritível, e Isaías instintivamente recorre às tradições mitológicas de seu povo para dar a seu público uma idéia do que lhe aconteceu. Os Salmos muitas vezes retratam Javé entronizado em seu templo como rei, da mesma forma que Baal, Marduc e Dagon,[5] os deuses dos povos vizinhos, reinavam em templos semelhantes. Por trás do imaginário mitológico, porém, começava a surgir em Israel uma concepção muito diferente da realidade última: a experiência com esse Deus é um encontro com uma pessoa. Apesar de sua terrível alteridade, Javé pode falar e Isaías pode responder. O que, mais uma vez, seria inconcebível para os sábios dos Upanishads, pois dialogar ou encontrar-se com Brahman-Atman seria impropriamente antropomórfico.

Javé pergunta: "Quem hei de enviar? Quem será nosso mensageiro?". Como Moisés, Isaías responde de imediato: "Eis-me aqui! [*hineni!*] Envia-me!". O objetivo dessa visão não era iluminar o profeta, mas dar-lhe uma tarefa prática. Basicamente, o profeta é alguém que está em presença de Deus, porém essa experiência de transcendência resulta em ação, não em transmissão de conhecimento — como no budismo. O profeta não se caracteriza pela iluminação mística, mas pela obediência. Como seria de se esperar, a mensagem nunca é fácil. Com a típica paradoxalidade semita, Javé avisa que os israelitas não a aceitarão: Isaías não deve se horrorizar, quando rejeitarem as palavras de Deus: "Vai e diz a esse povo: 'Ouvi, e não entendais; vede, e não percebais'".[6] Setecentos anos depois, Jesus citaria essas palavras, quando as pessoas se recusaram a ouvir sua mensagem igualmente dura.[7] A humanidade não suporta muita realidade. Os israelitas da época de Isaías estavam à beira da guerra e da extinção, e a mensagem de Javé não era nada animadora: suas cidades seriam destruídas, seus campos devastados, suas casas esvaziadas de habitantes. Isaías viveria o bastante para ver a destruição do reino setentrional, em 722, e a deportação das dez tribos. Em 701, Senaquerib, o soberano assírio, invadiria Judá com um vasto exército, sitiaria 46 de suas cidades e fortalezas, empalaria os oficiais que as defendiam, deportaria cerca de 2 mil pessoas e aprisionaria o monarca judeu em Jerusalém "como um pássaro na gaiola".[8] Coube a Isaías a ingrata tarefa de advertir seu povo dessas catástrofes iminentes:

> *Haverá um grande vazio no país*
> *e, embora um décimo da população permaneça,*
> *será escorchado como um terebinto,*
> *do qual, uma vez derrubado, só resta a cepa.*[9]

Um arguto observador político não teria dificuldade em prever tais desastres. A arrepiante originalidade da mensagem de Isaías está em sua análise da situação. O velho Deus parcial de Moisés teria atribuído à Assíria o papel do inimigo; o Deus de Isaías vê a Assíria como seu instrumento. Quem conduz os israelitas para o exílio e devasta o país não é Sargão nem Senaquerib. É "Javé que expulsa o povo".[10]

Esse é um tema constante na mensagem dos profetas da Era Axial. O Deus de Israel distinguia-se originalmente das divindades pagãs por revelar-se em acontecimentos contemporâneos concretos, não apenas na mitologia e na liturgia. Agora, insistiam os novos profetas, a catástrofe política, bem como a vitória, revelava o Deus que se tornava senhor e dono da história. Todas as nações estavam em seu poder. Já a Assíria fracassaria, porque seus reis não compreenderam que eram apenas instrumentos nas mãos de um ser maior que eles.[11] Como Javé previra a destruição final da Assíria, havia esperança para o futuro. Mas nenhum israelita haveria de querer ouvir que seu povo acarretara a própria ruína por insistir numa política míope e numa conduta exploradora. Ninguém gostaria de saber que Javé planejara as vitoriosas campanhas assírias de 722 e 701, da mesma forma que comandara os exércitos de Josué, de Gedeão e do rei Davi. O que ele pensou que estava fazendo com a nação que devia ser seu Povo Eleito? O Javé descrito por Isaías não realizava nenhum desejo. Não fornecia nenhuma panacéia; ao contrário, obrigava as pessoas a enfrentar realidades incômodas. Em vez de refugiar-se nas velhas observâncias cultuais que remetiam os devotos ao tempo mítico, profetas como Isaías tentavam fazer com que seus compatriotas encarassem os fatos reais da história e os aceitassem como um diálogo terrível com Deus.

Enquanto o Deus de Moisés era triunfalista, o de Isaías é choroso. A profecia, tal como chegou até nós, começa com um lamento nem um pouco lisonjeiro para o povo da aliança: o boi e o asno conhecem seus donos, mas "Israel não conhece nada, meu povo não entende nada".[12] Javé está revoltado com os sacrifícios de animais no Templo, enojado com a gordura dos bezerros, o sangue dos touros e dos bodes, o cheiro da fumaça dos holocaustos. Não suporta as festas, as cerimônias de Ano-Novo, as peregrinações.[13] A platéia de Isaías deve ter ficado chocada: no Oriente Médio, essas celebrações cultuais faziam parte da essência da religião. Os deuses pagãos precisavam das cerimônias para renovar suas energias; seu prestígio dependia, em parte, da magnificência de seus templos. Agora Javé dizia que essas coisas não tinham o menor sentido. Para Isaías, como para outros sábios e filósofos do *oikumene*, a observância exterior não bastava. Os israelitas deviam descobrir o significado intrínseco de sua religião. Javé queria compaixão, não sacrifício:

> Podeis multiplicar vossas orações,
> não as escutarei.
> Vossas mãos estão cheias de sangue;
> lavai-vos, purificai-vos,
> tirai vossa maldade de diante de meus olhos.
> Cessai de fazer o mal.
> Aprendei a fazer o bem,
> procurai o que é justo,
> ajudai o oprimido,
> fazei justiça ao órfão,
> defendei a viúva.[14]

Os profetas haviam descoberto por si mesmos o supremo dever da compaixão, que se tornaria a marca distintiva de todas as grandes religiões formadas na Era Axial. Todas as novas ideologias que se desenvolviam no *oikumene* nesse período insistiam que o teste de autenticidade estava em incorporar a experiência religiosa ao cotidiano. Não bastava mais limitar a observância ao Templo e ao mundo extratemporal do mito. Após a iluminação, era preciso voltar ao mercado e praticar a compaixão por todos os seres vivos.

O ideal social dos profetas estava implícito no culto de Javé desde o Sinai: a história do Êxodo enfatizara que Deus estava do lado dos fracos e oprimidos. A diferença era que agora os próprios israelitas eram castigados como opressores. Na época da visão profética de Isaías, dois profetas já pregavam uma mensagem semelhante no caótico reino setentrional. O primeiro, Amós, não era aristocrata como Isaías, mas um pastor que vivia originalmente em Técua, no reino meridional. Por volta de 752, Amós também se rendeu ao súbito imperativo que o levou ao reino setentrional de Israel, onde irrompeu no antigo santuário de Betel, profetizando ruína. Amasias, o sacerdote local, tentou expulsá-lo. Podemos ouvir a voz superior do *establishment* em sua pomposa repulsa ao insólito pastor. Naturalmente, imaginava que Amós pertencia a uma das corporações de adivinhos que vagavam em grupos e liam a sorte por dinheiro. "Vai embora, vidente!", disse com desdém. "Volta à terra de Judá; ganha lá teu pão, faz lá tuas profecias. Não queremos mais profecias em Betel; este é o santuário real, o templo nacional." Imperturbável, Amós se empertigou e altivamente respondeu que não era nenhum profeta de guilda, mas tinha um mandato direto de Javé: "Eu era pastor e cultivava sicômoros. Foi Javé que me tirou do pastoreio e disse: 'Vai profetizar a meu povo de Israel'".[15] E agora o povo de Betel não queria ouvir a mensagem de Javé? Muito bem, tinha outro oráculo para eles: suas esposas seriam postas na rua, seus filhos seriam massacrados e eles próprios morreriam no exílio, longe da terra de Israel.

A solidão fazia parte da essência do profeta. Como Amós, o profeta estava sozinho; rompera com os hábitos e deveres de seu passado. Não era uma opção sua; era algo que lhe acontecera. Ele se sentia privado dos padrões normais de consciência e incapaz de acionar os controles usuais. Era obrigado a profetizar, quisesse ou não. Como disse Amós:

O leão ruge; quem não se amedronta?
O Senhor Javé fala: quem se negaria a profetizar?[16]

Ao contrário de Buda, Amós não experimentou a aniquilação de si mesmo no nirvana. Javé tomou o lugar de seu ego e o arrastou para outro mundo. Amós foi o primeiro profeta a enfatizar a importância da justiça social e da compaixão. Como Buda, tinha plena consciência do sofrimento humano. Em seus oráculos, Javé fala pelos oprimidos, dando voz à dor muda e impotente dos pobres. A profecia de Amós, tal como chegou até nós, começa com Javé esbravejando no Templo de Jerusalém, horrorizado com a miséria presente em todos os países do Oriente Próximo, inclusive em Judá e Israel. Os israelitas eram tão maus quanto os *goyim*, os gentios: conseguiam ignorar a crueldade e a opressão contra os pobres, mas Javé estava atento à trapaça, à exploração, à impressionante descompaixão. "Jurou Javé pela glória de Jacó: 'Nunca me esquecerei de tudo que fizestes'."[17] Tinham de fato a temeridade de esperar o Dia do Senhor, quando Javé exaltaria Israel e humilharia os *goyim*? Pois levariam um choque: "O que será, para vós, este dia de Javé? Trevas será, e não luz".[18] Achavam que eram o Povo Eleito? Pois não entenderam a natureza da aliança, que significava responsabilidade, não privilégio: "Ouvi esta palavra de Javé contra vós, filhos de Israel!", exclamou Amós. "Contra toda a família que tirei da terra do Egito:

> *De todas as famílias da terra, só a vós reconheci;*
> *portanto, é por vossos pecados que vos punirei.*"[19]

A aliança significava que *todo* o povo de Israel era eleito de Deus e tinha, pois, de receber um tratamento digno. Deus não intervinha na história só para glorificar Israel, mas para assegurar a justiça social. Esse era seu empenho, e, se necessário fosse, usaria o exército assírio para impor a justiça em sua própria terra.

Não surpreende que a maioria dos israelitas recusasse o convite do profeta para dialogar com Javé. Preferiam uma religião de observância ritual menos exigente, no Templo de Jerusalém ou nos velhos cultos da fertilidade de Canaã. Continua sendo assim: apenas uma minoria segue a religião da compaixão; a maioria das pessoas religiosas contenta-se com a adoração na sinagoga, na igreja, no templo, na mesquita. As antigas religiões cananéias ainda floresciam em Israel. No século X, o rei Jeroboão I estabelecera o culto de dois touros nos santuários de Dan e Betel. Duzentos anos depois, os israelitas ainda participavam de ritos da fertilidade e sexo sagrado, como vemos nos oráculos do profeta Oséias, contemporâneo de Amós.[20] Alguns achavam que Javé tinha esposa, como os outros deuses: recentemente, arqueólogos encontraram inscrições dedicadas "A Javé e sua Asera". Oséias irritava-se particularmente com o fato de Israel violar os termos da aliança ao adorar outros deuses, como Baal. Preocupava-se com o sentido intrínseco da religião, como todos os novos profetas. "Porque o que eu quero é amor [*hesed*], e não sacrifício", faz Javé dizer; "e o conhecimento de Deus [*daath Elohim*], não holocaustos".[21] Não se referia a um conhecimento teológico: a palavra *daath* deriva do verbo hebraico *yada*: conhecer, que tem conotações sexuais. Assim, J diz que Adão "conheceu" sua esposa, Eva.[22] Na velha religião cananéia, Baal se casava com a terra e sua união era celebrada com orgias rituais, mas Oséias insistia que, desde a aliança, Javé substituíra Baal e se casara com o povo de Israel. Eles tinham de compreender que era Javé, e não Baal, quem fertilizaria o solo.[23] Ele ainda cortejava a nação israelita como um amante decidido a reconquistá-la dos Baals que a seduziram:

> *E nesse dia, diz Javé,*
> *ela me chamará: "Meu marido";*
> *e não me chamará mais: "Meu Baal".*
> *E de sua boca tirarei os nomes de Baal,*
> *e eles nunca mais serão pronunciados.*[24]

Enquanto Amós atacava a maldade social, Oséias repisava a falta de interioridade na religião israelita: o "conhecimento" de Deus se relacionava com *"hesed"*, implicando uma apropriação e um vínculo interiores com Javé que deviam se sobrepor à observância exterior.

Oséias nos dá uma boa idéia da maneira como os profetas estavam desenvolvendo sua imagem de Deus. Logo no início de sua trajetória, recebeu de Javé uma ordem chocante. Devia casar-se com uma prostituta (*esheth zeuunim*), porque o país inteiro se "prostituiu, abandonando Javé".[25] Não devia, porém, sair pelas ruas à cata de uma prostituta: *esheth zeuunim* (literalmente "uma esposa de prostituição") designa uma mulher de temperamento promíscuo, ou uma prostituta sagrada num culto da fertilidade. Considerando a preocupação de Oséias com os rituais da fertilidade, parece provável que sua esposa, Gomer, fosse uma das atendentes sagradas no culto de Baal. Seu casamento emblemava, portanto, o relacionamento de Javé com o infiel Israel. Oséias e Gomer tiveram três filhos, que receberam nomes agourentos, simbólicos: Jezrael (um famoso campo de batalha), Lo-Ruhamah (Não-Amada) e Lo-Ammi (Não-Meu-Povo). Quando o caçula nasceu, Javé anulou a aliança com Israel: "Não sois meu povo e eu não sou vosso Deus".[26] Veremos que muitas vezes os profetas tinham de recorrer a complicados malabarismos para fazer o povo entender a difícil situação em que se encontrava, mas parece que o casamento de Oséias não foi friamente planejado desde o início. O texto deixa claro que Gomer só se tornou uma *esheth zeuunim* depois do nascimento dos filhos. Só mais tarde Oséias pensou que seu casamento fora inspirado por Deus. A perda da esposa foi uma experiência dilacerante, que lhe permitiu avaliar como Javé se sentia quando seu povo o abandonava e se prostituía com deuses como Baal. A princípio, Oséias teve a tentação de denunciá-la e romper com ela para sempre: a lei estipulava que o homem se divorciasse da esposa infiel. Mas Oséias ainda amava Gomer e acabou comprando-a de seu novo amo. Interpretou seu desejo de reconquistá-la como um sinal de que Javé estava disposto a dar mais uma oportunidade a Israel.

Quando atribuíam a Javé seus próprios sentimentos e experiências, os profetas estavam, num sentido importante, criando um deus à sua imagem. Isaías, membro da família real, viu Javé como rei. Amós atribuiu a Javé sua própria empatia com os pobres sofredores; Oséias via Javé como um marido traído que continuava suspirando pela esposa. Toda religião deve começar com certo antropomorfismo. Uma divindade absolutamente distante da humanidade, como o Motor Imóvel de Aristóteles, não pode inspirar uma busca espiritual. Enquanto não se torna um fim em si mesma, essa projeção pode ser útil e benéfica. Cumpre dizer que esse imaginoso retrato de Deus com feições humanas inspirou uma preocupação social que não está presente no hinduísmo. As três religiões monoteístas partilham a ética igualitária de Amós e Isaías. Os judeus foram o primeiro povo do mundo antigo a estabelecer um sistema assistencial que conquistou a admiração de seus vizinhos pagãos.

Como todos os outros profetas, Oséias tinha horror à idolatria. Previu que as tribos setentrionais suscitariam a vingança divina, adorando deuses que elas mesmas haviam criado:

*E agora acumulam pecados e mais pecados,
e com sua prata fundiram imagens,
ídolos de sua própria fabricação, todos obra de artífices.
"A eles sacrificai", dizem, "homens que lançais beijos aos bezerros."*[27]

Trata-se, obviamente, de uma descrição injusta e simplista da religião cananéia. Os cananeus e os babilônios nunca pensaram que suas efígies de deuses fossem divinas; nunca se prostraram para adorar uma estátua *tout court*. A efígie era um símbolo da divindade. Como seus mitos sobre os inimagináveis eventos primordiais, servia para dirigir a atenção do devoto para algo além dela. A estátua de Marduc no templo de Esagila e as pedras eretas de Asera em Canaã nunca foram consideradas idênticas aos deuses, mas eram pontos focais que ajudavam os fiéis a se concentrar no elemento transcendente da vida humana. Não obstante, os profetas constantemente zombavam das divindades dos vizinhos pagãos. Em sua opinião, esses deuses de fabricação caseira eram meros objetos de ouro e prata; um artesão os produzira em poucas horas; tinham olhos que não viam e ouvidos que não ouviam; não andavam e tinham de ser carregados por seus devotos; não passavam de seres subumanos abrutalhados e estúpidos, semelhantes a espantalhos numa plantação de melão. Comparados com Javé, o Elohim de Israel, eram *elilim*, Nadas. Os *goyim* que os adoravam eram tolos, e Javé os odiava.[28]

Hoje em dia, estamos tão familiarizados com a intolerância — infelizmente uma característica persistente do monoteísmo — que talvez não percebamos que essa hostilidade para com outros deuses era uma nova atitude religiosa. O paganismo era uma fé essencialmente tolerante: contanto que uma nova divindade não ameaçasse os velhos cultos, sempre havia lugar para ela no panteão tradicional. Nem mesmo onde as novas ideologias da Era Axial substituíam a antiga veneração aos deuses, havia uma rejeição tão violenta das velhas divindades. Vimos que o hinduísmo e o budismo incentivavam seus adeptos a ir além dos deuses, e não a voltar-se contra eles. Mas os profetas de Israel não podiam adotar essa postura mais serena face às divindades que consideravam rivais de Javé. Nas Escrituras judaicas, o novo pecado da "idolatria", adoração de "falsos" deuses, inspira algo parecido com nojo — ou, talvez, com a repulsa de alguns Padres da Igreja pela sexualidade. Tal reação não é racional, mas expressa profunda ansiedade e repressão. Estariam os profetas intimamente preocupados com a própria conduta religiosa? Estariam cientes de que sua concepção de Javé se assemelhava à idolatria dos pagãos, uma vez que também estavam criando um deus à própria imagem?

A comparação com a atitude cristã em face da sexualidade é esclarecedora em outro sentido. Nessa época, muitos israelitas acreditavam implicitamente na existência das divindades pagãs. É bem verdade que, em certos círculos, Javé pouco a pouco assumia algumas funções dos *elohim* dos cananeus: Oséias, por exemplo, tentava provar que ele era um deus da fertilidade melhor que Baal. No entanto, sendo irremediavelmente masculino, claro está que Javé tinha dificuldade em usurpar a função de deusas como Asera, Ishtar e Anat, ainda veneradas por muitos israelitas, sobretudo mulheres. Embora os monoteístas insistissem que seu Deus transcendia a condição sexual, ele permaneceria essencialmente masculino (veremos que alguns tentariam corrigir esse desequilíbrio). Em parte, isso se deve a suas origens como um deus da guerra tribal. Mas essa batalha com as deusas reflete uma característica menos positiva da Era Axial, que em geral testemunhou um declínio das mulheres e do feminino. Parece que as sociedades mais primitivas às vezes tinham as mulheres em mais alta conta que os homens. O prestígio das grandes deusas na religião tradicional reflete a veneração do feminino. Com o surgimento das cidades, porém, qualidades mais masculinas, como destreza marcial e força física, sobrepuseram-se às características femininas. Daí em diante, as mulheres foram marginalizadas e se tornaram cidadãs de segunda classe nas novas civilizações do *oikumene*. Sua posição era particularmente inferior na Grécia, por exemplo — um fato que os ocidentais deviam lembrar quando clamam contra as atitudes patriarcais do Oriente. O ideal democrático não se estendia às atenienses, que viviam reclusas e eram desprezadas como seres inferiores. A sociedade israelita também assumia um tom mais masculino. Nos primeiros tempos, as mulheres eram vigorosas e claramente se consideravam iguais aos maridos. Algumas, como Débora, comandaram exércitos em combate. Os israelitas continuavam festejando mulheres heróicas como Judite e Ester, mas, depois que Javé venceu as outras divindades de Canaã e do Oriente Médio e se tornou o *único* Deus, os homens prevaleceram em sua religião. O culto das deusas desapareceu, sinalizando uma transformação cultural característica do mundo recém-civilizado.

Veremos que a vitória de Javé foi difícil. Envolveu tensão, violência e confronto, e sugere que a nova religião do Deus Único não se consolidou com tanta facilidade entre os israelitas quanto o budismo e o hinduísmo entre os povos do subcontinente. Javé não parecia capaz de transcender as velhas divindades de maneira natural e pacífica. Teve de expulsá-las à força. Assim, no Salmo 82, nós o vemos pleiteando a liderança da Assembléia Divina, que desempenhara um papel tão importante no mito babilônico e cananeu:

Javé toma seu lugar no Conselho de El
para proferir julgamentos entre os deuses.[29]

"Não mais arremedeis a justiça.
Não mais favoreçais os maus!
Fazei justiça ao fraco e ao órfão,
sede justos com o aflito e o desvalido,
salvai o fraco e o necessitado,
tirai-os das garras dos maus!"

Ignorantes e insensíveis, eles prosseguem cegamente,
solapando os fundamentos da sociedade humana.

Eu disse: *"Vós também sois deuses, filhos de El Elyon, todos vós;*
no entanto, morrereis como homens;
como homem, deuses, caireis".

Em seu confronto com o Conselho presidido por El desde tempos imemoriais, Javé acusa os outros deuses de não corresponderem ao desafio social da época. Ele representa o moderno *ethos* compassivo dos profetas, mas seus colegas divinos nunca fizeram nada para promover a justiça e a eqüidade. Nos velhos tempos, Javé esteve disposto a aceitá-los como *elohim*, filhos de El Elyon ("Deus Altíssimo"),[30] porém agora os deuses se revelaram obsoletos. Desapareceriam como os mortais. O salmista descreve Javé não só condenando à morte seus semelhantes divinos como usurpando a prerrogativa tradicional de El, que, aparentemente, ainda tinha defensores em Israel.

Apesar de malvista na Bíblia, a idolatria *per se* nada tem de errado: só se torna condenável ou ingênua se a imagem de Deus, construída com tanto amor e carinho, é confundida com a inefável realidade a que se refere. Veremos que alguns judeus, cristãos e muçulmanos trabalharam essa imagem primitiva da realidade absoluta e chegaram a uma concepção mais próxima das visões hinduístas ou budistas. Outros, porém, nunca conseguiram dar esse passo e concluíram que sua concepção de Deus era idêntica ao mistério último. Os perigos de uma religiosidade "idólatra" se evidenciaram por volta de 622 AEC. Josias, rei de Judá, queria muito revogar as políticas sincretistas de seus antecessores Manassés (687–42) e Amon (642–40), que haviam estimulado o povo a adorar os deuses de Canaã juntamente com Javé. Manassés chegou a colocar uma estátua de Asera no Templo, onde florescia um culto da fertilidade. Como muitos israelitas eram devotos de Asera e alguns achavam que ela era esposa de Javé, só os javistas mais severos consideravam isso uma blasfêmia. Todavia, decidido a promover o culto de Javé, Josias tratou de restaurar o Templo. Durante as obras, o sumo sacerdote Helcias encontrou um antigo manuscrito que supostamente continha o último sermão de Moisés aos filhos de Israel. Helcias o entregou ao secretário de Josias, Safan, que o leu em voz alta na presença do rei. O jovem monarca rasgou as vestes, horrorizado: compreendeu por que Javé se enfurecera tanto com seus ancestrais! Eles não seguiram suas instruções, confiadas a Moisés.[31]

É quase certo que o "Livro da Lei" encontrado por Helcias seja o núcleo do texto que hoje conhecemos como Deuteronômio. Existem várias teorias sobre essa oportuna "descoberta" realizada pelo partido reformista. Alguns chegaram a sugerir que o sermão fora secretamente escrito por Helcias e Safan, com a ajuda da profetisa Holda, a quem Josias consultou logo em seguida. Nunca saberemos ao certo, mas o livro sem dúvida denota uma intransigência inteiramente nova em Israel, que reflete uma perspectiva do século VII AEC. Em seu último sermão, Moisés confere uma nova centralidade à aliança e à idéia da eleição especial de Israel. Javé distinguira seu povo de todas as outras nações, não por algum mérito próprio, mas por seu grande amor. Em troca, exigia lealdade absoluta e uma ferrenha rejeição de todos os outros deuses. O núcleo do Deuteronômio inclui a declaração que mais tarde se tornaria a profissão de fé judaica:

> Ouve [*shema*], Israel! Javé é nosso Elohim, Javé somente [*ehad*]! Amarás, pois, Javé com todo o teu coração, com toda a tua alma, com toda a tua força. E estas palavras, que hoje te ordeno, estarão escritas em teu coração.[32]

Ao ser eleito por Deus, Israel se diferenciou dos *goyim* e, portanto, quando chegasse à Terra Prometida, não teria nenhum relacionamento com as populações nativas: "Não farás aliança com elas nem lhes demonstrarás piedade".[33] Não deveria haver casamentos mistos nem intercâmbio social. E, principalmente, a religião cananéia deveria ser banida: "Derrubai seus altares, despedaçai suas pedras eretas, cortai suas estacas sagradas e queimai seus ídolos", Moisés ordena aos israelitas. "Porque és um povo consagrado a Javé, teu Elohim; foi a ti que Javé, nosso Elohim, escolheu para que fosses seu povo, dentre todos os povos da terra."[34]

Hoje em dia, quando recitam o *Shema*, os judeus lhe dão uma interpretação monoteísta: Javé, nosso Deus, é único. O deuteronomista ainda não atingira essa perspectiva. "Javé *ehad*" não queria dizer que Deus é Único, mas que Javé era a única divindade a quem era permitido adorar. Os outros deuses ainda constituíam uma ameaça: seus cultos sedutores podiam afastar os israelitas de Javé, que era um Deus ciumento. Se obedecessem às leis de Javé, ele os abençoaria e lhes daria prosperidade; se o abandonassem, as conseqüências seriam devastadoras:

> Serás arrancado da terra que passas a possuir. Javé te espalhará entre todos os povos, de uma extremidade da terra até a outra; e lá servirás a outros deuses de madeira e de pedra, que não conheceste, nem tu nem teus pais [...] E tua vida será um fardo para ti [...] Dirás, pela manhã, "Ah, quem me dera fosse noite!" e, à noite, "Ah, quem me dera fosse manhã!", por causa do terror de teu coração, por causa do que verás com teus olhos.[35]

Quando ouviram essas palavras, no final do século VII, o rei Josias e seus súditos estavam prestes a enfrentar uma nova ameaça política. Tinham conseguido manter os assírios à distância, escapando, assim, ao destino das dez tribos setentrionais, que *sofreram* os castigos descritos por Moisés. Porém, em 600 AEC, o rei Nabucodonosor, da Babilônia, esmagaria os assírios e começaria a erguer seu próprio império.

Nessa atmosfera de extrema insegurança, as políticas do deuteronomista causaram grande impacto. Longe de obedecer às ordens de Javé, os dois últimos reis de Israel haviam sido deliberadamente imprudentes. Josias iniciou de imediato uma reforma, agindo com zelo exemplar. Retirou do Templo e queimou todas as imagens, ídolos e símbolos de fertilidade. Derrubou a grande efígie de Asera e destruiu os aposentos das prostitutas sagradas do Templo, que ali teciam vestes para a deusa. Destruiu todos os antigos santuários do país, que haviam sido enclaves do paganismo, e estabeleceu que, dali em diante, os sacerdotes só poderiam oferecer sacrifícios a Javé no purificado Templo de Jerusalém. O cronista, que registrou suas reformas quase trezentos anos depois, descreve com eloqüência essa piedade de negação e supressão:

> Josias viu os altares de Baal serem demolidos; derrubou os altares de incenso existentes sobre eles, despedaçou as estacas sagradas e os ídolos esculpidos e fundidos; reduziu-os a pó e os espargiu sobre as sepulturas dos que lhes ofereceram sacrifícios. Queimou sobre seus altares os ossos dos sacerdotes e purificou Judá e Jerusalém. Assim fez também nas cidades de Manassés, de Efraim, de Simeão e até de Neftali, e nos lugares devastados a seu redor. Ele derrubou os altares e as estacas sagradas, despedaçou os ídolos e os reduziu a pó e deitou abaixo todos os altares de incenso em toda a terra de Israel.[36]

Estamos longe da serena tolerância de Buda para com as divindades que acreditava ter deixado para trás. Essa destruição em massa nasce de um ódio enraizado em ansiedade e medo.

Os reformadores reescreveram a história de Israel. Os livros históricos de Josias, Samuel e Reis foram revisados segundo a nova ideologia, e depois os editores do Pentateuco acrescentaram trechos que conferiam às narrativas mais antigas de J e E uma interpretação deuteronomista do mito do Êxodo. Javé era agora o autor de uma guerra santa de extermínio em Canaã. Aos israelitas foi dito que os cananeus nativos não deveriam viver em seu país,[37] uma política que Josué implementou com terrível meticulosidade:

> Naquele tempo, veio Josué e extirpou os enacins das montanhas de Hebron, de Dabir, de Anab, de todas as montanhas de Judá e de Israel; destruiu a todos, juntamente com suas cidades. Não sobraram enacins no território israelita, exceto em Gaza, Gat e Azoto.[38]

Na verdade, nada sabemos da conquista de Canaã por Josué e pelos Juízes, embora não haja dúvida de que muito sangue foi derramado. Agora o banho de sangue recebia uma justificação religiosa. Os perigos de tais teologias de eleição, não atenuadas pela perspectiva transcendente de um Isaías, são evidentes nas guerras santas que têm marcado a história do monoteísmo. Em tais circunstâncias, em vez de funcionar como um símbolo que conteste nosso preconceito e nos obrigue a contemplar nossas próprias deficiências, Deus é usado para endossar nosso ódio egotista e torná-lo absoluto; age exatamente como nós, como se fosse mais um ser humano. Provavelmente é mais atraente e popular que o Deus de Amós e Isaías, que exige implacável autocrítica.

Os judeus têm sido criticados por se considerarem o Povo Eleito, mas seus críticos muitas vezes incorrem no mesmo tipo de negação que alimentou as diatribes contra a idolatria nos tempos bíblicos. As três religiões monoteístas conceberam teologias de eleição semelhantes em diferentes épocas de sua história, às vezes com resultados ainda mais devastadores que os imaginados no livro de Josué. Os cristãos ocidentais têm se mostrado particularmente propensos a crer que são os eleitos de Deus. Nos séculos XI e XII, os cruzados justificaram sua guerra santa contra judeus e muçulmanos, autodenominando-se o novo Povo Eleito, que assumira a vocação que os judeus haviam perdido. Teologias de eleição calvinistas têm encorajado os americanos a acreditar que são a nação de Deus. Esse tipo de crença provavelmente floresce, como no Judá de Josias, em épocas de insegurança política, quando as pessoas temem a própria destruição. Talvez seja por esse motivo que ganhou vida nova nas várias formas de fundamentalismo que grassam entre judeus, cristãos e muçulmanos. Um Deus pessoal como Javé pode ser manipulado para assim amparar o eu sitiado — o que seria inconcebível para uma divindade impessoal como Brahman.

Devemos observar que nem todos os israelitas endossavam o deuteronomismo nos anos que precederam a destruição de Jerusalém por Nabucodonosor, em 587 AEC, e a deportação dos judeus para a Babilônia. Em 604, ano da ascensão de Nabucodonosor, o profeta Jeremias retomou a perspectiva iconoclasta de Isaías, invertendo a doutrina triunfalista do Povo Eleito: Deus usava a Babilônia para punir Israel, e agora era a vez de Israel ser "entregue à destruição".[39] Cumpriria setenta anos de exílio. Quando ouviu esse oráculo, o rei Joaquim arrancou o pergaminho da mão do escriba, rasgou-o e jogou-o no fogo. Temendo por sua vida, Jeremias foi obrigado a se esconder.

Sua trajetória mostra o sofrimento e o esforço envolvidos na criação dessa imagem mais desafiadora de Deus. Jeremias detestava ser profeta e se angustiava por ter de condenar o povo que amava.[40] Não era um agitador natural, mas um homem afável. Ao ser chamado, protestou: "Ah, Senhor Javé; vede, não sei falar: sou uma criança!". E o Senhor "estendeu a mão" e tocou-lhe os lábios, colocando-lhe na boca suas palavras. A mensagem que tinha de transmitir era ambígua e contraditória: "Para arrancares e derrubares, para destruíres e arruinares, para edificares e plantares".[41] Isso exigia uma excruciante tensão entre extremos inconciliáveis. Jeremias sentia Deus como uma dor que lhe convulsionava os membros, partia-lhe o coração e o fazia cambalear como um bêbado.[42] A experiência profética do *mysterium terribile et fascinans* era ao mesmo tempo estupro e sedução:

> *Seduziste-me, Javé, e estou seduzido;*
> *arrebataste-me e prevaleceste [...]*
> *E eu disse: "Não me lembrarei dele,*
> *e não mais falarei em seu nome".*
> *Porém isso parecia um fogo ardendo em meu coração,*
> *encerrado em meus ossos.*
> *Exauriu-me o esforço para contê-lo,*
> *e não pude suportá-lo.*[43]

Deus o impelia para duas direções diferentes: por um lado, exercia sobre ele uma profunda atração, que tinha toda a doçura da entrega resultante da sedução; por outro, inspirava-lhe a sensação de ser devastado por uma força que o carregava contra sua vontade.

Desde Amós, o profeta era um homem solitário. Nessa época, ao contrário de outras regiões do *oikumene*, o Oriente Médio não adotou uma ideologia religiosa coesa.[44] O Deus dos profetas obrigava os israelitas a romper com a consciência mítica do Oriente Médio e seguir numa direção muito diferente da tendência geral. A angústia de Jeremias nos permite avaliar o sofrimento envolvido nesse processo. Até o deuteronomista, cuja imagem de Deus é menos ameaçadora, via um encontro com Javé como um confronto abrasivo: assim, Moisés explica aos israelitas, apavorados ante a perspectiva de um contato direto com Javé, que Deus lhes enviará um profeta em cada geração para suportar a força do impacto divino.

No culto de Javé ainda não havia nada comparável a Atman, o princípio divino imediato. Javé era vivenciado como uma realidade externa, transcendente. Precisava ser humanizado de algum modo a fim de parecer menos distante. A situação política se deteriorava: os babilônios invadiram Judá, conduziram o rei e a primeira leva de israelitas para o exílio e, por fim, sitiaram Jerusalém. Enquanto a situação se agravava, Jeremias dava continuidade à tradição de atribuir emoções humanas a Javé: faz Deus lamentar seu próprio desabrigo, sua aflição, sua desolação; mostra-o tão desorientado, ofendido e abandonado quanto seu povo; como Israel, Javé parece aturdido, alienado, paralisado. A raiva que se apossava do coração de Jeremias não era sua, mas de Javé.[45] Quando pensavam no "homem", os profetas automaticamente pensavam também em "Deus", cuja presença no mundo parecia indissociável de seu povo. Com efeito, Deus depende do homem para atuar no mundo — uma idéia que se tornaria muito importante na concepção judaica do divino. Há até insinuações de que os seres humanos podem discernir a atividade de Deus em suas emoções e experiências, de que Javé é parte da condição humana.

Enquanto o inimigo esteve às portas, Jeremias esbravejou com seus compatriotas em nome de Deus (embora, diante de Deus, implorasse por eles). Assim que os babilônios conquistaram Jerusalém, em 587, os oráculos de Javé se tornaram mais confortadores: agora que seu povo aprendera a lição, ele prometia salvá-lo e levá-lo de volta para casa. Com a permissão das autoridades babilônicas, Jeremias permaneceu em Judá e, para manifestar sua confiança no futuro, comprou algumas propriedades: "Porque assim diz Javé Sabaot: 'Ainda se comprarão casas, campos e vinhas nesta terra'".[46] Não surpreende que uns e outros culpassem Javé pela catástrofe. Durante uma visita ao Egito, Jeremias encontrou um grupo de judeus que fugira para a região do delta e não queria saber de Javé. As mulheres contaram que estavam muito bem enquanto realizavam os ritos tradicionais em honra a Ishtar, Rainha do Céu, mas, assim que os abandonaram, estimulados por tipos como Jeremias, sobrevieram o desastre, a derrota, a miséria. Parece, porém, que a tragédia aguçou o entendimento de Jeremias.[47] Após a queda de Jerusalém e a destruição do Templo, ele passou a compreender que tais aspectos externos da religião não passavam de símbolos de um estado interior, subjetivo. No futuro, a aliança com Israel seria muito diferente: "Porei minha lei em seu íntimo, e a escreverei em seu coração".[48]

Os que foram para o exílio não tiveram de se submeter à assimilação, como ocorrera com as dez tribos setentrionais em 722. Viviam em duas comunidades: uma na própria Babilônia e a outra numa área que chamaram de Tel Aviv (Colina da Primavera), às margens do Cobar, um canal que partia do Eufrates, nas proximidades de Nippur e Ur. Na primeira leva de deportados que saiu em 597, havia um sacerdote chamado Ezequiel. Durante cerca de cinco anos ele permaneceu sozinho em casa e não falou com ninguém. Depois teve uma arrasadora visão de Javé que literalmente o derrubou. É importante descrevê-la com certo detalhe porque — séculos depois — se tornaria crucial para os místicos judeus, como veremos no capítulo 7. Ezequiel viu uma coruscante nuvem de fogo. Um vento forte soprava do norte. Em meio à tempestade, *pareceu-lhe* ver — ele tem o cuidado de enfatizar a temporariedade das imagens — uma grande carruagem puxada por quatro animais vigorosos. Eram semelhantes aos *karibu* esculpidos nos portões do palácio da Babilônia, mas Ezequiel torna quase impossível visualizá-los: cada um tinha quatro cabeças, com rostos de homem, de leão, de touro e de águia. Cada uma das rodas girava numa direção diferente das outras. As imagens tinham a função de enfatizar o estranho impacto das visões que ele tentava descrever. As criaturas batiam as asas com um barulho ensurdecedor; "como água correndo, como a voz de Shaddai,* como uma tempestade, como o tumulto de um acampamento". Na carruagem havia uma "semelhança" de trono, no qual se assentava, com grande pompa, uma "semelhança de homem", reluzente como bronze, soltando fogo dos membros. O fogo também era uma "semelhança da glória (*kavod*) de Javé".[49] Ezequiel imediatamente se prostrou e ouviu uma voz que lhe falava.

A voz chamou-o de "filho do homem", como para acentuar a distância que agora existia entre a humanidade e o reino divino. Também aqui a visão de Javé seria seguida por um plano de ação. Ezequiel devia disseminar a palavra de Deus entre os filhos rebeldes de Israel. Uma imagem violenta exprime o tom não humano da mensagem divina: uma mão se estendeu para o profeta, segurando um pergaminho coberto de lamentos e gemidos. Ezequiel recebeu a ordem de comer o pergaminho, para ingerir a palavra de Deus e torná-la parte de si mesmo. Como de hábito, o *mysterium* era *fascinans*, além de *terribile*: o pergaminho revelou-se doce como o mel. Por fim, diz Ezequiel, "o espírito me levantou e me levou; e eu me fui com o coração transbordando de amargura e furor, e a mão de Javé pesava sobre mim".[50] Chegando a Tel Aviv, ali ficou, "como estonteado", por toda uma semana.

Sua singular trajetória mostra claramente como o mundo divino se tornara estranho para a humanidade. O próprio Ezequiel foi obrigado a se tornar um sinal dessa estranheza. Com freqüência, Javé ordenava-lhe que adotasse umas atitudes esquisitas, que, além de separá-lo dos seres humanos normais, apon-

---

* O Todo-Poderoso, em hebraico. (N. E.)

tavam as agruras de seu povo nesse período e, num nível mais profundo, mostravam que Israel tornava-se um estranho no mundo pagão. Assim, Ezequiel foi proibido de guardar luto, quando sua esposa morreu; teve de se deitar de um lado durante 390 dias e do outro durante quarenta; teve de reunir seus pertences e perambular por Tel Aviv como um refugiado. Foi tomado de uma ansiedade tão aguda que não conseguia parar de tremer e de se movimentar sem descanso. Em outra ocasião, teve de comer excremento, como um sinal da fome que castigaria seus compatriotas durante o cerco de Jerusalém. Ezequiel se tornara um ícone da radical descontinuidade que envolvia o culto de Javé: nada podia ser tido como certo e não havia possibilidade de reações normais.

A visão pagã, por outro lado, celebrava a continuidade que se acreditava existir entre os deuses e o mundo natural. Ezequiel não encontrou nada de consolador na velha religião, que costumava chamar de "imundície". Numa de suas visões, foi conduzido ao Templo de Jerusalém, numa visita guiada. Para seu horror, constatou que, mesmo encontrando-se à beira da destruição, o povo de Judá ainda adorava deuses pagãos no Templo de Javé. O próprio Templo se tornara um lugar apavorante, com figuras de serpentes contorcendo-se e de outros animais repulsivos pintadas nas paredes; os sacerdotes que realizavam os ritos "imundos" se apresentavam sob uma luz sórdida, quase como se estivessem praticando sexo escuso: "Filho do homem, viste o que os anciãos do trono de Israel fazem no escuro, cada qual em sua câmara pintada?".[51] Em outra câmara, mulheres choravam pelo deus sofredor Tamuz. Outros adoravam o sol, de costas para o santuário. Por fim, o profeta viu a estranha carruagem que lhe surgira na primeira visão voar para longe, levando consigo a "glória" de Javé. Contudo, Javé não era uma divindade inteiramente distante. Ezequiel o descreve, nos últimos dias de Jerusalém, fulminando os israelitas na vã tentativa de atrair sua atenção e obrigá-los a reconhecê-lo. Israel só podia culpar a si mesmo pela catástrofe iminente. Apesar de freqüentemente parecer estranho, Javé encorajava israelitas como Ezequiel a ver que os golpes da história não eram aleatórios nem arbitrários, mas tinham uma lógica e uma justiça mais profundas. Ezequiel tentava encontrar um sentido no mundo cruel da política internacional.

Como estavam junto aos rios da Babilônia, alguns exilados inevitavelmente achavam que não podiam praticar sua religião fora da Terra Prometida. Os deuses pagãos eram territoriais, e os que julgavam impossível entoar os cânticos de Javé num país estrangeiro saboreavam a perspectiva de arremessar bebês babilônios contra as pedras.[52] Um novo profeta, porém, pregava calma. Nada sabemos sobre ele, e isso pode ser significativo, porque seus oráculos e salmos não sugerem uma luta pessoal, como as de seus antecessores. Mais tarde, suas obras foram acrescentadas aos oráculos de Isaías, e por esse motivo ele geralmente é chamado de Segundo Isaías. No exílio, alguns judeus passaram a adorar os antigos deuses da Babilônia, mas outros adquiriram uma nova consciência religiosa. O Templo de Javé estava em ruínas; haviam sido destruídos os velhos santuários de Betel e Hebron. Na Babilônia, não podiam participar de liturgias que haviam sido fundamentais para sua vida religiosa na pátria. Só tinham Javé. O Segundo Isaías deu mais esse passo e declarou que Javé era o *único* deus. Em seu remanejamento da história israelita, o mito do Êxodo se reveste de imagens que nos lembram a vitória de Marduc sobre Tiamat, o mar primordial:

E Javé secará o braço de mar do Egito
com o calor de seu sopro,
e estenderá a mão sobre o rio [Eufrates],
e o dividirá em sete canais, para que se passe por ele a pé enxuto.
E haverá caminho para o resto de seu povo [...]
como houve para Israel
quando saiu da terra do Egito.[53]

O Primeiro Isaías fizera da história um aviso divino; após a catástrofe, em seu livro da Consolação, o Segundo Isaías fez a história gerar nova esperança para o futuro. Se Javé resgatara Israel uma vez, podia fazê-lo de novo. Ele planejava as questões da história; a seus olhos, todos os *goyim* juntos não passavam de uma gota no oceano. Ele era o único Deus que contava. O Segundo Isaías imagina as velhas divindades da Babilônia amontoadas em carroças, transportadas aos solavancos.[54] Seu tempo acabara: "Não sou Javé?", ele pergunta repetidas vezes. "Não há outro Deus além de mim".[55]

> *Nenhum deus foi formado antes de mim,*
> *nem o será depois de mim.*
> *Eu, eu sou Javé,*
> *e fora de mim não há salvador.*[56]

O Segundo Isaías não perdeu tempo denunciando os deuses dos *goyim*, que, desde a catástrofe, podiam ser vistos como vitoriosos. Calmamente assumiu que Javé — não Marduc nem Baal — realizara os grandes feitos míticos que resultaram na criação do mundo. Pela primeira vez, os israelitas se interessavam de fato pelo papel de Javé na criação, talvez por causa do renovado contato com os mitos cosmológicos da Babilônia. Obviamente, não tentavam formular uma explicação científica das origens físicas do universo, mas buscavam encontrar conforto no duro mundo do presente. Se Javé derrotara os monstros do caos nos tempos primordiais, seria muito simples para ele redimir os israelitas exilados. Percebendo a semelhança entre o mito do Êxodo e as narrativas pagãs da vitória sobre o caos aquático no começo dos tempos, o Segundo Isaías exortou seu povo a esperar com confiança uma nova demonstração da força divina. Aqui, por exemplo, ele se refere à vitória de Baal sobre Lotan, o monstro marinho da mitologia da criação cananéia, que também se chamava Raab, o Crocodilo (*tannīm*) e o Abismo (*tehōm*):

> *Desperta, desperta! Veste-te de força,*
> *braço de Javé,*
> *Desperta, como antes,*

> *em tempos de gerações há muito passadas.*
> *Não cortaste Raab ao meio,*
> *e transpassaste o Dragão* [tannīm]?
> *Não secaste o mar,*
> *as águas do grande Abismo* [tehōm],
> *para fazer do leito do mar uma estrada*
> *por onde passassem os remidos?*[57]

Finalmente Javé absorvera seus rivais na imaginação religiosa de Israel; no exílio, a atração do paganismo perdera força e nascera o judaísmo. Numa época em que seu culto poderia desaparecer com facilidade, Javé infundia esperança em seus devotos, apesar das circunstâncias adversas.

Tornara-se, portanto, o único Deus. Não houve nenhuma tentativa de justificação filosófica. Como sempre, a nova teologia venceu não por ser racionalmente demonstrável, mas por conseguir evitar o desespero e incutir esperança. Os judeus deslocados já não achavam estranha e perturbadora a descontinuidade do culto de Javé: ela se coadunava com sua condição.

No entanto, o Deus do Segundo Isaías não tinha nada de acolhedor. Continuava inacessível à mente humana:

> *Porque meus pensamentos não são vossos pensamentos.*
> *nem vossos caminhos meus caminhos, diz Javé.*
> *Porque, assim como os céus são mais altos que a terra,*
> *assim são meus caminhos mais altos que vossos caminhos,*
> *e meus pensamentos mais altos que vossos pensamentos.*[58]

A realidade de Deus ultrapassa o alcance de palavras e conceitos. Tampouco Javé faria sempre o que seu povo esperava. Num trecho bastante ousado, particularmente pungente hoje em dia, o profeta anseia por uma época em que o Egito e a Assíria também se tornariam o povo de Javé: "Bendito seja meu povo do Egito, e da Assíria, obra de minhas mãos, e de Israel, minha herança", Javé diria.[59] Ele se tornara o símbolo de uma realidade transcendente que fazia as tacanhas interpretações de eleição parecerem mesquinhas e inadequadas.

A conquista do Império Babilônio por Ciro, rei da Pérsia, em 539 AEC, aparentemente demonstrou que os profetas estavam certos. Ciro não impôs os deuses persas aos novos súditos, mas adorou no templo de Marduc, quando entrou, triunfante, na Babilônia. Também devolveu aos países de origem as efígies das divindades pertencentes aos povos conquistados pelos babilônios. Agora que o mundo se acostumara a viver em gigantescos impérios internacionais, Ciro provavelmente não precisou recorrer aos velhos métodos de deportação. O fardo de governar seria mais leve se os povos submetidos adorassem seus próprios deuses em seus próprios territórios. Por todo o Império, Ciro estimulou a restauração de templos antigos, alegando, repetidas vezes, que as divindades das populações locais o encarregaram dessa tarefa. Foi um exemplo da tolerância e largueza de visão de algumas formas de religião pagã. Em 538, promulgou um édito que permitia aos judeus retornarem a Judá e reconstruírem seu templo. A maioria deles, porém, preferiu ficar: dali em diante, só uma minoria viveria na Terra Prometida. A Bíblia nos diz que 42.360 judeus deixaram a Babilônia e Tel Aviv e voltaram para Israel, onde impuseram seu novo judaísmo aos perplexos irmãos que lá haviam permanecido.

O que isso implicou é visível nos textos da tradição sacerdotal (P), escritos após o exílio e inseridos no Pentateuco. Além de dar sua própria interpretação dos fatos descritos por J e E, P acrescentou dois novos livros, Números e Levítico. Como seria de esperar, tinha uma visão exaltada e sofisticada de Javé. Não acreditava, por exemplo, que alguém pudesse de fato *ver* Deus como J sugerira. Partilhando muitas das perspectivas de Ezequiel, acreditava que havia uma distinção entre a percepção humana de Deus e a própria realidade. Em seu relato, Javé responde, quando Moisés pede para vê-lo no Sinai: "Não poderás ver minha face, porque homem nenhum pode ver-me e viver".[60] Moisés precisou proteger-se do impacto divino numa fenda da rocha, de onde vislumbrou Javé quando ele partia, numa espécie de visão a posteriori. P introduziu uma idéia que se tornaria extremamente importante na história de Deus. Homens e mulheres só podem ver um resquício do fulgor da presença divina, que ele chama de "a glória" (*kavod*) de Javé, uma manifestação de sua presença, que não deve ser confundida com Deus.[61] Quando Moisés desceu do monte, seu rosto refletia essa "glória" e brilhava com uma luz tão insuportável que os israelitas não podiam olhá-lo.[62]

A "glória" de Javé era um símbolo de sua presença na terra e, como tal, acentuava a diferença entre as limitadas imagens de Deus criadas por homens e mulheres e a santidade de Deus. Contrabalançava, portanto, a natureza idólatra da religião israelita. Quando examina as velhas histórias do Êxodo, P não imagina Javé acompanhando pessoalmente os israelitas em suas andanças: isso seria um antropomorfismo impróprio. Ao contrário, mostra a "glória" de Javé inundando a tenda onde ele se encontrou com Moisés. Da mesma forma, apenas a "glória" de Javé ficaria no Templo.[63]

A mais famosa contribuição de P ao Pentateuco é a narrativa da criação, no primeiro capítulo do Gênesis, com elementos do *Enuma Elish*. P começa com as águas do abismo (*tehōm*, uma corruptela de Tiamat) primordial, com que Javé formou os céus e a terra. Mas não houve batalha dos deuses nem luta com Yam, Lotan ou Raab. Javé foi o único responsável pela existência de todas as coisas. Não houve emanação gradual da realidade; ao contrário, Javé impôs a ordem por um simples ato de vontade. Naturalmente, P não concebe o mundo como divino, composto do mesmo material de Javé. Na verdade, a idéia de "separação" é crucial para sua teologia; Javé fez do cosmo um lugar ordenado, separando a noite do dia, a água da terra, a luz das trevas. Em cada etapa, abençoou e santificou sua obra e declarou-a "boa". Ao contrário do que ocorre na história babilônica, o surgimento do homem foi o clímax da criação, não o fruto de uma decisão de última hora. Mesmo que não partilhassem a natureza divina, homens e mulheres foram criados à imagem de Deus: deviam prosseguir com sua atividade criadora. Como no

Enuma Elish, aos seis dias da criação seguiu-se um descanso sabático, no sétimo dia: na versão babilônica, esse foi o dia em que a Grande Assembléia se reuniu para "definir os destinos" e conferir os títulos divinos a Marduc. Em P, o Sabbath contrasta simbolicamente com o caos primordial que prevalecera no Primeiro Dia. O tom didático e as repetições sugerem que sua história da criação também se destinava ao recital litúrgico, como o *Enuma Elish*, para exaltar a obra de Javé e entronizá-lo como Criador e Governante de Israel.[64]

Naturalmente, o novo Templo era fundamental para o judaísmo de P. No Oriente Próximo, o templo muitas vezes era visto como uma réplica do cosmo. A construção de templos era um ato de *imitatio dei*, possibilitando à humanidade participar da criatividade dos próprios deuses. No exílio, muitos judeus encontraram consolação nas velhas histórias da Arca da Aliança, o santuário portátil em que Deus "estabelecera sua tenda" (*shakan*) e, assim, partilhara do desterro de seu povo. Ao descrever a construção da Tenda do Encontro no deserto, P recorre à antiga mitologia. Seu desenho arquitetônico não é original, mas uma cópia do projeto divino, minuciosamente exposto por Javé a Moisés no Sinai: "Erguei-me um santuário, para eu habitar no meio de vós. Deveis fazer o tabernáculo e todos os seus vasos exatamente como o modelo que te mostrarei".[65] É evidente que a longa narrativa da construção não pretendia ser literal; ninguém imaginava que os antigos israelitas houvessem de fato construído um santuário tão elaborado, de "ouro, prata e bronze, tecidos púrpura, violeta e vermelhos, tecidos carmesins, fino linho, pêlos de cabra, pele de carneiro, madeira de acácia [...]", e assim por diante.[66] Essa extensa interpolação lembra muito a história da criação de P. Em cada etapa da construção, Moisés "viu toda a obra", e "abençoou" as pessoas, como Javé nos seis dias da criação. O santuário foi construído no primeiro dia do primeiro mês do ano; Beseleel, seu arquiteto, foi inspirado pelo espírito de Deus (*ruach Elohim*), que também meditou sobre a criação do mundo; e ambos os relatos enfatizam a importância do repouso no Sabbath.[67] A construção de templos também simbolizava a harmonia original que prevalecera antes que a humanidade devastasse o mundo.

No Deuteronômio, o Sabbath surge para proporcionar um dia de folga a todos, até mesmo aos escravos, e para fazer os israelitas lembrarem o Êxodo.[68] Em P, adquire um novo significado: torna-se um ato de imitação de Deus e uma comemoração da criação do mundo. Ao observar o repouso do Sabbath, os judeus participavam de um ritual que, na origem, só Deus observara: era uma tentativa simbólica de viver a vida divina. No velho paganismo, todo ato humano imitava as ações dos deuses, mas o culto de Javé revelara um imenso fosso entre os mundos divino e humano. Agora os judeus eram estimulados a se aproximar mais de Javé, observando a Torá de Moisés. O Deuteronômio relaciona várias leis obrigatórias, que incluem os Dez Mandamentos. Durante e logo após o exílio, elaborou-se uma complexa legislação, composta de 613 mandamentos (*mitzvot*). Essas minuciosas diretivas, contidas no Pentateuco, parecem perturbadoras para alguém de fora e foram apresentadas sob uma luz muito negativa pela polêmica do Novo Testamento. Os judeus não as julgavam um fardo esmagador, como os cristãos tendem a imaginar, mas achavam que era uma maneira simbólica de viver na presença de Deus. No Deuteronômio, as leis alimentares assinalavam o status especial de Israel.[69] P também as via como uma tentativa ritualizada de participar do isolamento divino, sanando a dolorosa separação entre o homem e Deus. A natureza humana podia ser santificada quando os israelitas imitavam as ações criadoras de Deus, separando o leite da carne, o limpo do impuro e o Sabbath do resto da semana.

A obra da tradição sacerdotal foi incluída no Pentateuco junto com as narrativas de J e E e do deuteronomista. É um lembrete de que toda grande religião consiste em várias visões e espiritualidades independentes. Alguns judeus sempre se sentiriam mais atraídos para o Deus deuteronômico, que escolhera Israel para ser agressivamente separado dos *goyim*; alguns estenderam isso a mitos messiânicos referentes ao Fim dos Tempos, quando Javé exaltaria Israel e humilharia as outras nações. Essas versões mitológicas tendiam a ver Deus como um ser muito distante. Concordou-se tacitamente que, após o exílio, a era da profecia se encerrara. Não haveria mais contato direto com Deus, o que só ocorreria nas visões simbólicas atribuídas às grandes figuras do passado remoto, como Henoc e Daniel.

Um desses heróis distantes, venerado na Babilônia como exemplo de paciência e sofrimento, foi Jó. Após o exílio, um dos sobreviventes usou essa lenda antiga para formular perguntas fundamentais sobre a natureza de Deus e sua responsabilidade pelos sofrimentos humanos. Nessa lenda, Jó é testado por Deus e, como suporta com paciência suas imerecidas tribulações, recupera a antiga prosperidade. Na nova versão, o autor divide ao meio a velha lenda e faz Jó vociferar contra Deus. Junto com seus três consoladores, Jó ousa questionar os decretos divinos e trava um feroz debate intelectual. Pela primeira vez na história religiosa judaica, a imaginação religiosa se volta para uma especulação de natureza mais abstrata. Os profetas afirmavam que Deus deixara Israel sofrer por causa de seus pecados; o autor de Jó mostra que alguns israelitas não mais se satisfaziam com a resposta tradicional. Jó ataca essa opinião e revela sua inadequação intelectual, mas Deus de repente interrompe essa furiosa especulação. Apresenta-se numa visão, enumerando as maravilhas do mundo que criou: como uma criaturinha insignificante como Jó se atreve a discutir com o Deus transcendente? Jó se rende, mas essa solução não satisfaz um leitor moderno, que busca uma resposta mais coerente e filosófica para o problema do sofrimento. O autor de Jó não nega o direito de questionar, porém sugere que o intelecto não está equipado para lidar com esses imponderáveis. A especulação intelectual deve dar lugar a uma revelação direta de Deus, como a que foi feita aos profetas.

Os judeus ainda não haviam começado a filosofar, mas no século IV receberam influência do racionalismo grego. Em 333 AEC, Alexandre da Macedônia derrotou Dario III da Pérsia e os gregos passaram a colonizar a Ásia e a África. Fundaram cidades-Estado em Tiro, Sidônia, Gaza, Filadélfia (Amã), Trípoli e até em Siquém. Os judeus da Palestina e da diáspora viram-se envolvidos pela cultura helênica; alguns a achavam perturbadora, mas outros se empolgaram com o teatro, a filosofia, o esporte e a poesia dos gregos. Aprenderam grego, exercitavam-se no ginásio e adotaram nomes gregos. Alguns combateram como mercenários nos exércitos gregos. Até traduziram suas Escrituras para o grego, produzindo a versão conhecida como a Septuaginta. Assim, alguns gregos conheceram o Deus de Israel e decidiram adorar Javé (ou Iao, como o chamavam) junto com Zeus e Dioniso. Outros freqüentavam as sinagogas ou casas de reunião que os judeus da diáspora haviam criado para abrigar o culto do Templo. Ali, liam as Escrituras, oravam e ouviam sermões. A sinagoga era diferente de tudo que havia no mundo religioso antigo. Sem ritual nem sacrifício, devia parecer mais uma escola de filosofia, e muitos gregos compareciam para ouvir tanto um famoso pregador judeu que chegava à cidade quanto seus próprios filósofos. Alguns até mesmo observavam partes selecionadas da Torá e se uniam aos judeus em seitas sincretistas. No século IV AEC, houve casos isolados de judeus e gregos fundindo Javé com um dos deuses gregos.

Mas a maioria dos judeus mantinha distância, e nas cidades helenísticas do Oriente Médio o clima entre judeus e gregos ficou tenso. No mundo antigo, a religião não era uma questão de foro íntimo. Os deuses eram extremamente importantes para as cidades, e acreditava-se que retirariam sua proteção caso se negligenciasse seu culto. Os judeus, que negavam a existência desses deuses, eram chamados de "ateus" e inimigos da sociedade. No século II AEC, essa hostilidade estava entranhada: na Palestina, até ocorreu uma revolta, quando Antíoco IV Epífanes, o governante selêucida, tentou helenizar Jerusalém e introduzir o culto de Zeus no Templo. Os judeus haviam começado a produzir uma literatura própria, afirmando que a sabedoria não era a inteligência dos gregos, mas o temor a Javé. A literatura sapiencial era um gênero consolidado no Oriente Médio; tentava discutir o sentido da vida, não pela reflexão filosófica, mas interrogando sobre a melhor maneira de viver: muitas vezes era extremamente pragmática. O autor do livro dos Provérbios, que escreveu no século III AEC, vai um pouco mais longe e afirma que a Sabedoria era o plano mestre que Deus concebera ao criar o mundo e, como tal, era a primeira de suas criaturas. Essa idéia seria muito importante para os primeiros cristãos, como veremos no capítulo 4. O autor personifica a Sabedoria:

Javé me criou quando seu propósito se revelou e antes de sua obra mais
[*antiga.*
Desde a eternidade fui constituída;
desde o princípio, antes de surgir a terra [...]
Quando ele lançou os fundamentos da terra, eu estava a seu lado, há-
[*bil artífice, encantando-o dia após dia, sempre brincando em sua pre-*
[*sença, brincando em toda parte do mundo,*
deliciando-me por estar com os filhos dos homens.[70]

A Sabedoria não é um ser divino, mas foi criada por Deus. É semelhante à "glória" de Deus descrita pelos autores sacerdotais; representa o plano divino, discernível na criação e nos assuntos humanos: o autor descreve a Sabedoria (*Hokhmah*) vagando pelas ruas, exortando as pessoas a temerem Javé. No século II AEC, Jesus ben Sirac, um devoto judeu de Jerusalém, pintou um retrato semelhante da Sabedoria. Ela se levanta no Conselho Divino e canta seus próprios louvores: saiu da boca do Altíssimo como a Palavra divina pela qual Deus criara o mundo; está presente em toda parte da criação, mas fixou residência entre o povo de Israel.[71]

Como a "glória" de Javé, a figura da Sabedoria era um símbolo da atividade de Deus no mundo. Os judeus cultivavam uma idéia tão excelsa de Javé que era difícil imaginá-lo intervindo diretamente nos assuntos humanos. Como P, preferiam distinguir entre o Deus que conhecemos e sentimos e a realidade divina. Quando lemos sobre a Sabedoria divina deixando Deus para vagar pelo mundo em busca da humanidade, é difícil não pensar em deusas pagãs como Ishtar, Anat e Ísis, que também desceram do mundo divino numa missão redentora. A literatura sapiencial assumiu um tom polêmico em Alexandria, por volta de 50 AEC. No livro da Sabedoria, um judeu de Alexandria, onde havia uma importante comunidade judaica, exorta seus compatriotas a resistir à sedutora cultura helênica e permanecer fiéis às próprias tradições: é o temor a Deus, e não a filosofia grega, que constitui a verdadeira sabedoria. Escrevendo em grego, ele também personaliza a Sabedoria (*Sophia*) e a declara inseparável do Deus judaico:

> [Sophia] *é o sopro do poder de Deus,*
> *pura emanação da glória do Altíssimo;*
> *portanto, nada impuro pode chegar até ela.*
> *É um reflexo da luz eterna,*
> *espelho imaculado do ativo poder de Deus,*
> *imagem de sua bondade.*[72]

Essa passagem seria muito importante para os cristãos, quando se puseram a discutir o status de Jesus. O autor judeu, porém, simplesmente via *Sophia* como um aspecto do Deus incognoscível que se adaptou à compreensão humana. Ela é Deus-tal-como-se-revelou-ao-homem, a percepção humana de Deus, misteriosamente distinta da plena realidade de Deus, que sempre escaparia a nosso entendimento.

O autor do livro da Sabedoria estava certo em sentir uma tensão entre o pensamento grego e a religião judaica. Vimos que há uma diferença crucial e talvez inconciliável entre o Deus de Aristóteles, que mal tem consciência do mundo que criou, e o Deus da Bíblia, apaixonadamente envolvido nos assuntos humanos. O Deus grego podia ser descoberto pela razão humana, enquanto o Deus da Bíblia só podia fazer-se conhecer pela revelação. Um abismo separava Javé do mundo, mas os gregos acreditavam que o dom da razão tornava os seres humanos semelhantes a Deus; logo, podiam alcançá-lo por seus próprios esforços. Contudo, sempre que se apaixonavam pela filosofia grega, os monoteístas inevitavelmente queriam adaptar o Deus dela ao seu. Este será um dos grandes temas de nossa história. Uma das primeiras pessoas a fazer essa tentativa foi Fílon de Alexandria (*c*. 30 AEC–45 EC), eminente platônico e filósofo racionalista. Fílon escreveu em belo grego, e parece que não falava hebraico, mas era um judeu devoto e cumpridor dos *mitzvot*. Não via incompatibilidade entre seu Deus e o Deus dos gregos. Deve-se dizer, porém, que seu Deus é bem diferente de Javé. Por exemplo, Fílon parece embaraçado com os livros históricos da Bíblia, os quais tentou transformar em elaboradas alegorias: Aristóteles, convém lembrar, considera a história não filosófica. Seu Deus não tem qualidades humanas: é incorreto, por exemplo, dizer que ele está "zangado". Tudo que podemos saber sobre Deus é o simples fato de sua existência. Mas, como judeu praticante, Fílon *acreditava* que Deus se revelou aos profetas. Como foi possível?

Fílon resolve o problema estabelecendo uma importante distinção entre a essência (*ousia*) de Deus, inteiramente incompreensível, e suas atividades no mundo, as quais chama de seus "poderes" (*dynameis*) ou "energias" (*energeiai*). Tal solução é basicamente idêntica à de P e dos autores sapienciais. Jamais poderemos conhecer Deus como ele é em si. Fílon o faz dizer a Moisés: "A apreensão de mim é mais do que a natureza humana, sim, e do que mesmo todo o céu e o universo inteiro podem conter".[73] Para adaptar-se a nosso limitado intelecto, Deus comunica-se por meio de seus "poderes", que parecem equivalentes às formas divinas de Platão (embora Fílon nem sempre seja coerente a esse respeito). São as mais elevadas realidades que a mente humana pode apreender. Fílon as vê emanando de Deus, mais ou menos como Platão e Aristóteles vêem o cosmo eternamente emanando da Causa Primeira. Dois desses poderes são especialmente importantes: o poder Real, que revela Deus na ordem do universo, e o poder Criador, pelo qual Deus se revela nas bênçãos que concede à humanidade. Não se deve confundi-los com a essência (*ousia*) divina, que permanece envolta em impenetrável mistério. Eles simplesmente nos possibilitam vislumbrar uma realidade que está além de tudo que podemos conceber. Às vezes, Fílon fala do ser essencial (*ousia*) de Deus, ladeado dos poderes Real e Criador, numa espécie de trindade. Quando, por exemplo, interpreta a história da visita de Javé com os dois anjos a Abraão, em Mambré, afirma que essa é uma apresentação alegórica da *ousia* de Deus — Aquele Que É — com seus dois altos poderes.[74]

J ficaria espantado com essa concepção de Deus, que, aliás, os judeus sempre acharam meio falsa. Para os cristãos, porém, ela seria extremamente útil, e os gregos, como veremos, aproveitaram essa distinção entre a "essência" incognoscível de Deus e as "energias" que o tornam conhecido a nós. Também seriam influenciados por sua teoria do Logos divino. Como os autores sapienciais, Fílon imagina que Deus elaborou um plano mestre (*logos*) da criação, correspondente ao reino das formas de Platão; depois, essas formas se materializaram no mundo físico. Também aqui Fílon não é muito coerente. Ora sugere que o Logos é um dos poderes; ora parece pensar que é superior aos poderes, a mais alta idéia de Deus que os humanos conseguem atingir. Quando examinamos o Logos, porém, não adquirimos nenhum conhecimento positivo de Deus: ultrapassamos o alcance da razão discursiva e chegamos a uma apreensão intuitiva "mais elevada que uma forma de pensar, mais preciosa que qualquer coisa que seja simplesmente pensamento".[75] É uma atividade semelhante à contemplação (*theoria*) de Platão. Fílon insiste que jamais apreenderemos Deus como ele é: o máximo que conseguimos é o extático reconhecimento de que Deus transcende a mente humana.

Não é tão desanimador quanto parece. Fílon descreve uma apaixonante e feliz viagem ao desconhecido, que lhe proporciona libertação e energia criadora. Como Platão, considera a alma exilada, aprisionada no mundo físico da matéria. Ela deve ascender a Deus, seu verdadeiro lar, deixando para trás a paixão, os sentidos e até mesmo a linguagem, porque tudo isso nos prende ao mundo imperfeito. Por fim, ela atingirá um êxtase que a fará transpor os limites do ego e chegar a uma realidade maior e mais plena. Vimos que a concepção de Deus foi muitas vezes um exercício de imaginação. Os profetas refletiam sobre sua experiência e achavam que podiam atribuí-la ao ser que chamavam de Deus. Fílon mostra que a contemplação religiosa tinha muito em comum com outras formas de criatividade. Às vezes, diz ele, lutava renhidamente com seus livros e não progredia nada, mas às vezes se sentia possuído pelo divino:

> De repente me sentia inundado, as idéias caindo como neve, de modo que, sob o impacto da possessão divina, tomava-me de um frenesi coribântico e ignorava tudo — local, pessoas, presente, a mim mesmo, o que foi dito e o que foi escrito. Pois adquirira expressão, idéias, alegria de viver, visão aguçada, capacidade de distinguir os objetos com extraordinária clareza, como resultado da mais nítida exposição.[76]

Tal síntese com o mundo grego logo se tornaria impossível para os judeus. No ano da morte de Fílon, houve *pogroms* em Alexandria e o temor de uma insurreição judaica. Quando estabeleceram seu império no Norte da África e no Oriente Médio, no século I AEC, os romanos sucumbiram à cultura grega, fundindo suas divindades ancestrais com o panteão grego e adotando com entusiasmo a filosofia grega. Não herdaram, porém, a hostilidade dos gregos contra os judeus. Ao contrário, muitas vezes favoreciam os judeus em detrimento dos gregos, encarando-os como aliados úteis nas cidades gregas que permaneciam hostis a Roma. Os judeus tinham plena liberdade religiosa: sabia-se que sua religião era muito antiga e respeitava-se essa antiguidade. As relações entre judeus e romanos geralmente eram boas mesmo na Palestina, onde se aceitava com menos facilidade a dominação estrangeira. No século I AEC, o judaísmo era muito forte no Império Romano, sendo professado por um décimo da população total e por 40% dos moradores da Alexandria de Fílon. Buscavam-se novas soluções religiosas, as idéias monoteístas pairavam no ar, e os deuses locais eram cada vez mais vistos como simples manifestações de uma divindade mais abrangente. Os romanos sentiam-se atraídos pelo elevado caráter moral do judaísmo. Os que, compreensivelmente, relutavam em ser circuncidados e observar a Torá como um todo, tornavam-se membros honorários das sinagogas, conhecidos como os "tementes a Deus". Estavam aumentando: consta que um dos imperadores flavianos se converteu ao judaísmo, como mais tarde Constantino se converteria ao cristianismo. Na Palestina, porém, um grupo de zelotes, políticos que se opunham ferozmente ao domínio romano, orquestrou uma rebelião contra Roma em 66 AEC, e, de maneira surpreendente, conseguiu repelir os exércitos romanos durante quatro anos. As autoridades temiam que a rebelião se estendesse aos judeus da diáspora e, assim, esmagaram-na impiedosamente. Em 70 AEC, os exércitos do novo imperador Vespasiano conquistaram Jerusalém, incendiaram o Templo e fizeram da cidade uma cidade romana chamada Aelia Capitolina. Mais uma vez, os judeus tiveram de partir para o exílio.

A perda do Templo, o qual inspirara o novo judaísmo, foi um duro golpe, mas parece que os judeus da Palestina, mais conservadores que os judeus helenizados da diáspora, já tinham se preparado para a catástrofe. Haviam surgido na Terra Santa várias seitas que, de maneiras diferentes, dissociaram-se do Templo de Jerusalém. Os essênios e a seita de Qumran achavam que o Templo se tornara venal e corrupto e se afastaram para viver em comunidades isoladas, de estilo monástico, como a que existia junto ao mar Morto. Acreditavam que estavam construindo um novo Templo, um Templo do Espírito, e não o erguiam com as mãos. Em vez de sacrificar animais, purificavam-se e buscavam o perdão dos pecados com cerimônias batismais e refeições comunitárias. Deus viveria numa irmandade de amor, não num templo de pedra.

Os judeus mais progressistas da Palestina eram os fariseus, que consideravam a solução dos essênios demasiado elitista. O Novo Testamento os apresenta como sepulcros caiados e como notórios hipócritas. Isso se deve às distorções da polêmica do primeiro século. Os fariseus eram fervorosamente espirituais. Acreditavam que Israel inteiro era chamado a ser um povo santo de sacerdotes. Convencidos de que Deus podia estar presente tanto nos lares mais humildes quanto no Templo, viviam como a casta sacerdotal oficial, observando em suas casas as leis especiais de pureza que só se aplicavam no Templo. Faziam suas refeições em estado de pureza ritual, certos de que a mesa de cada judeu era como o altar de Deus no Templo. Cultivavam o senso da presença de Deus nos mínimos detalhes do cotidiano. Agora os judeus podiam abordá-lo diretamente, sem a mediação de uma casta sacerdotal e de um ritual elaborado. Podiam expiar seus pecados com atos de amor e bondade para com o próximo; a caridade era o *mitzvah* mais importante da Torá; quando dois ou três judeus estudavam juntos a Torá, Deus estava com eles. Nos primeiros anos do século, haviam surgido duas escolas rivais: a de Shammai, o Velho, que era mais rigorosa, e a do grande rabino Hillel, o Velho, que se tornou o partido fariseu mais popular. Conta-se que, um dia, um pagão se declarou disposto a se converter ao judaísmo se o mestre conseguisse recitar a Torá inteira plantado num pé só. Hillel respondeu: "Não faças aos outros o que não queres que te façam. Isso é a Torá inteira: vai e aprende".[77]

No desastroso ano de 70, os fariseus eram a seita mais respeitada e importante do judaísmo palestino; já haviam mostrado a seu povo que não precisavam de um Templo para adorar a Deus, como demonstra esta famosa história:

> Certa vez, quando o rabino Yohannan ben Zakkai saía de Jerusalém, o rabino Joshua o seguiu e, contemplando as ruínas do Templo, exclamou:
> "Ai de nós! O lugar onde se expiavam as iniqüidades de Israel está devastado!"
> "Meu filho", disse o rabino Yohannan, "não te lamentes. Temos outra expiação tão eficaz quanto esta. E qual é? A realização de atos de amor e bondade, como foi dito: 'Pois desejo misericórdia, e não sacrifício'."[78]

Conta-se que, após a conquista de Jerusalém, o rabino Yohannan deixou a cidade, escondido num caixão de defunto. Opunha-se à revolta judaica e achava que os judeus estariam melhor sem um Estado. Os romanos permitiram-lhe fundar uma comunidade farisaica autogovernada em Javne, a oeste de Jerusalém. Comunidades semelhantes foram criadas na Palestina e na Babilônia, e mantinham estreitas ligações entre si. Elas produziram os sábios conhecidos como *tannaim*, entre os quais figuram os rabinos Yohannan, Akiva, o Místico, Ishmael e outros heróis rabínicos: eles compilaram a Mishnah, codificação de uma lei oral que atualizava a lei mosaica. Em seguida, um novo grupo de sábios, os *amoraim*, passou a comentar a Mishnah e produziu os tratados coletivamente conhecidos como Talmude. Na verdade, compilaram-se dois Talmudes: o de Jerusalém, completado no fim do século IV, e o Babilônico, considerado o de maior autoridade e concluído só no final do século V. O processo continuou, cada geração de sábios comentando o Talmude e as exegeses de seus antecessores. Essa contemplação da lei não é tão árida quanto se tende a imaginar. Trata-se de uma interminável meditação sobre a Palavra de Deus, o novo Santo dos Santos; cada camada de exegese representava os muros e pátios do novo Templo, abrigando a presença de Deus entre seu povo.

Javé sempre fora uma divindade transcendente, que dirigia os assuntos humanos de cima e de fora. Os rabinos tornaram-no intimamente presente na humanidade e nos mínimos detalhes da vida. Após a perda do Templo e a angustiante experiência de mais um exílio, os judeus precisavam de um Deus em seu meio. Em vez de elaborar doutrinas formais sobre Deus, os rabinos o sentiam como uma presença quase tangível. Sua espiritualidade foi descrita como um estado de "misticismo normal".[79] Logo nas primeiras passagens do Talmude, experimentam Deus em misteriosos fenômenos físicos. Falam do Espírito Santo, que meditara sobre a criação e a construção do santuário, sentindo sua presença numa rajada de vento ou num fogo ardente. Outros o ouviam no toque de um sino ou no som de uma pancada. Um dia, por exemplo, o rabino Yohannan estava discutindo a visão da carruagem de Ezequiel, quando um fogo desceu do céu e anjos se postaram perto dele: uma voz do céu confirmou que Deus confiara ao rabino uma missão especial.[80]

Tão forte era seu senso da presença que não havia espaço para doutrinas oficiais, objetivas. Os rabinos diziam que, no sopé do monte Sinai, cada israelita teve uma percepção diferente de Deus, que se adaptara, por assim dizer, a cada pessoa "segundo sua compreensão".[81] "Deus não vem ao homem opressivamente, mas de acordo com a capacidade humana de recebê-lo", afirma um rabino.[82] Essa conclusão fundamental implica que Deus não pode ser descrito numa fórmula, como se fosse o mesmo para todo mundo: é uma experiência essencialmente subjetiva. Cada indivíduo experimenta a realidade de "Deus" de um modo distinto, condizente com as necessidades de seu temperamento. Cada um dos profetas teve uma percepção diferente de Deus, insistem os rabinos, porque suas personalidades influenciaram sua concepção do divino. Veremos que outros monoteístas desenvolveriam uma idéia muito semelhante. Até hoje, as idéias sobre Deus são questões pessoais no judaísmo, e não impostas pelo *establishment*.

Qualquer doutrina oficial limitaria o mistério essencial de Deus. Os rabinos observam que ele é absolutamente incompreensível. Nem mesmo Moisés conseguiu penetrar o mistério de Deus: após extensa pesquisa, o rei Davi admitiu que era inútil tentar compreendê-lo, porque ele era demasiado para a mente humana.[83] Os judeus até foram proibidos de pronunciar seu nome, um poderoso lembrete de que qualquer tentativa de expressá-lo seria inadequada: o nome divino, escrito YHWH, não era pronunciado em nenhuma leitura das Escrituras. Podemos admirar os atos de Deus na natureza, mas, como disse o rabino Huna, isso só nos proporciona um vislumbre infinitesimal da realidade toda: "O homem não pode conceber o significado do trovão, do furacão, da tempestade, da ordem do universo, de sua própria natureza; como pode então ter a pretensão de compreender os desígnios do Rei de todos os Reis?".[84] A idéia de Deus devia levar a um senso profundo do mistério e do prodígio da vida, não a grandes soluções. Os rabinos até instavam os israelitas a não louvarem Deus com demasiada freqüência em suas preces, pois suas palavras eram necessariamente imperfeitas.[85]

Como esse ser transcendente e incompreensível se relaciona com o mundo? Os rabinos respondem com um paradoxo: "Deus é o lugar do mundo, mas o mundo não é seu lugar".[86] Deus envolve o mundo, por assim dizer, mas não vive *nele*, como as simples criaturas. Em outra de suas imagens favoritas, eles afirmam que Deus preenche o mundo como a alma preenche o corpo; dá-lhe vida, mas o transcende. Também comparam Deus ao cavaleiro: enquanto está no cavalo, depende do animal, mas é superior a ele e tem o controle das rédeas. Essas imagens são, inevitavelmente, inadequadas: criativas descrições de "algo" imenso e indefinível, em que vivemos e nos movimentamos. Quando falam da presença de Deus na terra, os rabinos são tão cautelosos quanto os autores bíblicos em distinguir o pouco do mistério divino, maior e inacessível, que Deus nos permite ver. Gostam das imagens da "glória" (*kavod*) de YHWH e do Espírito Santo, lembretes constantes de que o Deus que sentimos não corresponde à essência da realidade divina.

Um de seus sinônimos favoritos de Deus é Shekinah, que deriva do hebraico *shakan*, "habitar com" ou "armar a tenda". Agora que o Templo desaparecera, a imagem de Deus que acompanhara os israelitas no deserto sugeria sua acessibilidade. Alguns diziam que a Shekinah, que habitava com seu povo na terra, ainda vivia no monte do Templo, mesmo estando este em ruínas. Outros afirmavam que a destruição do Templo libertara a Shekinah de Jerusalém e lhe possibilitara habitar o resto do mundo.[87] Como a "glória" divina ou o Espírito Santo, a Shekinah não era um ser divino separado, mas a presença de Deus na terra. Ao contemplarem a história de seu povo, os rabinos constatavam que a Shekinah sempre estivera com eles:

> Vinde ver como são amados os israelitas perante Deus, pois a Shekinah os seguiu por toda parte, como foi dito: "Revelei-me claramente à casa de teu pai, quando eles estavam no Egito?". Na Babilônia, a Shekinah estava com eles, como foi dito: "Por tua causa, fui enviada à Babilônia". E, quando, no futuro, Israel for redimido, a Shekinah estará com eles, como foi dito: "O Senhor teu Deus se tornará teu cativeiro". Ou seja, Deus retornará com teu cativeiro.[88]

O vínculo entre Israel e seu Deus era tão forte que, quando ele os redimira no passado, os israelitas diziam-lhe: "Redimiste a *ti mesmo*".[89] À maneira distintamente judaica, os rabinos desenvolviam esse sentido de Deus identificado com o eu que os hinduístas chamavam de Atman.

A imagem da Shekinah ajudou os exilados a cultivar um senso da presença de Deus onde quer que estivessem. Os rabinos falavam que a Shekinah ia de uma sinagoga a outra, abençoava cada passo de um judeu a caminho da casa de estudos, ficava na porta da sinagoga quando os fiéis recitavam o *Shema*.[90] Como os primeiros cristãos, os israelitas eram encorajados por seus rabinos a ver-se como uma comunidade unida, com "um só corpo e uma só alma".[91] A comunidade era o novo Templo, abrigando o Deus imanente: assim, quando entravam na sinagoga e, em perfeito uníssono, recitavam o *Shema* "com devoção, com uma só voz, uma só mente e um só tom", Deus estava presente em seu meio. Mas ele odiava qualquer falta de harmonia na comunidade e voltava para o céu, onde os anjos cantavam os louvores divinos "com uma só voz e uma só melodia".[92] A união superior de Deus e Israel só poderia existir quando a união inferior de israelita com israelita fosse completa: os rabinos constantemente lhes diziam que, quando um grupo de judeus estudava a Torá, a Shekinah estava entre eles.[93]

No exílio, os judeus sentiram a inclemência do mundo que os rodeava; esse senso da presença os ajudava a sentir-se cingidos por um Deus benévolo. Quando amarravam seus filactérios (*tfillin*) no braço e na testa, usavam franjas rituais (*tzitzit*) e pregavam em suas portas a *mezuzah* contendo as palavras do *Shema*, como prescreve o Deuteronômio, não deviam tentar explicar essas práticas obscuras e peculiares, pois com isso as desvalorizariam. Deviam deixar que o cumprimento desses *mitzvot* lhes despertasse uma consciência do envolvente amor de Deus; "Israel é amado! A Bíblia o cerca de *mitzvot*: *tfillin* na cabeça e no braço, *mezuzah* na porta, *tzitzit* na roupa".[94] Eram como as jóias que um rei dava à esposa para torná-la mais bela. Não era fácil. O Talmude mostra que algumas pessoas se perguntavam se

Deus fazia muita diferença num mundo tão sombrio.[95] A espiritualidade dos rabinos tornou-se normativa no judaísmo, não apenas entre os que haviam fugido de Jerusalém mas entre judeus que sempre viveram na diáspora. Isso nada tinha a ver com sólidos fundamentos teóricos: muitas das práticas da Lei não faziam nenhum sentido lógico. A religião dos rabinos era aceita porque funcionava. A visão dos rabinos impedira seu povo de cair no desespero.

Esse tipo de espiritualidade restringia-se aos homens, porém. Não se exigia — e, portanto, não se permitia — que as mulheres se tornassem rabinas, estudassem a Torá ou rezassem na sinagoga. A religião de Deus se tornava tão patriarcal quanto a maioria das outras ideologias da época. O papel das mulheres era manter a pureza ritual do lar. Os judeus haviam santificado a criação, separando seus diversos elementos; nesse espírito, as mulheres foram relegadas a uma esfera à parte, separada dos homens como o leite e a carne em suas cozinhas. Na prática, isso significa que eram vistas como inferiores. Embora os rabinos ensinassem que o Altíssimo as abençoava, os homens deviam dar graças a Deus, na prece matinal, por não tê-los feito gentios, escravos ou mulheres. Contudo, o casamento era um dever sagrado, e a vida familiar era santa. Os rabinos acentuaram sua santidade numa legislação que muitas vezes foi mal-entendida. O intercurso sexual é proibido durante a menstruação, não por se considerar a mulher suja ou repugnante. O período de abstinência destina-se a evitar que o marido deixe de dar valor à mulher: "Como o homem pode se habituar de tal modo com a esposa que venha a ter-lhe aversão, a Torá diz que ela deve ser uma *nidah* [sexualmente indisponível] durante sete dias [após as regras], para que [depois] ele a ame tanto quanto no dia do casamento".[96] Antes de ir à sinagoga num dia de festa, o homem deve tomar um banho ritual, não porque esteja impuro, mas a fim de se tornar mais santo para o sacro ofício divino. É nesse espírito que a mulher deve tomar um banho ritual após a menstruação, a fim de se preparar para a santidade das relações sexuais com o marido. A idéia de que o sexo pode ser santo seria estranha ao cristianismo, que, às vezes, veria sexo e Deus como mutuamente incompatíveis. É verdade que, posteriormente, alguns judeus deram uma interpretação negativa a essas diretivas rabínicas, porém os rabinos não pregam uma espiritualidade sombria, ascética, negadora da vida.

Ao contrário, insistem que os judeus têm a obrigação de estar bem e ser felizes. Com freqüência descrevem o Espírito Santo "deixando" ou "abandonando" personagens bíblicas como Jacó, Davi ou Ester, quando estão doentes ou infelizes.[97] Às vezes, fazem-nas citar o Salmo 22, ao sentir que o Espírito se afasta: "Meu Deus, meu Deus, por que me abandonaste?". Isso suscita uma questão interessante sobre o misterioso grito de Jesus na cruz, contendo essas palavras. Os rabinos ensinam que Deus não quer que homens e mulheres sofram. O corpo deve ser honrado e cuidado, pois é a imagem de Deus: pode ser até pecado abster-se de prazeres como vinho ou sexo, pois Deus os proveu para deleite do homem. Não se deve procurar Deus no sofrimento e no ascetismo. Quando recomendam meios práticos de "possuir" o Espírito Santo, estão em certo sentido pedindo às pessoas que criem sua própria imagem de Deus. Avisam que não é fácil dizer onde começa a obra de Deus e termina a do homem. Os profetas sempre tornaram Deus audível na terra, atribuindo a ele suas *próprias* idéias. Agora os rabinos se empenhavam numa tarefa ao mesmo tempo humana e divina. Uma nova legislação que formulassem era vista como procedente tanto de Deus quanto deles. Aumentando a Torá no mundo, ampliavam a presença de Deus no mundo e a tornavam mais eficaz. Eles mesmos vieram a ser reverenciados como as encarnações da Torá; eram mais "parecidos com Deus" que qualquer pessoa, por serem especialistas na Lei.[98]

Essa percepção de um Deus imanente contribuiu para os judeus verem a humanidade como sagrada. O rabino Akiva ensina que o *mitzvah* "Amarás a teu próximo como a ti mesmo" é "o grande princípio da Torá".[99] As ofensas contra um ser humano constituem uma negação do próprio Deus, que nos fez à sua imagem. Equivalem a ateísmo, uma blasfema tentativa de ignorar Deus. Assim, o homicídio é o maior de todos os crimes, porque é um sacrilégio: "As Escrituras nos dizem que quem derrama sangue humano como que diminui a imagem divina".[100] Servir ao semelhante é um ato de *imitatio dei*: reproduz a benevolência e a compaixão de Deus. Como todos foram criados à imagem de Deus, todos são iguais: até o sumo sacerdote devia ser espancado, se ferisse seus irmãos humanos, pois isso é negar a existência de Deus.[101] Deus criou *adām*, um único homem, para nos ensinar que quem destruir uma vida humana será punido como se tivesse destruído o mundo inteiro; da mesma forma, salvar uma vida é redimir todo o mundo.[102] Não se trata apenas de um sentimento elevado, mas de um princípio legal básico: significa que nenhum indivíduo pode ser sacrificado por causa de um grupo durante um *pogrom*, por exemplo. Humilhar alguém, mesmo um *goy* ou um escravo, é uma das ofensas mais graves, porque equivale a assassinato, uma sacrílega negação da imagem de Deus.[103] O direito à liberdade é crucial: dificilmente encontramos uma única referência a aprisionamento em toda a literatura rabínica, porque só Deus pode reduzir a liberdade de um ser humano. Espalhar maledicências sobre alguém é o mesmo que negar a existência de Deus.[104] Em vez de imaginar Deus como um Big Brother, vigiando lá de cima cada um de nossos movimentos, deveríamos aprender a ver Deus em cada um de nossos semelhantes, para que nossas relações com os outros se tornassem encontros sagrados.

Os animais não têm problemas em seguir a própria natureza, mas parece que achamos difícil ser inteiramente humanos. O Deus de Israel às vezes parece incentivar a mais perversa crueldade. Entretanto, com o passar dos séculos, Javé se tornou uma idéia capaz de ajudar as pessoas a cultivar a compaixão e o respeito por seus semelhantes, o que caracteriza as religiões da Era Axial. Os ideais dos rabinos estavam próximos da segunda das religiões monoteístas, enraizada na mesma tradição.

3. UMA LUZ PARA OS GENTIOS

NA MESMA ÉPOCA em que Fílon expunha seu judaísmo platonizado em Alexandria, e Hillel e Shammai discutiam em Jerusalém, um carismático curandeiro iniciava sua trajetória no norte da Palestina. Sabemos bem pouco sobre ele. A primeira narrativa completa de sua vida é o Evangelho de são Marcos, escrito por volta do ano 70, umas quatro décadas após sua morte. A essa altura, os fatos históricos tinham sido acrescidos de elementos míticos que, com mais exatidão que uma biografia pura e simples, expressavam o significado que Jesus adquirira para seus seguidores. Os primeiros cristãos o viam como um novo Moisés, um novo Josué, o fundador de um novo Israel. Como Buda, Jesus parecia sintetizar algumas das mais profundas aspirações de muitos de seus contemporâneos e dar substância a sonhos que o povo judeu acalentava havia séculos. Durante sua vida, muitos judeus da Palestina acreditavam que ele era o Messias: entrara em Jerusalém cavalgando e fora saudado como o Filho de Davi, mas, poucos dias depois, sofreu o terrível suplício romano da crucificação. Apesar do escândalo de um Messias executado como um criminoso comum, seus discípulos continuaram acreditando nele. Houve rumores de que ele ressuscitara. Alguns diziam que seu túmulo fora encontrado vazio três dias depois da crucificação; outros afirmavam que ele lhes apareceu em visões; e, numa ocasião, quinhentas pessoas o viram ao mesmo tempo. Seus discípulos acreditavam que ele logo retornaria, a fim de inaugurar o Reino Messiânico de Deus, e, como nada havia de herético em tal crença, sua seita foi considerada autenticamente judaica por ninguém menos que o rabino Gamaliel, neto de Hillel e um dos maiores *tannaim*. Seus seguidores adoravam no Templo todo dia, como judeus praticantes. Contudo, o Novo Israel, inspirado na vida, morte e ressurreição de Jesus, acabaria se tornando uma fé gentia, que desenvolveria sua própria e distinta concepção de Deus.

Na época da morte de Jesus, por volta de 30 EC, os judeus eram monoteístas fervorosos, e, assim, ninguém esperava que o Messias fosse uma figura divina: seria apenas um ser humano comum, embora privilegiado. Alguns rabinos afirmavam que Deus conhecia seu nome e sua identidade desde toda a eternidade. Nesse sentido, portanto, o Messias estivera "com Deus" desde antes do início dos tempos, simbolicamente, assim como a figura da Sabedoria divina nos Provérbios e no Eclesiástico. Os judeus esperavam que o Messias, o ungido, fosse um descendente do rei Davi, que, como rei e chefe espiritual, fundara o primeiro Estado judeu independente em Jerusalém. Os Salmos às vezes chamam Davi ou o Messias de "o Filho de Deus", mas isso é apenas uma maneira de expressar sua intimidade com Javé. Ninguém, desde o retorno da Babilônia, imaginava que Javé tivesse de fato um filho, como as abomináveis divindades dos *goyim*.

O Evangelho de Marcos, que, por ser o primeiro, geralmente é tido como o mais fidedigno, apresenta Jesus como um homem em tudo normal, com uma família que incluía irmãos e irmãs. Nenhum anjo anunciou seu nascimento nem cantou sobre seu berço. Nada de particularmente notável o distinguiu durante a infância e a adolescência. Quando ele começou a ensinar, os aldeões de Nazaré se surpreenderam: o filho do carpinteiro revelou-se um prodígio. Marcos começa sua narrativa com a trajetória de Jesus. Parece que, a princípio, ele foi discípulo de um certo João Batista, um asceta errante, provavelmente essênio. João considerava o *establishment* israelita irremediavelmente corrupto e o fustigava em cáusticos sermões. Exortava o povo a se arrepender e aceitar o rito essênio da purificação pelo batismo no rio Jordão. Lucas sugere que Jesus e João eram parentes. Jesus fez a longa viagem de Nazaré à Judéia para ser batizado por João. Marcos nos conta: "E, logo que saiu da água, viu os céus abertos e o Espírito descer sobre ele, em forma de pomba. E ouviu-se uma voz dos céus, que dizia: 'Tu és meu filho amado, em ti me comprazo'".[1] João Batista imediatamente reconheceu Jesus como o Messias. A notícia seguinte que temos de Jesus é que começou a pregar em todas as cidades e aldeias da Galiléia, anunciando: "É chegado o Reino de Deus!".[2]

Houve muita especulação sobre a exata natureza da missão de Jesus. Os Evangelhos registram bem poucas de suas palavras, afetadas, em grande parte, por fatos que ocorreram nas igrejas fundadas por são Paulo após sua morte. Não obstante, há indícios da natureza essencialmente judaica de sua trajetória. Os curandeiros eram figuras religiosas conhecidas na Galiléia: como Jesus, eram mendicantes que pregavam, curavam os doentes e exorcizavam demônios. Também como Jesus, muitos desses santos galileus tinham um grande número de discípulos. Para outros, Jesus provavelmente era um fariseu da mesma escola que Hillel, assim como Paulo, que dizia ter sido fariseu e discípulo do rabino Gamaliel, antes de se converter ao cristianismo.[3] Certamente, os ensinamentos de Jesus estavam de acordo com os grandes princípios dos fariseus, pois também ele acreditava que a caridade, o amor e a bondade eram os mais importantes *mitzvot*. Como os fariseus, era devoto da Torá e pregava uma observância mais severa que muitos de seus contemporâneos.[4] Também ensinava uma versão da Regra de Ouro de Hillel, quando afirmava que toda a Lei podia resumir-se na máxima: fazei aos outros o que quereis que façam a vós.[5] No Evangelho de são Mateus, Jesus lança diatribes violentas e pouco edificantes contra "os escribas e fariseus", apresentando-os como hipócritas imprestáveis.[6] Além de ser uma distorção dos fatos e uma flagrante quebra da caridade que devia caracterizar sua missão, a irada denúncia contra os fariseus é quase certamente inautêntica. Lucas, por exemplo, oferece-nos uma imagem bastante positiva dos fariseus tanto em seu Evangelho quanto nos Atos dos Apóstolos, e Paulo dificilmente teria ostentado suas origens farisaicas se os fariseus fossem de fato os inimigos jurados de Jesus que o acossaram até a morte. O teor anti-semita do Evangelho de Mateus reflete a tensão entre judeus e cristãos na década de 80. Os Evangelhos muitas vezes mostram Jesus discutindo com os fariseus, mas a discussão é ou amigável ou reflexo de uma discordância com a escola mais rigorosa de Shammai.

Após sua morte, seus seguidores concluíram que Jesus tinha sido divino. Isso não se deu de imediato; como veremos, só no século IV foi finalizada a doutrina de que, quando estava no mundo, Jesus era Deus em forma humana. O desenvolvimento da crença cristã na Encarnação foi um processo gradual e complexo. O próprio Jesus nunca disse que era Deus. No batismo, uma voz do céu o chamou de Filho de Deus, mas provavelmente só para confirmar que ele era o amado Messias. Nada havia de incomum em tal proclamação vinda do alto. Os rabinos muitas vezes experimentavam o que chamavam de *bat qol* (literalmente, "Filha da Voz"), uma forma de inspiração que substituíra a revelação profética mais direta.[7] O rabino Yohannan ben Zakkai ouviu uma *bat qol* confirmando sua missão, quando o Espírito Santo desceu sobre ele e seus discípulos em forma de fogo. O próprio Jesus se refere a si mesmo como "o Filho do Homem". Houve muita controvérsia sobre esse título, mas parece que a expressão aramaica original (*bar nasha*) simplesmente acentuava a fraqueza e a mortalidade da condição humana. Se assim é, Jesus parece ter se esforçado para enfatizar que era um frágil ser humano e, como tal, um dia ia sofrer e morrer.

Os Evangelhos, porém, contam-nos que Deus lhe conferiu alguns "poderes" (*dynameis*) divinos, habilitando-o, assim, a realizar os atos divinos de curar doentes e perdoar pecados, embora fosse um mero mortal. Portanto, ao vê-lo em ação, as pessoas tinham uma imagem viva, em carne e osso, de Deus. Em certa ocasião, três de seus discípulos viram isso mais claramente que de hábito. A história foi preservada nos três Sinópticos e seria muito importante para gerações posteriores de cristãos. Jesus levou Pedro, Tiago e João a uma montanha muito alta, tradicionalmente identificada com o monte Tabor, na Galiléia, e se "transfigurou" diante deles: "Seu rosto resplandeceu como o sol e suas vestes se tornaram brancas como a luz".[8] Moisés e Elias, representando respectivamente a Lei e os profetas, apareceram de repente ao lado dele, e os três conversaram. Perplexo, sem saber o que dizer, Pedro sugeriu construir três tabernáculos para comemorar a visão. Uma nuvem brilhante, como a que baixara no monte Sinai, cobriu o topo da montanha e uma *bat qol* declarou: "Este é meu Filho amado, em quem me comprazo. Escutai-o".[9] Séculos depois, os cristãos gregos ponderaram sobre o significado dessa visão e concluíram que os "poderes" de Deus se manifestaram na humanidade transfigurada de Jesus.

Também observaram que Jesus nunca se declarou detentor único de tais "poderes" (os quais, como Fílon, eles também chamam de *dynameis*). Repetidas vezes, prometeu a seus discípulos que também os teriam, se tivessem "fé". Obviamente, queria dizer que ter fé não é adotar a teologia correta, mas cultivar uma atitude interior de entrega e abertura para Deus. Se os discípulos se abrissem para Deus sem reserva, poderiam fazer tudo o que ele fazia. Como os rabinos, Jesus acreditava que o Espírito não está só com a elite privilegiada, mas com todos os homens de boa vontade e até mesmo com os *goyim*, conforme sugerem algumas passagens. Tendo "fé", os discípulos poderiam realizar coisas ainda maiores. Poderiam não só perdoar pecados e exorcizar demônios, mas também lançar uma montanha no mar.[10] Descobririam que suas vidas frágeis e mortais foram transfiguradas pelos "poderes" de Deus, presentes e ativos no mundo do Reino Messiânico.

Após sua morte, os discípulos continuaram acreditando que, de algum modo, Jesus apresentara uma imagem de Deus. Desde muito cedo, começaram a rezar por ele. Convencido de que os poderes de Deus deviam ser acessíveis aos *goyim*, são Paulo pregou o Evangelho em regiões que hoje correspondem à Turquia, à Macedônia e à Grécia. Estava certo de que os não-judeus podiam se tornar membros do Novo Israel, mesmo não observando toda a Lei de Moisés. Os primeiros discípulos, ao contrário, queriam que sua seita se mantivesse exclusivamente judaica e, assim, romperam com Paulo após apaixonada disputa. Entretanto, como a maioria dos conversos de Paulo eram ou judeus da diáspora ou tementes a Deus, o Novo Israel se manteve profundamente judeu. Paulo nunca chamou Jesus de "Deus", mas de "o Filho de Deus", no sentido judaico: decerto não o via como a encarnação de Deus, mas acreditava que ele possuía "poderes" e o "Espírito" de Deus, que manifestavam a atividade de Deus na terra e não deviam ser identificados com a inacessível essência divina. Os novos cristãos do mundo gentio nem sempre se davam conta dessas sutis distinções e, assim, acabaram vendo como divino um homem que acentuara sua humanidade fraca e mortal. A doutrina da Encarnação sempre escandalizou os judeus, e, depois, os muçulmanos também a considerariam blasfema. É uma doutrina difícil, que envolve certos riscos; os cristãos muitas vezes a interpretaram de modo bem rudimentar. Contudo, esse tipo de devoção é um tema constante na história da religião: veremos que mesmo os judeus e os muçulmanos desenvolveram algumas teologias surpreendentemente semelhantes.

Podemos entender o impulso religioso que está por trás dessa espantosa divinização de Jesus relembrando alguns fatos ocorridos na Índia, mais ou menos na mesma época. Tanto no budismo quanto no hinduísmo, houve um surto de devoção a seres excelsos, como Buda, ou a divindades que se manifestaram em forma humana. Esse tipo de devoção pessoal, conhecido como *bhakti*, expressava o que parece ser um perene anseio humano por uma religião humanizada. Era uma abordagem inteiramente nova e, no entanto, integrou-se a ambos os credos, sem comprometer prioridades essenciais.

Depois que Buda morreu, no fim do século VI AEC, seus seguidores naturalmente queriam uma recordação sua, mas achavam que uma estátua seria inadequada, pois no nirvana ele não mais "existia", no sentido usual. Não obstante, desenvolveu-se o amor pessoal a Buda, e a necessidade de contemplar sua humanidade iluminada tornou-se tão forte que no século I AEC surgiram as primeiras estátuas em Gandhara, no noroeste da Índia, e em Mathura, às margens do rio Jumna. Poderosas e inspiradoras, essas imagens adquiriram uma importância fundamental na espiritualidade budista, embora a devoção a um ser externo ao eu fosse muito diferente da disciplina interior pregada por Gautama. As religiões evoluem ou logo se tornam obsoletas. O *bhakti* era extremamente valioso para a maioria dos budistas, pois lembrava-lhes algumas verdades essenciais que corriam o risco de se perder. Quando alcançou a iluminação, Buda foi tentado a guardá-la para si, mas sua compaixão pela humanidade sofredora o fez passar os quarenta anos seguintes pregando o Caminho. Contudo, no século I AEC, monges budistas que se recolheram aos mosteiros para alcançar o nirvana por si mesmos aparentemente perderam isso de vista. O ideal monástico era também um ideal assustador, que muitos se sentiam incapazes de abraçar. No século I EC, surgiu um novo tipo de herói budista, o *bodhisattva*, que seguia o exemplo de Buda e adiava seu próprio nirvana, sacrificando-se pelos outros. Como explicam os Sutras Prajna-paramita (Sermões sobre a perfeição da sabedoria), compilados no fim do primeiro século, os *bodhisattvas*

> não querem atingir o próprio nirvana. Ao contrário, examinaram o doloroso mundo do ser e, ainda que desejosos de conquistar a iluminação suprema, não temem o nascimento-e-morte. Resolveram dedicar-se ao bem do mundo, ao conforto do mundo, por apiedar-se do mundo. Decidiram: "Vamos nos tornar um abrigo para o mundo, o lugar de repouso do mundo, o alívio final do mundo, ilhas do mundo, luzes do mundo, guias dos meios de salvação do mundo".[11]

Mais ainda, o *bodhisattva* adquirira uma infinita fonte de mérito, que podia ajudar os menos dotados espiritualmente. A pessoa que rezasse a um *bodhisattva* podia renascer num dos paraísos da cosmologia budista, onde seria mais fácil alcançar a iluminação.

Os textos enfatizam que essas idéias não deviam ser interpretadas ao pé da letra. Nada tinham a ver com a lógica ou os fatos comuns deste mundo, mas eram meros símbolos de uma verdade mais elusiva. No início do século II EC, Nagarjuna, o filósofo que fundou a Escola do Vazio, usou o paradoxo e um método dialético para demonstrar a inadequação da linguagem conceitual normal. As verdades últimas, insistia, só podiam ser captadas intuitivamente, por meio das disciplinas mentais de meditação. Mesmo os ensinamentos de Buda eram idéias convencionais, obras humanas que não faziam justiça à realidade que ele tentava transmitir. Os budistas que adotaram essa filosofia acabaram concluindo que tudo que experimentamos é uma ilusão: no Ocidente, nós os chamamos de idealistas. O Absoluto, a essência de todas as coisas, é um vazio, um nada, sem existência no sentido corrente. Era natural identificar o vazio com o nirvana. Se um buda como Gautama atingira o nirvana, de alguma forma inefável ele se *tornara* nirvana e era idêntico ao Absoluto. Assim, todos que buscavam o nirvana buscavam também identificar-se com os budas.

Não é difícil ver que esse *bhakti* (devoção) aos budas e aos *bodhisattvas* era semelhante à devoção dos cristãos a Jesus. Também tornava a fé acessível a um número maior de pessoas, mais ou menos como Paulo desejara tornar o judaísmo acessível aos *goyim*. Na mesma época, o *bhakti* cresceu também no hinduísmo, centrado nas figuras de Shiva e Vishnu, duas das principais divindades védicas. Novamente, a devoção popular se revelou mais forte que a austeridade dos Upanishads. Na verdade, os hinduístas criaram uma trindade: Brahma, Shiva e Vishnu eram três símbolos ou aspectos de uma realidade única, inefável.

Às vezes, era mais proveitoso contemplar o mistério de Deus sob o aspecto de Shiva, a paradoxal divindade do bem e do mal, da fertilidade e do ascetismo, ao mesmo tempo criadora e destruidora. Na lenda popular, Shiva era também um grande iogue e, assim, inspirava seus devotos a transcender conceitos pessoais de divindade por meio da meditação. Vishnu geralmente era mais bondoso e brincalhão. Gostava de mostrar-se à humanidade em várias encarnações ou *avatares*. Uma de suas *personae* mais famosas era Krishna, que nascera numa família nobre, mas fora criado como vaqueiro. Histórias populares de seus namoricos com as vaqueiras descrevem Deus como o Amante da Alma. Contudo, a aparição de Vishnu como Krishna aterroriza o príncipe Arjuna, no *Bhagavad-Gita*:

> *Vejo os deuses*
> *em teu corpo, ó Deus,*
> *e multidões de criaturas várias:*
> *Brahma, o criador cósmico,*
> *em seu trono de lótus,*
> *todos os adivinhos e serpentes celestes.*[12]

Tudo está presente no corpo de Krishna: ele não tem princípio nem fim, preenche o espaço e inclui todas as divindades possíveis: "Ululantes deuses da tempestade, deuses do sol, deuses luminosos e deuses do ritual".[13] É também o "espírito incansável do homem", a essência da humanidade.[14] Tudo converge para Krishna, como os rios correm para o mar ou as mariposas voam para a chama. Tudo que Arjuna consegue fazer diante dessa terrível visão é tremer, pois perdeu todas as referências.

O desenvolvimento do *bhakti* atendia a uma entranhada necessidade popular de algum tipo de relação pessoal com a realidade última. Tendo se firmado como absolutamente transcendente, Brahma corre o risco de tornar-se demasiado rarefeito e desaparecer da consciência humana, como o antigo Deus Céu. A evolução do ideal *bodhisattva* no budismo e os *avatares* de Vishnu parecem representar outro estágio da evolução religiosa, em que o Absoluto não pode deixar de ser humano. Essas doutrinas e mitos simbólicos negam, porém, que o Absoluto possa expressar-se em apenas *uma* epifania: houve numerosos budas e *bodhisattvas*, e Vishnu tinha uma variedade de *avatares*. Esses mitos também expressam um ideal para a humanidade: mostram-na iluminada ou deificada, como deve ser.

No século I EC, havia no judaísmo uma sede semelhante de imanência divina. A pessoa de Jesus aparentemente atendia a essa necessidade. São Paulo, o primeiro escritor cristão, que criou a religião que hoje conhecemos como cristianismo, acreditava que

Jesus substituíra a Torá como a principal revelação de Deus ao mundo.[15] Não é fácil saber exatamente o que ele pretendia com isso. Suas epístolas são respostas a perguntas específicas, e não uma exposição coerente de uma teologia plenamente desenvolvida. Paulo decerto acredita que Jesus é o Messias: a palavra "Cristo" é uma tradução do hebraico *Massiach*: o Ungido. Paulo também fala do homem Jesus como alguém que é mais que um ser humano comum, embora, como judeu, não o considere Deus encarnado. Usa constantemente a expressão "em Cristo" para descrever sua experiência de Jesus: os cristãos vivem "em Cristo"; foram batizados em sua morte; a Igreja de algum modo constitui seu corpo.[16] Essa não é uma verdade que ele defende logicamente. Como muitos judeus, Paulo não via com bons olhos o racionalismo grego, que classificava de mera "tolice".[17] Foi uma experiência subjetiva e mística que o fez descrever Jesus como uma espécie de atmosfera na qual "vivemos, nos movemos e existimos".[18] Jesus tornara-se a fonte da experiência religiosa de Paulo, que, portanto, fala sobre ele da mesma forma como alguns de seus contemporâneos falariam sobre um deus.

Ao explicar a fé que lhe fora entregue, Paulo afirma que Jesus sofreu e morreu "por nossos pecados",[19] mostrando que, num estágio inicial, ainda chocados com a morte de Jesus, os discípulos diziam que ela ocorrera para o nosso bem. No capítulo 9, veremos que, no século XVII, outros judeus achariam uma explicação semelhante para o vergonhoso fim de outro Messias. Os primeiros cristãos achavam que, de algum modo misterioso, Jesus ainda estava vivo e lhes transmitira seus "poderes", como prometera. Sabemos pelas epístolas de Paulo que os primeiros cristãos tinham toda espécie de experiências incomuns que podiam indicar o advento de um novo tipo de humanidade: alguns se tornaram curandeiros, outros falavam em línguas celestes, outros ainda emitiam o que julgavam ser oráculos inspirados por Deus. Os ofícios na igreja eram ruidosos, entusiásticos, muito diferentes das vésperas atuais. Parecia que a morte de Jesus realmente fora benéfica: liberara um "novo tipo de vida" e uma "nova criação" — um tema constante nas cartas de Paulo.[20]

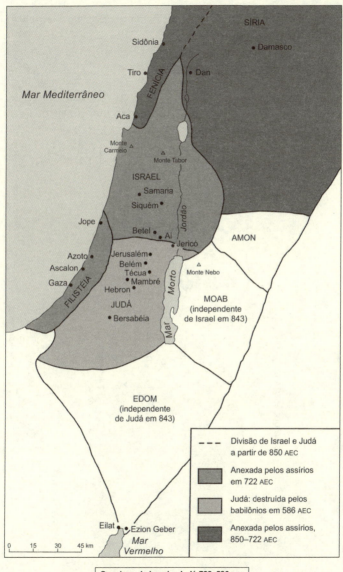

Os reinos de Israel e Judá 722–586 AEC

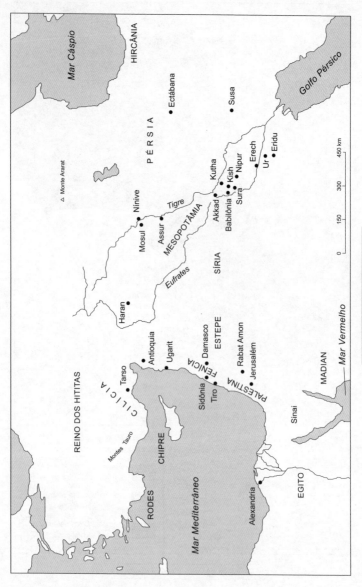

O Oriente Médio na Antiguidade

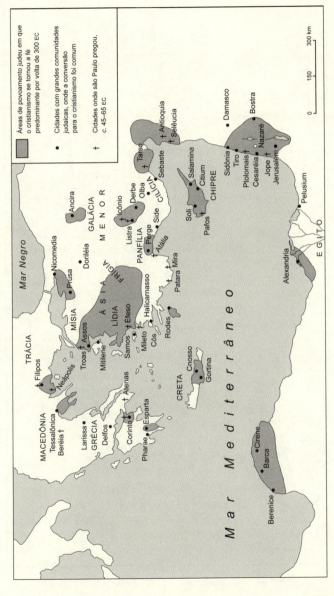

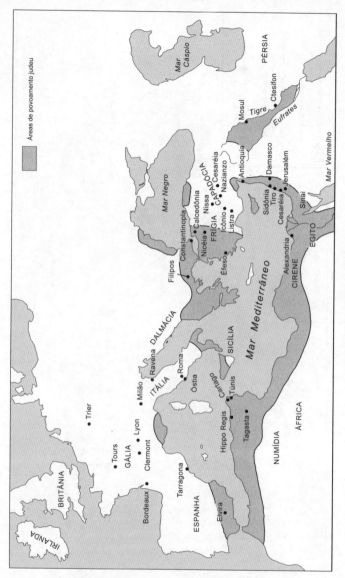

O mundo dos Padres da Igreja

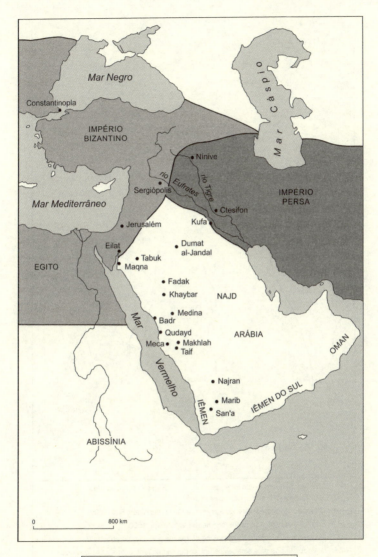

Arábia e região na época do Profeta Maomé (570–632 EC)

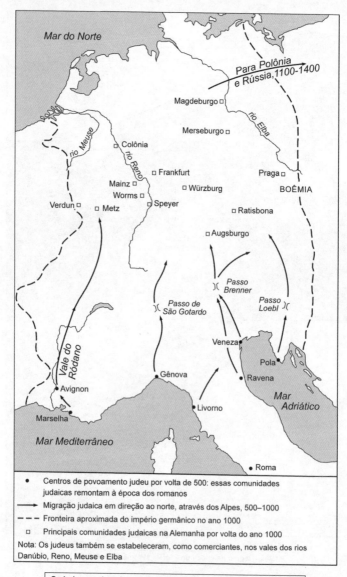

Os judeus se instalam no leste da França e na Alemanha, 500–1100

O Império Islâmico por volta de 750

Nota: houve grande variação de fronteiras. Por exemplo, no século XI, os cristãos ampliaram a fronteira da Espanha até Toledo, enquanto os turcos seldjúcidas conquistaram a Ásia Menor a partir de Bizâncio.

121

Os judeus do islã por volta de 750

122

O novo Ocidente cristão durante a Idade Média

Não havia, porém, teorias detalhadas sobre a crucificação como expiação de um "pecado original" de Adão: veremos que essa teologia surgiu no século IV e só foi importante no Ocidente. Paulo e os outros autores do Novo Testamento jamais tentaram uma explicação precisa, definitiva, da salvação que conheceram. Contudo, a idéia da morte sacrifical de Cristo era semelhante ao ideal do *bodhisattva*, que se desenvolvia nessa época na Índia. Cristo se tornara um mediador entre a humanidade e o Absoluto, como o *bodhisattva*, mas era o *único* mediador, e a salvação que efetuava não era uma aspiração irrealizada para o futuro, como a do *bodhisattva*, e sim um *fait accompli*. Paulo insistia que o sacrifício de Jesus fora único. Embora acreditasse que seus próprios sofrimentos por amor aos outros fossem benéficos, não tinha dúvida de que o sofrimento e a morte de Jesus se situavam num nível muito diferente.[21] Aqui há um perigo potencial. Os inúmeros budas e os elusivos e paradoxais *avatares* lembravam aos fiéis que nada podia expressar adequadamente a realidade última. A única Encarnação do cristianismo, sugerindo que toda a inexaurível realidade de Deus se *manifestara* num único ser humano, podia levar a um tipo imaturo de idolatria.

Jesus insistira que os "poderes" de Deus não se restringiam a ele. Paulo desenvolveu essa idéia, afirmando que Jesus foi o primeiro exemplo de um novo tipo de humanidade. Não só fez tudo que o velho Israel não conseguira realizar, como se tornou o novo *adām*, a nova humanidade, da qual os seres humanos, e até mesmo os *goyim*, deviam participar.[22] Mais uma vez, encontramos uma semelhança com a crença budista de que, como todos os budas se fundiram com o Absoluto, o ideal humano seria participar da condição de buda.

Em sua carta à Igreja filipense, Paulo cita o que é em geral tido com um dos primeiros hinos cristãos que levantam algumas questões importantes. Ele diz a seus conversos que eles devem ter a mesma atitude de auto-sacrifício que Jesus,

> *o qual, subsistindo na forma de Deus,*
> *não se aferrou a sua igualdade com Deus,*

> *mas aniquilou-se a si mesmo*
> *para assumir a condição de servo,*
> *e se fez semelhante aos homens;*
> *e, sendo como são os homens,*
> *foi ainda mais humilde,*
> *a ponto de aceitar a morte,*
> *e morte na cruz.*
> *Porém Deus o exaltou*
> *e lhe deu o nome*
> *que está acima de todos os nomes,*
> *para que, ao nome de Jesus,*
> *todas as criaturas,*
> *nos céus, e na terra, e debaixo da terra,*
> *e toda língua aclame*
> *Jesus como o Senhor* [kyrios]
> *para a glória de Deus Pai.*[23]

O hino parece refletir uma crença dos primeiros cristãos numa existência que Jesus teria tido "com Deus", antes de se tornar homem no ato de "auto-esvaziamento" (*kenosis*), pelo qual, como um *bodhisattva*, decidiu partilhar o sofrimento da condição humana. Paulo era judeu demais para aceitar a idéia de Cristo existindo desde sempre como um segundo ser divino ao lado de YHWH. O hino mostra que, após seu enaltecimento, ele ainda é distinto e inferior em relação a Deus, que o eleva e lhe confere o título de *kyrios*. Ele próprio não pode assumir esse título, mas recebe-o apenas "para a glória de Deus Pai".

Cerca de quarenta anos depois, o autor do Evangelho de são João (escrito *c.* 100) fez uma sugestão semelhante. Em seu prólogo, descreve o Verbo (*logos*) que esteve "com Deus desde o início" e foi o agente da criação: "Todas as coisas foram feitas por ele, nada do que foi feito se fez sem ele".[24] O autor não usa o grego *logos* da mesma maneira que Fílon: parece mais sintonizado com o judaísmo palestino que com o helenizado. Os *targuns*, traduções aramaicas das Escrituras hebraicas que datam da mesma época, usam o termo *Memra* (palavra) para descrever a atividade de Deus no mundo. Atribuem-lhe a mesma função de outros termos técnicos, como "glória", "Espírito Santo" e "Shekinah", que enfatizam a distinção entre a presença de Deus no mundo e a incompreensível realidade de Deus. Como a Sabedoria divina, a "Palavra" simboliza o plano original de Deus para a criação. Quando dão a entender que Jesus teria tido uma existência anterior, Paulo e João não o apresentam como uma segunda pessoa divina no sentido trinitário, mas como alguém que transcendeu os modos temporal e individual de existência. Como o "poder" e a "sabedoria" que representava derivavam de Deus, ele de algum modo expressou "o que ali estava desde o começo".[25]

Essas idéias eram compreensíveis num contexto estritamente judeu, embora, mais tarde, cristãos de formação grega as interpretassem de outra maneira. Nos Atos dos Apóstolos, escritos já em 100 EC, vemos que os primeiros cristãos ainda tinham uma concepção inteiramente judaica de Deus. Na festa de Pentecostes, quando centenas de judeus de toda a diáspora se reuniam em Jerusalém para celebrar a entrega da Torá no Sinai, o Espírito Santo baixou sobre os companheiros de Jesus. Eles ouviram "um som, como de um vento impetuoso, soprando do céu [...] e apareceram-lhes como que umas línguas de fogo".[26] O Espírito Santo se manifestou a esses primeiros cristãos judeus da mesma forma que se manifestara aos *tannaim*, seus contemporâneos. Imediatamente, os discípulos se puseram a pregar às multidões de judeus e tementes a Deus da "Mesopotâmia, da Judéia e da Capadócia, do Ponto e da Ásia, da Frígia e da Panfília, do Egito e das partes da Líbia em torno de Cirene".[27] Para pasmo de todos, cada um ouviu a pregação dos discípulos em sua própria língua. Quando se levantou para falar à multidão, Pedro apresentou esse fenômeno como o apogeu do judaísmo. Os profetas haviam previsto o dia em que Deus enviaria seu Espírito sobre a humanidade para que até as mulheres e os escravos tivessem visões e sonhos.[28] Esse dia inauguraria o Reino Messiânico, quando Deus viveria na terra com seu povo. Pedro não afirmou que Jesus de Nazaré era Deus. Era "um varão acreditado por Deus entre vós com milagres, prodígios e sinais que Deus realizou por meio dele no meio de vós". Cruelmente executado, retornou à vida por obra de Deus, que o colocou numa posição privilegiada, à sua direita. Os profetas e os salmistas haviam previsto esses acontecimentos; assim, "toda a Casa de Israel" podia ter certeza de que Jesus era o Messias desde muito esperado.[29] Esse discurso parece ter sido a mensagem (*kerygma*) dos primeiros cristãos.

No fim do século IV, o cristianismo se consolidara nos lugares relacionados acima pelo autor dos Atos: deitou raízes entre as sinagogas da diáspora que haviam atraído um grande número de tementes a Deus ou prosélitos. O judaísmo reformado de Paulo parecia abordar muitos de seus problemas. Eles também "falavam em muitas línguas", não tendo uma voz unida nem uma posição coerente. Para muitos, o Templo de Jerusalém, encharcado como estava do sangue de animais, era agora uma instituição primitiva e bárbara. Os Atos dos Apóstolos preservam esse ponto de vista na história de Estêvão, um judeu helenístico que se convertera à seita de Jesus e foi acusado de blasfemo e apedrejado até a morte pelo Sinédrio, o conselho supremo dos judeus. Em seu último e inflamado discurso, Estêvão afirmara que o Templo era um insulto à natureza de Deus: "Mas o Altíssimo não habita em templos feitos por mãos de homens".[30] Na diáspora, alguns adotaram o judaísmo talmúdico desenvolvido pelos rabinos após a destruição do Templo; outros descobriram que o cristianismo respondia a algumas de suas dúvidas sobre o status da Torá e a universalidade do judaísmo. O cristianismo atraía sobretudo os tementes a Deus, que podiam se tornar membros efetivos do Novo Israel sem o fardo dos 613 *mitzvot*.

Durante o século I, os cristãos pensavam em Deus e rezavam a ele como judeus; discutiam como rabinos, e suas igrejas eram semelhantes às sinagogas. Na década de 80, quando foram formalmente expulsos das sinagogas por se recusarem a observar a Torá, tiveram algumas disputas ácidas com os judeus. Vimos que o judaísmo atraíra muitos convertidos nas primeiras décadas do século I, mas após 70, quando os judeus tiveram problemas com o Império Romano, sua posição declinou. Com a deserção dos tementes a Deus para o cristianismo, os judeus passaram a desconfiar dos conversos e já não se mostravam ansiosos por fazer proselitismo. Os pagãos que teriam sido atraídos para o judaísmo agora se voltavam para o cristianismo, porém os cristãos em geral eram escravos e membros da classe baixa. Só no fim do século II pagãos de alta cultura se tornaram cristãos e puderam explicar a nova religião a um desconfiado mundo pagão.

No Império Romano, o cristianismo inicialmente era visto como um ramo do judaísmo, mas, quando seus adeptos deixaram claro que não freqüentavam a sinagoga, passou a ser desprezado como uma *religio* de fanáticos que haviam cometido o pecado capital da impiedade, abandonando a fé original. O *ethos* romano era estritamente conservador: valorizava a autoridade do *paterfamilias* e os costumes ancestrais. "Progresso" era um retorno a uma Idade do Ouro, não uma marcha destemida para o futuro. Romper com o passado não era um ato potencialmente criativo, como em nossa sociedade, que institucionalizou a mudança. Inovação era algo perigoso e subversivo. Desconfiados de movimentos que se desfaziam das restrições da tradição, os romanos estavam em guarda para proteger seus cidadãos do "charlatanismo" religioso. Não obstante, havia no Império um clima de inquietação e ansiedade. A experiência de viver num imenso império internacional tornara os velhos deuses insignificantes; as pessoas tomaram conhecimento de culturas estranhas e perturbadoras. Buscavam novas soluções espirituais. Cultos orientais eram introduzidos na Europa: divindades como Ísis e Sêmele eram adoradas junto com os deuses tradicionais de Roma, guardiães do Estado. No século I EC, os novos cultos dos mistérios ofereciam a seus iniciados a salvação e o que pretendia ser um conhecimento privilegiado do mundo vindouro. Mas nenhum desses entusiasmos religiosos ameaçava a velha ordem. As divindades orientais não exigiam a conversão radical nem a rejeição dos ritos familiares; eram como novos santos, oferecendo uma perspectiva diferente e a percepção de um mundo mais amplo. As pessoas aderiam a tantos mistérios quantos quisessem: desde que não representassem perigo para os velhos deuses e se mantivessem razoavelmente discretos, tais cultos eram tolerados e absorvidos pela ordem vigente.

Ninguém esperava que a religião constituísse um desafio ou fornecesse uma resposta para o sentido da vida. Para esse tipo de esclarecimento, recorria-se à filosofia. No Império Romano da baixa Antiguidade, os devotos adoravam os deuses para pedir ajuda durante uma crise, obter uma bênção divina para o Estado e ter a confortadora sensação de continuidade com o passado. A religião era mais uma questão de culto e ritual que de idéias; baseava-se na emoção, não numa ideologia ou numa teoria conscientemente adotada. Não era muito diferente do que ocorre hoje em dia: muitas pessoas que assistem a ofícios religiosos em nossa sociedade não estão interessadas em teologia, não querem nada de exótico e não gostam de mudança. Encontram nos rituais estabelecidos um elo com a tradição e uma sensação de segurança. Não esperam idéias brilhantes do sermão e ficam perturbadas com mudanças na liturgia. Mais ou menos da mesma forma, muitos pagãos da baixa Antiguidade gostavam de cultuar os deuses ancestrais, como tinham feito as gerações anteriores. Os antigos rituais lhes proporcionavam um senso de identidade, celebravam tradições locais e pareciam constituir uma garantia de que tudo continuaria como estava. A civilização parecia uma frágil conquista e não devia ser ameaçada por um irresponsável desrespeito aos deuses protetores, que asseguravam sua sobrevivência. Esses devotos se sentiriam ameaçados se uma nova seita decidisse abolir a fé de seus pais. O cristianismo estava, portanto, em flagrante desvantagem: não tinha nem a venerável antiguidade do judaísmo nem os atraentes rituais do paganismo, que todos podiam ver e apreciar. Era também uma ameaça potencial, já que insistia que seu Deus era o *único* e todas as outras divindades não passavam de ilusões. O biógrafo romano Suetônio (70–160) o via como um movimento irracional e excêntrico, uma *superstitio nova et prava*: uma "superstição depravada" precisamente por ser "nova".[31]

Os pagãos cultos buscavam esclarecimento na filosofia, não na religião. Seus santos e luminares eram filósofos da Antiguidade como Platão, Pitágoras, Epicteto. Esses pagãos os consideravam "filhos de Deus": Platão, por exemplo, era tido como filho de Apolo. Os filósofos demonstravam frio respeito pela religião, mas a viam como essencialmente diferente do que faziam. Não eram acadêmicos encarquilhados, encerrados em torres de marfim, mas homens que se sentiam na obrigação de salvar a alma de seus contemporâneos, atraindo-os para as disciplinas de suas respectivas escolas. Tanto Sócrates como Platão eram "religiosos" em relação à sua filosofia, certos de que seus estudos científicos e metafísicos lhes proporcionaram uma visão da glória do universo. Assim, no século I EC, pessoas inteligentes e ponderadas voltavam-se para eles em busca de uma explicação do sentido da vida, de uma ideologia edificante e de motivação ética. O cristianismo parecia um credo bárbaro. O Deus cristão parecia uma divindade feroz e primitiva, que intervinha irracionalmente nos assuntos humanos: nada tinha em comum com o Deus remoto e imutável de um filósofo como Aristóteles. Uma coisa era dizer que homens do calibre de Platão ou Alexandre, o Grande, eram filhos de um deus; e outra, muito diferente, era afirmar que um judeu que sofreu uma morte desonrosa, num obscuro recanto do Império Romano, era "o Filho de Deus".

O platonismo era uma das filosofias mais populares no final da Antiguidade. Os neoplatônicos dos dois primeiros séculos se encantavam não com o Platão ético e pensador político, mas com o Platão místico, cujos ensinamentos ajudavam o filósofo a compreender seu verdadeiro eu, liberando a alma da prisão do corpo e possibilitando-lhe ascender ao mundo divino. Trata-se de um sistema nobre, que usa a cosmologia como uma imagem de continuidade e harmonia. O Uno existe em serena contemplação de si mesmo, além das devastações do tempo e da mudança, no pináculo da grande cadeia do ser. Toda existência derivou do Uno como uma conseqüência necessária de seu puro ser: as formas eternas emanaram do Uno e animaram o sol, as estrelas e a lua, cada qual na respectiva esfera. Por fim, os deuses, agora vistos como os ministros angélicos do Uno, transmitiram a divina influência ao mundo sublunar dos homens. O platônico não precisava de histórias bárbaras de uma divindade que decidira de repente criar o mundo ou que ignorava a hierarquia estabelecida para comunicar-se diretamente com um grupinho de seres humanos. Não precisava de nenhuma salvação grotesca por meio de um Messias crucificado. Sendo semelhante ao Deus que dera vida a todas as coisas, o filósofo podia ascender ao mundo divino por seus próprios esforços, de modo racional e ordenado.

Como os cristãos explicariam ao mundo pagão uma fé que não parecia nem uma religião, no sentido romano, nem uma filosofia? Além disso, talvez tivessem dificuldade para relacionar suas "crenças" e não lhes ocorresse desenvolver um sistema de pensamento distinto. Nisso se assemelhavam a seus vizinhos pagãos. Sua religião não tinha uma "teologia" coerente, mas podia ser descrita com maior exatidão como uma atitude de compromisso cuidadosamente cultivada. Quando recitavam seus "credos", os cristãos não estavam aceitando um conjunto de propostas. A palavra *credere*, por exemplo, parece ter derivado de *cor dare*: dar o coração. Quando eles diziam *"credo!"* (ou *pisteno*, em grego), isso implicava uma posição emocional, e não intelectual. Assim, Teodoro, bispo de Mopsuestia, na Cilícia, de 392 a 428, explicava a seus conversos:

> Quando dizeis "Creio" (*pisteno*) perante Deus, mostrais que permanecereis firmes com ele, que jamais vos separareis dele e que julgareis mais elevado que qualquer outra coisa estar e viver com ele e conduzir-vos de um modo que esteja em harmonia com seus mandamentos.[32]

Posteriormente, os cristãos sentiriam a necessidade de uma explicação mais teórica de sua fé e se dedicariam ao debate teológico com uma paixão única na história da religião. Vimos que no judaísmo, por exemplo, não existe uma ortodoxia oficial e as idéias sobre Deus são questões estritamente pessoais. Os primeiros cristãos deviam ter a mesma atitude.

No século II, porém, alguns pagãos convertidos ao cristianismo tentaram mostrar a seus vizinhos incréus que sua religião não era uma violenta ruptura com a tradição. Um desses primeiros apologistas foi Justino de Cesaréia (100-65), que morreu como mártir da fé. Sua incansável busca de sentido traduz a inquietação espiritual da época. Justino não era um pensador profundo nem brilhante. Antes de abraçar o cristianismo, foi discípulo de um estóico, de um peripatético e de um pitagórico, porém não conseguiu compreender o sistema de nenhum deles. Não tinha temperamento nem inteligência para a filosofia, mas parece que precisava de algo mais que culto e ritual. Encontrou o que procurava no cristianismo. Em suas duas *Apologiae* (c. 150 e 155), afirma que os cristãos simplesmente seguiam Platão, que também sustentara que havia apenas um Deus. Tanto os filósofos gregos quanto os profetas judeus previram a vinda de Cristo — um argumento que deve ter impressionado os pagãos da época, pois havia um novo entusiasmo por oráculos. Jesus encarnou o *logos* ou razão divina que os estóicos viam na ordem do cosmo: o *logos* atuava por toda a história, inspirando gregos e hebreus. Justino não explica, porém, as implicações dessa idéia um tanto nova: como um ser humano podia encarnar o *logos*? O *logos* era a mesma coisa que imagens bíblicas como Palavra e Sabedoria? Qual era sua relação com o Deus Único?

Outros cristãos desenvolviam ideologias muito mais radicais, não pelo simples prazer da especulação, mas para aliviar uma profunda ansiedade. Os *gnostikoi*, ou conhecedores, passaram da filosofia para a mitologia a fim de explicar sua sensação de afastamento do mundo divino. Os mitos expunham sua ignorância de Deus e do divino, que para eles constituía motivo de dor e vergonha. Basílides, que ensinou em Alexandria entre 130 e 160, e seu contemporâneo Valentim, que deixou o Egito para ensinar em Roma, conquistaram numerosos seguidores e mostraram que muitos conversos se sentiam perdidos e deslocados.

Todos os gnósticos partem de uma realidade incompreensível que chamam de Divindade, pois deu origem ao ser menor que chamamos de "Deus". Sobre ela nada poderíamos dizer, já que foge inteiramente ao alcance de nossas mentes limitadas. Como explica Valentim, a Divindade é

> perfeita e preexistente [...] habitando em alturas invisíveis e inomináveis: é o pré-início, o precursor e a profundeza. É incontível e invisível, eterna e não gerada; é Quietude e profunda Solidão por infinitos éons. Com Ela estava o pensamento, também chamado Graça e Silêncio.[33]

Os homens sempre especularam sobre esse Absoluto, mas nunca chegaram a uma explicação adequada. É impossível descrever a Divindade, que não é nem "boa" nem "má", e tampouco se pode dizer que "existe". Segundo Basílides, no começo não havia Deus, mas apenas a Divindade, que, em termos estritos, era Nada, porque não existia em nenhum sentido que possamos entender.[34]

Mas esse Nada queria se dar a conhecer, não se contentava em ficar sozinho na Profundeza e no Silêncio. Uma revolução que ocorreu nas entranhas de seu insondável ser resultou numa série de emanações semelhantes às descritas nas antigas mitologias pagãs. A primeira dessas emanações foi o "Deus" que conhecemos e a quem rezamos. Contudo, até mesmo "Deus" continuava inacessível para nós e precisava de mais elucidação. Assim, novas emanações foram saindo de Deus aos pares, cada um dos quais expressando um de seus atributos divinos. "Deus" transcende o sexo, mas, como no *Enuma Elish*, cada par de emanações se compunha de um macho e uma fêmea — um esquema que tentava neutralizar o teor masculino do monoteísmo mais convencional. Cada par de emanações era mais fraco e diluído, por estar mais afastado de sua Fonte divina. Por fim, tendo emergido trinta dessas emanações (ou éons), encerrou-se o processo e completou-se o mundo divino, o Pleroma. Os gnósticos não propunham uma cosmologia inteiramente estapafúrdia, pois todo mundo acreditava que o cosmo estava repleto de éons, demônios e poderes espirituais. São Paulo referia-se aos Tronos, Dominações, Virtudes e Potestades, enquanto os filósofos identificavam esses poderes invisíveis com os antigos deuses, e os arvoravam em intermediários entre o homem e o Uno.

Ocorrera uma catástrofe, uma queda primordial, que os gnósticos descrevem de várias formas. Alguns dizem que *Sophia* (Sabedoria), a última das emanações, caíra em desgraça porque aspirava a um conhecimento proibido da inacessível Divindade. Por causa de sua arrogância, caíra do Pleroma, e sua dor formara o mundo da matéria. Exilada e perdida, *Sophia* vagara pelo cosmo, ansiando por retornar à Fonte divina. Esse amálgama de idéias orientais e pagãs expressa a visão gnóstica do mundo terreno como uma perversão do celeste, fruto da ignorância e do deslocamento. Outros gnósticos ensinam que o mundo material não é obra de "Deus", pois ele estava totalmente desvinculado da vil matéria, mas de um éon, que chamam de *demiourgos*, ou Criador. Esse éon tinha inveja de "Deus" e queria ser o centro do Pleroma. Por isso caiu e criou o mundo num ato de desafio. "Fez o céu sem conhecimento", afirma Valentim; "formou o homem em ignorância do homem; trouxe a terra à luz sem compreender a terra."[35] Entretanto, o Logos, outro éon, desceu à terra, assumindo a aparência física de Jesus, para ensinar a humanidade a voltar para Deus. Esse tipo de cristianismo acabou sendo eliminado, mas veremos que, séculos depois, judeus, cristãos e muçulmanos retomariam essa modalidade de mitologia, achando que ela expressava sua experiência religiosa de "Deus" com maior exatidão que a teologia ortodoxa.

Tais mitos não eram relatos literais da criação e da salvação, mas expressões simbólicas de uma verdade interior. "Deus" e o Pleroma não eram realidades exteriores, mas deviam ser encontrados dentro de cada indivíduo:

> Abandonai a busca de Deus e da criação e outros assuntos desse gênero. Buscai-o tomando a vós mesmos como ponto de partida. Descobri quem, dentro de vós, de tudo se apropria e diz: Meu Deus, minha mente, meu pensamento, minha alma, meu corpo. Descobri as fontes do sofrimento, da alegria, do amor, do ódio. Descobri como se dá que alguém

veja sem querer, ame sem querer. Se investigardes cuidadosamente tais questões, em vós mesmos o encontrareis.[36]

O Pleroma representava um mapa da alma. O gnóstico podia discernir a luz divina mesmo neste mundo escuro, se soubesse onde procurar: durante a Queda Primordial — de *Sophia* ou do Demiurgo —, algumas centelhas divinas também caíram do Pleroma e ficaram presas na matéria. O gnóstico podia encontrar uma centelha divina em sua alma, podia detectar, dentro de si, um elemento divino que o ajudaria a voltar para casa.

Os gnósticos mostram que muitos convertidos ao cristianismo não estavam satisfeitos com a idéia tradicional de Deus herdada do judaísmo. Não consideravam o mundo "bom", obra de uma divindade benévola. Dualismo e deslocamento semelhantes caracterizam a doutrina de Marcion (100–65), que fundou sua própria igreja rival em Roma e atraiu numerosos seguidores. Jesus disse que a boa árvore produz bom fruto:[37] como um Deus bom podia ter criado um mundo onde havia tanto mal e tanta dor? Marcion também se horrorizava com as Escrituras judaicas, nas quais um Deus brutal e cruel extermina populações inteiras em sua paixão por justiça. Concluiu que foi esse Deus judaico, "sequioso de guerra, inconstante em sua atitude e contraditório",[38] quem criara o mundo. Mas Jesus revelara a existência de outro Deus, "plácido, brando, inteiramente bom e excelente",[39] não mencionado nas Escrituras judaicas e muito diferente do cruel Criador "jurídico" do mundo. Devíamos, portanto, dar as costas ao mundo, que, não sendo obra sua, nada nos podia dizer sobre essa divindade benévola. Também devíamos rejeitar o "Velho" Testamento e nos concentrar nos livros do Novo Testamento, que preservam o espírito de Jesus. A popularidade das doutrinas de Marcion mostra que ele expressava uma inquietação generalizada. A certa altura, parecia prestes a fundar outra Igreja. Tocara num ponto importante da experiência cristã; gerações de cristãos têm achado difícil relacionar-se positivamente com o mundo material, e um número significativo ainda não entende o Deus hebreu.

O teólogo norte-africano Tertuliano (160–220), porém, observou que o Deus "bom" de Marcion tinha mais em comum com o Deus da filosofia grega do que com o Deus da Bíblia. Essa divindade serena, que nada queria com este mundo imperfeito, estava muito mais perto do Motor Imóvel de Aristóteles que do Deus judaico de Jesus Cristo. Com efeito, muita gente no mundo greco-romano achava o Deus bíblico desastrado e feroz, indigno de adoração. Por volta de 178, o filósofo pagão Celso acusou os cristãos de adotarem uma visão tacanha e provinciana de Deus. Abominava sua presunção de terem recebido uma revelação especial: Deus era para todos os seres humanos, mas os cristãos se amontoavam num sórdido grupinho, afirmando: "Deus abandonou o mundo inteiro e os movimentos dos céus e a terra imensa para dar atenção apenas a nós".[40] Como sua concepção de divindade ofendia gravemente o *ethos* romano, eram perseguidos sob a acusação de "ateísmo". Como não davam aos deuses tradicionais o que lhes era devido, temia-se que constituíssem um perigo para o Estado e subvertessem a frágil ordem. O cristianismo parecia um credo bárbaro, que ignorava as conquistas da civilização.

No fim do século II, porém, alguns pagãos realmente cultos começaram a converter-se ao cristianismo e puderam adaptar o Deus semita da Bíblia ao ideal greco-romano. O primeiro foi Clemente de Alexandria (*c*. 150–215), que talvez tenha estudado filosofia em Atenas antes de sua conversão. Clemente não tinha dúvida de que Javé e o Deus dos filósofos gregos eram o mesmo: chamava Platão de o Moisés ático. Contudo, tanto Jesus quanto são Paulo se surpreenderiam com sua teologia. Como o Deus de Platão e Aristóteles, o Deus de Clemente se caracterizava pela *apatheia*: era absolutamente impassível, incapaz de sofrer ou mudar. Os cristãos podiam participar dessa vida divina, imitando a calma e a imperturbabilidade de Deus. Clemente criou uma regra de vida muito semelhante às minuciosas regras de conduta prescritas pelos rabinos, porém mais afinada com o ideal estóico. Os cristãos deviam imitar a serenidade de Deus em cada detalhe de sua vida: sentar-se de modo correto, falar baixo, abster-se de risadas estrepitosas e até arrotar com toda a delicadeza. Assim, exercitando diligentemente essa calma deliberada, tomariam consciência de uma imensa Quietude interior, que era a imagem de Deus inscrita em seu ser. Não havia fosso entre Deus e a humanidade. Uma vez harmonizados com o ideal divino, os cristãos descobririam que tinham um Companheiro Divino, "partilhando nossa casa conosco, sentando-se à mesa, dividindo todo o esforço moral de nossa vida".[41]

Contudo, Clemente também acreditava que Jesus era Deus, "o Deus vivo que sofreu e é adorado".[42] Aquele que lhes "lavara os pés e os cingira com uma toalha" era o "Deus sem orgulho e Senhor do Universo".[43] Se os cristãos imitassem Cristo, também seriam deificados: divinos, incorruptíveis e impassíveis. Com efeito, Cristo era o *logos* divino que se tornou homem "para que aprendais com um homem a tornar-vos Deus".[44] No Ocidente, Irineu, bispo de Lyon (130–200), ensinou uma doutrina semelhante. Jesus era o Logos encarnado, a razão divina. Quando se fez homem, santificou cada estágio do desenvolvimento humano e tornou-se um modelo para os cristãos. Deviam imitá-lo, da mesma forma como o ator incorpora uma personagem, e, assim, realizariam seu potencial humano.[45] Clemente e Irineu adaptaram o Deus judaico a idéias características de seu tempo e de sua cultura. Embora pouco tivesse em comum com o Deus dos profetas, caracterizado sobretudo pelo *pathos* e pela vulnerabilidade, a doutrina da *apatheia* de Clemente seria fundamental para a concepção cristã de Deus. No mundo grego, as pessoas ansiavam por superar a emoção e a mutabilidade e atingir uma calma sobre-humana. Esse ideal prevaleceu, apesar de seu paradoxo inerente.

A teologia de Clemente deixava sem resposta questões cruciais. Como um homem podia ser o Logos ou razão divina? O que vinha a ser exatamente a divindade de Jesus? Logos era a mesma coisa que "Filho de Deus"? O que esse título judaico significava no mundo helênico? Como um Deus impassível podia ter sofrido em Jesus? Como os cristãos podiam acreditar que ele era um ser divino e, ao mesmo tempo, insistir na existência de *um único* Deus? No século III, os cristãos cada vez mais se davam conta desses problemas. Em Roma, nos primeiros anos do século, um certo Sabélio comparou os termos bíblicos "Pai", "Filho" e "Espírito" às máscaras (*personae*) que os atores usavam para interpretar um papel dramático e fazer-se ouvir pela platéia. O Deus Único usara, portanto, diferentes *personae* ao tratar com o mundo. Sabélio atraiu alguns discípulos, mas sua teoria desagradou a maioria dos cristãos, pois sugeria que o Deus impassível sofrera no papel do Filho — uma idéia considerada inteiramente inaceitável. Tampouco se concordou com Paulo de Samosata, bispo de Antioquia de 260 a 272, quando ele afirmou que Jesus era apenas um homem no qual a Palavra e a Sabedoria de Deus habitaram como num templo. Em 264, o sínodo de Antioquia condenou essa teologia, mas Paulo conseguiu manter-se em sua sé com o apoio da rainha Zenóbia de Palmira. Estava claro que seria muito difícil encontrar um modo de conciliar a crença cristã no Jesus divino com a crença, igualmente forte, no Deus Único.

Quando Clemente deixou Alexandria, em 202, para tornar-se sacerdote a serviço do bispo de Jerusalém, seu lugar na escola catequética foi ocupado por seu brilhante aluno Orígenes, que tinha então cerca de vinte anos e a apaixonada convicção de que o martírio era o caminho para o céu. Orígenes tentara seguir seu pai, Leônidas, morto na arena quatro anos antes, mas sua mãe o salvara, escondendo suas roupas. A princípio, ele acreditava que ser cristão significava voltar-se contra o mundo, porém mais tarde abjurou essa posição e desenvolveu uma forma de platonismo cristão. Já não via um fosso entre Deus e o mundo, que só podia ser transposto pelo radical deslocamento do martírio; ao contrário, concebeu uma teologia que enfatizava a continuidade de Deus com o mundo. Sua espiritualidade era a da luz, do otimismo e da alegria. Passo a passo, o cristão podia ascender na cadeia do ser até alcançar Deus, seu elemento natural.

Como platônico, Orígenes estava convencido da afinidade entre Deus e a alma: o conhecimento do divino era inerente à humanidade. Podia ser "lembrado" e despertado por disciplinas especiais. Para adaptar sua filosofia platônica às Escrituras semitas, Orígenes desenvolveu um método simbólico de ler a Bíblia.

Assim, devia-se entender o nascimento virginal de Cristo no ventre de Maria não como um fato literal, mas como o nascimento da Sabedoria divina na alma. Também adotou algumas idéias dos gnósticos. Originalmente, todos os seres do mundo espiritual contemplaram o Deus inefável que se lhes revelara no Logos, Palavra e Sabedoria divinas. Mas se cansaram dessa contemplação perfeita e caíram do mundo divino nos corpos, que detiveram a queda. Nem tudo se perdera, porém. A alma podia ascender a Deus numa longa e constante viagem que continuaria após a morte. Aos poucos, ela se livraria dos grilhões do corpo e transcenderia a condição sexual para tornar-se puro espírito. Por meio da contemplação (*theoria*), a alma avançaria no conhecimento (*gnosis*) de Deus, que a transformaria até ela mesma se tornar divina, como ensinara Platão. Deus era profundamente misterioso, e nenhuma palavra ou conceito humano conseguiria expressá-lo de forma adequada, mas a alma tinha a capacidade de conhecê-lo, já que participava de sua natureza divina. A contemplação do Logos nos era natural, uma vez que, na origem, todos os seres espirituais (*logikoi*) eram iguais. Quando caíram, só a futura mente do homem Jesus Cristo permaneceu no mundo divino, contemplando a Palavra de Deus, e nossas almas eram iguais à dele. A crença na divindade de Jesus homem era apenas uma fase; nos ajudaria em nosso caminho, mas a transcenderíamos quando víssemos Deus frente a frente.

No século IX, a Igreja condenaria algumas dessas idéias como heréticas. Assim como Clemente, Orígenes não acreditava que Deus criara o mundo a partir do nada (*ex nihilo*) — o que mais tarde se tornaria doutrina ortodoxa cristã. Sua visão da divindade de Jesus e da salvação da humanidade com certeza não combinava com a doutrina cristã oficial: ele acreditava que ascendemos a Deus por nosso próprio esforço, e não que fomos "salvos" pela morte de Cristo. A questão é que, quando Orígenes e Clemente escreviam e ensinavam seu platonismo cristão, ainda *não* havia doutrina oficial. Ninguém acreditava piamente que Deus criara o mundo nem que existira um ser humano e divino ao mesmo tempo. Os tempestuosos acontecimentos dos séculos IV e V só levariam a uma definição da crença ortodoxa após uma luta excruciante.

Orígenes é, talvez, mais conhecido por sua autocastração. Nos Evangelhos, Jesus comenta que alguns indivíduos se faziam eunucos por amor ao reino do céu, e Orígenes o entendeu ao pé da letra. A castração era uma operação bastante comum na baixa Antiguidade; Orígenes não se lançou contra si mesmo com uma faca, nem sua decisão foi inspirada pelo neurótico repúdio ao sexo que caracterizaria alguns teólogos ocidentais, como são Jerônimo (342–420). O estudioso britânico Peter Brown sugere que Orígenes talvez pretendesse demonstrar sua doutrina da indeterminação da condição humana, que a alma logo deveria transcender. Fatores aparentemente imutáveis como a distinção entre os sexos cairiam por terra no longo processo de divinização, pois em Deus não há macho nem fêmea. Numa época em que o filósofo se caracterizava pela barba longa (sinal de sabedoria), as faces glabras e a voz aguda de Orígenes deviam causar espanto.

Plotino (205–70) estudou em Alexandria com Amônio Sacas, o velho professor de Orígenes, e depois entrou no exército romano, esperando que o levasse à Índia, onde queria estudar. Infelizmente, a expedição fracassou e Plotino fugiu para Antioquia. Mais tarde fundou uma prestigiosa escola de filosofia em Roma. Pouco mais sabemos sobre ele, pois era um homem extremamente reticente, que nunca falava de si mesmo e não festejava seu aniversário. Embora, como Celso, achasse o cristianismo um credo inaceitável, influenciou gerações de fiéis nas três religiões monoteístas. Convém, portanto, examinar atentamente sua visão de Deus. Plotino é tido como um divisor de águas: absorveu as principais correntes do pensamento grego ao longo de oitocentos anos e transmitiu-as numa forma que influenciou figuras cruciais do século XX, como T. S. Eliot e Henri Bergson. Usando as idéias de Platão, Plotino desenvolveu um sistema para chegar a uma compreensão do eu. Não estava interessado em encontrar uma explicação científica do universo ou das origens físicas da vida; exortava seus discípulos a se recolher dentro de si mesmos e a explorar as profundezas da psique, ao invés de procurar uma explicação objetiva fora do mundo.

Sabemos que há alguma coisa errada na condição humana; sentimo-nos em desacordo conosco e com os outros, isolados de nossa natureza interior, desorientados. O conflito e a falta de simplicidade parecem caracterizar nossa existência. Contudo, estamos sempre tentando reunir os múltiplos fenômenos num todo ordenado. Quando olhamos para uma pessoa, não vemos uma perna, um braço, outro braço e uma cabeça, mas automaticamente organizamos esses elementos num ser humano completo. Essa propensão à unidade é fundamental para o funcionamento de nossa mente e, segundo Plotino, deve refletir também a essência das coisas em geral. Para encontrar a verdade subjacente à realidade, a alma tem de se remodelar, passar por um período de purificação (*katharsis*) e empenhar-se na contemplação (*theoria*), como aconselhava Platão. Terá de olhar além do cosmo, além do mundo sensível, e até mesmo além das limitações do intelecto, para ver o âmago da realidade. Não será uma ascensão a uma realidade exterior a nós, porém uma descida aos mais profundos recessos da mente. É, por assim dizer, uma subida para dentro.

A realidade última é uma unidade primordial, que Plotino chama de Uno. Tudo deve sua existência a essa potente realidade. Como o Uno é a própria simplicidade, não há o que dizer sobre ele: não possui qualidades distintas de sua essência que permitam descrevê-lo. Apenas *é*. Por conseguinte, é inominável: "Se queremos pensar positivamente no Uno, haverá mais verdade no Silêncio", informa Plotino.[46] Não podemos nem afirmar que ele existe, pois, como Ser em si mesmo, não é "*uma* coisa, mas é distinto de todas as coisas".[47] É "Tudo e Nada; não pode ser nenhuma das coisas existentes e, no entanto, é tudo".[48] Veremos que essa percepção será um tema constante na história de Deus.

Mas esse Silêncio não pode ser toda a verdade, já que somos capazes de chegar a algum conhecimento do divino. Isso seria impossível se o Uno permanecesse envolto em sua impenetrável obscuridade. O Uno deve ter transcendido a si mesmo, superado sua Simplicidade, a fim de fazer-se apreensível a seres imperfeitos como nós. Essa transcendência divina é um "êxtase" propriamente dito, um "sair do eu" por pura generosidade: "Nada buscando, nada possuindo, de nada precisando, o Uno é perfeito e, metaforicamente, transbordou, e sua exuberância produziu o novo".[49] Isso nada tem de pessoal; o Uno ultrapassa todas as categorias humanas, incluindo a personalidade. Plotino retoma o antigo mito da emanação para explicar que tudo que existe provém dessa Fonte absolutamente simples, usando várias analogias para descrever o processo: uma luz brilhante emitida pelo sol ou o calor que se irradia do fogo e se intensifica à medida que nos aproximamos de seu núcleo ígneo. Num de seus símiles favoritos, Plotino compara o Uno com o ponto no centro do círculo, que contém a possibilidade de todos os círculos futuros deriváveis dele. É algo semelhante às ondulações produzidas quando se joga uma pedra num poço. Num mito como o do *Enuma Elish*, cada par de deuses que evoluía do outro se tornava mais perfeito e eficaz. Na concepção de Plotino ocorre o contrário: como nos mitos dos gnósticos, quanto mais um ser se afasta de sua fonte no Uno, mais se enfraquece.

Segundo Plotino, as duas primeiras emanações do Uno são divinas, pois nos possibilitam conhecer e participar da vida de Deus. Junto com o Uno, formam uma tríade de divindades, que, sob alguns aspectos, se assemelha à Trindade cristã. A mente (*nous*), primeira emanação, corresponde, na concepção de Plotino, ao reino das idéias de Platão: torna inteligível a simplicidade do Uno, mas, aqui, o conhecimento é intuitivo e imediato. Não é laboriosamente adquirido por meio de pesquisa e dos processos de raciocínio, mas absorvido mais ou menos da mesma forma como nossos sentidos apreendem os objetos que percebem. A alma (*psyche*), que emana da Mente como a Mente emana do Uno, está um pouco mais longe da perfeição, e nesse campo o conhecimento só pode ser adquirido discursivamente, de modo que lhe faltam simplicidade e coerência. A alma corresponde à realidade tal como a conhecemos: todo o resto da existência física e espiritual emana da Alma, que confere unidade e coerência a nosso mundo. Também aqui, deve-se enfatizar que Plotino não imagina essa trindade de Uno, Mente e Alma como um deus "que está lá fora". O divino compreende toda a existência. Deus está em tudo, e os seres inferiores só existem na medida em que participam do ser absoluto do Uno.[50]

O fluxo de emanação é detido por um movimento correspondente de retorno ao Uno. Nosso processo mental e nossa insatisfação com o conflito e a multiplicidade nos mostram que todos os seres anseiam pela unidade, anseiam por retornar ao Uno. Mais uma vez, não se trata de uma ascensão a uma realidade externa, mas de uma descida interior às profundezas da mente. A alma deve lembrar-se da simplicidade que esqueceu e voltar a seu verdadeiro eu. Como todas as almas são animadas pela mesma Realidade, podemos comparar a humanidade a um coro diante de um maestro. Se qualquer indivíduo se distrair, haverá dissonância e desarmonia, mas, se todos se concentrarem no maestro, a comunidade inteira se beneficiará, pois "cantarão como devem e estarão realmente com ele".[51]

O Uno é estritamente pessoal; não tem sexo e não se dá conta de nossa existência. Da mesma forma, em grego, Mente (*nous*) é gramaticalmente masculina e Alma (*psyche*) feminina, o que mostra um desejo de Plotino de preservar a velha visão pagã de equilíbrio e harmonia entre os sexos. Ao contrário do Deus bíblico, o Uno não sai para nos encontrar e nos levar para casa. Não nos ama, nem se revela a nós. Não tem conhecimento de nada além de si mesmo.[52] Apesar disso, a alma humana de vez em quando se embevece na extática apreensão do Uno. A filosofia de Plotino não é um processo lógico, mas uma busca espiritual:

> Quanto a nós, devemos pôr tudo de lado e nos concentrar só Nisso, tornar-nos só Isso, eliminando todos os estorvos; devemos apressar-nos em escapar daqui, impacientes com nossas amarras terrenas, para abraçar Deus com todo o nosso ser, para que não haja parte de nós que não se apegue a Deus. Ali podemos ver a Deus e a nós mesmos como pela

Lei revelados: nós em esplendor, cheios da luz do Intelecto, ou antes, da própria luz, puros, flutuantes, aéreos, tornados — na verdade, sendo — um deus.[53]

Esse deus não é um objeto estranho, mas nosso melhor eu. Não vem "pelo conhecimento nem pela Intelecção que descobre os seres Intelectuais [na Mente, ou *nous*], mas por uma presença (*parousia*) que ultrapassa todo conhecimento".[54]

O cristianismo se firmava num mundo em que predominavam as idéias platônicas. No futuro, ao tentar explicar a própria experiência religiosa, os pensadores cristãos naturalmente se voltariam para a visão neoplatônica de Plotino e seus discípulos pagãos. A idéia de uma iluminação impessoal, além das categorias humanas e natural à humanidade, assemelha-se ao ideal hindu e budista na Índia, onde Plotino tinha tanta vontade de estudar. Assim, apesar das diferenças mais superficiais, há profundas semelhanças entre as visões monoteístas e outras concepções da realidade. Parece que, ao contemplar o absoluto, temos idéias e experiências semelhantes. Parece que o senso de presença, o êxtase e o temor diante de uma realidade — chamada nirvana, Uno, Brahman ou Deus — constituem um estado de espírito e uma percepção que nos são naturais e que estamos sempre buscando.

Alguns cristãos estavam decididos a se aproximar do mundo grego. Outros não queriam nada com ele. Durante uma onda de perseguição, na década de 170, um novo profeta chamado Montano surgiu na Frígia, na atual Turquia, dizendo-se um *avatar* divino: "Eu sou o Senhor Deus Todo-Poderoso, que desceu num homem; sou o Pai, o Filho e o Paracleto". Suas companheiras Priscila e Maximila faziam afirmações semelhantes.[55] O montanismo era um credo apocalíptico, que pintava um retrato apavorante de Deus. Seus seguidores tinham de renunciar ao mundo, viver em celibato e aceitar o martírio como o único caminho seguro para chegar a Deus. Sua morte pela fé apressaria a vinda de Cristo; os mártires eram soldados de Deus em luta contra as forças do mal. Esse credo terrível agradou ao extremismo latente no espírito cristão: o montanismo se espalhou depressa na Frígia, na Trácia, na Síria e na Gália. Foi particularmente forte no norte da África, onde as pessoas estavam acostumadas com deuses que exigiam sacrifício humano. O culto a Baal, que pedia o sacrifício do primogênito, só fora eliminado pelo imperador no século II. Logo a heresia atraiu ninguém menos que Tertuliano, o principal teólogo da Igreja latina. No Oriente, Clemente e Orígenes pregavam um retorno pacífico e alegre a Deus, mas na Igreja ocidental um Deus assustador impunha morte horrenda como condição para a salvação. Nesse estágio, o cristianismo era uma religião combativa na Europa ocidental e no norte da África, e desde o início havia uma tendência ao extremismo e ao rigor.

No Oriente, porém, o cristianismo avançava a passos largos e em 235 já era uma das mais importantes religiões do Império Romano. Os cristãos falavam agora numa Grande Igreja, com um único governo de fé, que evitasse o extremismo e a excentricidade. Esses teólogos ortodoxos proscreveram as visões pessimistas dos gnósticos, marcionistas e montanistas e optaram pela moderação. O cristianismo tornava-se um credo urbano, que evitava as complexidades dos cultos dos mistérios e de um ascetismo inflexível. Começava a atrair homens de grande inteligência, capazes de desenvolver a fé de maneira que o mundo greco-romano compreendesse. A nova religião também atraía as mulheres: suas Escrituras ensinam que em Cristo não há masculino nem feminino e instam os homens a tratar suas esposas com carinho, como Cristo trata sua Igreja. O cristianismo apresentava todas as vantagens que haviam feito do judaísmo uma fé tão interessante, sem as desvantagens da circuncisão e de uma Lei estranha. Os pagãos admiravam sobretudo o sistema assistencialista que as igrejas haviam estabelecido e a maneira compassiva como os cristãos agiam uns com os outros. Durante sua longa luta para sobreviver à perseguição externa e à dissensão interna, a Igreja também desenvolvera uma organização eficiente, que a tornava quase um microcosmo do próprio Império: era multirracial, católica, internacional, ecumênica e administrada por burocratas competentes.

Como tal, tornara-se uma força estabilizadora e atraiu o imperador Constantino, que se converteu após a batalha da ponte Mílvio, em 312, e legalizou o cristianismo no ano seguinte. Os cristãos agora podiam ter propriedades, realizar livremente seus cultos e dar uma clara contribuição à vida pública. Embora o paganismo ainda florescesse por mais dois séculos, o cristianismo tornou-se a religião oficial do Império e começou a ganhar novos conversos, que entravam para a Igreja em busca de melhorias materiais. Tendo surgido como uma seita perseguida, implorando tolerância, a Igreja logo passaria a exigir obediência a suas leis. São obscuros os motivos pelos quais o cristianismo triunfou; com certeza não teria vencido sem o apoio do Império Romano, embora isso, inevitavelmente, acarretasse outros problemas. Basicamente uma religião da adversidade, jamais esteve em sua melhor forma na prosperidade. Um dos primeiros problemas a solucionar era a doutrina de Deus: assim que Constantino trouxe paz à Igreja, um novo perigo surgiu de dentro, dividindo os cristãos em campos acirradamente inimigos.

4. TRINDADE: O DEUS CRISTÃO

POR VOLTA DE 320, uma ardente paixão teológica tomou conta das igrejas do Egito, da Síria e da Ásia Menor. Marinheiros e viajantes cantavam modinhas proclamando que só o Pai era o verdadeiro Deus, inacessível e único, mas o Filho não era nem coeterno nem incriado, pois recebeu a vida e o ser do Pai. Ouvimos falar de um empregado dos banhos que arengava os freqüentadores, dizendo que o Filho vinha do nada; de um cambista que, quando lhe perguntaram a taxa de câmbio, prefaciou sua resposta com uma longa dissertação sobre a distinção entre a ordem criada e o Deus incriado; e de um padeiro que informou a seu freguês que o Pai era maior que o Filho. As pessoas discutiam essas questões abstrusas com o mesmo entusiasmo com que hoje discutem futebol.[1] A controvérsia foi atiçada por Ário, um belo e carismático presbítero de Alexandria, que tinha uma voz macia e cativante e um rosto extremamente melancólico. Ele lançou um desafio que seu bispo, Alexandre, achou impossível ignorar e difícil refutar: como Jesus Cristo podia ser Deus do mesmo modo que Deus Pai? Ário não negava a divindade de Cristo, a quem chamava de "Deus forte" e "Deus pleno",[2] mas considerava blasfêmia pensar que ele era divino por natureza: o próprio Jesus disse que o Pai é maior que ele. Alexandre e seu brilhante auxiliar Atanásio perceberam imediatamente que não se tratava de simples sutileza teológica. Ário fazia perguntas vitais sobre a natureza de Deus. Ademais, sendo habilidoso propagandista, musicara suas idéias, e em breve os leigos debatiam a questão de maneira tão apaixonada quanto seus bispos.

A controvérsia se acirrou tanto que o próprio imperador Constantino interveio e convocou um sínodo em Nicéia, na atual

Turquia, para decidir a questão. Hoje o nome de Ário é sinônimo de heresia, mas quando o conflito explodiu não havia posição ortodoxa oficial, e não se sabia ao certo por que ou mesmo se Ário estava errado. Ele não dizia nada de novo: Orígenes, a quem ambos os lados tinham em alta conta, ensinara uma doutrina semelhante. Mas o clima intelectual de Alexandria mudara desde os tempos de Orígenes, e as pessoas já não estavam convencidas de que o Deus de Platão podia conciliar-se com o Deus da Bíblia. Ário, Alexandre e Atanásio, por exemplo, passaram a acreditar numa doutrina que teria espantado qualquer platônico: consideravam que Deus criara o mundo a partir do nada (*ex nihilo*), baseando essa opinião nas Escrituras. Na verdade, o Gênesis não diz isso. O autor sacerdotal sugere que Deus criou o mundo a partir do caos primordial, e a idéia de que Deus tirou todo o universo de um vazio absoluto era inteiramente nova. Era estranha ao pensamento grego e não fora ensinada por teólogos como Clemente e Orígenes, que ficavam com a teoria platônica da emanação. No século IV, porém, os cristãos compartilhavam da visão gnóstica do mundo como inerentemente frágil e imperfeito, separado de Deus por um vasto abismo. A nova doutrina da criação *ex nihilo* enfatizava essa visão do cosmo frágil e absolutamente dependente de Deus. Deus e a humanidade já não eram semelhantes, como no pensamento grego. Deus tirara todos os seres, um por um, de um nada abissal e a qualquer momento podia recolher a mão que os sustentava. Não havia mais uma grande cadeia do ser eternamente emanando de Deus; não havia mais um mundo intermediário de seres espirituais que transmitiam o *mana* divino ao mundo. Homens e mulheres não mais podiam ascender na cadeia do ser até Deus por seus próprios esforços. Só o Deus que os tirara do nada e os mantinha perpetuamente existindo podia assegurar sua eterna salvação.

Os cristãos sabiam que Jesus Cristo os salvara com sua morte e ressurreição; estavam livres da extinção e um dia participariam da existência de Deus, que é o Ser e a Vida. Cristo lhes possibilitou cruzar o fosso que separava Deus da humanidade. A questão era: como ele fez isso? De que lado estava? Não havia mais um Pleroma, um Lugar de Plenitude, de intermediários e éons. Cristo, o Verbo, pertencia ou ao reino divino (agora domínio exclusivo de Deus), ou à frágil ordem criada. Ário e Atanásio o punham em lados opostos do fosso: Atanásio no mundo divino, e Ário na ordem criada.

Ário queria enfatizar a diferença essencial entre o Deus único e todas as suas criaturas. Como escreveu ao bispo Alexandre, Deus era "o único não gerado, o único eterno, o único sem princípio, o único verdadeiro, o único que tem imortalidade, o único sábio, o único bom, o único potentado".[3] Ário conhecia bem as Escrituras e providenciou um arsenal de textos para embasar sua teoria de que Cristo, o Verbo, só podia ser uma criatura como nós. Um texto fundamental era a passagem dos Provérbios que declara, explicitamente, que Deus *criou* a Sabedoria logo no início.[4] Esse texto também afirma que a Sabedoria foi o agente da criação, uma idéia que se repete no prólogo do Evangelho de são João. O Verbo estava *com* Deus no início:

Todas as coisas foram feitas por ele,
e sem ele nada foi feito.[5]

O Logos foi o instrumento usado por Deus para dar existência a outras criaturas. Portanto, diferia em tudo de todos os outros seres e era de altíssima condição. Mas, tendo sido criado por Deus, era essencialmente distinto de Deus.

São João deixou claro que Jesus era o Logos; também disse que o Logos era Deus.[6] Contudo, não era Deus por natureza, insistia Ário, mas fora promovido por Deus ao status divino. Era diferente de todos nós porque Deus o criara diretamente e por intermédio dele criou todas as outras coisas. Deus sabia que o Logos lhe obedeceria perfeitamente, quando se tornasse homem, e, por assim dizer, antecipou a divindade de Jesus. Mas a divindade não era inerente a Jesus: era apenas uma recompensa ou um presente. Mais uma vez, Ário pôde apresentar muitos textos que pareciam corroborar sua teoria. O fato de Jesus chamar Deus de "Pai" implicava uma distinção; a paternidade, por sua própria natureza, envolve existência anterior e certa superioridade sobre o filho. Ário também enfatizou os trechos bíblicos que acentuam a humildade e a vulnerabilidade de Cristo. Não tinha nenhuma intenção de denegrir Jesus, como diziam seus inimigos. Tinha uma idéia elevada da virtude e da obediência de Cristo até a morte, que assegurara nossa salvação. Acreditava num Deus remoto e absolutamente transcendente ao mundo, como o Deus dos filósofos gregos; e adotou um conceito grego de salvação. Os estóicos, por exemplo, sempre disseram que um ser humano virtuoso podia tornar-se divino; isso também fora essencial para a visão platônica. Ário não tinha dúvida de que os cristãos estavam salvos e divinizados, participando da natureza de Deus. Isso só era possível porque Jesus abrira o caminho. Vivera uma vida humana perfeita; obedecera a Deus até a morte na cruz; como disse são Paulo, foi *por causa* dessa obediência até a morte que Deus o elevou a uma altíssima posição e lhe concedeu o título divino de Senhor (*kyrios*).[7] Se Jesus não tivesse sido humano, não haveria esperança para nós. Se ele fosse Deus por natureza, sua vida não teria nada de meritório, nada para imitarmos. Contemplando sua vida de filho perfeitamente obediente, os cristãos se tornavam divinos. Imitando Cristo, a criatura perfeita, tornavam-se "inalteráveis e imutáveis, perfeitas criaturas de Deus".[8]

Atanásio era menos otimista em relação à capacidade humana para Deus. Via a humanidade como inerentemente frágil: viemos do nada e voltamos para o nada quando pecamos. Portanto, ao contemplar sua criação, Deus

> percebeu que toda a natureza criada, se ficasse entregue aos próprios princípios, estaria [...] sujeita à destruição. Para evitar isso e impedir que o universo se desintegrasse no nada, fez todas as coisas através de seu Logos eterno e dotou a criação de existência.[9]

Só pela participação em Deus, por intermédio de seu Logos, o homem pode evitar a aniquilação, porque só Deus é Ser perfeito. Se fosse uma criatura vulnerável, o Logos não conseguiria salvar a humanidade da extinção. O Logos fora feito carne para nos dar vida. Descera ao mundo mortal e corruptível a fim de nos dar uma parte da impassibilidade e da imortalidade de Deus. Mas essa salvação teria sido impossível se o Logos fosse uma criatura frágil, passível de recair no nada. Só aquele que criara o mundo podia salvá-lo, e isso queria dizer que Cristo, o Logos feito carne, devia ser da mesma natureza do Pai. Como disse Atanásio, o Verbo se fez homem para que pudéssemos nos tornar divinos.[10]

Quando os bispos se reuniram em Nicéia, em 20 de maio de 325, para resolver a crise, bem poucos concordavam com Atanásio. A maioria adotava a posição intermediária entre Atanásio e Ário. Apesar disso, Atanásio conseguiu impor sua teologia, e, estreitamente vigiados pelo imperador, só Ário e dois bravos companheiros se recusaram a assinar seu credo. Assim, a criação *ex nihilo* se tornou doutrina oficial cristã, ressaltando que Cristo não era simples criatura ou éon. O Criador e o Redentor eram o mesmo.

> *Cremos num único Deus,*
> *Pai Todo-Poderoso,*
> *criador de todas as coisas, visíveis e invisíveis,*
> *e num único Senhor, Jesus Cristo,*
> *Filho de Deus,*
> *unigênito do Pai,*
> *ou seja, da substância* [ousia] *do Pai,*
> *Deus de Deus,*
> *luz da luz,*
> *Deus verdadeiro de Deus verdadeiro,*
> *gerado, não criado,*
> *da mesma substância* [homoousion] *do Pai,*
> *através do qual todas as coisas foram feitas,*
> *as coisas que estão no céu e*
> *as coisas que estão na terra,*
> *que por nós, homens, e para nossa salvação*
> *desceu e se fez homem,*

> *sofreu,*
> *ressuscitou no terceiro dia,*
> *subiu aos céus*
> *e voltará*
> *para julgar os vivos e os mortos.*
> *E cremos no Espírito Santo.*[11]

A demonstração de concordância agradou a Constantino, que não compreendia as questões teológicas, mas, na verdade, não houve unanimidade em Nicéia. Após o concílio, os bispos continuaram ministrando os mesmos ensinamentos de antes e a crise persistiu por mais sessenta anos. Ário e seus adeptos revidaram e conseguiram reconquistar o favor imperial. Atanásio foi exilado nada menos que cinco vezes. Era muito difícil tornar seu credo incontestável. Em particular, o termo *homoousion* (literalmente, "feito da mesma substância") era muito controvertido, porque não constava das Escrituras e tinha uma conotação materialista. Assim, duas moedas de cobre também eram *homoousion*, porque derivavam da mesma substância.

Além disso, o credo de Atanásio passa ao largo de muitas questões importantes. Declara que Jesus é divino, mas não explica como o Logos pode ser "da mesma substância" do Pai sem ser um segundo Deus. Em 339, Marcelo, bispo de Ancira — amigo leal e colega de Atanásio, que fora para o exílio com ele numa ocasião —, afirmou que o Logos não podia ser um ente eterno. Era apenas uma qualidade ou potencial *dentro* de Deus: como estava, a fórmula nicena podia ser acusada de triteísmo, a crença na existência de três deuses: Pai, Filho e Espírito. Em lugar do controvertido *homoousion*, Marcelo propôs o *homoiousion*, de natureza parecida ou semelhante. O caráter sinuoso desse debate muitas vezes o expôs ao ridículo: Gibbon, por exemplo, achava absurdo um simples ditongo ameaçar a unidade cristã. Digna de nota, porém, é a tenacidade com que os cristãos sustentavam sua convicção de que a divindade de Cristo era essencial, mesmo sendo difícil formulá-la em termos conceituais. Como Marcelo, muitos cristãos se inquietavam com a ameaça à unidade divina. Marcelo aparentemente acreditava que o Logos era apenas uma fase passageira: emergira de Deus na criação, encarnara-se em Jesus e, quando se completasse a redenção, se reintegraria na natureza divina, para que o Deus Uno fosse completo.

Atanásio acabou convencendo Marcelo e seus discípulos de que deviam unir forças, pois tinham mais em comum uns com os outros do que com os arianos. Os que diziam que o Logos era da *mesma* natureza do Pai e os que acreditavam que ele era *semelhante* em natureza ao Pai eram "irmãos, que dizem o que dizemos e discutem apenas sobre terminologia".[12] A prioridade devia ser opor-se a Ário, que declarava que o Filho era inteiramente distinto de Deus e tinha uma natureza fundamentalmente diferente. Para alguém de fora, essas discussões teológicas são pura perda de tempo: ninguém consegue provar nada em definitivo e a disputa só cria dissensão. Para os participantes, esse debate nada tinha de árido, mas abordava a natureza da experiência cristã. Ário, Atanásio e Marcelo estavam convencidos de que Jesus trouxe ao mundo algo de novo e se esforçavam para explicar isso, com símbolos conceituais, a si mesmos e aos outros. As palavras só podiam ser simbólicas porque as realidades que indicavam eram inefáveis. Infelizmente, porém, insinuava-se no cristianismo uma intolerância dogmática, que acabaria tornando crucial e obrigatória a adoção de símbolos "corretos" ou ortodoxos. Essa obsessão doutrinária, única do cristianismo, podia facilmente levar a uma confusão entre o símbolo humano e a realidade divina. O cristianismo sempre foi uma fé paradoxal: a poderosa experiência religiosa dos primeiros cristãos superara suas objeções ideológicas à infâmia de um Messias crucificado. Agora, em Nicéia, a Igreja optara pelo paradoxo da Encarnação, apesar de sua visível incompatibilidade com o monoteísmo.

Na *Vida de Antônio*, o famoso asceta do deserto, Atanásio tentou mostrar como sua nova doutrina afetava a espiritualidade cristã. Antônio, conhecido como o pai do monasticismo, vivera uma vida de formidável austeridade no deserto egípcio. Em *As máximas dos padres*, uma antologia anônima de aforismos dos primeiros monges do deserto, ele é um indivíduo vulnerável, sofrendo de tédio, preocupando-se com os problemas humanos e dando conselhos simples e diretos. Na biografia elaborada por Atanásio, apresenta-se sob uma luz inteiramente diversa. Transforma-se, por exemplo, num ardente adversário do arianismo; já começara a prelibar sua futura deificação, pois tinha considerável participação na *apatheia* divina. Quando emergiu dos túmulos onde passara vinte anos lutando com demônios, seu corpo não mostrava sinais de envelhecimento. Antônio era um perfeito cristão e se distinguia dos outros homens por sua serenidade e sua impassibilidade: "Tinha a alma imperturbada, e por isso seu semblante era calmo".[13] Imitara Cristo com perfeição: assim como o Logos se fez carne, desceu ao mundo corrupto e combateu os poderes do mal, Antônio desceu à morada dos demônios. Atanásio jamais fala em contemplação, que, segundo cristãos platônicos como Clemente ou Orígenes, era o meio de deificação e salvação. Já não se considerava possível que meros mortais ascendessem a Deus recorrendo apenas a seus poderes naturais. Ao contrário, os cristãos deviam imitar a descida do Verbo feito carne ao mundo corruptível e material.

Mas os cristãos continuavam confusos: se havia apenas um Deus, como o Logos também podia ser divino? Três destacados teólogos da Capadócia, no leste da Turquia, acabaram apresentando uma solução que satisfez à Igreja ortodoxa oriental. Eram Basílio, bispo de Cesaréia (*c.* 329–79), seu irmão Gregório, bispo de Nissa (335–95), e seu amigo Gregório de Nazianzo (329–91). Os capadócios, como são chamados, eram profundamente espirituais. Apreciavam muito a especulação e a filosofia, mas estavam convencidos de que só a experiência religiosa podia fornecer a chave para o problema de Deus. Versados em filosofia grega, constatavam uma diferença crucial entre o conteúdo factual da verdade e seus aspectos mais elusivos. Os primeiros racionalistas gregos chamaram a atenção para isso: Platão opôs a filosofia (expressa em termos de razão e, portanto, demonstrável) ao ensinamento, igualmente importante, proporcionado pela mitologia, que escapa à demonstração científica. Vimos que

Aristóteles estabeleceu uma distinção semelhante, quando observou que as pessoas iam aos cultos dos mistérios não para aprender (*mathein*), mas para experimentar (*pathein*) alguma coisa. Basílio expressou a mesma idéia num sentido cristão, quando distinguiu entre *dogma* e *kerygma*. Os dois tipos de ensinamento cristão são essenciais para a religião. *Kerygma* é o ensinamento público da Igreja, baseado nas Escrituras. *Dogma*, porém, representa o sentido mais profundo da verdade bíblica, que só pode ser apreendido pela experiência religiosa e expresso de forma simbólica. Além da clara mensagem dos Evangelhos, uma tradição secreta ou esotérica fora transmitida pelos apóstolos "num mistério"; trata-se de um "ensinamento privado e secreto",

> que nossos santos padres preservaram num silêncio que impede ansiedade e curiosidade [...] para proteger com esse silêncio o caráter sagrado do mistério. Os não iniciados não podem contemplar essas coisas: seu significado não deve ser divulgado por escrito.[14]

Por trás dos símbolos litúrgicos e dos lúcidos ensinamentos de Jesus, havia um dogma secreto que representava uma compreensão mais desenvolvida da fé.

A distinção entre esotérico e exotérico seria extremamente importante na história de Deus. Não se limitaria aos cristãos gregos, pois judeus e muçulmanos também desenvolveriam uma tradição esotérica. A idéia de uma doutrina "secreta" não era deixar as pessoas de fora. Basílio não estava falando de uma forma primitiva de maçonaria, mas simplesmente chamando a atenção para o fato de que nem toda verdade religiosa pode ser expressa e definida de maneira clara e lógica. Algumas intuições religiosas têm uma ressonância interior que só pode ser apreendida por um indivíduo em seu próprio tempo, durante o que Platão chama de *theoria*, "contemplação". Como todas as religiões tratam de uma realidade inefável, que transcende conceitos e categorias normais, o discurso é restritivo e confuso. Se não "vêem" essas verdades com os olhos do espírito, as pessoas ainda pouco experientes podem fazer uma idéia completamente equivocada. Portanto, além de seu sentido literal, as Escrituras possuem um significado espiritual que nem sempre é explicável. Buda também observou que certas questões são "impróprias", pois se referem a realidades que ultrapassam o alcance das palavras. Só as descobrimos utilizando as técnicas introspectivas da contemplação: em certo sentido, temos de criá-las por nós mesmos. A tentativa de expressá-las com palavras seria tão grotesca quanto uma descrição verbal de um dos últimos quartetos de Beethoven. Como disse Basílio, essas elusivas realidades religiosas só se manifestam nos gestos simbólicos da liturgia, ou, melhor ainda, no silêncio.[15]

O cristianismo ocidental se tornaria uma religião muito mais loquaz e se concentraria no *kerygma*: esse seria um de seus principais problemas com Deus. Na Igreja ortodoxa grega, porém, toda boa teologia é silenciosa ou apofática. Como disse Gregório de Nissa, todo conceito de Deus é um mero simulacro, uma falsa imagem, um ídolo: não revela realmente Deus.[16] Os cristãos deviam ser como Abraão, que, segundo Gregório, abandonou todas as idéias sobre Deus e adotou uma fé "pura e isenta de qualquer conceito".[17] Na *Vida de Moisés*, Gregório insiste que "a verdadeira visão e o conhecimento do que buscamos consistem precisamente em *não* ver, em ter consciência de que nossa meta transcende todo conhecimento e nos é, em toda parte, vedada pelas trevas da incompreensibilidade".[18] Não podemos "ver" Deus intelectualmente, mas, se nos deixarmos envolver pela nuvem que baixou sobre o monte Sinai, *sentiremos* sua presença. Basílio retomou a distinção que Fílon estabelecera entre a essência (*ousia*) e as atividades (*energeiai*) de Deus no mundo: "Só conhecemos nosso Deus por seus atos (*energeiai*), mas não tentamos nos aproximar de sua essência".[19] Essa seria a tônica de toda futura teologia da Igreja oriental.

Os capadócios também estavam ansiosos para desenvolver a idéia do Espírito Santo, que, a seu ver, recebera um tratamento muito superficial em Nicéia: "E cremos no Espírito Santo" parecia um acréscimo de última hora ao credo de Atanásio. Os fiéis estavam confusos com relação ao Espírito Santo. Era apenas um sinônimo de Deus ou algo mais? "Alguns concebem [o Espírito] como uma atividade", observa Gregório de Nazianzo; "alguns, como uma criatura; alguns, como Deus; e alguns não sabem como chamá-lo."[20] São Paulo afirma que o Espírito Santo renova, cria e santifica, mas essas atividades competem unicamente a Deus. Segue-se, pois, que o Espírito Santo, cuja presença dentro de nós, diz-se, *é* nossa salvação, tem de ser divino, e não uma simples criatura. Os capadócios empregam uma fórmula que Atanásio usara em sua disputa com Ário: Deus possui uma essência única (*ousia*), que permanece incompreensível para nós — mas três expressões (*hypostases*) que o tornam conhecido.

Os capadócios resolveram abrir suas considerações sobre Deus com a experiência humana das *hypostases*, e não com a incognoscível *ousia*. Já que a *ousia* de Deus é insondável, só podemos conhecê-lo por meio dessas manifestações que nos foram reveladas como Pai, Filho e Espírito. Isso não significa que os capadócios acreditassem em três seres divinos, como imaginam alguns teólogos ocidentais. A palavra *hypostasis* é confusa para quem não sabe grego, porque tem várias acepções: alguns estudiosos latinos, como são Jerônimo, atribuíram-lhe o mesmo significado de *ousia* e concluíram que os gregos acreditavam em três essências divinas. No entanto, segundo os capadócios, entre *ousia* e *hypostasis* há uma importante diferença, que é essencial ter em mente. Assim, a *ousia* de um objeto é o que o faz ser o que é; aplica-se de hábito a um objeto tal como é *por dentro*. *Hypostasis*, por outro lado, denota um objeto visto *de fora*. Às vezes, os capadócios preferem a palavra *prosopon* a *hypostasis*. *Prosopon* significava originalmente "força", mas adquiriu vários significados secundários: assim, pode se referir à expressão facial que constitui uma indicação exterior de um estado de espírito; também denota um papel que o indivíduo assume conscientemente ou uma personagem que ele pretende interpretar. Por conseguinte, assim como *hypostasis*, *prosopon* significa a expressão exterior da natureza interior de alguém, ou o eu individual tal como se apresenta a um observador. Portanto, quando afirmam que

Deus é uma *ousia* em três *hypostases*, os capadócios querem dizer que Deus em si mesmo é Uno: há apenas uma autoconsciência divina. Entretanto, quando concede a suas criaturas um vislumbre de si mesmo, Deus é três *prosopoi*.

Assim, as *hypostases* Pai, Filho e Espírito não devem ser identificadas com o próprio Deus, pois, como explica Gregório de Nissa, "a natureza (*ousia*) divina é inominável e indizível"; "Pai", "Filho" e "Espírito" são apenas "termos que usamos" para falar das *energeiai* pelas quais ele se deu a conhecer.[21] Contudo, esses termos têm valor simbólico, porque traduzem a inefável realidade em imagens que conseguimos entender. Os homens têm experimentado Deus como transcendente (o Pai, oculto em luz inacessível), como criativo (o Logos) e como imanente (o Espírito Santo). Mas essas três *hypostases* são apenas vislumbres da Natureza Divina, que está muito além da imagística e da conceitualização.[22] A Trindade, portanto, não deve ser vista como um fato literal, e sim como um paradigma que corresponde a fatos reais na vida oculta de Deus.

Em sua carta *A Alábio: Que não há três deuses*, Gregório de Nissa expõe sua importante doutrina da inseparabilidade ou coinerência das três pessoas ou *hypostases* divinas. Não se deve pensar em Deus dividido em três partes; essa idéia é grotesca e blasfema. Deus expressou-se inteira e totalmente em cada uma dessas três manifestações quando desejou revelar-se ao mundo. Assim, a Trindade nos dá uma indicação do esquema de "cada operação que se estende de Deus à criação": como mostram as Escrituras, tem sua origem no Pai, prossegue por obra do Filho e torna-se efetiva no mundo por meio do Espírito imanente. Mas a Natureza Divina está igualmente presente em cada fase da operação. Em nossa própria experiência, podemos ver a interdependência das três *hypostases*: jamais saberíamos do Pai sem a revelação do Filho, nem poderíamos reconhecer o Filho sem o Espírito que o manifesta a nós. O Espírito acompanha o Verbo divino do Pai, assim como o alento (em grego, *pneuma*; em latim, *spiritus*) acompanha a palavra falada pelo homem. As três pessoas não existem lado a lado no mundo divino. Podemos compará-las à presença de diferentes campos de conhecimento na mente de um indivíduo: a filosofia difere da medicina, mas não habita uma esfera diversa da consciência. As várias ciências impregnam uma à outra, preenchem toda a mente e, não obstante, continuam distintas.[23]

Em última análise, porém, a Trindade só faz sentido como uma experiência mística ou espiritual: tem de ser vivida, não pensada, porque Deus ultrapassa os conceitos humanos. Não é uma formulação lógica ou intelectual, mas um inventivo paradigma que confunde a razão. Gregório de Nazianzo deixa isso claro quando explica que a contemplação dos Três no Uno provoca uma emoção intensa, que perturba o raciocínio e a clareza intelectual.

> Assim que concebo o Uno, sou iluminado pelo esplendor dos Três; assim que distingo os Três, sou transportado de volta ao Uno. Quando penso em qualquer dos Três, penso nele como o todo, e meus olhos se enchem, e a maior parte do que penso me escapa.[24]

Para os cristãos ortodoxos gregos e russos, a contemplação da Trindade ainda é uma experiência religiosa inspiradora. Para muitos cristãos ocidentais, porém, a Trindade é desconcertante. Talvez isso se deva ao fato de que eles consideram apenas o que os capadócios chamariam de suas qualidades *querigmáticas*, enquanto os gregos a vêem como uma verdade *dogmática*, só captada intuitivamente por causa de uma experiência religiosa. No plano da lógica, claro, não faz sentido. Num sermão anterior, Gregório de Nazianzo explica que a própria incompreensibilidade do *dogma* da Trindade nos põe diante do absoluto mistério de Deus; lembra-nos que não devemos esperar entendê-lo.[25] Deve nos impedir de fazer afirmações fáceis sobre um Deus que, quando se revela, só pode expressar sua natureza de maneira inefável. Basílio também nos adverte que não podemos descobrir como a Trindade atua, por assim dizer; não adianta, por exemplo, tentar entender como as três *hypostases* da Divindade são ao mesmo tempo idênticas e distintas. Isso está além das palavras, dos conceitos e de nossa capacidade de análise.[26]

Portanto, a Trindade não deve ser interpretada de modo literal; não é uma "teoria" abstrusa, mas resultado de *theoria*, contemplação. No século XVIII, quando se atrapalharam com esse *dogma* e procuraram descartá-lo, os cristãos ocidentais tentaram tornar Deus racional e compreensível para a Era da Razão. Esse foi um dos fatores que levaram à chamada Morte de Deus nos séculos XIX e XX, como veremos. Entre outros motivos, os capadócios desenvolveram esse inventivo paradigma para impedir que Deus se tornasse tão racional quanto o era na filosofia grega, segundo o entendimento de hereges como Ário. A teologia de Ário era um pouco clara e lógica demais. A Trindade lembra aos cristãos que o intelecto humano não consegue captar a realidade que chamamos de "Deus". A doutrina da Encarnação, tal como expressa em Nicéia, é importante, mas poderia levar a uma idolatria simplista. Os fiéis poderiam ter uma visão muito humana de Deus, a ponto de imaginá-lo pensando, agindo e planejando como eles. Mais um pequeno passo, e acabariam por atribuir-lhe todo tipo de opiniões preconceituosas, tornando-as, assim, absolutas. A Trindade constitui uma tentativa de corrigir essa tendência. Talvez deva ser vista não como uma verdade sobre Deus, e sim como um poema ou uma dança teológica entre o que os simples mortais acreditam e aceitam no tocante a "Deus" e a compreensão tácita de que qualquer declaração ou *kerygma* desse tipo só pode ser provisória.

A diferença entre os usos grego e ocidental da palavra "teoria" é instrutiva. No cristianismo oriental, *theoria* sempre significaria contemplação. No Ocidente, "teoria" veio a significar uma hipótese racional que deve ser logicamente demonstrada. Desenvolver uma "teoria" sobre Deus implica que "ele" pode ser contido num sistema humano de pensamento. Só três teólogos latinos estiveram em Nicéia. A maioria dos cristãos ocidentais não estava à altura desse nível de discussão, e, como não entendiam parte da terminologia grega, muitos ficaram insatisfeitos com a doutrina da Trindade. Talvez não fosse inteiramente traduzível para outro idioma. Toda cultura tem de criar sua própria idéia de Deus. Se achavam estranha a interpretação grega da Trindade, os ocidentais teriam de produzir sua própria versão.

O teólogo latino que definiu a Trindade para a Igreja latina foi Agostinho (354-430). Platônico fervoroso, admirador de Plotino, estava mais propenso a essa doutrina grega que alguns de seus colegas ocidentais. Como explicou, o mal-entendido muitas vezes se devia simplesmente à terminologia:

> Ao descrever coisas inefáveis para que consigamos expressar de algum modo o que não conseguimos expressar inteiramente, nossos amigos gregos falaram de uma essência e três substâncias, mas os latinos falam de uma essência ou substância e três pessoas (*personae*).[27]

Enquanto os gregos abordavam Deus considerando as três *hypostases*, recusando-se a analisar sua essência única e irrevelada, Agostinho e os cristãos ocidentais partiam da unidade divina para discutir suas três manifestações. Os cristãos gregos veneravam Agostinho como um dos grandes Padres da Igreja, porém desconfiavam de sua teologia trinitária, que, na opinião deles, tornava Deus demasiado racional e antropomórfico. A visão de Agostinho não é metafísica, como a dos gregos, mas psicológica e extremamente pessoal.

Agostinho pode ser chamado de fundador do espírito ocidental. Nenhum outro teólogo, com exceção de são Paulo, foi mais influente no Ocidente. Nós o conhecemos mais intimamente que qualquer outro pensador da baixa Antiguidade, em grande parte por causa de suas *Confissões*, a história eloqüente e apaixonada de sua descoberta de Deus. Desde a juventude Agostinho buscara uma religião teísta. Considerava Deus essencial para a humanidade: "Fizeste-nos para vós, e nossos corações estão intranqüilos, enquanto não repousam em vós!", exclama no início das *Confissões*.[28] Quando lecionava retórica em Cartago, converteu-se ao maniqueísmo, uma forma mesopotâmica de gnosticismo, mas acabou abandonando-o por achar sua cosmologia insatisfatória. A idéia da Encarnação parecia-lhe ofensiva, uma conspurcação da idéia de Deus, porém, quando estava na Itália, Ambrósio, bispo de Milão, conseguiu convencê-lo de que o cristianismo não era incompatível com Platão e Plotino. Contudo, Agostinho ainda relutou em aceitar o batismo. Para ele o cristianismo implicava celibato, e não lhe agradava dar esse passo: "Senhor, dai-me a castidade", rezava, "mas não já".[29]

Sua conversão final foi um caso de *Sturm und Drang*, uma violenta ruptura com sua vida passada e um doloroso renascer. Um dia, quando estava com seu amigo Alípio em seu jardim, em Milão, a luta atingiu o auge:

> Um profundo auto-exame desentranhou toda a minha miséria e a pôs "à vista de meu coração" (Salmo 18, 15). Isso provocou uma enorme tempestade, portadora de uma torrente de lágrimas. Para despejá-las, bem como aos gemidos que as acompanhavam, levantei-me e afastei-me de Alípio (a solidão me parecia mais adequada ao pranto) [...] joguei-me sob uma figueira e deixei as lágrimas correrem livremente. Rios jorraram-me dos olhos, um sacrifício aceitável a vós (Salmo 50, 19), e — embora não com estas palavras, mas com este sentido — disse-vos repetidas vezes: "Até quando, Senhor, até quando ficareis tão zangado?". (Salmo 6, 4)[30]

Deus nem sempre foi fácil para nós, ocidentais. A conversão de Agostinho parece uma ab-reação, após a qual o convertido tomba exausto nos braços de Deus, liberto de toda paixão. Em meio ao choro, Agostinho de repente ouviu uma voz de criança cantarolando a frase *"Tolle, lege:* pega, lê, pega, lê!". Tomando isso como um oráculo, levantou-se de um salto, correu para perto de um Alípio atônito e pegou seu Novo Testamento. Abriu-o nas palavras de são Paulo aos romanos: "Não em orgias e bebedeiras, não em desonestidades e dissoluções, não em contendas e emulações, mas revesti-vos do Senhor Jesus Cristo e não cuideis da carne em suas concupiscências". Acabara a longa luta: "Não desejei nem precisei ler mais", lembra Agostinho. "De imediato, às últimas palavras dessa frase, foi como se uma luz aliviadora de toda ansiedade me inundasse o coração. Desfizeram-se todas as sombras de dúvida."[31]

Mas Deus também podia ser uma fonte de alegria: uma noite, algum tempo depois de sua conversão, Agostinho experimentou um êxtase com sua mãe, Mônica, em Óstia, à margem do rio Tibre. Veremos isso com mais detalhe no capítulo 7. Como platônico, Agostinho sabia que Deus deve ser encontrado na mente e, no livro X das *Confissões*, discorre sobre a faculdade do que chama de memória. Trata-se de algo muito mais complexo que a faculdade da lembrança e mais próximo do que os psicólogos chamariam de inconsciente. Para Agostinho, a memória representa toda a mente, consciente e inconsciente. Pasma-o com sua complexidade e sua diversidade. É um "mistério grandioso", um mundo insondável de imagens, presenças de nosso passado e incontáveis planícies, cavernas e grutas.[32] Foi por esse fervilhante mundo interior que Agostinho desceu para encontrar seu Deus, paradoxalmente acima e dentro dele. Não basta buscar provas de Deus no mundo exterior. Só se pode encontrá-lo no mundo *real* da mente:

> Tarde vos amei, beleza tão velha e tão nova; tarde vos amei. E, vede, estáveis dentro de mim, e eu andava buscando-vos no mundo exterior, e em meu estado deplorável mergulhei nas coisas belas que criastes. Estáveis comigo, e eu não estava convosco. As coisas belas me mantinham distante de vós, e contudo, se não tivessem sua existência em vós, não teriam existência alguma.[33]

Portanto, Deus não é uma realidade objetiva, e sim uma presença espiritual nas complexas profundezas do eu. Agostinho partilha essa percepção não só com Platão e Plotino, mas também com os budistas, os hinduístas e os xamãs das religiões não teístas. Contudo, sua divindade não é impessoal, mas o Deus personalíssimo da tradição judaico-cristã. Deus condescende com a fraqueza do homem e o procura:

> Chamastes-me e gritastes e despedaçastes minha surdez. Estáveis radiante e resplendente, pusestes minha cegueira em

fuga. Éreis fragrante, e vos aspirei e hoje anseio por vós. Provei-vos e só tenho fome e sede de vós. Tocastes-me, e ardo por atingir aquela paz que era vossa.[34]

Os textos dos teólogos gregos em geral não incluem experiências pessoais, porém a teologia de Agostinho resulta de sua história individualíssima.

Fascinado pela mente, nos primeiros anos do século V Agostinho desenvolveu seu próprio trinitarismo no tratado *De trinitate*. Tendo sido feitos à imagem de Deus, devíamos poder discernir uma trindade nas profundezas de nossa mente. Agostinho inicia essa busca não com as abstrações metafísicas e as distinções verbais que os gregos tanto apreciavam, e sim com um momento de verdade que a maioria de nós já experimentou. Quando ouvimos frases como "Deus é Luz" ou "Deus é Verdade", sentimos instintivamente um vivo interesse espiritual e acreditamos que "Deus" pode dar sentido e valor a nossas vidas. Contudo, após essa iluminação momentânea, recaímos em nosso estado mental normal, em que estamos obcecados por "coisas costumeiras e terrenas".[35] Por mais que tentemos, não conseguimos recapturar aquele momento de inarticulado anseio. Os processos normais de pensamento não podem nos ajudar; assim, devemos escutar o "que o coração quer dizer" com frases como "Ele é Verdade".[36] Mas será possível amar uma realidade que não conhecemos? Agostinho mostra que, como há em nossa mente uma trindade que espelha Deus, como qualquer imagem platônica, ansiamos por nosso arquétipo — o modelo original segundo o qual fomos formados.

Se consideramos que a mente ama a si mesma, encontramos não uma trindade, mas uma dualidade: o amor e a mente. No entanto, a menos que tenha consciência de si mesma, a mente não pode se amar. Antecipando Descartes, Agostinho afirma que o autoconhecimento é a base de todas as certezas. Até nossa experiência da dúvida nos torna conscientes de nós mesmos.[37]

Dentro da alma, há, portanto, três propriedades: a memória, a compreensão e a vontade, correspondendo a conhecimento, autoconhecimento e amor. Como as três pessoas divinas, essas atividades mentais são essencialmente uma só, porque não constituem três mentes separadas, mas cada uma ocupa toda a mente e impregna as outras duas: "Eu me lembro de que possuo memória, compreensão e vontade; compreendo que compreendo, quero e lembro. Determino minha vontade, minha lembrança e minha compreensão".[38] Portanto, como a Trindade Divina descrita pelos capadócios, todas as três propriedades "constituem uma vida, uma mente, uma essência".[39]

Contudo, essa compreensão do funcionamento de nossa mente é apenas o primeiro passo: a trindade que encontramos dentro de nós não é Deus, mas um vestígio do Deus que nos fez. Tanto Atanásio quanto Gregório de Nissa recorrem ao reflexo no espelho para descrever a presença transformadora de Deus no interior da alma humana, e para entender isso corretamente devemos lembrar que para os gregos a imagem no espelho é real, formada quando a luz do olho do observador se mistura com a luz que se irradia do objeto e se reflete na superfície polida.[40] Agostinho acredita que a trindade na mente também é um reflexo que inclui a presença de Deus e se dirige para ele.[41] Mas como ir além dessa imagem obscuramente refletida e chegar a Deus? O esforço humano não basta para transpor a imensa distância entre Deus e o homem. É só porque Deus veio a nosso encontro, na pessoa do Verbo encarnado, que conseguimos restaurar dentro de nós sua imagem desfigurada pelo pecado. Se nos abrimos para a atividade divina, ela nos transformará mediante uma disciplina tríplice, que Agostinho chama de trindade da fé: *retineo* (manter as verdades da Encarnação em nossa mente), *contemplatio* (contemplá-las) e *dilectio* (ter prazer com elas). Aos poucos, cultivando assim um continuado senso da presença de Deus em nossa mente, descobriremos a Trindade.[42] Esse conhecimento não é apenas aquisição cerebral de informação, mas uma disciplina criativa que nos transformará a partir de dentro, revelando uma dimensão divina nas profundezas do eu.

Essa foi uma época terrível para o mundo ocidental. As tribos bárbaras infestavam a Europa e acabariam por derrubar o Império

Romano: o colapso da civilização inevitavelmente afetou a espiritualidade cristã. Ambrósio, o grande mentor de Agostinho, pregava uma fé essencialmente defensiva: *integritas* (inteireza) era sua principal virtude. A Igreja tinha de preservar sua doutrina intata e, como o corpo imaculado da Virgem Maria, permanecer intocada pelas falsas doutrinas dos bárbaros (muitos dos quais se haviam convertido ao arianismo). Uma profunda tristeza também impregna a obra posterior de Agostinho: a queda de Roma influenciou sua doutrina do pecado original, que se tornaria fundamental para a visão de mundo dos ocidentais. Ele acreditava que Deus condenara a humanidade à danação eterna por causa do único pecado de Adão. A culpa se transmitia a todos os seus descendentes por intermédio do ato sexual, poluído pelo que Agostinho chama de "concupiscência". A concupiscência, ou o desejo irracional de extrair prazer de simples criaturas, e não de Deus, é mais intensa no ato sexual, quando nossa racionalidade sucumbe à paixão e à emoção, quando esquecemos Deus e vergonhosamente nos comprazemos uns com os outros. Essa imagem da razão degradada pelo caos das sensações e paixões ilícitas era perturbadoramente semelhante a Roma, fonte de racionalidade, lei e ordem no Ocidente, rebaixada pelas tribos bárbaras. Assim, a severa doutrina de Agostinho pinta um quadro aterrador de um Deus implacável:

> Expulso [do Paraíso] após seu pecado, Adão sujeitou também sua progênie à morte e à danação, aquela progênie que, pecando, ele corrompera em si mesmo, como numa raiz; de modo que toda progênie que nascesse (através da concupiscência carnal, pela qual lhe coube merecido castigo) dele e de sua esposa — que era a causa de seu pecado e a companheira de sua danação — arrastaria pelos séculos afora o fardo do Pecado Original, pelo qual ela própria seria arrastada a muitos erros e sofrimentos, até o tormento final e interminável com os anjos rebeldes.[...] Tal era a situação: a humanidade condenada se prostrava — não, chafurdava no mal, mergulhava numa maldade após outra e, junto com a facção dos anjos que haviam pecado, pagava a mais justa penalidade de sua ímpia traição.[43]

Nem os judeus nem os cristãos ortodoxos gregos viam a queda de Adão sob uma luz tão catastrófica; tampouco os muçulmanos adotariam essa tenebrosa teologia do pecado original. Única no Ocidente, a doutrina torna ainda mais severo o Deus retratado antes por Tertuliano.

Agostinho nos deixou um legado difícil. Uma religião que nos ensina a ver nossa humanidade como cronicamente impura pode nos alienar de nós mesmos. Essa alienação é mais evidente no aviltamento da sexualidade em geral e das mulheres em particular. Embora originalmente fosse bastante positivo em relação às mulheres, na época de Agostinho o cristianismo já havia desenvolvido uma tendência misógina no Ocidente. As cartas de Jerônimo expressam uma antipatia pela mulher que às vezes parece insana. Para Tertuliano as mulheres são tentadoras perversas, um eterno perigo para a humanidade:

> Não sabeis que cada uma de vós é uma Eva? A sentença de Deus sobre vosso sexo se mantém até hoje: a culpa deve necessariamente manter-se também. *Vós* sois o portal do demônio; *vós* sois a violadora da árvore proibida; *vós* sois a primeira desertora da lei divina; *vós* sois a que convenceu aquele a quem o demônio não foi suficientemente valente para atacar. *Vós* irresponsavelmente destruístes o homem, imagem de Deus. Por *vossa* culpa, até o Filho de Deus teve de morrer.[44]

Agostinho concorda: "Esposa ou mãe, não importa; continua sendo Eva, a tentadora, da qual devemos nos acautelar em qualquer mulher",[45] escreveu a um amigo. Ele não entende por que Deus criou o sexo feminino: afinal, "se era de boa companhia e conversa que Adão precisava, melhor teria sido criar dois homens amigos, não um homem e uma mulher".[46] Para Agostinho, a única função da mulher é dar à luz, o que transmite o pecado original para a geração seguinte, como uma doença venérea. Uma religião que desaprova metade da espécie humana e vê cada movimento involuntário da mente, do coração e do corpo como um sintoma fatal de concupiscência, só pode alienar homens e mulheres de sua condição. O cristianismo ocidental jamais se recuperou inteiramente dessa misoginia neurótica, ainda visível na reação desequilibrada à simples idéia da ordenação de mulheres. As orientais partilhavam o fardo de inferioridade carregado por todas as mulheres do *oikumene* naquela época, mas suas irmãs do Ocidente carregavam o estigma extra de uma abominável e pecaminosa sexualidade, que as empurrava para um ostracismo marcado por ódio e medo.

Isso é duplamente irônico, pois a idéia de que Deus se fez carne e compartiu nossa humanidade deveria incentivar os cristãos a valorizar o corpo. Houve mais debates sobre essa crença. Nos séculos IV e V, "hereges" como Apolônio, Nestório e Eutíquio fizeram perguntas bastante difíceis. Como a divindade de Cristo se harmonizaria com sua humanidade? Em vez de mãe de Deus, Maria não seria apenas mãe do homem Jesus? Como Deus poderia ser um bebê indefeso e chorão? Não seria mais exato dizer que ele habitou com Cristo em particular intimidade, como num templo? Apesar das óbvias incoerências, os ortodoxos aferraram-se a suas posições. Cirilo, bispo de Alexandria, reiterou a fé de Atanásio: Deus descera tanto em nosso mundo impuro e corrupto que provara até a morte e o abandono. Parecia impossível conciliar essa crença com a convicção, igualmente firme, de que Deus era impassível, incapaz de sofrer ou mudar. O remoto Deus dos gregos, caracterizado sobretudo pela *apatheia* divina, parecia inteiramente diferente do Deus que encarnara em Jesus Cristo. Os ortodoxos achavam que os "hereges", para quem era extremamente ofensiva a idéia de um Deus sofredor e desamparado, queriam despojar o divino de seu mistério e de sua maravilha. O paradoxo da Encarnação parecia um antídoto para o Deus helênico, que nada fazia para abalar nossa segurança e era tão razoável.

Em 529, o imperador Justiniano fechou a antiga escola de filosofia de Atenas, último bastião do paganismo intelectual: seu último grande mestre fora Proclo (412–85), ardoroso discípulo de Plotino. A filosofia pagã caiu na clandestinidade e parecia derrotada pela nova religião dos cristãos. Quatro anos depois, porém, surgiram quatro tratados místicos supostamente escritos por Dionísio, o Areopagita, primeiro ateniense convertido por são Paulo. Na verdade, foram escritos por um cristão grego do século VI, que preservou seu anonimato. Mas o pseudônimo tinha um poder simbólico muito mais importante que a identidade do autor: o Pseudo-Dionísio conseguia batizar os achados do neoplatonismo e casar o Deus dos gregos com o Deus semita da Bíblia.

Dionísio também era herdeiro dos Padres capadócios. Como Basílio, levava muito a sério a distinção entre *kerygma* e *dogma*. Numa de suas cartas, afirma a existência de duas tradições teológicas, ambas derivadas dos apóstolos. O evangelho querigmático é claro e cognoscível; o dogmático, silencioso e místico. Mas os dois são interdependentes e essenciais à fé cristã. Um é "simbólico e pressupõe iniciação", o outro "filosófico e demonstrável — e o inefável se entrelaça com o que pode ser expresso".[47] O *kerygma* persuade e exorta com sua verdade clara e manifesta, porém a tradição silenciosa e oculta do *dogma* constitui um mistério que exige iniciação. "Ela efetiva e estabelece a relação da alma com Deus mediante iniciações que não ensinam nada",[48] insiste Dionísio, em termos que lembram Aristóteles. Há uma verdade religiosa que não pode ser transmitida de maneira adequada por palavras, pela lógica ou pelo discurso racional. É expressa simbolicamente, por meio da linguagem e dos gestos da liturgia, ou por doutrinas que funcionam como "véus sagrados", ocultando o inefável sentido, mas que também adaptam o Deus misterioso às limitações da natureza humana e expressam a Realidade em termos compreensíveis no plano da imaginação, quando não dos conceitos.[49]

O sentido oculto ou esotérico não era para uns poucos privilegiados, mas para todos os cristãos. Dionísio não defendia uma disciplina abstrusa, adequada apenas a monges e ascetas. A liturgia, acompanhada por todos os fiéis, era o principal caminho para Deus e dominava sua teologia. Essas verdades eram ocultas por um véu protetor não para excluir homens e mulheres de boa vontade, mas para erguer todos os cristãos acima das percepções dos sentidos e conceitos até a inefável realidade de Deus. A humildade que levara os capadócios a dizer que toda teologia devia ser apofática tornou-se para Dionísio um ousado método de ascender ao Deus inexprimível.

Na verdade, Dionísio não gostava de usar a palavra "Deus" — talvez porque adquirira conotações tão inadequadas e antropomórficas. Preferia usar o termo *teurgia*, de Proclo, basicamente litúrgico: *teurgia* era, no mundo pagão, uma canalização do *mana* divino através do sacrifício e da adivinhação. Dionísio a aplica ao discurso sobre Deus, que, corretamente compreendido, também pode liberar as *energeiai* divinas inerentes aos símbolos revelados. Ele concorda com os capadócios, quando dizem que nossas palavras e nossos conceitos são inadequados e não devem ser tomados como uma descrição exata de uma realidade que foge a nosso entendimento. Até mesmo a palavra "Deus" é falha, pois Deus está "acima de Deus", é um "mistério além do ser".[50] Os cristãos devem compreender que Deus não é o Ser Supremo, comandando uma hierarquia de seres menores. As coisas e as pessoas não se contrapõem a Deus como uma realidade separada ou um ente alternativo, que pode ser objeto de conhecimento. Deus não é uma das coisas que existem e não se parece com nada que faça parte de nossa experiência. Na verdade, é mais exato chamá-lo de "Nada": não devíamos nem chamá-lo de Trindade, pois ele não é "nem uma unidade, nem uma trindade no sentido em que as conhecemos".[51] Está acima de todos os nomes, do mesmo modo como está acima de todo ser.[52] Podemos usar nossa incapacidade para falar de Deus como um método para alcançar uma união com ele, o que é nada menos que uma "deificação" (*theosis*) de nossa natureza. Nas Escrituras, Deus nos revela alguns de seus Nomes, como "Pai", "Filho" e "Espírito", não para nos fornecer informações a seu respeito, e sim para nos atrair e permitir que participemos de sua natureza divina. Dionísio abre cada capítulo do tratado *Os nomes divinos* com uma verdade *querigmática*, revelada por Deus: sua bondade, sabedoria, paternidade e assim por diante. Depois, mostra que, embora Deus tenha revelado alguma coisa de si nesses títulos, o que revela não é ele mesmo. Se quisermos de fato compreendê-lo, temos de negar esses atributos e nomes. Assim, devemos dizer que ele é ao mesmo tempo "Deus" e "não-Deus", "bom" e "não-bom". O choque desse paradoxo, um processo que inclui tanto conhecer quanto desconhecer, nos elevará acima das idéias mundanas, até a própria realidade inexprimível. Assim, começamos por dizer que

> dele há compreensão, razão, conhecimento, toque, percepção, imaginação, nome e muitas outras coisas. Mas ele não é compreendido, nada se pode dizer a seu respeito, não se pode nomeá-lo. Ele não é uma das coisas que são.[53]

Ler as Escrituras não é, portanto, um processo de descoberta de fatos sobre Deus, mas deve ser uma disciplina paradoxal que transforma o *kerygma* em *dogma*. Esse método é uma *teurgia*, uma canalização do poder divino que nos possibilita ascender ao próprio Deus e, como os platônicos sempre ensinaram, tornar-nos divinos. É um método para nos fazer parar de pensar! "Temos de deixar para trás todos os nossos conceitos do divino. Encerramos as atividades de nossa mente."[54] Temos de deixar para trás até mesmo nossas negações dos atributos de Deus. Então, e somente então, alcançaremos uma união extática com Deus.

Quando Dionísio fala de êxtase, não se refere a um estado mental peculiar ou a uma forma alternativa de consciência alcançada por uma disciplina iogue. É algo que todo cristão pode conseguir nesse método paradoxal de prece e *theoria*. Fará com que paremos de falar e nos conduzirá a um lugar de silêncio: "Ao mergulhar nessas trevas que estão além do intelecto, nos encontraremos não apenas sem palavras como sem fala e sem compreensão".[55] Como Gregório de Nissa, Dionísio acha instrutiva a história da subida de Moisés ao monte Sinai. Ele não viu Deus no cume, mas apenas foi levado ao lugar onde Deus estava. Foi envolvido por uma densa nuvem de obscuridade e não pôde ver nada: assim, tudo que *podemos* ver ou compreender é apenas um símbolo (a palavra usada por Dionísio é "paradigma"), que revela a presença de uma realidade inacessível ao pensamento. Moisés entrou nas trevas da ignorância e, assim, atingiu uma união com o que ultrapassa todo entendimento: atingiremos um êxtase semelhante, que "nos tirará de nós mesmos" e nos unirá a Deus.

Isso só é possível porque, por assim dizer, Deus vem a nosso encontro na montanha. Aqui Dionísio se afasta do neoplatonismo, que vê Deus como estático e remoto, inteiramente indiferente ao esforço humano. O Deus dos filósofos gregos ignora o místico que de vez em quando consegue chegar a uma união extática com ele, enquanto o Deus da Bíblia se volta para a humanidade. Deus também alcança um "êxtase" que o leva além de si mesmo até o frágil reino do ser criado:

> E devemos ter a ousadia de afirmar (pois é verdade) que o próprio Criador do universo, em seu belo e generoso anseio pelo universo [...] é transportado para fora de si mesmo em suas providenciais atividades para com todas as coisas existentes [...] e assim é tirado de seu trono transcendente, acima de todas as coisas, para habitar no âmago de todas as coisas, por um poder extático que está acima do ser e pelo qual ele, ainda assim, permanece dentro de si mesmo.[56]

A emanação tornara-se um transbordamento apaixonado e voluntário de amor, e não um processo automático. O método de negação e paradoxo de Dionísio não é simplesmente algo que utilizamos, mas algo que nos acontece.

Para Plotino, o êxtase era um arrebatamento muito raro: só lhe ocorrera duas ou três vezes na vida. Para Dionísio, era o estado constante de todo cristão, a mensagem oculta ou esotérica das Escrituras e da liturgia, revelada nos menores gestos. Assim, a aspersão de água benta sobre os fiéis, no início da missa, não é apenas um rito de purificação — embora também o seja. Imita o êxtase divino, pelo qual Deus deixa sua solidão e se funde com suas criaturas. Talvez o melhor meio de ver a teologia de Dionísio seja como a dança espiritual entre o que podemos afirmar sobre Deus e o reconhecimento de que tudo que podemos dizer sobre ele só pode ser simbólico. Como no judaísmo, o Deus de Dionísio tem dois aspectos: um está voltado para nós e manifesta-se no mundo; o outro é seu lado recôndito, a maneira como ele é em si, e permanece inteiramente incompreensível. Deus "permanece dentro de si" em seu eterno mistério, ao mesmo tempo que está todo imerso na criação. Não é outro ser, adicional ao mundo. O método de Dionísio tornou-se normativo na teologia grega. No Ocidente, porém, os teólogos continuariam a falar e explicar. Alguns imaginavam que, quando diziam "Deus", a realidade divina coincidia de fato com a idéia em suas mentes. Alguns atribuíam seus próprios pensamentos e idéias a Deus — dizendo que Deus queria isso, proibia aquilo e planejara aquilo outro — de uma forma perigosamente idólatra. O Deus da ortodoxia grega, porém, permanecia misterioso, e a Trindade continuaria lembrando aos cristãos orientais a natureza provisória de suas doutrinas. Os gregos acabaram concluindo que a teologia autêntica devia satisfazer aos dois critérios de Dionísio: ser silenciosa e paradoxal.

Gregos e latinos também chegaram a conclusões bem diferentes sobre a divindade de Cristo. O conceito grego da encarnação deve-se a Máximo, o Confessor (c. 580–662), conhecido como o pai da teologia bizantina, e está mais próximo do ideal budista que da visão ocidental. Máximo acredita que só nos realizaremos quando estivermos unidos com Deus, do mesmo modo como os budistas acreditam que a iluminação é o destino próprio da humanidade. "Deus" não é, portanto, um extra opcional, um estranho, uma realidade externa acrescentada à condição humana. Todos nós temos potencial para o divino e só nos tornaremos plenamente humanos se ele se realizar. O Logos não se fez homem para expiar o pecado de Adão; na verdade, a Encarnação teria ocorrido mesmo que Adão não tivesse pecado. Fomos criados à imagem do Logos e só alcançaremos a plenitude de nosso potencial se essa semelhança for aperfeiçoada. A glorificada humanidade de Jesus no monte Tabor nos mostra a deificada condição humana a que todos podemos aspirar. O Verbo se fez carne para que "todo ser humano se tornasse Deus, deificado pela graça de Deus feito homem

— homem integral, alma e corpo, por natureza, e Deus integral, alma e corpo, pela graça".[57] Assim como a iluminação e o estado búdico não envolvem invasão por parte de uma realidade sobrenatural, mas constituem um aprimoramento de poderes naturais à humanidade, também o Cristo deificado nos mostra o estado que podemos alcançar pela graça de Deus. Os cristãos podem venerar o Deus-Homem Jesus como os budistas reverenciam a imagem do iluminado Gautama: ele foi o primeiro exemplo de uma humanidade autenticamente glorificada e cumprida.

Enquanto a visão grega da Encarnação se aproximava mais da tradição oriental, a visão ocidental de Jesus adotava um curso mais excêntrico. A teologia clássica foi expressa por Anselmo, arcebispo de Cantuária (1033–1109), em seu tratado *Por que Deus se fez homem*. O pecado fora uma afronta de tal magnitude que a expiação era essencial para evitar o malogro dos planos de Deus para a humanidade. O Verbo se fez carne para reparar nossos erros. A justiça de Deus exigia o pagamento da dívida por alguém que fosse ao mesmo tempo Deus e homem: por causa da magnitude da ofensa, só o Filho de Deus podia efetuar nossa salvação, mas, como o homem fora responsável, o redentor também tinha de pertencer ao gênero humano. Essa explicação legalista mostra Deus pensando, julgando e pesando tudo como se fosse um ser humano. E reforça a imagem ocidental de um Deus severo, que só podia se satisfazer com a morte horrenda de seu próprio Filho, oferecido como numa espécie de sacrifício humano.

A doutrina da Trindade tem sido mal-entendida no mundo ocidental. As pessoas tendem a imaginar três figuras divinas ou a ignorar inteiramente a doutrina, identificar "Deus" com o Pai e fazer de Jesus um amigo divino — não do mesmo nível. Os muçulmanos e os judeus também acham a doutrina confusa e até mesmo blasfema. Contudo, veremos que tanto no judaísmo quanto no islamismo os místicos desenvolveram conceitos muito semelhantes do divino. A idéia de uma *kenosis*, o êxtase auto-esvaziante de Deus, por exemplo, seria crucial na cabala e no sufismo. Na Trindade, o Pai transmite tudo que *é* ao Filho, abrindo mão de tudo — até mesmo da possibilidade de se expressar em outro Verbo. Depois que o Verbo foi dito, o Pai permanece calado: nada podemos dizer sobre ele, pois o único Deus que conhecemos é o Logos, ou Filho. O Pai, portanto, não tem identidade, não tem "eu", no sentido normal, e confunde nossa idéia de personalidade. Na origem mesma do Ser, está o Nada vislumbrado não só por Dionísio mas também por Plotino, Fílon e Buda. Uma vez que o Pai é comumente apresentado como o Fim da busca cristã, a caminhada cristã se torna uma marcha para lugar nenhum e para Ninguém. A idéia de um Deus pessoal, ou de um Absoluto personalizado, tem sido importante para a humanidade: os hinduístas e os budistas tiveram de permitir o devocionismo personalista de *bhakti*. Mas o paradigma ou símbolo da Trindade sugere que se deve transcender o personalismo e que não basta imaginar Deus como Homem com maiúscula, comportando-se e reagindo do mesmo jeito que nós.

A doutrina da Encarnação constitui mais uma tentativa de neutralizar o perigo da idolatria. Visto como uma realidade inteiramente outra, "que está lá fora", "Deus" pode se tornar um simples ídolo, uma projeção, que possibilita aos seres humanos externar e adorar os próprios preconceitos e desejos. Outras tradições religiosas tentaram eliminar essa possibilidade, afirmando que o Absoluto está ligado à condição humana, como no paradigma Brahman-Atman. Ário, Nestório e Eutíquio quiseram tornar Jesus ou humano ou divino e enfrentaram resistência, em parte por causa dessa tendência a manter humanidade e divindade em esferas separadas. É verdade que suas soluções são mais racionais, porém o *dogma* — em oposição ao *kerygma* —, assim como a poesia e a música, não deve ser limitado pelo inteiramente explicável. A doutrina da Encarnação — exposta de maneira canhestra por Atanásio e Máximo — constitui uma tentativa de expressar a intuição universal de que "Deus" e homem devem ser inseparáveis. No Ocidente, onde a Encarnação não foi formulada dessa maneira, Deus tende a permanecer externo ao homem e como uma realidade alternativa em relação ao mundo que conhecemos. Assim, foi muito fácil fazer desse "Deus" uma projeção, que recentemente se tornou desacreditada.

Contudo, fazendo de Jesus o único *avatar*, os cristãos adotaram uma noção exclusivista de verdade religiosa: Jesus foi a primeira e última Palavra que Deus dirigiu à humanidade, tornando desnecessária uma revelação futura. Por isso, eles se escandalizaram, como os judeus, quando surgiu na Arábia do século VII um profeta que dizia ter recebido uma revelação direta do Deus deles e trazia uma nova Escritura para seu povo. A nova versão do monoteísmo, que acabou se chamando "islamismo", propagou-se com espantosa rapidez por todo o Oriente Médio e pelo Norte da África. Nessas regiões, onde não havia familiaridade com o helenismo, muitos de seus entusiásticos conversos abandonaram com alívio o trinitarismo grego, que expressava o mistério de Deus num idioma estranho a eles, e adotaram uma idéia mais semita da realidade divina.

5. UNIDADE: O DEUS DO ISLÃ

Por volta de 610, um mercador árabe da próspera cidade de Meca, no Hedjaz, que jamais lera a Bíblia e talvez jamais tivesse ouvido falar de Isaías, Jeremias e Ezequiel, teve uma experiência estranhamente semelhante à deles. Todo ano, Maomé ibn Abdala, membro da tribo dos coraixitas, levava sua família ao monte Hira, nos arredores de Meca, para fazer um retiro espiritual durante o mês de Ramadã. Era uma prática bastante comum entre os árabes da península. Maomé passava o tempo rezando ao Deus Alto dos árabes e distribuindo comida e esmolas aos pobres que iam visitá-lo nesse período sagrado. Provavelmente também passava muito tempo absorto em pensamentos ansiosos. Sua trajetória nos mostra que tinha aguda consciência de um inquietante mal-estar existente em Meca, apesar do sucesso espetacular da cidade. Apenas duas gerações antes, os coraixitas levavam uma dura vida nômade nas estepes da Arábia, como as outras tribos beduínas: cada dia exigia uma árdua luta pela sobrevivência. Nos últimos dez anos do século VI, porém, obtiveram extraordinário êxito no comércio e fizeram de Meca a cidade mais importante da Arábia. Agora estavam ricos como nunca sonharam. Contudo, esse novo estilo de vida implicava a suplantação dos velhos valores tribais por um capitalismo desenfreado e cruel. As pessoas sentiam-se obscuramente desorientadas e perdidas. Trilhavam um caminho perigoso e precisavam encontrar uma ideologia que as ajudasse a adaptar-se às novas condições.

Nessa época, toda solução política tendia a ser de natureza religiosa. Os coraixitas estavam fazendo do dinheiro uma nova religião. Isso não era surpreendente, pois deviam considerar que a riqueza os "salvara" dos perigos da vida nômade, protegendo-os da subnutrição e da violência tribal endêmicas nas estepes da Arábia, onde cada tribo beduína enfrentava diariamente a possibilidade de extinção. Agora tinham o bastante para comer e faziam de Meca um centro internacional de comércio e altas finanças. Sentiam-se donos de seu destino, e alguns pareciam até acreditar que a riqueza lhes daria certa imortalidade. Maomé, porém, achava que esse culto da auto-suficiência (*istaqa*) acabaria acarretando a desintegração da tribo. Nos velhos tempos de nomadismo, a tribo vinha em primeiro lugar, e o indivíduo em segundo: todos sabiam que dependiam uns dos outros para sobreviver. Por conseguinte, tinham o dever de cuidar dos pobres e vulneráveis de seu grupo étnico. Agora o individualismo substituíra o ideal comunitário e a competição tornara-se a norma. Uns e outros começavam a acumular fortunas pessoais e não se importavam com os mais fracos. Os clãs, ou grupos familiares, lutavam entre si, disputando uma fatia da riqueza de Meca, e alguns dos menos bem-sucedidos (como os Hashim, clã de Maomé) achavam que sua própria sobrevivência corria perigo. Maomé estava convencido de que, se os coraixitas não aprendessem a pôr outro valor transcendente no centro de suas vidas e a superar o egoísmo e a ganância, a tribo se esfacelaria, moral e politicamente, em brigas intestinas.

No resto da Arábia, a situação também era desalentadora. Durante séculos, as tribos beduínas do Hedjaz e do Najd travaram feroz competição pelas necessidades básicas. Para promover o espírito comunitário essencial à sobrevivência, os árabes conceberam uma ideologia chamada *muruwah*, que cumpria muitas das funções da religião. Não se interessavam muito por religião, no sentido convencional. Tinham seu panteão e cultuavam suas divindades pagãs, porém não desenvolveram uma mitologia que explicasse a importância dos deuses e dos templos na vida do espírito. Não imaginavam uma vida após a morte, mas acreditavam que o *darh*, que podemos traduzir como "tempo" e "destino", era supremo — uma atitude provavelmente essencial numa sociedade com uma taxa de mortalidade tão elevada. Os estudiosos modernos muitas vezes traduzem *muruwah* como "virilidade", porém essa palavra tinha uma gama de significados bem mais ampla: coragem em combate, paciência e resignação no sofrimento, absoluta dedicação à tribo. As virtudes do *muruwah* exigiam que o árabe obedecesse sem hesitar a seu *sayyid*, ou chefe, independentemente de sua segurança pessoal; tinha de cumprir os deveres cavalheirescos de vingar qualquer ofensa feita à tribo e proteger seus membros mais vulneráveis. Para assegurar a sobrevivência de sua gente, o *sayyid* distribuía a riqueza e os bens da tribo em partes iguais e vingava a morte de um dos seus, matando um membro da tribo do assassino. É aqui que vemos mais claramente a ética comunitária: não havia obrigação de punir o próprio matador, porque um indivíduo podia desaparecer sem deixar rastro numa sociedade como a da Arábia pré-islâmica. Um membro da tribo inimiga equivalia a outro para esses fins. A vendeta, ou rixa de sangue, era a única maneira de garantir um mínimo de segurança social numa região onde não havia autoridade central, onde cada grupo tribal fazia a própria lei e não existia nada comparável à moderna força policial. Se um chefe deixasse de retaliar, os outros não respeitariam sua tribo e se sentiriam livres para matar sua gente impunemente. A vendeta era, pois, uma forma rude de justiça, o que significava que era difícil uma tribo adquirir ascendência sobre outra. Também significava que as várias tribos podiam se envolver facilmente num interminável ciclo de violência, no qual uma vendeta levava a outra, se as pessoas considerassem a vingança desproporcional à ofensa.

Apesar de brutal, o *muruwah* tinha muitos aspectos positivos. Estimulava um profundo e vigoroso igualitarismo e uma indiferença aos bens materiais que, mais uma vez, provavelmente era essencial numa região onde não havia o suficiente para suprir as necessidades básicas de todos: a generosidade era uma virtude importante; ensinava os árabes a não se preocupar com o amanhã e seria crucial no islamismo, como veremos. O *muruwah* funcionara durante séculos, mas já não condizia com a modernidade. Na última fase do período pré-islâmico, que os muçulmanos chamam de *jahiliyyah* (tempo da ignorância), parece ter havido uma insatisfação e uma inquietação espiritual generalizadas. Os árabes estavam cercados por todos os lados pelos dois poderosos impérios da Pérsia Sassânida e de Bizâncio. Idéias modernas, procedentes dos territórios colonizados, começavam a penetrar na Arábia; mercadores que viajavam para a Síria ou o Iraque voltavam falando das maravilhas da civilização. Contudo, os árabes pareciam condenados ao barbarismo. Sempre em guerra, as tribos não conseguiam reunir seus magros recursos e tornar-se o povo árabe unido que tinham vaga consciência de ser. Não conseguiam tomar as rédeas de seu destino e fundar uma civilização própria. Estavam sujeitos à exploração pelas grandes potências: a região mais fértil e sofisticada do sul da Arábia, correspondente ao Iêmen atual (beneficiada pelas monções), tornara-se mera província da Pérsia. Ao mesmo tempo, as novas idéias que se infiltravam na região sugeriam individualismo e solapavam o velho *ethos* comunitário. A doutrina cristã da vida após a morte, por exemplo, convertia em valor sagrado o destino eterno de cada pessoa: como conciliar isso com a idéia tribal que subordinava o indivíduo ao grupo e insistia que a única imortalidade do homem ou da mulher estava na sobrevivência da tribo?

Maomé era um homem de gênio excepcional. Quando morreu, em 632, conseguira reunir quase todas as tribos da Arábia numa nova comunidade, ou *ummah*. Dotara os árabes de uma espiritualidade singularmente adequada a suas tradições e capaz de revelar-lhes um poderio tão extraordinário que em cem anos eles estabeleceram um grande império, que se estendia do Himalaia aos Pireneus, e fundaram uma civilização única. Contudo, enquanto rezava na minúscula gruta no cume do monte Hira, durante o retiro de Ramadã de 610, Maomé não poderia imaginar tamanho sucesso. Como muitos árabes, acreditava que Alá (*al-Lah*), o Deus Alto do antigo panteão árabe, cujo nome significa simplesmente "o Deus", era idêntico ao Deus adorado por judeus e cristãos. Também acreditava que só um profeta desse Deus poderia resolver os problemas de seu povo, mas nem por um momento pensou que *ele* seria esse profeta. Os árabes nunca tiveram um profeta enviado por Alá nem possuíam suas próprias Escrituras, embora abrigassem o santuário de Alá desde tempos imemoriais. No século VII, a maioria acreditava que a Caaba, o imenso e antiqüíssimo santuário cúbico no coração de Meca, fora originalmente dedicada a Alá, embora no presente fosse presidida por Hubal, divindade nabatéia. Toda a população de Meca se orgulhava da Caaba, o lugar sagrado mais importante da Arábia. Uma vez por ano, árabes de toda a península faziam a peregrinação (*hajj*) a Meca e durante vários dias realizavam os ritos tradicionais. Toda violência era proibida no santuário, a área sagrada em torno da Caaba, de modo que em Meca os árabes podiam negociar em paz, certos de que as velhas hostilidades tribais se achavam temporariamente suspensas. Os coraixitas sabiam que, sem o santuário, jamais teriam conseguido seu sucesso comercial e que grande parte de seu prestígio entre as outras tribos se devia ao fato de serem os guardiões da Caaba e preservarem seus antigos valores. Contudo, embora os tivesse claramente escolhido para conceder-lhes esse favor especial, Alá nunca lhes enviara um mensageiro como Abraão, Moisés ou Jesus, e os árabes não tinham nenhuma Escritura em sua língua.

Havia, portanto, um generalizado sentimento de inferioridade espiritual. Os judeus e os cristãos com os quais os árabes entravam em contato zombavam deles por serem um povo bárbaro, que não recebera nenhuma revelação de Deus. Inspiravam-lhes um misto de ressentimento e respeito, pois tinham um conhecimento que eles não tinham. O judaísmo e o cristianismo pouco avançaram na região, embora os árabes reconhecessem que essa forma progressista de religião era superior a seu paganismo tradicional. Algumas tribos judaicas de proveniência duvidosa viviam em Yathrib (mais tarde Medina) e Fadak, ao norte de Meca, e algumas das tribos setentrionais, na fronteira entre os impérios persa e bizantino, haviam se convertido ao cristianismo monofisista ou nestoriano. Mas os beduínos eram visceralmente independentes, estavam decididos a não cair sob o domínio das grandes potências, como seus irmãos no Iêmen, e sabiam que tanto os persas quanto os bizantinos usaram o judaísmo e o cristianismo para promover seus desígnios imperiais na região. É bem provável que, instintivamente, se dessem conta de seu deslocamento cultural e do desgaste de suas tradições. A última coisa de que precisavam era de uma ideologia estrangeira, expressa em línguas e tradições estrangeiras.

Parece que alguns árabes tentaram encontrar uma forma de monoteísmo mais neutra, livre de associações imperialistas. Já no século V, o historiador cristão palestino Sozomeno registrou que alguns árabes da Síria redescobriram o que chamavam de a religião autêntica de Abraão, que vivera antes de Deus mandar a Torá ou o Evangelho e, portanto, não era judeu nem cristão. Muhammad ibn Ishaq (m. 767), o primeiro biógrafo de Maomé, informa que, pouco antes de ele receber seu chamado profético, quatro coraixitas de Meca haviam decidido buscar a *hanifiyyah*, a verdadeira religião de Abraão. Alguns estudiosos ocidentais afirmam que essa pequena seita *hanifiyyah* é uma ficção piedosa, simbolizando a inquietação espiritual do *jahiliyyah*, mas ela deve ter alguma base factual. Três dos quatro *hanifs* eram bem conhecidos dos primeiros muçulmanos: Ubaydallah ibn Jahsh era primo de Maomé; Waraqa ibn Nawfal, que acabou se tornando cristão, foi um de seus primeiros conselheiros espirituais; e Zayd ibn Amr era tio de Umar ibn al-Khattab, um dos mais íntimos companheiros de Maomé e o segundo califa do Império Islâmico. Conta-se que um dia, antes de deixar Meca para buscar na Síria e no Iraque a religião de Abraão, Zayd estava parado junto à Caaba e dizia aos coraixitas que a circundavam no ritual tradicional: "Ó coraixitas, por aquele em cuja mão está a alma de Zayd, nenhum de vós segue a religião de Abraão, só eu". Depois acrescentou, com tristeza: "Ó Deus, se eu soubesse como quereis ser adorado, assim vos adoraria; mas não sei".[1]

O anseio de Zayd por uma revelação divina realizou-se no monte Hira em 610, na sétima noite de Ramadã, quando Maomé foi arrancado do sono e se sentiu tomado por uma devastadora presença divina. Mais tarde, ele descreveu essa inefável experiência em termos tipicamente árabes. Contou que um anjo lhe apareceu e lhe ordenou, com um tom seco: "Recita!" (*iqra!*). Como os profetas hebreus que muitas vezes relutavam em expressar a Palavra de Deus, Maomé recusou-se: "Não sou recitador!", protestou. Não era *kahin*, adivinho extático que dizia recitar oráculos inspirados. Mas o anjo simplesmente o envolveu num abraço tão apertado que lhe deu a sensação de expulsar todo o ar de seu corpo. Quando achava que não mais agüentaria, o anjo o soltou e repetiu: "Recita!" (*iqra*!). Mais uma vez, ele se recusou e mais uma vez o anjo o abraçou até fazê-lo sentir que chegara aos limites da resistência. Por fim, depois de um terceiro abraço aterrorizante, as primeiras palavras de uma nova Escritura jorraram da boca de Maomé:

> Recita em nome de teu Senhor, que criou — criou o homem a partir de uma célula! Recita — pois teu Senhor é o Mais Generoso, Aquele que ensinou [ao homem] o uso da pena — ensinou-lhe o que ele não sabia![2]

A palavra de Deus fora pronunciada pela primeira vez em língua árabe, e essa Escritura acabaria sendo chamada de *Qu'ran* (Corão): a Recitação.

Maomé voltou a si apavorado, temendo que tivesse se tornado um reles *kahin*, a quem as pessoas consultavam quando perdiam um camelo. O *kahin* se dizia possuído por um djim, espírito que habitava a paisagem e podia ser caprichoso e conduzir as pessoas ao erro. Os poetas também se julgavam possuídos por seus djins individuais. Assim, Hassan ibn Thabit, poeta de Yathrib que mais tarde se tornou muçulmano, relata que, quando recebeu a vocação poética, seu djim lhe apareceu, jogou-o no chão e arrancou-lhe da boca as palavras poéticas. Essa era a única forma de inspiração que Maomé conhecia, e a idéia de que podia ter se tornado *majnun*, possuído por um djim, desesperou-o a tal ponto que ele perdeu a vontade de viver. Desprezava os *kahins*, cujos oráculos em geral não passavam de uma algaravia, e sempre teve o cuidado de distinguir o Corão da poesia árabe convencional. Naquele momento, correndo para fora da gruta, decidiu jogar-se do cume para a morte. Na encosta da montanha, porém, teve outra visão de um ser que, mais tarde, identificou como o anjo Gabriel:

Quando eu me achava no meio da montanha, ouvi uma voz do céu, dizendo: "Ó Maomé! Tu és o apóstolo de Deus, e eu sou Gabriel". Ergui a cabeça para o céu, para ver quem falava, e eis que lá estava Gabriel, em forma de homem, com os pés no horizonte. [...] Fiquei olhando-o, sem me mover, nem para a frente nem para trás; depois, passei a desviar o rosto, mas, para qualquer lado do céu que olhasse, via-o como antes.[3]

No islamismo, Gabriel é muitas vezes identificado com o Espírito Santo da revelação, o meio pelo qual Deus se comunica com os homens. Não se trata de um belo anjo naturalista, e sim de uma esmagadora onipresença, da qual não se pode fugir. Maomé apreendeu a numinosa realidade que os profetas hebreus chamam de *kaddosh*, santidade, a aterrorizante alteridade de Deus. Quando a experimentaram, eles também se sentiram perto da morte, num limite físico e psicológico. No entanto, ao contrário de Isaías ou Jeremias, Maomé não tinha nenhuma das consolações de uma tradição estabelecida para sustentá-lo. Profundamente abalado com a terrível experiência, voltou-se para sua mulher, Cadija.

Arrastando-se pelo chão, tremendo com violência, jogou-se no colo da esposa. "Cobre-me! Cobre-me!", gritou, pedindo-lhe que o protegesse da presença divina. Depois, um pouco menos apavorado, perguntou-lhe se de fato se tornara um *majnun*, e Cadija procurou tranqüilizá-lo: "És bom e atencioso para com os teus. Ajudas os pobres e desamparados e carregas seus fardos. Estás lutando para restaurar as altas qualidades morais que teu povo perdeu. Honras o conviva e ajudas os que estão em dificuldades. Isto não pode ser, meu querido!".[4] Deus não agia de maneira tão arbitrária. Cadija sugeriu que consultassem seu primo, Waraqa ibn Nawfal, agora cristão e conhecedor das Escrituras. Waraqa não teve a menor dúvida: Maomé recebera uma revelação do Deus de Moisés e dos profetas e tornara-se o enviado divino dos árabes. Ao cabo de vários dias, Maomé se convenceu de que isso era verdade e pôs-se a pregar aos coraixitas, transmitindo-lhes uma Escritura em sua própria língua.

Ao contrário da Torá, que, segundo a Bíblia, foi revelada a Moisés de uma só vez no monte Sinai, o Corão foi revelado a Maomé pouco a pouco, linha por linha, versículo por versículo, ao longo de 23 anos. Foi um processo doloroso. "Nunca recebi uma revelação sem sentir que minha alma me estava sendo arrancada", disse Maomé anos depois.[5] Tinha de ouvir com atenção as palavras divinas, esforçando-se para entender seu significado. Às vezes, o conteúdo da mensagem divina era claro: ele via e ouvia Gabriel. Às vezes, porém, a revelação era angustiantemente inarticulada, "como as reverberações de um sino, e isso é o mais difícil para mim; as reverberações cessam, quando tomo consciência de sua mensagem".[6] Os primeiros biógrafos do período clássico costumam mostrá-lo escutando o que talvez devêssemos chamar de inconsciente, mais ou menos como um poeta "escuta" um poema que emerge aos poucos dos recessos ocultos de sua mente, declarando-se com uma autoridade e uma integridade que parecem misteriosamente separadas dele. No Corão, Deus ordena a Maomé que escute o sentido incoerente com toda a atenção e com o que Wordsworth chamaria de "sábia passividade".[7] Ao invés de forçar as palavras, ou de atribuir-lhes determinado valor conceitual, ele deve esperar que o verdadeiro significado se revele no devido tempo:

> Não movas a língua apressadamente [repetindo as palavras da revelação]; pois a Nós incumbe compilá-la [em teu coração] e recitá-la [como deve ser recitada]. Assim, quando a recitarmos, segue as palavras [com absoluta atenção]: e, então, a Nós competirá elucidá-la.[8]

Como todo processo criativo, esse também foi difícil. Maomé entrava em transe e em algumas ocasiões parecia perder a consciência; suava em profusão, mesmo num dia frio, e muitas vezes sentia um peso interior, como um sofrimento, que o obrigava a baixar a cabeça entre os joelhos, uma posição adotada por alguns místicos judeus contemporâneos quando entravam num estado alternativo de consciência — embora Maomé não soubesse disso.

Não surpreende que as revelações lhe custassem tanto esforço: ele estava elaborando não só uma solução inteiramente nova para seu povo como um dos grandes clássicos espirituais e literários de todos os tempos. Acreditava estar traduzindo a Palavra de Deus em árabe, pois o Corão é tão fundamental para a espiritualidade do islamismo quanto Jesus, o Logos, o é para o cristianismo. Sabemos mais sobre Maomé do que sobre o fundador de qualquer outra grande religião, e no Corão, cujas suras, ou capítulos, podem ser datadas com razoável precisão, percebemos como sua visão evoluiu e se tornou cada vez mais universal. Ele não viu de imediato tudo que tinha de realizar, mas recebeu essa revelação pouco a pouco, à medida que reagia à lógica interna dos acontecimentos. O Corão nos oferece, por assim dizer, um comentário contemporâneo sobre os primórdios do islamismo — algo único na história das religiões. Nesse livro sagrado, Deus parece comentar a situação em andamento: responde a alguns críticos de Maomé, explica o significado de uma batalha ou conflito dentro da primitiva comunidade muçulmana e indica a dimensão divina da vida humana. O texto não chegou a Maomé na ordem em que o lemos hoje, mas aleatoriamente, conforme os fatos se sucediam e ele se concentrava em seu sentido mais profundo. À medida que cada segmento era revelado, Maomé, que não sabia ler nem escrever, recitava-o em voz alta, os muçulmanos o decoravam e os poucos alfabetizados anotavam-no. Cerca de vinte anos após a morte de Maomé, fez-se a primeira compilação oficial da revelação. Os editores puseram as suras mais extensas no início e as mais curtas no fim. Essa disposição não é tão arbitrária quanto pode parecer, porque o Corão não é nem uma narrativa nem uma argumentação que exijam uma ordem seqüencial. Ao contrário, reflete sobre vários temas: a presença de Deus no mundo natural, as vidas dos profetas, o Juízo Final. Para um ocidental, incapaz de apreciar a extraordinária beleza do árabe, o Corão deve ser aborrecido e repetitivo. Parece repisar a mesma coisa incontáveis vezes. Mas o Corão não se destina à leitura pessoal, e sim à recitação litúrgica. Uma sura entoada na mesquita lembra aos muçulmanos todos os princípios fundamentais de sua fé.

Quando começou a pregar em Meca, Maomé tinha uma modesta concepção de seu papel. Não achava que estava fundando uma nova religião universal, mas transmitindo aos coraixitas a velha religião do Deus único. Pensava que devia pregar apenas ao povo de Meca e arredores, não às outras tribos árabes.[9] Não sonhava em fundar uma teocracia e provavelmente não sabia o que era teocracia: não teria função política na cidade, mas seria apenas seu *nadhir*, seu Admoestador.[10] Alá o enviara para advertir os coraixitas sobre os perigos de sua situação. No entanto, suas primeiras mensagens não eram apocalípticas. Ao contrário, transmitiam esperança. Maomé não precisava provar a existência de Deus para os coraixitas. Todos eles acreditavam implicitamente em Alá, o criador do céu e da terra, que, para a maioria, era o Deus adorado por judeus e cristãos. Ninguém duvidava de sua existência. Como Deus diz a Maomé numa das primeiras suras do Corão:

E se lhes perguntares [à maioria das pessoas]: "Quem criou os céus e a terra e submeteu o sol e a lua [a suas leis]?". Certamente responderão: "Alá". E se lhes perguntares: "Quem faz descer a água do céu e com ela vivifica a terra depois de haver sido árida?". Certamente responderão: "Alá".[11]

O problema era que os coraixitas não meditavam nas implicações dessa crença. Deus criara cada um deles de uma gota de sêmen, como deixa claro a primeira revelação; dependiam de Deus para viver e ainda assim viam-se como o centro do universo, revelando uma presunção (*yatqa*) e uma auto-suficiência (*istaqa*)[12] irrealistas, que não levavam em conta suas responsabilidades como membros de uma sociedade árabe decente.

Por conseguinte, todos os primeiros versículos do Corão exortam os coraixitas a reconhecer a benevolência de Deus, visível em toda parte. Então compreenderão quantas coisas ainda devem a ele, apesar de seu sucesso, e saberão que dependem inteiramente do Criador da ordem natural:

[Com muita freqüência] o homem destrói a si mesmo: com que teimosia nega a verdade! [Porventura se pergunta] com que substância [Deus] o cria? Com uma gota de esperma ele o cria, e depois determina sua natureza, e depois lhe suaviza o caminho pela vida; e, no fim, o faz morrer e o leva à sepultura; e depois, se lhe aprouver, o ressuscitará. Mas [o homem] ainda não cumpriu o que ele lhe ordenou. Pois então considere [as fontes de] seu alimento: como derramamos água e a derramamos em abundância; e depois sulcamos a terra [para nova semeadura] e dela fazemos brotar o grão, a vinha e as plantas comestíveis, a oliveira e a tamareira, e jardins de densa folhagem, e frutos e forragem, para vós e para vossos animais.[13]

Não se questiona, portanto, a existência de Deus. No Corão, um incréu (*kafir bi na 'mat al-Lah*) não é um ateu no sentido que damos à palavra, mas alguém que não é grato a Deus, alguém que sabe muito bem tudo o que deve a Deus, porém se recusa a honrá-lo, num espírito de perversa ingratidão.

O Corão não estava dizendo nada de novo aos coraixitas. Na verdade, coloca-se constantemente como um "lembrete" de coisas já conhecidas, as quais apenas ressalta de maneira mais clara. Com freqüência, introduz um tema com frases do tipo: "Não percebeste...?" ou "Não consideraste...?". Deus não estava emitindo ordens arbitrárias, e sim iniciando um diálogo com os coraixitas. Lembra-lhes, por exemplo, que a Caaba, a Casa de Alá, era em grande parte responsável por seu êxito, o qual de alguma forma se devia a ele. Os coraixitas gostavam de circundar o santuário, mas, ao fazer de si mesmos e do êxito material o centro de suas vidas, esqueceram o sentido desses antigos rituais de orientação. Deveriam ficar atentos aos "sinais" (*ayat*) da bondade e do poder de Deus no mundo natural. Se não conseguissem reproduzir a benevolência divina em sua sociedade, perderiam de vista a realidade última das coisas. Assim, Maomé determinou que seus adeptos se ajoelhassem duas vezes por dia para as orações rituais (*salat*). Esse gesto exterior os ajudaria a cultivar a postura interior e reorientar suas vidas. A religião de Maomé acabou recebendo o nome de *islām*, o ato de entrega existencial a Alá que se espera de cada convertido: *muslīm* é o homem ou a mulher que entregou todo o seu ser ao Criador. Ao ver esses primeiros muçulmanos fazendo o *salat*, os coraixitas se horrorizaram: achavam inaceitável que um membro de seu altivo clã, com séculos de orgulhosa independência beduína nas costas, se prostrasse como um escravo. Diante disso, os muçulmanos foram obrigados a se retirar para os estreitos vales em torno da cidade a fim de fazer suas orações em segredo. A reação dos coraixitas mostrou que Maomé havia diagnosticado muito bem seu estado de espírito.

Em termos práticos, *islām* significa que os muçulmanos têm o dever de criar uma sociedade justa e igualitária, na qual os pobres e os fracos sejam tratados dignamente. Nisto se resume a primeira mensagem moral do Corão: é errado acumular riquezas e amealhar fortuna particular, e é correto distribuir a riqueza da sociedade de maneira justa, dando aos necessitados determinada porcentagem do que se possui.[14] A esmola (*zakat*) e a oração (*salat*) são duas das cinco principais práticas ou "pilares" (*rukn*) do islamismo. Assim como os profetas hebreus, Maomé pregava uma ética que podemos chamar de socialista e que era uma das conseqüências de sua adoração do Deus único. Não há doutrinas obrigatórias a respeito de Deus: na verdade, o Corão desconfia da especulação teológica e a rejeita como *zanna*, ou seja, como conjetura sobre coisas que ninguém pode conhecer ou provar. As doutrinas cristãs da Encarnação e da Trindade parecem exemplos consumados de *zanna*, e não surpreende que os muçulmanos as considerem blasfemas. Por outro lado, como no judaísmo, Deus constitui um imperativo moral. Sem ter tido nenhum contato com judeus ou cristãos, Maomé chegara à essência do monoteísmo histórico.

No Corão, todavia, Alá é mais impessoal que Javé. Faltam-lhe o *pathos* e a paixão do Deus bíblico. Só podemos vislumbrá-lo nos "sinais" da natureza, e ele é tão transcendente que só por meio de "parábolas" podemos falar a seu respeito.[15] Assim, o Corão constantemente exorta os muçulmanos a ver o mundo como uma epifania; eles precisam exercitar a imaginação para ver, *através* do mundo fragmentário, o poder pleno do ser original, a realidade transcendente que permeia todas as coisas. Devem cultivar uma atitude sacramental ou simbólica:

> Verdadeiramente, na criação dos céus e da terra e na sucessão de noite e dia e nos barcos que cruzam o mar com tudo o que é útil ao homem: e nas águas que Deus envia do céu, assim dando vida à terra após ela ter estado sem vida, e fazendo com que toda espécie de criaturas vivas se multiplique: e nas mudanças dos ventos, e nas nuvens que seguem seu curso ordenado entre o céu e a terra: [em tudo isso] de fato existem mensagens (*ayat*) para um povo que usa sua razão.[16]

O Corão enfatiza constantemente a necessidade de inteligência para decifrar os "sinais" ou "mensagens" de Deus. Os muçulmanos não devem abdicar da razão, mas olhar o mundo com atenção e curiosidade. Foi essa atitude que mais tarde lhes possibilitou construir uma fecunda tradição de ciências naturais, que, ao contrário do que ocorreu no cristianismo, nunca foram vistas como um perigo para a religião. O estudo do funcionamento do mundo natural mostra sua dimensão e sua origem transcendentes, das quais só podemos falar por meio de sinais e símbolos: nem mesmo as histórias dos profetas, do Juízo Final e dos prazeres do Paraíso devem ser interpretadas literalmente, mas como parábolas de uma realidade superior e inefável.

O maior sinal de todos é, porém, o próprio Corão: com efeito, seus versículos são chamados de *ayat*. Os ocidentais acham o Corão um livro difícil, e isso é, em grande parte, um problema de tradução. O árabe é particularmente difícil de traduzir: até a literatura comum e as declarações dos políticos com freqüência parecem truncadas e estranhas, quando traduzidas para o inglês, por exemplo, e isso se aplica ainda mais ao Corão, repleto de alusões e elipses. As primeiras suras, em especial, dão a impressão de uma linguagem humana despedaçada sob o impacto divino. Os muçulmanos muitas vezes dizem que o Corão traduzido parece outro livro, pois nada resta da beleza do árabe. Como sugere seu nome, o Corão deve ser lido em voz alta, e o som da língua é parte essencial de seu efeito. Os muçulmanos dizem que, quando o ouvem entoado na mesquita, sentem-se envolvidos numa dimensão divina do som, mais ou menos como Maomé foi envolvido pelo abraço de Gabriel no monte Hira, ou quando via o anjo no horizonte para qualquer lado que olhasse. O Corão não é um livro para se ler com o mero objetivo de adquirir informação. Destina-se a proporcionar um senso do divino e não deve ser lido às pressas:

> Assim entregamos do alto essa [divina Escritura] como um discurso em língua árabe, no qual fazemos todo tipo de advertência, para que os homens permaneçam conscientes de Nós ou para despertar neles uma nova consciência.
>
> [Sabe] pois [que] Deus é sublimemente exaltado, [é] o Supremo Soberano [*al-Malik*], a Verdade Suprema [*al-Haqq*]: e [sabendo disso] não te apresses com o Corão, antes que sua revelação se conclua, mas dize [sempre]: "Ó Senhor meu, aumentai-me em sabedoria!".[17]

Os muçulmanos afirmam que, lendo o Corão da forma correta, experimentam um senso de transcendência, de uma realidade e de um poder superiores por trás dos fenômenos transitórios e fugidios do âmbito terreno. Ler o Corão é, pois, uma disciplina espiritual, que os cristãos talvez achem difícil compreender por não terem uma língua sagrada, como o hebraico, o sânscrito e o árabe o são para os judeus, os hindus e os muçulmanos. Jesus é o Verbo de Deus, e nada há de sagrado no grego do Novo Testamento. Os judeus têm uma atitude semelhante em relação à Torá. Quando estudam os cinco primeiros livros da Bíblia, não correm os olhos pela página. Freqüentemente recitam as palavras em voz alta, saboreando aquelas que Deus teria usado quando se revelou a Moisés no Sinai. Às vezes, balançam-se para a frente e para trás, como uma chama diante do sopro do Espírito. Obviamente, os judeus que lêem sua Bíblia desse jeito conhecem um livro muito diferente do que é lido pelos cristãos, que acham a maior parte do Pentateuco monótona e obscura.

Os primeiros biógrafos de Maomé descrevem o encantamento e o choque dos árabes quando ouviram o Corão pela primeira vez. Muitos se converteram na hora, acreditando que só Deus poderia ser a explicação para a extraordinária beleza da linguagem. O converso comumente descrevia a experiência como uma invasão divina que canalizava anseios sepultados e liberava uma torrente de sentimentos. Assim, o jovem coraixita Umar ibn al-Khattab era um virulento adversário de Maomé; professava o velho paganismo e queria assassinar o Profeta. Mas esse Saulo de Tarso muçulmano foi convertido não por uma visão do Verbo Jesus, e sim pelo Corão. Há duas versões dessa história, ambas dignas de nota. A primeira diz que, ao chegar em casa, Umar encontrou sua irmã, que se tornara muçulmana em segredo, ouvindo a recitação de uma nova sura. "Que baboseira era aquela?", rugiu, furioso, derrubando a pobre Fátima no chão. Ao vê-la sangrar, provavelmente se envergonhou, pois sua expressão mudou. Pegou o manuscrito, que o recitador visitante deixara cair, e, sendo um dos poucos coraixitas alfabetizados, pôs-se a ler. Era uma reconhecida autoridade em poesia árabe oral, consultado por poetas quanto ao significado preciso da língua, porém nunca encontrara nada parecido com o Corão. "Como é bela e nobre essa linguagem!", exclamou, intrigado, e imediatamente se converteu à religião de Alá.[18] A beleza das palavras vencera a barreira do ódio e do preconceito e atingira um centro de receptividade do qual ele não tinha consciência. Vivemos uma experiência semelhante quando um poema nos toca num nível mais profundo que o racional. Na outra versão da história, Umar encontrou Maomé diante da Caaba, recitando o Corão em voz baixa. Curioso para ouvir as palavras, esgueirou-se sob o damasco que cobria o imenso cubo de granito e contornou-o até ficar bem na frente do Profeta. Como ele disse, "nada havia entre nós além da coberta da Caaba" — todas as suas defesas, menos uma, tinham caído por terra. Então a magia do árabe fez sua obra: "Quando ouvi o Corão, meu coração amoleceu, e eu chorei, e o islamismo entrou em mim".[19] Era o Corão que impedia que Deus fosse uma poderosa realidade exterior e o colocava na mente, no coração e no ser de cada crente.

Talvez se possa comparar a experiência de Umar e dos outros muçulmanos convertidos pelo Corão à experiência da arte descrita por George Steiner em seu livro *Real presences: Is there anything in what we say?*. Ele fala da "indiscrição da arte, da literatura e da música sérias", que "questiona as últimas intimidades de nossa existência". É uma invasão, ou uma anunciação, que irrompe na "pequena casa de nosso ser cautelar" e nos ordena: "Mude de vida!". Após tal intimação, a casa "não é mais habitável exatamente como era antes".[20] Muçulmanos como Umar, ao que parece, experimentaram algo semelhante: um abalo da sensibilidade, um despertar e uma inquietante sensação de magnitude que lhes possibilitaram efetuar a dolorosa ruptura com o passado tradicional. Mesmo os coraixitas que recusaram o islamismo se perturbavam com o Corão e constatavam que ele não se encaixava em nenhuma de suas categorias conhecidas: não era como a inspiração do *kahin* ou do poeta, nem como os encantamentos do mágico. Em algumas histórias, coraixitas poderosos que se opunham de modo ferrenho ao islamismo ficam abalados ao ouvir uma sura. É como se Maomé houvesse criado uma forma literária inteiramente nova, para a qual algumas pessoas não estavam preparadas, mas que emocionava outras. Sem essa experiência do Corão, é muito improvável que o islamismo deitasse raízes. Os israelitas demoraram cerca de setecentos anos para romper com suas antigas alianças religiosas e aceitar o monoteísmo, porém Maomé conseguiu ajudar os árabes a fazer essa difícil transição em apenas 23 anos. Maomé, como poeta e profeta, e o Corão, como texto e teofania, constituem, sem dúvida, um exemplo impressionante da profunda congruência existente entre arte e religião.

Nos primeiros anos de sua missão, Maomé conquistou muitos adeptos entre os jovens, desiludidos com o *ethos* capitalista de Meca, e entre os pobres e os marginalizados, que incluíam mulheres, escravos e membros dos clãs mais fracos. A certa altura, dizem-nos as primeiras fontes, parecia que toda Meca ia aceitar a religião reformada do Alá de Maomé. Mais que satisfeito com o *status quo*, o *establishment* compreensivelmente manteve distância, porém o rompimento formal com os principais coraixitas só ocorreu quando Maomé proibiu os muçulmanos de adorar os deuses pagãos. Parece que nos três primeiros anos de sua missão ele não enfatizou o conteúdo monoteísta de sua mensagem, e seus seguidores decerto imaginaram que podiam continuar adorando as divindades tradicionais da Arábia juntamente com Alá, o Deus Alto. Quando condenou esses antigos cultos como idólatras, Maomé perdeu a maioria de seus adeptos, e os islamitas se tornaram uma minoria desprezada e perseguida. Já vimos que a crença num só Deus exige uma dolorosa mudança de consciência. Como os primeiros cristãos, os primeiros muçulmanos eram acusados de um "ateísmo" profundamente ameaçador para a sociedade. Em Meca, onde a civilização urbana era novidade e devia parecer uma frágil conquista, apesar da orgulhosa auto-suficiência dos coraixitas, muitos aparentemente sentiram o mesmo temor e a mesma consternação dos cidadãos de Roma que clamaram por sangue cristão. Os coraixitas decerto achavam arriscado romper com os deuses ancestrais, e não demoraria muito para que a vida de Maomé corresse perigo. Os estudiosos ocidentais em geral relacionam essa ruptura com os coraixitas ao incidente, possivelmente inverídico, dos Versículos Satânicos, que se tornaram famosos desde o trágico caso de Salman Rushdie. A população do Hedjaz tinha especial veneração por três divindades árabes: al-Lat (a Deusa) e al-Uzza (a Poderosa), cujos santuários se situavam, respectivamente, em Taif e Nakhlah, a sudeste de Meca, e Manat (a Fatídica), que tinha seu templo em Qudayd, no litoral do mar Vermelho. Essas divindades não eram completamente personalizadas, como Juno ou Palas Atena. Eram muitas vezes chamadas de *banat-al-Lah*, as Filhas de Deus, mas isso não implica necessariamente um panteão desenvolvido. Os árabes usavam termos de parentesco para denotar uma relação abstrata: assim, *banat-al-dahr* (ao pé da letra, "filhas do destino") significava infortúnios ou vicissitudes. *Banat-al-Lah* talvez significasse simplesmente "seres divinos". Essas deusas não eram representadas por estátuas realistas, mas por grandes pedras eretas, semelhantes às dos antigos cananeus, que os árabes adoravam como um foco de divindade. Assim como Meca com sua Caaba, Taif, Nakhlah e Qudayd com seus santuários eram marcos espirituais na paisagem emocional dos árabes. Seus antepassados adoravam ali desde tempos imemoriais, e isso lhes proporcionava um tranqüilizador senso de continuidade.

A história dos Versículos Satânicos não consta nem no Corão nem nas primeiras fontes orais ou escritas. Não está no *Sira* de Ibn Ishaq, a biografia mais abalizada do Profeta, mas apenas na obra do historiador Abu Jafar at-Tabari (m. 923). Angustiado com a cisão existente entre ele e a maior parte de sua tribo desde que proibira o culto das deusas e inspirado por "Satanás", Maomé ditou uns versículos travessos, que permitiam que as *banat-al-Lah* fossem veneradas como intercessoras, assim como os anjos. Nesses chamados versículos "satânicos", as três deusas não estavam no mesmo nível de Alá, mas eram seres espirituais menores que podiam interceder junto a ele em favor da humanidade. Mais tarde, porém, diz Tabari, Gabriel contou ao Profeta que esses versículos eram de origem "satânica" e deviam ser cortados do Corão e substituídos pelos seguintes, que declaravam que as *banat-al-Lah* eram meras projeções e criações da imaginação:

> Acaso considerastes [o que adorais em] al-Lat, al-Uzza e Manat, a terceira e última [desta tríade]? [...]
> Tais [supostas divindades] não passam de nomes vazios que inventastes — vós e vossos antepassados —, sem autorização de Deus. Eles [os que as adoram] não seguem senão suas próprias conjeturas e seus desejos, embora tenham recebido a correta orientação de seu Senhor.[21]

Era a mais radical de todas as condenações corânicas aos deuses pagãos ancestrais, e depois que esses versículos foram incluídos no Corão não houve possibilidade de reconciliação com os coraixitas. Maomé tornou-se um zeloso monoteísta, e *shirk* (idolatria; literalmente, associar outros seres a Alá) tornou-se o maior pecado do islamismo.

Maomé não fizera nenhuma concessão ao politeísmo no incidente dos Versículos Satânicos — se é que de fato houve tal incidente. Também é incorreto imaginar que "Satanás" tenha maculado momentaneamente o Corão: no islamismo, Satanás é uma personagem muito mais tratável que no cristianismo. O Corão afirma que ele será perdoado no Último Dia, e os árabes muitas vezes usavam a palavra "Shaitan" para referir-se a um tentador puramente humano ou a uma tentação natural.[22] O incidente talvez indique a dificuldade que Maomé decerto enfrentou quando tentou traduzir a inefável mensagem divina no discurso humano: está associado a versículos corânicos canônicos que sugerem que a maioria dos outros profetas cometeu deslizes "satânicos" semelhantes, ao transmitir a mensagem divina, mas Deus sempre corrigiu seus erros e enviou uma revelação nova e superior. Uma interpretação mais secular consiste em imaginar Maomé revisando sua obra à luz de novas intuições, como qualquer artista criador. As fontes mostram que ele se recusou terminantemente a contemporizar com os coraixitas na questão da idolatria. Era um homem pragmático e estava disposto a fazer concessões sobre o que não julgasse essencial, mas nunca cedeu aos apelos dos coraixitas para que os deixasse adorar seus deuses ancestrais, enquanto ele e os muçulmanos adoravam apenas Alá. Pois diz o Corão: "Não adoro o que adorais. Nem vós adorais o que adoro [...] A vós vossa lei moral, e a mim a minha!".[23] Os muçulmanos só se entregariam a Deus e não sucumbiriam aos falsos objetos de adoração — fossem divindades ou valores — esposados pelos coraixitas.

A percepção da unicidade de Deus era a base da moralidade do Corão. Prender-se a bens materiais ou depositar confiança em seres inferiores era *shirk* (idolatria), o maior pecado do islamismo. O Corão despreza as divindades pagãs por um motivo muito semelhante ao das Escrituras judaicas: porque são totalmente ineficazes. Não podem sustentar os mortais, e de nada adianta o devoto colocá-las no centro de sua vida, porque são impotentes. O muçulmano deve compreender que Alá é a realidade última e única:

> *Dizei: "Ele é o único Deus;*
> *Deus, o Eterno, a Causa Incausada de todo ser.*
> *Ele não gera nem é gerado,*
> *e nada há comparável a ele".*[24]

Cristãos como Atanásio também insistiram que somente o Criador, a Fonte do Ser, tem o poder de redimir. Expressaram essa convicção nas doutrinas da Trindade e da Encarnação. O Corão retoma a idéia semita da unicidade divina e recusa-se a imaginar que Deus possa "gerar" um filho. Não há divindade além de Alá, o Criador do céu e da terra, o único que pode salvar o homem e enviar-lhe o sustento físico e espiritual de que ele precisa. Só reconhecendo-o como *as-Samad*, "a Causa Incausada de todo ser", os muçulmanos alcançariam uma dimensão da realidade que se situa além do tempo e da história e que os livraria das divisões tribais que despedaçavam sua sociedade. Maomé sabia que o monoteísmo era inimigo do tribalismo: uma divindade única, que fosse o foco de toda adoração, integraria a sociedade, além do indivíduo.

Mas não existe noção simplista de Deus. Essa divindade única não é um ser como nós, que possamos conhecer e entender. A frase *Allahu Akhbah!* (Deus é maior!), que convoca os muçulmanos à *salat*, distingue entre Deus e o resto da realidade, assim como entre Deus como ele é em si (*al-Dhat*) e qualquer coisa que digamos a seu respeito. Contudo, esse Deus incompreensível e inacessível quis dar-se a conhecer. Uma tradição anterior (*hadith*) o faz dizer a Maomé: "Eu era um tesouro escondido; quis ser conhecido. Assim, criei o mundo para me tornar conhecido".[25] Contemplando os sinais (*ayat*) da natureza e os versículos do Corão, os muçulmanos podiam vislumbrar esse aspecto da divindade que se voltara para o mundo e que o Corão chama de a Face de Deus (*wajh al-Lah*). Como as duas religiões mais antigas, o islamismo deixa claro que só vemos Deus em suas atividades, que adaptam seu inefável ser a nosso entendimento limitado. O Corão exorta os muçulmanos a cultivar uma perpétua consciência (*taqwa*) da Face ou Eu de Deus, que os cerca por todos os lados: "Para onde quer que vos volteis, lá está a Face de Alá".[26] Para o Corão, como para os Padres da Igreja, Deus é o Absoluto, o único que tem verdadeira existência: "Tudo quanto existe na terra ou nos céus perecerá, mas para sempre subsistirá o Rosto de teu Senhor, pleno de majestade e glória".[27] No Corão, Deus recebe 99 nomes ou atributos. Todos enfatizam que ele é "maior", a origem de todas as qualidades positivas que encontramos no universo. Assim, o mundo só existe porque ele é *al-Ghani* (rico e infinito); é o doador da vida (*al-Muhyi*), o conhecedor de tudo (*al-Alim*), o produtor da fala (*al-Kalimah*): sem ele, portanto, não haveria vida, conhecimento ou fala. É uma afirmação de que só Deus tem verdadeira existência e valor positivo. No entanto, muitas vezes parece que os nomes divinos se invalidam reciprocamente. Assim, Deus é *al-Qahtar*, aquele que prevalece e destrói seus inimigos, e *al-Halim*, o mais clemente; *al-Qabid*, aquele que tira, e *al-Basit*, aquele que dá com abundância; *al-Khafid*, o que rebaixa, e *al-Rafic*, o que exalta. Os Nomes de Deus desempenham papel fundamental na devoção islâmica: são recitados, repassados nas contas do rosário e entoados como um mantra. Tudo isso lembra aos muçulmanos que o Deus que eles adoram não cabe nas categorias humanas e recusa definições simplistas.

O primeiro "pilar" do islamismo é a *Shahadah*, a profissão de fé muçulmana: "Atesto que não há Deus senão Alá e que Maomé é seu Profeta". Não se trata simplesmente de afirmar a existência de Deus, mas de reconhecer que Alá é a única realidade verdadeira, a única forma verdadeira de existência. É a única verdadeira realidade, beleza ou perfeição: todas as criaturas que parecem existir e possuem essas qualidades só as têm na medida em que participam desse ser essencial. Afirmar isso exige que os muçulmanos integrem suas vidas, fazendo de Deus seu foco e sua única prioridade. Afirmar a unicidade de Deus não é simplesmente negar que divindades como *banat-al-Lah* sejam dignas de adoração. Dizer que Deus é Único não é apenas uma definição numérica: é um chamado a fazer dessa unicidade o fator propulsor da vida pessoal e da sociedade. A unicidade de Deus pode ser vislumbrada no eu verdadeiramente integrado, mas também exige que os muçulmanos reconheçam as aspirações religiosas dos outros. Como só existe um Deus, dele devem derivar todas as religiões corretamente orientadas. A crença na suprema e única Realidade é culturalmente condicionada e expressa de modos diferentes por diferentes sociedades, mas o foco de toda adoração verdadeira deve ser inspirado pelo ser que os árabes sempre chamaram de Alá e para ele direcionado. Um dos nomes divinos do Corão é *an-Nur*, a Luz. Nestes famosos versículos, Deus é a fonte de todo conhecimento, além do meio pelo qual os homens vislumbram a transcendência:

> Deus é a luz dos céus e da terra. A parábola de sua luz é, por assim dizer (*ka*), como um nicho em que há uma lâmpada; a lâmpada está [envolta] em vidro, o vidro [brilha] como uma estrela radiante: uma lâmpada alimentada por uma árvore bendita — a oliveira, que não é oriental nem ocidental —, cujo azeite [brilha tanto que] quase tem luz [própria], ainda que o fogo não o toque: luz sobre luz.[28]

A partícula *ka* é um lembrete da natureza essencialmente simbólica do discurso corânico sobre Deus. *An-Nur*, a Luz, não é Deus, portanto, mas refere-se à iluminação que ele concede a determinada revelação (a lâmpada) que brilha no coração do indivíduo (o nicho). A luz não pode ser totalmente identificada com nenhum de seus portadores, mas é comum a todos eles. Como desde o início observaram os comentaristas muçulmanos, a luz simboliza particularmente bem a Realidade divina, que transcende tempo e espaço. A imagem da oliveira nesses versículos tem sido interpretada como uma alusão à continuidade da revelação, que brota de uma "raiz" e se ramifica numa variedade de experiências religiosas que não se restringem a nenhuma tradição ou localidade específica, nem podem ser identificadas com elas: não é do Oriente nem do Ocidente.

Quando o cristão Waraqa ibn Nawfal reconheceu Maomé como um verdadeiro profeta, nenhum dos dois esperava que se convertesse ao islamismo. Maomé nunca pediu a judeus ou cristãos que se convertessem à religião de Alá, mas deixou-os livres para fazê-lo, se houvessem recebido revelações autênticas. Segundo o Corão, uma revelação não anula as mensagens e visões dos profetas anteriores; ao contrário, enfatiza a continuidade da experiência religiosa da humanidade. É importante ressaltar esse ponto, porque tolerância não é uma virtude que muitos ocidentais atribuiriam ao islamismo. Contudo, desde o início, os muçulmanos encaram a revelação em termos menos exclusivistas que judeus e cristãos. A intolerância que muitos hoje condenam no islamismo nem sempre nasce de uma concepção rival de Deus, mas de outra fonte inteiramente diferente:[29] os muçulmanos são intolerantes com a injustiça, cometida tanto por seus governantes — como o xá Muhammad Reza Pahlavi — como por poderosos países ocidentais. O Corão não condena outras tradições religiosas como falsas ou incompletas, mas apresenta cada novo profeta confirmando e continuando as visões de seus antecessores. O Corão ensina que Deus enviou mensageiros a todos os povos da terra: a tradição islâmica diz que houve 124 mil desses profetas, um número simbólico que sugere infinitude. Assim, o Corão repetidas vezes observa que não traz uma mensagem essencialmente nova e que os muçulmanos devem enfatizar seu parentesco com as religiões mais antigas:

> Se discutirdes com os seguidores de uma revelação mais antiga, fazei-o com extrema bondade — a menos que estejam propensos ao mal — e dizei: "Cremos no que nos foi revelado, assim como no que vos foi revelado: pois nosso Deus e vosso Deus é um só e o mesmo, e é a ele que [todos] nos submetemos.[30]

O Corão naturalmente escolhe apóstolos que eram conhecidos dos árabes — como Abraão, Noé, Moisés e Jesus, os profetas dos judeus e dos cristãos. Também menciona Hud e Salih, que tinham sido enviados aos antigos povos árabes de Madian e Thamood. Hoje os muçulmanos dizem que Maomé teria incluído os sábios do hinduísmo e do budismo se tivesse tomado conhecimento dessas religiões: depois de sua morte, hinduístas e budistas tiveram plena liberdade religiosa no Império Islâmico, assim como judeus e cristãos. Pelo mesmo princípio, o Corão teria honrado os xamãs e os homens santos dos índios americanos ou dos aborígines australianos.

A crença de Maomé na continuidade da experiência religiosa logo foi posta à prova. Após a cisão com os coraixitas, a vida se tornou impossível para os muçulmanos de Meca. Os escravos e libertos que não tinham proteção tribal foram perseguidos com tanta violência que alguns morreram, e os Hashim, clã de Maomé, sofreram um boicote que visava submetê-los pela fome: a privação provavelmente causou a morte de Cadija, a amada esposa do Profeta. A vida do próprio Maomé acabaria correndo perigo. Os árabes pagãos de Yathrib haviam convidado os muçulmanos a abandonar seu clã e emigrar para lá. Árabe nenhum jamais havia dado esse passo: a tribo era o valor sagrado na Arábia e tal deserção violava princípios essenciais. Yathrib tinha sido destroçada por uma guerra aparentemente inevitável entre seus vários grupos tribais, e muitos pagãos estavam dispostos a aceitar o islamismo como uma solução espiritual e política para os problemas do oásis. Como já estavam preparados para o monoteísmo, graças à presença de três grandes tribos judaicas na região, não se ofendiam tanto quanto os coraixitas com o descrédito das divindades árabes. Assim, no verão de 622, cerca de setenta muçulmanos e suas famílias partiram para Yathrib.

No ano anterior à hégira, ou migração para Yathrib (ou Medina, a Cidade, como os muçulmanos a chamariam), Maomé adaptara sua religião para aproximá-la mais do judaísmo tal como o entendia. Após tantos anos de isolamento, devia estar ansioso para conviver com seguidores de uma tradição mais antiga, mais consolidada. Assim, determinou que os muçulmanos jejuassem no Dia do Perdão judaico e orassem três vezes por dia como os judeus, e não duas, como haviam feito até então. Podiam casar-se com judias e deviam observar algumas das leis alimentares. Acima de tudo, deviam agora rezar voltados para Jerusalém, como os judeus e os cristãos. A vida no oásis se tornara inviável, e os judeus de Medina, como muitos pagãos locais, a princípio estavam dispostos a dar uma oportunidade a Maomé, a conceder-lhe o benefício da dúvida, já que ele parecia ter uma visão tão positiva de sua religião. Contudo, acabaram voltando-se contra ele e juntando-se aos pagãos hostis, recém-chegados de Meca. Tinham bons motivos religiosos para essa rejeição: acreditavam que a era da profecia terminara. Esperavam um Messias, mas, assim como os cristãos, não acreditavam em novos profetas. Também tinham motivos políticos: nos velhos tempos, conquistaram poder no oásis, compartindo a sorte de uma das tribos árabes em guerra. Maomé, no entanto, reunira essas tribos e os coraixitas na nova *ummah* muçulmana, uma espécie de supertribo da qual os judeus também eram membros. Ao ver sua posição em Medina declinar, os judeus passaram a antagonizar os maometanos. Iam à mesquita para "ouvir as histórias dos muçulmanos e zombar de sua religião".[31] Com seu conhecimento das Escrituras, não tinham dificuldade para encontrar falhas nas histórias do Corão — algumas das quais difeririam muito da versão bíblica. Também riam das pretensões de Maomé, dizendo ser muito curioso que um homem que se declarava profeta não conseguisse achar o próprio camelo, quando ele desaparecia.

Ser rejeitado pelos judeus foi, provavelmente, a maior decepção da vida de Maomé e pôs em xeque toda a sua posição religiosa. Mas alguns judeus eram amistosos e parece que se tornaram uma espécie de muçulmanos honorários. Discutiam a Bíblia com Maomé e mostravam-lhe como refutar as críticas de outros judeus, e esse novo conhecimento dos livros sagrados também o ajudou a tirar suas próprias conclusões. Maomé aprendeu a cronologia exata dos profetas e constatou que era muito importante Abraão ter vivido antes de Moisés e de Jesus. Provavelmente pensava que judeus e cristãos professavam a mesma religião, mas então descobriu sérias discordâncias entre eles. Para quem estava de fora, como os árabes, as duas posições eram muito semelhantes e parecia lógico imaginar que os seguidores da Torá e do Evangelho haviam introduzido na *hanifiyyah*, a religião pura de Abraão, elementos inautênticos como a Lei Oral elaborada pelos rabinos e a blasfema doutrina da Trindade. Maomé também ficou sabendo que em suas próprias Escrituras os judeus eram chamados de povo sem fé, que se voltara para a idolatria e adorara o Bezerro de Ouro. No Corão, a polêmica contra os judeus é bem desenvolvida e mostra como sua rejeição aos muçulmanos os fez sentir-se ameaçados, embora o texto sagrado insista que nem todos "os povos de uma revelação anterior"[32] caíram em erro e que todas as religiões são essencialmente a mesma. Com os judeus amistosos de Medina, Maomé também aprendeu a história de Ismael, o primogênito de Abraão. Na Bíblia, Abraão teve um filho com sua concubina, Agar, mas Sara, sua esposa, ficou enciumada, depois que deu à luz Isaac, e exigiu que ele se livrasse de Agar e Ismael. Para confortar Abraão, Deus prometeu que Ismael também seria pai de uma grande nação. Os judeus árabes acrescentaram algumas lendas ao relato bíblico e, assim, diziam que Abraão deixou Agar e Ismael no vale de Meca, onde Deus os protegeu e lhes revelou a fonte sagrada de Zamzam, quando o menino estava morrendo de sede. Anos depois, Abraão visitou Ismael e, juntos, pai e filho construíram a Caaba, o primeiro templo do Deus único. Ismael tornou-se pai dos árabes, que, portanto, também eram filhos de Abraão, como os judeus. Isso deve ter soado como música aos ouvidos de Maomé: além de dar aos árabes suas próprias Escrituras, agora ele podia enraizar essa fé na piedade de seus ancestrais. Em janeiro de 624, quando ficou claro que a hostilidade dos judeus de Medina era permanente, a nova religião de Alá declarou sua independência. Maomé mandou os muçulmanos orarem voltados para Meca, e não para Jerusalém. Essa mudança da direção da prece (*qibla*) é tida como seu gesto religioso mais criativo. Prostrando-se na direção da Caaba, que era independente das duas revelações mais antigas, os muçulmanos declaravam tacitamente que não professavam nenhuma religião estabelecida, mas se entregavam apenas a Deus. Não pertenciam a uma seita que impiamente dividia a religião do

Deus único em grupos beligerantes. Ao contrário, retornavam à religião primordial de Abraão, o primeiro *muslīm* que se entregou a Deus e construíra sua casa santa:

> E dizem: "Sede judeus" — ou "cristãos" —, "e estareis no caminho certo". Respondei-lhes: "Não! Seguimos o credo de Abraão, que recusou tudo que é errado e não está entre os que atribuem divindade a nada além de Deus".
>
> Dizei: "Cremos em Deus, e no que nos foi revelado, e no que foi revelado a Abraão, a Ismael, a Isaac, a Jacó e a seus descendentes; e no que foi concedido a Moisés e a Jesus, e no que foi concedido a todos os [outros] profetas por seu Senhor: não fazemos distinção alguma entre eles. E é a ele que nos entregamos".[33]

Certamente, era idolatria preferir uma simples interpretação humana da verdade ao próprio Deus.

Os muçulmanos datam sua era não do nascimento de Maomé, nem do ano das primeiras revelações — que nada tinham de novo, afinal —, mas do ano da hégira (a migração para Medina), quando começaram a pôr em prática o plano divino na história, fazendo do islamismo uma realidade política. Vimos que o Corão ensina que toda pessoa religiosa tem o dever de trabalhar por uma sociedade justa e igualitária, e os muçulmanos levaram muito a sério sua vocação política. No início, Maomé não pretendia se tornar um líder político, mas fatos que ele não podia prever empurraram-no para uma solução política inteiramente nova para os árabes. Nos dez anos entre a hégira e sua morte em 632, Maomé e os primeiros muçulmanos travaram uma luta desesperada pela sobrevivência contra seus opositores em Medina e os coraixitas de Meca, todos dispostos a exterminar a *ummah*. No Ocidente, Maomé muitas vezes é apresentado como um chefe militar que recorreu à força das armas para impor o islamismo a um mundo relutante. A realidade foi muito diferente. Maomé lutou pela própria vida, desenvolveu uma teologia da guerra justa com a qual a maioria dos cristãos concordaria e jamais obrigou alguém a converter-se à sua religião. O Corão é claro ao dizer que não deve haver "compulsão em religião"; abomina a guerra e só considera justa a guerra de autodefesa. Às vezes, é necessário lutar para preservar valores decentes, como os cristãos julgaram necessário lutar contra Hitler. Maomé tinha talentos políticos de alta ordem. No fim de sua vida, a maioria das tribos árabes se juntara à *ummah*, embora, como ele bem sabia, professassem um *islām* geralmente nominal ou superficial. Em 630, a cidade de Meca abriu-lhe as portas, e Maomé pôde tomá-la sem derramamento de sangue. Em 632, pouco antes de sua morte, ele realizou a chamada Peregrinação do Adeus, em que islamizou os antigos ritos pagãos do *hajj* e transformou essa peregrinação, tão cara aos árabes, no quinto "pilar" de sua religião.

Todos os muçulmanos têm o dever de fazer o *hajj* pelo menos uma vez na vida, se suas circunstâncias o permitirem. Naturalmente, os peregrinos lembram Maomé, porém os ritos foram interpretados para lembrar-lhes Abraão, Agar e Ismael, não seu Profeta. Esses ritos parecem bizarros a alguém de fora — como quaisquer rituais sociais ou religiosos estrangeiros —, mas podem produzir uma intensa experiência religiosa e expressam perfeitamente os aspectos comunitários e pessoais da espiritualidade islâmica. Hoje, muitos dos milhares de peregrinos que se reúnem em Meca não são árabes, mas se apropriaram das antigas cerimônias árabes. Ao convergirem para a Caaba, vestidos no traje tradicional do peregrino, que anula todas as distinções de raça ou classe, sentem-se liberados das egoísticas preocupações de seu cotidiano e integrados numa comunidade que tem um único foco e uma só orientação. Gritam em uníssono: "Eis-me aqui a vosso serviço, Alá", antes de iniciar as circunvoluções em torno do santuário. O falecido filósofo iraniano Ali Shariati ressalta o sentido essencial do rito:

> Circungirando, chegando mais perto da Caaba, sentimo-nos como um riacho que se funde com um grande rio. Levados por uma onda, perdemos o contato com o chão. De repente, estamos flutuando, carregados pela torrente. Quando nos

aproximamos do centro, a multidão nos comprime com tanta
força que recebemos uma vida nova. Somos agora parte do
Povo; somos agora um Homem, vivo e eterno. [...] A Caaba é
o sol do mundo, cuja face nos atrai para sua órbita. Tornamo-
nos parte desse sistema universal. Circunvagando Alá, logo
nos esquecemos de nós mesmos. [...] Fomos transformados
numa partícula que gradualmente se derrete e desaparece. É o
auge do amor absoluto.[34]

Judeus e cristãos também enfatizam a espiritualidade da comunidade. O *hajj* proporciona a cada muçulmano a experiência
de uma integração pessoal no contexto da *ummah*, com Deus no
centro. Como acontece na maioria das religiões, paz e harmonia
são temas de peregrinação importantes, e, assim que os peregrinos entram no santuário, é proibido todo tipo de violência. Os
peregrinos não podem sequer matar um inseto ou pronunciar
uma palavra rude. Por isso todo o mundo islâmico se indignou
durante o *hajj* de 1987, quando peregrinos iranianos promoveram um tumulto que resultou em 402 mortos e 649 feridos.

Maomé morreu inesperadamente, após uma breve doença,
em junho de 632. Depois de sua morte, alguns beduínos tentaram romper com a *ummah*, porém a unidade política da Arábia
se manteve. As tribos recalcitrantes acabaram aceitando também
a religião do Deus único: o espantoso sucesso de Maomé mostrara aos árabes que o paganismo que os servira durante séculos
não funcionava no mundo moderno. A religião de Alá introduziu o *ethos* da misericórdia, marca das religiões mais avançadas:
fraternidade e justiça social eram suas virtudes cruciais. Um forte igualitarismo continuaria caracterizando o ideal islâmico.

Durante a vida de Maomé, isso incluía a igualdade dos sexos. Hoje em dia os ocidentais em geral consideram o islamismo inerentemente misógino, mas em seus primórdios a religião
de Alá, assim como o cristianismo, era positiva em relação às
mulheres. Durante o *jahiliyyah*, o período pré-islâmico, a Arábia
preservara as atitudes para com as mulheres que predominavam
antes da Era Axial. A poligamia, por exemplo, era comum, e as

esposas continuavam nas casas dos pais. As mulheres da elite desfrutavam considerável poder e prestígio — Cadija, a primeira esposa de Maomé, era uma comerciante bem-sucedida —, mas a maioria estava no nível dos escravos; não tinha direitos políticos nem humanos, e o infanticídio feminino era comum. Maomé realizou suas primeiras conversões entre as mulheres e acalentava o sonho de emancipá-las. O Corão proíbe estritamente o assassinato de meninas e reprova a consternação com o nascimento de uma filha. Também confere às mulheres direitos legais de herança e divórcio: a maioria das ocidentais nada teve de comparável até o século XIX. Maomé encorajava as mulheres a desempenhar um papel ativo nos assuntos da *ummah*, e elas manifestavam suas opiniões sem rodeios, confiantes em que seriam ouvidas. Numa ocasião, por exemplo, as mulheres de Medina queixaram-se ao Profeta de que os homens as estavam deixando para trás no estudo do Corão e pediram-lhe que as ajudasse a alcançá-los. Foram atendidas. Uma de suas perguntas mais importantes era por que o Corão se dirigia só aos homens, se elas também se entregaram a Deus. O resultado foi uma revelação dirigida a ambos os sexos, enfatizando sua absoluta igualdade moral e espiritual.[35] Daí em diante, o Corão com freqüência passou a dirigir-se de maneira explícita às mulheres, coisa que raras vezes acontece nas Escrituras judaicas ou cristãs.

Infelizmente, como no cristianismo, os homens acabaram monopolizando a religião e interpretando os textos de forma negativa para as muçulmanas. O Corão não prescreve o véu para todas as devotas, mas só para as esposas de Maomé, como sinal de seu status. Assim que o islamismo assumiu seu lugar no mundo civilizado, porém, os muçulmanos adotaram os costumes do *oikumene* que relegavam as mulheres a uma condição inferior. Passaram a velá-las e isolá-las em haréns, como na Pérsia e na Bizâncio cristã, onde desde muito elas eram marginalizadas desse modo. Na época do califado Abássida (750–1258), a posição das muçulmanas era tão ruim quanto a de suas irmãs nas sociedades judaica e cristã. Hoje as feministas islâmicas exortam os homens a retomar o espírito original do Corão.

Isso nos lembra que, como qualquer outra fé, o islamismo pode ser interpretado de várias maneiras, dando origem a seitas e divisões. A primeira dessas divisões — entre sunitas e xiitas — configurou-se na luta pela liderança que se seguiu à morte de Maomé. Abu Bakr, amigo íntimo de Maomé, foi eleito pela maioria, mas alguns acreditavam que o Profeta preferiria que Ali ibn Abi Talib, seu primo e genro, fosse seu sucessor (*kalipha*). O próprio Ali aceitou a liderança de Abu Bakr, porém nos anos seguintes conquistou a lealdade de dissidentes que desaprovavam a atuação dos três primeiros califas: Abu Bakr, Umar ibn al-Khattab e Uthman ibn Affan. Por fim, Ali tornou-se o quarto califa em 656: os xiitas acabariam por chamá-lo de primeiro imame ou chefe da *ummah*. Centrada na liderança, a divisão entre sunitas e xiitas era política, em vez de doutrinária, e anunciava a importância da política no islamismo, inclusive em sua concepção de Deus. Os xiitas — ou *Shiah-i-Ali*, Partidários de Ali — continuaram sendo uma minoria e iriam desenvolver uma religião de protesto, simbolizada pela figura trágica do neto de Maomé, Husayn ibn Ali, que se recusou a aceitar os Omíadas (que tomaram o califado após a morte de seu pai, Ali) e foi morto com seu pequeno grupo de seguidores pelo califa Omíada Yazid em 680, na planície de Karbala, perto de Kufa, no atual Iraque. Todos os muçulmanos abominam esse massacre, mas Husayn se tornou um herói particular dos xiitas, um lembrete de que às vezes é preciso combater a tirania até a morte. A essa altura, os muçulmanos haviam começado a estabelecer seu império. Os primeiros quatro califas preocuparam-se apenas em disseminar o islamismo entre os árabes dos impérios bizantino e persa, ambos em declínio. Sob os Omíadas, porém, a expansão continuou pela Ásia e pelo norte da África, inspirada não tanto pela religião quanto pelo imperialismo árabe.

Ninguém no novo império era obrigado a aceitar a fé islâmica; na verdade, durante um século após a morte de Maomé, não se encorajava a conversão, que, em cerca de 700, foi até proibida por lei: os muçulmanos acreditavam que o islamismo era para os árabes o que o judaísmo era para os filhos de Jacó. Sendo o "povo do livro" (*ahl al-kitab*), judeus e cristãos tinham liberdade religiosa como *dhimmis*, grupos minoritários protegidos. Quando os califas Abássidas passaram a estimular a conversão, muitos de seus súditos semitas e arianos prontamente a aceitaram. O êxito do islamismo foi tão determinante quanto o fracasso e a humilhação de Jesus tinham sido para os cristãos. No islamismo, a política não é extrínseca à vida religiosa do devoto, como no cristianismo, que desconfia do sucesso mundano. Os muçulmanos se atribuem a missão de criar uma sociedade justa, conforme a vontade de Deus. A *ummah* tem importância sacramental, como um "sinal" de que Deus abençoou esse esforço de redimir a humanidade da opressão e da injustiça; sua saúde política ocupa o mesmo lugar na espiritualidade do muçulmano que uma determinada opção teológica (católica, protestante, metodista, batista) na vida do cristão. Se os cristãos acham estranho esse interesse por política, deveriam pensar que sua paixão pelos intricados debates teológicos parece igualmente bizarra a judeus e muçulmanos.

Nos primeiros anos da história islâmica, portanto, a especulação sobre a natureza de Deus muitas vezes resultou de uma preocupação política com o califado e o *establishment*. Debates eruditos sobre quem e que tipo de homem devia governar a *ummah* revelaram-se tão decisivos para o islamismo quanto os debates sobre a pessoa e a natureza de Jesus para o cristianismo. Após o período dos *rashidun* (os primeiros quatro califas "corretamente guiados"), os muçulmanos descobriram que viviam num mundo muito diferente da pequena e aguerrida sociedade de Medina. Eram agora senhores de um império em expansão, e seus líderes pareciam motivados pelo mundanismo e pela ganância. O luxo e a corrupção da aristocracia e da corte eram muito diferentes da vida austera do Profeta e de seus companheiros. Os muçulmanos mais devotos contestavam o *establishment* com a mensagem socialista do Corão e procuravam adequar o islamismo às novas condições. Surgiram, assim, várias soluções e diferentes seitas.

A solução mais popular foi encontrada por juristas e tradicionalistas que tentaram retornar aos ideais de Maomé e dos *rashidun*. Esse processo resultou na elaboração da *Shariah*, um código semelhante à Torá, baseado no Corão, bem como na vida e nas máximas do Profeta. Durante os séculos VIII e IX, diversos editores, os mais famosos dos quais foram Muhammad ibn Ismail al-Bukhari e Muslim ibn al-Hijjal al-Qushayri, coligiram as numerosas tradições orais sobre as palavras (*hadith*) e a prática (*sunnah*) de Maomé e seus primeiros companheiros. Como Maomé se entregara perfeitamente a Deus, os muçulmanos deviam imitá-lo em seu cotidiano. Assim, imitando-o na maneira de falar, amar, comer, lavar-se e adorar, e com a ajuda da Santa Lei islâmica, levariam uma vida aberta ao divino. Modelando-se pelo Profeta, esperavam tornar-se tão receptivos a Deus quanto ele. Assim, quando seguem uma *sunnah* e se cumprimentam com as palavras "*Salaam alaykum*" (A paz esteja contigo), como fazia Maomé; quando são bondosos como ele com os animais, os órfãos e os pobres; quando são generosos e dignos de confiança em seu trato com os outros, lembram-se de Deus. Os gestos exteriores devem ser encarados não como um fim em si mesmos, mas como um meio de adquirir *taqwa*, a "consciência de Deus", que, prescrita no Corão e praticada pelo Profeta, consiste na lembrança constante de Deus (*dhikr*). Houve muita discussão sobre a validade de *sunnah* e *hadith*: algumas são consideradas mais autênticas que outras. Contudo, em última análise, a questão da validade histórica dessas tradições é menos importante que sua eficácia: elas se mostraram capazes de proporcionar a milhões de muçulmanos, ao longo dos séculos, um sentido sacramental do divino.

As *hadith*, ou máximas coligidas do Profeta, tratam sobretudo de assuntos do dia-a-dia, mas também de metafísica, cosmologia e teologia. Acredita-se que vários desses axiomas foram ditos pelo próprio Deus a Maomé. Essas *hadith qudsi* (tradições sagradas) enfatizam a imanência e a presença de Deus no crente. Uma *hadith* famosa relaciona os estágios pelos quais o muçulmano apreende uma presença divina que parece praticamente encarnada nele: primeiro, observa os mandamentos do Corão e da *Shariah*; depois, realiza atos voluntários de religiosidade:

> Meu servo se aproxima de mim através do que me é mais caro: o que lhe impus como um dever. E meu servo continua a

aproximar-se de mim através de atos não impostos, até que o amo: e, quando o amo, torno-me o ouvido com que ele ouve, o olho com que ele vê, a mão com que ele pega, o pé com que ele anda.[36]

Como no judaísmo e no cristianismo, o Deus transcendente é também uma presença imanente encontrada aqui embaixo. Os muçulmanos podem cultivar a percepção dessa presença divina utilizando métodos muito semelhantes aos descobertos pelas duas religiões mais antigas.

Os muçulmanos que promoviam esse tipo de religiosidade com base na imitação de Maomé são em geral conhecidos como *ahl al-hadith*, tradicionalistas. Atraíam as pessoas comuns, porque sua ética era ardorosamente igualitária. Opunham-se ao luxo dos Omíadas e dos Abássidas, mas não aprovavam as táticas revolucionárias dos xiitas. Não acreditavam que o califa precisasse ter qualidades espirituais excepcionais: era apenas um administrador. Contudo, enfatizando a natureza divina do Corão e da *sunnah*, habilitavam cada muçulmano a estabelecer contato direto com Deus, o que era potencialmente subversivo e severamente crítico para com o poder absoluto. Não havia necessidade de uma casta de sacerdotes para atuar como mediadores. Cada muçulmano era responsável perante Deus por seu próprio destino.

Acima de tudo, os tradicionalistas ensinavam que o Corão era uma realidade eterna, que, como a Torá ou o Logos, era, de algum modo, do próprio Deus; habitava em sua mente desde antes do início dos tempos. Sua doutrina do Corão incriado significava que, ao recitá-lo, os muçulmanos podiam ouvir diretamente o Deus invisível. O Corão representava a presença de Deus em seu meio. A voz de Deus estava nos lábios dos fiéis, quando recitavam as palavras sagradas; e, quando seguravam o livro santo, era como se tocassem a divindade. Os primeiros cristãos tinham uma concepção semelhante do homem Jesus:

> *O que era desde o princípio,*
> *o que ouvimos,*

> *o que vimos com nossos olhos,*
> *o que contemplamos*
> *e tocamos com nossas mãos:*
> *a Palavra, que é vida —*
> *esse é nosso tema.*[37]

A determinação do exato status de Jesus, o Verbo, custou muito esforço aos cristãos. Agora os muçulmanos começavam a debater a natureza do Corão: em que sentido o texto árabe era de fato a Palavra de Deus? Alguns muçulmanos achavam blasfema essa elevação do Corão, reagindo como os cristãos que se escandalizaram com a idéia de que Jesus fora o Logos encarnado.

Os xiitas, contudo, paulatinamente desenvolveram idéias que pareciam ainda mais próximas da Encarnação cristã. Após a trágica morte de Husayn, convenceram-se de que só os descendentes de seu pai, Ali ibn Abi Talib, deviam chefiar a *ummah* e tornaram-se uma seita dentro do islamismo. Ali tinha um duplo laço de sangue com Maomé, pois era seu primo e seu genro. Como nenhum dos filhos do Profeta sobrevivera à infância, Ali era seu principal parente homem. No Corão, os profetas muitas vezes pedem a Deus que abençoe seus descendentes. Os xiitas ampliaram essa noção da bênção divina e passaram a acreditar que só os membros da família de Maomé, por intermédio da casa de Ali, tinham verdadeiro conhecimento (*ilm*) de Deus. Só eles podiam dar à *ummah* orientação divina. Se um descendente de Ali chegasse ao poder, os muçulmanos podiam esperar uma era de justiça, e a *ummah* seria conduzida segundo a vontade de Deus.

O entusiasmo pela pessoa de Ali teve desdobramentos surpreendentes. Grupos xiitas mais radicais elevaram Ali e seus descendentes a uma posição superior à de Maomé, conferindo-lhes um status quase divino. Basearam-se na antiga tradição persa de uma família eleita e gerada por Deus que transmitia a glória divina de uma geração a outra. No fim do período Omíada, alguns xiitas acreditavam que o *ilm* legítimo estava com uma determinada linhagem de descendentes de Ali. Só nessa família os muçulmanos encontrariam a pessoa designada por Deus como o verdadeiro imame (chefe) da *ummah*. Sua orientação era absolutamente necessária, estando ele no poder ou não, e, assim, todo muçulmano tinha o dever de buscá-lo e aceitar seu comando. Esses imames eram vistos como focos de insatisfação, e, conseqüentemente, os califas os consideravam inimigos do Estado: segundo uma tradição xiita, vários imames foram envenenados, e alguns tiveram de se esconder. Ao morrer, cada um deles escolhia um parente para herdar o *ilm*. Pouco a pouco, os imames acabaram sendo reverenciados como *avatares* do divino: cada um era uma "prova" (*hujjah*) da presença de Deus na terra e, num sentido misterioso, fazia com que o divino encarnasse num ser humano. Suas palavras, decisões e ordens eram de Deus. Da mesma forma que os cristãos vêem Jesus como o Caminho, a Verdade e a Luz que leva os homens para Deus, os xiitas reverenciam seus imames como o portal (*bab*) para Deus, a estrada (*sabil*) e o guia de cada geração.

Os vários ramos xiitas divergem quanto à sucessão divina. Os imamitas, por exemplo, veneram doze descendentes de Ali através de Husayn; a linhagem se extinguiu em 939, quando o último imame desapareceu, sem deixar filhos. Os ismailitas acreditam que o sétimo desses imames foi o último. Já os imamitas acreditam que o 12º, o Imame Escondido, voltará para inaugurar uma Idade do Ouro. Essas idéias são perigosas. Além de politicamente subversivas, podem dar margem a interpretações simplistas. Os xiitas mais radicais desenvolveram, portanto, uma tradição esotérica, baseada numa interpretação simbólica do Corão, como veremos no próximo capítulo. Sua religiosidade era demasiado abstrusa para a maioria dos muçulmanos, que consideravam blasfema essa idéia de encarnação, e por isso os xiitas geralmente estavam nas classes mais aristocráticas e entre os intelectuais. Desde a revolução iraniana, tendemos a descrever o xiismo como uma seita inerentemente fundamentalista do islamismo, mas trata-se de uma avaliação inexata. O xiismo tornou-se uma tradição sofisticada. Na verdade, os xiitas tinham muito em comum com os muçulmanos que sistematicamente tentaram aplicar argumentos racionais ao Corão. Esses racionalistas, chamados mutazilitas, formaram um grupo distinto; também tinham um firme compromisso político: como os xiitas, criticavam o luxo da corte e muitas vezes atuaram politicamente contra o *establishment*.

A questão política inspirou um debate teológico sobre o governo dos assuntos humanos por Deus. Os defensores dos Omíadas argumentavam que não se podia culpá-los por sua conduta não islâmica, pois Deus os predestinara a ser o que eram. O Corão tem uma concepção muito firme da absoluta onipotência e onisciência de Deus, e muitos textos podiam ser usados para fundamentar essa idéia de predestinação. Mas o Corão é do mesmo modo enfático sobre a responsabilidade humana: "Na verdade, Deus não muda a condição dos homens, a menos que eles mudem seu eu interior". Conseqüentemente, os críticos do *establishment* acentuavam o livre-arbítrio e a responsabilidade moral. Os mutazilitas optaram pelo meio-termo, mantendo distância (*i'tazahu*) de posições extremas. Defendiam o livre-arbítrio para salvaguardar a natureza ética da humanidade. Os muçulmanos que acreditavam que Deus está acima das noções humanas de certo e errado menosprezavam a justiça divina. Um Deus que violasse todos os princípios de decência e ficasse impune simplesmente por ser Deus seria um monstro, em nada melhor que um califa tirânico. Para os mutazilitas, assim como para os xiitas, a justiça está na essência de Deus: ele não *pode* fazer mal a ninguém; não *pode* ordenar nada contrário à razão.

Os tradicionalistas protestaram, argumentando que, ao erigir o homem em autor do próprio destino, os mutazilitas insultavam a onipotência de Deus. Estavam tornando Deus racional *demais* e muito semelhante ao homem. Adotaram a doutrina da predestinação a fim de enfatizar a incompreensibilidade essencial de Deus: se o entendêssemos, ele não seria Deus, mas mera projeção humana. Deus transcende as noções humanas de bem e mal, e não podemos vinculá-lo a nossos padrões e expectativas: um ato é mau ou injusto porque Deus assim determinou, e não porque esses valores humanos tenham uma dimensão transcendente que os imponha ao próprio Deus. Os mutazilitas erravam ao dizer que a justiça, um ideal puramente humano, está na essência de Deus. O problema da predestinação e do livre-arbítrio, enfrentado também pelos cristãos, indica uma dificuldade central na idéia de um Deus pessoal. É mais fácil dizer que um Deus impessoal, como Brahman, existe além do "bem" e do "mal", encarados como máscaras da divindade inescrutável. Mas um Deus que, misteriosamente, é uma pessoa e toma parte ativa na história humana, está exposto a críticas. Não é difícil convertê-lo num grande tirano ou num juiz supremo e fazê-lo realizar nossas expectativas. Podemos transformá-lo em conservador ou socialista, racista ou revolucionário, de acordo com nossa própria posição. Tal perigo levou alguns a verem um Deus pessoal como uma idéia irreligiosa, porque reforça nossos preconceitos e torna absolutas nossas idéias humanas.

Para evitar esse perigo, os tradicionalistas recorreram à venerável distinção, usada por judeus e cristãos, entre a essência e as atividades de Deus. Disseram que alguns dos atributos que possibilitam ao Deus transcendente relacionar-se com o mundo — como poder, conhecimento, vontade, audição, visão, todos atribuídos a Alá no Corão — acompanham-no desde toda a eternidade, como o incriado Corão. São distintos de sua essência incognoscível, que sempre escapará a nosso entendimento. Assim como os judeus imaginam que a Sabedoria de Deus ou a Torá existem com ele desde antes do princípio dos tempos, os muçulmanos agora desenvolviam uma idéia semelhante para explicar a personalidade de Deus e lembrar aos crentes que a mente humana não pode contê-lo inteiramente. Se o califa al-Mamun (813–32) não tivesse se aliado aos mutazilitas e tentado transformar suas idéias na doutrina oficial muçulmana, essa abstrusa discussão provavelmente teria afetado pouca gente. Porém, quando ele começou a torturar os tradicionalistas a fim de impor a crença mutazilita, o povo se horrorizou com esse comportamento não islâmico. Ahmad ibn Hanbal (780–855), eminente tradicionalista que por pouco escapou da morte na inquisição de al-Mamun, tornou-se um herói popular. Sua santidade e seu carisma — rezou por seus torturadores — desafiaram o califado, e sua crença no Corão incriado tornou-se o lema de uma revolta populista contra o racionalismo mutazilita.

Ibn Hanbal recusava qualquer tipo de discussão racional sobre Deus. Assim, condenou a solução conciliatória proposta pelo mutazilita moderado al-Huayan al-Karabisi (m. 859) — que o Corão é incriado enquanto voz de Deus e criado quando posto em palavras humanas. Al-Karabisi prontamente modificou sua solução, afirmando que o árabe falado e escrito do Corão é *in*-criado enquanto parte do discurso eterno de Deus. Ibn Hanbal o refutou, argumentando que era inútil e perigoso especular sobre a origem do Corão dessa forma racionalista; a razão não era um instrumento adequado para explorar o Deus inexprimível. Acusou os mutazilitas de esvaziarem o mistério de Deus e fazerem dele uma fórmula abstrata sem nenhum valor religioso. Disse que cumpria interpretar o Corão literalmente, mas "sem perguntar como" (*bila kayf*), quando o texto sagrado usa termos antropomórficos para descrever a atividade de Deus no mundo ou quando afirma que Deus "fala", "vê" e "está sentado em seu trono". Talvez possamos compará-lo a cristãos radicais como Atanásio, que insistia numa interpretação extremada da doutrina da Encarnação contra os hereges mais racionais. Ibn Hanbal acentuava a inefabilidade essencial do divino, inacessível à análise lógica e conceitual.

Mas o Corão constantemente enfatiza a importância da inteligência e da compreensão, e a posição de Ibn Hanbal era um tanto simplória. Muitos muçulmanos achavam-na perversa e obscurantista. Abu al-Hasan ibn Ismail al-Ashari (873–936) encontrou um meio-termo. Havia sido mutazilita até o momento em que sonhou com o Profeta exortando-o a estudar a *hadith* e passou para o extremo oposto: tornou-se um fervoroso tradicionalista e pregou contra os mutazilitas, chamando-os de flagelo do islamismo. Então teve outro sonho, em que Maomé, irritado, lhe disse: "Eu não te mandei abandonar as discussões racionais, mas defender a verdadeira *hadith*!".[38] Daí em diante, al-Ashari empregou as técnicas racionalistas dos mutazilitas para promover o espírito agnóstico de Ibn Hanbal. Enquanto os mutazilitas insistiam que a revelação de Deus não podia ser irracional, al-Ashari usava a razão e a lógica para mostrar que Deus está além de nossa compreensão. Os mutazilitas corriam o perigo de reduzir Deus a um conceito coerente, mas árido; al-Ashari queria retornar ao Deus integral do Corão, apesar de sua inconsistência. Como Dionísio, o Areopagita, acreditava que o paradoxo realçaria nossa apreciação de Deus. Recusava-se a reduzir Deus a um conceito passível de discussão e análise, como qualquer outra idéia humana. Os atributos divinos de conhecimento, força, vida e assim por diante são reais; *pertencem* a Deus desde toda a eternidade. Mas são distintos da essência de Deus, porque Deus é essencialmente simples e único. Não podemos considerá-lo um ser complexo, porque é a própria simplicidade; não podemos analisá-lo, definindo suas várias características ou dividindo-o em partes menores. Al-Ashari rejeitava qualquer tentativa de resolver o paradoxo: assim, insistia que, quando o Corão diz que Deus "está sentado em seu trono", devemos aceitar isso como um fato, embora não consigamos imaginar um puro espírito "sentado".

Al-Ashari tentava encontrar um meio-termo entre o obscurantismo deliberado e o racionalismo extremo. Alguns literalistas argumentavam que, se os bem-aventurados hão de "ver" Deus no Céu, como assegura o Corão, ele deve ter uma aparência física. Hisham ibn Hakim chegou a dizer que:

> Alá tem um corpo, definido, com largura, altura e comprimento em iguais proporções, radioso, amplo em suas três dimensões, [...] como uma barra de metal puro, reluzente como uma pérola [...], provido de cor, gosto, cheiro e toque.[39]

Alguns xiitas aceitaram essas opiniões, por acreditar que os imames eram encarnações do divino. Os mutazilitas insistiam que, quando o Corão fala das "mãos" de Deus, por exemplo, deve-se interpretar isso alegoricamente como uma referência à generosidade divina. Al-Ashari opunha-se aos literalistas, observando que, segundo o Corão, só podemos falar de Deus em linguagem simbólica. Mas também se opunha à rejeição total da razão por parte dos tradicionalistas. Dizia que Maomé não enfrentara esses problemas, pois teria orientado os muçulmanos; portanto, todos os muçulmanos tinham o dever de usar instrumentos interpretativos como a analogia (*qiyas*) para reter um conceito verdadeiramente religioso de Deus.

Al-Ashari optou constantemente por uma posição conciliadora. Assim, afirmava que o Corão é a eterna e incriada Palavra de Deus, mas que a tinta, o papel e as palavras árabes do texto sagrado haviam sido criados. Condenava a doutrina mutazilita do livre-arbítrio, porque só Deus poderia ser o "criador" dos atos humanos, mas também se opunha à idéia tradicionalista de que os homens não contribuem de forma alguma para sua salvação. Sua solução era um tanto tortuosa: Deus cria os atos, mas deixa para os homens o mérito ou o demérito. Ao contrário de Ibn Hanbal, porém, al-Ashari *estava* disposto a perguntar e a esmiuçar esses problemas metafísicos, embora acabasse concluindo que era errado tentar conter num sistema ordenado e racionalista a misteriosa e inefável realidade que chamamos de Deus. Al-Ashari fundou a tradição muçulmana da *kalam* (literalmente, "palavra" ou "discurso"), que em geral se traduz como "teologia". Seus sucessores nos séculos X e XI refinaram a metodologia da *kalam* e desenvolveram suas idéias. Os primeiros asharitas queriam estabelecer uma estrutura metafísica para uma discussão válida da soberania de Deus. O primeiro grande teólogo da escola asharita foi Abu Bakr al-Baqillani (m. 1013). Em seu tratado *al-Tawhid* (Unidade), concorda com os mutazilitas que os homens podem provar logicamente a existência de Deus, com argumentos racionais: de fato, o próprio Corão mostra Abraão descobrindo o eterno Criador por meio da meditação sistemática sobre o mundo natural. No entanto, al-Baqillani nega que possamos distinguir entre bem e mal sem uma revelação, pois não são categorias naturais, mas foram decretados por Deus: Alá não é limitado por noções humanas de certo ou errado.

Al-Baqillani desenvolveu uma teoria conhecida como "atomismo" ou "ocasionalismo", que tenta encontrar uma explicação metafísica para a profissão de fé muçulmana: não há deus, realidade ou certeza além de Alá. Tudo no mundo depende da atenção direta de Deus. Todo o universo se reduz a inúmeros átomos individuais: o tempo e o espaço são descontínuos, e nada possui identidade própria. Al-Baqillani nulifica o universo fenomenológico tão radicalmente quanto Atanásio. Só Deus tem realidade, e só ele pode nos resgatar do nada. Deus sustenta o universo e a cada segundo dá vida à sua criação. Não existem leis naturais que expliquem a sobrevivência do cosmo. Embora houvesse entre os muçulmanos cientistas bem-sucedidos, o asharismo era fundamentalmente antagônico às ciências naturais, que, no entanto, tinham relevância religiosa. Constituíam uma tentativa metafísica de explicar a presença de Deus em cada detalhe do cotidiano e um lembrete de que a fé não depende da lógica comum. Usadas como uma disciplina, e não como uma descrição factual da realidade, poderiam ajudar os muçulmanos a desenvolver aquela consciência de Deus prescrita pelo Corão. Sua fraqueza estava na exclusão da prova científica em contrário e na interpretação demasiado literal de uma atitude religiosa essencialmente elusiva. Podiam provocar um descompasso entre a maneira de o muçulmano ver Deus e sua maneira de encarar outros assuntos. Tanto os mutazilitas quanto os asharitas tentaram, de formas diferentes, relacionar a experiência religiosa de Deus com o pensamento racional comum. Isso era importante. Os muçulmanos procuravam descobrir se era possível falar de Deus quando discutiam outros temas. Vimos que os gregos concluíram que não e que o silêncio era a única forma adequada de teologia. A maioria dos muçulmanos acabaria chegando à mesma conclusão.

Maomé e seus companheiros pertenciam a uma sociedade muito mais primitiva que a de al-Baqillani. O Império Islâmico se expandira pelo mundo civilizado, e os muçulmanos se depararam com meios intelectualmente mais sofisticados de ver Deus e o mundo. Maomé instintivamente revivera muito do antigo encontro hebreu com o divino, e gerações posteriores passaram por alguns dos problemas enfrentados pelas Igrejas cristãs. Alguns até recorreram a uma teologia de encarnação, embora o Corão condene a deificação de Jesus pelos cristãos. A aventura islâmica mostra que a idéia de um Deus transcendente mas pessoal tende a suscitar o mesmo tipo de problemas e levar ao mesmo tipo de soluções.

A experiência da *kalam* indica que, embora fosse possível usar métodos racionais para demonstrar que "Deus" é racionalmente incompreensível, isso perturbaria muitos muçulmanos. A *kalam* nunca se tornou tão importante quanto a teologia no cristianismo ocidental. Os califas Abássidas que haviam apoiado os mutazilitas descobriram que não podiam impor sua doutrina aos fiéis, porque elas não "pegavam". O racionalismo continuou influenciando pensadores por todo o período medieval, mas se manteve restrito a uma minoria, suscitando desconfiança na maioria dos muçulmanos. Como o cristianismo e o judaísmo, o islamismo surgira de uma experiência semita, porém se chocara com o racionalismo grego nos centros helênicos do Oriente Médio. Outros muçulmanos tentavam uma helenização ainda mais radical do Deus islâmico e introduziram um novo elemento filosófico nas três religiões monoteístas. Judaísmo, cristianismo e islamismo chegariam a conclusões diferentes, mas extremamente significativas, sobre a validade da filosofia e sua importância para o mistério de Deus.

6. O DEUS DOS FILÓSOFOS

NO SÉCULO IX, os árabes entraram em contato com a ciência e a filosofia gregas, e o resultado foi um florescimento cultural que, em termos europeus, pode ser visto como um cruzamento entre o Renascimento e o Iluminismo. Uma equipe de tradutores, a maioria cristãos nestorianos, verteu os textos gregos para o árabe, num trabalho brilhante. Os muçulmanos árabes agora estudavam astronomia, alquimia, medicina e matemática com tal êxito que, nos séculos IX e X, mais descobertas científicas foram feitas no Império dos Abássidas que em qualquer período anterior da história. Surgiu um novo tipo de muçulmano, dedicado ao ideal que chamava de *falsafah*. Em geral traduzido como "filosofia", esse termo tem um sentido mais amplo, mais rico: como os *philosophes* franceses, os *faylasufs* queriam viver racionalmente de acordo com as leis que, segundo eles, governavam o cosmo e podiam ser discernidas em cada nível da realidade. A princípio, concentraram-se nas ciências naturais, mas depois, inevitavelmente, voltaram-se para a metafísica grega e decidiram aplicar seus princípios ao islamismo. Acreditavam que o Deus dos filósofos gregos era idêntico a Alá. Os cristãos gregos também sentiram afinidade com o helenismo, porém acharam que o Deus dos gregos devia ser modificado pelo Deus mais paradoxal da Bíblia: veremos que acabaram rejeitando a própria tradição filosófica, certos de que a razão e a lógica pouco tinham a contribuir para o estudo de Deus. Os *faylasufs*, no entanto, chegaram à conclusão oposta: o racionalismo era a mais avançada forma de religião, pois permitia desenvolver uma noção de Deus superior ao Deus revelado das Escrituras.

Hoje em dia, geralmente vemos a ciência e a filosofia como antagônicas à religião, mas os *faylasufs* eram, em sua maioria, homens devotos e se consideravam filhos leais do Profeta. Como bons muçulmanos, tinham consciência política, desprezavam o luxo da corte e queriam reformar a sociedade segundo os ditames da razão. Propunham-se uma tarefa importante: uma vez que o pensamento grego dominava seus estudos científicos e filosóficos, cumpria-lhes encontrar um elo entre sua fé e essa perspectiva mais racionalista, mais objetiva. Pode ser muito perigoso relegar Deus a uma categoria intelectual separada e isolar a fé de outros interesses humanos. Os *faylasufs* não pretendiam abolir a religião, mas queriam purificá-la do que viam como elementos primitivos e tacanhos. Não duvidavam da existência de Deus — na verdade, consideravam-na evidente por si mesma —, porém achavam importante prová-la logicamente, a fim de mostrar que Alá era compatível com seu ideal racionalista.

Havia, contudo, alguns problemas. Vimos que o Deus dos filósofos gregos era muito diferente do Deus da revelação: a Suprema Divindade de Aristóteles e Plotino era atemporal e impassível; não tomava conhecimento das questões terrenas, não se revelava na história, não criara o mundo e não o julgaria no Fim dos Tempos. Na verdade, a história, a maior teofania das religiões monoteístas, fora descartada por Aristóteles como inferior à filosofia. Não tinha começo, meio ou fim, pois o cosmo emanava eternamente de Deus. Os *faylasufs* queriam ir além da história, que era uma mera ilusão, para vislumbrar o mundo imutável e ideal do divino. Apesar da ênfase na racionalidade, a *falsafah* exigia uma fé própria. Era preciso muita coragem para acreditar que o cosmo, onde o caos e a dor pareciam mais evidentes que uma ordem proposital, era de fato governado pelo princípio da razão. Cabia-lhes também cultivar a convicção de um sentido último em meio aos acontecimentos freqüentemente desastrosos e toscos do mundo circundante. Havia uma nobreza na *falsafah*, uma busca de objetividade e uma visão atemporal. Os *faylasufs* queriam uma religião universal, que não se limitasse a determinada manifestação de Deus nem estivesse arraigada numa época e num lugar definidos; acreditavam que era seu dever traduzir a revelação do Corão no idioma mais avançado que as mentes melhores e mais nobres de todas as culturas elaboraram ao longo do tempo. Para eles, Deus não era um mistério, mas a própria razão.

Tal fé num universo inteiramente racional hoje nos parece ingênua, pois as descobertas de nossos cientistas há muito revelaram a inadequação das provas aristotélicas da existência de Deus. Essa perspectiva era impossível nos séculos IX e X, mas a experiência da *falsafah* é importante para nossa atual situação religiosa. A revolução científica do período dos Abássidas exigiu de seus participantes mais que a aquisição de novas informações. Como hoje, as descobertas científicas requeriam uma mentalidade diferente, que transformou a maneira como os *faylasufs* viam o mundo. A ciência supõe a convicção fundamental de que há uma explicação racional para tudo; também supõe uma imaginação e uma coragem semelhantes à criatividade religiosa. Como o profeta ou o místico, o cientista também se obriga a enfrentar o escuro e imprevisível reino da realidade incriada. Inevitavelmente, isso afetou a maneira como os *faylasufs* viam Deus e os fez revisar e até abandonar as velhas crenças de seus contemporâneos. Do mesmo modo, a visão científica de nossa época inviabilizou para muitos grande parte do teísmo clássico. Apegar-se à velha teologia não só é falta de coragem como pode significar perda de integridade. Os *faylasufs* tentaram casar suas novas intuições com a tendência principal da fé islâmica e, inspirados nos gregos, produziram algumas idéias revolucionárias sobre Deus. Contudo, o fracasso de sua divindade racional pode nos dizer algo importante sobre a natureza da verdade religiosa.

Os *faylasufs* se propunham fundir filosofia grega e religião de uma maneira mais completa que a dos monoteístas anteriores. Os mutazilitas e os asharitas tentaram construir uma ponte entre a revelação e a razão natural, mas, para eles, o Deus da revelação vinha primeiro. A *kalam* baseava-se na visão tradicionalmente monoteísta da história como teofania; afirmava que os fatos concretos, particulares, eram cruciais porque proporcionavam a única certeza possível. Na verdade, os asharitas duvidavam que *houvesse* leis gerais e princípios atemporais. Apesar de seu valor religioso e de sua criatividade, esse atomismo era visivelmente estranho ao espírito científico e não podia satisfazer aos *faylasufs*. Sua *falsafah* descartava a história, o concreto e o particular, mas reverenciava as leis gerais rejeitadas pelos asharitas. Seu Deus tinha de ser descoberto em argumentos lógicos, não em revelações particulares feitas a vários indivíduos em determinados momentos. Essa busca de uma verdade objetiva, generalizada, caracterizava seus estudos científicos e condicionou sua percepção da realidade última. Um Deus que não era o mesmo para todos, descontada a inevitável coloração cultural, não podia proporcionar uma solução satisfatória para a questão religiosa fundamental: "Qual é o sentido último da vida?". Era impossível buscar soluções científicas que tivessem aplicação universal e rezar a um Deus que os fiéis cada vez mais consideravam propriedade exclusiva dos muçulmanos. No entanto, o estudo do Corão revelava que o próprio Maomé tinha uma visão universal e insistia que todas as religiões corretamente orientadas provinham de Deus. Os *faylasufs* não achavam necessário descartar o Corão. Ao contrário, tentavam mostrar a relação entre filosofia e religião: ambas eram caminhos válidos para Deus, adequadas às necessidades dos indivíduos. Não viam contradição fundamental entre revelação e ciência, racionalismo e fé. E desenvolveram o que se chamou de filosofia profética. Queriam encontrar a verdade essencial das várias religiões que, desde o alvorecer da história, vinham tentando definir a realidade do mesmo Deus.

A *falsafah* se inspirou na ciência e na metafísica gregas, mas não dependia servilmente do helenismo. Em suas colônias do Oriente Médio, os gregos tenderam a seguir um currículo padronizado, de modo que, embora houvesse ênfases diferentes na filosofia helenística, cada estudante devia ler um conjunto de textos em determinada ordem. Chegara-se, assim, a um certo grau de unidade e coerência. Os *faylasufs* não seguiam esse currículo, mas liam os textos à medida que apareciam. Isso inevitavelmente abria novas perspectivas. Em seu pensamento, conclusões tipicamente islâmicas e árabes convivem com influências dos persas, dos indianos e dos gnósticos.

Assim, Yaqub ibn Ishaq al-Kindi (m. *c.* 870), o primeiro muçulmano a aplicar o método racional ao Corão, estava intimamente associado aos mutazilitas e discordava de Aristóteles em vários pontos importantes. Estudou em Basra, mas instalou-se em Bagdá, onde teve o patrocínio do califa al-Mamun. Produziu muito e exerceu enorme influência, inclusive nos campos da matemática, da ciência e da filosofia. Mas interessava-se principalmente por religião. Com sua formação mutazilita, só podia ver a filosofia como serva da revelação: o conhecimento inspirado dos profetas sempre transcendera as intuições meramente humanas dos filósofos. A maioria dos *faylasufs* posteriores não partilharia dessa perspectiva. Mas al-Kindi também queria buscar a verdade em outras tradições religiosas. A verdade é uma só, e cabe ao filósofo procurá-la em quaisquer invólucros culturais ou lingüísticos que ela tenha assumido no decorrer dos séculos.

Não devemos nos envergonhar de reconhecer a verdade e assimilá-la, independentemente de sua fonte, mesmo que nos seja entregue por gerações passadas e povos estrangeiros. Para quem busca a verdade, nada é mais valioso que a própria verdade; ela nunca deprecia ou avilta quem a apreende, mas enobrece-o e honra-o.[1]

Aqui al-Kindi está em consonância com o Corão. Porém foi mais longe, pois não se limitou aos profetas, mas também se voltou para os filósofos gregos. Usou os argumentos de Aristóteles sobre a existência de um Primeiro Motor. Disse que, num mundo racional, tudo tem uma causa. Portanto, deve haver um Motor Imóvel para ativar o universo. Esse Primeiro Princípio é o Ser em si, imutável, perfeito e indestrutível. No entanto, tendo chegado a essa conclusão, al-Kindi afastou-se de Aristóteles e aderiu à doutrina corânica da criação *ex nihilo*. A ação pode ser definida como o ato de extrair alguma coisa do nada. Isso, afirma al-Kindi, é prerrogativa de Deus. Ele é o único Ser que pode realmente agir nesse sentido e é a verdadeira causa de toda a atividade que vemos no mundo.

A *falsafah* acabou rejeitando a criação *ex nihilo*, de modo que al-Kindi não pode ser qualificado como um autêntico *faylasuf*. Mas foi pioneiro na tentativa islâmica de harmonizar a verdade religiosa com uma metafísica sistemática. Seus sucessores foram mais radicais. Assim, Abu Bakr Muhammad ibn Zakaria ar-Razi (m. *c*. 930), considerado o maior não-conformista da história muçulmana, rejeitou a metafísica de Aristóteles e, como os gnósticos, atribuiu a criação a um demiurgo: a matéria não podia ter saído de um Deus puramente espiritual. Também rejeitou a solução aristotélica do Primeiro Motor, assim como as doutrinas corânicas de revelação e profecia. Só a razão e a filosofia podiam nos salvar. Ar-Razi não era, portanto, monoteísta: talvez fosse o primeiro livre-pensador a achar o conceito de Deus incompatível com uma perspectiva científica. Foi um médico brilhante e um homem bom e generoso, que trabalhou durante anos como chefe do hospital de sua Rayy natal, no Irã. A maioria dos *faylasufs* não levou o racionalismo a tal extremo. Num debate com um muçulmano mais convencional, ele disse que o legítimo *faylasuf* não se atém a uma tradição estabelecida, mas pensa tudo por si mesmo, pois só a razão pode levar à verdade. É inútil fiar-se em doutrinas reveladas, porque as religiões não chegam a um acordo. Como alguém poderia apontar a correta? Mas seu interlocutor — que também se chamava ar-Razi[2] — levantou uma questão importante: e as pessoas simples? A maioria era incapaz de pensar filosoficamente: estaria, portanto, perdida, condenada ao erro e à confusão? Um dos motivos pelos quais a *falsafah* continuou sendo uma seita minoritária no islamismo foi seu elitismo. Só atraía os mais bem-dotados intelectualmente, contrariando, assim, o espírito igualitário que começava a caracterizar a sociedade muçulmana.

O *faylasuf* turco Abu Nasr al-Farabi (m. 980) abordou o problema das massas incultas, inaptas para o racionalismo filosófico. Ele pode ser considerado o verdadeiro fundador da *falsafah* e mostrou a atraente universalidade desse ideal muçulmano. Foi o que chamaríamos de homem do Renascimento, tendo sido médico, músico e místico. Em *Opiniões sobre os habitantes de uma cidade virtuosa*, também demonstrou a preocupação social e política fundamental para a espiritualidade muçulmana. Na *República*, Platão afirma que uma boa sociedade devia ser comandada por um filósofo, que governasse segundo princípios racionais e conseguisse transmiti-los às pessoas simples. Segundo al-Farabi, o Profeta Maomé foi esse tipo de governante. Expressou as verdades atemporais de um modo que o povo entendia; portanto, o islamismo tinha os requisitos necessários para criar a sociedade ideal de Platão. O xiismo era, talvez, a forma de islamismo mais adequada para executar esse projeto, por causa de seu culto ao imame sábio. Embora fosse sufista praticante, al-Farabi via a revelação como um processo inteiramente natural. O Deus dos filósofos gregos, distante dos interesses humanos, não podia "falar com" os homens e interferir em assuntos terrenos, como sugeria a doutrina da revelação tradicional. Mas isso não significa que Deus estivesse distante dos principais interesses de al-Farabi. Deus está no centro de sua filosofia, e seu tratado começa por discorrer sobre ele. Esse Deus é, porém, o mesmo de Aristóteles e Plotino: é o Primeiro de todos os seres. Um cristão grego educado na filosofia mística de Dionísio, o Areopagita, teria objetado a uma teoria que faz de Deus apenas mais um ser, ainda que de natureza superior. Mas al-Farabi se manteve fiel a Aristóteles. Não acreditava que Deus decidiu criar o mundo "de repente". Isso acarretaria mudança, o que não é próprio do Deus eterno e estático.

Como os gregos, al-Farabi via a cadeia do ser fluindo eternamente do Uno em dez emanações ou "intelectos" sucessivos, cada um dos quais gera uma das esferas ptolomaicas: o céu exterior, a esfera das estrelas fixas, as esferas de Saturno, Júpiter, Marte, Sol, Vênus, Mercúrio e a Lua. Assim que chegamos a nosso mundo sublunar, tomamos consciência de uma hierarquia do ser que evolui na direção oposta, começando com a matéria inanimada, passando por plantas e animais e culminando na humanidade, cuja alma e intelecto partilham da Razão divina, enquanto o corpo vem da terra. Pelo processo de purificação, descrito por Platão e Plotino, os seres humanos podem livrar-se de seus grilhões e retornar a Deus, seu lar natural.

Havia diferenças óbvias em relação às visões corânicas da realidade, mas al-Farabi considerava a filosofia uma maneira superior de compreender verdades que os profetas expressaram de forma poética, metafórica, para atrair as pessoas. A *falsafah* não era para todo mundo. Em meados do século X, começava a entrar no islamismo um elemento esotérico. A *falsafah* era uma dessas disciplinas esotéricas. O sufismo e o xiismo também interpretavam o islamismo diferentemente dos ulemás, os sacerdotes que se atinham à Santa Lei e ao Corão. Essas doutrinas também eram secretas, não porque os *faylasufs*, os sufistas e os xiitas quisessem excluir a populaça, e sim porque entendiam que sua versão mais ousada e inventiva do Corão podia facilmente ser mal compreendida. Uma interpretação literal e simplista das doutrinas da *falsafah*, dos mitos do sufismo ou da imamologia xiita podia confundir pessoas que não tinham capacidade, formação ou temperamento para uma visão mais simbólica, racionalista ou imaginativa da verdade última. Nessas seitas esotéricas, disciplinas especiais da mente e do coração preparavam os iniciados para receber noções tão complexas. Vimos que os cristãos gregos assumiram uma postura semelhante, distinguindo entre *dogma* e *kerygma*. O Ocidente não desenvolveu uma tradição esotérica, mas optou pela interpretação *querigmática* da religião, que devia ser a mesma para todos. Em vez de deixar que os chamados trânsfugas seguissem seu caminho, os cristãos ocidentais os perseguiram e tentaram eliminar os não-conformistas. No islamismo, os pensadores esotéricos comumente morriam na cama.

Os *faylasufs* em geral acataram o emanacionismo de al-Farabi. Os místicos, como veremos, também acharam a idéia da emanação mais atraente que a doutrina da criação *ex nihilo*. Longe de ver a filosofia e a razão como inimigas da religião, os sufistas muçulmanos e os cabalistas judaicos muitas vezes encontraram nas intuições dos *faylasufs* uma inspiração para sua modalidade mais inventiva de religião. Isso é particularmente evidente no xiismo. O século X é conhecido como o século xiita, pois, embora fossem minoria no mundo islâmico, os xiitas conseguiram ocupar postos políticos importantes por todo o Império. Em 909, estabeleceram um califado em Túnis, em oposição ao califado sunita de Bagdá. Esse foi seu maior sucesso e deve-se à seita ismailita, ou "fatímida", que venerava sete imames, enquanto os imamitas, mais numerosos, aceitavam a autoridade de doze imames. Os ismailitas separaram-se dos imamitas após a morte de Jafar ibn Sadiq, o Sexto Imame, em 756. Como Ismail, filho e sucessor de Jafar, morreu jovem, os imamitas aceitaram a autoridade de seu irmão, Musa. Os ismailitas, contudo, permaneceram fiéis a Ismail e acreditavam que a linhagem acabara com ele. Seu califado norte-africano tornou-se extremamente poderoso: em 973, transferiram sua capital para al-Qahirah, atual Cairo, onde construíram a grande mesquita de al-Azhar.

Mas a veneração aos imames não era simples entusiasmo político. Como vimos, os xiitas acreditavam que seus imames encarnavam a presença de Deus na terra. Desenvolveram sua própria religiosidade esotérica, que dependia de uma leitura simbólica do Corão. Afirmavam que Maomé transmitira um conhecimento secreto a seu primo e genro Ali ibn Abi Tàlib, e que esse *ilm* passara para a linhagem dos imames designados, seus descendentes diretos. Cada imame encarnava a "Luz de Maomé" (*al-nur al-Muhammad*), o espírito profético que possibilitara a Maomé entregar-se perfeitamente a Deus. Nem o Profeta nem os imames eram divinos, porém foram tão receptivos a Deus que ele habitou em seu íntimo de maneira mais completa que em mortais mais comuns. Os nestorianos tinham uma visão semelhante de Jesus. Como os nestorianos, os xiitas viam seus imames como "templos" ou "tesouros" do divino, transbordantes daquele divino conhecimento iluminador. Esse *ilm* não era apenas informação secreta, mas um meio de transformação e conversão interior. Sob a orientação de seu *da'i* (diretor espiritual), o discípulo era despertado da indolência e da insensibilidade por uma visão de onírica clareza. Isso o transformava tanto que ele conseguia compreender a interpretação esotérica do Corão. Essa experiência primordial era um ato de despertar, como vemos neste poema de Nasiri al-Khusraw, filósofo ismailita do século X, descrevendo a visão do imame que mudou sua vida:

Já ouvistes falar de um mar que escorre do fogo?
Já vistes uma raposa tornar-se um leão?
O sol pode transmutar um seixo, que nem mesmo a mão
da natureza consegue transformar em gema.
Eu sou essa pedra preciosa, meu Sol é aquele
cujos raios inundam de luz este mundo tenebroso.
Por zelo não posso declinar o nome [do imame]
neste poema; só posso dizer que por ele
o próprio Platão se tornaria escravo. Ele
é o mestre, curador de almas, favorecido por Deus,
imagem de sabedoria, fonte de conhecimento e verdade.
Ó Face de Conhecimento, Forma de Virtude,
Coração de Sabedoria, Meta da Humanidade,
Ó Orgulho de Orgulho, perante vós me quedei, pálido
e esquelético, vestindo um manto de lã,
e beijei vossa mão como se fosse o túmulo
do Profeta ou a Pedra Negra da Caaba.[3]

Como Cristo no monte Tabor representava a humanidade deificada para os cristãos ortodoxos gregos e Buda encarnava a iluminação que é possível para toda a humanidade, assim também a natureza do imame fora transfigurada por sua total receptividade a Deus.

Os ismailitas temiam que os *faylasufs* estivessem se concentrando demais nos elementos externos e racionalistas da religião e esquecendo seu cerne espiritual. Opuseram-se, por exemplo, ao livre-pensador ar-Razi. Mas também desenvolveram uma filosofia e uma ciência próprias, que não eram encaradas como fins em si mesmas, porém como disciplinas espirituais que lhes possibilitavam perceber o significado oculto (*batin*) do Corão. A contemplação das abstrações da ciência e da matemática purificava suas mentes das imagens sensuais e libertava-os das limitações de sua consciência comum. Em vez de usar a ciência para adquirir uma compreensão exata e literal da realidade exterior, como nós fazemos, os ismailitas usavam-na para desenvolver a imaginação. Voltaram-se para os mitos zoroastrianos do

Irã, fundiram-nos com idéias neoplatônicas e chegaram a uma nova percepção da história da salvação. É preciso lembrar que, em sociedades mais tradicionais, as pessoas acreditavam que sua experiência aqui embaixo repetia acontecimentos que tiveram lugar no mundo celestial: a doutrina platônica das formas ou arquétipos eternos expressa essa crença perene num idioma filosófico. No Irã pré-islâmico, por exemplo, a realidade tinha um duplo aspecto: havia um céu visível (*getik*) e um céu celestial (*menok*), inacessível à percepção humana normal. O mesmo se aplica a realidades mais abstratas, mais espirituais: cada prece ou ato virtuoso realizado aqui e agora no *getik* era reproduzido no mundo celestial, que lhe conferia realidade verdadeira e significado eterno.

Esses arquétipos celestiais eram considerados verdadeiros da mesma maneira como os acontecimentos e formas que habitam nossa imaginação muitas vezes nos parecem mais reais e importantes que nossa existência terrena. Podemos ver isso como uma tentativa de explicar nossa convicção de que, apesar do volume desalentador de provas em contrário, nossa vida e o mundo que experimentamos têm sentido e importância. No século X, os ismailitas retomaram essa mitologia, que fora abandonada pelos muçulmanos persas quando se converteram ao islamismo, mas que ainda fazia parte de sua herança cultural, e fundiram-na com a doutrina platônica da emanação. Al-Farabi imaginou dez emanações entre Deus e o mundo material, presidindo as esferas ptolomaicas. Agora os ismailitas faziam do Profeta e dos imames as "almas" desse esquema celestial. Na mais alta esfera "profética" do Primeiro Céu, estava Maomé; no Segundo Céu, Ali, e cada um dos sete imames presidia as esferas sucessivas na devida ordem. Por fim, na esfera mais próxima do mundo material, estava a filha de Maomé, Fátima, esposa de Ali, que tornara possível essa linhagem sagrada. Era, portanto, a Mãe do islamismo e correspondia a *Sophia*, a Sabedoria divina. Essa imagem apoteótica dos imames reflete a interpretação ismailita do verdadeiro sentido da história xiita. Não fora apenas uma sucessão de fatos externos, mundanos — muitos deles trágicos. As vidas desses ilustres seres humanos aqui na terra haviam correspondido a acontecimentos no *menok*, na ordem arquetípica.[4]

Não devemos zombar disso. Hoje, no Ocidente, orgulhamo-nos de nosso interesse pela exatidão objetiva, mas os *batinis* ismailitas, que procuravam a dimensão "oculta" (*batin*) da religião, estavam empenhados numa busca muito diferente. Como os poetas ou os pintores, usavam um simbolismo que tinha pouca relação com a lógica, porém lhes revelava uma realidade mais profunda que a perceptível pelos sentidos ou exprimível em conceitos racionais. Assim, desenvolveram um método de ler o Corão que chamaram de *tawil* (literalmente, "levar de volta"). Achavam que isso os levaria de volta ao arquetípico Corão original, que fora expresso no *menok* ao mesmo tempo que Maomé o recitava no *getik*. Henri Corbin, o falecido historiador do xiismo iraniano, comparou a disciplina do *tawil* à da harmonia na música. Era como se o ismailita ouvisse um "som" — um verso do Corão ou uma *hadith* — em vários níveis ao mesmo tempo; ele tentava treinar-se para ouvir a contraparte celestial, além das palavras árabes. O esforço silenciava sua clamorosa faculdade crítica e tornava-o consciente do silêncio que cerca cada palavra, assim como o hindu fica à escuta do inefável silêncio que cerca a sílaba sagrada OUM. Ouvindo o silêncio, ele se dava conta do fosso existente entre nossas palavras e idéias sobre Deus e a plena realidade.[5] Era uma disciplina que ajudava os muçulmanos a entender Deus como ele merece ser entendido, explica Abu Yaqub al-Sijistani, destacado pensador ismailita (m. 971). Alguns muçulmanos falavam de Deus antropomorficamente, como se ele fosse um homem maior que os outros; alguns o esvaziavam de todo sentido religioso e o reduziam a um conceito. Al-Sijistani, porém, defende o uso da dupla negação. Devemos começar falando de Deus negativamente: ele é "não ser", ao invés de "ser"; "não ignorante", em vez de "sábio"; e assim por diante. Mas imediatamente devemos negar essa negação, dizendo que Deus "não é não ignorante", ou que "não é nada" na acepção usual dessa palavra. Ele não corresponde a qualquer forma humana de falar. Pelo repetido uso dessa disciplina lingüística, o *batini* constataria a inadequação da linguagem, quando tenta transmitir o mistério de Deus.

Em seu *Rahaf al-aql* (Bálsamo para o intelecto), Hamid al-Din Kirmani (m. 1021), outro pensador ismailita, descreve a imensa paz e a satisfação que esse exercício proporciona. Não é uma disciplina árida e cerebral, mas dá sentido a cada detalhe da vida de Ismail. Os autores ismailitas costumam falar de seu *batin* em termos de iluminação e transformação. O *tawil* foi concebido não para fornecer informações sobre Deus, e sim para criar um senso do maravilhoso que iluminava o *batini* num nível mais profundo que o racional. Tampouco era um escapismo. Os ismailitas eram ativistas políticos. Na verdade, Jafar ibn Sadiq, o Sexto Imame, definira a fé como ação. Como o Profeta e os imames, o crente tinha de tornar sua visão de Deus efetiva no âmbito mundano.

Os *Ikwan al-Safa*, Irmãos da Pureza, sociedade esotérica que surgiu em Basra no século xiita, também partilhavam esses ideais. Provavelmente eram um ramo do ismailismo. Como os ismailitas, dedicavam-se à ciência, sobretudo à matemática e à astrologia, e à ação política. Suas Epístolas (*Rasail*), que se tornaram uma enciclopédia das ciências filosóficas, eram extremamente populares e difundiram-se até a Espanha. Os Irmãos também combinavam ciência e misticismo. A matemática era vista como um prelúdio à filosofia e à psicologia. Os vários números revelavam as diferentes qualidades inerentes na alma e eram um método de concentração que possibilitava ao adepto perceber seu mecanismo mental. Assim como para Agostinho o autoconhecimento era indispensável ao conhecimento de Deus, a profunda compreensão do eu tornou-se o esteio do misticismo islâmico. O lema dos sufistas, místicos sunitas com os quais os ismailitas tinham grande afinidade, era: "Quem conhece a si mesmo conhece seu Senhor". Os Irmãos o citam em sua Primeira Epístola.[6] Quando contemplavam os números da alma, eram reconduzidos ao Uno primordial, o princípio do eu humano no âmago da psique. Também estavam muito próximos dos *faylasufs*. Como os racionalistas muçulmanos, enfatizavam a unidade da verdade, que se deve buscar em toda parte.

Quem busca a verdade não deve "evitar ciência nenhuma, desprezar livro nenhum, nem apegar-se fanaticamente a um único credo".[7] Desenvolveram uma concepção neoplatônica de Deus, a quem viam como o inefável e incompreensível Uno de Plotino. Como os *faylasufs*, preferiam a doutrina platônica da emanação à tradicional doutrina corânica da criação *ex nihilo*: o mundo expressa a Razão divina e o homem pode participar do divino e retornar ao Uno, purificando seus poderes racionais.

A *falsafah* alcançou o apogeu nas obras de Abu Ali ibn Sina (980–1037), conhecido no Ocidente como Avicena. Nascido de uma família de funcionários xiitas perto de Bukhara, na Ásia Central, Ibn Sina também foi influenciado pelos ismailitas que iam debater com seu pai. Menino prodígio, aos dezesseis anos era conselheiro de médicos importantes e, aos dezoito, dominava a matemática, a lógica e a física. Teve problemas com Aristóteles, mas viu a luz quando encontrou *Intenções da metafísica de Aristóteles*, de al-Farabi. Viveu como médico peripatético, vagando pelo Império Islâmico, à mercê dos caprichos dos patrões. A certa altura, tornou-se vizir da dinastia xiita Buyid, que reinou no que hoje é o oeste do Irã e sul do Iraque. Intelectual lúcido e brilhante, não era pedante nem seco. Foi também um sensualista e morreu relativamente cedo, aos 58 anos, devido a excessos de vinho e sexo. Compreendera que a *falsafah* precisava adaptar-se às mudanças do Império Islâmico. O califado Abássida estava em declínio, e já não era tão fácil ver o Estado dos califas como a sociedade filosófica ideal descrita por Platão na *República*. Naturalmente, Ibn Sina simpatizava com as aspirações espirituais e políticas dos xiitas, porém preferia o neoplatonismo da *falsafah*, que islamizou com mais sucesso que qualquer *faylasuf* anterior. Acreditava que, se pretendia apresentar um quadro completo da realidade, a *falsafah* devia entender melhor a crença religiosa da gente simples, que — como quer que a interpretassem — era um fator importante da vida política, social e pessoal. Não via a religião revelada como uma versão inferior da *falsafah*, mas sustentava que um profeta como Maomé era superior a qualquer filósofo, pois não dependia da razão humana e possuía um conhecimento direto e intuitivo de Deus. Semelhante à experiência mística dos sufistas, esse conhecimento fora descrito por Plotino como a mais alta forma de sabedoria. O que não significava, porém, que o intelecto não pudesse entender Deus. Ibn Sina elaborou uma demonstração racional da existência de Deus, baseada nas provas de Aristóteles, que se tornou clássica entre os filósofos medievais posteriores, tanto no judaísmo quanto no islamismo. Nem ele nem os *faylasufs* tinham a menor dúvida de que Deus existe. Jamais duvidaram que a razão humana, sem ajuda, pudesse chegar a um conhecimento da existência de um Ser Supremo. A razão era a mais elevada atividade do homem: partilhava da razão divina e tinha, claramente, um importante papel na busca religiosa. Segundo Ibn Sina, os que possuíam capacidade intelectual para descobrir Deus por si mesmos tinham o dever religioso de fazê-lo, porque a razão podia refinar o conceito de Deus e libertá-lo da superstição e do antropomorfismo. Ibn Sina e seus sucessores que se dedicaram a uma demonstração racional da existência de Deus não estavam discutindo com os ateus em nosso sentido da palavra. Queriam usar a razão para descobrir o máximo que pudessem sobre a natureza de Deus.

A "prova" de Ibn Sina começa com uma consideração sobre nosso mecanismo mental. Quando olhamos o mundo, vemos seres compostos de vários elementos. Uma árvore, por exemplo, consiste em madeira, casca, medula, seiva e folhas. Quando tentamos entender alguma coisa, nós a "analisamos", decompondo-a em suas partes até não ser mais possível dividi-la. Os elementos simples nos parecem primários e os seres compostos que formam parecem secundários. Estamos, portanto, sempre em busca de simplicidade, de seres que são irredutivelmente eles mesmos. Um axioma da *falsafah* é que a realidade forma um todo logicamente coeso; isso quer dizer que nossa interminável busca de simplicidade deve refletir as coisas em grande escala. Como todos os platônicos, Ibn Sina acha que a multiplicidade que vemos à nossa volta deve depender de uma unidade primordial. Como nossa mente considera as coisas compostas secundárias e derivativas, essa tendência deve ter sido causada por algo fora delas que é uma realidade simples e superior. As coisas múltiplas são contingentes, e os seres contingentes são inferiores às realidades das quais dependem, mais ou menos como numa família os filhos são inferiores em status ao pai que lhes deu a vida. Algo que seja a própria Simplicidade será o que os filósofos chamam de "Ser Necessário", e não dependerá de qualquer outra coisa para existir. Tal ser existe? Um *faylasuf* como Ibn Sina acredita que o cosmo é racional e que num universo racional deve haver um Ser Incausado, um Motor Imóvel no topo da hierarquia da existência. Alguma coisa deve ter iniciado a cadeia de causa e efeito. A ausência de um ser supremo significaria que nossa mente não está em harmonia com a realidade como um todo. Isso, por sua vez, significaria que o universo não é coerente e racional. Esse ser absolutamente simples, do qual depende toda a realidade múltipla contingente, é o que as religiões chamam de "Deus". Sendo superior a todas as coisas, deve ser absolutamente perfeito e digno de honra e admiração. Mas, como sua existência difere tanto de todas as outras, ele não é apenas mais um ponto na cadeia do ser.

Os filósofos e o Corão concordam que Deus é a própria simplicidade: é o Uno. Segue-se, portanto, que não pode ser analisado ou decomposto em partes ou atributos. Sendo absolutamente simples, não tem causa, qualidades, dimensão temporal e nada que possamos dizer sobre ele. Deus não pode ser objeto de pensamento discursivo, pois nosso cérebro não consegue abordá-lo da mesma forma como aborda tudo o mais. Porque é essencialmente único, Deus não pode ser comparado com qualquer coisa que exista no sentido normal, contingente. Portanto, quando falamos de Deus, é melhor usar negativas para distingui-lo inteiramente de todos os outros temas sobre os quais falamos. Mas, como Deus é a fonte de tudo, podemos postular certas coisas sobre ele. Como sabemos que a bondade existe, Deus deve ser a Bondade essencial ou "necessária"; como sabemos que a vida, o poder e o conhecimento existem, Deus deve estar vivo e ser poderoso e inteligente da maneira mais essencial e completa. Aristóteles diz que, sendo Razão pura — ao mesmo tempo o ato de raciocinar, o objeto e o sujeito do pensamento —, Deus só pode contemplar a si próprio, sem tomar conhecimento de uma realidade menor, contingente. Isso não combina com o Deus da revelação, que sabe tudo e está presente e ativo na ordem criada. Ibn Sina tentou chegar a um meio-termo: Deus é elevado demais para descer ao conhecimento de seres ignóbeis e particulares como os homens e seus feitos. Aristóteles adverte: "Há coisas que é melhor não ver do que ver".[8] Deus não pode conspurcar-se com as reles minúcias da vida na terra. Mas, em seu eterno ato de autoconhecimento, Deus apreende tudo que dele emanou e que ele fez existir. Sabe que é a causa de criaturas contingentes. Seu pensamento é tão perfeito que pensar e fazer são o mesmo ato, de modo que sua eterna contemplação de si mesmo gera o processo de emanação descrito pelos *faylasufs*. Mas Deus nos conhece e conhece nosso mundo apenas em termos gerais e universais; não trata de particularidades.

Ibn Sina não se satisfez com essa versão abstrata da natureza de Deus; queria relacioná-la com a experiência religiosa dos crentes, sufistas e *batinis*. Interessado em psicologia religiosa, usou o emanacionismo de Plotino para explicar a experiência da profecia. Imaginou que, em cada uma das dez fases da descida do ser a partir do Uno, as dez Inteligências puras, juntamente com as almas ou anjos que colocaram em movimento cada uma das dez esferas ptolomaicas, formam um reino intermediário entre o homem e Deus, correspondendo ao mundo da realidade arquetípica concebida pelos *batinis*. Essas inteligências também possuem imaginação; na verdade, *são* Imaginação em estado puro, e é por esse reino intermediário da imaginação — e não pela razão discursiva — que alcançamos nossa mais completa apreensão de Deus. A última das Inteligências em nossa esfera — a décima — é o Espírito Santo da revelação, conhecido como Gabriel, a fonte de luz e conhecimento. A alma humana é composta de intelecto prático, que se relaciona com este mundo, e intelecto contemplativo, que pode viver em estreita intimidade com Gabriel. Assim, os profetas podem adquirir um conhecimento intuitivo de Deus, semelhante ao desfrutado pelas

Inteligências e transcendente à razão prática, discursiva. A experiência dos sufistas mostrava que era possível chegar a uma visão de Deus filosoficamente válida sem usar a lógica e a racionalidade. Em lugar de silogismos, eles utilizavam os criativos instrumentos do simbolismo e da imagística. O Profeta Maomé aperfeiçoou essa união direta com o mundo divino. Graças a essa interpretação psicológica de visão e revelação, os sufistas mais inclinados à filosofia podiam discutir sua experiência religiosa, como veremos no próximo capítulo.

Parece que, no fim da vida, Ibn Sina se tornou místico. Em seu tratado *Kitab al-Asherat* (Livro de admoestações), critica claramente a visão racional de Deus, que considera frustrante. Voltou-se para o que chama de "filosofia oriental" (*al-hikmat al-mashriqiyyeh*). O termo não se refere à localização geográfica do Oriente, mas à fonte de luz. Ibn Sina pretendia escrever um tratado esotérico com métodos baseados numa disciplina de iluminação (*ishraq*), bem como no raciocínio. Não sabemos se chegou a escrever tal tratado: se o fez, o texto não sobreviveu. Mas, como veremos no próximo capítulo, a escola ishraquiana, fundada pelo grande filósofo iraniano Yahya Suhrawardi, uniria filosofia e espiritualismo do modo previsto por Ibn Sina.

As disciplinas da *kalam* e da *falsafah* inspiraram um movimento semelhante entre os judeus do Império Islâmico. Eles começaram a escrever sua filosofia em árabe, introduzindo pela primeira vez no judaísmo um elemento metafísico e especulativo. Ao contrário dos *faylasufs* muçulmanos, não se interessavam por toda a gama da ciência filosófica, mas se concentravam quase inteiramente em questões religiosas. Achavam que tinham de responder ao desafio do islamismo nos próprios termos dessa religião, o que envolvia conciliar o Deus personalista da Bíblia com o Deus dos *faylasufs*. Como os muçulmanos, preocupavam-se com o Deus antropomórfico das Escrituras e do Talmude e se perguntavam como ele podia ser o mesmo Deus dos filósofos. Preocupavam-se com o problema da criação do mundo e com a relação entre revelação e razão. Naturalmente, chegaram a conclusões diferentes, porém receberam forte influência dos pensadores muçulmanos.

Assim, Saadia ibn Yusuf (882–942), o primeiro a empreender uma interpretação filosófica do judaísmo, foi talmudista, mas também mutazilita. Acreditava que a razão podia chegar a um conhecimento de Deus por seus próprios poderes. Como *faylasuf*, achava que chegar a uma concepção racional de Deus constituía um *mitzvah*, um dever religioso. No entanto, como os racionalistas muçulmanos, não tinha a menor dúvida da existência de Deus. A realidade do Deus Criador parecia-lhe tão óbvia que em seu *Livro de crenças e opiniões* ele julgou necessário provar a possibilidade da dúvida religiosa, e não a fé.

O judeu não precisa de nenhum esforço racional para aceitar as verdades da revelação, afirma Saadia. Mas isso não significa que Deus seja inteiramente acessível à razão humana. Saadia reconhece que a idéia da criação *ex nihilo* contém numerosas dificuldades filosóficas e é inexplicável em termos racionais, porque o Deus da *falsafah* não é capaz de tomar uma decisão súbita e iniciar uma mudança. Como um mundo material poderia originar-se num Deus inteiramente espiritual? Aqui atingimos os limites da razão e só nos resta aceitar que o mundo não é eterno, como acreditavam os platônicos, mas teve um começo no tempo. Essa é a única explicação compatível com as Escrituras e o bom senso. Uma vez que aceitamos isso, podemos deduzir outros fatos sobre Deus. A ordem criada é inteligentemente planejada; tem vida e energia: portanto, Deus, que a criou, deve também ter Sabedoria, Vida e Poder. Esses atributos não são *hypostases* separadas, como sugere a doutrina da Trindade cristã, mas meros aspectos de Deus. É só porque nossa linguagem humana não consegue expressar adequadamente a realidade de Deus que temos de analisá-lo dessa forma, como se estivéssemos destruindo sua simplicidade absoluta. A máxima exatidão possível a respeito de Deus consiste em dizer que ele existe. Mas Saadia não proíbe toda descrição positiva de Deus, nem põe o remoto e impessoal Deus dos filósofos acima do Deus pessoal e antropomórfico da Bíblia. Quando, por exemplo, tenta explicar o sofrimento que vemos no mundo, recorre às soluções dos autores da Sabedoria e do Talmude. Explica que o sofrimento é um castigo pelo pecado; purifica-nos e nos disciplina para nos tornar humildes. Tal explicação não satisfaria um verdadeiro *faylasuf*, porque humaniza Deus demais e lhe atribui planos e intenções. Mas Saadia não considera o Deus revelado das Escrituras inferior ao Deus da *falsafah*. Os profetas são superiores a qualquer filósofo. Em última instância, a razão só pode tentar demonstrar sistematicamente o que a Bíblia ensina.

Outros judeus foram mais longe. Em sua *Fonte da vida*, o neoplatônico Solomon ibn Gabirol (c. 1020–c. 1058) não aceita a doutrina da criação *ex nihilo*, mas tenta adaptar a teoria da emanação para que Deus tenha alguma espontaneidade e liberdade de escolha. Ao afirmar que Deus quis o processo de emanação, tenta torná-la menos mecânica e indicar que Deus estava no controle das leis da existência, e não sujeito à mesma dinâmica. Mas Gabirol não consegue explicar adequadamente como a matéria poderia derivar de Deus. Outros foram menos inovadores. Bahya ibn Pakudah (m. c. 1080) não era um platônico estrito, porém recorria aos métodos da *kalam* sempre que lhe convinha. Assim, como Saadia, afirma que Deus criou o mundo em determinado momento. O mundo certamente não passou a existir por acidente: essa idéia seria tão ridícula quanto imaginar que um parágrafo escrito passa a existir depois que se derrama tinta numa folha de papel. A ordem e a intencionalidade do mundo mostram que deve haver um Criador, como revelam as Escrituras. Depois de apresentar essa doutrina tão pouco filosófica, Bahya passa da *kalam* para a *falsafah*, citando a prova de Ibn Sina de que deve existir um Ser Simples e Necessário.

Segundo Bahya, só os profetas e os filósofos adoram Deus de modo correto. O profeta tem um conhecimento direto e intuitivo de Deus; o filósofo tem um conhecimento racional. Todos os demais adoram simplesmente uma projeção de si mesmos, um Deus feito à sua imagem. Seriam como cegos, conduzidos por outros seres humanos, se não tentassem provar a existência e a unidade de Deus por si mesmos. Bahya era elitista, como todos os *faylasufs*, mas também tinha fortes tendências sufistas: a razão pode nos dizer que Deus *existe*, porém não pode nos dizer nada sobre ele. Como sugere o título, o tratado *Deveres do coração*, de Bahya, usa a razão para nos ajudar a cultivar uma atitude correta em relação a Deus. Se o neoplatonismo conflita com o judaísmo, ele simplesmente o descarta. Sua experiência religiosa de Deus tem precedência sobre qualquer método racionalista.

Mas, se a razão nada pode nos dizer sobre Deus, de que adianta a discussão racional de questões teológicas? Essa questão torturava o pensador muçulmano Abu Hamid al-Ghazzali (1058–1111), figura crucial e representativa na história da filosofia religiosa. Nascido no Khurasan, estudou a *kalam* com Juwayni, o destacado teólogo asharita, e aos 33 anos foi nomeado diretor da prestigiosa mesquita de Nizamiyyah, em Bagdá. Sua missão era defender as doutrinas sunitas contra o desafio xiita dos ismailitas. Mas seu temperamento irrequieto o fez lutar encarniçadamente com a verdade, abordando problemas até o fim e nunca se satisfazendo com uma resposta fácil, convencional. Como ele nos diz:

> Explorei todo recesso escuro, ataquei todo problema, mergulhei em todo abismo. Examinei o credo de cada seita, tentei desnudar as doutrinas mais secretas de cada comunidade. Tudo isso fiz para poder distinguir entre o verdadeiro e o falso, entre a tradição válida e a inovação herética.[9]

Al-Ghazzali buscava o tipo de certeza indubitável de um filósofo como Saadia, porém se desiludia cada vez mais. Por mais exaustiva que fosse sua pesquisa, a certeza absoluta sempre lhe escapava. Seus contemporâneos buscavam Deus de várias formas, segundo as necessidades pessoais e o temperamento: na *kalam*, através de um imame, na *falsafah*, no misticismo sufista. Parece que al-Ghazzali estudou cada uma dessas disciplinas na tentativa de entender "o que todas as coisas realmente são em si".[10] Os discípulos das quatro principais versões do islamismo que ele pesquisou diziam ter total convicção, mas como verificar objetivamente essa afirmação?

Al-Ghazzali sabia tão bem quanto qualquer cético moderno que a certeza é uma condição psicológica não necessariamente verdadeira em termos objetivos. Os *faylasufs* explicavam que adquiriram certo conhecimento por meio da discussão racional; os místicos insistiam que o descobriram graças às disciplinas sufistas; os ismailitas acreditavam que só se podia encontrá-lo nos ensinamentos de seu imame. Mas a realidade que chamamos de "Deus" não pode ser testada de maneira empírica; como ter certeza de que nossas crenças não passam de ilusões? As provas mais convencionalmente racionais não satisfaziam os severos padrões de al-Ghazzali. Os teólogos da *kalam* começavam com proposições encontradas nas Escrituras, mas faltava verificá-las plenamente. Os ismailitas confiavam nos ensinamentos de um imame oculto e inacessível, mas como ter certeza de que o imame era divinamente inspirado e, ainda que fosse, de que adiantava essa inspiração, se ninguém conseguia localizá-lo? A *falsafah* era particularmente insatisfatória. Al-Ghazzali dirigiu considerável parte de sua polêmica contra al-Farabi e Ibn Sina. Acreditando que só um especialista em sua disciplina conseguiria refutá-los, estudou a *falsafah* durante três anos, até dominá-la.[11] Em seu tratado *A incoerência dos filósofos*, afirma que os *faylasufs* passavam ao largo da questão. Se a *falsafah* se limitava a fenômenos terrenos observáveis, como ocorre com a medicina, a astronomia e a matemática, era extremamente útil, porém nada podia dizer sobre Deus. Como alguém poderia provar ou contestar a doutrina da emanação? Com que autoridade os *faylasufs* afirmavam que Deus conhece apenas coisas gerais, universais, e não particularidades? Podiam provar isso? Seu argumento de que Deus é elevado demais para conhecer as realidades inferiores era inadequado: desde quando a ignorância é excelente sobre alguma coisa? Não havia como verificar satisfatoriamente nenhuma dessas proposições, e, portanto, os *faylasufs* foram irracionais e infilosóficos, ao procurar um conhecimento que estava além da capacidade da mente e não podia ser constatado pelos sentidos.

Mas aonde isso levaria quem buscava honestamente a verdade? Era impossível uma fé válida e inabalável em Deus? A tensão dessa busca o angustiou a tal ponto que al-Ghazzali sucumbiu. Não conseguia comer nada, sentia-se condenado, e desesperou-se. Afinal, por volta de 1094, viu-se incapaz de falar e, portanto, de lecionar:

> Deus encolheu minha língua até me impedir de dar instrução. Assim, eu me esforçava em determinado dia para ensinar a meus vários alunos, porém minha língua não articulava uma única palavra.[12]

Caiu em depressão clínica. Os médicos diagnosticaram corretamente um conflito de raízes profundas e disseram-lhe que, enquanto não se livrasse daquela ansiedade, não se restabeleceria. Temendo ir para o inferno se não recuperasse a fé, al-Ghazzali renunciou a seu prestigioso posto acadêmico e foi juntar-se aos sufistas.

Ali encontrou o que buscava. Sem abandonar a razão — sempre desconfiou das formas mais extravagantes do sufismo —, descobriu que as disciplinas místicas produziam uma percepção direta e intuitiva de algo que podia chamar de "Deus". O estudioso britânico John Bowker mostra que o árabe *wujud*, "existência", deriva de *wajada*, "ele encontrou".[13] Literalmente, portanto, *wujud* significa "aquilo que se pode encontrar": é mais concreto que os termos metafísicos gregos e, no entanto, proporcionava mais liberdade aos muçulmanos. Um filósofo de fala árabe que tentasse provar a existência de Deus não precisava produzir Deus como mais um objeto entre muitos. Bastava provar que ele pode ser encontrado. A única prova absoluta da *wujud* de Deus apareceria — ou não — quando, após a morte, o crente se visse face a face com a realidade divina, mas cumpria examinar atentamente as informações de pessoas como os profetas e místicos, que diziam tê-la experimentado nesta vida. Os sufistas asseguravam que experimentaram a *wujud* de Deus: *wajd* era um termo técnico para sua extática apreensão de Deus, que lhes dava completa certeza (*yaqin*) de que se tratava de uma realidade, não de uma fantasia. Tais afirmações podiam ser equivocadas, mas, após viver dez anos como sufista, al-Ghazzali descobriu que a experiência religiosa era a única maneira de constatar uma realidade inacessível ao intelecto humano e ao processo cerebral. Os sufistas tinham um conhecimento de Deus que não era racional ou metafísico, mas visivelmente semelhante à experiência intuitiva dos profetas de antanho: eles *encontravam* as verdades essenciais do islamismo por si mesmos, revivendo sua experiência central.

Portanto, al-Ghazzali formulou um credo místico que seria aceitável para o *establishment* muçulmano, geralmente desconfiado dos místicos islamitas, conforme veremos no capítulo seguinte. Como Ibn Sina, voltou-se para a antiga crença num reino arquetípico, situado além deste mundo terreno de experiência sensorial. O mundo visível (*alam al-shahadah*) é uma réplica inferior do que ele chama de mundo da inteligência platônica (*alam al-malakut*), como todo *faylasuf* reconhece. O Corão e a Bíblia dos judeus e cristãos falam desse mundo espiritual. O homem abarca ambos os reinos da realidade: pertence tanto ao mundo físico quanto ao mundo superior do espírito, pois Deus inscreveu nele a imagem divina. Em seu tratado místico *Mishkat al-Anwar*, al-Ghazzali interpreta a sura corânica da Luz, que citei no capítulo anterior.[14] Nesses versículos, a luz refere-se tanto a Deus quanto aos outros objetos de iluminação: a lâmpada, a estrela. Nossa razão também ilumina. Não só nos possibilita perceber outros objetos, mas, como o próprio Deus, pode transcender tempo e espaço. Portanto, partilha da mesma realidade que o mundo espiritual. Contudo, para deixar claro que, quando diz "razão", não se refere apenas a nossos poderes mentais, analíticos, al-Ghazzali lembra aos leitores que não devem entender sua explicação ao pé da letra: só podemos discutir esses assuntos na linguagem figurada, que é prerrogativa da imaginação criadora.

Todavia, algumas pessoas possuem um poder superior à razão, que al-Ghazzali chama de "espírito profético". Quem não tem essa faculdade não deve negar sua existência só porque não a experimentou. Isso seria tão absurdo quanto alguém sem ouvido musical afirmar que a música é uma ilusão simplesmente porque não consegue apreciá-la. Podemos aprender alguma coisa sobre Deus através do raciocínio e da imaginação, porém o tipo mais elevado de conhecimento só é acessível a pessoas como os profetas e os místicos, que receberam esse dom especial de Deus. Parece elitista, mas os místicos de outras tradições também afirmam que as qualidades intuitivas, receptivas, exigidas por uma disciplina como a meditação zen ou budista, são um dom especial, comparável ao de escrever poesia. Nem todo mundo tem esse talento místico. Al-Ghazzali descreve esse conhecimento místico como a consciência de que apenas o Criador tem existência ou ser. Isso resulta no desaparecimento do eu e numa absorção em Deus. Os místicos podem elevar-se acima do mundo da metáfora, que tem de satisfazer os mortais menos dotados; eles

> conseguem ver que não há ser no mundo além de Deus e que a face de tudo está perecendo, menos a Face de Deus (Corão 28, 88). [...] Com efeito, tudo além dele é puro não-ser e, considerado do ponto de vista do ser que o recebe da Primeira Inteligência [no plano platônico], tem ser não em si mesmo, mas em relação à face de seu Criador, de modo que a Face de Deus é a única coisa que de fato é.[15]

Deus não é um Ser externo, objetificado, cuja existência é racionalmente demonstrável, mas uma realidade que tudo envolve e uma existência última que não podemos perceber da mesma forma como percebemos os seres que dependem dela e partilham de sua existência necessária: temos de cultivar um modo especial de ver.

Al-Ghazzali acabou retomando suas tarefas de professor em Bagdá, porém nunca abandonou sua convicção de que é impossível demonstrar a existência de Deus por meio da lógica e da razão. No tratado biográfico *Al-Mundiqh min al-dalal* (Livrando-se do erro), argumenta apaixonadamente que nem a *falsafah* nem a *kalam* podem satisfazer quem corre o perigo de perder a fé. Ele mesmo chegara à beira do ceticismo (*safsafah*), quando compreendeu que é absolutamente impossível provar a existência de Deus. A realidade que chamamos de "Deus" está além da percepção dos sentidos e do pensamento lógico, e, assim, a ciência e a metafísica não podem nem provar nem contestar a *wujud* de Alá. Para quem não possui talento místico ou profético, al-Ghazzali idealizou uma disciplina que permite cultivar uma consciência da realidade de Deus nas minúcias do cotidiano. Deixou uma impressão indelével no islamismo. Nunca mais os muçulmanos fariam a fácil suposição de que Deus é um ser como qualquer outro, cuja existência é científica ou filosoficamente demonstrável. Daí em diante, a filosofia muçulmana se tornaria inseparável da espiritualidade e de uma discussão mais mística de Deus.

Ele também influenciou o judaísmo. O filósofo espanhol José ibn Saddiq (m. 1143) usou a prova da existência de Deus de Ibn Sina, mas teve o cuidado de observar que Deus não é apenas mais um ser — uma das coisas que "existem" na acepção comum da palavra. Se disséssemos que conhecemos Deus, isso significaria que ele é finito e imperfeito. A afirmação mais exata que podemos fazer a respeito de Deus é que ele é incompreensível, transcendendo absolutamente nossos poderes intelectuais naturais. Podemos falar da atividade de Deus no mundo em termos positivos, mas não sobre a essência (*al-Dhat*) de Deus, que sempre nos escapará. O médico toledano Judá Halevi (1085-1141) seguiu al-Ghazzali de perto. Deus não pode ser provado racionalmente; isso não significa que a fé em Deus é irracional, mas que uma demonstração lógica de sua existência não tem valor religioso. Ela pode nos dizer muito pouco: não é possível explicar como um Deus tão remoto e impessoal criou este imperfeito mundo material ou se ele se relaciona com o mundo em qualquer sentido importante. Os filósofos se iludem quando se julgam unidos com a Inteligência divina que conforma o cosmo pelo exercício da razão. As únicas pessoas que chegaram a algum conhecimento direto de Deus foram os profetas, que nada tinham a ver com a *falsafah*.

Halevi não entende tanto de filosofia quanto al-Ghazzali, mas concorda que só a experiência religiosa conduz ao conhecimento fidedigno de Deus. Como al-Ghazzali, também postula um dom religioso especial, que, no entanto, afirma ser prerrogativa dos judeus. Tenta amenizar essa restrição dizendo que os *goyim* podem chegar a um conhecimento de Deus por meio da lei natural, mas o objetivo do *Kuzari*, sua grande obra filosófica, consiste em justificar a posição única de Israel entre as nações. Como os rabinos do Talmude, Halevi acredita que qualquer judeu pode adquirir o espírito profético pela meticulosa observância dos *mitzvot*. O Deus que encontrará não é um fato objetivo, cuja existência pode ser demonstrada pela ciência, mas uma experiência essencialmente subjetiva. Pode-se até vê-lo como uma extensão do eu "natural" dos judeus:

> Esse princípio Divino espera, por assim dizer, até que aquele que o encontra se vincule, para que se torne seu Deus, como aconteceu com os profetas e santos. [...] É como a alma que, para entrar no feto, espera até que os poderes vitais deste último estejam suficientemente completos para possibilitar-lhe receber esse estado de coisas superior. Exatamente da mesma maneira, a Natureza aguarda um clima temperado, para poder exercer seu esforço sobre o solo e produzir a vegetação.[16]

Deus não é, portanto, uma realidade estranha, intrusa, nem o judeu é um ser autônomo, isolado do divino. Deus pode ser visto — uma vez mais — como o completamento da humanidade, a realização do potencial humano; além disso, o "Deus" que cada um encontra é unicamente seu, uma idéia que examinaremos mais a fundo no capítulo seguinte. Halevi tem o cuidado de distinguir entre o Deus que os judeus podem experimentar e a essência de Deus. Quando profetas e santos dizem que experimentaram "Deus", não o conheceram como ele é em si, mas apenas nas atividades divinas dentro deles, que são uma espécie de fulgor residual da realidade transcendente e inacessível.

Mas a *falsafah* não morreu por completo em conseqüência da polêmica de al-Ghazzali. Em Córdoba, um eminente filósofo muçulmano tentou revivê-la e proclamá-la a forma suprema de religião. Abu al-Walid ibn Ahmad ibn Rushd (1126-98), conhecido na Europa como Averróis, tornou-se uma autoridade entre judeus e cristãos ocidentais. No século XIII, foi traduzido para o hebraico e o latim, e seus comentários sobre Aristóteles tiveram enorme influência sobre teólogos famosos como Maimônides, Tomás de Aquino e Alberto Magno. No século XIX, Ernest Renan iria saudá-lo como um espírito livre, defensor do racionalismo contra a fé cega. No mundo islâmico, porém, Ibn Rushd foi uma figura mais marginal. Em sua carreira e em sua influência póstuma, podemos constatar uma separação entre Oriente e Ocidente na maneira de ver e conceber Deus. Ibn Rushd desaprova al-Ghazzali por condenar a *falsafah* e por discutir abertamente questões esotéricas. Ao contrário de seus antecessores al-Farabi e Ibn Sina, ele era um cádi, um especialista na *Shariah*, além de filósofo. Os ulemás sempre desconfiaram da *falsafah* e de seu Deus fundamentalmente diferente, porém Ibn Rushd conseguiu unir Aristóteles com uma religiosidade islâmica mais tradicional. Não via nenhuma contradição entre religião e racionalismo. Ambos expressavam a mesma verdade de maneiras diferentes; ambos buscavam o mesmo Deus. No entanto, como nem todos eram capazes de pensar filosoficamente, a *falsafah* se restringia a uma elite intelectual. Assim não iria confundir as massas e induzi-las ao erro, pondo em risco sua salvação eterna. Daí a importância da tradição esotérica, que mantinha essas doutrinas perigosas longe de quem não estava preparado para recebê-las. Acontecia a mesma coisa com o sufismo e os estudos *batinis* dos ismailitas; se indivíduos inaptos tentassem praticar essas disciplinas mentais, poderiam adoecer e sofrer toda espécie de problemas psicológicos. A *kalam* era igualmente perigosa. Não estava à altura da verdadeira *falsafah* e dava às pessoas a ilusão de travarem uma correta discussão racional. Em conseqüência, apenas estimulava infrutíferas disputas doutrinárias, que só podiam enfraquecer a fé dos ignorantes e deixá-los ansiosos.

Ibn Rushd acreditava que a aceitação de certas verdades era essencial para a salvação — uma visão nova no mundo islâmico. Os *faylasufs* eram as principais autoridades em doutrina: só eles podiam interpretar as Escrituras e eram os indivíduos descritos no Corão como "imersos no conhecimento".[17] Todos os demais deviam tomar o Corão ao pé da letra; somente os *faylasufs* podiam tentar uma exegese simbólica, porém tinham de acatar o "credo" de doutrinas obrigatórias, assim relacionadas por Ibn Rushd:

1) A existência de Deus como Criador e Mantenedor do mundo.
2) A Unidade de Deus.
3) Os atributos de conhecimento, poder, vontade, audição, visão e fala, atribuídos a Deus ao longo de todo o Corão.
4) A unicidade e a incomparabilidade de Deus, claramente afirmadas no Corão 42, 9: "Nada se assemelha a ele".
5) A criação do mundo por Deus.
6) A validade da profecia.
7) A justiça de Deus.
8) A ressurreição do corpo no Último Dia.[18]

Essas doutrinas devem ser aceitas *in toto*, pois sobre elas o Corão é absolutamente claro. Como a *falsafah* nem sempre subscreve a crença na criação do mundo, por exemplo, não se sabe ao certo como entender tais doutrinas. O Corão afirma que Deus criou o mundo, porém não diz como o fez nem esclarece se o criou num determinado momento. Isso deixava o *faylasuf* livre para adotar a crença dos racionalistas. O Corão também diz que Deus tem atributos como conhecimento, mas não entendemos o que isso significa, pois nosso conceito de conhecimento é inevitavelmente humano e inadequado. Portanto, o Corão não contradiz necessariamente os filósofos quando afirma que Deus sabe tudo que fazemos.

No mundo islâmico, o misticismo era tão importante que o Deus concebido por Ibn Rushd com base numa teologia estritamente racionalista teve pouca influência. Ibn Rushd foi uma figura reverenciada, porém secundária no islamismo, embora tenha se tornado muito importante no Ocidente, que redescobriu Aristóteles por seu intermédio e desenvolveu uma concepção mais racionalista de Deus. A maioria dos cristãos ocidentais tinha um conhecimento muito limitado da cultura islâmica e ignorava os fatos filosóficos posteriores a Ibn Rushd. Assim, muitos pensam que com ele se encerrou a filosofia islâmica. Contudo, durante a vida de Ibn Rushd, dois famosos filósofos que seriam extremamente influentes no mundo islâmico estavam escrevendo no Iraque e no Irã. Yahya Suhrawardi e Muid ad-Din ibn al-Arabi seguiram as pegadas de Ibn Sina e tentaram fundir filosofia com espiritualidade mística. Examinaremos sua obra no próximo capítulo.

O principal discípulo de Ibn Rushd no mundo judaico foi o grande talmudista, filósofo e rabino Moisés ibn Maimon (1135-1204), mais conhecido como Maimônides. Como Ibn Rushd, Maimônides nasceu em Córdoba, a capital da Espanha muçulmana, onde havia um crescente consenso de que algum tipo de filosofia era essencial para uma compreensão mais profunda de Deus. Maimônides, porém, teve de fugir da Espanha, quando ela caiu em poder da fanática seita berbere dos almorávidas, que perseguiu a comunidade judaica. Essa dolorosa colisão com o fundamentalismo medieval não o tornou hostil ao islamismo como um todo. Maimônides e seus pais instalaram-se no Egito, onde ele exerceu alto cargo no governo e foi médico do sultão. Ali escreveu o famoso tratado *O guia dos perplexos*, no qual argumenta que a fé judaica não é um conjunto arbitrário de doutrinas, mas baseia-se em sólidos princípios racionais. Como Ibn Rushd, Maimônides acreditava que a *falsafah* era a forma mais evoluída de conhecimento religioso e o melhor caminho para chegar a Deus, e que não devia ser revelada às massas, mas permanecer restrita a uma elite filosófica. Ao contrário de Ibn Rushd, porém, achava possível ensinar as pessoas simples a interpretar simbolicamente as Escrituras, para que não adotassem uma visão antropomórfica de Deus. Também considerava que certas doutrinas eram necessárias para a salvação e publicou um credo de treze artigos muito semelhante ao de Ibn Rushd:

1) A existência de Deus.
2) A unidade de Deus.
3) A incorporeidade de Deus.
4) A eternidade de Deus.

5) A proibição da idolatria.
6) A validade da profecia.
7) Moisés foi o maior dos profetas.
8) A origem divina da verdade.
9) A eterna validade da Torá.
10) Deus conhece os atos dos homens.
11) Ele os julga de acordo com seus atos.
12) Ele enviará um Messias.
13) A ressurreição dos mortos.[19]

Tal credo constituiu uma inovação no judaísmo e nunca foi inteiramente aceito. Como no islamismo, a idéia da ortodoxia (em oposição à ortopraxia) era estranha à experiência religiosa judaica. Os credos de Ibn Rushd e Maimônides sugerem que uma visão racionalista e intelectualista da religião conduz ao dogmatismo e a uma identificação de "fé" com "crença correta".

Contudo, Maimônides tem o cuidado de afirmar que Deus é essencialmente incompreensível e inacessível à razão humana. Prova a existência de Deus com argumentos de Aristóteles e Ibn Sina, mas insiste que Deus permanece inefável e indescritível, por causa de sua absoluta simplicidade. Os próprios profetas usaram parábolas e ensinaram que só era possível falar de Deus de forma significativa e extensa em linguagem simbólica, alusiva. Sabemos que Deus não pode ser comparado a nada que existe. É melhor, portanto, usar termos negativos quando tentamos descrevê-lo. Ao invés de dizer que "ele existe", devemos negar sua inexistência, e assim por diante. Como aconteceu com os ismailitas, o uso da linguagem negativa é uma disciplina que aprimora nossa apreciação da transcendência de Deus, lembrandonos que a realidade é muito diferente de qualquer idéia que nós, pobres humanos, possamos conceber sobre ele. Não podemos nem mesmo afirmar que Deus é "bom", porque ele é muito mais que qualquer coisa que queremos dizer com "bondade". É uma forma de excluí-lo de nossas imperfeições, impedindonos de projetar nele nossas esperanças e desejos. Isso criaria um Deus à nossa imagem e semelhança. Podemos, no entanto, usar a *via negativa* para formular alguns conceitos positivos sobre ele. Assim, quando dizemos que Deus é "não impotente" (em vez de poderoso), segue-se, logicamente, que ele deve poder agir. Como Deus é "não imperfeito", suas ações também devem ser perfeitas. Quando dizemos que Deus é "não ignorante" (querendo dizer que é sábio), podemos deduzir que ele é perfeitamente sábio e plenamente informado. Esse tipo de dedução só se aplica às atividades de Deus, *não* à sua essência, que permanece inacessível a nosso intelecto.

Quando tem de escolher entre o Deus da Bíblia e o Deus dos filósofos, Maimônides sempre escolhe o primeiro. Mesmo sendo a doutrina da criação *ex nihilo* filosoficamente heterodoxa, Maimônides adere à tradicional doutrina bíblica e descarta a idéia filosófica da emanação. Observa que nem a criação *ex nihilo* nem a emanação podem ser provadas definitivamente só pela razão. Também considera a profecia superior à filosofia. Tanto o profeta quanto o filósofo falam do mesmo Deus, mas o profeta precisa ter imaginação, além de capacidade intelectual. Possui um conhecimento direto, intuitivo, de Deus, superior ao conhecimento adquirido pelo raciocínio discursivo. Maimônides parece ter sido meio místico. Ele fala do tremor e da empolgação que acompanham esse tipo de experiência intuitiva de Deus, uma emoção "decorrente da perfeição das faculdades imaginativas".[20] Apesar da ênfase na racionalidade, assegura que o maior conhecimento de Deus se deve mais à imaginação que ao intelecto.

Suas idéias se difundiram entre os judeus do sul da França e da Espanha, de modo que, no início do século XIV, ocorreu nessa região o equivalente a um iluminismo judaico. Alguns desses *faylasufs* judeus foram mais racionalistas que Maimônides. Assim, Levi ben Gerson (1288–1344), de Bagnols, sul da França, negava que Deus tivesse conhecimento das questões mundanas. Seu Deus era o dos filósofos, não o da Bíblia. A reação foi inevitável. Alguns se voltaram para o misticismo e desenvolveram a disciplina esotérica da Cabala, como veremos. Outros fugiram da filosofia, quando sobreveio a tragédia, pois não encontravam consolo no Deus remoto da *falsafah*. Nos séculos XIII e XIV, as guerras da Reconquista cristã começaram a empurrar para trás as fronteiras do islã na Espanha e levaram o anti-semitismo da Europa ocidental para a península. Isso culminaria na destruição da comunidade judaica espanhola, e no século XVI os judeus abandonaram a *falsafah* e desenvolveram um conceito inteiramente novo de Deus, inspirado na mitologia, e não na lógica científica.

A religião combativa da cristandade ocidental separou-a das outras tradições monoteístas. A primeira cruzada, de 1096-99, foi o primeiro empreendimento cooperativo do novo Ocidente, um sinal de que a Europa começava a se recuperar do longo período de barbarismo conhecido como Idade das Trevas. A nova Roma, apoiada pelos países cristãos do norte da Europa, lutava para retornar ao cenário internacional. Mas anglos, saxões e francos professavam um cristianismo rudimentar. Vigorosos e aguerridos, queriam uma religião agressiva. No século XI, os monges beneditinos da abadia de Cluny tentaram vincular seu espírito marcial à Igreja e ensinar-lhes verdadeiros valores cristãos, por meio de práticas religiosas como a peregrinação. Os primeiros cruzados viram sua expedição ao Oriente Próximo como uma peregrinação à Terra Santa, mas ainda tinham uma concepção muito primitiva de Deus e da religião. Em sua devoção, santos soldados, como são Jorge, são Mercúrio e são Demétrio, destacam-se mais que Deus, e pouco diferem de divindades pagãs. Em vez do Logos encarnado, Jesus era o senhor feudal dos cruzados: convocara seus cavaleiros para recuperar seu patrimônio — a Terra Santa —, usurpado pelos infiéis. Quando iniciaram a viagem, alguns cruzados resolveram vingar a morte de Cristo, massacrando as comunidades judaicas do vale do Reno. Não era o que o papa Urbano II tinha em mente ao promover a expedição, porém muitos cruzados achavam que não fazia sentido marchar 5 mil quilômetros para combater os muçulmanos, sobre os quais quase nada sabiam, quando o povo que matara Cristo — ou assim pensavam — estava ali perto. Ao se verem ameaçados de extinção, durante a longa e terrível marcha para Jerusalém, os cruzados acreditavam que só sobreviviam porque eram o Povo Eleito de Deus e, portanto, gozavam de sua especial proteção. Deus os conduzia para a Terra Santa, como conduzira os antigos israelitas. Em termos práticos, seu Deus ainda era a primitiva divindade tribal dos primeiros livros da Bíblia. Quando afinal conquistaram Jerusalém, no verão de 1099, caíram sobre os habitantes judeus e muçulmanos da cidade com o zelo de Josué e os massacraram com uma brutalidade que chocou até seus contemporâneos.

Daí em diante, os cristãos europeus encararam judeus e muçulmanos como inimigos de Deus; por muito tempo, também sentiram profundo antagonismo para com os cristãos ortodoxos gregos de Bizâncio, que os faziam sentir-se bárbaros e inferiores.[21] Nem sempre fora assim. No século IX, alguns dos cristãos ocidentais mais cultos se inspiraram na teologia grega. Assim, o pensador celta João Escoto Erígena (810-77), que deixou sua Irlanda natal para trabalhar na corte de Carlos, o Calvo, rei dos francos ocidentais, traduziu para o latim as obras de Dionísio, o Areopagita, e outros Padres da Igreja gregos. Erígena acredita que fé e razão não se excluem mutuamente. Como os *faylasufs* muçulmanos e judeus, considera a filosofia o melhor caminho para chegar a Deus. Platão e Aristóteles são os mestres dos que exigem uma versão racional da religião cristã. As disciplinas da investigação lógica e racional podem esclarecer as Escrituras e os textos dos Padres, mas isso não implica uma interpretação literal: alguns trechos das Escrituras têm de ser interpretados simbolicamente, porque, como Erígena explica em sua *Exposição da hierarquia celeste de Dionísio*, a teologia é "uma espécie de poesia".[22]

Erígena utiliza o método dialético de Dionísio para discorrer sobre Deus, que só pode ser explicado por um paradoxo que ressalta as limitações do entendimento humano. As visões positiva e negativa de Deus são igualmente válidas. Deus é incompreensível: nem os anjos conhecem ou compreendem sua natureza essencial, mas podemos fazer uma proposição positiva, como "Deus é sábio", pois nesse caso não usamos a palavra "sábio" no sentido habitual. Lembramo-nos disso ao fazer uma proposição negativa, como "Deus *não* é sábio". O paradoxo nos obriga a passar à terceira maneira dionisiana de falar de Deus, quando concluímos: "Deus é *mais que* sábio". Isso é o que os gregos chamam de proposição apofática, porque não entendemos o significado de "mais que sábio". Também aqui, não se trata de mero artifício verbal, e sim de uma disciplina que, justapondo duas proposições mutuamente excludentes, nos ajuda a cultivar um senso do mistério que representa nossa palavra "Deus", pois ela não pode se restringir a um simples conceito humano.

Aplicando esse método à afirmação "Deus existe", Erígena chega à síntese: "Deus é mais que existência". Deus não existe como as coisas que criou e não é apenas mais um ser existindo juntamente com elas, como Dionísio havia dito. Essa é mais uma proposição incompreensível, porque, Erígena explica, "não revela o que é mais que 'ser'. Pois diz que Deus não é uma das coisas que são, que é mais que as coisas que são, porém não define o que é esse 'é'".[23] Na verdade, Deus é "Nada". Ciente de que poderia chocar o leitor, Erígena procura tranqüilizá-lo. Seu método foi idealizado para nos lembrar que Deus não é um objeto; não possui "ser" em qualquer sentido compreensível. Deus é "Aquele que é mais que ser" (*aliquo modo superesse*).[24] Seu modo de existência é tão diferente do nosso quanto nosso ser é diferente do de um animal e o ser de um animal é diferente do de uma pedra. Mas, se Deus é "Nada", é também "Tudo", porque sua "superexistência" significa que só ele tem verdadeiro ser; é a essência de tudo que partilha disso. Cada uma de suas criaturas, portanto, é uma teofania, um sinal da presença de Deus. Essa religiosidade celta — contida na famosa prece de são Patrício: "Deus esteja em minha cabeça e em minha compreensão" — levou Erígena a enfatizar a imanência de Deus. O homem, que no sistema neoplatônico resume em si toda a criação, é a mais completa dessas teofanias, e, como Agostinho, Erígena ensinou que podemos descobrir uma trindade dentro de nós mesmos, embora num espelho escuro.

Na teologia paradoxal de Erígena, Deus é ao mesmo tempo Tudo e Nada; os dois termos se equilibram e são mantidos em tensão criativa para sugerir o mistério que nossa palavra "Deus" pode apenas simbolizar. Assim, quando um estudante lhe pergunta o que Dionísio queria dizer quando chamou Deus de Nada, Erígena responde que a Bondade divina é incompreensível porque é "superessencial" — ou seja, mais que a própria Bondade — e "sobrenatural". Portanto,

> enquanto é contemplada em si mesma, não é, nem foi, nem será, pois entende-se que não é nenhuma das coisas que existem, porque ultrapassa todas as coisas, mas, quando, por uma certa descida inefável nas coisas que são, é contemplada pelo olho da mente, descobre-se que só ela está em todas as coisas, e é, e foi, e será.[25]

Quando, portanto, consideramos a realidade divina em si, "ela não é irrazoavelmente chamada de 'Nada'", mas, quando esse Vazio divino decide passar "do Nada para Alguma Coisa", toda criatura individual que ele forma "pode ser chamada de teofania, ou seja, de aparição divina".[26] Não podemos ver Deus como ele é em si, pois, para todos os efeitos, esse Deus não existe. Só vemos o Deus que anima o mundo criado e se revela nas flores, nos pássaros, nas árvores e em nossos semelhantes. Há problemas nessa concepção. E o mal? É também uma manifestação de Deus no mundo, como afirmam os hindus? Erígena não procura abordar a questão do mal com profundidade suficiente, mas posteriormente os cabalistas tentaram localizar o mal dentro de Deus: eles também desenvolveram uma teologia que descreve Deus deixando o Nada para tornar-se Alguma Coisa. É uma visão muito semelhante à de Erígena, embora seja improvável que algum cabalista o tenha lido.

Erígena mostrou que os latinos tinham muito a aprender com os gregos, mas em 1054 as Igrejas oriental e ocidental cortaram relações, num cisma que se revelou permanente — embora na época ninguém pretendesse isso. O conflito tinha uma dimensão política, que não vou discutir, mas também envolvia uma disputa sobre a Trindade. Em 796, um sínodo de bispos ocidentais reunira-se em Fréjus, no sul da França, e inserira uma cláusula extra no Credo de Nicéia, afirmando que o Espírito Santo procede não só do Pai mas também do Filho (*filioque*). Os bispos latinos queriam enfatizar a igualdade de Pai e Filho, pois alguns membros de seu rebanho acatavam concepções do arianismo. Fazer com que o Espírito procedesse tanto do Pai quanto do Filho, pensavam eles, acentuaria seu status idêntico. Carlos Magno, que logo se tornaria imperador do Ocidente, não tinha a mínima compreensão das questões teológicas, porém aprovou a nova cláusula. Os gregos, no entanto, a condenaram. Mas os latinos se mantiveram firmes e insistiram que *seus* Padres haviam ensinado essa doutrina. Assim, Agostinho vira o Espírito Santo como o princípio de unidade na Trindade, sustentando que ele era o amor entre Pai e Filho. Portanto, era correto dizer que o Espírito procedera dos dois, e a nova cláusula ressaltava a unidade essencial das três pessoas.

Os gregos, contudo, sempre desconfiaram da teologia trinitária de Agostinho, que consideravam demasiado antropomórfica. Enquanto o Ocidente começava pela idéia da unidade de Deus e depois examinava as três pessoas dentro dessa unidade, os gregos sempre começaram pelas três *hypostases* e diziam que não podemos entender a unidade de Deus — sua essência. Achavam que os latinos tornavam a Trindade compreensível demais e que a linguagem latina não era capaz de expressar essas idéias trinitárias com precisão suficiente. Argumentavam que a cláusula do *filioque* superenfatizava a unidade das três pessoas e, em vez de sugerir a incompreensibilidade essencial de Deus, tornava a Trindade demasiado racional. Fazia de Deus um dos três aspectos ou modos de ser. Na verdade, nada havia de herético na afirmação latina, embora não combinasse com a espiritualidade apofática dos gregos. O conflito poderia ter sido solucionado se houvesse vontade de paz, mas a tensão entre Oriente e Ocidente aumentou durante as cruzadas, sobretudo quando a quarta cruzada saqueou a capital bizantina, Constantinopla, em 1204, e feriu mortalmente o Império Grego. O que a cisão do *filioque* revelara era que gregos e latinos desenvolviam concepções muito diferentes de Deus. A Trindade nunca foi tão fundamental para a espiritualidade ocidental quanto para os gregos, segundo os quais, enfatizando dessa forma a unidade divina, o Ocidente identificava Deus com uma "simples essência" que *podia* ser definida e discutida, como o Deus dos filósofos.[27] Veremos que a doutrina da Trindade comumente perturba os cristãos ocidentais e que muitos a abandonariam por completo no século XVIII. Para todos os efeitos, muitos cristãos ocidentais não acatam realmente a Trindade. Reclamam que a doutrina de Três Pessoas num Único Deus é incompreensível, sem perceber que, para os gregos, era isso que estava em jogo.

Após o cisma, gregos e latinos tomaram caminhos distintos. Na ortodoxia grega, *theologia*, o estudo de Deus, continuou sendo exatamente isso. Limitava-se à contemplação de Deus nas doutrinas essencialmente místicas da Trindade e da Encarnação. Eles achavam a idéia de uma "teologia da graça" ou de uma "teologia da família" uma contradição em termos: não estavam particularmente interessados em discussões e definições teóricas de questões secundárias. O Ocidente, porém, preocupava-se cada vez mais em definir essas questões e formular uma opinião correta que fosse obrigatória para todos. A Reforma, por exemplo, dividiu a cristandade em campos ainda mais belicosos, porque católicos e protestantes não chegaram a um acordo sobre *como* acontece a salvação e o *que* é a Eucaristia. Os cristãos ocidentais desafiavam continuamente os gregos a opinar sobre essas questões polêmicas, mas os gregos se esquivavam e, quando respondiam, muitas vezes davam uma resposta inconvincente. Desconfiavam do racionalismo, considerando-o um instrumento inadequado para a discussão de um Deus que devia fugir a conceitos e à lógica. Cada vez mais achavam que a metafísica, embora aceitável nos estudos seculares, poderia ameaçar a fé. Ela agrada à parte mais comunicativa e atarefada da mente, enquanto sua *theoria* não é uma opinião intelectual, e sim um silêncio disciplinado perante o Deus que só pode ser conhecido mediante a experiência mística e religiosa. Em 1082, o filósofo e humanista João Italos foi considerado herege por causa de seu uso excessivo da filosofia e de seu conceito neoplatônico da criação. Esse deliberado recuo da filosofia ocorreu pouco antes de al-Ghazzali deixar a *kalam* para tornar-se sufista.

É, portanto, pungente e irônico que os cristãos ocidentais começassem a chegar à *falsafah* no preciso instante em que gregos e muçulmanos começavam a perder a fé nela. Platão e Aristóteles não estavam disponíveis em latim durante a Idade das Trevas, e o Ocidente inevitavelmente ficara para trás. A descoberta da filosofia foi estimulante e emocionante. Anselmo de Cantuária, teólogo do século XI cujas opiniões sobre a Encarnação vimos no capítulo 4, parecia pensar que era possível provar qualquer coisa. Seu Deus não era o Nada, mas o maior de todos os seres. Mesmo o descrente podia formar uma idéia de um ser supremo que era "uma natureza, a mais elevada de todas as coisas que existem, auto-suficiente em eterna beatitude".[28] Contudo, Anselmo também insiste que Deus só pode ser conhecido pela fé. Isso não é tão paradoxal quanto pode parecer. Em sua famosa prece, ele reflete sobre as palavras de Isaías: "A menos que tenhas fé, não entenderás":

> Anseio por entender certo grau de vossa verdade que meu coração crê e ama. Pois não busco entender para ter fé, mas tenho fé para entender (*credo ut intellegam*). Pois acredito realmente nisto: não entenderei, se não tiver fé.[29]

O *credo ut intellegam*, citado com freqüência, não é uma abdicação intelectual. Anselmo não pretendia abraçar o *credo* cegamente, na esperança de que algum dia fizesse sentido. Na verdade, sua declaração devia ser traduzida como: "Comprometo-me para poder entender". Nessa época, a palavra credo ainda não tinha a conotação intelectual que a palavra "crença" tem hoje, mas significava uma atitude de confiança e lealdade. É importante observar que, mesmo na primeira onda de racionalismo ocidental, a experiência religiosa de Deus continuava sendo básica, precedendo a discussão ou a compreensão lógica.

Não obstante, Anselmo acreditava, como os *faylasufs* muçulmanos e judeus, que é possível provar racionalmente a existência de Deus, e idealizou sua própria prova, em geral chamada de argumento "ontológico". Ele define Deus como "algo sobre o qual nada maior pode ser pensado" (*aliquid quo nihil maius cogitari possit*).[30] Como isso sugere que Deus pode ser objeto de pensamento, conclui-se que a mente humana pode concebê-lo e compreendê-lo. Anselmo afirma que esse Algo tem de existir. Como a existência é mais "perfeita" ou completa que a inexistência, o ser perfeito que imaginamos deve ter existência, senão seria imperfeito. A prova de Anselmo era engenhosa e eficaz num mundo dominado pelo pensamento platônico, onde se acreditava que as idéias indicavam arquétipos eternos. É improvável que convença um cético hoje. Como o teólogo britânico John Macquarrie observou, você pode imaginar que tem mil dólares, mas infelizmente isso não vai fazer do dinheiro uma realidade em seu bolso.[31]

O Deus de Anselmo é Ser, portanto, não o Nada descrito por Dionísio e Erígena. Anselmo fala de Deus em termos muito mais positivos que a maioria dos *faylasufs* anteriores. Não propõe a disciplina da *via negativa*, mas parece julgar possível chegar a uma idéia bastante adequada de Deus por intermédio da razão natural, que é precisamente o que sempre perturbou os gregos na teologia ocidental. Satisfeito com sua prova da existência de Deus, Anselmo passa a demonstrar as doutrinas da Encarnação e da Trindade, que, segundo os gregos, desafiam a razão e a conceitualização. No tratado *Por que Deus se fez homem*, que examinamos no capítulo 4, ele se apóia mais no pensamento lógico e racional que na revelação — suas citações da Bíblia e dos Padres parecem dispensáveis ao ponto principal de sua argumentação, que, como vimos, atribui a Deus uma motivação essencialmente humana. Ele não foi o único cristão a tentar explicar o mistério de Deus em termos racionais. Seu contemporâneo Pedro Abelardo (1079–1142), o carismático filósofo de Paris, também elaborou uma explicação da Trindade que enfatiza a unidade divina em detrimento da distinção entre as Três Pessoas. Também desenvolveu uma sofisticada e comovente justificação para o mistério da expiação: Cristo foi crucificado para despertar compaixão em nós e, com isso, se tornou nosso Salvador.

Porém Abelardo era basicamente filósofo, e sua teologia é, em linhas gerais, um tanto convencional. Ele adquiriu uma posição de destaque na revivescência intelectual da Europa no século XII e conquistou numerosos seguidores. Em função disso, entrou em conflito com Bernardo, o carismático responsável pela abadia cisterciense de Claraval e, talvez, o homem mais poderoso da Europa. Bernardo exercia influência sobre o papa Eugênio II e o rei Luís VII da França e, com sua eloqüência, inspirou uma revolução monástica na Europa: dezenas de rapazes deixaram a família para ingressar na Ordem Cisterciense, que buscava reformar o velho estilo de vida dos beneditinos de Cluny. Quando pregou a segunda cruzada, em 1146, o povo da França e da Alemanha — antes meio apático sobre a expedição — empolgou-se tanto que quase o despedaçou e se alistou em tal quantidade que o campo parecia deserto, segundo Bernardo escreveu ao papa. Ele era um homem inteligente, que dera uma dimensão interior à religiosidade meio exterior da Europa ocidental. A religiosidade cisterciense parece ter influenciado a lenda do Santo Graal, que descreve uma viagem espiritual a uma cidade simbólica que não é deste mundo, mas representa a visão de Deus. Bernardo, porém, desconfiava muito do intelectualismo de eruditos como Abelardo e jurou silenciá-lo. Acusou-o de "tentar aniquilar o mérito da fé cristã, pois julga que pela razão humana pode compreender tudo que é Deus".[32] Referindo-se ao hino à caridade de são Paulo, afirmou que faltava amor cristão ao filósofo: "Ele nada vê como um enigma, nada vê como num espelho, mas para tudo olha de frente".[33] O amor e o exercício da razão eram, portanto, incompatíveis. Em 1141, Bernardo intimou Abelardo a se apresentar perante o Concílio de Sens, que lotou com seus próprios seguidores, alguns dos quais ficaram do lado de fora para intimidar o adversário quando ele chegasse. Abelardo provavelmente sofria do mal de Parkinson. Bernardo atacou-o com tal eloqüência que ele decaiu e morreu no ano seguinte.

Foi um momento simbólico, que marcou uma divisão entre mente e coração. No trinitarismo de Agostinho, coração e mente eram inseparáveis. *Faylasufs* muçulmanos como Ibn Sina e al-Ghazzali podem ter concluído que o intelecto sozinho não consegue alcançar Deus, mas acabaram concebendo uma filosofia pautada pelo ideal do amor e pelas disciplinas do misticismo. Veremos que nos séculos XII e XIII os maiores pensadores do mundo islâmico tentaram unir mente e coração e consideraram a filosofia inseparável da espiritualidade de amor e imaginação promovida pelos sufistas. Bernardo, porém, parecia temer o intelecto e queria mantê-lo separado das partes mais emocionais e intuitivas da mente. Isso era perigoso: podia levar a uma dissociação da sensibilidade tão preocupante quanto um árido racionalismo. A cruzada pregada por Bernardo foi um desastre, em parte porque se apoiava num idealismo desprovido de bom senso e claramente contrário ao *ethos* cristão da compaixão.[34] Bernardo tratara Abelardo com flagrante descaridade e exortara os cruzados a mostrar seu amor a Cristo, matando os infiéis e expulsando-os da Terra Santa. Tinha motivos para temer um racionalismo que tentava explicar o mistério de Deus e ameaçava diluir o sentimento religioso de temor e encantamento, mas, por outro lado, uma subjetividade incontida, que não examina criticamente seus preconceitos, pode levar aos piores excessos da religião. O que se espera é uma subjetividade informada e inteligente, não um emocionalismo de "amor", que reprime com violência o intelecto e abandona a caridade, que deve ser a característica da religião de Deus.

Poucos pensadores deram uma contribuição tão duradoura ao cristianismo ocidental quanto Tomás de Aquino (1225-74), que tentou uma síntese de Agostinho e da filosofia grega, redescoberta pelo Ocidente. No século XII, estudiosos europeus acorreram à Espanha, onde, com a ajuda de intelectuais muçulmanos e judeus, empreenderam um vasto projeto de tradução, para que essa riqueza intelectual estivesse ao alcance do Ocidente. Agora, traduções árabes de Platão, Aristóteles e outros filósofos do mundo antigo foram retraduzidas para o latim e tornaram-se disponíveis para os leitores do norte da Europa. Os tradutores também trabalharam com estudos muçulmanos mais recentes, como a obra de Ibn Rushd e as descobertas de cientistas e médicos árabes. Enquanto cristãos europeus se entregavam à destruição do islã no Oriente Próximo, os muçulmanos na Espanha ajudavam o Ocidente a construir sua própria civilização. A *Summa theologica* de Tomás de Aquino constitui uma tentativa de integrar a nova filosofia à tradição cristã ocidental. Tomás ficara particularmente impressionado com a explicação de Aristóteles por Ibn Rushd. No entanto, ao contrário de Anselmo e Abelardo, não acreditava que mistérios como a Trindade pudessem ser provados pela razão, e distinguia cuidadosamente entre a inefável realidade de Deus e as doutrinas humanas sobre ele. Concordava com Dionísio em que a verdadeira natureza de Deus é inacessível à mente humana: "Portanto, em último recurso, tudo que o homem sabe de Deus é que não o conhece, pois sabe que Deus ultrapassa tudo que podemos compreender sobre ele".[35] Conta-se que, quando acabou de ditar a última frase da *Summa*, Tomás apoiou tristemente a cabeça nos braços e, quando o escriba lhe perguntou o que estava acontecendo, respondeu que tudo que escrevera era palha em comparação com o que vira.

Sua tentativa de inserir sua experiência religiosa no contexto da nova filosofia era necessária para relacionar a fé com outra realidade e não relegá-la a uma esfera isolada. O excesso de intelectualismo é prejudicial à fé, mas, para que Deus não se torne um endosso de nosso egoísmo, a experiência religiosa deve moldar-se por uma avaliação precisa de seu conteúdo. Tomás define Deus como ele mesmo se definiu para Moisés: "Eu sou o que sou". Aristóteles disse que Deus é o Ser Necessário; portanto, Tomás relaciona o Deus dos filósofos com o Deus da Bíblia, chamando-o de "Aquele Que É" (*Qui est*).[36] Todavia, deixa absolutamente claro que Deus não é apenas mais um ser como nós. A definição de Deus como Ser Em Si é adequada "porque não significa nenhuma forma particular [de ser], mas antes ser em si (*esse seipsum*)".[37] Seria incorreto culpá-lo pela visão irracionalista de Deus que prevaleceria no Ocidente.

Infelizmente, porém, ao prefaciar a reflexão sobre Deus com

uma demonstração de sua existência a partir da filosofia natural, Tomás dá a impressão de que é possível discorrer sobre ele da mesma forma como se discorre sobre outras idéias filosóficas ou fenômenos naturais. Isso sugere que podemos vir a conhecer Deus do mesmo modo como conhecemos outras realidades terrenas. Tomás relaciona cinco "provas" da existência de Deus, que se tornariam extremamente importantes para os católicos e seriam usadas também pelos protestantes:

1) O argumento aristotélico de um Primeiro Motor.
2) Uma "prova" semelhante de que não pode haver uma série infinita de causas: tem de haver um princípio.
3) O argumento da contingência, proposto por Ibn Sina, que exige a existência de um "Ser Necessário".
4) O argumento aristotélico, contido na *Filosofia*, de que a hierarquia de excelência neste mundo implica uma Perfeição que é a melhor de todas.
5) O argumento do desígnio, segundo o qual a ordem e o propósito que vemos no universo não podem resultar simplesmente do acaso.

Essas provas não se sustentam hoje em dia. Mesmo de um ponto de vista religioso, são dúbias, pois, com a possível exceção do argumento do desígnio, implicam que "Deus" é apenas mais um ser, mais um elo na cadeia da existência. Ele é o Ser Supremo, o Ser Necessário, o Ser Perfeitíssimo. É bem verdade que o uso de termos como "Causa Primeira" ou "Ser Necessário" implica que Deus não pode ser semelhante aos seres que conhecemos, mas deve ser a razão ou a condição de sua existência. Certamente era essa a intenção de Tomás. Contudo, os leitores da *Summa* nem sempre fazem essa importante distinção e falam de Deus como se ele fosse apenas o Ser Mais Elevado de todos. Isso é reducionismo e pode tornar esse Super-Ser um ídolo, criado à nossa imagem e facilmente transformado num Superego celestial. Talvez não seja inexato dizer que muita gente no Ocidente vê Deus como um Ser assim.

Era importante tentar relacionar Deus com a nova voga do aristotelismo na Europa. Os *faylasufs* também queriam que a idéia de Deus se mantivesse atualizada e não fosse relegada a um gueto arcaico. Em cada geração, a idéia e a experiência de Deus teriam de ser recriadas. A maioria dos muçulmanos, porém, decidiu que Aristóteles não tinha muito a oferecer ao estudo de Deus, embora fosse imensamente útil em outras esferas, como as ciências naturais. Vimos que o editor de Aristóteles chamou de *meta ta physica* ("depois da *Física*") sua reflexão sobre a natureza de Deus: seu Deus era apenas uma continuação da realidade física, e não uma realidade de uma ordem totalmente diferente. No mundo muçulmano, portanto, a discussão de Deus costumava misturar filosofia e misticismo. A razão sozinha não pode alcançar uma compreensão religiosa da realidade que chamamos "Deus", mas a experiência religiosa precisa ser imbuída de inteligência crítica e da disciplina da filosofia, para não se tornar uma emoção confusa, indulgente — ou até perigosa.

Boaventura (1217–74), franciscano contemporâneo de Tomás de Aquino, tinha o mesmo ponto de vista. Também tentou conciliar filosofia com experiência religiosa, visando ao mútuo enriquecimento de ambas as esferas. Em *O caminho triplo*, vê "trindades" por toda parte na criação, como Agostinho; e, em *A viagem da mente para Deus*, faz desse "trinitarismo natural" seu ponto de partida. Acreditava que a Trindade podia ser provada apenas pela razão natural, mas evitava os perigos do chauvinismo racionalista, acentuando a importância da experiência espiritual como componente essencial da idéia de Deus. Tomou Francisco de Assis, fundador de sua ordem, como o grande exemplo da vida cristã. Analisando os fatos de sua vida, um teólogo como ele podia encontrar provas das doutrinas da Igreja. O poeta toscano Dante Alighieri (1265–1321) também descobriria que um ser humano contemporâneo — em seu caso a florentina Beatrice Portinari — podia ser uma epifania do divino. Essa visão personalista de Deus remontava a Agostinho.

Boaventura também aplica a prova ontológica de Anselmo a

suas ponderações sobre Francisco de Assis como epifania. Afirma que Francisco atingira nesta vida uma excelência que parecia mais que humana; portanto, ainda vivendo aqui embaixo, podemos "ver e compreender que o 'melhor' é [...] aquele sobre o qual não se consegue imaginar nada melhor".[38] Nossa capacidade de formar um conceito como "o melhor" prova que ele pode existir na Suprema Perfeição de Deus. Se entrarmos em nós mesmos, como Platão e Agostinho aconselham, encontraremos a imagem de Deus refletida "em nosso mundo interior".[39] Essa introspecção é essencial. Obviamente, continua sendo importante participar da liturgia da Igreja, mas o cristão deveria primeiro descer às profundezas de seu próprio eu, onde seria "transportado, em êxtase, acima do intelecto" e encontraria uma visão de Deus que transcende nossas limitadas noções humanas.

Tanto Boaventura quanto Tomás de Aquino consideravam básica a experiência religiosa. Foram fiéis à tradição da *falsafah*, pois no judaísmo e no islamismo os filósofos muitas vezes eram místicos conscientes das limitações do intelecto em questões teológicas. Desenvolveram provas racionais da existência de Deus para conciliar a fé religiosa com os estudos científicos e relacioná-la com outras experiências mais comuns. Não duvidavam pessoalmente da existência de Deus, e muitos tinham plena consciência das limitações de seu trabalho. Essas provas não se destinavam a convencer incrédulos, pois ainda não havia ateus no sentido moderno. Essa teologia natural não era, portanto, um prelúdio à experiência religiosa, mas um acompanhamento: os *faylasufs* não achavam necessário convencer-se racionalmente da existência de Deus para ter uma experiência mística. Ao contrário: nos mundos judaico, muçulmano e ortodoxo grego, o Deus dos filósofos estava sendo ultrapassado depressa pelo Deus dos místicos.

7. O DEUS DOS MÍSTICOS

O JUDAÍSMO, O CRISTIANISMO E — em menor escala — o islamismo desenvolveram a idéia de um Deus pessoal, e por isso tendemos a pensar que esse ideal representa a religião em sua melhor forma. O Deus pessoal ajudou os monoteístas a valorizar os sagrados e inalienáveis direitos do indivíduo e a cultivar uma apreciação da personalidade humana. A tradição judaico-cristã, portanto, ajudou o Ocidente a adquirir o humanismo liberal que tanto preza. Esses valores eram originalmente venerados num Deus pessoal que faz tudo que fazemos: ama, julga, castiga, vê, ouve, cria e destrói como nós. Javé começou como uma divindade altamente personalizada, com ardentes simpatias e antipatias humanas. Mais tarde, tornou-se um símbolo de transcendência, cujos pensamentos não são os nossos e cujos desígnios pairam tão acima dos nossos quanto o céu acima da terra. O Deus pessoal reflete uma importante intuição religiosa: que nenhum valor supremo pode deixar de ser humano. Assim, o personalismo é uma etapa importante e — para muitos — indispensável do desenvolvimento religioso e moral. Os profetas de Israel atribuíram suas próprias emoções e paixões a Deus; budistas e hinduístas tiveram de incluir uma devoção pessoal a *avatares* da realidade suprema. O cristianismo fez de uma pessoa humana o centro da vida religiosa, procedendo de forma única na história da religião: levou ao extremo o personalismo inerente no judaísmo. Talvez a religião não consiga deitar raízes sem um certo grau desse tipo de identificação e empatia.

Contudo, um Deus pessoal pode tornar-se uma séria desvantagem. Pode ser um mero ídolo esculpido à nossa imagem, uma projeção de nossas limitadas necessidades, temores e desejos. Podemos supor que ele ama o que amamos e odeia o que odiamos, endossando nossos preconceitos, em vez de nos obrigar a superá-los. Quando ele parece não impedir uma catástrofe ou mesmo desejar uma tragédia, pode dar a impressão de ser insensível e cruel. Acreditar que um desastre é a vontade de Deus pode nos fazer aceitar coisas fundamentalmente inaceitáveis. O fato de, como pessoa, Deus ser do sexo masculino também é limitativo: significa que a sexualidade de metade do gênero humano é sacralizada à custa do feminino e pode acarretar um desequilíbrio neurótico nos costumes sexuais humanos. Um Deus pessoal pode ser perigoso, portanto. Ao invés de nos arrancar de nossas limitações, pode nos encorajar a aceitá-las; pode nos tornar tão cruéis, insensíveis e presunçosos quanto "ele" parece ser. Em vez de inspirar a compaixão que deve caracterizar toda religião evoluída, pode nos estimular a julgar, condenar e excluir. Tudo indica, portanto, que a idéia de um Deus pessoal só pode ser uma etapa de nosso desenvolvimento religioso. Aparentemente, todas as religiões reconhecem esse perigo e procuram transcender a concepção da realidade suprema como pessoa.

É possível ler as Escrituras judaicas como a história do refinamento e, depois, do abandono do Javé tribal e personalizado que se tornou YHWH. O cristianismo, talvez a mais personalizante das três religiões monoteístas, tentou atenuar o culto do Deus encarnado, introduzindo a doutrina da Trindade transpessoal. Os muçulmanos logo tiveram problemas com os trechos do Corão em que Deus "vê", "ouve" e "julga" como os seres humanos. Todas as três religiões monoteístas desenvolveram uma tradição mística que fez seu Deus transcender a categoria pessoal e tornar-se mais semelhante às realidades impessoais de nirvana e Brahman-Atman. Poucos indivíduos são capazes de verdadeiro misticismo, mas nas três crenças (com exceção do cristianismo ocidental) foi o Deus dos místicos que acabou se tornando normativo entre os fiéis, até relativamente pouco tempo.

O monoteísmo histórico não era originalmente místico. Observamos a diferença entre a experiência de um contemplativo como Buda e a dos profetas. Judaísmo, cristianismo e islamismo são religiões essencialmente ativas, dedicadas a assegurar que a vontade de Deus seja feita na terra como no céu. O motivo central dessas religiões proféticas é o confronto ou um encontro pessoal entre Deus e a humanidade. Esse Deus é vivenciado como uma obrigação de agir; ele nos chama a si; dá-nos a escolha de rejeitar ou aceitar seu amor e seu desvelo. Esse Deus se relaciona com os seres humanos por meio do diálogo, e não da contemplação silenciosa. Diz uma Palavra que se torna o foco principal de devoção e tem de ser dolorosamente encarnada nas falhas e trágicas condições da vida terrena. No cristianismo, a mais personalizante das três, a relação com Deus se caracteriza pelo amor. Mas o objetivo do amor é fazer com que o ego seja, de algum modo, aniquilado. No diálogo ou no amor, o egoísmo é uma possibilidade perpétua. A própria linguagem pode ser um dom restritivo, sempre que nos prende aos conceitos de nossa experiência mundana.

Os profetas declararam guerra à mitologia: seu Deus é mais ativo na história e nos fatos políticos de sua época que no tempo primordial e sagrado do mito. Quando os monoteístas se voltaram para o misticismo, porém, a mitologia se afirmou como o principal veículo da experiência religiosa. Há uma relação lingüística entre as palavras "mito", "misticismo" e "mistério". Todas derivam do verbo grego *musteion*: fechar os olhos ou a boca. Todas, portanto, têm suas raízes numa experiência de escuridão e silêncio.[1] Não são palavras benquistas no Ocidente atual. A palavra "mito", por exemplo, é muitas vezes usada como sinônimo de mentira: no linguajar popular, mito é algo não verdadeiro. O político ou o astro de cinema descarta maledicências sobre suas atividades, dizendo que são "mitos", e os estudiosos tacham de "míticas" opiniões erradas sobre o passado. Desde o Iluminismo, "mistério" é algo que precisa ser esclarecido. Muitas vezes é associado a pensamento confuso. Nos Estados Unidos, uma história policial é chamada de "mistério", e esse gênero exige que o problema seja resolvido a contento. Veremos que, durante o Iluminismo, "mistério" tinha uma conotação negativa até para pessoas religiosas. Quanto a "misticismo", muitas vezes é associado com malucos, charlatões ou *hippies* complacentes. Como o Ocidente nunca se empolgou muito com o misticismo, nem mesmo quando estava no auge em outras partes do mundo, pouco se sabe da inteligência e da disciplina essenciais a esse tipo de espiritualidade.

Contudo, há sinais de que a maré pode estar mudando. Desde a década de 1960, o Ocidente vem descobrindo os benefícios de certas modalidades de ioga, e religiões como o budismo, que têm a vantagem de não ser contaminadas por um teísmo inadequado, florescem na Europa e nos Estados Unidos. A obra do falecido estudioso americano Joseph Campbell sobre mitologia esteve em voga recentemente. O atual entusiasmo pela psicanálise talvez expresse um desejo de certo tipo de misticismo, pois encontraremos impressionantes semelhanças entre as duas disciplinas. A mitologia muitas vezes constitui uma tentativa de explicar o mundo interior da psique, e Freud e Jung voltaram-se instintivamente para mitos antigos, como a história de Édipo, para explicar a nova ciência. Talvez o Ocidente esteja sentindo a necessidade de uma alternativa à visão puramente científica do mundo.

A religião mística é mais imediata e tende a ser mais útil, em horas de aflição, que uma fé predominantemente intelectual. As disciplinas do misticismo ajudam o adepto a retornar ao Uno, o princípio, e cultivar um constante senso de presença. Contudo, o misticismo judaico que se desenvolveu nos séculos II e III, e que era muito difícil para os judeus, parecia enfatizar o fosso entre Deus e o homem. Os judeus queriam se afastar de um mundo em que eram perseguidos e marginalizados e chegar a um reino divino mais forte. Imaginavam Deus como um rei poderoso, que só podiam alcançar após uma viagem perigosa através dos sete céus. Em vez de se expressar no estilo simples e direto dos rabinos, os místicos usavam uma linguagem sonora e grandiloquente. Os rabinos detestavam essa espiritualidade, e os místicos receavam antagonizá-los. Mas esse "Misticismo do Trono", como foi chamado, deve ter suprido uma importante necessidade, pois continuou florescendo paralelamente às grandes academias rabínicas até os séculos XII e XIII, quando se incorporou à Cabala, o novo misticismo judaico. Os textos clássicos do Misticismo do Trono, editados na Babilônia nos séculos V e VI, sugerem que os místicos, que eram reticentes sobre suas experiências, sentiam forte afinidade com a tradição rabínica, pois fazem de grandes *tannaim*, como os rabinos Akiva, Ishmael e Yohannan, os heróis dessa espiritualidade. Revelaram um novo extremo do espírito judaico, ao abrir para seu povo um novo caminho para Deus.

Os rabinos tiveram admiráveis experiências religiosas, como vimos. Quando o Espírito Santo baixou sobre o rabino Yohannan e seus discípulos em forma de fogo do céu, eles aparentemente discutiam o significado da estranha visão da carruagem de Deus por Ezequiel. Parece que a carruagem e a misteriosa figura sentada em seu trono já haviam sido objeto de especulação esotérica. O Estudo da Carruagem (*Ma 'aseh Merkavah*) muitas vezes foi associado à especulação sobre o significado da história da criação (*Ma 'aseh Bereshit*). A primeira descrição que temos da ascensão mística ao trono de Deus no mais alto céu enfatiza os imensos perigos dessa viagem espiritual:

> Nossos rabinos ensinaram: Quatro entraram num pomar e são eles: Ben Azzai, Ben Zoma, Aher e o rabino Akiva. O rabino Akiva lhes disse: "Quando alcançardes as pedras de puro mármore, não digais: 'Água! Água!'. Pois foi dito: 'Aquele que diz falsidade não se estabelecerá perante meus olhos'." Ben Azzai olhou e morreu. Sobre ele dizem as Escrituras: "Preciosa aos olhos do Senhor é a morte de seus santos". Ben Zoma olhou e foi abatido. Sobre ele dizem as Escrituras: "Encontraste mel? Come o quanto te seja suficiente, para não te empanturrares com ele e vomitares". Aher cortou as raízes [isto é, tornou-se herege]. O rabino Akiva partiu em paz.[2]

Só o rabino Akiva tinha maturidade suficiente para sobreviver incólume à via mística. Uma viagem às profundezas da mente envolve grandes riscos pessoais porque talvez não suportemos o que encontramos lá. É por isso que todas as religiões insistem que a viagem mística só pode ser empreendida sob a orientação de um perito, capaz de acompanhar a experiência, guiar o noviço pelos lugares perigosos e impedi-lo de exceder suas forças, como o pobre Ben Azzai, que morreu, e Ben Zoma, que ficou louco. Todos os místicos acentuam a necessidade de inteligência e estabilidade mental. Os mestres zen dizem que é inútil uma pessoa neurótica buscar a cura na meditação, porque isso só a deixará mais doente. O estranho comportamento de alguns santos católicos europeus reverenciados como místicos deve ser encarado como aberração. Essa enigmática história dos sábios talmúdicos mostra que desde o princípio os judeus tinham consciência dos perigos: depois, não deixariam que jovens se iniciassem nas disciplinas da Cabala enquanto não estivessem plenamente maduros. O místico também tinha de ser casado, para assegurar sua boa saúde sexual.

O místico tinha de viajar ao Trono de Deus através do reino mitológico dos sete céus. Tratava-se, obviamente, de um vôo imaginário, visto como uma ascensão simbólica através das misteriosas regiões da mente. A estranha advertência do rabino Akiva sobre as "pedras de puro mármore" pode referir-se à senha que o místico tinha de dar em vários pontos cruciais de sua viagem imaginária. Essas imagens eram visualizadas como parte de uma meticulosa disciplina. Hoje sabemos que o inconsciente é uma massa fervilhante de imagens, que vêm à tona nos sonhos, nas alucinações e em condições psíquicas ou neurológicas anormais, como a epilepsia ou a esquizofrenia. Os místicos judeus não se imaginavam voando pelo céu ou entrando no palácio de Deus, mas reunindo e organizando as imagens religiosas que povoavam suas mentes. Isso exigia grande habilidade, certa disposição e treinamento. Demandava o mesmo tipo de concentração que as disciplinas do zen ou da ioga, que também ajudam o adepto a encontrar o rumo no labirinto da psique. O sábio babilônico Hai Gaon (939–1038) explica a história dos quatro sábios, usando a prática mística contemporânea. O "pomar" é a ascensão mística da alma aos "Salões Celestiais" (*hekhaloth*) do palácio de Deus. O homem que deseja realizar essa viagem imaginária, interior, e "contemplar a carruagem celestial e os salões dos anjos nas alturas" deve ser "digno" e "abençoado com certas qualidades". Isso não acontecerá espontaneamente. Ele precisa fazer exercícios similares aos praticados por iogues e contemplativos em todo o mundo:

> Deve jejuar por determinado número de dias, deve pôr a cabeça entre os joelhos, sussurrando para si mesmo certos louvores a Deus, com o rosto voltado para o chão. Então verá os mais íntimos recessos de seu coração, e será como se tivesse visto os sete salões com os próprios olhos, passando de salão em salão, para observar o que ali encontrar.[3]

Embora os primeiros textos do Misticismo do Trono remontem aos séculos II ou III, esse tipo de contemplação provavelmente era mais antigo. Assim, são Paulo refere-se a um amigo "que pertencia ao Messias" e fora arrebatado até o terceiro céu uns catorze anos antes. Paulo não sabia bem como interpretar essa visão, mas acreditava que o homem "foi arrebatado ao paraíso e ouviu coisas que não devem e não podem ser expressas em linguagem humana".[4]

As visões não são um fim em si, porém os meios para viver uma experiência religiosa inefável, que ultrapassa os conceitos normais. São condicionadas pela tradição religiosa do místico. Um visionário judeu vê os sete céus porque sua imaginação religiosa está repleta desses símbolos. Os budistas vêem várias imagens de budas e *bodhisattvas*; os cristãos visualizam a Virgem Maria. O visionário erra ao pensar que essas aparições mentais são objetivas ou algo mais que símbolos de transcendência. Como a alucinação é muitas vezes um estado patológico, ele precisa ter equilíbrio mental e considerável habilidade para manipular e interpretar os símbolos que emergem durante a meditação concentrada e a reflexão interior.

Uma das mais estranhas e controvertidas dessas primeiras visões judaicas encontra-se no *Shiur Qomah* (A medição da altura), um texto do século V que descreve a figura vista por Ezequiel no trono de Deus. O *Shiur Qomah* chama esse ser de Yozrenu, o Criador. Sua peculiar descrição dessa visão de Deus provavelmente se baseia numa passagem do Cântico dos cânticos, o texto bíblico favorito do rabino Akiva. A noiva descreve seu Amado:

> *Meu amado é cândido e rubicundo,*
> *reconhecível entre dez mil.*
> *Sua cabeça é dourada, do mais puro ouro,*
> *suas madeixas são frondes de palmeira*
> *e negras como o corvo.*
> *Seus olhos são pombas*
> *junto à lagoa,*
> *banhadas em leite,*
> *repousando à beira da água.*
> *Suas faces são canteiros de especiarias,*
> *docemente aromáticas.*
> *Seus lábios são lírios*
> *que gotejam pura mirra.*
> *Suas mãos são douradas, torneadas, adornadas*
> *com gemas de Társis.*
> *Seu ventre é um bloco de marfim,*
> *recoberto de safiras.*
> *Suas pernas são colunas de alabastro.*[5]

Alguns viram isso como uma descrição de Deus: para consternação de gerações de judeus, o *Shiur Qomah* passa a medir cada um dos membros de Deus aí relacionados. Nesse estranho texto, as medidas de Deus são espantosas. A mente não consegue imaginar. A "parasanga" — unidade básica — equivale a 180 bilhões de "dedos", e cada "dedo" se estende de um extremo a outro da terra. Essas dimensões gigantescas confundem a mente, que desiste de tentar acompanhá-las ou mesmo de conceber cifras tão elevadas. Esse é o objetivo. O *Shiur* procura nos dizer que é impossível medir Deus ou contê-lo dentro de termos humanos. A simples tentativa demonstra a impossibilidade de fazê-lo e nos dá uma nova percepção da transcendência divina. Não surpreende, pois, que muitos judeus achassem blasfema essa curiosa pretensão de medir o inteiramente espiritual. É por isso que um texto esotérico como o *Shiur* era vedado aos incautos. Estudado da maneira correta, sob a orientação de um diretor espiritual, ele proporcionaria aos iniciados uma nova compreensão da transcendência de um Deus que ultrapassa todas as categorias humanas. Certamente não deve ser tomado ao pé da letra e não transmite nenhuma informação secreta. É a evocação deliberada de um estado de espírito que envolvia encantamento e temor.

O *Shiur* nos apresenta dois componentes essenciais do retrato místico de Deus, comuns às três religiões. Primeiro, é essencialmente imaginoso; segundo, é inefável. A figura descrita no *Shiur* é a do Deus entronizado que os místicos encontram no fim de sua ascensão. Não há absolutamente nada de terno, amoroso ou pessoal nesse Deus; ao contrário, sua santidade parece hostil. Quando o vêem, porém, os heróis místicos irrompem em cantos que fornecem bem pouca informação sobre Deus, mas impressionam:

> Um quê de santidade, um quê de poder, um quê de apavorante, um quê de assustador, um quê de assombro, um quê de desalento, um quê de terror —
> Assim é a veste do Criador, Adonai, Deus de Israel, que, coroado, chega ao trono de sua glória; sua veste é inteiramente recoberta, por dentro e por fora, de YHWH, YHWH.
> Não existem olhos que possam contemplá-lo, nem os olhos da carne, nem os olhos de seus servos.[6]

Se não é possível imaginar seu manto, como podemos pensar em contemplar Javé?

Talvez o mais famoso dos primeiros textos místicos judaicos seja o *Sefer Yezirah* (Livro da Criação), do século V. Em vez de tentar descrever realisticamente o processo criativo, o texto usa e abusa de símbolos e mostra Deus criando o mundo por meio da linguagem, como se estivesse escrevendo um livro. Mas a linguagem foi inteiramente transformada e a mensagem da criação já não é clara. Cada letra do alfabeto hebraico recebe um valor numérico; combinando as letras com os números sagrados, remanejando-as em intermináveis configurações, o místico livrava a mente das conotações habituais das palavras. O objetivo era ignorar o intelecto e lembrar aos judeus que nenhuma palavra ou conceito poderia representar a realidade designada pelo Nome. Mais uma vez, a experiência de levar a linguagem ao limite e fazê-la produzir um significado não lingüístico criava uma consciência da alteridade de Deus. Os místicos não queriam um diálogo direto com um Deus que percebiam como uma santidade esmagadora, em vez de como um amigo e pai compassivo.

O Misticismo do Trono não era único. Diz-se que o profeta Maomé teve uma experiência semelhante quando fez sua Viagem Noturna da Arábia ao monte do Templo em Jerusalém. Enquanto dormia, foi transportado por Gabriel num cavalo celestial. Abraão, Moisés, Jesus e uma multidão de outros profetas o receberam e o confirmaram em sua missão profética. Então, Gabriel e Maomé iniciaram a perigosa ascensão por uma escada (*miraj*) através dos sete céus, cada um dos quais presidido por um profeta. E Maomé chegou à esfera divina. As primeiras fontes mantêm reverente silêncio sobre a visão final, à qual possivelmente se referem os seguintes versículos do Corão:

> Realmente o viu em outra feita, junto ao lótus mais distante, próximo ao jardim da promissão, com o lótus envolto num véu de inominado esplendor [...]
>
> [E contudo] o olhar não hesitou, nem se desviou: em verdade ele presenciou os mais profundos símbolos de seu Senhor.[7]

Maomé não viu Deus, mas apenas símbolos da realidade divina: no hinduísmo, a árvore do lótus assinala o limite do pensamento racional. Não há como a visão de Deus envolver as práticas normais de pensamento ou linguagem. A ascensão ao céu simboliza o alcance máximo do espírito humano, que assinala o limiar do significado supremo.

As imagens de ascensão são comuns. Santo Agostinho viveu essa experiência com sua mãe, em Óstia, e descreveu-a na linguagem de Plotino:

> Nossas mentes foram erguidas por um ardente afeto para o ser eterno. Passo a passo, subimos além de todos os objetos corpóreos e do próprio céu, onde o sol, a lua e as estrelas lançavam luz sobre a terra. Ascendemos ainda mais através da reflexão interior, do diálogo e do deslumbramento ante vossas obras e entramos em nossas mentes.[8]

Agostinho tinha a cabeça repleta de imagens gregas da grande cadeia do ser, e não das imagens semíticas dos sete céus. Não realizou uma viagem literal pelo espaço exterior até um Deus "que está lá fora", mas uma ascensão mental a uma realidade interior. Esse vôo extático parece algo concedido a partir de fora, quando Agostinho diz que "nossas mentes foram erguidas", como se ele e Mônica fossem recipientes passivos da graça, mas há deliberação em sua constante subida para o "ser eteno". Imagens semelhantes de ascensão foram observadas também nos transes de xamãs "da Sibéria à Terra do Fogo", como diz Joseph Campbell.[9]

O símbolo da ascensão indica que as percepções terrenas foram deixadas para trás. Alcançar Deus é uma experiência absolutamente indescritível, pois a ela não se aplica a linguagem humana. Os místicos judeus descrevem tudo, *menos* Deus! Falam-nos do manto, do palácio, da corte celeste e do véu que o protege do olhar humano, que representa os arquétipos eternos. Os muçulmanos que especularam sobre o vôo de Maomé aos céus acentuam a natureza paradoxal de sua visão final de Deus: ele viu e ao mesmo tempo não viu a presença divina.[10] Tendo passado pelas imagens da mente, o místico atinge o ponto além do qual nem conceitos nem imaginação podem levá-lo. Agostinho e Mônica foram igualmente reticentes sobre o clímax de seu vôo, acentuando sua transcendência de espaço, tempo e conhecimento comum. Eles "falaram e suspiraram" por Deus e "tocaram-no de leve num momento de total concentração do coração".[11] Depois tiveram de retomar o discurso normal, em que a frase tem começo, meio e fim:

> Assim, dissemos: Se para alguém silenciou o tumulto da carne, se as imagens da terra, água e ar se imobilizam, se os próprios céus se fecham e a própria alma não emite som e se ultrapassa, não mais pensando em si mesma, se todos os sonhos e visões da imaginação se excluem, se toda linguagem e tudo que é transitório se calam — pois se alguém pudesse ouvi-las, eis o que todas essas coisas estariam dizendo: "Nós não nos fizemos, fomos feitas por aquele que habita a eternidade". (Salmo 79, 3,5). [...] Foi assim naquele instante em que estendemos nosso alcance e, num lampejo de energia mental, atingimos a eterna sabedoria que habita além de todas as coisas.[12]

Essa não é uma visão naturalista de um Deus pessoal: eles não "ouviram sua voz" pelos métodos usuais da comunicação naturalista: a fala comum, a voz de um anjo, a natureza ou o simbolismo de um sonho. Foi como se tivessem "tocado" a Realidade que está além de todas essas coisas.[13]

Apesar de seu evidente condicionamento cultural, esse tipo de "ascensão" parece uma realidade incontestável. Como quer que a interpretemos, pessoas em todo o mundo e em todas as fases da história tiveram essa modalidade de experiência contemplativa. Os místicos a chamam de "visão de Deus"; Plotino a vê como a percepção do Uno; os budistas a definiriam como uma sugestão do nirvana. Qualquer que seja o nome, ela é o que os seres humanos com certo talento espiritual sempre quiseram fazer. A experiência mística de Deus tem algumas características comuns a todas as crenças. É uma experiência subjetiva que envolve uma viagem interior, não uma percepção de um fato objetivo fora do eu; é empreendida através da parte da mente que cria imagens — muitas vezes chamada de imaginação —, e não de uma faculdade mais intelectual e lógica. Por fim, é algo que o místico provoca deliberadamente: certos exercícios físicos ou mentais produzem a visão final; nem sempre ela ocorre de forma espontânea.

Agostinho aparentemente acredita que indivíduos privilegiados podiam ver Deus nesta vida e cita Moisés e são Paulo como exemplos. Gregório Magno (540–604), reconhecido mestre da vida espiritual e poderoso pontífice, discorda. Não era um intelectual e, como típico romano, tinha uma visão mais pragmática da espiritualidade. Usa metáforas de nuvem, nevoeiro e escuridão para sugerir a obscuridade de todo conhecimento humano do divino. Seu Deus permanece oculto numa escuridão impenetrável e muito mais dolorosa que a nuvem de desconhecimento experimentada por cristãos gregos como Gregório de Nissa e Dionísio, o Areopagita. Deus é uma experiência angustiante para Gregório. Ele insiste que é difícil alcançá-lo. Certamente, não há como falar a seu respeito com familiaridade, como se tivéssemos alguma coisa em comum. Nada sabemos sobre ele. Não podemos fazer previsões sobre seu comportamento com base em nosso conhecimento das pessoas: "Portanto, só há verdade no que sabemos sobre Deus quando entendemos que nada podemos saber sobre ele".[14] Gregório fala com freqüência da dor e do esforço para chegar a Deus. Só se pode usufruir a alegria e a paz da contemplação por uns poucos instantes após uma luta intensa. Antes de provar a doçura de Deus, a alma tem de abrir caminho a duras penas para sair da escuridão que é seu elemento natural:

> Não pode fixar os olhos da mente no que relanceou dentro de si mesma, porque seus próprios hábitos a compelem a afundar. Entrementes, arqueja, debate-se e esforça-se para ir acima de si mesma, porém, vencida pelo cansaço, afunda novamente em sua escuridão.[15]

Só é possível alcançar Deus após "um grande esforço da mente", que precisa lutar com ele como Jacó lutara com o anjo. O caminho para Deus é repleto de culpa, lágrimas e exaustão; quando se aproxima dele, "a alma não pode fazer nada além de chorar". "Torturada" pelo desejo de Deus, "exaurida", ela só "encontra repouso nas lágrimas".[16] Gregório foi um importante guia espiritual até o século XII; para o Ocidente, Deus continuou sendo uma fonte de tensão.

No Oriente, a experiência cristã de Deus se caracterizou pela luz, não pelas trevas. Os gregos desenvolveram uma forma diferente de misticismo, que também se revelou universal. Não dependia de imagens e visões, mas apoiava-se na experiência apofática ou silenciosa descrita por Dionísio, o Areopagita. Naturalmente, eles evitavam todas as concepções racionalistas de Deus. Como explica Gregório de Nissa, em seu *Comentário ao Cântico dos cânticos*, "todo conceito captado pela mente humana torna-se um obstáculo para aqueles que buscam". O objetivo do contemplativo era ir além das idéias e das imagens, pois elas só podiam ser uma distração. Então ele adquiriria "certo senso de presença" que era indefinível e transcendia todas as experiências humanas de relacionamento pessoal.[17] Essa atitude chama-se *hesychia*, "tranqüilidade", ou "silêncio interior". Uma vez que as palavras, as idéias e as imagens só podem nos prender ao âmbito mundano, ao aqui e agora, a mente deve ser aquietada de forma proposital pelas técnicas de concentração, para conseguir cultivar um silêncio expectante. Só então poderá esperar apreender uma Realidade que transcende qualquer coisa que possa conceber.

Como conhecer um Deus incompreensível? Os gregos adoravam esse tipo de paradoxo, e os hesicastas se voltaram para a antiga distinção entre a essência (*ousia*) de Deus e suas "energias" (*energeiai*), ou atividades no mundo, que nos possibilitavam experimentar alguma coisa do divino. Não podendo jamais conhecer Deus como ele é em si, o que experimentamos na prece são suas "energias", e não sua "essência". Podemos descrevê-las como os "raios" da divindade, que iluminam o mundo e jorram do divino, mas elas são tão distintas de Deus quanto os raios solares o são do Sol. Manifestam um Deus absolutamente silencioso e incognoscível. Como diz são Basílio: "É por suas energias que conhecemos nosso Deus; não afirmamos que chegamos perto da essência, pois suas energias descem até nós, mas sua essência permanece inabordável".[18] No Antigo Testamento, essa "energia" divina é a "glória" (*kavod*) de Deus. No Novo Testamento, ela brilhou em Cristo no monte Tabor, quando os raios divinos transfiguraram sua humanidade. Agora penetra em todo o universo criado e deifica os que foram salvos. Como sugere a palavra *energeiai*, trata-se de uma concepção ativa e dinâmica de Deus. Enquanto o Ocidente vê Deus dando-se a conhecer por meio de seus atributos eternos — bondade, justiça, amor e onipotência —, os gregos o vêem tornando-se acessível numa atividade incessante em que está de algum modo presente.

Portanto, ao experimentar as "energias" na prece, em certo sentido comungamos diretamente com Deus, embora a realidade incognoscível permaneça na obscuridade. O hesicasta Evagrius Pontus (m. 399) insiste que nosso "conhecimento" de Deus na prece nada tem a ver com conceitos ou imagens, mas é uma experiência direta do divino que os transcende. Era preciso, portanto, que os hesicastas desnudassem sua alma: "Quando rezais", Evagrius dizia aos monges, "não formeis dentro de vós qualquer imagem da divindade e não deixeis que vossa mente seja moldada pela impressão de qualquer forma." Ao contrário, deviam "aproximar-se do Imaterial de um modo imaterial".[19] Evagrius propunha uma espécie de ioga cristã. Não era um processo de reflexão; na verdade, "a prece significa livrar-se do pensamento".[20] Era mais uma apreensão intuitiva de Deus. Resultaria num senso de unidade de todas as coisas, numa libertação da distração e da multiplicidade e na perda do ego — uma experiência visivelmente semelhante à produzida por contemplativos em religiões não teístas como o budismo. Libertando a mente das "paixões" — como orgulho, ganância, tristeza ou cólera, que os prendiam ao ego —, os hesicastas transcenderiam a si mesmos e seriam deificados, como Jesus no monte Tabor, transfigurados pelas "energias" divinas.

Diódoco, bispo de Fotice no século V, garantia que essa deificação não ocorria só depois da morte, mas que se podia experimentá-la em vida, conscientemente. Ensinava um método de concentração que envolvia a respiração: os hesicastas deviam dizer "Jesus Cristo Filho de Deus" ao inalar e "Tende piedade de nós" ao exalar. Posteriormente, aperfeiçoou-se esse exercício: os contemplativos deviam sentar-se com a cabeça baixa e os ombros curvados, olhando para o coração ou o umbigo, e respirar cada vez mais devagar, a fim de dirigir a atenção para dentro, para certos focos psicológicos como o coração. Era uma disciplina rigorosa, que devia ser praticada com cuidado e sob a orientação de um mestre. Aos poucos, como um monge budista, o hesicasta constataria que podia afastar os pensamentos racionais; as imagens que atulhavam a mente desapareceriam, e ele se sentiria totalmente incorporado à prece. Os cristãos gregos descobriram por si mesmos técnicas praticadas havia séculos nas religiões orientais. Consideravam a prece uma atividade psicossomática, enquanto ocidentais como Agostinho e Gregório achavam que a prece devia liberar a alma do corpo. Máximo, o Confessor, insistia: "Todo o homem deve tornar-se Deus, deificado pela graça do Deus-feito-homem, tornando-se homem por inteiro, alma e corpo, pela natureza, e deus por inteiro, alma e corpo, pela graça".[21] Para o hesicasta, tratava-se de um influxo de energia e claridade tão poderoso e compulsivo que só podia ser divino. Para os gregos, como vimos, essa "deificação" era uma iluminação natural ao homem. Eles encontravam inspiração no Cristo transfigurado no monte Tabor, assim como os budistas eram inspirados pela imagem de Buda, que alcançara a plenitude da humanidade. A festa da Transfiguração é muito importante nas igrejas ortodoxas orientais; chama-se "epifania", manifestação de Deus. Ao contrário de seus irmãos ocidentais, os gregos não achavam que tensão, aridez e desolação fossem um prelúdio inevitável à experiência de Deus: eram simples perturbações que deviam ser sanadas. Os gregos não cultuavam a noite escura da alma. O motivo dominante era Tabor, não Getsêmani e Calvário.

Nem todos conseguiam atingir esses estados elevados, mas podiam vislumbrar essa experiência mística nos ícones. No Ocidente, a arte religiosa tornava-se predominantemente representativa, voltada para fatos históricos da vida de Jesus e dos santos.

Em Bizâncio, porém, o ícone não se destinava a representar nada *deste* mundo, mas era uma tentativa de reproduzir visualmente a inefável experiência mística dos hesicastas, para inspirar os não-místicos. Como explica o historiador britânico Peter Brown: "Em todo o mundo cristão oriental, ícone e visão validavam-se mutuamente. Uma profunda concentração num ponto focal da imaginação coletiva [...] fez com que no século VI o sobrenatural já houvesse adquirido as linhas precisas, em sonhos e na imaginação de cada indivíduo, com as quais era comumente retratado na arte. O ícone tinha a validez de um sonho realizado".[22] Os ícones não visavam instruir os fiéis nem transmitir informação, idéias ou doutrinas. Eram um foco de contemplação (*theoria*), que proporcionava ao devoto uma espécie de janela para o mundo divino.

Entretanto, tornaram-se tão fundamentais para a experiência bizantina de Deus que, no século VIII, foram tema de uma apaixonada disputa doutrinária na Igreja grega. As pessoas começavam a perguntar o *quê*, exatamente, o artista pintava, quando retratava Cristo. Era impossível representar sua divindade, mas se dissesse que pintava apenas sua humanidade o artista seria culpado de nestorianismo, a crença herética na distinção entre as naturezas humana e divina de Jesus. Os iconoclastas queriam proibir todos os ícones, porém dois monges importantes os defenderam: João Damasceno (*c.* 656–*c.* 747), do mosteiro de São Sabas, perto de Jerusalém, e Teodoro (759–826), do mosteiro de Studios, perto de Constantinopla. Eles afirmaram que os iconoclastas estavam errados ao proibir a representação de Cristo. Desde a Encarnação, o mundo material e o corpo humano adquiriram dimensão divina, e o artista *podia* pintar essa nova humanidade deificada. Ele estava pintando também uma imagem de Deus, pois Cristo, o Logos, era o ícone de Deus *par excellence*. Deus não podia ser contido em palavras nem resumido em conceitos humanos, mas podia ser "descrito" pela pena de um artista ou nos gestos simbólicos da liturgia.

A religiosidade dos gregos dependia tanto dos ícones que em 820 os iconoclastas foram derrotados por aclamação popular. Mas essa afirmação de que Deus era descritível de alguma forma não significou um abandono da teologia apofática de Dionísio, o Areopagita. Em sua *Maior apologia das imagens santas*, o monge Nicéforo assegura que os ícones "expressam o silêncio de Deus, exibindo em si a inefabilidade de um mistério que transcende o ser. Sem cessar e sem falar, eles louvam a bondade de Deus na melodia venerável e três vezes iluminada da teologia".[23] Em vez de instruir os fiéis nos dogmas da Igreja e ajudá-los a formar idéias lúcidas sobre sua fé, os ícones mantinham o senso de mistério. Ao descrever o efeito dessas pinturas religiosas, Nicéforo só consegue compará-lo ao efeito da música, a mais inefável das artes e, possivelmente, a mais direta. A música transmite emoção e experiência de um modo que ultrapassa palavras e conceitos. No século XIX, Walter Pater diria que a arte aspira à condição da música; na Bizâncio do século IX, os cristãos gregos viam a teologia aspirando à condição da iconografia. Descobriram que uma obra de arte expressa Deus melhor que um discurso racionalista. Após os debates cristológicos intensamente verbais dos séculos IV e V, desenvolviam um retrato de Deus calcado na capacidade de imaginação dos cristãos.

A expressão definitiva dessas idéias coube a Simeão (949–1022), abade do pequeno mosteiro de São Macras, em Constantinopla, e conhecido como o "Novo Teólogo". Essa nova teologia não tenta definir Deus. Seria presunção, explica Simeão; na verdade, o simples falar de Deus já implica que "o incompreensível é compreensível".[24] Em vez de discutir racionalmente a natureza de Deus, a "nova" teologia se apóia na experiência religiosa pessoal direta. É impossível conhecer Deus em termos conceituais, como se ele fosse apenas mais um ser sobre o qual se pode formar idéias. Deus é um mistério. O verdadeiro cristão é aquele que tem uma experiência consciente do Deus que se revelou na humanidade transfigurada de Cristo. O próprio Simeão se convertera, trocando uma vida mundana pela contemplação, graças a uma inesperada experiência. A princípio, ele não entendeu o que estava acontecendo, mas aos poucos se deu conta de que passava por uma transformação e, por assim dizer, era absorvido numa luz que provinha de Deus. Não era a luz que conhecemos; ela transcendia "forma, imagem ou representação, e só se podia senti-la intuitivamente, através da prece".[25] Mas tal experiência não se restringia à elite ou aos monges; o reino anunciado por Cristo nos Evangelhos era uma união com Deus que todos podiam vivenciar aqui e agora, sem ter de esperar até a outra vida.

Para Simeão, portanto, Deus é conhecido e desconhecido, próximo e distante. Em vez de tentar a tarefa impossível de descrever "coisas inefáveis apenas com palavras",[26] ele exortava seus monges a concentrar-se no que podiam experimentar como uma realidade transfiguradora. Como disse Deus a Simeão durante uma de suas visões: "Sim, eu sou Deus, aquele que por ti se tornou homem. Eu te criei, como vês, e te farei Deus".[27] Deus não era um fato externo, objetivo, e sim uma iluminação essencialmente subjetiva e pessoal. Mas a recusa de Simeão a falar *sobre* Deus não o levou a romper com a teologia do passado. A "nova" teologia baseava-se firmemente nas doutrinas dos Padres da Igreja. Em seus *Hinos de amor divino*, Simeão expressa a antiga doutrina grega da deificação da humanidade, descrita por Atanásio e Máximo:

> *Ó Luz que ninguém pode nomear,*
> *pois é inteiramente inominável.*
> *Ó Luz de muitos nomes, pois atua em todas as coisas* [...]
> *Como te misturas com a relva?*
> *Como, embora continues inalterada,*
> *inteiramente inacessível, preservas*
> *inconsumpta a natureza da relva?*[28]

É inútil definir o Deus que efetua essa transformação, pois ele transcende a palavra. Contudo, como uma experiência que realiza e transfigura a humanidade sem violar sua integridade, "Deus" é uma realidade incontrovertível. Os gregos desenvolveram idéias sobre Deus — como a Trindade e a Encarnação — que os separavam de outros monoteístas, mas a experiência concreta de seus místicos tinha muito em comum com as de muçulmanos e judeus.

Embora se preocupasse basicamente com o estabelecimento

de uma sociedade justa, o Profeta Maomé e alguns de seus primeiros companheiros tinham inclinações místicas, e os muçulmanos logo desenvolveram sua própria tradição. Durante os séculos VIII e IX, surgiu uma forma ascética do islamismo, paralelamente às outras seitas; os ascetas preocupavam-se tanto quanto os mutazilitas e xiitas com a riqueza da corte e o aparente abandono da austeridade da *ummah* inicial. Tentaram voltar à vida mais simples dos primeiros muçulmanos de Medina, vestindo os trajes rústicos de lã (*suf*, em árabe) que seriam os favoritos do Profeta. Por esse motivo eram conhecidos como sufistas. A justiça social continuou sendo crucial para sua religiosidade, conforme explica o estudioso francês Louis Massignon:

> Em geral, o apelo místico resulta de uma rebelião interior da consciência contra a injustiça social, não só a que é cometida pelos outros, mas, básica e principalmente, contra as próprias faltas, com um desejo, intensificado pela purificação interior, de encontrar Deus a qualquer preço.[29]

No princípio, os sufistas tinham muita coisa em comum com as outras seitas. Assim, o grande racionalista mutazilita Wasil ibn Ala (m. 748) fora discípulo de Hasan al-Basri (m. 728), o asceta de Medina mais tarde reverenciado como um dos pais do sufismo.

Os ulemás começavam a distinguir o islamismo de outras religiões, vendo-o como a única e verdadeira fé, porém a maioria dos sufistas permaneceu fiel à visão corânica da unidade de todas as religiões corretamente orientadas. Jesus, por exemplo, era reverenciado por muitos sufistas como o profeta da vida interior. Alguns até modificaram a *Shahadah*, a profissão de fé, para dizer: "Não há outro Deus senão Alá, e Jesus é seu Profeta", o que era tecnicamente correto, mas intencionalmente provocativo. Enquanto o Corão fala de um Deus de justiça, que inspira medo e respeito, uma das primeiras ascetas, Rabiah (m. 801), fala de amor, de um modo que os cristãos achariam familiar:

> *De duas formas eu Vos amo*: egoisticamente
> *e, em seguida, como é digno de Vós.*
> *É amor egoísta que eu nada faça*
> *a não ser pensar em Vós com cada pensamento.*
> *É o mais puro amor quando ergueis*
> *o véu para meu olhar de adoração.*
> *Não é meu o louvor nisto ou naquilo*:
> *Vosso é o louvor em ambos, eu sei.*[30]

Isso lembra a famosa prece de Rabiah: "Ó Deus! Se Vos adoro por temer o Inferno, queimai-me no Inferno; se Vos adoro esperando o Paraíso, excluí-me do Paraíso; mas, se Vos adoro por Vós mesmo, não me escondais Vossa Perene Beleza!".[31] O amor de Deus tornou-se a marca distintiva do sufismo. Os sufistas podem ter sido influenciados pelos ascetas cristãos do Oriente Próximo, mas Maomé continuou sendo uma influência crucial. Eles esperavam ter uma experiência de Deus semelhante à do Profeta, quando recebera suas revelações. Naturalmente, eram também inspirados pela mística ascensão de Maomé ao céu, que se tornou o paradigma de sua própria experiência de Deus.

Também desenvolveram técnicas e disciplinas que ajudaram místicos de todo o mundo a atingir um estado alternativo de consciência. Às exigências básicas da lei muçulmana acrescentaram as práticas do jejum, das vigílias noturnas e da entoação dos nomes divinos como um mantra. Tais práticas às vezes resultavam num comportamento que parecia bizarro e desenfreado, e esses místicos eram conhecidos como sufistas "bêbados". O primeiro foi Abu Yazid Bistami (m. 874), que, como Rabiah, abordava Deus com o desvelo de um amante. Acreditava que devia esforçar-se por agradar Alá como faria com uma mulher num caso de amor humano, sacrificando suas próprias necessidades e desejos para fundir-se com o Amado. Mas as disciplinas introspectivas que adotou para conseguir isso levaram-no além desse conceito personalizado de Deus. Quando se aproximava do núcleo de sua identidade, sentia que nada se interpunha entre Deus e ele; na verdade, tudo que entendia como "eu" parecia ter se esvaecido:

Fitei [Alá] com o olho da verdade e perguntei: "Quem é esse?". Ele disse: "Esse não sou eu nem outro que não eu. Não há outro Deus além de mim". Depois me passou de minha identidade para Sua Individualidade. [...] Então comuniquei-me com Ele, com a língua de Seu Rosto, dizendo: "Como acontece isso comigo e Convosco?". Ele disse: "Eu sou através de Ti; não há outro Deus além de Ti".[32]

Mais uma vez, não se trata de uma divindade "que está lá fora", alheia à humanidade: descobria-se que Deus estava misteriosamente identificado com o eu mais profundo. A destruição sistemática do eu levava a uma sensação de absorção numa realidade maior e inefável. Esse estado de aniquilamento (*fana*) tornou-se fundamental para o ideal sufista. Bistami reinterpretara completamente a *Shahadah*, de uma maneira que podia ser considerada blasfema, não fosse vista por tantos muçulmanos como uma experiência autêntica do *islām* ordenada pelo Corão.

Outros místicos, conhecidos como sufistas "sóbrios", prefeririam uma espiritualidade menos extravagante. Al-Junayd (m. 910), de Bagdá, que estabeleceu o plano básico de todo misticismo islâmico futuro, acreditava que o extremismo de Bistami podia ser perigoso. Ensinou que ao *fana* (aniquilamento) devia seguir-se a *baqa* (renascimento), o retorno a um eu aprimorado. A união com Deus não devia destruir nossas capacidades naturais, mas desenvolvê-las: o sufista que rompesse a névoa do egoísmo para descobrir a presença divina no âmago de seu próprio ser se realizaria mais plenamente e teria maior autocontrole. Tornar-se-ia mais humano. Quando experimentavam *fana* e *baqa*, portanto, os sufistas atingiam um estado que os cristãos gregos chamariam de "deificação". Al-Junayd via toda a busca do sufista como um retorno ao estado primordial do homem no dia da criação: ele voltava à humanidade ideal que Deus pretendera. Voltava também à Fonte de seu ser. A experiência de separação e alienação era tão fundamental para os sufistas quanto para a experiência platônica ou gnóstica; não é, talvez, dessemelhante da "separação" de que falam os freudianos e kleinianos, embora a psicanálise atribua isso a uma fonte não teísta. Al-Junayd ensinava que, mediante um trabalho disciplinado e cuidadoso, sob a orientação de um mestre (*pir*) sufista, o muçulmano podia reunir-se com seu Criador e recuperar aquela sensação da presença de Deus que tivera quando, como diz o Corão, fora extraído do lombo de Adão. Seria o fim da separação e da tristeza, o reencontro com um eu mais profundo que era também o eu que cada um deveria ser. Deus não era uma realidade e um juiz à parte, mas estava na base do ser de cada pessoa:

> *Agora conheci, ó Senhor,*
> *o que há dentro de meu coração;*
> *em segredo, do mundo separada,*
> *minha língua falou com meu Adorado.*

> *Assim, de certa forma*
> *unidos estamos, e somos Um;*
> *mas, fora isso, a desunião*
> *é nosso estado eternamente.*

> *Embora de meu olhar atento*
> *intenso temor tenha ocultado Vossa Face,*
> *em maravilhosa e extática Graça*
> *eu Vos sinto tocando minha base mais profunda.*[33]

A ênfase na unidade reverte ao ideal corânico de *tawhid*: reunindo o eu disperso, o místico sentiria a presença divina na integração pessoal.

Al-Junayd tinha plena consciência dos perigos do misticismo. Indivíduos despreparados, que não tinham a assistência de um *pir* nem o rigoroso treinamento sufista, podiam facilmente entender mal o êxtase do místico e interpretar de maneira muito simplista sua afirmação de que se unira com Deus. Declarações extravagantes como as de Bistami certamente despertariam a ira do *establishment*. Nessa primeira fase, o sufismo era um movimento minoritário, e os ulemás muitas vezes o encaravam como uma

289

inovação inautêntica. Não obstante, o famoso aluno de Junayd, Husain Ibn Mansur (conhecido como *al-Hallaj*, o Cardador de Lã), abandonou toda cautela e tornou-se um mártir por sua fé mística. Correndo o Iraque, pregando a derrubada do califado e a instituição de uma nova ordem social, foi preso pelas autoridades e crucificado como seu herói, Jesus. Em seu êxtase, bradou: "Eu sou a Verdade!". Segundo os Evangelhos, Jesus fez a mesma afirmação, quando disse que era o Caminho, a Verdade e a Vida. O Corão condena como blasfema a crença cristã na Encarnação de Deus em Cristo; portanto, não surpreende que os muçulmanos se horrorizassem com o grito extático de al-Hallaj. Al-Haqq (a Verdade) é um dos nomes de Deus, e a reivindicação desse título por um simples mortal constitui idolatria. Al-Hallaj exprimia seu sentimento de uma união tão intensa com Deus que parecia identidade. Como diz num de seus poemas:

Eu sou Aquele a quem amo, e Aquele a quem amo é eu:
somos dois espíritos habitando um só corpo.
Se me vês, vês a Ele,
E, se O vês, nos vês a ambos.[34]

Eis uma ousada expressão daquele aniquilamento do eu e daquela união com Deus que seu mestre al-Junayd chamara de *'fana*. Al-Hallaj recusou-se a retratar-se, após a acusação de blasfêmia, e morreu como um santo.

Quando foi levado para a crucificação e viu a cruz e os cravos, voltou-se para os outros e fez uma prece, terminando com as palavras: "E esses Vossos servos reunidos para matar-me, zelosos por Vossa religião e desejosos de conquistar vossos favores, perdoai-os, Senhor, e tende piedade deles; pois, em verdade, se tivésseis lhes revelado o que revelastes a mim, não teriam feito o que fizeram; e se tivésseis escondido de mim o que escondestes deles, eu não sofreria esta tribulação. Glória a Vós no que seja que façais, e glória a Vós no que seja que queirais".[35]

O grito de al-Hallaj, *ana al-Haqq*, "Eu sou a Verdade!", mostra que o Deus dos místicos não é uma realidade objetiva, mas profundamente subjetiva. Mais tarde, al-Ghazzali argumentou que ele foi apenas insensato, e não blasfemo, ao proclamar uma verdade esotérica que podia ser enganosa para os não-iniciados. Como não há realidade além de Alá — segundo afirma a *Shahadah* —, todos os homens são essencialmente divinos. O Corão ensina que Deus criou Adão à sua imagem para poder contemplar-se como num espelho.[36] Por isso ordenou aos anjos que se curvassem e adorassem o primeiro homem. O erro dos cristãos consistia em supor que um homem contivera toda a encarnação do divino, diziam os sufistas. O místico que reconquistava sua visão original de Deus redescobria dentro de si mesmo a imagem divina, tal como se mostrara no dia de criação. A Tradição Sagrada (*hadith qudsi*), amada pelos sufistas, apresenta Deus atraindo o muçulmano para tão perto de si que parece encarnar em cada um de seus servos: "Quando o amo, torno-me o ouvido com que ele ouve, o olho com que ele vê, a mão com que ele pega, o pé com que ele anda". A história de al-Hallaj revela o profundo antagonismo que pode existir entre o místico e o *establishment* religioso, com suas diferentes concepções de Deus e da revelação. Para o místico, a revelação é um acontecimento que se dá dentro de sua própria alma, enquanto para pessoas mais convencionais, como alguns ulemás, é um acontecimento do passado. Vimos, porém, que, no século XI, filósofos muçulmanos como Ibn Sina e o próprio al-Ghazzali consideraram insatisfatórias as ponderações objetivas acerca de Deus e se voltaram para o misticismo. Al-Ghazzali tornara o sufismo aceitável para o *establishment* e mostrara que era a forma mais autêntica de espiritualidade muçulmana. No século XII, o filósofo iraniano Yahya Suhrawardi e Muid ad-Din ibn al-Arabi, nascido na Espanha, ligaram indissoluvelmente a *falsafah* ao misticismo e tornaram o Deus dos sufistas normativo em muitas partes do Império Islâmico. Como al-Hallaj, porém, Suhrawardi também foi condenado à morte pelos ulemás em Alepo, em 1191, por motivos que permanecem obscuros. Ele se impusera a missão de vincular ao islamismo o que chama de religião "oriental" original, completando, assim, o projeto de Ibn Sina. Afirma que todos os sábios do mundo antigo pregaram uma única doutrina, revelada primeiramente a Hermes (que identifica com o profeta conhecido como Idris no Corão e Henoc na Bíblia) e transmitida, no mundo grego, por Platão e Pitágoras e, no Oriente Médio, pelos magos zoroastrianos. Desde Aristóteles, essa doutrina fora obscurecida por uma filosofia mais cerebral, porém passara em segredo de um sábio a outro até chegar a Suhrawardi, via Bistami e al-Hallaj. Essa filosofia perene é mística e imaginativa, mas não envolve o abandono da razão. Suhrawardi é tão rigoroso intelectualmente quanto al-Farabi, mas também insiste na importância da intuição ao se abordar a verdade. Como ensina o Corão, toda verdade provém de Deus e deve-se buscá-la onde quer que se possa encontrá-la — no paganismo, no zoroastrismo, na tradição monoteísta. Ao contrário da religião dogmática, que se presta a disputas sectárias, o misticismo muitas vezes afirma que há tantos caminhos para Deus quantas são as pessoas. O sufismo em particular chegaria a um notável entendimento da fé alheia.

Suhrawardi é geralmente chamado de xeque al-Ishraq, ou o Senhor da Iluminação. Como os gregos, ele imagina Deus em termos de luz. Em árabe, *ishraq* refere-se à primeira luz da manhã, que vem do Oriente, e também a esclarecimento: o Oriente, portanto, não é a localização geográfica, mas a fonte de luz e energia. Assim, na fé oriental de Suhrawardi, os seres humanos lembram vagamente sua Origem, sentindo-se pouco à vontade neste mundo de sombras, e anseiam por retornar à sua primeira morada. Suhrawardi assegura que sua filosofia ajudará os muçulmanos a encontrar a verdadeira orientação, a purificar a sabedoria eterna existente dentro deles por meio da imaginação.

Seu sistema extremamente complexo constitui uma tentativa de reunir todas as intuições religiosas do mundo numa religião espiritual. Deve-se buscar a verdade onde quer que se possa encontrá-la. Assim, sua filosofia relaciona a cosmologia iraniana pré-islâmica com o sistema planetário ptolomaico e o emanacionismo neoplatônico. Contudo, nenhum outro *faylasuf* citara tanto o Corão. Quando discute cosmologia, Suhrawardi não está basicamente interessado em explicar as origens físicas do universo. Em sua obra-prima, *Hiqmat al-Ishraq* (A sabedoria da iluminação) examina problemas de física e ciências naturais, mas apenas como um prelúdio à parte mística. Como Ibn Sina, estava insatisfeito com a orientação inteiramente racional e objetiva da *falsafah*, embora acreditasse que a especulação racional e metafísica tem seu lugar na percepção da realidade total. O verdadeiro sábio, em sua opinião, é excelente tanto em filosofia quanto em misticismo. Sempre há um sábio assim no mundo. Numa teoria muito semelhante à imamologia xiita, Suhrawardi sustenta que, ainda que permaneça oculto, esse líder espiritual é o verdadeiro pólo (*qutb*), sem o qual o mundo deixaria de existir. O misticismo ishraquiano de Suhrawardi ainda é praticado no Irã. É um sistema esotérico não por ser exclusivo, mas por exigir formação espiritual e imaginação como as dos ismailitas e sufistas.

Os gregos talvez considerassem esse sistema *dogmático*, em vez de *querigmático*. Suhrawardi tentava descobrir a inventividade que está no âmago de toda religião e de toda filosofia e, embora insistisse que a razão não basta, nunca lhe negou o direito de sondar os mistérios mais profundos. É preciso buscar a verdade tanto no racionalismo científico quanto no misticismo esotérico; é preciso que a inteligência crítica eduque e informe a sensibilidade.

Como o nome sugere, o núcleo da filosofia ishraquiana é o símbolo da luz, vista como o sinônimo perfeito de Deus. Imaterial e indefinível (pelo menos no século XII!), ela é também a realidade mais óbvia: totalmente evidente por si mesma, não exige definição, porém todos a percebem como o elemento que possibilita a vida. É onipresente: qualquer que seja sua luminosidade, os corpos materiais devem-na à luz, uma fonte exterior a eles. Na cosmologia emanacionista de Suhrawardi, a Luz das Luzes equivale ao Ser Necessário dos *faylasufs*, que é absolutamente simples. Ela gera uma sucessão de luzes menores numa hierarquia descendente; cada luz, reconhecendo sua dependência da Luz das Luzes, produz um eu-sombra que vem a ser a fonte do reino material, correspondente a uma das esferas ptolomaicas. Essa é uma metáfora da condição humana. Em cada um de nós há uma combinação semelhante de luz e treva: o Espírito Santo (ou, como na teoria de Ibn Sina, o anjo Gabriel, a luz do mundo) confere a luz ou alma ao embrião. A alma anseia pelo mundo superior das Luzes e, corretamente instruída pelo santo *qutb* da época ou por um de seus discípulos, pode vislumbrar esse mundo aqui embaixo.

Suhrawardi descreve sua iluminação no *Hiqmat*. Estava obcecado pelo problema epistemológico do conhecimento, mas não avançava: sua cultura livresca nada tinha a lhe dizer. Então teve uma visão do Imame, o *qutb*, o curador de almas:

> De repente fui envolvido em suavidade; vi um lampejo ofuscante, depois uma luz diáfana, parecida com um ser humano. Observei com atenção, e lá estava ele. [...] Veio para mim, cumprimentando-me tão amavelmente que meu espanto se desfez e meu temor cedeu lugar a um sentimento de familiaridade. E então me pus a falar-lhe de minha dificuldade com aquele problema de conhecimento.
>
> "Desperta para ti mesmo", ele me disse, "e teu problema será resolvido."[37]

O processo do despertar, ou iluminação, é muito diferente da inspiração dilacerante e violenta da profecia. Tem mais em comum com a tranqüila iluminação de Buda: o misticismo introduzia uma espiritualidade mais calma nas religiões monoteístas. A iluminação não resultaria de um choque com uma Realidade externa, mas ocorreria dentro do próprio místico. Não haveria transmissão de fatos. O exercício da imaginação possibilitaria o retorno a Deus, conduzindo os humanos ao *alam al-mithal*, o mundo das imagens puras.

Suhrawardi retoma a antiga crença iraniana num mundo arquetípico, segundo a qual toda pessoa e todo objeto no *getik* (o mundo terreno, físico) tem sua contraparte exata no *menok* (o reino celeste). O misticismo reviveria a velha mitologia que as religiões monoteístas ostensivamente abandonaram. O *menok*, que no sistema de Suhrawardi se torna o *alam al-mithal*, é agora um reino intermediário entre nosso mundo e o de Deus. Nem a razão nem os sentidos conseguem perceber isso. É a imaginação criadora que nos habilita a descobrir o reino de arquétipos ocultos, da mesma forma como a interpretação simbólica do Corão revela seu verdadeiro sentido espiritual. O *alam al-mithal* se assemelha à percepção ismailita da história espiritual do islamismo, que é o verdadeiro sentido dos fatos terrenos, ou à angelologia de Ibn Sina, que vimos no capítulo anterior. Seria crucial para todos os místicos islâmicos como um meio de interpretar suas experiências e visões. Suhrawardi estava examinando visões surpreendentemente parecidas, tidas por xamãs, místicos e extáticos em muitas culturas diferentes. Esse fenômeno tem despertado grande interesse. O inconsciente coletivo de Jung constitui uma tentativa mais científica de examinar essa experiência comum da imaginação humana. Outros estudiosos, como o filósofo da religião romeno-americano Mircea Eliade, tentaram mostrar que as epopéias antigas e alguns tipos de contos de fada derivam de viagens extáticas e vôos místicos.[38]

Suhrawardi insiste que a visão dos místicos e os símbolos das Escrituras — como Céu, Inferno, Juízo Final — são tão reais quanto os fenômenos que presenciamos neste mundo, porém não do mesmo modo. Não podem ser provados empiricamente, mas apenas discernidos pela imaginação treinada, que revela aos visionários a dimensão espiritual de fenômenos terrenos. Essa experiência não faz sentido para quem não passou pelo treinamento necessário, assim como a iluminação budista só pode ocorrer depois de feitos os exercícios morais e mentais exigidos. Todos os nossos pensamentos, idéias, desejos, sonhos e visões correspondem a realidades no *alam al-mithal*. O Profeta Maomé, por exemplo, despertara para esse mundo intermediário durante a Visão Noturna, que o levara ao limiar do mundo divino. Suhrawardi também diria que os Místicos do Trono judeus tiveram suas visões quando aprenderam a entrar no *alam al-mithal*, durante seus exercícios de concentração. O caminho para Deus, portanto, não passa apenas pela razão, como os *faylasufs* pensavam, mas pela imaginação criadora, o campo do místico.

Hoje em dia, muitos ocidentais se horrorizariam se um grande teólogo afirmasse que, num sentido profundo, Deus é um produto da imaginação. Contudo, deveria ser óbvio que a imaginação é a principal faculdade religiosa. Jean-Paul Sartre a define como a *capacidade de pensar o que não existe*.[39] Os seres humanos são os únicos animais que têm capacidade de visualizar uma coisa que não está presente ou ainda não existe, mas é apenas possível. A imaginação tem sido a causa de nossas grandes realizações na ciência e na tecnologia, e também na arte e na religião. A idéia de Deus, como quer que o definam, é, talvez, o maior exemplo de uma realidade ausente que, apesar de seus problemas inerentes, continua a inspirar homens e mulheres há milhares de anos. Só podemos conceber Deus, que permanece imperceptível aos sentidos e à prova lógica, por meio de símbolos, cuja interpretação é a função principal da mente imaginativa. Suhrawardi tenta formular uma explicação imaginativa desses símbolos, que têm uma influência crucial sobre a vida humana, mesmo que as realidades a que se referem permaneçam elusivas. Podemos definir símbolo como um objeto ou idéia que conseguimos perceber com os sentidos ou captar com a mente, mas no qual vemos outra coisa que não ele mesmo. A razão sozinha não nos possibilita perceber o especial, o universal ou o eterno num objeto particular, temporal. Essa é a tarefa da imaginação criadora, à qual os místicos, assim como os artistas, atribuem suas intuições. Como na arte, os símbolos religiosos mais eficazes são os imbuídos do conhecimento e da compreensão inteligentes da condição humana. Suhrawardi, que escreveu num árabe extraordinariamente belo e era um metafísico de grande talento, foi tanto um artista criador quanto um místico. Juntando coisas aparentemente desconexas — ciência e misticismo, filosofia pagã e religião monoteísta —, ajudou os muçulmanos a criar seus próprios símbolos e a encontrar novo sentido na vida.

Mais influente ainda foi Muid ad-Din ibn al-Arabi (1165–1240), cuja vida talvez possamos ver como um símbolo da separação entre Oriente e Ocidente. Seu pai era amigo de Ibn Rushd, que ficou muito impressionado com sua religiosidade, na única ocasião em que se encontraram. Durante uma grave enfermidade, Ibn al-Arabi converteu-se ao sufismo e aos trinta anos deixou a Europa pelo Oriente Médio. Fez o *hajj* e passou dois anos rezando e meditando na Caaba, porém acabou se instalando em Malatya, às margens do Eufrates. Também chamado de xeque al-Akbah, Grande Mestre, afetou profundamente o conceito muçulmano de Deus, mas seu pensamento não influenciou o Ocidente, que imaginava que a filosofia muçulmana acabara em Ibn Rushd. O cristianismo ocidental abraçou o Deus aristotélico, enquanto a maior parte do islamismo optou, até muito recentemente, pelo Deus imaginativo dos místicos.

Em 1201, quando fazia as circunvoluções em torno da Caaba, Ibn al-Arabi teve uma visão que lhe causou um impacto profundo e duradouro: viu uma menina, chamada Nizam, envolta numa aura celestial, e compreendeu que ela era uma encarnação de *Sophia*, a Sabedoria divina. A epifania o fez compreender que seria impossível amar a Deus contando apenas com os argumentos racionais da filosofia. A *falsafah* enfatiza a absoluta transcendência de Alá e lembra-nos que nada se assemelha a ele. Como poderíamos amar um Ser tão estranho? Contudo, podemos amar o Deus que vemos em suas criaturas: "Se amas um ser por sua beleza, não amas a outro que não a Deus, pois ele *é* o Ser Belo", explica Ibn al-Arabi em *Futuhat al-Makkiyah* (As revelações de Meca). "Assim, em todos os seus aspectos, o objeto do amor é apenas Deus."[40] A *Shahadah* lembra-nos que não há deus nem realidade absoluta além de Alá. Portanto, não existe beleza além dele. Não podemos vê-lo pessoalmente, mas em criaturas como Nizam, que inspiram amor em nossos corações. Na verdade, o místico tem o dever de criar suas próprias epifanias, a fim de ver Nizam, por exemplo, como ela é de fato. O amor é essencialmente um anseio por algo que permanece ausente; é por isso que nosso amor humano tanto nos decepciona. Nizam tornou-se "o objeto de minha Busca e minha esperança, a Virgem Puríssima". No prefácio de *O divã*, coletânea de poemas de amor, Ibn al-Arabi explica:

Nos versos que compus para o presente livro, jamais deixo de aludir às inspirações divinas, às visitações espirituais, às correspondências [de nosso mundo] com o mundo de Inteligências Angélicas. Nisso me ative a meu hábito de pensar em símbolos; porque as coisas do mundo invisível me atraem mais que as da vida real, e porque essa menina sabia exatamente a que eu me referia.[41]

A imaginação criadora transformara Nizam num *avatar* de Deus.

Cerca de oitenta anos depois, o jovem Dante Alighieri teve uma experiência semelhante em Florença. Ao ver Beatrice Portinari, sentiu seu espírito tremer violentamente e ouviu-o gritar: "Um deus mais poderoso que eu vem me governar". A partir desse momento, foi governado por seu amor a Beatrice, que assumiu o comando "devido ao poder que minha imaginação lhe deu".[42] Beatrice continuou sendo a imagem do amor divino para Dante, que, na *Divina comédia*, descreve uma viagem imaginária pelo Inferno, Purgatório e Paraíso e mostra como chegou a uma visão de Deus. Histórias muçulmanas da ascensão de Maomé ao Paraíso o inspiraram; sua visão da imaginação criadora decerto se assemelha à de Ibn al-Arabi. Segundo Dante, não é verdade que a *imaginativa* simplesmente combina imagens derivadas da percepção do mundo terreno, como afirma Aristóteles; ela é, em parte, uma inspiração de Deus:

Ó fantasia (imaginativa), *que tantas vezes nos arrancas*
de nós mesmos de tal modo que nos alheamos, ensurdecemos,
ainda que mil trombetas clangorem em torno de nós.
O que te move, quando nada te mostram os sentidos?
Luz te move, no Céu formada pela vontade, talvez,
daquele que a envia ou por si mesma.[43]

Ao longo do poema, Dante vai aos poucos expurgando a narrativa de imagens sensuais e visuais. As descrições vividamente físicas do Inferno cedem lugar à difícil ascensão emocional pelo monte Purgatório até o Paraíso terrestre, onde Beatriz o censura por ver seu ser físico como um fim em si mesmo: ao contrário, devia tê-la visto como um símbolo ou *avatar* que lhe apontava o caminho para fora do mundo e para Deus. Quase não há descrições físicas do Paraíso; até as almas bem-aventuradas são elusivas, lembrando-nos que nenhuma personalidade humana pode ser o objeto final de nosso anelo. Por fim, as frias imagens intelectuais expressam a absoluta transcendência de Deus, que está além de toda imaginação. Dante foi acusado de pintar um frio retrato de Deus no *Paradiso*, mas a abstração nos lembra que nada sabemos sobre ele.

Ibn al-Arabi também estava convencido de que a imaginação é um dom de Deus. Ao criar uma epifania, o místico reproduz, aqui embaixo, uma realidade que existe mais perfeitamente no reino dos arquétipos. Ao ver o divino em outras pessoas, fazemos um esforço de imaginação para descobrir a verdadeira realidade: "Deus fez as criaturas como véus", explica. "Quem as conhece como tais é reconduzido a Ele, mas quem as toma como reais é afastado de Sua presença."[44] Assim — como parece típico do sufismo —, o que começou como uma espiritualidade altamente personalizada, centrada num ser humano, levou Ibn al-Arabi a uma concepção transpessoal de Deus. A imagem da mulher continuou sendo importante: para ele, as mulheres são as mais poderosas encarnações de *Sophia*, a Sabedoria divina, pois inspiram nos homens um amor que, em última análise, é dirigido a Deus. É uma opinião muito masculina, sem dúvida, mas também uma tentativa de dar uma dimensão feminina à religião de um Deus muitas vezes concebido como inteiramente masculino.

Ibn al-Arabi não acreditava que o Deus que conhecia tivesse existência objetiva. Embora fosse hábil metafísico, não acreditava que a existência de Deus pudesse ser provada pela lógica. Gostava de se dizer discípulo de Khidr, nome dado a uma misteriosa figura que aparece no Corão como o orientador espiritual de Moisés, que entregou a Lei eterna aos israelitas. Deus dera a Khidr um conhecimento especial de si mesmo, e por isso Moisés lhe pede que o instrua, mas Khidr explica que ele não suportará tal instrução, pois está fora de sua experiência religiosa.[45] Não adianta tentar compreender uma "informação" religiosa que nós mesmos não tenhamos experimentado. Parece que o nome Khidr significa "o Verde", indicando que sua sabedoria é sempre nova e eternamente renovável. Nem mesmo um profeta da estatura de Moisés consegue compreender as formas esotéricas de religião, pois, no Corão, descobre que realmente não suportaria o método instrucional de Khidr. Esse estranho episódio parece sugerir que os ornamentos externos de uma religião nem sempre correspondem a seu elemento espiritual ou místico. Pessoas como os ulemás talvez não entendessem o islamismo de um sufista como Ibn al-Arabi. A tradição muçulmana faz de Khidr o mestre de todos que buscam a verdade mística, inerentemente superior e muito diferente das formas literais, externas. Ele não leva seu discípulo à percepção de um Deus igual ao de todo mundo, mas a um Deus subjetivo no sentido mais profundo.

Khidr também era importante para os ismailitas. Apesar de Ibn al-Arabi ser sunita, suas doutrinas estão muito próximas do ismailismo, a cuja teologia acabaram sendo incorporadas — mais uma demonstração de que a religião mística consegue transcender as divisões sectárias. Como os ismailitas, Ibn al-Arabi acentua o *pathos* de Deus, em forte contraste com a *apatheia* do Deus dos filósofos. O Deus dos místicos quer ser conhecido por suas criaturas. Segundo os ismailitas, o substantivo *ilah* (deus) deriva do radical árabe WLH: estar triste, suspirar por.[46] Assim, Deus afirma na Sagrada Hadith: "Eu era um tesouro oculto e ansiava por ser conhecido. Então criei criaturas para ser conhecido por elas". Não há prova racional da tristeza de Deus; só a conhecemos por nosso próprio anelo de alguma coisa que satisfaça nossos desejos mais profundos e explique a tragédia e o sofrimento da vida. Como fomos criados à imagem de Deus, devemos refletir Deus, o supremo arquétipo. Nosso anseio pela realidade a que chamamos "Deus" deve, portanto, espelhar uma simpatia para com o *pathos* de Deus. Ibn al-Arabi imagina o Deus solitário suspirando de anseio, mas esse suspiro (*nafas rahmani*) não exprime autocomiseração. Tem uma força ativa, criadora, que deu existência a todo o nosso cosmo; também exala seres humanos, que se tornam *logoi*, palavras que expressam Deus para si mesmo. Segue-se que cada ser humano é uma epifania única do Deus Oculto, manifestando-o de maneira particular e irrepetível.

Cada um desses *logoi* divinos é um dos nomes com que Deus chama a si mesmo, fazendo-se totalmente presente em cada uma de suas epifanias. Deus não pode ser resumido numa só expressão humana, pois a realidade divina é inexaurível. Segue-se também que a revelação de Deus em cada um de nós é única, diferente do Deus de nossos inumeráveis semelhantes, que também são seus *logoi*. Só conhecemos nosso próprio "Deus", pois não podemos experimentá-lo objetivamente; é impossível conhecê-lo do mesmo modo que as outras pessoas. "Cada ser tem como seu deus apenas seu Senhor particular; não pode ter o todo", explica Ibn al-Arabi. Ele gosta de citar a *hadith*: "Meditai sobre as bênçãos de Deus, mas não sobre sua essência (*al-Dhat*)".[47] A realidade total de Deus é incognoscível; devemos nos concentrar na Palavra particular proferida em nosso próprio ser. Ibn al-Arabi também gosta de chamar Deus de *al-Ama*, "a Nuvem", ou "a Cegueira",[48] para enfatizar sua inacessibilidade. Mas esses *logoi* humanos também revelam o Deus Oculto para *ele mesmo*. É uma troca: Deus suspira por tornar-se conhecido e é libertado de sua solidão pelas pessoas nas quais se revela. O sofrimento do Deus Desconhecido é atenuado pelo Deus Revelado em cada ser humano que o faz conhecer a si mesmo; também é verdade que o Deus Revelado em cada indivíduo anseia por voltar à origem com a nostalgia divina que inspira nosso próprio anelo.

Divindade e humanidade são, portanto, dois aspectos da vida divina que anima todo o cosmo. Essa conclusão não difere da visão grega da Encarnação de Deus em Jesus, porém Ibn al-Arabi não aceita a idéia de que um único ser humano, por mais santo que seja, possa expressar a infinita realidade de Deus. Ele acredita que cada criatura humana é um *avatar* único do divino. Contudo, concebeu o símbolo do Homem Perfeito (*insan i-kamil*), que, para o bem de seus contemporâneos, encarna o mistério do Deus Revelado em cada geração, embora não encarne, evidentemente, toda a realidade de Deus ou sua essência oculta. O Profeta Maomé é o Homem Perfeito de sua geração e um símbolo particularmente eficaz do divino.

Esse misticismo introspectivo, imaginativo, busca a base do ser nas profundezas do eu. Priva o místico das certezas que caracterizam as formas mais dogmáticas de religião. Como cada indivíduo tem uma experiência única de Deus, nenhuma religião consegue expressar a totalidade do mistério divino. Não existe verdade objetiva sobre Deus que todos devam endossar; como esse Deus transcende a categoria da personalidade, é impossível prever seu comportamento e suas inclinações. Portanto, qualquer atitude chauvinista com relação à própria crença em detrimento da fé alheia é, obviamente, inaceitável, pois nenhuma religião detém toda a verdade sobre Deus. Ibn al-Arabi desenvolveu a atitude positiva ante as outras religiões que se encontra no Corão e levou-a a um novo extremo de tolerância:

> *Meu coração é capaz de toda forma.*
> *Um claustro para o monge, um templo para ídolos,*
> *um pasto para gazelas, a Caaba do devoto,*
> *as tábuas da Torá, o Corão.*
> *O amor é a fé que sustento: para onde quer que se voltem*
> *seus camelos, ainda assim a verdadeira fé é minha.*[49]

O homem de Deus sente-se igualmente à vontade na sinagoga, no templo, na igreja e na mesquita, pois todos esses locais proporcionam uma válida apreensão de Deus. Ibn al-Arabi muitas vezes usa a expressão "o Deus criado pelas crenças" (*Khalk al-haqqfi'l-itiqad*), que pode ser pejorativa, se se refere ao "deus" que homens e mulheres criam em determinada religião e consideram idêntico a Deus. Isso apenas gera intolerância e fanatismo. Em lugar de tal idolatria, Ibn al-Arabi aconselha:

Não vos apegueis exclusivamente a um credo particular para desacreditar todo o resto; com isso perdereis muita coisa boa e, ademais, não reconhecereis a verdade. Deus, o onipresente, o onipotente, não se limita a um único credo, pois ele diz: "Para onde vos volteis, lá está a face de Alá" (Corão, 2,109). Todos louvam o que acreditam; seu deus é sua própria criatura, e, ao louvá-lo, louvam a si mesmos. Por conseguinte, censuram as crenças dos outros, o que não fariam se fossem justos, mas sua antipatia se baseia na ignorância.[50]

Nunca vemos um deus, mas o Nome pessoal que foi revelado e recebeu existência concreta em cada um de nós; inevitavelmente, nossa concepção de nosso Senhor pessoal é imbuída da tradição religiosa em que nascemos. Mas o místico (*arif*) sabe que esse nosso "Deus" é simplesmente um "anjo", ou um símbolo particular do divino, que jamais deve ser confundido com a Realidade Oculta. Portanto, considera todas as diferentes religiões como teofanias válidas. Enquanto o Deus das religiões mais dogmáticas divide a humanidade em campos antagônicos, o Deus dos místicos é uma força unificadora.

Os ensinamentos de Ibn al-Arabi eram abstrusos para a vasta maioria dos muçulmanos, porém acabaram chegando até as pessoas comuns. Nos séculos XII e XIII, o sufismo deixou de ser um movimento de minoria e tornou-se o estado de espírito dominante em muitas partes do Império Islâmico. Foi nessa época que se fundaram as várias ordens sufistas, ou *tariqas*, cada uma com sua interpretação particular da fé mística. O xeque sufista tinha grande influência sobre o povo e muitas vezes era reverenciado como santo, mais ou menos como os imames xiitas. Esse foi um período de convulsão política: o califado de Bagdá se desintegrava e as hordas mongóis devastavam cidade muçulmana após outra. As pessoas queriam um Deus mais imediato e compassivo que o remoto Deus dos *faylasufs* e o Deus legalista dos ulemás. As práticas sufistas da *dhikr*, recitação dos Nomes Divinos como mantra para induzir o êxtase, espalharam-se entre as *tariqas*. As disciplinas de concentração sufistas, com suas técnicas de respiração e postura, ajudavam os devotos a sentir dentro de si a presença transcendente. Nem todos podiam alcançar estados místicos elevados, mas esses exercícios espirituais ajudavam as pessoas a abandonar as idéias simplistas e antropomórficas de Deus e a experimentá-lo como uma presença dentro do eu. Algumas ordens usavam música e dança para aumentar a concentração, e seus *pirs* tornavam-se heróis para o povo.

A mais famosa das ordens sufistas é a *mawlawiyyah*, cujos membros são conhecidos no Ocidente como "dervixes rodopiantes". Sua dança solene e digna é um método de concentração. Ao rodopiar, o sufista sente os limites do eu se dissolverem e se funde em sua dança, o que lhe proporciona um antegosto do aniquilamento do *'fana*. O fundador da ordem foi Jalal ad-Din Rumi (*c.* 1207–73), a quem seus discípulos chamam de Mawlana, nosso Mestre. Ele nasceu no Khurasan, na Ásia Central, mas fugiu para Konya, na atual Turquia, ante o avanço dos exércitos mongóis. Seu misticismo pode ser visto como uma resposta muçulmana a esse flagelo, que deve ter feito muitos perderem a fé em Alá. Suas idéias são semelhantes às de seu contemporâneo Ibn al-Arabi, mas seu poema *Masnawi*, conhecido como a Bíblia sufista, teve um apelo mais popular e ajudou a disseminar o Deus dos místicos entre muçulmanos não sufistas. Em 1244, Rumi se encantou com o dervixe errante Shams ad-Din, a quem via como o Homem Perfeito de sua geração. Shams ad-Din acreditava ser a reencarnação do Profeta e insistia que o chamassem de "Maomé". Tinha uma reputação dúbia e não observava a *Shariah*, a Santa Lei do islamismo, julgando-se acima de tais trivialidades. Os discípulos de Rumi se preocupavam com a evidente obsessão do mestre. Quando Shams foi morto num motim, Rumi ficou inconsolável e dedicou ainda mais tempo à música e à dança místicas. Conseguiu transformar sua dor num símbolo do amor de Deus — do anseio de Deus pela humanidade e do anelo da humanidade por Alá. Sabendo ou não, todos buscavam o Deus ausente, vagamente conscientes de que estavam separados da Fonte do ser:

Escutai o junco: ele conta uma história, chorando a separação. Desde que fui arrancado do juncal, meu lamento tem feito gemer homens e mulheres. Preciso de um seio dilacerado pela separação, para estender [a essa pessoa] o poder do desejo-amor: todos que são afastados de sua origem desejam voltar ao tempo em que estavam unidos a ela.[51]

Acreditava-se que o Homem Perfeito inspirava os mortais mais comuns a buscar Deus: Shams ad-Din descobrira em Rumi a poesia do *Masnawi*, que expõe o sofrimento dessa separação.

Como outros sufistas, Rumi vê o universo como uma teofania dos muitos nomes de Deus. Alguns revelam a ira e a severidade de Deus, enquanto outros expressam as qualidades de misericórdia intrínsecas à natureza divina. O místico trava uma luta (*jihad*) incessante para distinguir a compaixão, o amor e a beleza de Deus em todas as coisas e descartar tudo mais. O *Masnawi* desafia os muçulmanos a encontrar a dimensão transcendente na vida humana e a ver a realidade interior, oculta pelas aparências. É o ego que nos cega para o mistério interior de todas as coisas, mas, depois que o superamos, deixamos de ser criaturas isoladas e nos unimos com a Base de toda existência. Também aqui, Rumi enfatiza que Deus só pode ser uma experiência subjetiva. Ele conta a história de Moisés e o Pastor para ilustrar o respeito que devemos ter pelas concepções pessoais do divino. Um dia, Moisés escutou um pastor conversando informalmente com Deus: queria ajudá-lo, onde ele estivesse — lavar suas roupas, catar seus piolhos, beijar-lhe as mãos e os pés na hora de dormir. "Tudo que posso dizer, lembrando-me de Vós", concluía a prece, "é *aiiii* e *aaaaah*." Moisés ficou horrorizado. Com quem o pastor pensava que estava falando? Com o Criador do céu e da terra? Pois parecia que estava falando com o tio! O pastor se arrependeu e afastou-se, desconsolado, para o deserto, porém Deus repreendeu Moisés. Não queria palavras convencionais, mas amor e humildade ardentes. Não *existe* maneira correta de falar com Deus:

O que te parece errado para ele está certo.
O que é veneno para um é mel para outro.

Pureza e impureza, indolência e diligência na adoração
nada significam para mim.
Estou longe de tudo isso.
Não se deve classificar como melhores ou piores
as diversas maneiras de adorar.

Os hindus fazem coisas hindus.
Os muçulmanos dravídicos da Índia fazem o que fazem.
Tudo é louvor, e tudo está certo.

Não sou eu o glorificado nos atos de adoração.
São os adoradores! Eu não ouço as palavras
que eles dizem. Olho a humildade interior.
Essa modéstia submissa e franca é a Realidade,
não a linguagem! Esquece a fraseologia.
Eu quero ardor, ardor.
Sê amigo
de teu ardor. Queima teu pensamento
e tuas formas de expressão![52]

Qualquer discurso sobre Deus é tão absurdo quanto o do pastor, mas, quando o crente vê as coisas como de fato são por trás dos véus, descobre que elas não correspondem a nenhum de seus preconceitos humanos.

A essa altura, a tragédia ajudara os judeus da Europa a formar uma nova concepção de Deus. O anti-semitismo do Ocidente tornava a vida intolerável para as comunidades judaicas, e muitos queriam um Deus mais imediato e pessoal que a remota divindade dos Místicos do Trono. No século IX, a família Kalonymos emigrara do sul da Itália para a Alemanha e levara consigo alguma literatura mística. No século XII, a perseguição introduziu na religiosidade asquenaze um novo pessimismo, expresso nos textos de três membros do clã dos Kalonymos: o rabino Samuel, o Velho, que escreveu o breve tratado *Sefer ha-Yirab* (Livro do temor de Deus) por volta de 1150; o rabino Judah, o Pietista, autor de *Sefer Hasidim* (Livro dos pietistas), e seu primo, o rabino Eliezar ben Judah (m. 1230), de Worms, que editou vários tratados e textos místicos. Eles não eram filósofos nem pensadores sistemáticos, e sua obra mostra que beberam suas idéias em fontes aparentemente incompatíveis. Impressionaram-se muito com o seco *faylasuf* Saadia ibn Yusuf, cujos livros haviam sido traduzidos para o hebraico, e com cristãos como Francisco de Assis. A partir desse estranho amálgama de fontes, conseguiram criar uma espiritualidade que continuou sendo importante para os judeus da França e da Alemanha até o século XVII.

Os rabinos haviam dito que é pecado negar-se um prazer criado por Deus. Mas os pietistas alemães pregavam uma renúncia semelhante ao ascetismo cristão. O judeu só veria a Shekinah no outro mundo, se renunciasse ao prazer e abrisse mão de passatempos como ter animais de estimação ou brincar com crianças. Devia cultivar uma *apatheia* semelhante à de Deus, permanecendo indiferente a desprezos e insultos. Mas podia chamar Deus de Amigo. Nenhum Místico do Trono teria sonhado em tutear Deus, como fez Eliezar. Essa familiaridade introduziu-se na liturgia, descrevendo um Deus imanente e sempre presente, ao mesmo tempo que transcendente:

> Tudo está em Ti, e Tu estás em tudo; tudo preenches e tudo abranges; quando tudo foi criado, Tu estavas em tudo; antes que tudo fosse criado, Tu eras tudo.[53]

Os pietistas alemães moderam essa imanência, mostrando que ninguém pode aproximar-se realmente de Deus, mas apenas do que ele manifesta à humanidade em sua "glória" (*kavod*), ou na "grande irradiação chamada Shekinah". Não se preocupam com a evidente incoerência. Concentram-se em questões práticas, não em sutilezas teológicas, ensinando aos irmãos judeus métodos de concentração (*kawwanah*) e gestos que aumentariam sua percepção da presença de Deus. O silêncio é essencial; o pietista deve fechar bem os olhos, cobrir a cabeça com o xale de oração para evitar distração, encolher a barriga e rilhar os dentes. Idealizaram maneiras especiais de "estender a prece" para estimular essa percepção da Presença. Em vez de apenas repetir as palavras da liturgia, o pietista deve contar as letras de cada palavra, calcular seu valor numérico e ir além do sentido literal da linguagem. Deve dirigir sua atenção para cima, a fim de intensificar seu senso de uma realidade superior.

No Império Islâmico, onde não havia perseguição anti-semita, os judeus viviam em condições muito melhores e não precisavam do pietismo asquenaze. Todavia, elaboravam um novo tipo de judaísmo, em resposta aos acontecimentos do mundo muçulmano. Assim como os *faylasufs* judeus procuraram explicar filosoficamente o Deus da Bíblia, outros judeus tentavam dar a seu Deus uma interpretação mística, simbólica. No início, esses místicos constituíam apenas uma minúscula minoria. Tinham uma disciplina esotérica, passada de mestre a discípulo: chamavam-na de Cabala, ou tradição herdada. O Deus da Cabala acabou atraindo a maioria e apoderando-se da imaginação judaica de um modo como o Deus dos filósofos jamais conseguiu. A filosofia ameaçava transformar Deus numa remota abstração, porém o Deus dos místicos chegava àqueles temores e ansiedades localizados num nível mais profundo que o racional. Enquanto os Místicos do Trono satisfaziam-se em contemplar a glória de Deus, os cabalistas tentavam penetrar na vida interior de Deus e na consciência humana. Ao invés de especular racionalmente sobre a natureza de Deus e os problemas metafísicos de sua relação com o mundo, voltavam-se para a imaginação.

Como os sufistas, os cabalistas usaram a distinção gnóstica e neoplatônica entre a essência de Deus e o Deus que vislumbramos na revelação e na criação. Deus é essencialmente incognoscível, inconcebível e impessoal. O Deus oculto é En Sof ("sem fim", ao pé da letra). Nada sabemos sobre En Sof: não é sequer mencionado na Bíblia ou no Talmude. Um autor anônimo do século XIII escreveu que En Sof é incapaz de tornar-se objeto de uma revelação à humanidade.[54] Ao contrário de YHWH, En Sof não tem nome documentado; não é uma pessoa. Esse é um afastamento radical do Deus personalíssimo da Bíblia e do Talmude. Os cabalistas desenvolveram sua própria mitologia para explorar um novo campo da consciência religiosa. Para explicar a relação entre En Sof e YHWH sem ceder à heresia gnóstica de que são dois seres diferentes, conceberam um método simbólico de ler as Escrituras. Como os sufistas, imaginaram um processo pelo qual o Deus oculto se mostra à humanidade. En Sof manifestou-se aos místicos judeus sob dez diferentes aspectos ou *sefiroth* (numerações) da realidade divina que emanara das inescrutáveis profundezas da divindade incognoscível. Cada *sefirah* representa um estágio na paulatina revelação de En Sof e tem seu próprio nome simbólico, mas cada uma dessas esferas divinas encerra todo o mistério de Deus considerado sob um título específico. Na exegese cabalística, cada palavra da Bíblia se refere a uma ou outra das dez *sefiroth*: cada versículo descreve um acontecimento ou fenômeno que tem sua contrapartida na vida interior do próprio Deus.

Ibn al-Arabi via o suspiro de compaixão de Deus, que o revelou à humanidade, como a Palavra que criara o mundo. Assim também as *sefiroth* são, simultaneamente, os nomes que Deus dera a si mesmo e os meios pelos quais ele criara o mundo. Juntos, esses dez nomes formam seu único grande Nome, que os homens desconhecem. Representam os estágios pelos quais En Sof descera de sua solitária inacessibilidade ao mundo terreno. As *sefiroth* geralmente são relacionadas da seguinte maneira:

1) Kether Elyon: a Suprema Coroa.
2) Hokhmah: Sabedoria.
3) Binah: Inteligência.
4) Hesed: Amor ou Misericórdia.
5) Din: Poder (comumente se manifesta em severo julgamento).
6) Rahamin: Compaixão; às vezes chamada Tifereth: Beleza.

7) Netsah: Resistência Eterna.
8) Hod: Majestade.
9) Yesod: Fundamento.
10) Malkuth: Reino; também chamada Shekinah.

Às vezes, as *sefiroth* são representadas como uma árvore, crescendo de cabeça para baixo, com as raízes nas incompreensíveis profundezas de En Sof [ver diagrama ao lado] e o topo na Shekinah, no mundo. A imagem orgânica expressa a unidade desse símbolo cabalístico. En Sof é a seiva que corre pelos galhos da árvore e lhes dá vida, unificando-os numa misteriosa e complexa realidade. Embora haja uma distinção entre En Sof e o mundo de seus nomes, os dois são um, mais ou menos como brasa e chama. As *sefiroth* representam os mundos de luz que manifestam a escuridão de En Sof, que permanece em sua impenetrável obscuridade. Essa é mais uma demonstração de que nossas idéias sobre "Deus" não conseguem expressar plenamente a realidade que apontam.

Mas as *sefiroth* não são uma realidade alternativa "que está lá fora" e se interpõe entre a Divindade e o mundo. Não são os degraus de uma escada entre o céu e a terra, e sim o fundamento do mundo percebido pelos sentidos. Como Deus é tudo, as *sefiroth* estão presentes e ativas em tudo que existe. Também designam os estágios da consciência humana pelos quais o místico ascende a Deus, descendo na própria mente. Mais uma vez, Deus e o homem são inseparáveis. Alguns cabalistas viam as *sefiroth* como os membros do homem primordial originalmente concebido por Deus. É isso que a Bíblia quer dizer quando afirma que o homem foi criado à imagem de Deus: a realidade terrena corresponde a uma realidade arquetípica do mundo celestial. As imagens de Deus como árvore ou como homem representam uma realidade que desafia a formulação racional. Os cabalistas não se opunham à *falsafah* — muitos reverenciavam figuras como Saadia Gaon e Maimônides —, porém achavam o simbolismo e a mitologia mais satisfatórios que a metafísica para penetrar o mistério de Deus.

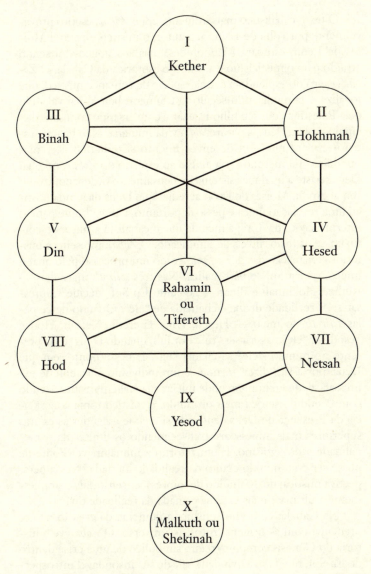

A árvore das *sefiroth*

O texto cabalístico mais influente era o *Zohar*, escrito provavelmente por volta de 1275. Seu autor, o místico espanhol Moisés de León, estudara Maimônides, mas aos poucos foi sendo atraído para o misticismo e a tradição esotérica da Cabala. O *Zohar* (Livro do esplendor) é uma espécie de romance místico, que focaliza o talmudista do século XIII Simeon ben Yohai vagando pela Palestina com seu filho Eliezar e conversando com seus discípulos sobre Deus, a natureza e a vida humana. Não há uma estrutura clara nem um desenvolvimento sistemático de temas ou idéias. Tal método seria alheio ao espírito do *Zohar*, no qual Deus resiste a qualquer sistema de pensamento ordenado. Como Ibn al-Arabi, Moisés de León acredita que Deus dá a cada místico uma revelação única e pessoal; portanto, não há limite para as interpretações da Torá: à medida que o cabalista avança, descortinam-se os vários níveis de significado. O *Zohar* apresenta a misteriosa emanação das dez *sefiroth* como um processo pelo qual o impessoal En Sof se personaliza. Nas três *sefiroth* mais altas — Kether, Hokhmah e Binah —, quando En Sof "decide" expressar-se, a realidade divina é chamada de "ele". Quando desce pelas *sefiroth* do meio — Hesed, Din, Tifereth, Netsah, Hod e Yesod —, "ele" passa a ser "tu". Por fim, quando Deus se faz presente no mundo, "ele" se chama "eu". É nesse ponto, em que Deus, por assim dizer, tornou-se um indivíduo e acabou de expressar-se, que o homem pode iniciar sua viagem mística. Tendo compreendido seu eu mais profundo, o místico toma consciência da Presença de Deus dentro de si e pode ascender às esferas superiores mais impessoais, transcendendo os limites da personalidade e do egoísmo. É um retorno à inimaginável Fonte de nosso ser e ao mundo oculto da realidade incriada. Nessa perspectiva mística, nosso mundo de impressões sensoriais é simplesmente a última e mais externa camada da realidade divina.

Na Cabala, como no sufismo, a doutrina da criação não se preocupa com as origens físicas do universo. O *Zohar* vê a história do Gênesis como um relato simbólico de uma crise dentro de En Sof, que faz a Divindade sair de sua insondável introspecção e revelar-se:

No início, quando a vontade do Rei começou a efetuar-se, ele gravou sinais na aura divina. Uma chama escura brotou dos mais íntimos recessos de En Sof, como uma neblina se forma a partir do informe, encerrada no círculo dessa aura, nem branca nem preta, nem vermelha nem verde, de nenhuma cor.[55]

No Gênesis, a primeira palavra criadora de Deus é: "Que haja luz!". No comentário do *Zohar* ao Gênesis (*Bereshit*, em hebraico, como a primeira palavra: "no princípio"), essa "chama escura" é a primeira *sefirah*: Kether Elyon, a Suprema Coroa da Divindade. Não tem cor nem forma: outros cabalistas preferem chamá-la de Nada (*ayin*). A mais alta forma de divindade que a mente humana pode conceber equivale ao nada, porque não se compara a nenhuma das coisas existentes. Todas as outras *sefiroth*, portanto, emergem do ventre do Nada. Trata-se de uma interpretação mística da tradicional doutrina da criação *ex nihilo*. O processo de auto-expressão da Divindade continua como a luz que jorra e se espalha por esferas mais amplas. Prossegue o *Zohar*:

Mas, quando começou a tomar dimensão e extensão, essa chama produziu cores radiantes. Pois no mais interno centro, oculta nos misteriosos segredos de En Sof, jorrou uma fonte, da qual se lançaram chamas sobre tudo que havia embaixo. A fonte rompeu a aura eterna que a cercava e, no entanto, não a rompeu inteiramente. Era plenamente reconhecível, até que, sob o impacto de seu rompimento, brilhou um oculto ponto superno. Além desse ponto, nada pode ser conhecido ou entendido, e ele se chama *Bereshit*, o Princípio; a primeira palavra da criação.[56]

O "ponto" é Hokhmah (Sabedoria), a segunda *sefirah*, que contém a forma ideal de todas as coisas criadas. O ponto se transforma num palácio ou num edifício, que se torna Binah (Inteligência), a terceira *sefirah*. Essas três *sefiroth* superiores representam o limite da compreensão humana. Os cabalistas dizem que Deus existe em Binah como o grande "Quem?" (*Mi*) no início de toda pergunta. Mas não é possível obter resposta. Conquanto En Sof esteja aos poucos se adaptando às limitações humanas, não temos como saber "Quem" ele é: quanto mais alto ascendemos, mais "ele" permanece envolto em trevas e mistério.

As sete *sefiroth* seguintes correspondem aos sete dias da criação no Gênesis. No período bíblico, YHWH acabou triunfando sobre as antigas deusas de Canaã e seus cultos eróticos. Contudo, enquanto os cabalistas lutavam para expressar o mistério de Deus, as velhas mitologias se reafirmavam, embora de forma disfarçada. O *Zohar* descreve Binah como a Mãe Superna, cujo ventre é penetrado pela "chama escura", para dar à luz as sete *sefiroth* inferiores. Mais uma vez, Yesod, a nona *sefirah*, inspira especulação fálica: é descrita como o canal através do qual a vida divina jorra no universo, num ato de procriação mística. Mas é na Shekinah, a décima *sefirah*, que o antigo simbolismo sexual da criação e da teogonia surge com mais clareza. No Talmude, a Shekinah é uma figura neutra: não tem sexo nem gênero. Na Cabala, porém, a Shekinah se torna o aspecto feminino de Deus. O *Bahir* (c. 1200), um dos primeiros textos cabalísticos, identifica-a com a figura gnóstica de *Sophia*, a última das emanações divinas, que caíra do Pleroma e agora vagava pelo mundo, perdida e distante da Divindade. O *Zohar* relaciona esse "exílio da Shekinah" com a queda de Adão contada no Gênesis. Diz que foram mostradas a Adão as "*sefiroth* do meio" na Árvore da Vida e a Shekinah na Árvore do Conhecimento. Em vez de adorar as sete *sefiroth* juntas, ele preferiu venerar só a Shekinah, separando a vida do conhecimento e rompendo a unidade das *sefiroth*. A vida divina não pôde mais fluir ininterruptamente no mundo, que foi isolado de sua Fonte divina. No entanto, observando a Torá, a comunidade de Israel podia acabar com o exílio da Shekinah e reunir o mundo à Divindade. Embora muitos talmudistas repudiassem essa idéia, o exílio da Shekinah, que lembra os antigos mitos da deusa que se afastava do mundo divino, tornou-se um dos elementos mais populares da Cabala. A Shekinah traz certo equilíbrio sexual à idéia de Deus, que tende para o masculino, e satisfaz uma importante necessidade religiosa.

A idéia do exílio divino também envolve aquele sentimento de separação que tanto angustia a humanidade. O *Zohar* define o mal como algo que se separou ou que entrou numa relação para a qual é inadequado. Um dos problemas do monoteísmo ético é isolar o mal. Como não podemos aceitar a existência do mal em nosso Deus, corremos o risco de não suportá-lo em nós mesmos, de afastá-lo e torná-lo monstruoso e desumano. A aterrorizante imagem de Satanás no cristianismo ocidental é uma dessas projeções distorcidas. O *Zohar* encontra a raiz do mal no próprio Deus: em Din, ou Julgamento Severo, a quinta *sefirah*. Din é descrita como a mão esquerda de Deus, e Hesed (Misericórdia) como a direita. Enquanto Din atua em harmonia com a Misericórdia divina, é positiva e benéfica. Mas, se rompe com as outras *sefiroth* e delas se separa, torna-se má e destrutiva. O *Zohar* não nos diz como se deu essa separação. No capítulo seguinte, veremos que os cabalistas refletiram sobre o problema do mal, que viam como resultado de uma espécie de "acidente" primordial ocorrido nos primeiros estágios da auto-revelação de Deus. A Cabala não faz muito sentido quando é interpretada ao pé da letra, mas sua mitologia se revela psicologicamente satisfatória. No século XV, quando a tragédia golpeou os judeus espanhóis, foi o Deus cabalista que os ajudou a entender o sentido do sofrimento.

Podemos ver a acuidade psicológica da Cabala no místico espanhol Abraham Abulafia (1240–depois de 1291). Embora a maior parte de sua obra seja contemporânea do *Zohar*, Abulafia se concentrou no método prático para chegar à percepção de Deus, e não na natureza divina. Esse método se assemelha aos que os psicanalistas utilizam em sua busca secular de esclarecimento. Os sufistas queriam experimentar Deus do mesmo modo que Maomé; Abulafia dizia ter descoberto um meio de obter inspiração profética. Desenvolveu uma forma judaica de ioga, usando disciplinas habituais de concentração como respiração, recitação de um mantra e adoção de uma postura especial, para alcançar um estado alternativo de consciência. Abulafia foi um cabalista incomum. Dono de vasta erudição, estudara a Torá, o Talmude e a *falsafah* até os 33 anos, quando se converteu ao misticismo, após uma arrasadora experiência religiosa. Parece que acreditava ser o Messias, não apenas para os judeus mas também para os cristãos. Assim, viajou muito pela Espanha, fazendo discípulos, e esteve no Oriente Próximo. Em 1280, visitou o papa como embaixador judeu. Embora muitas vezes criticasse abertamente o cristianismo, parece que reconheceu a semelhança entre o Deus cabalístico e a teologia da Trindade. As três *sefiroth* superiores lembram o Logos e o Espírito, o Intelecto e a Sabedoria de Deus, que vêm do Pai, o Nada perdido em luz inacessível. Abulafia gostava de falar de Deus em termos trinitários.

Para encontrar esse Deus, é necessário "deslacrar a alma, desatar os nós que a prendem". A expressão "desatar os nós" também ocorre no budismo tibetano, mais uma indicação da concordância fundamental entre místicos de todo o mundo. O processo descrito talvez possa ser comparado à tentativa psicanalítica de desvendar os complexos que impedem a saúde mental do paciente. Como cabalista, Abulafia estava mais preocupado com a energia divina que anima toda a criação e que a alma não consegue perceber. Enquanto abarrotamos a mente com idéias baseadas na percepção dos sentidos, é difícil discernir o elemento transcendente da vida. Por meio dessas disciplinas iogues, Abulafia ensinava seus discípulos a ir além da consciência normal e descobrir todo um novo mundo. Um de seus métodos é o *Hokhmah ha-Tseruf* (ciência da combinação das letras), que assume a forma de meditação sobre o Nome de Deus. O cabalista deve juntar as letras do nome divino em diferentes combinações, com a finalidade de divorciar a mente do concreto e levá-la a um modo mais abstrato de percepção. Essa disciplina — que alguém de fora talvez ache bem pouco promissora — aparentemente produz efeitos notáveis. Abulafia a compara com a sensação de ouvir harmonias musicais, as letras do alfabeto tomando o lugar das notas. Também usava um método de associar idéias, que chama de *dillug* (pular) e *kefitsah* (saltar), claramente semelhante à moderna prática psicanalítica da livre associação. Consta que os resultados também são espantosos. Como explica Abulafia, ele revela processos mentais ocultos e liberta o cabalista da "prisão das esferas naturais e (o) conduz às fronteiras da esfera divina".[57] Dessa forma, os "lacres" da alma se rompem e o iniciado descobre recursos de poder físico que iluminam sua mente e aliviam a dor de seu coração.

Assim como o tratamento psicanalítico requer a orientação do terapeuta, a viagem mística ao interior da mente exige a supervisão de um mestre da Cabala. Abulafia tinha plena consciência dos perigos porque, ainda jovem, sofrera com uma devastadora experiência religiosa que quase o levou ao desespero. Hoje os pacientes muitas vezes internalizam a pessoa do analista, para apropriar-se da força e da saúde que ele ou ela representa. Segundo Abulafia, o cabalista muitas vezes "vê" e "ouve" a pessoa de seu diretor espiritual, que se torna "o motor interno que abre as portas fechadas dentro dele". Sente um novo surto de poder e uma transformação interior tão esmagadora que parece provir de uma fonte divina. Um discípulo de Abulafia deu outra interpretação do êxtase: o místico, disse, torna-se seu próprio Messias. Em êxtase, avista o próprio eu liberado e iluminado:

> Sabei que o completo espírito de profecia consiste, para o profeta, em ver diante de si a forma de seu eu e esquecer seu eu, que dele se desprende [...] e desse segredo disseram nossos mestres [no Talmude]: "Grande é a força dos profetas, que se comparam à forma Daquele que a formou" [quer dizer, "que comparam homens a Deus"].[58]

Os místicos judeus sempre relutaram em falar de união com Deus. Abulafia e seus discípulos diziam apenas que, sentindo-se em união com um diretor espiritual ou realizando uma liberação pessoal, o cabalista era indiretamente tocado por Deus. Há diferenças óbvias entre o misticismo medieval e a psicoterapia moderna, mas as duas disciplinas desenvolveram técnicas semelhantes para alcançar a cura e a integração pessoal.

No Ocidente, os cristãos demoraram mais para desenvolver uma tradição mística. Haviam ficado para trás em relação aos monoteístas dos impérios bizantino e islâmico e talvez não estivessem preparados para esse novo fato. No século XIV, porém, houve uma verdadeira explosão de misticismo, sobretudo no norte da Europa. A Alemanha, em particular, produziu muitos místicos: Meister Eckhart (*c.* 1260–1327), Johannes Tauler (1300–61), Gertrude, a Grande (1256–1302) e Heinrich Suso (*c.* 1295–1366). A Inglaterra também deu uma significativa contribuição ao misticismo ocidental e produziu quatro grandes místicos, que logo atraíram seguidores em seu país e na Europa continental: Richard Rolle de Hampole (1290–1349), o autor desconhecido de *A nuvem de ignorância*, Walter Hilton (m. 1346) e Juliana de Norwich (*c.* 1342–1416). Alguns desses místicos eram mais avançados que outros. Richard Rolle, por exemplo, parece que se ateve ao cultivo de sensações exóticas, e sua espiritualidade às vezes se caracterizava por certo egoísmo. Mas os maiores dentre eles chegaram sozinhos a muitas das conclusões dos gregos, sufistas e cabalistas.

Meister Eckhart, por exemplo, que influenciou enormemente Tauler e Suso, sofreu influência de Dionísio, o Areopagita, e Maimônides. Frade dominicano, intelectual brilhante, ensinou a filosofia de Aristóteles na Universidade de Paris. Em 1325, porém, entrou em conflito com seu superior, o arcebispo de Colônia, que o processou por heresia: foi acusado de negar a bondade de Deus, de afirmar que Deus nasce na alma e de pregar a eternidade do mundo. Contudo, até mesmo alguns de seus críticos mais severos o julgavam ortodoxo: o engano estava em interpretar algumas de suas observações ao pé da letra, e não simbolicamente, como seria correto. Eckhart era poeta, amava o paradoxo e a metáfora. Embora considere racional a crença em Deus, nega que a razão sozinha possa chegar a uma concepção adequada da natureza divina: "A prova de uma coisa cognoscível é feita ou para os sentidos, ou para o intelecto", argumenta, "mas, no tocante ao conhecimento de Deus, não pode haver demonstração fornecida nem pela percepção sensorial, pois Ele é incorpóreo, nem pelo intelecto, pois Ele não tem nenhuma das formas que conhecemos".[59] Deus não é mais um ser cuja existência pode ser provada como qualquer objeto de pensamento normal.

Deus é Nada, diz Eckhart.[60] Isso não significa que é uma ilusão, e sim que possui um tipo de existência mais rico e mais pleno que o que conhecemos. Ele chama Deus de "escuridão", não para denotar ausência de luz, e sim para indicar a presença de algo mais brilhante. Também distingue entre "Divindade", mais bem descrita em termos negativos, como "deserto", "agreste", "trevas" e "nada", e o Deus que conhecemos como Pai, Filho e Espírito.[61] Gosta de usar a analogia agostiniana da Trindade na mente humana e sugere que, embora a razão não possa conhecer a doutrina da Trindade, só o intelecto percebe Deus como Três pessoas: tendo alcançado a união com Deus, o místico o vê como Uno. Os gregos não aprovariam essa idéia, mas Eckhart concordaria com eles em que a Trindade é essencialmente uma doutrina mística. Ele gosta de falar do Pai engendrando o Filho na alma, como Maria concebera Cristo no ventre. Rumi também vira o Nascimento Virginal do Profeta Jesus como um símbolo do nascimento da alma no coração do místico. É uma alegoria da cooperação da alma com Deus, Eckhart explica.

Só a experiência mística leva ao conhecimento de Deus. É melhor falar dele em termos negativos, como sugerira Maimônides. Na verdade, temos de purificar nossa concepção de Deus, livrando-nos de nossos ridículos preconceitos e imagens antropomórficas. Devemos até evitar a palavra "Deus". Este é o significado de sua afirmação: "A última e mais elevada separação do homem ocorre quando, por Deus, ele se despede de Deus".[62] Trata-se de um processo doloroso. Como Deus é Nada, temos de estar dispostos a ser nada para nos unir a ele. Num processo semelhante ao *fana* descrito pelos sufistas, Eckhart fala de "distanciamento", ou melhor, de "separação" (*Abgeschiedenheit*).[63] Assim como o muçulmano considera idolatria (*shirk*) a veneração de qualquer outra coisa que não seja Deus, Eckhart ensina que o místico não deve se deixar escravizar por idéias finitas sobre o divino. Só assim chegará à identidade com Deus, pela qual "a existência de Deus deve ser minha existência, e o ser (*Istgkeit*) de Deus é meu ser".[64] Como Deus é a base do ser, não há necessidade de buscá-lo "lá fora" nem de visualizar uma ascensão a alguma coisa além do mundo que conhecemos.

Assim como al-Hallaj antagonizara os ulemás, exclamando "Eu sou a Verdade", a doutrina mística de Eckhart chocou os bispos da Alemanha: o que significava dizer que um simples homem ou mulher podia unir-se a Deus? No século XIV, os teólogos gregos debateram furiosamente essa questão. Sendo, em essência, inacessível, como Deus poderia se comunicar com a humanidade? Se há uma distinção entre a essência de Deus e suas "atividades", ou "energias", como os Padres explicaram, não seria blasfêmia comparar o "Deus" que o cristão encontra na prece com Deus propriamente dito? Gregório Palamas, arcebispo de Tessalônica, afirma que, por mais paradoxal que pareça, qualquer cristão pode ter esse conhecimento direto de Deus. Evidentemente, a essência de Deus sempre ultrapassa nossa compreensão, porém suas "energias" não são distintas dele e não devem ser consideradas um mero reflexo divino. Um místico judeu concordaria: Deus En Sof permaneceria sempre envolto em trevas impenetráveis, mas suas *sefiroth* (que correspondem às "energias" dos gregos) são divinas, fluindo eternamente do coração da Divindade. Às vezes, podemos ver ou experimentar essas "energias" de forma direta, como quando a Bíblia diz que a "glória" de Deus aparecera. Ninguém jamais viu a essência de Deus, porém isso não significa que a percepção direta de Deus seja impossível. Palamas não se perturba nem um pouco com o paradoxo dessa afirmação. Os gregos já haviam concordado que qualquer afirmação a respeito de Deus *tem* de ser um paradoxo. Só assim é possível sentir seu mistério e sua inefabilidade. Palamas explica:

> Atingimos a participação na natureza divina, e, no entanto, ela permanece totalmente inacessível. Precisamos afirmar as duas coisas ao mesmo tempo e *preservar a antinomia como um critério para a doutrina correta.*[65]

A doutrina de Palamas não apresenta nenhuma novidade: foi delineada no século XI por Simeão, o Novo Teólogo. Contudo, Barlaam, o Calabrês, que estudara na Itália e recebera forte influência do aristotelismo racionalista de Tomás de Aquino, contestou Palamas. Contrário à tradicional distinção grega entre a "essência" e as "energias" de Deus, acusou-o de dividir Deus em duas partes separadas. Propôs uma definição de Deus que remonta aos racionalistas gregos e enfatiza sua absoluta simplicidade. Filósofos gregos como Aristóteles, que, segundo Barlaam, foram especialmente iluminados por Deus, ensinam que Deus é incognoscível e distante do mundo. Portanto, não podemos "ver" Deus, mas apenas sentir sua influência de modo indireto nas Escrituras ou nas maravilhas da criação. Em 1341, um concílio da Igreja Ortodoxa condenou Barlaam, mas outros monges, também influenciados por Tomás de Aquino, defenderam-no. Tratava-se, basicamente, de um conflito entre o Deus dos místicos e o Deus dos filósofos. Barlaam e seus defensores Gregório Akindynos (que gostava de citar a versão grega da *Summa theologica*), Nicéforo Grégoras e o tomista Prochoros Cydones haviam se afastado da teologia apofática de Bizâncio, com sua ênfase em silêncio, paradoxo e mistério. Preferiam a teologia mais positiva da Europa ocidental, que define Deus como Ser, não como Nada. À misteriosa divindade de Dionísio, o Areopagita, Simeão e Palamas, opunham um Deus sobre o qual era possível fazer afirmações. Os gregos sempre desconfiaram dessa tendência do pensamento ocidental, e, diante dessa infiltração de idéias racionalistas latinas, Palamas reafirmou a teologia paradoxal da ortodoxia grega. Deus não devia ser reduzido a um conceito que uma palavra humana pudesse exprimir. Ele concordava com Barlaam que Deus é incognoscível, mas insistia que, apesar disso, fora apreendido por homens e mulheres. A luz que transfigurara a humanidade de Jesus no monte Tabor não era a essência de Deus, que nenhum homem vira, mas, misteriosamente, o próprio Deus. A liturgia que, segundo a teologia grega, consagra a opinião ortodoxa, proclama que, no Tabor, "vimos o Pai como luz e o Espírito como luz". É uma revelação do "que fomos outrora e do que seremos", quando, como Cristo, formos deificados.[66] Novamente, o que "vemos" ao contemplar Deus nesta vida não é um substituto de Deus, mas o próprio Deus. Evidentemente, é uma contradição, porém o Deus cristão *é* um paradoxo: antinomia e silêncio representam a única postura correta diante do mistério que chamamos de "Deus"— não uma *hybris* filosófica que procura eliminar as dificuldades.

Barlaam tentara tornar o conceito de Deus coerente demais: ou Deus devia ser identificado com sua essência, ou não devia. Tentara, por assim dizer, restringir Deus à sua essência e declarar sua impossibilidade de estar presente fora dela, em suas "energias". Mas isso equivalia a pensar em Deus como se fosse mais um fenômeno e baseava-se em idéias puramente humanas do que era ou não possível. Palamas insistia que a visão de Deus era um êxtase mútuo: as pessoas se transcendiam, mas Deus também passava pelo êxtase da transcendência, indo além de "si mesmo" para que suas criaturas o conhecessem: "Deus também sai de si e se une a nossas mentes por condescendência".[67] A teologia de Palamas permaneceu normativa no cristianismo ortodoxo, e sua vitória sobre os racionalistas gregos do século XIV representa um triunfo mais amplo para o misticismo nas três religiões monoteístas. No século XI, os filósofos muçulmanos concluíram que a razão — indispensável para estudos no campo da medicina ou da ciência em geral — é inteiramente inadequada quando se trata de estudar Deus. Depender apenas da razão é como tentar tomar sopa com garfo.

O Deus dos sufistas adquirira ascendência sobre o Deus dos filósofos na maior parte do Império Islâmico. No próximo capítulo, veremos que o Deus dos cabalistas tornou-se dominante na espiritualidade judaica do século XVI. O misticismo conseguia penetrar mais fundo na mente que os tipos mais cerebrais ou legalistas de religião. Seu Deus tratava de esperanças, temores e ansiedades mais primitivos, diante dos quais o distante Deus dos filósofos era impotente. No século XIV, o Ocidente inaugurou sua religião mística e o futuro parecia promissor. Mas o misticismo nunca se disseminaria tanto no Ocidente quanto nas outras tradições. Na Inglaterra, na Alemanha e nos Países Baixos, que produziram místicos tão importantes, os reformadores protestantes do século XVI clamaram contra essa espiritualidade não bíblica. Na Igreja Católica Romana, a Inquisição da Contra-Reforma muitas vezes ameaçou grandes místicos, como santa Teresa d'Ávila. Em virtude da Reforma, a Europa passou a ver Deus em termos ainda mais racionalistas.

8. UM DEUS PARA OS REFORMADORES

OS SÉCULOS XV E XVI foram decisivos para todos os povos de Deus e particularmente cruciais para o Ocidente cristão, que não só alcançara as outras culturas do *oikumene* como em breve iria superá-las. Esse período testemunhou o Renascimento italiano, que logo se difundiu para o norte da Europa, a descoberta do Novo Mundo e o início da revolução científica, que teria inevitáveis conseqüências para o resto do planeta. No fim do século XVI, o Ocidente estava prestes a criar uma cultura inteiramente diferente. Essa foi, portanto, uma época de transição e, como tal, caracterizada por realizações, mas também por ansiedade. É o que se evidencia na concepção ocidental de Deus nesse período. Apesar de seu êxito secular, os europeus se preocupavam como nunca com sua fé. Os leigos estavam insatisfeitos com as formas medievais de religião, que não mais respondiam às necessidades do admirável mundo novo. Grandes reformadores deram voz a essa inquietação e descobriram novas maneiras de ver Deus e a salvação. Isso dividiu a Europa em dois campos antagônicos — católicos e protestantes — que nunca se livrariam inteiramente do ódio e da desconfiança recíproca. Reformadores católicos e protestantes exortavam os fiéis a abandonar a devoção periférica a santos e anjos e a concentrar-se apenas em Deus. A Europa parecia obcecada com Deus. Entretanto, no início do século XVII, alguns tinham fantasias com "ateísmo". Estariam preparados para se livrar de Deus?

Esse foi um período de crise também para gregos, judeus e muçulmanos. Em 1453, os turcos otomanos conquistaram a capital cristã Constantinopla e destruíram o Império de Bizâncio. Daí em diante, os cristãos da Rússia preservariam as tradições e a espiritualidade desenvolvidas pelos gregos. Em janeiro de 1492, ano da descoberta do Novo Mundo por Cristóvão Colombo, Fernando e Isabel tomaram Granada, último baluarte islâmico na Europa: mais tarde, os muçulmanos seriam expulsos da península Ibérica, onde viveram por oitocentos anos. A destruição da Espanha muçulmana foi fatal para os judeus. Em março de 1492, poucas semanas após a conquista de Granada, os monarcas cristãos ofereceram aos judeus espanhóis a opção entre o batismo e a expulsão. Muitos judeus espanhóis eram tão apegados à sua terra que se tornaram cristãos, embora alguns continuassem a praticar sua fé em segredo: como os *moriscos*, islamitas convertidos, esses conversos judeus acabaram presos pela Inquisição, sob suspeita de heresia. Cerca de 150 mil judeus recusaram o batismo; foram deportados e refugiaram-se na Turquia, nos Bálcãs e no norte da África. A Espanha muçulmana havia sido o melhor lugar da diáspora, de modo que judeus do mundo inteiro lamentaram o aniquilamento da comunidade judaica espanhola como a maior tragédia que se abatera sobre seu povo desde a destruição do Templo, em 70 EC. A experiência do exílio penetrou na consciência religiosa judaica mais profundamente que nunca: levou a uma nova forma de Cabala e a uma nova concepção de Deus.

Esses anos foram complexos também para muçulmanos que viviam em outras partes do mundo. Os séculos seguintes às invasões mongóis inspiraram — talvez inevitavelmente — um novo conservadorismo, enquanto as pessoas tentavam recuperar o que perderam. No século XV, os ulemás sunitas das *madrasahs*, escolas de estudos islâmicos, decretaram que "as portas do *ijtihad* (raciocínio independente) estavam fechadas". Daí em diante os muçulmanos deviam praticar a "emulação" (*taqlid*) dos grandes luminares do passado, especialmente no estudo da *Shariah*, a Santa Lei. Nesse clima conservador, era improvável que surgissem idéias inovadoras sobre Deus ou sobre qualquer outra coisa. Contudo, seria errado classificar esse período como o início da decadência do islã, como sugerem muitos europeus. Em *The venture of Islam, conscience and history in a world civilization*, Marshall G. S. Hodgson observa que não sabemos o bastante sobre esse período para fazer tais generalizações. Seria errado, por exemplo, supor que a ciência esmoreceu entre os muçulmanos nessa época, pois não dispomos de informações suficientes.

A tendência conservadora aflorou no século XIV em defensores da *Shariah* como Ahmad ibn Taymiyah (1263-1328), de Damasco, e seu discípulo al-Qayin al-Jawziyah. Muito amado por seu povo, Ibn Taymiyah queria ampliar a *Shariah* para que se aplicasse a todas as circunstâncias possíveis. Sua intenção não era transformá-la numa disciplina repressora, mas abolir regras obsoletas para torná-la mais relevante e aliviar a angústia dos muçulmanos naqueles tempos difíceis. A *Shariah* devia oferecer-lhes uma resposta clara e lógica para seus problemas religiosos. Mas, em seu zelo pela Santa Lei, Ibn Taymiyah atacou a *kalam*, a *falsafah* e até mesmo o asharismo. Como qualquer reformador, queria voltar às origens — ao Corão e à *hadith* (nos quais se baseara a *Shariah*) — e abandonar todos os acréscimos: "Examinei todos os métodos teológicos e filosóficos e julguei-os incapazes de sanar quaisquer males ou aplacar qualquer sede. Para mim, o melhor método é o do Corão".[1] Seu pupilo al-Jawziyah acrescentou o sufismo a essa lista de inovações, advogando uma interpretação literalista das Escrituras e condenando o culto de santos sufistas, num espírito semelhante ao dos reformadores protestantes. Como Lutero e Calvino, Ibn Taymiyah e al-Jawziyah eram vistos por seus contemporâneos não como retrógrados, mas como progressistas, que queriam aliviar o fardo de seu povo. Hodgson nos adverte que o conservadorismo desse período não equivale a "estagnação". Observa que nenhuma sociedade do passado teve ou imaginou ter um progresso como o nosso.[2] Os estudiosos ocidentais muitas vezes criticam os muçulmanos dos séculos XV e XVI por não terem levado em conta o Renascimento italiano. Essa foi uma das grandes florescências culturais da história, mas não excedeu nem diferiu muito da que ocorreu durante a dinastia Sung na China, por exemplo, e que inspirou os muçulmanos no século XII. O Renascimento foi crucial para o Ocidente, mas ninguém percebeu que prenunciava o nascimento da moderna era técnica, como sabemos hoje. Se os muçulmanos não se empolgaram muito com ele, não foi por incompetência cultural. Estavam mais preocupados com suas próprias realizações, que não eram poucas.

Nessa época, o islã ainda era a maior potência mundial e, para o pavor do Ocidente, estava às portas da Europa. Nos séculos XV e XVI, surgiram três novos impérios muçulmanos — o Otomano na Ásia Menor e na Europa oriental, o Safávida no Irã e o Mogul na Índia —, mostrando que o espírito islâmico não estava de modo algum agonizante, mas ainda podia inspirar os muçulmanos a reerguer-se e conquistar novos sucessos após a catástrofe e a desintegração. Cada um desses impérios produziu sua própria e notável florescência cultural: o renascimento safávida no Irã e na Ásia Central foi curiosamente semelhante ao Renascimento italiano; ambos se expressaram sobretudo na pintura e retomaram as raízes pagãs de sua cultura. No entanto, apesar do poderio e da magnificência desses três impérios, ainda predominava o que se chamou de espírito conservador. Enquanto místicos e filósofos anteriores como al-Farabi e Ibn al-Arabi tinham consciência de suas inovações, esse período testemunhou uma sutil e delicada reafirmação de velhos temas. Em razão disso, temos mais dificuldade para avaliá-lo, porque durante muito tempo nossos estudiosos ignoraram as realizações islâmicas mais modernas e também porque os filósofos e os poetas esperam que a mente dos leitores esteja repleta de imagens e idéias do passado.

Mas há alguns paralelos com acontecimentos ocidentais contemporâneos. Um novo tipo de xiismo imamita tornou-se a religião oficial do Irã sob os safávidas, e isso assinala o início de uma hostilidade sem precedentes entre xiitas e sunitas. Até então os xiitas tinham tido muita coisa em comum com os sunitas, mais intelectuais ou mais místicos. Porém, no século XVI, ambos formaram campos rivais semelhantes aos das seitas que se engalfinhavam na Europa da época. O xá Ismail, fundador da dinastia Safávida, assumiu o governo do Azerbaidjão em 1503 e estendeu seu poder ao oeste do Irã e ao Iraque. Estava decidido a varrer a suna e impôs o xiismo a seus súditos com uma impiedade raramente vista até então. Considerava-se o imame de sua geração. Esse movimento se assemelha à Reforma protestante: os dois tinham raízes em tradições de protesto, opunham-se à aristocracia e estavam associados ao *establishment* de governos monárquicos. Os xiitas reformados aboliram as *tariqas* sufistas em seus territórios de um modo que lembra a dissolução dos mosteiros pelos protestantes. Não surpreende que inspirassem uma intransigência semelhante entre os sunitas do Império Otomano, que suprimiram o xiismo em seus territórios. Vendo-se como a vanguarda da recente guerra santa contra os cruzados ocidentais, os otomanos se tornaram intransigentes também com seus súditos cristãos. Mas nem todo o *establishment* iraniano era fanático. Os ulemás xiitas do Irã desaprovavam esse xiismo reformado: ao contrário de seus pares sunitas, recusaram-se a "fechar as portas da *ijtihad*" e insistiram em seu direito de interpretar o islamismo de forma independente dos xás. Não aceitaram a dinastia Safávida — nem a Qajar — como sucessora dos imames. Em vez disso, aliaram-se ao povo contra os governantes e tornaram-se os defensores da *ummah* contra a opressão monárquica em Isfahan e, depois, em Teerã. Desenvolveram uma tradição de defender os direitos dos mercadores e dos pobres contra os desmandos dos xás, e foi isso que lhes possibilitou mobilizar o povo contra o regime corrupto do xá Muhammed Reza Pahlavi em 1979.

Os xiitas do Irã também criaram sua própria *falsafah*, que dava continuidade às tradições místicas de Suhrawardi. Mir Dimad (m. 1631), fundador da *falsafah* xiita, era cientista, além de teólogo. Identificou a luz divina com a iluminação de figuras simbólicas como Maomé e os imames. Como Suhrawardi, enfatizou o elemento inconsciente, psicológico, da experiência religiosa. O supremo expoente dessa escola iraniana, porém, foi o discípulo de Mir Dimad, Sadr al-Din Shirazi, conhecido como Mulla Sadra (*c.* 1571–1640). Muitos muçulmanos atuais consideram-no o mais profundo de todos os pensadores islâmicos, afirmando que sua obra constitui o exemplo perfeito da fusão de metafísica e espiritualidade que veio a caracterizar a filosofia muçulmana. Mas só agora ele começa a ser conhecido no Ocidente, e apenas um de seus muitos tratados foi traduzido para o inglês.

Como Suhrawardi, Mulla Sadra acredita que o conhecimento não é uma simples aquisição de informações, mas um processo de transformação. O *alam al-mithal* descrito por Suhrawardi é crucial para seu pensamento: sonhos e visões são para ele a suprema forma da verdade. Portanto, no xiismo iraniano, o instrumento mais apropriado para a descoberta de Deus continuava sendo o misticismo, e não a ciência e a metafísica. Mulla Sadra ensina que a *imitatio dei*, a imitação de Deus, é a meta da filosofia e não pode limitar-se a um credo. Como demonstrara Ibn Sina, só Deus, a realidade suprema, tem existência (*wujud*) verdadeira, e essa realidade única forma toda a cadeia do ser, do reino divino ao pó. Mulla Sadra não é panteísta. Simplesmente vê Deus como a origem de todas as coisas existentes: os seres que percebemos são apenas vasos que contêm a Luz divina numa forma limitada. Mas Deus também transcende a realidade terrena. A unidade de todos os seres não significa que só Deus existe, mas é semelhante à unidade do Sol com os raios de luz que dele se irradiam. Como Ibn al-Arabi, Mulla Sadra distingue entre a essência, ou "o Ofuscamento", de Deus e suas várias manifestações. Quanto a isso, não difere dos hesicastas gregos e dos cabalistas. Em sua visão, todo o cosmo se irradia do Ofuscamento para formar uma "única jóia" de muitas camadas, que correspondem às gradações da paulatina auto-revelação de Deus em seus atributos ou "sinais" (*ayat*) e também representam os estágios do retorno da humanidade à Fonte do ser.

A união com Deus não ocorre só depois da morte. Como alguns hesicastas, Mulla Sadra acha possível realizá-la nesta vida por meio do conhecimento. Não só do conhecimento intelectual, racional: em sua ascensão a Deus, o místico tem de viajar pelo *alam al-mithal*, o reino da visão e da imaginação. Deus não é uma realidade objetivamente cognoscível, mas será encontrado na imaginativa de cada muçulmano. Quando o Corão ou as *hadith* falam em paraíso, inferno ou trono de Deus, não se referem a uma realidade que está num lugar separado, mas a um mundo interior, oculto pelos véus dos fenômenos sensíveis:

Tudo a que um homem aspira, tudo que deseja, instantaneamente se apresenta a ele, ou melhor seria dizer: visualizar o desejo já *é* sentir a presença real de seu objeto. Mas a doçura e o prazer são a expressão de Paraíso e Inferno, bem e mal; tudo que pode caber ao homem no além não tem outra origem que não o "eu" essencial do próprio homem, pois é formado por suas intenções e projetos, suas crenças mais íntimas, sua conduta.[3]

Como Ibn al-Arabi, a quem reverencia, Mulla Sadra não imagina Deus sentado num céu externo, objetivo, ao qual todos os fiéis irão após a morte. O céu e a esfera divina devem ser descobertos dentro do eu, no *alam al-mithal* pessoal que é propriedade inalienável de cada ser humano. Não há duas pessoas que tenham exatamente o mesmo céu e o mesmo Deus.

Admirador tanto de filósofos sunitas, sufistas e gregos quanto dos imames xiitas, Mulla Sadra nos lembra que o xiismo iraniano nem sempre foi exclusivista e fanático. Na Índia, muitos muçulmanos cultivavam a mesma tolerância a outras tradições. Embora o islamismo predominasse culturalmente na Índia mogul, o hinduísmo continuava sendo vital e criativo, e alguns muçulmanos e hindus cooperavam nas artes e em projetos intelectuais. O subcontinente havia muito livrara-se da intolerância religiosa, e nos séculos XIV e XV as modalidades mais criativas do hinduísmo acentuaram a unidade da aspiração religiosa: todos os caminhos são válidos, contanto que enfatizem o amor interior pelo Deus Único. Isso remete claramente ao sufismo e à *falsafah*, os aspectos do islamismo predominantes na Índia. Alguns muçulmanos e hinduístas formaram sociedades inter-religiosas, a mais importante das quais foi o sikhismo, fundado pelo guru Namak no século XV. Nessa nova forma de monoteísmo, Alá é idêntico ao Deus do hinduísmo. Do lado islâmico, o sábio iraniano Mir Abu al-Qasim Findiriski (m. 1641), contemporâneo de Mir Dimad e Mulla Sadra, ensinou as obras de Ibn Sina em Isfahan, mas também passou bastante tempo na Índia, estudando hinduísmo e ioga. Dificilmente um católico romano, especialista em Tomás de Aquino, demonstraria entusiasmo semelhante por uma religião que nem mesmo pertence à tradição abraâmica.

O espírito de tolerância e cooperação se manifesta de modo admirável na política de Akbar, o terceiro imperador mogul, que reinou de 1560 a 1605 e respeitou todas as crenças. Em consideração aos hinduístas, tornou-se vegetariano, parou de caçar — embora gostasse muito — e proibiu o sacrifício de animais em seu aniversário ou nos lugares santos hindus. Em 1575, criou uma Casa de Adoração, onde estudiosos de todas as religiões podiam reunir-se para discorrer sobre Deus — e onde os missionários jesuítas europeus aparentemente eram os mais agressivos. Akbar fundou sua própria ordem sufista, dedicada ao "monoteísmo divino" (*tawhid-e-ilahi*), que proclamava uma crença radical no único Deus capaz de revelar-se em qualquer religião corretamente orientada. Abulfazl Allami (1551–1602) o enaltece em seu *Akbar-Namah* (Livro de Akbar), que tenta aplicar os princípios do sufismo à história da civilização. Allami vê Akbar como o governante ideal da *falsafah* e o Homem Perfeito de sua época. A civilização pode levar à paz universal, quando um governante como Akbar, que torna o fanatismo impossível, cria uma sociedade generosa e liberal. Em qualquer crença pode-se chegar ao islã, no sentido original de "entrega" a Deus: a "religião de Maomé" não tem o monopólio de Deus. Nem todos os muçulmanos partilhavam a visão de Akbar, e muitos o consideravam um perigo para a fé. Sua política tolerante só pôde vigorar enquanto a dinastia Mogul se manteve poderosa. Quando começou a declinar e vários grupos se rebelaram contra ela, aumentaram os conflitos religiosos entre muçulmanos, hinduístas e sikhs. O imperador Aurengzebe (1618–1707) talvez acreditasse que uma disciplina mais rígida no campo muçulmano contribuiria para restaurar a unidade: aprovou legislação para abolir várias práticas, como o consumo excessivo de vinho, impossibilitou a cooperação com os hindus, reduziu o número de festas hinduístas e dobrou os impostos dos comerciantes hindus. A expressão mais espetacular de seu facciosismo foi a destruição generalizada de templos hinduístas. Sua política, que anulou as conquistas de Akbar, foi abandonada após sua morte, mas o Império Mogul nunca se recuperou da destrutiva intolerância que Aurengzebe desencadeara e santificara em nome de Deus.

Um dos mais vigorosos adversários de Akbar foi o xeque Ahmad Sirhindi (1563-1625), ilustre sábio sufista, igualmente venerado como Homem Perfeito. Sirhindi se opunha à tradição mística de Ibn al-Arabi, cujos discípulos passaram a ver Deus como a *única* realidade. Mulla Sadra afirmara essa percepção da Unicidade da Existência (*Wahdat al-Wujud*). Era uma reiteração mística da *Shahadah*: não há realidade afora Alá. Como os místicos de outras religiões, os sufistas percebiam a unidade e sentiam-se integrados a toda a existência. Sirhindi, porém, descartou essa percepção como puramente subjetiva. Enquanto o místico se concentra em Deus, todo o resto tende a desaparecer de sua consciência, mas isso não corresponde a uma realidade objetiva. Falar de unidade ou identidade entre Deus e o mundo é um terrível engano. Com efeito, não há possibilidade de uma experiência direta de Deus, que é totalmente inacessível à humanidade: "Ele é o Santo, o que está além do Além, e mais além do Além, e mais além do além do Além".[4] Não pode haver relação entre Deus e o mundo, exceto de forma indireta, por meio da contemplação dos "sinais" da natureza. Sirhindi dizia que ultrapassara a condição extática de místicos como Ibn al-Arabi para alcançar um estado de consciência superior e mais sóbrio. Usava o misticismo e a experiência religiosa para reafirmar a crença no distante Deus dos filósofos, uma realidade objetiva porém inacessível. Suas opiniões foram acatadas por seus discípulos, mas não pela maioria dos muçulmanos, que permaneceram fiéis ao Deus imanente e subjetivo dos místicos.

Ao contrário de muçulmanos como Findiriski e Akbar, que buscavam o entendimento com pessoas de outras crenças, o Ocidente cristão demonstrou, em 1492, que não toleraria sequer a proximidade com as duas outras religiões de Abraão. No século XV, o anti-semitismo crescera em toda a Europa, e os judeus foram expulsos de um lugar após outro: de Linz e Viena em 1421, de Colônia em 1424, de Augsburgo em 1439, da Baviera em 1442 (e novamente em 1450), da Morávia em 1454, de Perugia em 1485, de Vicenza em 1486, de Parma em 1488, de Lucca e Milão em 1489 e da Toscana em 1494. A expulsão dos sefarditas da Espanha deve ser vista no contexto dessa tendência européia mais ampla. Os judeus espanhóis que se instalaram no Império Otomano continuaram sofrendo com o deslocamento e com o irracional mas indelével sentimento de culpa do sobrevivente. Talvez esse sentimento seja semelhante ao dos que conseguiram sobreviver ao Holocausto nazista, e, portanto, é significativo que alguns judeus abracem a espiritualidade que os sefarditas desenvolveram no século XVI para ajudá-los a enfrentar seu exílio.

Essa nova forma de Cabala surgiu provavelmente nas províncias balcânicas do Império Otomano, onde muitos sefarditas se estabeleceram. A tragédia de 1492 aparentemente inspirou um anseio generalizado pela redenção de Israel, prevista pelos profetas. Conduzidos por Joseph Karo e Solomon Alkabaz, alguns judeus emigraram da Grécia para a Palestina. Sua espiritualidade tentava sanar a humilhação que a expulsão infligira a seu povo e a seu Deus. Diziam que queriam "levantar a Shekinah do pó". Mas não buscavam uma solução política nem imaginavam um retorno maciço à Terra Prometida. Instalaram-se em Safed, na Galiléia, e deram início a uma notável revivescência mística, que descobriu um profundo significado em sua experiência de apátridas. Até então, a Cabala atraíra apenas uma elite; no entanto, após a tragédia, judeus de todo o mundo se voltaram avidamente para uma espiritualidade mais mística. Os consolos da filosofia agora lhes pareciam ocos: achavam Aristóteles árido e seu Deus distante e inacessível. Muitos culpavam a *falsafah* pela catástrofe, alegando que enfraquecera o judaísmo e diluíra o sentimento de vocação especial de Israel. Sua universalidade e sua acomodação com a filosofia dos gentios persuadiram muitos judeus a aceitar o batismo. Nunca mais a *falsafah* seria uma espiritualidade importante dentro do judaísmo.

As pessoas ansiavam por uma experiência mais direta de Deus.

Em Safed, esse anseio adquiriu uma intensidade quase erótica. Os cabalistas vagavam pelos morros da Palestina e deitavam-se nas sepulturas dos grandes talmudistas, buscando, por assim dizer, absorver a visão desses sábios e incorporá-la a suas vidas conturbadas. Ficavam acordados a noite inteira, insones como amantes frustrados, entoando canções de amor a Deus e chamando-o de nomes carinhosos. Descobriram que a mitologia e as disciplinas da Cabala rompiam suas reservas e tocavam a dor em suas almas de uma maneira que a metafísica ou o estudo do Talmude já não conseguiam. Todavia, como se encontravam numa condição tão diferente da de Moisés de León, os exilados espanhóis precisavam adaptar a suas circunstâncias a visão do autor do *Zohar*. Encontraram uma solução extraordinariamente criativa, que equiparava expatriação absoluta com absoluta religiosidade. O exílio dos judeus simbolizava o deslocamento radical no âmago de toda existência. Não só a criação inteira não estava mais no lugar certo, como Deus se exilara de si mesmo. A nova Cabala de Safed conquistou popularidade praticamente da noite para o dia e tornou-se um movimento de massa que não só inspirou os sefarditas como deu nova esperança aos asquenazes da Europa, que não encontravam na cristandade um lugar onde pudessem morar. Esse extraordinário sucesso mostra que os mitos estranhos e — para alguém de fora — espantosos de Safed tinham o poder de falar à condição dos judeus. Foi o último movimento judaico aceito por quase todos e provocou uma profunda mudança na consciência religiosa da comunidade judaica mundial. As disciplinas especiais da Cabala eram apenas para uma elite iniciada, mas suas idéias — e sua concepção de Deus — tornaram-se uma expressão usual da religiosidade judaica.

Para fazer justiça a essa nova visão de Deus, devemos compreender que esses mitos não se destinavam a uma interpretação literal. Os cabalistas de Safed sabiam que suas imagens eram muito ousadas e constantemente as cerceavam com expressões como "por assim dizer" ou "pode-se supor". Mas todo discurso sobre Deus é problemático, principalmente a doutrina bíblica da criação do universo, tão difícil para os cabalistas quanto para os *faylasufs*. Ambos aceitavam a metáfora platônica da emanação, que une Deus ao mundo que dele flui eternamente. Os profetas enfatizaram a santidade de Deus e sua separação do mundo, porém o *Zohar* sugere que as *sefiroth* de Deus abarcam toda a realidade. Como ele pode ser separado do mundo, se é tudo? Moisés ben Jacob Cordovero (1522-70), de Safed, viu claramente o paradoxo e tentou resolvê-lo. Em sua teologia, Deus En Sof não é a Divindade incompreensível, mas o pensamento do mundo: está em todas as coisas criadas em seu estado platônico ideal, porém separado de sua falha encarnação aqui embaixo. "Como tudo que existe está contido em sua existência, [Deus] abrange toda existência", explicou, "sua substância está presente em suas *sefiroth*, e Ele Próprio é tudo, e nada existe fora dele."[5] Estava muito próximo do monismo de Ibn al-Arabi e Mulla Sadra.

Mas Isaac Luria (1534-72), herói e santo dos cabalistas de Safed, tentou explicar melhor o paradoxo da transcendência e imanência divinas com uma das idéias mais espantosas já formuladas sobre Deus. A maioria dos místicos judeus era muito reticente sobre sua experiência do divino. Uma das contradições desse tipo de espiritualidade é o fato de os místicos dizerem que suas experiências são inefáveis e se apressarem a registrá-las. Luria foi um dos primeiros *tzaddikim*, ou homens santos, a atrair discípulos para esse tipo de misticismo, graças a seu carisma pessoal. Não era escritor, e nosso conhecimento de seu sistema cabalístico se baseia nas conversas registradas por seus discípulos Hayim Vital (1542-1620), no tratado *Etz Hayim* (A árvore da vida), e Joseph ibn Tabul, cujo manuscrito só foi publicado em 1921.

Luria enfrentou a pergunta que perturbara os monoteístas durante séculos: como um Deus perfeito e infinito pôde criar um mundo finito e eivado de mal? De onde viera o mal? Luria encontrou sua resposta imaginando o que acontecera *antes* da emanação das *sefiroth*, quando En Sof estava imerso em sublime introspecção. A fim de dar espaço para o mundo, En Sof esvaziara, por assim dizer, uma região dentro de si mesmo. Nesse ato de "encolhimento" ou "retirada" (*tsimtsum*), criara um lugar onde ele não estava, um espaço vazio que podia preencher pelo processo simultâneo de auto-revelação e criação. Era uma tentativa ousada de ilustrar a difícil doutrina da criação a partir do nada: o primeiríssimo ato de En Sof foi o exílio de uma parte de si mesmo que ele se auto-impôs. Ele descera mais fundo em seu próprio ser e se impusera um limite. É uma idéia semelhante à da *kenosis* primordial que os cristãos imaginaram na Trindade e pela qual, num ato de auto-expressão, Deus se esvaziara no Filho. Para os cabalistas do século XVI, *tsimtsum* era basicamente um símbolo do exílio, subjacente à estrutura de toda existência criada e experimentado pelo próprio En Sof.

O "espaço vazio" resultante da retirada de Deus era concebido como um círculo, cercado de todos os lados por En Sof. Era *tohu bohu*, a terra informe e vazia mencionada no Gênesis. Antes do *tsimtsum*, os vários "poderes" de Deus (que mais tarde se tornariam as *sefiroth*) misturavam-se harmonicamente. Não se diferenciavam entre si. Hesed (Misericórdia) e Din (Julgamento Severo), em particular, coexistiam em perfeita harmonia dentro de Deus. Contudo, durante o processo do *tsimtsum*, En Sof separou a Din do resto de seus atributos e jogou-a no espaço vazio que ele abandonara. Assim, o *tsimtsum* não foi simplesmente um ato do amor que se esvazia, mas uma espécie de expurgo divino: Deus eliminara sua Ira ou Julgamento (a raiz de todo mal, segundo o *Zohar*) de seu ser mais íntimo. Seu ato primordial revela, portanto, dureza e impiedade para consigo mesmo. Agora que estava separada de Hesed e dos outros atributos de Deus, Din era potencialmente destrutiva. Mas En Sof não abandonou inteiramente o espaço vazio. Uma "tênue linha" da luz divina penetrou nesse círculo e tomou a forma do que o *Zohar* chama Adam Kadmon, Homem Primordial.

Depois ocorreu a emanação das *sefiroth*, embora não como o *Zohar* a descreve. Luria ensinava que as *sefiroth* se formaram em Adam Kadmon: as três *sefiroth* superiores — Kether (A Coroa), Hokhmah (Sabedoria) e Binah (Inteligência) — irradiaram-se do "nariz", das "orelhas" e da "boca", respectivamente.

Mas então aconteceu uma catástrofe, que Luria chamou de "Despedaçamento dos Vasos" (*Sherivath Ha-Kelim*). Era preciso conter as *sefiroth* em recipientes ou "vasos" especiais, para distingui-las e separá-las umas das outras e impedir que se fundissem de novo. Esses "vasos" ou "tubos" evidentemente não eram concretos, mas compostos de uma espécie de luz densa, servindo de "conchas" (*kelipoth*) para a luz mais pura das *sefiroth*. Quando as três *sefiroth* superiores se irradiaram de Adam Kadmon, seus vasos funcionaram perfeitamente. Porém, quando as seis *sefiroth* seguintes saíram de seus "olhos", os vasos não eram fortes o bastante para conter a luz divina e se quebraram. Em razão disso, a luz se espalhou. Parte dela subiu e retornou à Divindade, mas algumas "centelhas" divinas caíram no ermo e ficaram presas no caos. Daí em diante, nada estaria no lugar certo. Até as três *sefiroth* superiores se perderam na terra informe e vazia, exiladas da Divindade.

Esse estranho mito lembra os antigos mitos gnósticos sobre um deslocamento primordial. Expressa a tensão envolvida em todo o processo criador, que está muito mais próximo do Big Bang postulado pelos cientistas contemporâneos que da seqüência mais pacífica e ordenada descrita no Gênesis. Não foi fácil para En Sof emergir de seu estado oculto: ele só o conseguiu numa espécie de ensaio-e-erro. No Talmude, os rabinos apresentam uma idéia semelhante. Dizem que Deus fez e destruiu outros mundos antes de criar este. Mas nem tudo se perdeu. Alguns cabalistas comparam esse "despedaçamento" (*Shevirath*) à irrupção do parto ou à ruptura de uma vagem. A destruição fora apenas um prelúdio à nova criação. En Sof extrairia nova vida do caos aparente pelo processo de *Tikkun*, ou reintegração.

Após a catástrofe, mais uma corrente de luz saiu de En Sof e atravessou a "testa" de Adam Kadmon. Dessa vez as *sefiroth* foram reorganizadas em outras configurações: já não seriam aspectos generalizados de Deus. Cada uma se tornou um "semblante" (*parzuf*) em que se revelava toda a personalidade de Deus, com — por assim dizer — traços distintos, mais ou menos como nas três *personae* da Trindade. Luria tentava encontrar uma forma diferente de expressar a antiga idéia cabalística do Deus inescrutável dando à luz a si mesmo como pessoa. No processo de *Tikkun*, Luria usou o simbolismo da concepção, parto e desenvolvimento da personalidade humana para sugerir uma evolução semelhante em Deus. É complicado, e talvez se possa explicar melhor com um diagrama. Na reintegração, ou *Tikkun*, Deus restaurou a ordem reagrupando as dez *sefiroth* nos cinco "semblantes" (*parzufim*), nos seguintes estágios:

1) Kether (A Coroa), a *sefirah* mais elevada, que o *Zohar* chama de "Nada", torna-se o primeiro *parzuf*, chamado "Arik" Anpin: o Antepassado.
2) Hokhmah (Sabedoria) torna-se o segundo *parzuf*, chamado Abba: Pai.
3) Binah (Inteligência) torna-se o terceiro *parzuf*, chamado Ima: Mãe.
4) Din (Julgamento); Hesed (Misericórdia): Rahamin (Compaixão); Netsah (Paciência); Hod (Majestade); Yesod (Fundamento) tornam-se o quarto *parzuf*, chamado Zeir Anpin: o Impaciente. Sua consorte é:
5) A última *sefirah*, chamada Malkuth (Reino) ou Shekinah: torna-se o quinto *parzuf*, chamado Nuqrah de Zeir: a Mulher de Zeir.

O simbolismo sexual é uma ousada tentativa de descrever a reunificação das *sefiroth*, que sanará a ruptura ocorrida quando os vasos se quebraram e restaurará a harmonia original. Os dois "casais" — Abba e Ima, Zeir e Nuqrah — entregam-se à *ziwwug* (cópula), e esse acasalamento de elementos masculinos e femininos dentro de Deus simboliza a ordem restaurada. Os cabalistas constantemente pedem a seus leitores que não entendam isso ao pé da letra. Trata-se de uma ficção destinada a sugerir um processo de integração que não pode ser descrito em termos claros e racionais, e a neutralizar as imagens predominantemente masculinas de Deus. A salvação concebida pelos místicos não dependia de fatos históricos como a vinda do Messias, mas era um processo pelo qual o próprio Deus deveria passar. O primeiro plano de Deus fora fazer da humanidade sua auxiliar no processo de redimir as centelhas divinas que se espalharam e ficaram presas no caos, após o Despedaçamento dos Vasos. Mas Adão pecou no Jardim do Éden. Não fosse isso, a harmonia original teria sido restaurada e o exílio divino teria terminado no primeiro Sabbath. Mas a queda de Adão repetiu a catástrofe primordial do Despedaçamento dos Vasos. A ordem criada desmoronou, e a luz divina saiu de sua alma, espalhou-se e ficou aprisionada na matéria quebrada. Por causa disso, Deus elaborou mais um plano. Escolheu Israel para seu auxiliar na luta pela soberania. Embora Israel, como as centelhas divinas, estivesse espalhado por toda a diáspora cruel e ímpia, os judeus tinham uma missão especial. Enquanto as centelhas divinas permanecessem separadas e perdidas na matéria, Deus estaria incompleto. Mediante a cuidadosa observância da Torá e a disciplina da prece, cada judeu podia ajudar a devolver as centelhas à sua fonte divina e com isso redimir o mundo. Nessa visão da salvação, Deus não está contemplando condescendentemente a humanidade, mas, como os judeus sempre insistiram, depende dela. Os judeus têm o privilégio único de ajudar a re-formar e recriar Deus.

Luria deu um novo sentido à imagem original do exílio da Shekinah. Cabe lembrar que, no Talmude, a Shekinah voluntariamente parte para o exílio com os judeus, após a destruição do Templo. O *Zohar* identifica a Shekinah com a última *sefirah* e a transforma no aspecto feminino da divindade. No mito de Luria, a Shekinah caiu com as outras *sefiroth*, quando os Vasos se partiram. No primeiro estágio da *Tikkun*, ela se tornou Nuqrah e, acasalando-se com Zeir (as seis *sefiroth* do "meio"), quase se reintegrou no mundo divino. Mas, quando Adão pecou, a Shekinah caiu novamente e foi exilada do resto da Divindade. É improvável que Luria conhecesse os textos em que os gnósticos cristãos expõem uma mitologia semelhante. Ele reproduziu espontaneamente os antigos mitos de exílio e queda para conformá-los às trágicas condições do século XVI. No período bíblico, quando elaboraram a doutrina do Deus Único, os judeus rejeitaram as histórias de cópula divina e deusas exiladas. A relação dessas histórias com o paganismo e a idolatria decerto indignava os sefarditas. Já a mitologia de Luria agradou plenamente aos judeus — da Pérsia à Inglaterra, à Alemanha e à Polônia, da Itália ao norte da África, da Holanda ao Iêmen —, pois lhes infundia esperança em meio ao desespero. Fazia-os crer num sentido maior, apesar das apavorantes circunstâncias em que muitos deles viviam.

Os judeus podiam pôr fim ao exílio da Shekinah. Observando os *mitzvot*, podiam reconstruir seu Deus. É interessante comparar esse mito com a teologia protestante que Lutero e Calvino criavam na Europa mais ou menos na mesma época. Ambos pregavam a absoluta soberania de Deus: em sua teologia, como veremos, não há absolutamente nada que possamos fazer para nos salvar. Luria, porém, pregava a doutrina das ações: Deus precisa de nós e de certo modo permaneceria incompleto sem nossas preces e nossas boas ações. Apesar da tragédia que se abatera sobre eles, os judeus da Europa podiam ser mais otimistas em relação à humanidade que os protestantes. Luria via a missão da *Tikkun* em termos contemplativos. Enquanto os cristãos europeus — católicos e protestantes igualmente — formulavam mais e mais dogmas, Luria retomava as técnicas místicas de Abraham Abulafia para ajudar seu povo a transcender esse tipo de atividade intelectual e cultivar uma consciência mais intuitiva. Na espiritualidade de Abulafia, o reordenamento das letras do Nome Divino lembra aos cabalistas que a linguagem humana não pode expressar de maneira adequada o significado de "Deus". Na mitologia de Luria, também simboliza a reestruturação e a re-formação do divino. Hayim Vital descreve o efeito intensamente emocional das disciplinas de Luria: rompendo com o cotidiano — mantendo-se em vigília quando todos dormem, jejuando quando os outros comem, isolando-se por algum tempo —, o cabalista pode concentrar-se nas estranhas "palavras" que não têm nenhuma relação com a linguagem comum. Sente-se em outro mundo e treme como se uma força exterior o possuísse.

Mas não se angustia. Luria recomenda que, antes de iniciar seus exercícios espirituais, o cabalista esteja em paz consigo mesmo. Felicidade e alegria são essenciais: não deve haver remorso, culpa ou ansiedade sobre o próprio desempenho. Vital insiste que a Shekinah não pode viver num lugar de sofrimento e dor — uma idéia que, como vimos, tem raízes no Talmude. A tristeza provém das forças do mal, enquanto a felicidade possibilita ao cabalista amar a Deus e apegar-se a ele. O cabalista não deve ter raiva de ninguém — nem dos *goyim*. Luria identifica a raiva com a idolatria, pois uma pessoa irada é possuída por um "estranho deus". É fácil criticar o misticismo luriânico. Como observa Gershom Scholem, o mistério de Deus En Sof, tão forte no *Zohar*, tende a perder-se no drama de *tsimtsum*, Despedaçamento dos Vasos e *Tikkun*.[6] No próximo capítulo, veremos que isso contribuiu para um episódio desastroso da história judaica. Mas a concepção luriânica de Deus conseguiu ajudar os judeus a cultivar um espírito de alegria e bondade, bem como uma visão positiva da humanidade, numa época em que a culpa e a raiva poderiam levá-los ao desespero e à perda completa da fé na vida.

Os cristãos da Europa não conseguiram produzir uma espiritualidade tão positiva. Também sofreram desastres históricos cujos efeitos a religião filosófica dos escolásticos não pôde atenuar. A Peste Negra de 1348, a queda de Constantinopla em 1453, os escândalos eclesiásticos do Cativeiro de Avignon (1334–42) e o Grande Cisma do Ocidente (1378–1417) ressaltaram a impotência da condição humana e desacreditaram a Igreja. A humanidade parecia incapaz de pôr fim a seus tormentos sem a ajuda de Deus. Assim, nos séculos XIV e XV, teólogos como o escocês Duns Scotus (1265–1308) e o francês Jean de Gerson (1363–1429) enfatizaram a soberania de Deus, que conduz os assuntos humanos com o mesmo rigor de um monarca absoluto. Homens e mulheres não podem contribuir em nada para a própria salvação; as boas ações são meritórias só porque Deus, em sua bondade, assim decidira. Mas durante esses séculos houve também uma mudança de ênfase. Gerson era um místico que acreditava ser melhor "apegar-se basicamente ao amor de Deus, sem inquirições arrogantes", que "buscar, por meio de razões baseadas na verdadeira fé, entender a natureza de Deus".[7] Vimos que, no século XIV, houve um surto de misticismo na Europa, e as pessoas começavam a se convencer de que a razão era inadequada para explicar o mistério que chamavam de "Deus". Como diz Thomas de Kempis em *Imitação de Cristo*:

> De nada adianta discursar doutamente sobre a Trindade, se não tens humildade e, assim, desagradas à Trindade. [...] Prefiro sentir contrição a ser capaz de defini-la. Se decorasses a Bíblia inteira e todos os ensinamentos dos filósofos, como isso te ajudaria, sem a graça e o amor de Deus?[8]

A *Imitação de Cristo*, com sua religiosidade tão severa e sombria, tornou-se um dos clássicos espirituais mais populares do Ocidente. Durante esses séculos, a religiosidade centrou-se cada vez mais no homem Jesus. A prática de percorrer as estações da via-sacra enfatizava o sofrimento físico de Jesus. Em suas meditações, um autor anônimo do século XIV diz ao leitor que, ao acordar pela manhã, após passar a maior parte da noite meditando sobre a Última Ceia e a Agonia no Horto, ele ainda deve ter os olhos vermelhos de chorar. Imediatamente, deve começar a contemplar o julgamento de Jesus e seguir sua caminhada até o Calvário, hora a hora. Deve imaginar-se implorando às autoridades que salvem a vida de Cristo, fazendo-lhe companhia na prisão, beijando-lhe os pés e as mãos acorrentadas.[9] Esse programa sombrio ressalta menos a Ressurreição que a vulnerável humanidade de Jesus. Uma emoção violenta e o que parece ao leitor moderno uma curiosidade mórbida caracterizam muitas dessas descrições. Até as grandes místicas Brígida da Suécia e Juliana de Norwich especulam com sinistros detalhes sobre o estado físico de Jesus:

> Vi seu rosto querido, seco, exangue e pálido com a morte. Foi ficando mais pálido, fenecido e sem vida. Então, morto, tornou-se azulado, mudando aos poucos para um azul amarronzado, enquanto a carne continuava a morrer. Para mim, sua paixão mostrava-se basicamente no rosto bendito, so-

bretudo nos lábios. Também ali vi as mesmas quatro cores que antes vira frescas, rubras e adoráveis. Era triste vê-lo mudar, à medida que morria pouco a pouco. Também as narinas murcharam e secaram diante de meus olhos, e seu corpo querido foi ficando negro e pardo, ao secar na morte.[10]

Isso nos lembra os crucifixos alemães do século XIV, com suas figuras grotescamente retorcidas e esguichando sangue, que atingiram o clímax na obra de Mathias Grünewald (c. 1480–1528). Juliana era capaz de grande intuição da natureza de Deus: verdadeira mística, descreve a Trindade vivendo dentro da alma, e não como uma realidade "que está lá fora". Mas a concentração dos ocidentais no Cristo humano parecia irresistível. Nos séculos XIV e XV, os europeus cada vez mais colocavam outros seres humanos no centro de sua vida espiritual. O culto medieval de Maria e dos santos se intensificou, juntamente com a crescente devoção ao homem Jesus. O entusiasmo pelas relíquias e pelos lugares santos também desviou os cristãos ocidentais da única coisa necessária. Eles pareciam concentrar-se em tudo, *menos* em Deus.

O lado escuro do espírito ocidental se manifestou até mesmo durante o Renascimento. Os filósofos e humanistas do Renascimento eram muito críticos em relação a grande parte da religiosidade medieval. Detestavam os escolásticos, cujas abstrusas especulações, a seu ver, tornavam Deus estranho e enfadonho. Queriam voltar às fontes da fé, sobretudo a santo Agostinho. Os medievais o reverenciavam como teólogo, mas os humanistas redescobriram as *Confissões* e o viam como um homem empenhado numa busca pessoal. Diziam que o cristianismo não é um conjunto de doutrinas, mas uma experiência. Lorenzo Valla (1407–57) achava inútil misturar dogma sagrado com "truques de dialética" e "subterfúgios metafísicos":[11] essas "futilidades" haviam sido condenadas por são Paulo. Francesco Petrarca (1304–74) afirma que "teologia é, na verdade, poesia, poesia relativa a Deus", eficaz não porque "prova" alguma coisa, mas porque penetra no coração.[12] Os humanistas redescobriram a dignidade humana, porém não rejeitaram Deus: ao contrário, como verdadeiros homens de sua época, enfatizaram a humanidade de Deus feito homem. Mas as velhas inseguranças permaneciam. Os renascentistas tinham plena consciência da fragilidade do conhecimento e entendiam o senso do pecado presente em santo Agostinho. Assim diz Petrarca:

> Muito tenho refletido sobre minhas tribulações e sobre a morte; com rios de lágrimas tenho tentado lavar minhas máculas, tanto que mal posso falar disso sem chorar, e, no entanto, até agora, tudo isso tem sido inútil. Deus é realmente o melhor: e eu sou o pior.[13]

Havia, pois, uma imensa distância entre o homem e Deus: para Coluccio Salutati (1331-1406) e Leonardo Bruni (1369-1444), Deus era absolutamente transcendente e inacessível à mente humana.

Já o filósofo e eclesiástico alemão Nicolau de Cusa (1401-64) confiava em nossa capacidade de compreender Deus. Extremamente interessado na nova ciência, achava que ela podia nos ajudar a apreender o mistério da Trindade. A matemática, por exemplo, que só lida com abstrações puras, pode proporcionar uma certeza impossível em outras disciplinas. Assim, os conceitos matemáticos de "máximo" e "mínimo" aparentemente se opõem, mas à luz da lógica podemos vê-los como idênticos. Essa "coincidência de opostos" contém a idéia de Deus: o conceito de "máximo" inclui tudo; implica noções de unidade e necessidade que apontam diretamente para Deus. Além disso, a linha *máxima* não é o triângulo, o círculo ou a esfera, mas os três combinados: a unidade dos opostos também é uma Trindade. Mas a hábil demonstração de Nicolau tem pouco sentido religioso. Parece reduzir a idéia de Deus a um enigma lógico. No entanto, sua convicção de que "Deus abrange tudo, até as contradições",[14] aproxima-o dos ortodoxos gregos, segundo os quais toda teologia autêntica tem de ser paradoxal. Como mestre espiritual, não como filósofo e matemático, Nicolau sabe que o cristão deve "deixar tudo para trás" quando procura abordar Deus; deve "mesmo transcender o intelecto", indo além da razão. A face de Deus permanecerá envolta num "silêncio secreto e místico".[15]

As novas conclusões do Renascimento não podiam tratar de temores mais profundos que, como Deus, estão além da razão. Após a morte de Nicolau de Cusa, surgiu na Alemanha uma fobia particularmente nefasta, que se espalhou por todo o norte da Europa. Em 1484, a bula *Summa desiderantes*, do papa Inocêncio VIII, assinalou o início da grande caça às bruxas que, nos séculos XVI e XVII, afligiu comunidades protestantes e católicas de toda a Europa e revelou o lado negro do espírito ocidental. Durante essa hedionda perseguição, milhares de homens e mulheres foram cruelmente torturados até confessarem crimes espantosos, como ter intercurso sexual com demônios ou voar centenas de quilômetros para participar de orgias nas quais adoravam Satanás em lugar de Deus, numa missa obscena. Hoje sabemos que não havia bruxos e que essa loucura representava uma vasta fantasia coletiva, partilhada pelos cultos inquisidores e por muitas de suas vítimas, que sonhavam com tais coisas e facilmente se convenciam de que aconteceram de fato. A fantasia se relacionava com o anti-semitismo e com um profundo medo do sexo. Satanás emergia como a sombra de um Deus impossivelmente bom e poderoso. Isso não ocorreu nas outras religiões monoteístas. O Corão, por exemplo, deixa claro que Satanás será perdoado no Último Dia. Alguns sufistas diziam que ele caíra em desgraça porque amava a Deus mais que qualquer outro anjo. Deus o mandara curvar-se perante Adão no dia da criação, mas Satanás se recusara por acreditar que só devia prestar tal obediência a Deus. No Ocidente, porém, Satanás tornou-se uma figura do mal ingovernável. Era cada vez mais apresentado como um animal enorme, dotado de insaciável apetite sexual e imensos órgãos genitais. Como Norman Cohn explica em *Europe's inner demons*, esse retrato de Satanás não era só uma projeção de medos e ansiedades latentes. A caça às bruxas também expressava uma revolta inconsciente, mas compulsiva, contra uma religião repressora e um Deus aparentemente inexorável. Em suas câmaras de tortura, inquisidores e "bruxos" criaram juntos uma fantasia que era uma inversão do cristianismo. A Missa Negra tornou-se uma cerimônia horripilante, mas perversamente satisfatória, na qual se adorava o Diabo, em vez de um Deus que parecia severo e assustador.[16]

Martinho Lutero (1483-1546) acreditava em bruxaria e via a vida cristã como uma batalha contra Satanás. A Reforma pode ser interpretada como uma tentativa de lidar com essa ansiedade, embora a maioria dos reformadores não promovesse uma nova concepção de Deus. É simplismo chamar de "a Reforma" o vasto ciclo de transformação religiosa que ocorreu na Europa do século XVI. O termo sugere um movimento mais deliberado e unificado que aquilo que de fato ocorreu. Os vários reformadores — católicos e protestantes — tentavam verbalizar uma nova consciência religiosa, intensa, mas ainda não conceitualizada nem racionalmente analisada. Não sabemos ao certo por que ocorreu "a Reforma": hoje, os estudiosos nos advertem contra as velhas explicações dos manuais escolares. As mudanças não se deveram inteiramente à corrupção da Igreja, como muitas vezes se supõe, nem ao declínio da devoção. Na verdade, parece que o fervor religioso levou os europeus a criticar abusos que antes aceitavam como normais. As idéias dos reformadores brotaram de teologias medievais católicas. A ascensão do nacionalismo e das cidades na Alemanha e na Suíça também desempenhou um papel, assim como a nova religiosidade e a recente consciência teológica dos leigos no século XVI. Houve ainda uma exacerbação do individualismo na Europa, e isso sempre implicou uma revisão radical de atitudes religiosas correntes. Ao invés de expressar sua fé por meios externos e coletivos, os europeus começaram a examinar as conseqüências mais interiores da religião. Todos esses fatores contribuíram para as mudanças dolorosas e muitas vezes violentas que impeliram o Ocidente para a modernidade.

Antes de sua conversão, Lutero quase perdera a esperança de agradar a um Deus que ele passara a odiar:

> Embora levasse uma vida impecável como monge, sentia-me um pecador de consciência pesada diante de Deus. Também não podia acreditar que o agradasse com minhas ações. Lon-

ge de amar aquele Deus justo que pune os pecadores, eu o odiava. Eu era um bom monge e observava minha ordem com tanto zelo que, se um monge puder chegar ao Paraíso pela disciplina monástica, serei eu. Todos os meus companheiros de mosteiro confirmariam isso. [...] E, no entanto, minha consciência não me dava certeza, e eu sempre duvidava e dizia a mim mesmo: "Não fizeste isso direito. Não foste suficientemente contrito. Omitiste isso na confissão".[17]

Muitos cristãos atuais — protestantes e católicos — reconhecerão essa síndrome, que a Reforma não conseguiu abolir por completo. O Deus de Lutero se caracteriza pela ira. Nenhum santo, profeta ou salmista agüentara essa cólera divina. Não adianta tentar "dar o melhor de si". Como Deus é eterno e onipotente, "sua fúria contra os pecadores impenitentes também é imensurável e infinita".[18] Não há como descobrir sua vontade. A observância da Lei de Deus ou das regras de uma ordem religiosa não pode nos salvar. Na verdade, a Lei só nos acusa e aterroriza, por mostrar-nos a medida de nossa incompetência. Em vez de transmitir uma mensagem de esperança, revela "a ira de Deus, o pecado, a morte e a danação aos olhos de Deus".[19]

A iluminação pessoal de Lutero se deu quando ele formulou sua doutrina da absolvição. O homem não pode salvar a si mesmo. Deus proporciona tudo que é necessário para a "absolvição", a restauração de sua relação com o pecador. Deus é ativo, e o homem é passivo. As "boas ações" e a observância da Lei não são a *causa* de nossa absolvição, mas apenas o resultado. Podemos observar os preceitos da religião porque Deus nos salvou. Foi isso que são Paulo quis dizer com a expressão "justificação pela fé". A teoria de Lutero não apresenta nenhuma novidade: era corrente na Europa desde o início do século XIV. Contudo, quando ele a compreendeu e a tornou sua, suas ansiedades desapareceram. A revelação que se seguiu "fez-me sentir como se tivesse nascido de novo e como se, transpondo portões abertos, houvesse entrado no Paraíso".[20]

Em relação à natureza humana, porém, Lutero se manteve

pessimista. No ano de 1520, elaborou o que chamou de Teologia da Cruz. Inspirou-se em são Paulo, segundo o qual a cruz de Cristo mostra que "a tolice de Deus é mais sábia que a sabedoria humana, e a fraqueza de Deus é mais forte que a força humana".[21] Deus justifica os "pecadores", que, por padrões puramente humanos, só poderiam ser merecedores de castigo. A força de Deus se revela no que é fraqueza aos olhos humanos. Enquanto Luria ensinava a seus cabalistas que só se pode encontrar Deus na alegria e na tranqüilidade, Lutero afirmava que "Deus só pode ser encontrado no sofrimento e na Cruz".[22] A partir dessa posição, desenvolveu uma polêmica contra a escolástica, distinguindo o falso teólogo, que exibe inteligência humana e "contempla as coisas invisíveis de Deus como se fossem claramente perceptíveis", do verdadeiro teólogo, "que compreende as coisas visíveis e manifestas de Deus pelo sofrimento e pela Cruz".[23] As doutrinas da Trindade e da Encarnação pareciam suspeitas, na maneira como os Padres da Igreja as formularam; sua complexidade sugeria a falsa "teologia da glória".[24] Contudo, Lutero permaneceu fiel à ortodoxia de Nicéia, Éfeso e Calcedônia. Na verdade, sua teoria da absolvição depende da divindade de Cristo e de seu status trinitário. Essas doutrinas tradicionais de Deus estavam muito arraigadas na experiência cristã para que Lutero ou Calvino as questionassem, mas Lutero rejeitou as abstrusas formulações dos falsos teólogos. "Que me interessa?", perguntou, ao confrontar-se com as complexas doutrinas cristológicas: só precisava saber que Cristo era seu redentor.[25]

Lutero duvidava até da possibilidade de provar a existência de Deus. O único "Deus" dedutível mediante argumentos lógicos, como os que Tomás de Aquino utilizou, era o dos filósofos pagãos. Quando afirma que somos justificados pela "fé", Lutero não se refere à adoção das idéias corretas sobre Deus. "A fé não exige informação, conhecimento e certeza", prega num de seus sermões, "mas uma livre entrega e uma alegre aposta em sua bondade imperceptida, não testada e desconhecida."[26] Lutero antecipa as soluções de Pascal e Kierkegaard para o problema da fé. Ela não significa concordância com as proposições de um credo nem é a "crença" em opiniões ortodoxas. Ao contrário, é um salto no escuro para uma realidade que tem de ser aceita com base na confiança. É "uma espécie de conhecimento e trevas que nada pode ver".[27] Deus proíbe terminantemente a discussão especulativa de sua natureza. Tentar alcançá-lo tão-só por meio da razão pode ser perigoso e conduzir ao desespero, pois apenas descobriríamos o poder, a sabedoria e a justiça de Deus, intimidantes para os pecadores condenados. Em vez de se dedicar à discussão racionalista de Deus, o cristão deve apropriar-se das verdades reveladas nas Escrituras. Lutero ensina isso no credo de seu *Pequeno catecismo*:

> Creio que Jesus Cristo, gênito do Pai desde a eternidade e homem nascido da Virgem Maria, é meu Senhor; que redimiu *a mim*, criatura perdida e condenada, e *me* livrou de todos os pecados, da morte e do poder do demônio, não com prata e ouro, mas com seu santo e precioso sangue, com seu inocente sofrimento e com sua morte, para que eu possa ser seu, viver sob ele e em seu Reino e servi-lo em perene retidão e incessante beatitude, quando ele se levantar dos mortos e reinar por toda eternidade.[28]

Lutero se formara na teologia escolástica, porém se voltou para expressões mais simples de fé e reagiu contra a árida teologia do século XIV, que nada podia fazer para acalmar seus temores. Contudo, ele próprio às vezes é obscuro, como quando, por exemplo, tenta explicar o processo da justificação. Agostinho, seu herói, ensina que a retidão concedida ao pecador não é dele, mas de Deus. Lutero distorce isso sutilmente. Agostinho diz que essa retidão divina se torna parte de nós; Lutero afirma que ela permanece fora de nós, mas que Deus a vê *como se* fosse nossa. Ironicamente, a Reforma levaria a uma maior confusão doutrinária e à proliferação de novas doutrinas, como bandeiras das várias seitas tão rarefeitas e tênues quanto aquelas que procuravam substituir.

Lutero declara que renasceu ao formular sua doutrina da absolvição, mas não parece que tenha se livrado de toda a sua angústia. Continuou sendo um homem perturbado, raivoso e violento. Todas as grandes tradições religiosas alegam que a pedra de toque de qualquer espiritualidade é o grau em que se integra ao cotidiano. Como diz Buda, após a iluminação deve-se "voltar para o mercado" e praticar a misericórdia com todos os seres vivos. Uma sensação de paz, serenidade e amorosa bondade são as marcas distintivas de toda verdadeira percepção religiosa. Lutero, no entanto, era anti-semita e misógino, tinha horror à sexualidade e achava que todos os camponeses rebeldes deviam ser executados. Sua visão de um Deus irado encheu-o de raiva, e já se disse que seu caráter beligerante causou muito dano à Reforma. No início de sua atuação como reformador, muitas de suas idéias eram partilhadas por católicos ortodoxos e podiam ter dado nova vitalidade à Igreja, mas, por causa de sua tática agressiva, acabaram sendo vistas com desnecessária desconfiança.[29]

A longo prazo, Lutero foi menos importante que João Calvino (1509–64), cuja Reforma, mais baseada em ideais renascentistas que a luterana, teve um profundo efeito sobre o *ethos* ocidental emergente. No fim do século XVI, o "calvinismo" já era uma religião internacional capaz de transformar a sociedade, para o bem ou para o mal, e de fazer as pessoas acreditarem que conseguiriam o que quisessem. Idéias calvinistas inspiraram a Revolução Puritana na Inglaterra sob Oliver Cromwell, em 1645, e a colonização da Nova Inglaterra, na década de 1620. As idéias de Lutero praticamente se restringiram à Alemanha após sua morte, mas as de Calvino se expandiram. Seus discípulos desenvolveram sua doutrina e efetuaram a segunda onda da Reforma. Como observou o historiador Hugh Trevor Roper, o calvinismo é descartado por seus adeptos mais facilmente que o catolicismo romano — daí o adágio "uma vez católico, sempre católico" —, porém, depois de descartado, pode ser expresso de modo secular.[30] É o que tem ocorrido sobretudo nos Estados Unidos. Muitos americanos que deixaram de acreditar em Deus adotam a ética de trabalho puritana e a idéia calvinista da eleição, vendo-se como uma "nação escolhida", cuja bandeira e cujos ideais têm um propósito divino. Em certo sentido, todas as grandes religiões foram produtos da civilização e, mais especificamente, da cidade. Desenvolveram-se numa época em que os mercadores ricos ganhavam ascendência sobre o velho *establishment* pagão e queriam conduzir o próprio destino. A versão do cristianismo proposta por Calvino atraiu sobretudo a burguesia das cidades européias que, em seu recente desenvolvimento, queriam livrar-se dos grilhões de uma hierarquia repressiva.

Como o teólogo suíço Ulrico Zwinglio (1484–1531), Calvino não se interessava muito por dogma: preocupava-se com os aspectos sociais, políticos e econômicos da religião. Queria retornar a uma religiosidade mais simples, baseada nas Escrituras, mas acatava a doutrina da Trindade, apesar de sua terminologia não provir da Bíblia. Como escreveu em *Os institutos da religião cristã*, Deus se diz Uno, mas "claramente nos apresenta sua existência em três pessoas".[31] Em 1553, Calvino mandou executar o teólogo espanhol Miguel Servet por negar a Trindade. Servet fugira da Espanha católica e se refugiara na Genebra de Calvino, afirmando que retomava a fé dos apóstolos e dos primeiros Padres da Igreja, que nunca tinham ouvido falar dessa doutrina extraordinária. Argumentava, com alguma razão, que nada no Novo Testamento contradiz o estrito monoteísmo das Escrituras judaicas. A doutrina da Trindade era uma invenção humana que "alienou as mentes dos homens do conhecimento do verdadeiro Cristo e nos ofereceu um Deus tripartido".[32] Partilhavam suas opiniões dois reformadores italianos — Giorgio Blandrata (1515–90) e Faustus Socinus (1539–1604) — que fugiram para Genebra, mas descobriram que sua teologia era demasiado radical para os reformadores suíços; eles nem sequer aceitavam a tradicional visão ocidental do perdão. Acreditavam que as pessoas são justificadas não pela morte de Cristo, e sim por sua "fé" ou confiança em Deus. No livro *Cristo, o Salvador*, Socinus repudia a chamada ortodoxia de Nicéia: argumenta que o termo "Filho de Deus" não afirma a natureza divina de Jesus, mas simplesmente significa que Deus o ama de modo especial. Ele não morreu para expiar nossos pecados, mas foi apenas um mestre que "mostrou e ensinou o caminho da salvação". Quanto à doutrina da Trindade, não passa de "uma monstruosidade", uma ficção imaginária, "repugnante à razão", e incentiva os fiéis a acreditar em três deuses distintos.[33] Após a execução de Servet, Blandrata e Socinus fugiram para a Polônia e a Transilvânia, levando consigo sua religião "unitarista".

Zwinglio e Calvino apoiavam-se em idéias mais convencionais e, como Lutero, enfatizavam a absoluta soberania de Deus. Não era simples convicção intelectual, mas o resultado de uma experiência intensamente pessoal. Em agosto de 1519, pouco antes de começar seu ministério em Zurique, Zwinglio contraiu a peste que acabou dizimando 25% da população local. Sentiu-se desamparado e percebeu que não podia fazer absolutamente nada para se salvar. Em vez de rezar aos santos para ajudá-lo ou pedir à Igreja que intercedesse por ele, implorou a misericórdia de Deus. Compôs esta breve oração:

Faça-se segundo a vossa vontade,
pois nada me falta.
Sou vosso recipiente
para ser restaurado ou destruído.[34]

Sua entrega foi semelhante ao ideal do *islām*: como judeus e muçulmanos numa etapa comparável de seu desenvolvimento, os cristãos ocidentais já não estavam dispostos a aceitar mediadores, mas desenvolviam um senso de inalienável responsabilidade perante Deus. Calvino também baseou sua religião reformada no domínio absoluto de Deus. Não nos deixou um relato de sua conversão. No *Comentário sobre os Salmos*, apenas diz que ela foi obra de Deus. Encantado com a Igreja institucional e "as superstições do papado", queria, e ao mesmo tempo não queria, libertar-se dessa fascinação e só se decidiu graças à intervenção divina: "Por fim, Deus conduziu meus passos em outra direção, pela brida oculta de sua providência. [...] Por uma súbita conversão à docilidade, ele domou uma mente demasiado teimosa para a idade que tinha".[35] Só Deus estava no controle, enquanto Calvino era impotente, mas sentiu-se escolhido para uma missão especial, precisamente por causa desse intenso sentimento de fracasso e impotência.

A conversão radical era característica do cristianismo ocidental desde a época de Agostinho. O protestantismo continuaria a tradição de rompimento abrupto e violento com o passado no que o filósofo americano William James chamou de religião "renascida" para "almas doentias".[36] Os cristãos "renasciam" para uma nova fé em Deus e para a rejeição da hoste de intermediários que, na Igreja medieval, se interpunham entre eles e o divino. Calvino dizia que as pessoas veneravam os santos por ansiedade; para aplacar um Deus furioso, dirigiam-se aos que se acham mais próximos dele. Contudo, em sua rejeição do culto dos santos, os protestantes muitas vezes revelavam uma ansiedade semelhante. Quando se convenceram de que os santos eram ineficazes, grande parte do medo e da ansiedade que aquele Deus intransigente lhes inspirava explodiu numa intensa reação. O humanista inglês Thomas More detectou um ódio pessoal em muitas das diatribes contra a "idolatria" da adoração aos santos.[37] A violência da destruição de imagens é um exemplo disso. Muitos protestantes e puritanos levaram tão a sério a condenação dos ídolos pelo Antigo Testamento que despedaçaram as estátuas dos santos e da Virgem Maria e lançaram cal sobre os afrescos de igrejas e catedrais. Seu zelo exacerbado mostrou que seu medo de ofender aquele Deus irritável e ciumento era o mesmo que os levara a pedir a intercessão dos santos. Também mostrou que seu desejo de adorar somente a Deus resultara não de uma calma convicção, e sim da ansiosa negação que fizera os antigos israelitas derrubar as estacas de Asera e despejar torrentes de insultos sobre os deuses vizinhos.

Em geral, Calvino é lembrado por sua crença na predestinação, que, na verdade, não era fundamental em seu pensamento, mas só se tornou crucial para o "calvinismo" após sua morte. O problema de conciliar a onipotência e a onisciência divinas com o livre-arbítrio humano se deve a uma concepção antropomórfica de Deus. Os muçulmanos enfrentaram essa dificuldade no século IX, sem descobrir nenhuma saída lógica ou racional; ao contrário, acentuaram o mistério e a inescrutabilidade de Deus. O problema nunca perturbou os cristãos ortodoxos gregos, que gostavam do paradoxo e o viam como uma fonte de luz e inspiração, mas foi um pomo de discórdia no Ocidente, onde prevaleceu uma visão mais personalista de Deus. Fala-se da "vontade de Deus" como se ele fosse um ser humano, sujeito às mesmas limitações que nós, e governasse literalmente o mundo, como um rei terrestre. Contudo, a Igreja Católica rejeita a idéia de que Deus predestina os condenados ao inferno por toda a eternidade. Agostinho, por exemplo, aplica o termo "predestinação" à decisão divina de salvar os eleitos, porém nega que algumas almas perdidas estejam condenadas à danação, embora isso seja um corolário lógico de seu pensamento. Calvino reserva pouco espaço ao tópico da predestinação nos *Institutos*. Quando olhamos à nossa volta, admite, realmente parece que Deus favorece algumas pessoas mais que outras. Por que umas respondem ao Evangelho, enquanto outras permanecem indiferentes? Deus age de maneira arbitrária ou injusta? Não, responde Calvino: a aparente escolha de uns e rejeição de outros é um sinal do mistério de Deus.[38] Não há solução racional para o problema, que parece indicar inconciliabilidade entre o amor e a justiça de Deus. Calvino não se incomoda demais com isso, pois não se interessa muito por dogmas.

Todavia, após sua morte, quando os "calvinistas" precisaram distinguir-se dos luteranos, por um lado, e dos católicos romanos, por outro, Theodorus Beza (1519–1605), que fora o braço direito de Calvino em Genebra e que agora assumia a liderança, fez da predestinação a marca distintiva do calvinismo. Atenuou o paradoxo com uma lógica implacável. Sendo Deus onipotente, o homem não pode contribuir em nada para a própria salvação. Deus é imutável, e seus decretos são justos e eternos; assim, ele decidira desde toda a eternidade salvar alguns e predestinar os restantes à danação eterna. Alguns calvinistas se horrorizaram com essa doutrina. Nos Países Baixos, Jakob Arminius argumentou que esse era um exemplo de má teologia, pois fala de Deus como se ele fosse um ser humano. Mas os calvinistas achavam possível discorrer sobre Deus tão objetivamente quanto sobre qualquer outro fenômeno. Como outros protestantes e católicos, desenvolveram um novo aristotelismo, que acentua a importância da lógica e da metafísica e difere do aristotelismo de Tomás de Aquino, pois os novos teólogos não se interessavam tanto pelo conteúdo do pensamento de Aristóteles quanto por seu método racional. Queriam apresentar o cristianismo como um sistema coerente e racional, derivável de deduções silogísticas baseadas em axiomas conhecidos. Isso é profundamente irônico, pois todos os reformadores haviam rejeitado esse tipo de discussão racionalista de Deus. A teologia calvinista da predestinação mostra o que pode acontecer quando o paradoxo e o mistério de Deus já não são encarados como poesia, e sim interpretados literalmente com uma lógica coerente, porém terrível. Quando se começa a interpretar a Bíblia ao pé da letra, e não de maneira simbólica, inviabiliza-se a idéia de Deus. Imaginar uma divindade literalmente responsável por tudo que acontece na terra envolve contradições impossíveis. O "Deus" da Bíblia deixa de simbolizar uma realidade transcendente e torna-se um tirano cruel e despótico. A doutrina da predestinação aponta as limitações desse Deus personalizado.

Os puritanos basearam sua experiência religiosa em Calvino e nitidamente viam Deus como uma luta: ele não parecia proporcionar-lhes nem felicidade nem compaixão. Seus diários e autobiografias os mostram obcecados com a predestinação e o terror de não ser salvos. A conversão era uma preocupação central, um drama violento, em que o "pecador" e seu diretor espiritual "lutavam" por sua alma. Com freqüência, o penitente tinha de sofrer grave humilhação ou desesperar-se da graça para admitir sua absoluta dependência em relação a Deus. Muitas vezes a conversão representava uma ab-reação, uma doentia passagem da extrema desolação para a euforia. A forte ênfase no inferno e na danação e o auto-exame excessivo levavam muitos à depressão clínica: parece que o suicídio era comum. Os puritanos atribuíam-no a Satanás, uma presença aparentemente tão poderosa em suas vidas quanto Deus.[39] O puritanismo tinha uma dimensão positiva: fazia as pessoas se orgulharem de seu trabalho, visto até então como uma servidão e agora como uma "vocação". Sua espiritualidade apocalíptica incentivou alguns a colonizar o Novo Mundo. Mas, em seu pior aspecto, o Deus puritano inspirava angústia e uma cruel intolerância para com aqueles que não estavam entre os eleitos.

Católicos e protestantes passaram a considerar-se inimigos, embora concebessem e sentissem Deus de modo muito semelhante. Após o Concílio de Trento (1545–63), teólogos católicos também se dedicaram à teologia neo-aristotélica, que reduzia o estudo de Deus a uma das ciências naturais. Como os protestantes, Inácio de Loyola (1491–1556), fundador da Companhia de Jesus, e outros reformadores católicos enfatizavam a experiência direta de Deus e a necessidade de apropriar-se da revelação e torná-la individual. Os *Exercícios espirituais*, que Inácio elaborou para seus primeiros jesuítas, destinavam-se a induzir uma conversão, que tanto podia ser dolorosa quanto extremamente agradável. Com sua ênfase no auto-exame e na decisão pessoal, esse retiro de trinta dias em que cada noviço era acompanhado por seu diretor não diferia da espiritualidade puritana. Os *Exercícios* são um curso de misticismo intensivo, sistemático e altamente eficaz. Os místicos muitas vezes desenvolveram disciplinas semelhantes às utilizadas pelos psicanalistas, e, assim, é interessante que, atualmente, católicos e anglicanos usem os *Exercícios* também como um tipo de terapia alternativa.

Mas Inácio estava consciente dos perigos do falso misticismo. Como Luria, enfatiza a importância da serenidade e da alegria, advertindo seus discípulos — em suas *Regras para o discernimento de espíritos* — dos extremos de emoção que levavam alguns puritanos a passar dos limites. Classifica em dois tipos as várias emoções que o exercitante poderá experimentar em seu retiro: as provavelmente advindas de Deus e as originárias do demônio. Deus proporciona paz, esperança, alegria e uma "elevação da mente", enquanto o "mau espírito" provoca inquietação, tristeza, aridez e distração. Inácio tinha uma percepção tão intensa de Deus que chegava a chorar de alegria e certa vez disse que não poderia viver sem isso. Mas desconfiava de mudanças bruscas no estado emocional e acentuava a necessidade da disciplina em sua caminhada para um novo eu. Como Calvino, considerava o cristianismo um encontro com Deus, cuja culminação consiste na "Contemplação para obter amor", que vê "todas as coisas como criaturas e reflexos da bondade de Deus", escreveu nos *Exercícios*.[40] Para Inácio, o mundo está repleto de Deus. Durante o processo de canonização, seus discípulos lembraram:

> Muitas vezes vimos que até as mínimas coisas podiam fazer seu espírito elevar-se para Deus, que até nas mínimas coisas é o Maior. À vista de uma plantinha, uma folha, uma flor, um fruto, um verme insignificante ou um minúsculo animalzinho, Inácio subia às alturas e penetrava em coisas que estão além dos sentidos.[41]

Como os puritanos, os jesuítas sentiam Deus como uma força dinâmica, capaz de infundir-lhes confiança e energia. Como os puritanos, que enfrentaram o Atlântico para instalar-se na Nova Inglaterra, missionários jesuítas viajaram por todo o globo: Francisco Xavier (1506–52) evangelizou a Índia e o Japão; Matteo Ricci (1552–1610) levou o Evangelho à China; e Roberto de Nobili (1577–1656), à Índia. Também como os puritanos, muitos jesuítas eram cientistas entusiásticos, e já se disse que a primeira sociedade científica não foi a Royal Society de Londres nem a Accademia del Cimento,* mas a Companhia de Jesus.

Contudo, os católicos pareciam tão angustiados quanto os puritanos. Inácio de Loyola, por exemplo, considerava-se um grande pecador e rezava para que, depois de morto, fosse exposto num monturo a fim de que os animais o devorassem. Seus médicos advertiram-no de que, se continuasse chorando tanto durante a missa, poderia perder a vista. Teresa d'Ávila, que reformou a vida monástica das mulheres na Ordem das Carmeli-

---

* Academia da Prova, fundada em Florença, em 1657; foi a primeira academia de ciências naturais da Europa. (N. E.)

tas Descalças, teve uma terrível visão do lugar que lhe estava reservado no inferno. Os grandes santos da época pareciam encarar o mundo e Deus como dois opostos inconciliáveis: para salvar-se, tinham de renunciar ao mundo e a todas as afeições naturais. Vicente de Paulo, que levou uma vida de caridade e boas ações, pedia a Deus que o fizesse deixar de amar seus pais; Joana Francisca de Chantal, que fundou a Ordem da Visitação, passou sobre o corpo do filho quando saiu de casa para entrar no convento: ele se jogara na soleira para impedir sua partida. Enquanto o Renascimento procurara reconciliar céu e terra, a Reforma católica tentou separá-los. Deus talvez tenha tornado os cristãos reformados do Ocidente eficientes e poderosos, mas não felizes. O período da Reforma foi uma época de muito medo em ambos os lados: houve violentos repúdios do passado, amargas condenações e anátemas, pavor da heresia e do desvio doutrinário, aguda consciência do pecado e obsessão com o inferno. Em 1640, publicou-se o controvertido livro do católico holandês Cornélio Jansen, que, como o calvinismo, pregava um Deus assustador, que predestinara todos os homens, com exceção dos eleitos, à danação eterna. Naturalmente, os calvinistas elogiaram o livro por ensinar "a doutrina do irresistível poder da graça de Deus, que é correta e está de acordo com a doutrina reformada".[42]

Como explicar tanto medo e tanta consternação? A Europa vivia uma época de extrema ansiedade: começava a surgir uma nova sociedade que, baseada na ciência e na tecnologia, logo conquistaria o mundo. Mas Deus parecia incapaz de aliviar esses temores e oferecer o consolo que os judeus sefarditas, por exemplo, encontraram nos mitos de Isaac Luria. Aparentemente, os cristãos ocidentais sempre viram Deus como um problema, e os reformadores, que procuraram afastar esses temores, só agravaram a situação. Predestinando milhões de seres humanos à danação eterna, o Deus do Ocidente se tornara ainda mais apavorante que a severa divindade visualizada por Tertuliano ou Agostinho em seus momentos mais sombrios. Será que uma concepção deliberadamente imaginosa de Deus, baseada na mitologia e no misticismo, daria a seu povo mais condições para sobreviver à tragédia e à angústia que um Deus cujos mitos são interpretados de maneira literal?

No final do século XVI, a religião estava desacreditada aos olhos de muitos europeus que lamentavam a matança de católicos por protestantes e de protestantes por católicos. Centenas de pessoas morreram como mártires por sustentar opiniões impossíveis de provar num ou noutro sentido. Seitas que pregavam uma espantosa variedade de doutrinas julgadas essenciais para a salvação proliferaram de modo alarmante. Havia agora demasiadas opções teológicas: muitos se sentiam paralisados e angustiados com tamanha oferta de interpretações religiosas. Alguns talvez achassem que alcançar a fé se tornava mais difícil que nunca. Foi, portanto, significativo que, nesse ponto da história do Deus ocidental, as pessoas começassem a identificar os "ateus", aparentemente tão numerosos quanto as "bruxas", velhos inimigos de Deus e aliados do demônio. Diziam que esses "ateus" negavam a existência de Deus, conquistavam convertidos para sua seita e corroíam o tecido da sociedade. Contudo, um ateísmo integral, tal como o entendemos hoje, era impossível. Em seu clássico *The problema of unbelief in the sixteenth century*, Lucien Febvre mostra que, naquela época, as dificuldades conceituais para a completa negação da existência de Deus eram tão grandes que chegavam a ser insuperáveis. Desde o nascimento e o batismo até a morte e o enterro no cemitério da igreja, a religião comandava a vida de todos. Cada atividade do dia, pontuado pelos sinos da igreja chamando os fiéis à prece, estava saturada de crenças e instituições religiosas: elas dominavam a atuação profissional e a esfera pública — até as guildas e as universidades eram organizações religiosas. Como observa Febvre, Deus e religião eram tão onipresentes que ninguém pensaria em dizer: "Então nossa vida, toda a nossa vida, é controlada pelo cristianismo! Como é minúscula a área de nossa vida já secularizada, em comparação com tudo que ainda é governado, regulado e moldado pela religião!".[43] Um homem excepcional, que tivesse a objetividade necessária para questionar a natureza da religião e a existência de Deus, não encontraria apoio nem na filosofia nem na ciência de sua época. Enquanto não se formasse um conjunto de razões coerentes, cada qual baseada em constatações científicas, ninguém poderia negar a existência de um Deus cuja religião configurava e dominava a vida moral, emocional, estética e política da Europa. Sem esse apoio, tal negação só poderia ser um capricho pessoal ou um impulso passageiro, indigno de consideração. Febvre assinala que uma língua vernacular como o francês não tinha nem vocabulário nem sintaxe para o ceticismo. Ainda não se usavam palavras como "absoluto", "relativo", "causalidade", "conceito", "intuição".[44] Cabe lembrar que, até então, nenhuma sociedade do mundo eliminara a religião, tida como uma realidade da vida. Só no final do século XVIII alguns europeus achariam possível negar a existência de Deus.

O que significava, pois, a acusação de "ateísmo"? O cientista francês Marin Mersenne (1588–1648), que pertencia a uma severa ordem franciscana, declarou que havia cerca de 50 mil ateus só em Paris, mas a maioria dos "ateus" que citou acreditava em Deus. Assim, Pierre Carrin, amigo de Michel Montaigne, defende o catolicismo em seu tratado *Les trois verités* (1589), porém em sua principal obra, *De la sagesse*, ressalta a fragilidade da razão e afirma que o homem só pode chegar a Deus pela fé. Para Mersenne isso era equivalente a "ateísmo". Outro "incréu" que ele denunciou foi o racionalista italiano Giordano Bruno (1548–1600), embora Bruno acreditasse num Deus estóico que era a alma, origem e fim do universo. Mersenne chamou esses dois homens de "ateus" por discordar das idéias deles sobre Deus, não porque eles negassem a existência de um Ser Supremo. Agiu como os pagãos do Império Romano, que rotularam judeus e cristãos de "ateus" por causa da divergência de opiniões sobre o divino. Nos séculos XVI e XVII, a palavra "ateu" ainda era reservada exclusivamente para a polêmica. Chamava-se um inimigo de "ateu" da mesma forma como se tachava qualquer um de "anarquista" ou "comunista" no fim do século XIX e início do XX.

Após a Reforma, o cristianismo suscitou outro tipo de ansiedade. Como "a bruxa" (ou "o anarquista", ou "o comunista"), "o ateu" era a projeção de uma ansiedade latente. Refletia a preocupação com a fé e podia ser usado como tática de choque para assustar os teístas e encorajá-los à virtude. Em *Leis de política eclesiástica*, o teólogo anglicano Richard Hooker (1554-1600) classifica os ateus em dois grupos: um pequeno punhado que não acredita em Deus e um número muito maior que vive como se Deus não existisse. As pessoas tendiam a perder de vista essa distinção e a concentrar-se no segundo grupo. Assim, em *O teatro dos juízos de Deus* (1597), o "ateu" imaginário de Thomas Beard nega a Providência Divina, a imortalidade da alma e a outra vida, mas não, aparentemente, a existência de Deus. Em seu tratado *Ateísmo anatomizado* (1634), John Wingfield afirma: "O hipócrita é ateu; o depravado é ateu notório; o transgressor seguro, ousado e orgulhoso é ateu: quem não quer ser ensinado nem reformado é ateu".[45] Para o poeta galês William Vaughan (1577-1641), que ajudou na colonização da Terra Nova, ateu era quem aumentava aluguéis ou cercava terras comunitárias. O dramaturgo inglês Thomas Nashe (1567-1601) proclamou ateus os ambiciosos, os gananciosos, os glutões, os gabolas e as prostitutas.

O termo "ateu" era um insulto. Ninguém chamaria a *si mesmo* de ateu. Não era ainda um emblema a ser usado com orgulho. Contudo, nos séculos XVII e XVIII, os ocidentais iriam cultivar uma atitude que tornaria a negação da existência de Deus não apenas possível como desejável. Encontrariam apoio para suas opiniões na ciência. Mas o Deus dos reformadores podia ser favorável à nova ciência. Porque acreditavam na absoluta soberania de Deus, Lutero e Calvino rejeitaram a visão aristotélica da natureza como sendo dotada de poderes intrínsecos. Para eles, a natureza era tão passiva quanto o cristão, a quem só restava aceitar o dom da salvação de Deus, pois nada podia fazer por si mesmo. Calvino enaltece explicitamente o estudo científico do mundo natural em que o Deus invisível se dá a conhecer. Não pode haver conflito entre a ciência e as Escrituras; Deus se adequou às limitações humanas na Bíblia, do mesmo modo como um orador habilidoso ajusta seu pensamento e seu discurso à capacidade de sua platéia. O relato da Criação constitui um exemplo de *balbutive* (linguagem infantil), que adapta processos complexos e misteriosos à mentalidade da gente simples, para que todos possam ter fé em Deus.[46] Não deve ser tomada ao pé da letra.

Mas a Igreja Católica Romana nem sempre foi tão liberal. Em 1530, o astrônomo polonês Nicolau Copérnico concluiu seu tratado *De revolutionibus*, no qual afirmara que o Sol é o centro do universo. Publicado pouco antes de sua morte, em 1543, o texto foi incluído pela Igreja no Índex dos Livros Proibidos. Em 1613, o matemático pisano Galileu Galilei declarou que o telescópio por ele inventado comprovava a correção do sistema de Copérnico. Seu caso tornou-se uma *cause célèbre*: intimado a comparecer perante a Inquisição, Galileu recebeu ordem de abjurar seu credo científico e foi condenado à prisão por tempo indeterminado. Nem todos os católicos concordaram com essa decisão, mas a Igreja se opunha tão prontamente a mudanças quanto qualquer outra instituição dessa época, na qual prevalecia o espírito conservador. O que diferenciava a Igreja era o poder de fazer valer sua oposição e a eficiência com que impunha a conformidade intelectual. Inevitavelmente, a condenação de Galileu inibiu o estudo científico nos países católicos, embora muitos cientistas notáveis, como Marin Mersenne, René Descartes e Blaise Pascal, permanecessem fiéis ao catolicismo. O caso de Galileu é complexo, e não pretendo examinar todos os seus desdobramentos políticos. Mas há um fato importante para nossa história: a Igreja Católica condenou a teoria heliocêntrica não porque ameaçava a crença em Deus, e sim porque contradizia a palavra de Deus nas Escrituras.

Isso também perturbou muitos protestantes na época do julgamento de Galileu. Nem Lutero nem Calvino condenaram Copérnico, mas o auxiliar de Lutero, Philipp Melanchthon (1497–1560), rejeitou a idéia do movimento da Terra em torno do Sol, porque entrava em conflito com alguns trechos da Bíblia. Os protestantes não eram os únicos que se preocupavam com isso. Após o Concílio de Trento, os católicos estavam empolgados com a Vulgata, a Bíblia traduzida para o latim por são Jerônimo. Em 1576, o inquisidor espanhol León de Castro decretou: "Nada se pode mudar que discorde da edição latina da Vulgata, nem um único período, uma única conclusão, uma única cláusula, uma única palavra, uma única sílaba ou um único ponto".[47] No passado, como vimos, alguns racionalistas e místicos se esforçaram para trocar a leitura literal da Bíblia e do Corão por uma interpretação deliberadamente simbólica. Agora protestantes e católicos começavam a confiar num entendimento literal das Escrituras. As descobertas científicas de Galileu e Copérnico podem não ter incomodado ismailitas, sufistas, cabalistas ou hesicastas, mas colocaram alguns problemas para os católicos e protestantes que abraçaram o novo literalismo. Como conciliar a teoria da translação da Terra em redor do Sol com os versículos bíblicos: "O mundo também está firmado de modo que não pode ser movido"; "O Sol também se levanta e se põe e retorna ao lugar de onde partiu"; "Designou a Lua para as estações; o Sol conhece seu ocaso"?[48] Algumas afirmações de Galileu abalaram o clero. Se podia haver vida na Lua, segundo ele dizia, como esses homens podiam descender de Adão e como saíram da Arca de Noé? Como conciliar a teoria do movimento da Terra com a ascensão de Cristo ao céu? As Escrituras dizem que o céu e a Terra foram criados para o homem. Como poderia ser assim, se, de acordo com Galileu, a Terra é apenas mais um planeta girando em torno do Sol? Era difícil localizar no sistema de Copérnico o céu e o inferno, tidos como lugares reais. Acreditava-se que o inferno, por exemplo, ficava no centro da Terra, onde Dante o pusera. O cardeal Roberto Bellarmino, estudioso jesuíta consultado sobre a questão de Galileu pela então recém-criada Congregação para a Propagação da Fé, decidiu pelo lado da tradição: "O inferno é um lugar subterrâneo distinto dos túmulos". E concluiu que devia ser o centro da Terra, baseando seu argumento definitivo na "razão natural":

> A última [prova] é a razão natural. Sem dúvida é razoável que o lugar dos demônios e dos homens maus condenados se situe à maior distância possível do local onde os anjos e os

363

bem-aventurados ficarão para sempre. A morada dos bem-aventurados (como concordam nossos adversários) é o céu, e nenhum lugar está mais longe do céu que o centro da Terra.[49]

Os argumentos de Bellarmino hoje parecem ridículos. Nem os cristãos mais literalistas imaginam que o inferno se situe no centro da Terra. Muitos, porém, se chocam com outras teorias científicas que não encontram "lugar para Deus" numa cosmologia sofisticada.

Numa época em que Mulla Sadra ensinava aos muçulmanos que o céu e o inferno ficam no mundo imaginário existente dentro de cada indivíduo, eclesiásticos sofisticados como Bellarmino lhes atribuíam uma localização geográfica concreta. Enquanto os cabalistas reinterpretavam de maneira deliberadamente simbólica o relato bíblico da criação e advertiam seus discípulos para não tomarem essa mitologia ao pé da letra, católicos e protestantes insistiam na autenticidade factual de cada detalhe da Bíblia. Isso tornaria a mitologia religiosa tradicional vulnerável à nova ciência e acabaria impedindo muita gente de acreditar em Deus. Os teólogos não estavam preparando seu rebanho para esse desafio iminente. Desde a Reforma e o novo entusiasmo de protestantes e católicos pelo aristotelismo, eles discorriam sobre Deus como se ele fosse um fato objetivo. Isso acabaria habilitando os novos "ateus" de fins do século XVIII e princípio do XIX a livrar-se inteiramente de Deus.

Assim, Leonard Lessius (1554-1623), influente teólogo jesuíta de Louvain, parece prestar lealdade ao Deus dos filósofos em seu tratado *A divina providência*. A existência desse Deus é cientificamente demonstrável, como qualquer outra realidade da vida. A configuração do universo, que não pode ser obra do acaso, indica a existência de um Primeiro Motor e Mantenedor. Mas nada há de especificamente cristão no Deus de Lessius: é um fato científico que qualquer ser humano racional pode constatar. Lessius quase não menciona Jesus. Dá a impressão de que a existência de Deus poderia ser deduzida pelo bom senso a partir da observação natural, da filosofia e da religião comparada. Deus se tornara apenas mais um ser, como outros objetos que os cientistas e os filósofos começavam a investigar no Ocidente. Os *faylasufs* não duvidavam da validade de suas provas da existência de Deus, porém seus correligionários decidiram que esse Deus dos filósofos tinha pouco valor religioso. Tomás de Aquino pode ter dado a impressão de que Deus era apenas um ponto — embora o mais elevado — na cadeia do ser, mas convencera-se de que esses argumentos filosóficos não tinham nenhuma relação com o Deus místico que sentia na prece. Contudo, no início do século XVII, grandes teólogos e eclesiásticos continuavam afirmando a existência de Deus em bases inteiramente racionais. Muitos fazem isso até hoje. Quando a nova ciência desmentiu os argumentos, a existência de Deus sofreu ataques. Em vez de ver-se a idéia de Deus como símbolo de uma realidade que não tem existência no sentido habitual da palavra e só pode ser descoberta pelas disciplinas imaginativas da prece e da contemplação, passou-se, cada vez mais, a considerar Deus um fato da vida como qualquer outro. Lessius nos mostra que, enquanto a Europa se aproximava da modernidade, os próprios teólogos forneciam munição para os futuros ateus rejeitarem um Deus de pouco valor religioso, que inspirava medo a muita gente, em lugar de esperança e fé. Como os filósofos e os cientistas, os cristãos pós-Reforma efetivamente abandonaram o Deus dos místicos e buscaram iluminação no Deus da razão.

9. ILUMINISMO

No fim do século XVI, o Ocidente embarcara num processo de tecnicização que iria produzir uma sociedade inteiramente diversa e um novo ideal de humanidade. Inevitavelmente, isso afetaria sua percepção do papel e da natureza de Deus. As conquistas do Ocidente recém-industrializado e eficiente também mudaram o rumo da história mundial. Os outros países do *oikumene* achavam cada vez mais difícil entender-se com o mundo ocidental ou ignorá-lo, como no passado, quando o consideravam atrasado em relação às grandes civilizações. Como nenhuma sociedade chegara a um patamar semelhante, o Ocidente criou problemas inteiramente novos e, portanto, muito difíceis de resolver. Até o século XVIII, por exemplo, o islã foi a potência mundial dominante na África, no Oriente Médio e na região do Mediterrâneo. Embora o Renascimento tivesse levado a cristandade ocidental a ultrapassar os muçulmanos em alguns aspectos, as várias potências islâmicas conseguiram superar o desafio. Os otomanos continuaram avançando pela Europa e os muçulmanos contiveram facilmente os exploradores portugueses e os mercadores que seguiram em sua esteira. No fim do século XVIII, porém, os europeus começaram a dominar o mundo, e a própria natureza de sua façanha impedia que outros povos os alcançassem. Os ingleses controlavam a Índia, e a Europa estava pronta para colonizar a maior parte possível do planeta. Iniciara-se o processo de ocidentalização, e com ele o culto do secularismo, que reivindicava independência em relação a Deus.

O que envolvia a moderna sociedade técnica? Todas as civilizações anteriores dependeram da agricultura. A civilização, como o nome indica, foi obra das cidades, onde uma elite vivia do excedente agrícola e dispunha de tempo livre e recursos para criar as várias culturas. A crença no Deus Único se desenvolvera nas cidades do Oriente Médio e na Europa ao mesmo tempo que as outras grandes ideologias religiosas. Mas todas essas civilizações agrárias eram vulneráveis. Dependiam de variáveis como plantio, colheita, clima e erosão do solo. Cada império que se expandia e aumentava seus compromissos e responsabilidades acabava excedendo seus recursos limitados. Após alcançar o zênite de seu poder, começava a declinar. O novo Ocidente, porém, não dependia da agricultura. Seu domínio técnico o tornara independente de condições locais e reveses externos. O acúmulo de capital estava embutido nos recursos econômicos que — até pouco tempo antes — pareciam indefinidamente renováveis. O processo de modernização acarretou uma série de mudanças profundas: levou à industrialização e à conseqüente transformação da agricultura, a uma "iluminação" intelectual e a revoluções políticas e sociais. Tais mudanças afetaram a maneira como homens e mulheres se percebiam e os fez rever sua relação com a realidade última, tradicionalmente chamada de "Deus".

A especialização era crucial para essa sociedade técnica: todas as inovações nos campos econômico, intelectual e social exigiam especialização em cada setor. Os cientistas, por exemplo, dependiam de maior eficiência dos fabricantes de instrumentos; a indústria exigia novas máquinas e fontes de energia, além das contribuições da ciência. As várias especializações interligaram-se e aos poucos se tornaram interdependentes: uma inspirava a outra numa área diferente e, talvez, não relacionada até então. As conquistas de uma especialidade cresciam com o uso que lhes davam em outra, e isso afetava sua eficiência. O capital era sistematicamente reinvestido e multiplicado em função do contínuo desenvolvimento. As mudanças interligadas adquiriram um impulso progressivo e aparentemente irrefreável. O processo de modernização atraía mais e mais pessoas de todas as camadas sociais para um número crescente de esferas. Civilização e realização cultural não eram mais apanágio de uma elite minúscula, mas dependiam de operários fabris, mineiros de carvão, impressores e escriturários, tanto como trabalhadores quanto como compradores no mercado em constante expansão. Com o tempo, essas camadas inferiores teriam de se alfabetizar e partilhar — em certa medida — a riqueza da sociedade, para atender à crucial demanda por eficiência. O grande aumento na produtividade, a acumulação de capital e a expansão dos mercados de massa, assim como os avanços da ciência, levaram à revolução social: o poder da aristocracia fundiária cedeu lugar à força financeira da burguesia. A nova eficiência também se refletiu no âmbito da organização social, que aos poucos elevou o Ocidente aos padrões já atingidos em outras partes do mundo, como a China e o Império Otomano, e depois lhe possibilitou ultrapassá-los. Em 1789, ano da Revolução Francesa, o serviço público era julgado por sua eficiência e sua utilidade. Os vários governos da Europa tiveram de se reconstituir e de se empenhar numa revisão contínua de suas leis, para satisfazer as condições da modernidade, em constante transformação.

Impensável no antigo sistema agrário, quando a lei era tida como imutável e divina, tudo isso sinaliza a nova autonomia que a tecnicização proporcionava à sociedade ocidental: homens e mulheres sentiam, como nunca, que controlavam seus próprios assuntos. Vimos o profundo temor que a inovação e a mudança provocaram nas sociedades tradicionais, que consideravam a civilização uma conquista frágil e resistiam a qualquer quebra de continuidade com o passado. Já a moderna sociedade técnica introduzida pelo Ocidente baseava-se na expectativa de constante desenvolvimento e progresso. A mudança foi institucionalizada e aceita como normal. Instituições como a Royal Society de Londres se dedicavam a coligir novos conhecimentos para substituir os antigos. Especialistas nas várias ciências eram estimulados a partilhar suas descobertas para cooperar com esse processo. Ao invés de manter seus avanços em segredo, as novas instituições científicas queriam disseminar o conhecimento a fim de promover o desenvolvimento futuro em seu campo e em outros. Assim, no Ocidente, o velho espírito conservador do *oikumene* fora substituído pelo desejo de mudança e pela crença na viabilidade do desenvolvimento contínuo. Em vez de temer pelo futuro da nova geração, como em épocas anteriores, a velha geração esperava que seus filhos vivessem melhor que ela. O estudo da história era dominado por um novo mito: o Progresso. Ele conquistou grandes coisas, mas, agora que os danos ao meio ambiente nos fizeram perceber que esse estilo de vida é tão vulnerável quanto o antigo, talvez estejamos começando a compreender que é tão fictício quanto a maioria das outras mitologias que inspiraram a humanidade ao longo dos séculos.

A união de recursos e descobertas juntava as pessoas, porém a nova especialização inevitavelmente as separava. Até então, o intelectual podia manter seus conhecimentos atualizados em todos os campos. Os *faylasufs* muçulmanos, por exemplo, eram competentes em medicina, filosofia e estética. Com efeito, a *falsafah* oferecia a seus discípulos uma explicação coerente e inclusiva do que se acreditava ser toda a realidade. No século XVII, o processo de especialização, que se tornaria uma característica marcante da sociedade ocidental, começava a se fazer sentir. As várias disciplinas da astronomia, da química e da geometria ganhavam independência e autonomia. Hoje em dia, seria impossível um especialista em determinada área julgar-se competente em outra. Segue-se que todo grande intelectual se via menos como um conservador da tradição do que como um pioneiro. Era um explorador, como os navegadores que penetraram nas novas partes do globo. Aventurava-se em domínios até então inexplorados, pelo bem da sociedade. O inovador que fazia esse esforço de imaginação para realizar suas descobertas e, assim, derrubava velhos valores tornava-se um herói cultural. Havia um novo otimismo com relação à humanidade, que cada vez mais controlava o mundo natural, do qual havia sido refém. Acreditava-se que mais instrução e leis aprimoradas podiam iluminar o espírito humano. Confiantes em seus poderes naturais, as pessoas se sentiam capazes de obter a iluminação por seus próprios esforços. Achavam que para descobrir a verdade não precisavam de tradição herdada, instituição, elite — ou revelação de Deus.

Contudo, para os envolvidos no processo de especialização era cada vez mais difícil ter uma visão global da situação. Por conseguinte, cientistas e intelectuais inovadores sentiam-se obrigados a elaborar suas próprias teorias de vida e religião, partindo do nada. Pensavam que seus conhecimentos mais amplos e sua eficácia lhes impunham a tarefa de rever e atualizar as tradicionais explicações cristãs da realidade. O novo espírito científico era empírico, baseado apenas na observação e na experiência. Vimos que o antigo racionalismo da *falsafah* dependia de um ato de fé inicial num universo racional. As ciências ocidentais não aceitavam nada como certo, e os pioneiros estavam cada vez mais dispostos a correr o risco de errar ou a derrubar autoridades e instituições estabelecidas, como a Bíblia, a Igreja e a tradição cristã. As velhas "provas" da existência de Deus não mais satisfaziam inteiramente, e os cientistas naturais e os filósofos, empolgados com o método empírico, sentiam-se compelidos a verificar a realidade objetiva de Deus do mesmo modo como provavam outros fenômenos demonstráveis.

Ainda se abominava o ateísmo. Como veremos, a maioria dos *philosophes* do Iluminismo acreditava implicitamente na existência de um Deus. Contudo, uns e outros *começavam* a perceber que não podiam dar por certo nem mesmo Deus. Um dos primeiros a constatar isso e a levar o ateísmo a sério foi, talvez, o físico, matemático e teólogo francês Blaise Pascal (1623–62). Enfermiço e precoce, ele foi isolado das outras crianças e educado pelo pai cientista. Aos onze anos, desenvolveu sozinho as primeiras 23 proposições de Euclides; aos dezesseis, publicou um trabalho sobre geometria que cientistas como René Descartes se recusavam a crer que tivesse sido escrito por alguém tão jovem. Mais tarde, inventou uma máquina de calcular, um barômetro e uma prensa hidráulica. Sua família não era particularmente devota, mas em 1646 converteu-se ao jansenismo. Sua irmã, Jacqueline, entrou no convento jansenista de Port-Royal, no sudoeste de Paris, e tornou-se uma das mais apaixonadas defensoras da seita católica. Em 23 de novembro de 1654, Blaise teve uma experiência religiosa que se estendeu "aproximadamente das dez e meia da noite até meia-noite e meia" e lhe mostrou que sua fé era fria e acadêmica. Após sua morte, encontrou-se o "Memorial" dessa revelação costurado em seu gibão:

> Fogo
> "Deus de Abraão, Deus de Isaac, Deus de Jacó", não dos filósofos e dos sábios.
> Certeza, certeza, sincera alegria, paz.
> Deus de Jesus Cristo.
> Deus de Jesus Cristo.
> *Meu Deus e teu Deus.*
> "Vosso Deus será meu Deus."
> O Mundo e tudo esquecido, menos Deus.
> Só podemos encontrá-lo do modo ensinado nos Evangelhos.[1]

Essa experiência essencialmente mística mostra que o Deus de Pascal era diferente do Deus dos outros cientistas e filósofos que examinaremos neste capítulo. Não era o Deus dos filósofos, mas o Deus da Revelação, e sob o impacto dessa conversão Pascal se uniu aos jansenistas contra os jesuítas, seus principais inimigos.

Inácio de Loyola via o mundo repleto de Deus e estimulara os jesuítas a cultivar um senso da ubiqüidade e da onipotência divinas. Pascal e os jansenistas viam o mundo árido e vazio, privado de divindade. Apesar de sua revelação, o Deus de Pascal permanece "um Deus oculto", que não pode ser descoberto por meio de prova racional. Os *Pensées*, anotações sobre assuntos religiosos publicadas postumamente, em 1669, têm raízes num profundo pessimismo sobre a condição humana. A "vileza" humana é um tema constante; não pode ser aliviada nem por Cristo, "que estará sofrendo até o fim do mundo".[2] O senso de desolação e da terrível ausência de Deus caracteriza grande parte da espiritualidade da nova Europa. A popularidade dos *Pensées* mostra que a espiritualidade sombria de Pascal e seu Deus oculto tocavam uma corda vital na consciência religiosa do Ocidente.

As realizações científicas de Pascal, portanto, não lhe inspiraram muita confiança na condição humana. Ele se estarrecia ao contemplar a imensidão do universo:

> Quando vejo a cegueira e a miséria humana, quando examino todo o universo em seu mutismo e o homem entregue a si mesmo, sem luz alguma, como que perdido nesta parte do universo, sem saber quem o pôs aqui, o que veio fazer, o que será dele quando morrer, incapaz de saber qualquer coisa, sou acometido de terror, como alguém que, dormindo, é transportado para uma ilha deserta e acorda inteiramente perdido e sem possibilidade de escapar. Assim, surpreende-me que um estado tão deplorável não leve as pessoas ao desespero.[3]

É um saudável lembrete de que não devemos generalizar sobre o alegre otimismo da era científica. Pascal visualizou todo o horror de um mundo que parecia vazio de sentido. O pavor de despertar num mundo estranho, que sempre obcecara a humanidade, poucas vezes foi expresso com mais eloqüência. Pascal era brutalmente honesto consigo mesmo; ao contrário de seus contemporâneos, estava convencido de que não havia como provar a existência de Deus. Quando se imaginava discutindo com alguém absolutamente incapaz de acreditar, não encontrava argumentos para convencê-lo. Era um fato novo na história do monoteísmo. Até então, ninguém questionara a sério a existência de Deus. Pascal foi o primeiro a admitir que, neste admirável mundo novo, a crença em Deus só pode ser uma questão de escolha. Quanto a isso, foi o primeiro moderno.

A abordagem pascaliana do problema da existência de Deus é revolucionária em suas implicações, mas nunca foi aceita oficialmente por nenhuma igreja. Em geral, os apologistas cristãos preferiram a visão racionalista de Leonard Lessius, discutida no final do capítulo anterior. Essa visão, porém, só podia levar ao Deus dos filósofos, não ao Deus da Revelação vivenciado por Pascal. A fé, insiste ele, não é uma concordância racional, baseada no bom senso. É um jogo. É impossível provar que Deus existe, mas tampouco a razão pode refutar sua existência: "Somos incapazes de saber o que [Deus] é, ou se existe. [...] A razão não pode decidir essa questão. Um caos infinito nos separa. No outro lado dessa distância infinita, gira uma moeda: cara ou coroa? Como apostar?".[4] Mas esse jogo não é inteiramente irracional. Optar por Deus é uma solução gratificante. Quando se escolhe acreditar em Deus, continua Pascal, o risco é finito, mas o ganho é infinito. À medida que avança na fé, o cristão toma consciência de uma contínua iluminação, da presença de Deus, sinal seguro da salvação. Autoridade externa de nada lhe serve: o cristão só pode contar consigo mesmo.

O pessimismo de Pascal é contrabalançado por uma crescente confiança de que, uma vez feita a aposta, o Deus oculto se revela a quem o busca. "Não me buscarias, se já não me houvesses encontrado", declara Deus nos *Pensées*.[5] É bem verdade que não se pode chegar ao Deus distante por meio de argumentos e da lógica, nem aceitando o ensinamento de uma igreja institucional. Mas, tomando a decisão pessoal de se entregar a Deus, o devoto se sente transformado, torna-se "fiel, humilde, agradecido, cheio de boas ações, um verdadeiro amigo".[6] Tendo fé, sentindo a presença de Deus em meio ao despropósito e ao desespero, o cristão encontra sentido na vida. Deus é uma realidade porque funciona. A fé não é uma certeza intelectual, mas um salto no escuro e uma experiência que leva à iluminação moral.

René Descartes (1596–1650) confia muito mais na capacidade da mente para descobrir Deus. Na verdade, insiste que só o intelecto pode nos oferecer a certeza que buscamos. Não aprovaria a aposta de Pascal, pois se baseia numa experiência puramente subjetiva, embora sua própria demonstração da existência de Deus se fundamente em outro tipo de subjetividade. Estava ansioso para refutar o ceticismo do ensaísta francês Michel Montaigne (1533–92), segundo o qual nada é certo ou mesmo provável. Matemático e católico convicto, Descartes se sentia na obrigação de envolver o novo racionalismo empírico na luta contra tal ceticismo. Como Lessius, acha que só a razão pode nos convencer a aceitar as verdades da religião e da moralidade, que, a seu ver, constituem a base da civilização. A fé não nos diz nada que não seja racionalmente demonstrável, como afirma são Paulo no primeiro capítulo da epístola aos romanos: "Porquanto o que de Deus se pode conhecer é manifesto [à humanidade], pois Deus o manifestou. Desde a criação do mundo, seu eterno poder e sua divindade — conquanto invisíveis — estão aqui para que a mente [os] veja nas coisas que ele criou".[7] Descartes prossegue, argumentando que podemos conhecer Deus com mais facilidade e certeza (*facilius et certius*) que qualquer das outras coisas existentes. A seu modo, isso era tão revolucionário quanto a aposta de Pascal, sobretudo porque a prova cartesiana rejeita o testemunho do mundo exterior que são Paulo apresenta em defesa da reflexão introspectiva da mente voltada para si mesma.

Usando o método empírico de sua matemática universal, que avançara logicamente para os princípios simples ou primeiros, Descartes tentou formular uma demonstração igualmente analítica da existência de Deus. Mas, ao contrário de Aristóteles, são Paulo e todos os filósofos monoteístas anteriores, achou o cosmo completamente desprovido de Deus. Não há desígnio na natureza. O universo é caótico e não revela sinal de planejamento inteligente. Portanto, é impossível deduzir da natureza qualquer certeza sobre primeiros princípios. Descartes não tinha interesse no provável ou possível: queria estabelecer o tipo de certeza que a matemática pode oferecer e que também podemos encontrar em proposições simples e evidentes por si mesmas, como "O que está feito não pode ser desfeito", que é irrefutavelmente verdadeira. Assim, meditando junto ao fogão, chegou à famosa máxima: *Cogito, ergo sum* (Penso, logo existo). Como Agostinho uns doze séculos antes, encontrou evidência de Deus na consciência humana: até a dúvida prova a existência de quem duvida! Não podemos ter certeza de nada no mundo exterior, mas podemos estar certos de nossa experiência interior. O argumento de Descartes é um remanejamento da prova ontológica de Anselmo. Quando duvidamos, as limitações e a natureza finita do ego se revelam. Contudo, não podemos chegar à idéia de "imperfeição", se não temos um conceito de "perfeição". Como Anselmo, Descartes conclui que uma perfeição que não existisse seria uma contradição em termos. Portanto, nossa experiência da dúvida nos diz que deve existir um ser supremo e perfeito — Deus.

Com base nessa "prova" da existência de Deus, e da mesma forma como conduzia suas demonstrações matemáticas, Descartes deduz fatos sobre a natureza divina. "Que Deus, esse ser perfeito, existe, é pelo menos tão certo quanto qualquer demonstração de geometria",[8] afirma no *Discurso sobre o método*. Assim como um triângulo euclidiano deve ter ângulos cuja soma corresponda a dois ângulos retos, o ser perfeito de Descartes precisa ter certos atributos. Nossa experiência nos diz que o mundo tem realidade objetiva, e um Deus perfeito, que deve ser autêntico, não pode nos enganar. Portanto, em vez de usar o mundo para provar a existência de Deus, Descartes usa a idéia de Deus para crer na realidade do mundo. À sua maneira, sentia-se tão alheio ao mundo quanto Pascal. Voltava-se para si mesmo, não para o mundo. Embora a idéia de Deus nos certifique de nossa existência e, portanto, seja essencial à epistemologia de Descartes, o método cartesiano revela um isolamento e uma autonomia que se tornariam fundamentais para a imagem ocidental do homem no século XX. O alheamento do mundo e uma orgulhosa autoconfiança levariam muita gente a rejeitar a idéia de um Deus que reduz o homem ou a mulher à condição de dependente.

Desde o início, a religião tem ajudado os devotos a se relacionar com o mundo e a radicar-se nele. O culto do lugar santo precedeu toda outra reflexão sobre o mundo e contribuiu para que as pessoas se situassem num universo aterrorizante. A deificação das forças naturais expressava o assombro que sempre fez parte da resposta humana ao mundo. Apesar de sua angustiada espiritualidade, Agostinho achava o mundo maravilhosamente belo. Descartes, cuja filosofia se baseia na tradição da introspecção agostiniana, não estava interessado em se maravilhar. Recomenda evitar a todo custo o senso de mistério, porque representa um estado mental primitivo que o homem civilizado superara. Na introdução ao tratado *Les météores*, afirma que é natural termos "mais admiração pelas coisas que estão acima de nós que pelas que estão em nosso nível ou abaixo".[9] Assim, poetas e pintores retratam as nuvens como o trono de Deus, imaginam Deus salpicando orvalho sobre as nuvens ou lançando raios contra as rochas com a própria mão:

> Isso me leva a esperar que, se explicar aqui a natureza das nuvens, de modo que não tenhamos mais motivo para maravilhar-nos com qualquer coisa que nos apresentem ou qualquer coisa que caia delas, facilmente acreditaremos que, da mesma forma, é possível encontrar as causas de tudo que há de mais admirável acima da terra.

Descartes discorre sobre nuvens, ventos, orvalho e raios como simples fatos físicos para afastar "qualquer motivo de assombro".[10] No entanto, seu Deus é o Deus dos filósofos, que não toma conhecimento de fatos terrenos. Revela-se não nos milagres descritos nas Escrituras, mas nas leis eternas que estabelecera: *Les météores* também esclarece que o maná que alimentara os antigos israelitas no deserto era uma espécie de orvalho. Assim nascera a absurda apologética que tenta "provar" a veracidade da Bíblia buscando explicações racionais para milagres e mitos. Os apologistas dessa linha dizem, por exemplo, que Jesus conseguiu alimentar 5 mil indivíduos porque fez uns e outros se envergonharem tanto de esconder seus farnéis que acabaram distribuindo-os entre a multidão. Embora bem-intencionado, esse tipo de argumento não vê o simbolismo que é a essência da narrativa bíblica.

Descartes sempre se submeteu às regras da Igreja Católica Romana e considerava-se um cristão ortodoxo. Não via contradição entre fé e razão. No *Discurso sobre o método*, afirma que existe um sistema que possibilitará à humanidade alcançar *toda* a verdade. Nada está além de seu alcance. Basta aplicar o método — em qualquer disciplina — para reunir um conjunto confiável de conhecimentos que dirimirá a confusão e a ignorância. Agora o mistério era confusão, e o Deus que racionalistas anteriores cuidadosamente separaram de todos os outros fenômenos estava contido num sistema humano de pensamento. Na verdade, o misticismo não tivera tempo de deitar raízes na Europa antes das convulsões dogmáticas da Reforma. Assim, o tipo de espiritualidade que viceja no mistério e na mitologia e, como o nome indica, está profundamente ligado a eles era estranho a muitos cristãos ocidentais. Mesmo na igreja de Descartes, os místicos eram raros e em geral suspeitos. O Deus dos místicos, cuja existência dependia da experiência religiosa, era inteiramente estranho a um homem como Descartes, para quem a contemplação significava apenas atividade cerebral.

O físico inglês Isaac Newton (1642-1727), que também reduziu Deus a seu sistema mecânico, ansiava igualmente por livrar o cristianismo do mistério. Seu ponto de partida foi a mecânica, não a matemática, porque um cientista tinha de aprender a traçar um círculo preciso para poder dominar a geometria. Ao contrário de Descartes, que provara a existência do eu, de Deus e do mundo natural, nessa ordem, Newton começou com uma tentativa de explicar o universo físico, tendo Deus como parte essencial do sistema. Na física newtoniana, a natureza é inteiramente passiva: Deus é a única fonte de atividade — como em Aristóteles, é apenas uma continuação da ordem física natural. Em sua grande obra *Philosophiae naturalis principia* (1687), Newton se propõe descrever as relações entre os vários corpos celestes e terrestres em termos matemáticos, de modo a criar um sistema coerente e abrangente. A noção de força gravitacional, introduzida por ele, agrega as partes componentes de seu sistema. Alguns cientistas repudiaram o conceito de gravidade e acusaram-no de inverter a idéia aristotélica dos poderes de atração da matéria. Tal concepção era incompatível com a absoluta soberania de Deus, defendida pelos protestantes. Newton refutou a acusação: um Deus soberano era fundamental para todo o seu sistema, que não existiria sem esse Mecânico divino.

Ao contrário de Pascal e Descartes, Newton encontra a prova da existência de Deus na contemplação do universo. Por que a gravidade interna dos corpos celestes não os atrai para uma única e imensa massa esférica? Porque foram cuidadosamente dispostos por todo o espaço infinito com suficiente distância entre si para impedir isso. Como explicou a seu amigo Richard Bentley, deão da catedral de St Paul, isso teria sido impossível sem um Supervisor divino e inteligente: "Não acho isso explicável por simples causas naturais, mas sou obrigado a atribuí-lo ao desígnio e ao engenho de um agente voluntário".[11] Um mês depois, tornou a escrever a Bentley: "A gravidade pode mover os planetas, mas, sem o poder divino, não conseguiria colocá-los no movimento circular que realizam em torno do Sol; assim, por esta e por outras razões, sou obrigado a atribuir a estrutura desse sistema a um Agente inteligente".[12] Se, por exemplo, a Terra girasse em torno de seu eixo a 160 quilômetros por hora, e não a 1.600 quilômetros por hora, a noite seria dez vezes maior e o mundo demasiado frio para manter a vida; durante o dia longo, o calor murcharia a vegetação. O Ser que fez tudo isso com tamanha perfeição tinha de ser um Mecânico com uma inteligência suprema.

Além de inteligente, tinha de ser suficientemente poderoso para manobrar essas grandes massas. Newton concluiu que a força primordial que colocara em movimento esse sistema infinito e intricado era *dominatio* (domínio), que respondia pelo universo e tornava Deus divino. Edward Pococke, o primeiro professor de árabe em Oxford, dissera-lhe que *deus*, em latim, deriva do árabe *du* (Senhor). Domínio, portanto, era o atributo divino essencial, e não a perfeição, ponto de partida da discussão cartesiana de Deus. No "Escólio Geral" que conclui os *Principia*, Newton deduz da inteligência e do poder divinos todos os atributos tradicionais de Deus:

> Esse belíssimo sistema do Sol, dos planetas e cometas só podia provir do desígnio e domínio de um Ser inteligente e poderoso. [...] Ele é eterno e infinito, onipotente e oniscien-

te; quer dizer, sua duração se estende da eternidade à eternidade; sua presença, do infinito ao infinito; ele governa todas as coisas e conhece todas as coisas que existem ou podem ser feitas. [...] Nós só o conhecemos por suas sapientíssimas e excelentíssimas invenções de coisas e causas finais; admiramo-lo por sua perfeição; mas o reverenciamos e adoramos por causa de seu domínio: pois o adoramos como seus servos; e um deus sem domínio, providência e causas finais nada mais é que Acaso e Natureza. A cega necessidade metafísica, que é certamente a mesma sempre e em toda parte, não poderia produzir nenhuma variedade de coisas. Toda essa diversidade das coisas naturais que julgamos adequada a diferentes tempos e lugares não poderia surgir do nada, e sim das idéias e da vontade de um Ser que necessariamente existe.[13]

Newton não fala da Bíblia: conhecemos Deus *apenas* contemplando o mundo. Até então, a doutrina da criação expressava uma verdade espiritual: era tardia no judaísmo e no cristianismo e sempre fora meio problemática. Agora, a nova ciência passara a criação para o centro do palco e tornara crucial para a concepção de Deus uma compreensão literal e mecânica da doutrina. Hoje em dia, quando negam a existência de Deus, as pessoas muitas vezes estão rejeitando o Deus newtoniano, origem e mantenedor do universo, que os cientistas já não conseguem acomodar.

Newton teve de recorrer a algumas soluções surpreendentes a fim de encontrar espaço para Deus em seu sistema, que, pela própria natureza, tinha de ser abrangente. Se o espaço é imutável e infinito — dois pontos fundamentais do sistema —, onde entra Deus? O espaço não seria divino, uma vez que possui os atributos de eternidade e infinitude? Seria uma segunda entidade divina, coexistente com Deus desde antes do início do tempo? Newton sempre se preocupou com esse problema. Em *De gravitatione et aequipondio fluidorum*, um de seus primeiros tratados, retoma a antiga doutrina platônica da emanação. Sendo infinito, Deus deve existir em toda parte. O espaço é um efeito da existência de Deus, emanando eternamente da onipresença divina. Não *foi* criado por ele num ato de vontade, mas existe como conseqüência ou extensão necessária de seu ser ubíquo. Do mesmo modo, por ser eterno, Deus emana tempo. Portanto, podemos dizer que Deus constitui o espaço e o tempo em que vivemos, nos movemos e existimos. Já a matéria foi criada por um ato voluntário de Deus no dia da criação. Talvez possamos dizer que ele decidiu dotar de forma, densidade, perceptibilidade e mobilidade algumas partes do espaço. Assim, é possível defender a doutrina cristã da criação *ex nihilo*, porque Deus extraíra substância material do espaço vazio: produzira matéria a partir do vácuo.

Como Descartes, Newton não estava interessado em mistério, que equiparava a ignorância e superstição. Queria expurgar o cristianismo do miraculoso, mesmo que com isso entrasse em conflito com doutrinas cruciais como a divindade de Cristo. Na década de 1670, iniciou um estudo teológico da doutrina da Trindade e chegou à conclusão de que Atanásio a impingira à Igreja para tentar atrair pagãos. Ário tinha razão: Jesus Cristo certamente não era Deus, e as passagens do Novo Testamento usadas para "provar" as doutrinas da Trindade e da Encarnação eram espúrias. Atanásio e seus colegas as forjaram e acrescentaram aos textos canônicos, atendendo às fantasias primitivas das massas: "Em se tratando de religião, é próprio da parte agitada e supersticiosa da humanidade gostar de mistérios e, por esse motivo, gostar mais do que entende menos".[14] Expungir da fé cristã esse disparate tornou-se uma espécie de obsessão para Newton. Na década de 1680, pouco antes de publicar os *Principia*, ele começou a trabalhar no tratado *As origens filosóficas da teologia gentia*, no qual afirma que Noé fundou a religião primordial — uma teologia gentia —, que era isenta de superstição e advogava a adoração racional de um só Deus. Os únicos mandamentos eram amar a Deus e ao próximo. Ordenava-se aos homens que contemplassem a Natureza, único templo do grande Deus. Gerações posteriores corromperam essa religião pura com histórias de milagres e portentos. Alguns recaíram na idolatria e na superstição. Contudo, Deus enviou uma sucessão de profetas para recolocá-los no bom caminho. Pitágoras soube dessa religião e trouxe-a para o Ocidente. Jesus foi um desses profetas encarregados de reconduzir a humanidade à verdade, porém Atanásio e suas coortes corromperam a religião pura que ele fundou. O livro do Apocalipse profetiza o surgimento do trinitarismo — "essa estranha religião do Ocidente", "o culto de três Deuses iguais" — como a abominação da desolação.[15]

Os cristãos ocidentais sempre acharam a Trindade uma doutrina difícil, e com seu novo racionalismo os filósofos e cientistas do Iluminismo ansiavam por descartá-la. Newton não via lugar para o papel do mistério na vida religiosa. Os gregos usavam a Trindade como um meio de manter a mente maravilhada e como um lembrete de que o intelecto humano não pode compreender a natureza de Deus. Para um cientista como Newton, porém, era muito difícil cultivar tal atitude. A ciência ensina que para encontrar a verdade é preciso varrer o passado e recomeçar a partir dos princípios básicos. Já a religião, como a arte, muitas vezes consiste em dialogar com o passado a fim de encontrar uma perspectiva para enfocar o presente. A tradição proporciona um ponto de partida para o enfrentamento das questões perenes sobre o sentido último da vida. Portanto, a religião e a arte não funcionam como a ciência. No século XVIII, porém, os cristãos começaram a aplicar os novos métodos científicos à sua fé e chegaram às mesmas soluções que Newton. Na Inglaterra, teólogos radicais como Matthew Tindal e John Toland estavam ansiosos por retornar ao básico, expurgar o cristianismo de seus mistérios e estabelecer uma verdadeira religião racional. Em *Cristianismo sem mistério* (1696), Toland afirma que o mistério só leva a "tirania e superstição".[16] É ofensivo imaginar Deus incapaz de expressar-se claramente. A religião tem de ser racional. Em *Cristianismo tão antigo quanto a criação* (1730), Tindal procura, como Newton, recriar a religião primordial e expurgá-la de seus acréscimos. A racionalidade é a pedra de toque de toda religião verdadeira: "Há uma religião da natureza e da razão escrita no coração de cada um de nós desde a primeira criação, pela qual toda a humanidade deve julgar a verdade de qualquer religião institucional".[17] Por conseguinte, a revelação é desnecessária, porque podemos encontrar a verdade mediante nossas investigações racionais; mistérios como a Trindade e a Encarnação têm uma explicação perfeitamente racional e não devem ser usados para manter o fiel na escravidão da superstição e de uma Igreja institucional.

À medida que essas idéias radicais se disseminavam pelo continente europeu, uma nova raça de historiadores começava a examinar objetivamente a história da Igreja. Assim, em 1699, Gottfried Arnold publicou sua imparcial *História das Igrejas desde o início do Novo Testamento até 1688*, na qual argumenta que seus contemporâneos não podiam atribuir à Igreja primitiva o que consideravam ortodoxo. Johann Lorenz von Mosheim (1694–1755) separa história e teologia em seu magistral *Instituições da história eclesiástica* (1726) e registra o desenvolvimento da doutrina sem defender sua veracidade. Georg Walch, Giovanni But e Henry Noris, entre outros, examinam a história de controvérsias doutrinárias como o arianismo, a disputa do *filioque* e os vários debates cristológicos dos séculos IV e V. Muitos devotos se inquietaram ao constatar que dogmas fundamentais sobre a natureza de Deus e Cristo se desenvolveram ao longo dos séculos e não constavam do Novo Testamento: isso significava que eram falsos? Outros foram ainda mais longe e aplicaram essa nova objetividade ao Novo Testamento. Hermann Samuel Reimarus (1694–1768) chegou a tentar uma biografia crítica de Jesus: a questão da humanidade de Cristo já não era mística ou doutrinária, mas sujeitava-se ao escrutínio científico da Era da Razão. Quando isso aconteceu, inaugurou-se a época moderna do ceticismo. Reimarus diz que Jesus só queria fundar um Estado santo e morreu de desespero após o fracasso de sua missão messiânica. Observa que, nos Evangelhos, Jesus nunca afirma que veio expiar os pecados da humanidade. Essa idéia, que se tornara crucial para o cristianismo ocidental, remonta a são Paulo, o verdadeiro fundador do cristianismo. Portanto, devemos reverenciar Jesus não como Deus, e sim como o mestre de uma "religião admirável, simples, elevada e prática".[18]

Esses estudos objetivos se baseavam numa interpretação literal das Escrituras e ignoravam a natureza simbólica ou metafórica da fé. Pode-se argumentar que esse tipo de crítica é tão irrelevante para a religião quanto para a arte ou a poesia. Mas, uma vez que o espírito científico se tornara normativo, muita gente tinha dificuldade em ler os Evangelhos de outro modo. Os cristãos ocidentais agora empenhavam-se numa compreensão literal de sua fé e deram um passo irrevogável em relação ao mito: uma história era ou factualmente verdadeira, ou uma ilusão. As questões sobre a origem da religião eram mais importantes para eles que, digamos, para os budistas, porque sua tradição monoteísta sempre afirmara que Deus se revela nos acontecimentos históricos. Portanto, se queriam preservar sua integridade na era científica, os cristãos tinham de abordar essas questões. Alguns cristãos mais convencionais que Tindal e Reimarus começavam a questionar a visão ocidental tradicional de Deus. Em seu opúsculo *A inocência de Wittenburg num duplo assassinato* (1681), o luterano John Friedmann Mayer assinala que a doutrina tradicional da expiação, esboçada por Anselmo, apresenta uma concepção inadequada do divino, pois mostra Deus exigindo a morte do próprio Filho. Ele era "o Deus justo, o Deus irado" e "o Deus exacerbado", cujas exigências de severa punição atemorizavam muitos cristãos e os ensinavam a rejeitar a própria "pecaminosidade".[19] Mais e mais cristãos se envergonhavam de grande parte de sua história, que inclui pavorosas cruzadas, inquisições e perseguições em nome desse Deus justo. Coagir pessoas a acreditar em doutrinas ortodoxas era particularmente assustador numa época cada vez mais enamorada da liberdade. Tudo indicava que o banho de sangue desencadeado pela Reforma e suas conseqüências foram a gota d'água.

A razão parecia ser a resposta. Contudo, um Deus esvaziado do mistério que durante séculos o tornara um valor religioso efetivo em outras tradições satisfaria os cristãos mais imaginativos e intuitivos? O histórico de intolerância da Igreja perturbava particularmente o poeta puritano John Milton (1608-74). Verdadeiro homem de sua época, ele tentara, no tratado inédito *Sobre a doutrina cristã*, reformar a Reforma e elaborar para si um credo religioso que não dependesse de crenças e julgamentos alheios. Também tinha dúvidas sobre doutrinas tradicionais como a da Trindade. Mas é significativo o fato de o verdadeiro herói de sua obra-prima, *Paraíso perdido*, ser Satanás, e não o Deus que ele pretendia justificar perante o homem. Satanás tem muitas das qualidades do novo europeu: desafia a autoridade, lança-se contra o desconhecido e, em suas intrépidas viagens do inferno à terra recém-criada, passando pelo caos, torna-se o primeiro explorador. O Deus de Milton, porém, parece ressaltar o inerente absurdo do literalismo ocidental. Sem a compreensão mística da Trindade, a posição do Filho é ambígua. O poema não esclarece se ele é um segundo ser divino ou uma criatura semelhante aos anjos, embora superior. De qualquer modo, o Filho e o Pai são inteiramente diferentes e têm de manter extensas e enfadonhas conversas para um conhecer as intenções do outro, conquanto o Filho seja a Palavra e a Sabedoria do Pai.

No entanto, é o tratamento dado por Milton à presciência divina dos acontecimentos terrenos que torna sua divindade incrível. Sabendo, necessariamente, que Adão e Eva vão cair — mesmo antes de Satanás chegar à terra —, Deus tem de inventar uma boa justificativa para seus atos. Não teria prazer nenhum com uma desobediência imposta, explica ao Filho, e deu a Adão e Eva a capacidade de resistir a Satanás. Portanto, argumenta na defensiva, eles não poderiam simplesmente acusar

> *seu criador, ou sua criação, ou seu Destino;*
> *como se a Predestinação passasse por cima*
> *de sua vontade, disposta por absoluto Decreto*
> *ou por alta previdência; eles próprios decretaram*
> *sua revolta; não eu: se eu pré-sabia,*
> *a Presciência não influiu em sua falta,*
> *que certamente ocorreria, mesmo não sendo pré-sabida.* [...]
>
> *Criei-os livres, e livres devem permanecer,*
> *até se escravizarem a si próprios: ou devo mudar*
> *sua natureza e revogar o alto Decreto*

> *Imutável, Eterno, que ordenou
> sua liberdade; eles mesmos ordenaram sua queda.*[20]

Não só é difícil respeitar esse pensamento inconsistente, como Deus se mostra insensível, hipócrita e inteiramente desprovido da misericórdia que sua religião deve inspirar. Obrigá-lo a falar e pensar como nós revela as inadequações de uma concepção antropomórfica e personalizada do divino. Há demasiadas contradições para que tal Deus seja coerente ou digno de veneração.

A interpretação literal de doutrinas como a da onisciência divina não funciona. O Deus de Milton é não só frio e legalista como extremamente incompetente. Nos dois últimos livros de *Paraíso perdido*, Deus manda o arcanjo Miguel consolar Adão por seu pecado, mostrando-lhe como ele e seus descendentes serão redimidos. Numa série de *tableaux*, acompanhados de comentários de Miguel, Adão toma conhecimento de toda a história da salvação: vê o assassinato de Abel por Caim, o Dilúvio e a Arca de Noé, a Torre de Babel, o chamamento de Abraão, o Êxodo do Egito e a entrega da Lei no Sinai. A Torá, que durante séculos oprimiu o infeliz povo eleito, é deliberadamente inadequada para fazer os judeus ansiarem por uma lei mais espiritual, explica Miguel. À medida que se desenrola essa história da futura salvação do mundo — mediante os feitos do rei Davi, o exílio na Babilônia, o nascimento de Cristo, e assim por diante —, ocorre ao leitor que devia haver uma maneira mais fácil e mais direta de redimir a humanidade. O fato de esse plano tortuoso, com seus constantes fracassos, estar decretado *de antemão* só pode lançar sérias dúvidas sobre a inteligência de seu Autor. O Deus de Milton inspira pouca confiança. Certamente é significativo que, após *Paraíso perdido*, nenhum grande escritor inglês tenha tentado descrever o mundo sobrenatural. Não haveria outro Spencer nem outro Milton. Daí em diante, o sobrenatural e o espiritual se tornariam domínio de autores menos prestigiados, como George MacDonald e C. S. Lewis. Mas um Deus que não consegue seduzir a imaginação está em apuros.

No final de *Paraíso perdido*, Adão e Eva empreendem sua solitária saída do Jardim do Éden para o mundo. Também no Ocidente, os cristãos se achavam no limiar de uma era mais secular, embora ainda acreditassem em Deus. A nova religião da razão seria conhecida como deísmo. Não se interessa por misticismo nem por mitologia. Despreza o mito da revelação e "mistérios" tradicionais como a Trindade, que por tanto tempo mantinham as pessoas nos grilhões da superstição. Atém-se ao "Deus" impessoal, que o homem pode descobrir por seus próprios esforços. Voltaire (François Marie Arouet, 1694–1778), personificação do movimento que posteriormente receberia o nome de Iluminismo, definiu essa religião ideal em seu *Dicionário filosófico* (1764). Seria, acima de tudo, tão simples quanto possível.

> Não seria aquela que ensinasse muita moralidade e pouquíssimo dogma? Que tendesse a tornar os homens justos, sem torná-los absurdos? Que não nos ordenasse crer em coisas impossíveis, contraditórias, injuriosas à divindade e perniciosas à humanidade, e que não se atrevesse a ameaçar com punição eterna qualquer indivíduo dotado de bom senso? Não seria aquela que não sustentasse suas crenças com carrascos e não inundasse a terra com sangue por causa de sofismas ininteligíveis? [...] Que ensinasse apenas a adoração de um único deus, justiça, tolerância e humanidade?[21]

As igrejas só podiam culpar a si mesmas por essa rebeldia, pois durante séculos sobrecarregavam os fiéis com um número massacrante de doutrinas. A reação era inevitável e até podia ser positiva.

Mas os filósofos do Iluminismo não rejeitavam a idéia de Deus. Rejeitavam o Deus cruel dos ortodoxos, que ameaçava a humanidade com fogo eterno. Rejeitavam doutrinas misteriosas sobre ele que eram incompatíveis com a razão. Porém sua crença num Ser Supremo permanecia intata. Voltaire construiu uma capela em Ferney com a inscrição "Deo Erexit Voltaire" no lintel e chegou a dizer que, se Deus não existisse, seria necessário inventá-lo. No *Dicionário filosófico*, afirma que a fé num deus único é mais racional e natural à humanidade que a crença em numerosas divindades. Originalmente, pessoas que viviam em aldeolas e comunidades isoladas haviam reconhecido que um único deus controlava seus destinos: o politeísmo era um fato posterior. A ciência e a filosofia racional apontavam para a existência de um Ser Supremo: "Que conclusão podemos extrair disso?", pergunta Voltaire no fim de seu verbete sobre "Ateísmo". E responde:

> Que o ateísmo é um mal monstruoso nos que governam; e também em homens cultos, ainda que suas vidas sejam inocentes, porque, com seus estudos, podem afetar os que ocupam cargos públicos; e isso, mesmo que não seja tão maléfico quanto o fanatismo, é quase sempre fatal para a virtude. Acima de tudo, permiti-me acrescentar que hoje há menos ateus que nunca, pois os filósofos perceberam que não existe ser vegetativo sem germe, nem germe sem desígnio etc.[22]

Voltaire equipara o ateísmo à superstição e ao fanatismo que os filósofos tanto ansiavam por erradicar. Seu problema não era Deus, mas as doutrinas sobre ele que ofendiam a razão.

As novas idéias afetaram também os judeus da Europa. Insatisfeito com o estudo da Torá, Baruch Spinoza (1632-77), judeu holandês de ascendência portuguesa, aderiu a um grupo de livrespensadores gentios. Sob a influência de pensadores científicos como Descartes e os escolásticos cristãos, desenvolveu idéias que difeririam profundamente do judaísmo convencional. Em 1656, aos 24 anos, foi formalmente expulso da sinagoga de Amsterdã. Enquanto liam o édito de excomunhão, apagaram-se aos poucos as luzes da sinagoga, até que, imersa em total escuridão, a congregação vivenciou as trevas da alma de Spinoza num mundo sem Deus:

> Que ele seja amaldiçoado de dia e amaldiçoado de noite; amaldiçoado ao deitar e ao levantar-se, ao sair e ao entrar. Que o Senhor nunca mais o perdoe ou reconheça! Que a ira e o desprazer do Senhor doravante se voltem contra esse

homem, cubram-no de todas as maldições escritas no livro da lei e apaguem seu nome de sob o céu.[23]

Depois disso, Spinoza não pertenceu a nenhuma das comunidades religiosas da Europa. Nessa condição, era o protótipo do pensador autônomo e secular que se tornaria comum no Ocidente. No início do século XX, muita gente o reverenciava como o herói da modernidade, sentindo afinidade com seu exílio simbólico, seu alheamento e sua busca de salvação secular.

Embora tido como ateu, Spinoza acreditava num Deus que, contudo, não era o Deus da Bíblia. Como os *faylasufs*, considerava a religião revelada inferior ao conhecimento científico de Deus, adquirido pelo filósofo. No *Tratado teológico-político*, afirma que a natureza da fé religiosa fora mal-entendida, tornara-se "um mero compósito de credulidade e preconceitos", um "tecido de mistérios sem sentido".[24] É crítico em relação à história bíblica. Os israelitas chamavam de "Deus" todo fenômeno que não entendiam. Diziam, por exemplo, que os profetas eram inspirados pelo Espírito de Deus só porque possuíam intelecto e santidade excepcionais. Esse tipo de "inspiração", porém, não se limitava a uma elite, mas estava à disposição de todos, graças à razão natural: os ritos e símbolos da fé só podiam ajudar as massas, incapazes de pensamento científico, racional.

Como Descartes, Spinoza retoma a prova ontológica da existência de Deus. A própria idéia de "Deus" valida a existência de Deus, porque um ser perfeito que não existisse seria uma contradição em termos. A existência de Deus é necessária porque só ela proporciona a certeza e a confiança indispensáveis para extrairmos outras deduções sobre a realidade. Nosso conhecimento científico do mundo nos mostra que ele é governado por leis imutáveis. Para Spinoza, Deus é simplesmente o princípio da lei, a soma de todas as leis eternas existentes. É um ser material, idêntico e equivalente à ordem que governa o universo. Como Newton, Spinoza retorna à antiga idéia filosófica da emanação. Sendo inerente e imanente em todas as coisas — materiais e espirituais —, Deus pode ser definido como a lei que ordena sua existência. Falar da atividade de Deus no mundo é simplesmente uma forma de descrever os princípios matemáticos e causais da existência. Equivale à negação absoluta da transcendência.

Parece uma doutrina sombria, mas o Deus de Spinoza lhe inspirava um temor realmente místico. Sendo a soma de todas as leis existentes, Deus é a perfeição suprema, que une e harmoniza tudo. Quando contemplamos o funcionamento de nossas mentes da maneira prescrita por Descartes, abrimo-nos para o ser eterno e infinito de Deus, que atua dentro de nós. Como Platão, Spinoza acredita que o conhecimento intuitivo e espontâneo é mais revelador da presença de Deus que uma laboriosa aquisição de informações. Nossa alegria e nossa felicidade com o conhecimento equivalem ao amor de Deus, uma divindade que não é um objeto eterno de pensamento, mas a causa e o princípio desse pensamento, entranhado em cada um de nós. Não há necessidade de revelação ou lei divina: esse Deus é acessível a toda a humanidade, e a Torá é a lei eterna da natureza. Spinoza concilia a velha metafísica com a nova ciência: seu Deus não é o Uno incognoscível dos neoplatônicos, mas se assemelha ao Ser absoluto descrito por filósofos como Tomás de Aquino. Também se assemelha ao Deus místico que os monoteístas ortodoxos experimentam dentro de si mesmos. Judeus, cristãos e filósofos tendem a ver Spinoza como ateu: esse Deus, inseparável do resto da realidade, nada tem de pessoal. Na verdade, Spinoza só usa a palavra "Deus" por motivos históricos: concorda com os ateus, que consideram impossível dividir a realidade numa parte "Deus" e numa parte não-Deus. Se Deus é inseparável de tudo, não se pode dizer que "ele" existe em qualquer sentido comum. Em outras palavras, não há nenhum Deus que corresponda ao sentido habitualmente relacionado com essa palavra. Místicos e filósofos vêm repetindo a mesma coisa há séculos. Alguns disseram que "Nada" existe, além do mundo que conhecemos. Não fosse a ausência do transcendente En Sof, o panteísmo de Spinoza se assemelharia à Cabala, e perceberíamos uma afinidade entre o misticismo radical e o emergente ateísmo.

Porém, foi o filósofo alemão Moses Mendelssohn (1729-86) quem abriu o caminho para os judeus entrarem na Europa moderna, embora a princípio não pretendesse construir uma filosofia especificamente judaica. Interessava-se por psicologia e estética, além de religião, e suas primeiras obras, *Fédon* e *Horas matinais*, foram escritas no contexto mais amplo do Iluminismo alemão: procuram estabelecer racionalmente a existência de Deus e não levam em conta a perspectiva judaica da questão. Em países como a França e a Alemanha, as idéias liberais do Iluminismo possibilitaram a emancipação dos judeus e seu ingresso na sociedade. Não foi difícil para esses *maskilim*, como se chamavam os judeus esclarecidos, acatar a filosofia religiosa do Iluminismo alemão. O judaísmo nunca teve a mesma obsessão doutrinária do cristianismo ocidental. Seus princípios básicos eram praticamente idênticos à religião racional do Iluminismo, que, na Alemanha, ainda aceitava a idéia de milagres e da intervenção divina nos assuntos humanos. Em *Horas matinais*, o Deus filosófico de Mendelssohn é muito semelhante ao Deus da Bíblia. É um Deus pessoal, não uma abstração metafísica. A esse Ser Supremo pode-se aplicar, em seu sentido mais elevado, características humanas como sabedoria, bondade, justiça, amor e intelecto.

Mas isso torna o Deus de Mendelssohn muito semelhante a nós. Sua fé era típica do Iluminismo: fria, desapaixonada e tendente a ignorar os paradoxos e ambigüidades da experiência religiosa. Mendelssohn não via sentido numa vida sem Deus, porém não era um crente fervoroso: estava bastante satisfeito com o conhecimento de Deus alcançado pela razão. A bondade divina é a base de sua teologia. Se os seres humanos dependessem apenas da revelação, muita gente seria excluída do plano divino, em contradição com a bondade de Deus. Portanto, a filosofia de Mendelssohn dispensa as complexas habilidades intelectuais exigidas pelos *faylasufs* — e acessíveis a poucas pessoas — e depende mais do bom senso, acessível a todos. Trata-se, porém, de uma abordagem perigosa, porque é muito fácil fazer esse Deus se adequar a nossos preconceitos e torná-los absolutos.

Quando *Fédon* foi publicado, em 1767, círculos gentios e cristãos acolheram com simpatia — e às vezes com condescendência — sua defesa filosófica da imortalidade da alma. Um jovem pastor suíço, Johann Caspar Lavater, escreveu que o autor estava maduro para a conversão ao cristianismo e o desafiou a defender seu judaísmo publicamente. Quase a contragosto, Mendelssohn elaborou uma defesa racional do judaísmo, embora não esposasse crenças tradicionais como a de povo eleito e terra prometida. Estava numa situação delicada: não queria seguir o caminho de Spinoza nem atiçar a ira dos cristãos contra seu povo, se fosse muito bem-sucedido em sua defesa do judaísmo. Como outros deístas, argumentou que a revelação só seria aceitável se suas verdades pudessem ser demonstradas pela razão. A doutrina da Trindade não satisfazia esse critério. O judaísmo não era uma religião revelada, mas uma lei revelada. A concepção judaica de Deus era essencialmente idêntica à religião natural que pertencia a toda a humanidade e podia ser demonstrada apenas pela razão. Apoiado nas velhas provas cosmológicas e ontológicas, Mendelssohn afirmou que a função da Lei fora ajudar os judeus a cultivar uma noção correta de Deus e evitar a idolatria. E concluiu com um pedido de tolerância. A religião universal da razão devia inspirar respeito a outras maneiras de ver Deus, inclusive à do judaísmo, que as igrejas da Europa perseguiram durante séculos.

Os judeus foram menos influenciados por Mendelssohn que pela filosofia de Immanuel Kant (1724–1804), cuja *Crítica da razão pura* (1781) foi publicada na última década da vida de Mendelssohn. Kant define o Iluminismo como "o êxodo do homem de sua tutela auto-imposta" ou da dependência de autoridade externa.[25] O único caminho para chegar a Deus passa pelo reino autônomo da consciência moral, que ele chama de "razão prática". Kant rejeita muitos elementos da religião, como a autoridade dogmática das igrejas, a prece e o ritual, que, a seu ver, impedem-nos de contar com nossos próprios poderes e nos encorajam a depender de Outro. Mas não se opõe à idéia de Deus *per se*. Como al-Ghazzali séculos antes, considera inúteis os argumentos tradicionais em favor da existência de Deus, porque nossa mente só entende coisas que existem no espaço e no tempo e não tem competência para considerar realidades que estão além dessa categoria. Admite, porém, que tendemos naturalmente a transgredir esses limites e buscar um princípio de unidade que nos permita ver a realidade como um todo coerente. Essa é a idéia de Deus. Não é possível provar através da lógica a existência de Deus, mas tampouco é possível confutá-la. A idéia de Deus é essencial para nós: representa o limite ideal que nos possibilita atingir uma idéia abrangente do mundo.

Para Kant, portanto, Deus é uma simples conveniência, passível de abuso. A idéia de um Criador sábio e onipotente poderia solapar a pesquisa científica e conduzir a uma indolente dependência de um *deus ex machina*, um deus que preenche as lacunas de nosso conhecimento. Também poderia ser uma fonte de mistificação, capaz de gerar acerbas disputas, como as que deixaram cicatrizes na história das igrejas. Kant não se diria ateu. Seus contemporâneos o descrevem como um homem devoto, profundamente cônscio da capacidade humana para o mal. Por isso a idéia de Deus era essencial para ele. Na *Crítica da razão prática*, afirma que, para viver em conformidade com a moral, homens e mulheres precisariam de um governante que premiasse a virtude com a felicidade. Nessa perspectiva, Deus é um acréscimo de última hora ao sistema ético. O centro da religião já não é o mistério de Deus, mas o próprio homem. Deus não é mais a base de todo ser, pois se reduz a uma estratégia que nos possibilita funcionar com maior eficiência e de modo mais compatível com a moral. Não demoraria muito para que alguém levasse seu ideal de autonomia um passo adiante e dispensasse completamente esse Deus tênue. Kant foi um dos primeiros ocidentais a duvidar da validez das provas tradicionais, mostrando que, na verdade, elas nada provam. Elas nunca mais seriam tão convincentes.

No entanto, convencidos de que Deus fechara um caminho para a fé apenas para abrir outro, alguns cristãos viram nisso uma libertação. Em *Uma história simples da genuína cristandade*, John Wesley (1703–91) escreveu:

Às vezes quase me disponho a acreditar que, ultimamente, a sabedoria de Deus tem permitido que a prova exterior do cristianismo seja mais ou menos dificultada para que os homens (sobretudo os reflexivos) não se detenham aí, mas sejam obrigados a olhar também para dentro de si mesmos e atentar na luz que brilha em seus corações.[26]

Paralelamente ao racionalismo do Iluminismo, desenvolvia-se uma nova religiosidade, em geral chamada de "religião do coração". Embora centrada mais no coração que na cabeça, partilha muitas das preocupações do deísmo. Exorta homens e mulheres a abandonar provas e autoridades exteriores e a descobrir o Deus existente no coração e na capacidade de todo mundo. Como muitos deístas, os discípulos dos irmãos Wesley ou do conde Nikolaus Ludwig von Zinzendorf (1700–60), pietista alemão, achavam que estavam descartando os acréscimos de séculos e retornando ao cristianismo "simples" e "genuíno" de Cristo e dos primeiros cristãos.

John Wesley sempre foi um cristão fervoroso. Quando era bolsista no Lincoln College, em Oxford, fundou com seu irmão Charles uma sociedade de estudantes, conhecida como o Clube Santo. A severidade da associação no tocante a método e disciplina valeu a seus membros a denominação de metodistas. Em 1735, os Wesley partiram como missionários para a colônia da Geórgia, na América; dois anos depois, John retornou, desconsolado. "Fui para a América converter os índios; mas, oh, quem irá me converter?", anotou em seu diário.[27] Durante a viagem, os Wesley ficaram muito impressionados com uns missionários da seita dos irmãos morávios, que recusavam qualquer doutrina e viam a religião como assunto do coração. Em 1738, durante um culto dos irmãos morávios em sua capela da rua Aldersgate, em Londres, John teve uma experiência espiritual que o convenceu de que Deus o incumbira de pregar esse novo cristianismo por toda a Inglaterra. Daí em diante, percorreu o país com seus discípulos, pregando a operários e camponeses nas feiras e nos campos.

A experiência de "renascimento" era crucial. Era "absolutamente necessário" sentir "Deus *continuamente* soprando, por assim dizer, sobre a alma humana", imbuindo o cristão de "um amor contínuo e agradecido a Deus"; um amor consciente, que tornava "natural e, de certa forma, necessário amar a todo filho de Deus com bondade, delicadeza e grande resignação".[28] As doutrinas sobre Deus eram inúteis e potencialmente prejudiciais. O efeito psicológico das palavras de Cristo sobre o cristão era a melhor prova da verdade da religião. Como no puritanismo, uma experiência emocional da religião constituía a única prova da fé genuína e, portanto, da salvação. Mas esse misticismo-para-todos podia ser perigoso. Os místicos sempre enfatizaram os riscos dos caminhos espirituais e advertiram contra a histeria: paz e tranqüilidade eram os sinais do verdadeiro misticismo. Esse cristianismo de "renascimento" podia produzir um comportamento frenético, como nos violentos êxtases dos quacres e *shakers*. Também podia levar ao desespero: o poeta William Cowper (1731–1800) enlouqueceu, quando não se sentiu salvo, interpretando a falta dessa sensação como um sinal de que estava condenado.

Na religião do coração, as doutrinas sobre Deus eram transpostas para estados emocionais interiores. Assim, o conde von Zinzendorf, protetor de várias comunidades religiosas que viviam em suas propriedades, na Saxônia, dizia, como Wesley, que "a fé não está nos pensamentos nem na cabeça, mas no coração; é uma luz acesa no coração".[29] Os acadêmicos podiam continuar "tagarelando sobre o mistério da Trindade", porém o sentido da doutrina não eram as inter-relações das três Pessoas, e sim "o que elas são para nós".[30] A Encarnação expressava o mistério do novo nascimento de um cristão individual, quando Cristo se tornava "o Rei do coração". Essa espiritualidade emotiva também ocorria na Igreja Católica Romana, mais especificamente na devoção ao Sagrado Coração de Jesus, que se firmara não obstante a forte oposição dos jesuítas e do *establishment*, desconfiados de seu sentimentalismo muitas vezes piegas. Tal devoção sobrevive até hoje: muitas igrejas católicas têm uma imagem de Cristo desnudando o peito e exibindo um coração cercado de chamas. Foi assim que ele apareceu a Margarida Maria Alacoque (1647–90) em seu convento em Paray-le-Monial, na França. Não há semelhança entre esse Cristo e a enérgica figura dos Evangelhos. Em sua autocomiseração, ele mostra os perigos de se concentrar no coração e excluir a cabeça. Em 1682, Margarida Maria lembrou que Jesus lhe aparecera no início da Quaresma,

> todo coberto de ferimentos e escoriações. Seu Sangue adorável escorria por todos os lados: "Ninguém terá pena de Mim", disse Ele tristemente, "nem participará de Minha dor, no lastimável estado a que os pecadores Me reduzem, especialmente hoje?".[31]

Neurótica ao extremo — tinha nojo até da idéia de sexo, sofria de distúrbios alimentares e se entregava a atos masoquistas para provar seu "amor" ao Sagrado Coração —, Margarida Maria expõe as falhas de uma religião apenas do coração. Seu Cristo muitas vezes não passa da realização de um desejo, o Sagrado Coração compensando-a do amor que ela nunca experimentou: "Serás para sempre Sua amada discípula, joguete de Seus prazeres e vítima de Seus desejos", diz-lhe Jesus, referindo-se ao Coração. "Ele será o único prazer de todos os teus desejos; corrigirá e compensará teus defeitos e cumprirá por ti tuas obrigações."[32] Concentrada no homem Jesus, essa religiosidade é simplesmente uma projeção que aprisiona o cristão num egoísmo neurótico.

Sem dúvida, estamos longe do frio racionalismo iluminista, mas há uma relação entre a religião do coração, em seu melhor aspecto, e o deísmo. Kant, por exemplo, foi criado no pietismo, a seita luterana em que Zinzendorf também tinha suas raízes. As propostas kantianas de uma religião dentro dos limites da razão são semelhantes à insistência pietista numa religião "fundada na própria constituição da alma",[33] e não numa revelação sacramentada pelas doutrinas de uma Igreja autoritária. Quando se tornou conhecido por suas opiniões radicais sobre religião, Kant teria tranqüilizado seu criado pietista, dizendo-lhe que apenas "destruíra o dogma para dar espaço à fé".[34] John Wesley ficou fascinado pelo Iluminismo, especialmente pelo ideal de liberdade. Interessava-se por ciência e tecnologia, fazia experimentos com eletricidade e partilhava do otimismo iluminista em relação à natureza humana e à possibilidade de progresso. O estudioso americano Albert C. Outler observa que tanto a nova religião do coração quanto o racionalismo iluminista se opunham ao *establishment*, desconfiavam da autoridade externa, alinhavam-se com os modernos contra os antigos, abominavam a desumanidade e amavam a filantropia. Com efeito, parece que uma religiosidade radical preparou o terreno para que as idéias do Iluminismo se enraizassem entre judeus e cristãos. Há uma notável semelhança em alguns desses movimentos extremados. Muitas dessas seitas reagiram às imensas mudanças da época, violando tabus religiosos. Umas eram tidas como blasfemas; outras, como atéias; e algumas eram lideradas por indivíduos que se diziam encarnações de Deus. Muitas adotaram um tom messiânico e proclamavam a iminente chegada de um mundo inteiramente novo.

Um surto de emoção apocalíptica ocorreu na Inglaterra sob o governo puritano de Oliver Cromwell, sobretudo após a execução do rei Carlos I, em 1649. As autoridades puritanas tiveram dificuldade para controlar o fervor religioso que eclodiu no exército e entre as pessoas simples, muitas das quais acreditavam que o Dia do Juízo era iminente. Deus enviaria seu Espírito sobre todo o seu povo, como prometido na Bíblia, e estabeleceria seu Reino definitivamente na Inglaterra. Cromwell parece ter alimentado esperanças semelhantes, assim como os puritanos que se instalaram na Nova Inglaterra na década de 1620. Em 1649, Gerard Winstanley fundou sua comunidade de "Diggers" [cavadores] perto de Cobham, no Surrey, decidido a restaurar os primórdios da humanidade, quando Adão arava o Jardim do Éden: nessa nova sociedade, propriedade privada, distinção de classe e autoridade humana desapareceriam. Os primeiros quacres — George Fox, James Naylor e seus discípulos — pregavam que todos os homens e mulheres podiam abordar Deus diretamente. Havia dentro de cada indivíduo uma Luz Interior e, assim que ela fosse descoberta e alimentada, todo mundo, qualquer que fosse sua classe ou status, poderia alcançar a salvação aqui na terra. Fox pregava pacifismo, não-violência e um radical igualitarismo à sua Sociedade de Amigos. A esperança de liberdade, igualdade e fraternidade surgira na Inglaterra uns 140 anos antes de o povo de Paris tomar a Bastilha.

Os exemplos mais extremos desse novo espírito religioso tinham muito em comum com os hereges de fins da Idade Média conhecidos como Irmãos do Livre Espírito. O historiador britânico Norman Cohn, em *The pursuit of the millenium, revolutionary millenarians and mystical anarchists of the Middle Ages* [A busca do milênio, milenários revolucionários e místicos anarquistas da Idade Média], observa que os Irmãos eram acusados de panteísmo por seus inimigos. Eles "não hesitavam em dizer: 'Deus é tudo que existe', 'Deus está em cada pedra e em cada membro do corpo humano tão certamente quanto no pão da Eucaristia'. 'Toda coisa criada é divina'".[35] Era uma reinterpretação da visão de Plotino. A essência eterna de todas as coisas, que emanara do Uno, era divina. Tudo que existia ansiava por retornar à sua Fonte Divina e acabaria sendo reabsorvido em Deus: mesmo as três Pessoas da Trindade submergiriam na Unidade Primordial. A pessoa alcançava a salvação mediante o reconhecimento de sua natureza divina aqui na terra. Um tratado de um dos Irmãos, encontrado na cela de uma ermida perto do Reno, explicava: "A essência divina é minha essência, e minha essência é a essência divina". Os Irmãos afirmavam repetidas vezes: "Toda criatura racional é divina em sua natureza".[36] Tratava-se não tanto de um credo filosófico, quanto de um apaixonado anseio de transcender os limites da humanidade. Como declarou o bispo de Estrasburgo, os Irmãos "dizem que são Deus por natureza, sem qualquer distinção. Acreditam que todas as perfeições divinas estão neles, que são eternos e estão na eternidade".[37]

Segundo Cohn, as seitas extremistas cristãs na Inglaterra de Cromwell, como os quacres, os *levellers* [niveladores] e os *ranters* [bradadores], foram uma revivescência da heresia do Livre Espírito do século XIV. Não constituíam, evidentemente, uma revivescência consciente, porém esses entusiastas do século XVII chegaram sozinhos a uma visão panteísta que é difícil não ver como uma versão popular do panteísmo filosófico que em breve seria exposto por Spinoza. Winstanley provavelmente não acreditava num Deus transcendente, embora — como outros radicais — relutasse em formular sua fé em termos conceituais. Nenhuma dessas seitas revolucionárias acreditava de fato que devia sua salvação à expiação realizada pelo Cristo histórico. Seu Cristo era uma figura difundida pelos membros da comunidade e praticamente indistinguível do Espírito Santo. Todas concordavam que a profecia ainda era o melhor meio de chegar a Deus e que a inspiração direta do Espírito era superior ao ensinamento das religiões estabelecidas. Fox ensinava seus quacres a servir a Deus num silêncio que lembrava o *hesychasma* grego ou a *via negativa* dos filósofos medievais. A antiga idéia de um Deus Trinitário desintegrava-se: essa imanente presença divina não podia ser dividida em três pessoas. Sua marca distintiva era a Unicidade, refletida na unidade e no igualitarismo das várias comunidades. Como os Irmãos, alguns *ranters* se consideravam divinos: diziam que eram Cristo ou uma nova encarnação de Deus. Como Messias, pregavam uma doutrina revolucionária e uma nova ordem mundial. Thomas Edwards, seu crítico presbiteriano, assim resumiu suas crenças, no polêmico opúsculo *Gangrena, ou um catálogo e descoberta de muitos dos erros, heresias, blasfêmias e práticas perniciosas dos sectários de hoje* (1640):

> Toda criatura no primeiro estágio da criação era Deus, e toda criatura é Deus, toda criatura que tem vida e respira é um efluxo de Deus e voltará de novo para Deus, por ele será tragada como uma gota pelo oceano. [...] O homem batizado com o Espírito Santo sabe todas as coisas, assim como Deus, cujo objetivo é um profundo mistério. [...] Se pelo espírito um homem se sabe em estado de graça, mesmo que tenha cometido assassinato ou embriaguez, Deus não viu nenhum pecado nele [...] Toda a terra são os Santos, e deve haver uma comunhão de bens, e os Santos devem partilhar das terras e das propriedades dos fidalgos e de tais homens.[38]

Como Spinoza, os *ranters* foram acusados de ateísmo. Violavam tabus cristãos em seu credo libertário e blasfemavam, dizendo que não havia diferença entre Deus e o homem. Nem todo mundo era capaz da abstração científica de Kant ou Spinoza, mas na auto-exaltação dos *ranters* ou na Luz Interior dos quacres é possível ver uma aspiração semelhante à que seria expressa, um século depois, pelos revolucionários franceses que entronizaram a Deusa da Razão no Panteão.

Vários *ranters* disseram ser o Messias, uma reencarnação de Deus, que ia estabelecer o novo Reino. Embora a história de alguns deles sugira perturbação mental, parece que atraíram seguidores, obviamente atendendo a uma necessidade espiritual e social na Inglaterra de seu tempo. Assim, William Franklin, um respeitável cidadão, enlouqueceu em 1646, depois que a peste golpeou sua família. Ele horrorizou seus irmãos cristãos, declarando ser Deus e Cristo, mas depois se retratou e pediu perdão. Parecia estar em pleno gozo de suas faculdades mentais, porém deixou a esposa e passou a dormir com outras mulheres, levando uma vida indecorosa e mendicante. Uma dessas mulheres, Mary Gadbury, começou a ter visões, a ouvir vozes e a profetizar uma nova ordem social, que aboliria todas as distinções de classe. Adotou Franklin como seu Senhor e Cristo. Os dois aparentemente atraíram vários discípulos, mas em 1650 foram presos, açoitados e trancafiados em Bridewell. Mais ou menos na mesma época, um certo John Robbins também era reverenciado como Deus: dizia ser Deus Pai e acreditava que sua esposa em breve daria à luz o Salvador do mundo.

Alguns historiadores negam que homens como Robbins e Franklin fossem *ranters*, observando que só sabemos de suas atividades através de seus inimigos, que, por motivos políticos, podem ter distorcido suas crenças. No entanto, sobreviveram alguns textos de *ranters* notáveis, como Jacob Bauthumely, Richard Coppin e Laurence Clarkson, que mostram o mesmo complexo de idéias: eles também pregavam um credo social revolucionário. Em seu tratado *Os lados luminoso e escuro de Deus* (1650), Bauthumely fala de Deus em termos que lembram a concepção sufista de Deus como o olho, o ouvido e a mão do homem que se volta para ele: "Oh, Deus, o que direi que sois?", pergunta. "Pois, se digo que vos vejo, é apenas vossa visão de vós mesmo; pois nada há em mim capaz de ver além de vós mesmo; se digo que vos conheço, não é outra coisa que o conhecimento de vós mesmo."[39] Como os racionalistas, Bauthumely rejeita a doutrina da Trindade e, mais uma vez como os sufistas, restringe sua crença na divindade de Cristo, dizendo que, embora ele *fosse* divino, Deus não podia manifestar-se num único homem: "Ele habita tão real e substancialmente na carne de outros homens e Criaturas quanto no homem Cristo".[40] A adoração de um Deus distinto e localizado é uma forma de idolatria; o céu não é um lugar, mas a presença espiritual de Cristo. A idéia bíblica de Deus é inadequada: o pecado não é uma ação, mas uma condição, um estar aquém de nossa natureza divina. Contudo, misteriosamente, Deus está presente no pecado, que é apenas "o lado escuro de Deus, uma simples privação de luz".[41] Bauthumely foi denunciado como ateu por seus inimigos, mas o espírito de seu livro não está longe de Fox, Wesley e Zinzendorf, embora se expresse de maneira muito mais tosca. Como os pietistas e os metodistas posteriores, ele tentava internalizar um Deus que se tornara distante e inumanamente objetivo e transpor a doutrina tradicional para a experiência religiosa. Também partilhava da rejeição à autoridade e da visão essencialmente otimista da humanidade, mais tarde abraçada pelos filósofos do Iluminismo e pelos seguidores da religião do coração.

Bauthumely flertava com a doutrina instigante e subversiva da santidade do pecado. Se Deus é tudo, o pecado não é nada — uma afirmação que *ranters* como Laurence Clarkson e Alastair Coppe também tentaram demonstrar, violando flagrantemente o código sexual da época, improperando e blasfemando em público. Coppe tinha fama de beberrão e fumante. Assim que se tornou *ranter*, passou a praguejar e a xingar, decerto satisfazendo um desejo desde muito reprimido. Soubemos que praguejou durante uma hora no púlpito de uma igreja londrina e insultou de tal modo uma taberneira que ela tremeu durante horas. Isso podia ser uma reação à repressiva ética puritana, com sua doentia fixação na propensão da humanidade para o pecado. Fox e seus quacres insistiam que o pecado não é inevitável. Certamente Fox não estimulava seus Amigos a pecar e odiava a licenciosidade dos *ranters*, porém tentava pregar uma antropologia mais otimista e restaurar o equilíbrio. Em seu opúsculo *Um único olho*, Laurence Clarkson afirma que, como Deus fez todas as coisas boas, o "pecado" só existe na imaginação dos homens. O próprio Deus disse na Bíblia que faria das trevas luz. Os monoteístas sempre tiveram dificuldade com a realidade do pecado, embora os místicos tentassem chegar a uma visão mais holística. Juliana de Norwich considera o pecado "cabível" e, às vezes, necessário. Para os cabalistas, o pecado misteriosamente remonta a Deus. O espírito libertário de *ranters* como Coppe e Clarkson pode ser visto como uma tosca tentativa de livrar-se de um cristianismo opressivo, que aterrorizava os fiéis com sua doutrina de um Deus irado e vingativo. Os cristãos racionalistas e "esclarecidos" também tentavam romper os grilhões de uma religião que apresentara Deus como uma figura autoritária e cruel e descobrir uma divindade mais branda.

Historiadores sociais observam que o cristianismo ocidental difere de todas as outras religiões por suas violentas alternâncias de períodos de repressão e permissividade. Também observam que as fases repressivas em geral coincidem com uma revivescência religiosa. À moralidade mais frouxa do Iluminismo seguiram-se, em muitas partes do Ocidente, as repressões do período vitoriano, que foi acompanhado por uma onda de religiosidade mais fundamentalista. Em nossa época, vimos a sociedade permissiva da década de 1960 dando lugar à ética mais puritana da década de 1980, que também coincidiu com a ascensão do fundamentalismo cristão no Ocidente. Trata-se de um fenômeno complexo, que certamente não se deve a uma causa única. Mas é tentador relacioná-lo com a idéia de Deus, que os ocidentais têm achado problemática. Os teólogos e místicos da Idade Média podem ter pregado um Deus de amor, porém as terríveis representações do Juízo Final nas portas das catedrais, focalizando as torturas dos condenados, contam outra história. Vimos que, no Ocidente, trevas e lutas muitas vezes caracterizam a percepção de Deus. *Ranters* como Clarkson e Coppe zombavam dos tabus cristãos e proclamavam a santidade do pecado, ao mesmo tempo que a caça às bruxas ocorria em vários países da Europa. Os cristãos radicais da Inglaterra de Cromwell também se rebelavam contra um Deus e uma religião demasiado exigentes e assustadores.

O novo cristianismo de "renascimento" que começava a aparecer no Ocidente nos séculos XVII e XVIII era freqüentemente doentio e caracterizado por emoções e reviravoltas às vezes perigosas. Podemos ver isso na onda de fervor religioso conhecida como o Grande Despertar, que arrebatou a Nova Inglaterra na década de 1730. Inspiraram-na a pregação evangélica de George Whitefield, discípulo e colega dos Wesley, e os sermões de Jonathan Edwards (1703-58) sobre as chamas do inferno. Edwards, que era formado em Yale, relata esse Despertar em "Uma fiel narrativa da surpreendente obra de Deus em Northampton, Connecticut". Descreve seus paroquianos como indivíduos comuns: sóbrios, ordeiros e bons, mas sem fervor religioso. Não eram melhores nem piores que os habitantes das outras colônias. Em 1734, porém, dois jovens morreram de repente, e o choque (reforçado, ao que parece, por palavras terríveis de Edwards) mergulhou a cidadezinha num frenesi religioso. As pessoas só falavam de religião; em vez de trabalhar, passavam o dia lendo a Bíblia. Em cerca de seis meses, houve umas trezentas conversões — às vezes, até cinco numa semana —, surgindo "renascidos" em todas as classes sociais. Edwards viu essa loucura literalmente como obra de Deus. Como disse repetidas vezes, "Deus parecia ter abandonado seu modo habitual" de agir e emocionava a Nova Inglaterra de maneira miraculosa. Cabe lembrar que algumas manifestações do Espírito Santo se caracterizavam pela histeria. Às vezes, relata Edwards, os devotos eram inteiramente "dominados" pelo temor a Deus e "caíam num abismo, atormentados pelo sentimento de uma culpa que lhes parecia ultrapassar a misericórdia de Deus". Seguia-se uma euforia igualmente extrema, quando de repente se sentiam salvos. "Irrompiam em risadas, ao mesmo tempo que as lágrimas jorravam copiosas e o riso se misturava a um choro ruidoso. Às vezes, não conseguiam abster-se de gritar, expressando sua grande admiração."[42] Estamos, a olhos vistos, distantes do calmo controle que, segundo os místicos de todas as grandes tradições religiosas, distingue a verdadeira iluminação.

Essas reviravoltas intensamente emocionais continuaram sendo características da revivescência religiosa nos Estados Unidos. O que ocorria era um renascimento, acompanhado por violentas convulsões de dor e esforço, uma nova versão da luta do Ocidente com Deus. O Despertar espalhou-se como uma epidemia, contagiando as cidades e aldeias vizinhas, como aconteceria um século depois, quando o estado de Nova York seria chamado de Distrito Incendiado, por ser tão habitualmente consumido pelas chamas do fervor religioso. Edwards observa que, em sua exaltação, os conversos achavam o mundo maravilhoso. Não largavam a Bíblia e se esqueciam até de comer. De maneira não surpreendente, talvez, toda essa emoção se esvaiu e, cerca de dois anos depois, Edwards escreveu: "Começa a evidenciar-se que o Espírito de Deus paulatinamente se afasta de nós". Também aqui, não falava de maneira metafórica: em questões religiosas, era um verdadeiro literalista ocidental. Estava convencido de que o Despertar fora uma revelação direta de Deus em seu meio, a atuação tangível do Espírito Santo, como no primeiro Pentecostes. Quando Deus se retirou, tão abruptamente quanto chegara, Satanás ocupou seu lugar — ao pé da letra. À exaltação sucedeu um desespero suicida. Primeiro, um infeliz cortou a garganta. "Depois, parece que multidões desta e de outras cidades foram aconselhadas e pressionadas a fazer como essa pessoa. Muitos se sentiram exortados, como se alguém lhes dissesse: 'Cortai o pescoço, agora é uma boa ocasião. Já!'." Duas pessoas enlouqueceram, com "estranhas e entusiásticas ilusões".[43] Não houve outras conversões, porém quem sobreviveu à experiência estava mais calmo e alegre que antes do Despertar, ou pelo menos é o que Edwards gostaria que acreditássemos. O Deus de Jonathan Edwards e seus convertidos, que se revelava em condições tão anormais e angustiantes, é assustador e arbitrário como sempre. As violentas reviravoltas emocionais, a euforia insana e o profundo desespero mostram que muitas das pessoas menos privilegiadas dos Estados Unidos tinham dificuldade para manter o equilíbrio quando lidavam com "Deus". Mostram ainda a convicção, que encontramos também na religião científica de Newton, de que Deus é diretamente responsável por tudo que acontece no mundo, por mais bizarro que seja.

É difícil associar essa religiosidade fervorosa dos Pais Fundadores. Edwards tinha muitos opositores, que criticavam de forma ácida o Despertar. Deus só se expressaria racionalmente, diziam os liberais, não com irrupções violentas nos assuntos humanos. Contudo, em *Religion and the American mind: From the great awakening to the revolution*, Alan Heimart afirma que o renascimento do Despertar era uma versão evangélica do ideal iluminista da busca da felicidade: representava uma "libertação existencial de um mundo em que 'tudo desperta forte apreensão'".[44] O Despertar se deu nas colônias mais pobres, onde as pessoas tinham pouca expectativa de felicidade neste mundo, apesar das esperanças do sofisticado Iluminismo. A experiência de renascer, dizia Edwards, resultava num sentimento de alegria e numa percepção de beleza bastante diferentes de qualquer sensação natural. No Despertar, portanto, uma experiência de Deus tornou o Iluminismo do Novo Mundo acessível a mais que alguns indivíduos bem-sucedidos. Cabe lembrar que o Iluminismo filosófico também era experimentado como uma libertação quase religiosa. Os termos *éclaircissement* e *Aufklärung* têm claras conotações religiosas. O Deus de Jonathan Edwards também contribuiu para o entusiasmo revolucionário de 1775. Aos olhos dos arautos da revivescência, a Grã-Bretanha perdera a nova luz que brilhara tão intensamente durante a revolução puritana e agora parecia decadente e retrógrada. Foram Edwards e seus colegas que levaram os americanos da classe baixa a dar os primeiros passos para a revolução. O messianismo era essencial para a religião de Edwards: o esforço humano apressaria a vinda do Reino de Deus, atingível e iminente no Novo Mundo. O próprio Despertar (apesar de seu final trágico) fez as pessoas acreditarem que o processo de redenção descrito na Bíblia já começara. Deus estava firmemente empenhado nisso. Edwards deu à doutrina da Trindade uma interpretação política: o Filho era "a divindade gerada pela compreensão de Deus" e, portanto, o projeto da Nova Comunidade; o Espírito, "a divindade subsistindo no ato", era a força que executaria esse plano no devido tempo.[45] No Novo Mundo, Deus poderia, assim, contemplar suas próprias perfeições na terra. A sociedade expressaria as "excelências" de Deus. A Nova Inglaterra seria uma "cidade na colina", uma luz para os gentios, "brilhando com um reflexo da glória de Jeová erguida sobre ela, que será atraente e deslumbrante para todos".[46] O Deus de Jonathan Edwards se encarnaria, portanto, na Nova Comunidade: Cristo se corporificaria numa boa sociedade.

Outros calvinistas estavam na vanguarda do progresso: introduziram a química no currículo escolar dos Estados Unidos, e Timothy Dwight, neto de Edwards, via o conhecimento científico como o prelúdio à perfeição final da humanidade. O Deus desses homens não significava necessariamente obscurantismo, como os liberais americanos às vezes imaginam. Os calvinistas não gostam da cosmologia de Newton, que deixava bem pouca coisa para Deus fazer, depois que criou o mundo. Como vimos, preferem um Deus literalmente ativo no mundo: sua doutrina da predestinação mostra que, em sua opinião, Deus é de fato responsável por tudo que acontece aqui embaixo. Isso quer dizer que a ciência só pode revelar o Deus discernível em todas as atividades de suas criaturas — naturais, civis, físicas e espirituais —, mesmo nas que parecem fortuitas. Sob certos aspectos, os calvinistas se aventuravam no campo do pensamento mais que os liberais, que se opunham à sua revivescência e preferiam a fé simples às "idéias especulativas e intrigantes" que os perturbavam nos sermões de pregadores como Whitefield e Edwards. Alan Heimart sugere que o antiintelectualismo na sociedade americana talvez tenha se originado não com os calvinistas e evangélicos, e sim com bostonianos mais racionais, como Charles Chauncey e Samuel Quincey, adeptos de idéias "mais simples e óbvias"[47] sobre Deus.

405

No judaísmo, ocorreram fatos semelhantes, que também prepaririam o terreno para a disseminação de ideais racionalistas entre os judeus e possibilitariam a integração de muitos deles à população gentia da Europa. No apocalíptico ano de 1666, um Messias judeu declarou que a redenção estava próxima, e judeus de todo o mundo o aceitaram, extasiados. Shabbetai Zevi nasceu em 1626, no aniversário da destruição do Templo, numa família de ricos sefarditas de Esmirna, na Ásia Menor. Na juventude, desenvolveu estranhas tendências, que talvez hoje diagnosticássemos como maníaco-depressivas. Passava do profundo desespero, que o levava a se afastar da família e a viver recluso, a uma euforia que beirava o êxtase. Durante esses períodos "maníacos", às vezes violava deliberadamente a Lei de Moisés: comia alimentos proibidos, pronunciava o santo Nome de Deus e dizia-se inspirado por uma revelação especial. Acreditava que era o Messias havia muito esperado. Os rabinos acabaram perdendo a paciência e em 1656 expulsaram-no da cidade. Shabbetai se tornou um errante entre as comunidades judaicas do Império Otomano. Durante um acesso psicótico, em Istambul, anunciou a ab-rogação da Torá: "Bendito sejais vós, Senhor nosso Deus, que permitis o proibido!". No Cairo, causou escândalo ao esposar uma mulher que fugira dos *pogroms* da Polônia, em 1648, e se tornara prostituta. Em 1662, Shabbetai partiu para Jerusalém: estava numa fase depressiva e julgava-se possuído por demônios. Na Palestina, ouviu falar do jovem e culto rabino Nathan, hábil exorcista que vivia em Gaza, e foi procurá-lo.

Como Shabbetai, Nathan tinha estudado a Cabala de Isaac Luria. Ao perturbado judeu de Esmirna explicou que não estava possuído: seu profundo desespero provava que era de fato o Messias. Quando descia a tais profundezas, estava lutando contra os poderes do mal, libertando as centelhas divinas no reino das *kelipoth*, que só o Messias podia redimir. Cabia-lhe a missão de descer ao inferno antes de efetuar a redenção final de Israel. A princípio, Shabettai não lhe deu ouvidos, mas Nathan acabou convencendo-o com sua eloqüência. Em 31 de maio de 1665, Shabbetai foi tomado de repentina alegria e, incentivado por Nathan, anunciou sua missão messiânica. Rabinos importantes consideraram tudo isso uma perigosa idiotice, porém muitos judeus da Palestina correram ao encontro de Shabbetai, que escolheu doze discípulos para serem juízes das tribos de Israel, que logo se reuniriam. Nathan escreveu às comunidades judaicas da Itália, da Holanda, da Alemanha, da Polônia e do Império Otomano, anunciando a boa nova, e a empolgação messiânica se espalhou como um rastilho de pólvora pelo mundo judeu. Séculos de perseguição e ostracismo haviam marginalizado os judeus da Europa e levado muitos deles a acreditar que o futuro do mundo estava em suas próprias mãos. Os descendentes dos sefarditas expulsos da Espanha haviam adotado a Cabala de Luria, e muitos acreditavam no iminente Fim dos Tempos. Tudo isso ajudou o culto de Shabbetai Zevi. Ao longo da história judaica, muitos se proclamaram Messias, mas nenhum conquistara apoio tão maciço. Para os judeus que tinham suas reservas sobre Shabbetai, tornou-se perigoso dizer o que pensavam. Os seguidores de Shabbetai provinham de todas as classes da sociedade judaica: ricos e pobres, cultos e incultos. Panfletos e volantes espalharam a boa nova em inglês, holandês, alemão e italiano. Na Polônia e na Lituânia, realizaram-se procissões em homenagem a Shabbetai. No Império Otomano, profetas vagavam pelas ruas, descrevendo suas visões de Shabbetai entronizado. Todos os negócios cessaram; em suas preces do Sabbath, os judeus da Turquia substituíram o nome do sultão pelo de Shabbetai. Quando chegou a Istambul, em janeiro de 1666, Shabbetai foi preso como rebelde e trancafiado em Galípoli.

Após séculos de perseguição, exílio e humilhação, havia esperança. Em todo o mundo, os judeus sentiram uma liberdade interior semelhante ao breve êxtase dos cabalistas, quando contemplavam o misterioso mundo das *sefiroth*. Agora essa experiência de salvação deixava de ser exclusiva de uns poucos privilegiados para ser de domínio público. Pela primeira vez, os judeus sentiam que sua vida tinha valor; a redenção era real e significativa no presente, e não mais uma vaga esperança para o futuro. A salvação chegara! Essa súbita reviravolta produziu uma impressão indelével. Os olhos de todo o mundo judaico se fixaram em

Galípoli, onde Shabbetai impressionara até mesmo seus captores. O vizir turco cercou-o de considerável conforto. Shabbetai passou a encerrar suas cartas com a frase: "Eu sou o Senhor vosso Deus, Shabbetai Zevi". No entanto, quando o levaram a julgamento, em Istambul, estava em sua fase depressiva. O sultão lhe ofereceu uma alternativa: converter-se ao islamismo ou morrer. Shabbetai optou pelo islamismo e foi imediatamente libertado. Até sua morte, em 17 de setembro de 1676, recebeu uma pensão imperial e viveu como um muçulmano aparentemente devoto.

Como era de esperar, a terrível notícia de sua conversão desolou seus seguidores, muitos dos quais perderam a fé. Os rabinos tentaram apagar sua memória da face da terra: destruíram todas as cartas, panfletos e tratados sobre Shabbetai que conseguiram encontrar. Até hoje, muitos judeus se envergonham dessa *débâcle* messiânica e têm dificuldade em abordá-la. Rabinos e racionalistas minimizaram seu significado. Recentemente, porém, estudiosos têm seguido o falecido Gershom Scholem na tentativa de entender esse estranho episódio e suas conseqüências.[48] Por mais espantoso que pareça, muitos judeus permaneceram fiéis a seu Messias, apesar do escândalo da apostasia. A experiência de redenção foi tão profunda que não podiam acreditar que Deus os deixara ser iludidos. Esse é um dos exemplos mais impressionantes da precedência da experiência religiosa da salvação sobre os fatos e a razão. Entre abandonar a esperança e aceitar um Messias apóstata, um número surpreendente de judeus de todas as classes sociais se recusou a acatar os fatos concretos da história. Nathan de Gaza dedicou o resto de sua vida a pregar o mistério de Shabbetai: convertendo-se ao islamismo, ele continuara sua longa batalha contra as forças do mal. Tivera de violar os valores mais sagrados de seu povo para descer ao reino das trevas e liberar as *kelipoth*. Aceitara o trágico fardo de sua missão e descera às profundezas para conquistar o mundo dos ímpios. Na Turquia e na Grécia, cerca de duzentas famílias se mantiveram fiéis a Shabbetai: após sua morte, decidiram seguir seu exemplo para dar continuidade à sua luta contra o mal e, em

1683, converteram-se ao islamismo. Secretamente, porém, não abjuraram o judaísmo: mantinham estreito contato com os rabinos e se reuniam nas sinagogas clandestinas ou em suas casas. Em 1689, seu líder, Jacob Querido, fez a peregrinação (*hajj*) a Meca, e a viúva do "Messias" o declarou a reencarnação de Shabbetai Zevi. Ainda existe na Turquia um pequeno grupo de *donmeh* (apóstatas), que aparentemente são muçulmanos impecáveis, porém, em segredo, apegam-se com ardor ao judaísmo.

Outros shabbetaístas não chegaram tão longe, mas permaneceram fiéis a seu Messias e à sinagoga. Parece que esses criptoshabbetaístas eram mais numerosos do que se supunha. No século XIX, muitos judeus assimilados ou adeptos de uma forma mais liberal de judaísmo consideravam vergonhoso ter ancestrais shabbetaístas, mas aparentemente muitos rabinos ilustres do século XVIII acreditavam que Shabbetai era o Messias. Scholem observa que, embora esse messianismo nunca tenha se tornado um movimento de massa no judaísmo, seus números não devem ser subestimados. Atraiu sobretudo os marranos, que tinham sido obrigados pelos espanhóis a se converter ao cristianismo, porém acabaram retornando ao judaísmo. A idéia de apostasia como mistério aliviou-lhes o sentimento de culpa e o sofrimento. O shabbetaísmo floresceu em comunidades sefarditas do Marrocos, dos Bálcãs, da Itália e da Lituânia. Alguns adeptos, como Benjamin Kohn, de Reggio, e Abraham Rorigo, de Modena, foram eminentes cabalistas que mantiveram sua ligação com o movimento secreto. A partir dos Bálcãs, a seita messiânica se difundiu entre os asquenazes da Polônia, intimidados e exauridos pelo crescente anti-semitismo da Europa oriental. Em 1759, os discípulos do estranho e sinistro profeta Jacob Frank seguiram o exemplo de seu Messias e converteram-se em massa ao cristianismo, mantendo-se secretamente fiéis ao judaísmo.

Scholem sugere uma esclarecedora comparação com o cristianismo. Cerca de 1600 anos antes, outro grupo de judeus foi incapaz de abandonar sua esperança num Messias que causara escândalo ao ser executado como um criminoso comum em Jerusalém. O que são Paulo chamara de o escândalo da cruz fora tão chocante quanto o escândalo de um Messias apóstata. Nos dois casos, os discípulos proclamaram o nascimento de uma nova forma de judaísmo que substituía a antiga; abraçaram um credo paradoxal. A crença cristã em que havia uma vida nova na derrota da cruz era semelhante à convicção shabbetaísta de que a apostasia era um mistério sagrado. Os dois grupos acreditavam que o grão de trigo tinha de apodrecer na terra para dar fruto; acreditavam que a velha Torá estava morta e fora substituída pela nova Lei do Espírito. Ambos desenvolveram concepções de Deus em termos de trindade e encarnação.

Como muitos cristãos nos séculos XVII e XVIII, os shabbetaístas se viam no limiar de um novo mundo. Os cabalistas asseguravam que, no Fim dos Tempos, os verdadeiros mistérios de Deus, obscurecidos durante o exílio, seriam revelados. Shabbetaístas que julgavam viver na era messiânica sentiam-se livres para romper com as idéias tradicionais sobre Deus, mesmo que isso significasse aceitar uma teologia aparentemente blasfema. Assim, Abraham Cardazo (m. 1706), que nascera marrano e estudara a teologia cristã, estava convencido de que, por causa de seus próprios pecados, todos os judeus se tornariam apóstatas. Esse seria o castigo deles. Entretanto, Deus os salvara desse destino terrível, deixando que o Messias se sacrificasse por eles. Cardazo chegou à assustadora conclusão de que, no exílio, os judeus perderam todo o verdadeiro conhecimento de Deus.

Como os cristãos e os deístas do Iluminismo, Cardazo tentava remover de sua religião o que considerava falsos acréscimos e retornar à fé pura da Bíblia. Cabe lembrar que, no século II, alguns gnósticos cristãos desenvolveram uma espécie de anti-semitismo metafísico, distinguindo entre o Deus Oculto de Jesus Cristo e o Deus cruel dos judeus, responsável pela criação do mundo. Agora, Cardazo retomava inconscientemente essa velha idéia, mas invertendo-a por completo. Também ensinava que havia dois Deuses: o que se revelara a Israel e o do conhecimento comum. Em todas as civilizações, provou-se a existência de uma Causa Primeira: esse era o Deus de Aristóteles, adorado por todo o mundo pagão. Essa divindade não tinha significado religioso: não criara o mundo nem se interessava pela humanidade; portanto, não se revelara na Bíblia, que não o menciona. O segundo Deus, que se revelara a Abraão, a Moisés e aos profetas, era inteiramente diferente: criara o mundo a partir do nada, redimira Israel e era seu Deus. No exílio, porém, filósofos como Saadia e Maimônides estavam cercados por *goyim* e absorveram algumas de suas idéias. Conseqüentemente, confundiram os dois Deuses e ensinaram aos judeus que eram um só. Assim, os judeus passaram a adorar o Deus dos filósofos, como se fosse o Deus de seus patriarcas.

Como os dois Deuses se relacionavam um com o outro? Cardazo elaborou uma teologia trinitária para explicar essa divindade extra, sem abandonar o monoteísmo judaico. Havia uma Divindade composta de três *hypostases* ou *parzufim* (semblantes). O primeiro *parzuf* se chamava *Atika Kadisha*, o Santo Antigo, e era a Causa Primeira. O segundo, que emanava do primeiro, chamava-se *Malka Kadisha* e era o Deus de Israel. O terceiro era a Shekinah, que fora exilada da Divindade, como descrevera Isaac Luria. Segundo Cardazo, esses "três núcleos da fé" não eram três deuses totalmente separados, mas um só, pois todos manifestavam a mesma Divindade. Cardazo era um shabbetaísta moderado. Não se via na obrigação de apostatar, porque Shabbetai Zevi executara essa dolorosa tarefa por ele. No entanto, ao propor uma trindade, estava violando um tabu. Ao longo dos séculos, os judeus passaram a odiar o trinitarismo, que consideravam blasfemo e idólatra. Contudo, essa visão proibida atraiu um número surpreendente de judeus. Como o mundo não sofreu qualquer mudança nos anos seguintes, os shabbetaístas tiveram de reformular suas esperanças messiânicas. Nehemiah Hayim, Samuel Primo e Jonathan Eibeschütz, por exemplo, chegaram à conclusão de que "o mistério da Divindade" (*sod ha-elohut*) não fora inteiramente revelado em 1666. A Shekinah começara a "levantar-se do pó", como previra Luria, mas ainda não retornara à Divindade. A redenção seria um processo gradual, e nesse período de transição podia-se continuar observando a Velha Lei e adorando na sinagoga, ao mesmo tempo que, em segredo, seguia-se a doutrina messiânica. Esse shabbetaísmo revisado explica como muitos rabinos que acreditavam que Shabbetai Zevi era o Messias puderam permanecer nos púlpitos durante o século XVIII.

Os extremistas apóstatas adotaram uma teologia da encarnação, infringindo, assim, outro tabu do judaísmo. Para eles, Shabbetai Zevi era não só o Messias mas também uma encarnação de Deus. Como no cristianismo, essa crença evoluiu paulatinamente. Abraham Cardazo ensinava uma doutrina semelhante à crença de são Paulo na glorificação de Jesus após a Ressurreição: quando começou a redenção, na época de sua apostasia, Shabettai foi elevado à trindade dos *parzufim*: "o Santo [*Malka Kadisha*], bendito seja, passou para cima, e Shabbetai ascendeu, para ser Deus em seu lugar".[49] Portanto, foi promovido ao status divino e tomou o lugar do Deus de Israel, o segundo *parzuf*. Os *donmeh*, que se haviam convertido ao islamismo, foram um pouco mais longe: fizeram o Deus de Israel descer à terra e encarnar em Shabbetai. Cada um de seus líderes sendo uma reencarnação do Messias, todos também se tornaram avatares, mais ou menos como os imames dos xiitas. Portanto, cada geração de apóstatas tinha um líder que era uma encarnação do divino.

Jacob Frank (1726–91), que em 1759 levou seus discípulos asquenazes ao batismo, deu a entender que era Deus encarnado já no início de sua trajetória. Tem sido descrito como a figura mais assustadora de toda a história do judaísmo. Era inculto e se orgulhava disso, mas teve a capacidade de desenvolver uma soturna mitologia que atraiu muitos judeus insatisfeitos com a própria fé. Dizia que a Velha Lei fora ab-rogada e pregava a destruição de todas as religiões, para que Deus resplandecesse. Em seu *Slowa Panskie* [Os ditos do Senhor], levou o shabbetaísmo ao niilismo. Tudo tinha de ser destruído: "Onde Adão pisou, ergueu-se uma cidade, mas, onde eu puser o pé, tudo será destruído, pois só vim a este mundo para devastar e aniquilar".[50] Há uma perturbadora semelhança com algumas palavras de Cristo, que também disse que não viera trazer a paz, mas a espada. No entanto, ao contrário de Jesus e de são Paulo, Frank não propunha nada para substituir os antigos valores. Seu credo niilista não era muito diferente, talvez, do de seu contemporâneo mais jovem, o marquês de Sade. Só descendo às profundezas da degradação os homens poderiam ascender ao encontro do bom Deus. Isso significava não só a rejeição de toda religião como a prática de "atos estranhos", que resultavam em aviltamento voluntário e absoluta desfaçatez.

Frank não era cabalista, mas pregava uma versão mais grosseira da teologia de Cardazo. Acreditava que cada *parzuf* da trindade shabbetaísta seria representado na terra por um Messias. Shabbetai Zevi, a quem Frank chamava de "O Primeiro", encarnara o "Bom Deus", o *Atika Kadisha* (Santo Antigo) de Cardazo; ele próprio encarnava o segundo *parzuf*, o Deus de Israel. O terceiro Messias, que encarnaria a Shekinah, seria uma mulher a quem Frank chamava de "a Virgem". No momento, porém, o mundo estava sob o jugo das forças do mal. Só seria redimido quando os homens adotassem o evangelho niilista de Frank. A escada de Jacó tinha forma de V: para subir até Deus, primeiro era preciso descer às profundezas, como Jesus e Shabbetai: "Cristo, como sabeis, disse que veio para redimir o mundo do poder do demônio", declarou Frank; "mas eu vim para redimi-lo de todas as leis e costumes que já existiram. É minha tarefa aniquilar tudo isso, para que Deus possa revelar-se".[51] Os que desejassem encontrar Deus e livrar-se das forças do mal tinham de seguir seu líder passo a passo, até o abismo, violando todas as leis que lhes eram mais sagradas: "Eu vos digo que todos que querem ser guerreiros não devem ter religião, o que significa que terão de alcançar a liberdade com seus próprios poderes".[52]

Nesta última declaração, transparece a conexão entre a sombria visão de Frank e o Iluminismo racionalista. Os judeus poloneses que adotaram o evangelho frankista evidentemente não encontraram em sua religião nada que os ajudasse a se adaptar a suas pavorosas circunstâncias. Após a morte de seu líder, os frankistas perderam muito de sua anarquia, retendo apenas a crença em Frank como Deus encarnado e o que Scholem chama de "um intenso e luminoso sentimento de salvação".[53] Vendo na Revolução Francesa um sinal de Deus, trocaram o antinomismo pela ação política e passaram a sonhar com uma revolução que reconstruiria o mundo. Do mesmo modo, muitos *donmeh* que se converteram ao islamismo atuaram como Jovens Turcos nos primeiros anos do século XX e muitos se integraram completamente à Turquia secular de Kemal Atatürk. A hostilidade dos shabbetaístas contra a observância exterior era, em certo sentido, uma revolta contra as condições do gueto. Aparentemente tacanho e obscurantista, o shabbetaísmo os ajudara a libertar-se dos velhos hábitos e a abrir-se para novas idéias. Muitos shabbetaístas moderados, que exteriormente se mantiveram fiéis ao judaísmo, foram pioneiros do Iluminismo (*Haskalah*) judaico e, no século XIX, participaram da criação do Judaísmo Reformado. Muitos desses *maskilim* reformadores tinham idéias que eram um estranho amálgama do velho e do novo. Assim, Joseph Wehte, de Praga, que escreveu por volta de 1800, disse que seus heróis eram Moses Mendelssohn, Immanuel Kant, Shabbetai Zevi e Isaac Luria. Nem todos conseguiram chegar à modernidade pelos difíceis caminhos da ciência e da filosofia: os credos místicos de cristãos e judeus radicais possibilitaram-lhes trabalhar em favor de um secularismo que teriam outrora achado repugnante, ocupando-se das regiões mais profundas e mais primitivas da psique. Alguns adotaram idéias novas e blasfemas a respeito de Deus, que levariam seus filhos a abandoná-lo inteiramente.

Ao mesmo tempo que Jacob Frank desenvolvia seu evangelho niilista, outros judeus poloneses descobriam um Messias muito diferente. Os *pogroms* de 1648 causaram-lhes um trauma de deslocamento e desmoralização tão intenso quanto o do exílio dos sefarditas da Espanha. Muitas das famílias judias mais cultas e espiritualizadas da Polônia foram executadas ou buscaram a relativa segurança da Europa ocidental. Dezenas de milhares de judeus foram deslocados, e muitos vagavam de cidade em cidade, proibidos de fixar residência. Muitos dos rabinos remanescentes não eram particularmente importantes e fizeram da casa de estudos um abrigo contra a sombria realidade do mundo exterior. Cabalistas errantes falavam das trevas demoníacas do mundo do *achra sitra*, o Outro Lado, separado de Deus. A tragédia de Shabbetai Zevi também contribuíra para a desilusão e a anomia gerais. Alguns judeus da Ucrânia foram afetados pelos movimentos pietistas cristãos, que também surgiram na Igreja Ortodoxa Russa. Os judeus começaram a produzir um tipo semelhante de religião carismática. Há relatos de judeus entrando em êxtase, cantando e batendo palmas durante a prece. Na década de 1730, um desses extáticos despontou como líder inconteste dessa religião judaica do coração e fundou a escola conhecida como hassidismo.

Israel ben Eliezer (1700–60) não era um erudito. Preferia andar pela mata, entoando canções e contando histórias para as crianças, a estudar o Talmude. Vivia com a esposa numa cabana dos montes Cárpatos, no sul da Polônia. Durante algum tempo, ganhou a vida vendendo cal na cidade vizinha. Depois se estabeleceu como estalajadeiro, junto com a mulher. Por fim, quando tinha cerca de 36 anos, anunciou que se tornara curandeiro e exorcista. Percorria as aldeias da Polônia, curando doentes com ervas, amuletos e preces. Nessa época havia muita gente dizendo que curava os enfermos em Nome do Senhor. Israel era agora um Baal Shem Tov, um Mestre do Bom Nome. Embora não tivesse se ordenado, seus seguidores começaram a chamá-lo de rabino Baal Shem Tov, ou simplesmente o Besht.* A maioria dos curandeiros se satisfazia com magia, mas o Besht também era místico. O episódio de Shabbetai Zevi lhe mostrara os perigos de juntar misticismo e messianismo, e ele retomou uma forma anterior de Cabala, que não se restringia a uma elite, mas era para todos. Ensinava seus hassidianos a ver a queda das centelhas divinas no mundo pelo lado positivo. Essas centelhas se alojaram em toda a criação, e, portanto, a presença de Deus estava no mundo inteiro. O judeu devoto podia senti-la nas mínimas ações de seu cotidiano — quando comia, bebia ou fazia amor com sua esposa —, porque a centelha divina estava em toda parte. Portanto, homens e

---

* Acrônimo de Baal Shem Tov. (N. E.)

mulheres não estavam cercados por hostes de demônios, mas por um Deus presente em cada lufada de vento, em cada folha de relva: ele queria que os judeus o buscassem com confiança e alegria.

O Besht abandonou os planos grandiosos de Luria para a salvação do mundo. O hassidiano só tinha de reunir as centelhas presas nos componentes de seu universo pessoal — em sua esposa, seus criados, seus móveis e alimentos. Segundo Hillel Zeitlin, um dos discípulos do Besht, o hassidiano tem uma responsabilidade única para com seu ambiente particular, que só ele pode cumprir: "Todo homem é redentor de um mundo todo seu. Contempla apenas o que ele, e só ele, deve contemplar, e sente apenas o que é pessoalmente escolhido para sentir".[54] Os cabalistas haviam idealizado uma disciplina de concentração (*devekuth*) que ajudava os místicos a perceber a presença de Deus em qualquer ponto para onde se voltassem. No século XVII, um cabalista de Safed explicou que os místicos deviam ficar em solidão, interromper o estudo da Torá e "imaginar a luz da Shekinah sobre suas cabeças, como se fluísse a seu redor e eles estivessem sentados no meio da luz".[55] Essa percepção da presença de Deus lhes proporcionava alegria e êxtase. O Besht ensinava a seus seguidores que esse êxtase não se restringia a uma privilegiada elite de místicos; todo judeu tinha o dever de praticar a *devekuth* e sentir a onipresença de Deus: na verdade, abster-se da *devekuth* equivalia a idolatria, a uma negação de que nada existe realmente separado de Deus. Em virtude disso, o Besht entrou em conflito com o *establishment*, que receava que os judeus abandonassem o estudo da Torá para dedicar-se a essas devoções excêntricas e potencialmente perigosas.

Não obstante, o hassidismo se difundiu depressa, porque transmitia aos judeus descontentes uma mensagem de esperança: parece que muitos conversos haviam sido shabbetaístas. O Besht não queria que seus discípulos abandonassem a Torá, à qual deu nova interpretação mística: a palavra *mitzvah* (mandamento) significava elo. Quando cumpria um mandamento da Lei e praticava a *devekuth*, o hassidiano se ligava a Deus, Base de todo ser, e reunia à Divindade as centelhas divinas presentes na pessoa ou no objeto de que se ocupava no momento. Havia muito tempo que a Torá encorajava os judeus a santificar o mundo pelo cumprimento dos *mitzvot*, e o Besht simplesmente dava a isso uma interpretação mística. Às vezes os hassidianos chegavam a extremos duvidosos em seu zelo para salvar o mundo: muitos passaram a fumar demais para resgatar as centelhas do tabaco! Baruch de Medzibozh (1757-1810), neto do Besht, dizia que seus móveis esplêndidos e suas magníficas tapeçarias se deviam unicamente à sua preocupação com as centelhas neles alojadas. Abraham Joshua Heschel (m. 1825), de Apt, devorava enormes refeições para recuperar as centelhas divinas presas na comida.[56] Pode-se, no entanto, ver a aventura hassídica como uma tentativa de encontrar sentido num mundo cruel e perigoso. As disciplinas da *devekuth* visavam arrancar o véu de familiaridade do mundo e descobrir sua glória. Não diferiam da visão imaginativa dos românticos ingleses William Wordsworth (1770-1850) e Samuel Taylor Coleridge (1772-1834), que sentiam a Vida Única unindo a realidade inteira em tudo que viam. Os hassidianos também tomavam consciência do que viam como uma energia divina percorrendo todo o mundo criado e transformando-o num lugar glorioso, apesar dos sofrimentos do exílio e da perseguição. Aos poucos, o mundo material desapareceria na insignificância e tudo se tornaria uma epifania: Moses Teitelbaum (1759-1841), de Ujhaly, dizia que Moisés vira na Sarça Ardente a presença divina que arde em cada silva e a mantém existindo.[57] O mundo inteiro parecia envolto em luz celestial, e os hassidianos extasiados gritavam de alegria, batiam palmas, cantavam. Alguns até davam cambalhotas, demonstrando que a glória de sua visão virara o mundo de cabeça para baixo.

Diversamente de Spinoza e de alguns radicais cristãos, o Besht não dizia que tudo era Deus, mas que todas as coisas existiam em Deus. Ele lhes dava vida e ser. Ele era a força vital que mantinha a existência de tudo. O Besht não acreditava que, praticando a *devekuth*, os hassidianos se tornariam divinos ou alcançariam a união com Deus — todos os místicos judeus consideravam isso uma temeridade —, mas tinha certeza de que se aproximavam de Deus e sentiam sua presença. Os hassidianos em geral eram homens simples e se expressavam de modo extravagante, mas sabiam que não se devia entender sua mitologia ao pé da letra. Preferiam narrativas à discussão filosófica ou talmúdica, vendo a ficção como o melhor veículo para transmitir uma experiência que tinha pouca relação com os fatos e a razão. Sua visão era uma tentativa de descrever imaginativamente a interdependência entre Deus e a humanidade. Deus não era uma realidade exterior, objetiva: na verdade, os hassidianos acreditavam que em certo sentido o estavam criando ao reconstruí-lo após sua desintegração. Tomando consciência da centelha divina dentro deles, tornar-se-iam plenamente humanos. E expressavam essa percepção nos termos mitológicos da Cabala. Dov Baer, o sucessor do Besht, dizia que Deus e o homem eram uma unidade: o homem só se tornaria *adām*, como Deus pretendera no dia da criação, quando não se sentisse mais separado do resto da existência e se transformasse na "figura cósmica do homem primordial, cuja semelhança Ezequiel contemplou no trono".[58] Era uma expressão tipicamente judaica da crença grega ou budista na iluminação que fazia os seres humanos se darem conta de sua condição transcendente.

Os gregos expressaram essa idéia em sua doutrina da Encarnação e deificação de Cristo. Os hassidianos desenvolveram sua própria teoria da encarnação. O *zaddik*, o rabino hassídico, tornou-se o avatar de sua geração, um elo entre o céu e a terra, um representante da presença divina. Como escreveu o rabino Menahem Nahum (1730–97), de Chernobyl, o *zaddik* "é realmente uma parte de Deus e tem um lugar, por assim dizer, junto a Ele".[59] Do mesmo modo como os cristãos imitavam Cristo para chegar perto de Deus, o hassidiano imitava seu *zaddik*, que fizera a ascensão a Deus e praticava a perfeita *devekuth*. Ele constituía a prova viva de que essa iluminação era possível. Como estava perto de Deus, os hassidianos podiam aproximar-se do Senhor do Universo por seu intermédio. Apinhavam-se em torno de seu *zaddik*, atentos a cada uma das palavras com que ele lhes contava uma história sobre o Besht ou explicava um versículo da Torá. Como as seitas cristãs entusiásticas, o hassidismo era uma religião intensamente comunitária. Os devotos tentavam acompanhar, em grupo, a ascensão de seu *zaddik*. Não surpreende que os rabinos mais ortodoxos da Polônia se horrorizassem com esse culto da personalidade, que passava por cima do rabino culto, visto como a encarnação da Torá. Liderava a oposição o rabino Elijah ben Solomon Zalman (1720-97), Gaon (diretor) da academia de Vilna. Após a derrocada de Shabbetai Zevi, alguns judeus se tornaram extremamente hostis ao misticismo, e o Gaon de Vilna era visto como defensor de uma religião mais racional. Contudo, era um cabalista fervoroso, além de mestre do Talmude. O rabino Hayyim de Volojin, seu discípulo, elogiou seu "completo domínio do *Zohar* [...] que ele estudou com a chama do amor e o temor da majestade divina, com santidade, pureza e esplêndida *devekuth*".[60] Sempre que falava de Isaac Luria, todo o seu corpo tremia. Embora tivesse sonhos e revelações maravilhosas, o Gaon sempre dizia que o estudo da Torá era seu principal meio de comunicação com Deus. Mas demonstrava extraordinário entendimento do papel dos sonhos como reveladores de intuições reprimidas. "Explicava que Deus criou o sono só para isso", continua o rabino Hayyim, "para que o homem tenha percepções que, apesar de muito esforço, não consegue ter quando a alma se junta ao corpo, porque o corpo é como uma cortina divisória".[61]

Entre misticismo e idealismo não há uma distância tão grande quanto tendemos a imaginar. As observações do Gaon de Vilna sobre o sono mostram uma clara percepção do papel do inconsciente: todos nós aconselhamos um amigo a "consultar o travesseiro" para encontrar a solução de um problema que lhe escapa em suas horas de vigília. Quando a mente está receptiva e relaxada, as idéias emergem de sua região mais profunda. Foi o que ocorreu com cientistas como Arquimedes, que descobriu seu famoso princípio na banheira. Como o místico, o filósofo e o cientista verdadeiramente criativos têm de enfrentar o escuro mundo da realidade incriada e a nuvem do desconhecimento, na esperança de penetrá-la. Quando lutam com lógica e conceitos, estão necessariamente presos em idéias ou formas de pensamento já estabelecidas. Muitas vezes suas descobertas parecem "dadas" de fora. Ambos falam em termos de visão e inspiração. Assim, Edward Gibbon (1737-94), que detestava o fervor religioso, teve o equivalente a um momento de visão, quando meditava nas ruínas do Capitólio, em Roma, e decidiu escrever *Declínio e queda do Império Romano*. O historiador Arnold Toynbee (1889-1975) definiu essa experiência como uma "comunhão": Gibbon "teve clara consciência da passagem da história, fluindo por ele numa poderosa corrente, e de sua própria vida, jorrando como uma onda no fluxo de uma vasta maré". Esse momento de inspiração, conclui Toynbee, assemelha-se à "experiência descrita como Visão Beatífica por aqueles aos quais foi concedida".[62] Albert Einstein disse que o misticismo é "o semeador de toda arte e de toda ciência verdadeiras":

> Saber que o que nos é impenetrável realmente existe, manifestando-se a nós como a mais alta sabedoria e a mais radiante beleza, que nossas obtusas faculdades só conseguem compreender em suas formas mais primitivas — esse conhecimento, esse sentimento, está no centro de toda religiosidade verdadeira. Nesse sentido, e só nesse, pertenço à classe dos homens fervorosamente religiosos.[63]

Nesse sentido, o iluminismo religioso descoberto por místicos como o Besht se equipara a outras conquistas da Era da Razão: habilitava pessoas mais simples a fazer a transição para o Novo Mundo da modernidade.

Na década de 1780, o rabino Shneur Zalman (1745-1813), de Lyaday, concluiu que a exuberância emocional do hassidismo não era estranha à busca intelectual. Fundou uma nova forma de hassidismo, que tentava juntar misticismo e contemplação racional e recebeu o nome de Habad, acrônimo dos três atributos de Deus: Hokhmah (Sabedoria), Binah (Inteligência) e Du'at (Conhecimento). Como outros místicos que haviam mesclado filosofia com espiritualidade, Zalman acreditava que a especulação metafísica era uma preliminar essencial à prece, porque revelava as limitações do intelecto. Sua técnica partia da visão hassídica fundamental de Deus presente em todas as coisas e, por um processo didático, levava o místico a compreender que Deus é a *única* realidade. Zalman explica: "Do ponto de vista do Infinito, louvado seja, todos os mundos são como se fossem nada".[64] O mundo criado não tem existência fora de Deus, sua força vital. Só parece existir separadamente devido a nossas limitadas percepções, mas trata-se de uma ilusão. Portanto, Deus não é um ser transcendente que ocupa uma esfera alternativa de realidade: não é exterior ao mundo. Na verdade, a doutrina da transcendência divina é outra ilusão de nossa mente, que tem dificuldade em ir além das impressões sensoriais. As disciplinas místicas do Habad auxiliavam os judeus a ir além da percepção dos sentidos e ver as coisas do ponto de vista de Deus. A um olho não iluminado, o mundo parece vazio de Deus: a contemplação da Cabala romperá as fronteiras da razão e nos ajudará a descobrir o Deus que está no mundo à nossa volta.

O Habad partilhava da confiança do Iluminismo em nossa capacidade de alcançar Deus, mas para tanto preconizava o velho método de paradoxo e concentração mística. Como o Besht, Zalman estava convencido de que *qualquer um* podia chegar à visão de Deus: o Habad não era para uma elite de místicos. Mesmo quem parecia desprovido de talento espiritual podia alcançar a iluminação. Mas tinha de se esforçar muito. Dov Baer (1773–1827), rabino de Lubavitch e filho de Zalman, explica, em seu *Tratado sobre o êxtase*, que é preciso começar com uma dolorosa percepção de incompetência. A mera contemplação cerebral não basta: devem acompanhá-la a auto-análise, o estudo da Torá e a prece. É difícil despojar-nos de nossos preconceitos sobre o mundo, e em geral relutamos em abrir mão de nossas opiniões. Tendo superado esse egoísmo, o hassidiano constataria que não existe realidade além de Deus. Atingiria o êxtase, como o sufista que experimentava o *'fana*. Sairia de si mesmo, pois, explica Baer, "todo o seu ser está tão absorto que nada resta, e sua autoconsciência se esvaece".[65] As disciplinas do Habad fizeram da Cabala um instrumento de análise psicológica e autoconhecimento, ensinando o hassidiano a mergulhar cada vez mais fundo em seu mundo interior, até alcançar o centro de si mesmo e descobrir Deus, a única realidade verdadeira. A mente pode descobrir Deus pelo exercício da razão e da imaginação, mas esse não seria o Deus objetivo dos *philosophes* e de cientistas como Newton, e sim uma realidade profundamente subjetiva, inseparável do eu.

Os séculos XVII e XVIII foram um período de doloroso extremismo e inquietação espiritual, que espelhavam a turbulência revolucionária da esfera política e social. Nessa época, não houve nada comparável no mundo muçulmano, embora seja difícil para nós, ocidentais, assegurarmos isso, pois ainda não estudamos a fundo o pensamento islâmico do século XVIII. Nossos estudiosos geralmente consideravam esse período desinteressante e diziam que, enquanto a Europa tinha o Iluminismo, o islã entrava em declínio. Recentemente, porém, essa perspectiva tem sido contestada como demasiado simplista. Embora os ingleses tivessem se apossado da Índia em 1767, o mundo muçulmano ainda não tinha plena consciência da natureza sem precedentes do desafio ocidental. Shah Walli-Ullah (1703–62), sufista de Delhi, foi, talvez, a primeira pessoa a captar o novo espírito. Pensador notável, desconfiava do universalismo cultural, mas acreditava que os muçulmanos deviam unir-se para preservar sua herança. Embora não gostasse do xiismo, achava que sunitas e xiitas deviam encontrar seus pontos em comum. Tentou reformar a *Shariah*, a fim de torná-la mais relevante para as novas condições da Índia. Parece ter pressentido as conseqüências do colonialismo: seu filho chefiaria uma *jihad* contra os britânicos. Seu pensamento religioso era mais conservador, atrelado a Ibn al-Arabi: o homem não podia desenvolver todo o seu potencial sem Deus. Os muçulmanos ainda tinham a sorte de contar com as riquezas do passado em questões religiosas, e Walli-Ullah é um exemplo da força que o sufismo ainda conseguia inspirar. Em muitas partes do mundo, porém, o sufismo declinava, e, na Arábia, um novo movimento reformador prenunciava o afastamento do misticismo que caracterizaria a percepção muçulmana de Deus no século XIX e a resposta islâmica ao desafio do Ocidente.

Como os reformadores cristãos do século XVI, Muhammad ibn al-Wahhab (m. 1784), jurista de Najd, na península Arábica, queria reconduzir o islamismo à pureza de seus primórdios e livrá-lo de todos os acréscimos. Particularmente hostil ao misticismo, repudiava toda sugestão de teologia da encarnação, incluindo a devoção a santos sufistas e imames xiitas. Opunha-se até ao culto do túmulo do Profeta, em Medina: nenhum homem, por mais ilustre que fosse, podia desviar a atenção dedicada a Deus. Al-Wahhab conseguiu converter Muhammad ibn Saud, governante de um pequeno principado da Arábia central, e juntos iniciaram uma reforma que constituiu uma tentativa de reproduzir a primeira *ummah* do Profeta e seus companheiros. Atacaram a opressão dos pobres, a indiferença à situação das viúvas e dos órfãos, a imoralidade e a idolatria. Também travaram uma *jihad* contra seus senhores imperiais otomanos, acreditando que cabia aos árabes, e não aos turcos, conduzir os povos islâmicos. Conseguiram arrancar dos otomanos uma área considerável do Hedjaz, que os árabes só retomariam totalmente em 1818, porém a nova seita se apoderou da imaginação de muita gente no mundo islâmico. Os peregrinos de Meca se impressionaram com essa nova religiosidade, que parecia mais vigorosa que grande parte do sufismo então praticado. No século XIX, o wahabismo predominaria, e o sufismo se tornaria cada vez mais marginalizado e, conseqüentemente, ainda mais bizarro e supersticioso. Como os judeus e os cristãos, os muçulmanos começavam a afastar-se do ideal místico e a adotar uma religiosidade mais racionalista.

Na Europa, algumas pessoas começavam a distanciar-se de Deus. Em 1729, Jean Meslier, um cura de aldeia que levara uma vida exemplar, morreu como ateu. Suas memórias, divulgadas por Voltaire, expressam sua aversão à humanidade e sua incapacidade de acreditar em Deus. Para Meslier, o espaço infinito de Newton era a única realidade eterna: não existia nada além da matéria. A religião era um artifício usado pelos ricos para oprimir os pobres e reduzi-los à impotência. O cristianismo se distinguia por suas doutrinas particularmente ridículas, como a Trindade e a Encarnação. Sua negação de Deus era chocante até

423

mesmo para os *philosophes*. Voltaire cortou os trechos especificamente ateus e transformou o *abbé* em deísta. No fim do século, porém, alguns filósofos orgulhosamente se denominavam ateus, embora constituíssem uma minúscula minoria. Tratava-se de um fato inteiramente novo. Até então, "ateu" era um xingamento, um estigma particularmente perverso para infamar os inimigos. Agora começava a ser usado como um emblema de orgulho. O filósofo escocês David Hume (1711-76) levara o novo empirismo à conclusão lógica. Não havia necessidade de ir além da explicação física da realidade e nenhum motivo científico para acreditar em nada que ultrapassasse a experiência sensorial. Em seus *Diálogos sobre a religião natural*, Hume rejeita a tentativa de provar a existência de Deus a partir do plano divino do universo, dizendo que se apóia em argumentos analógicos inconcludentes. Se a ordem que discernimos no mundo natural indica um Supervisor inteligente, como explicar o mal e a desordem? Não há resposta lógica para isso, e Hume, que escrevera seus *Diálogos* em 1750, sensatamente os deixou inéditos. Cerca de um ano antes, o filósofo francês Denis Diderot (1713-84) fora preso por fazer a mesma pergunta em *Carta sobre os cegos para uso dos videntes*, que apresentava ao público em geral um ateísmo plenamente desenvolvido.

Diderot não se dizia ateu: não estava interessado na existência ou inexistência de Deus. Quando Voltaire fez objeções a seu livro, respondeu: "Eu creio em Deus, embora viva muito bem com os ateus [...] É [...] muito importante não confundir cicuta com salsa; mas acreditar ou não acreditar em Deus não tem a menor importância". Com infalível precisão, Diderot identificou o ponto essencial. Assim que deixa de ser uma experiência apaixonadamente subjetiva, "Deus" não existe. Na mesma carta, Diderot assinalava a inutilidade de acreditar no Deus dos filósofos, que jamais interfere nos assuntos do mundo. O Deus Oculto tornara-se *Deus Otiosus*: "Exista ou não exista, Deus se inclui entre as verdades mais sublimes e inúteis".[66] Diderot chegara a uma conclusão contrária à de Pascal, para quem a aposta era de suma importância e absolutamente impossível de ignorar. Em seus *Pensées philosophiques*, publicados em 1746, Diderot descartara a experiência religiosa de Pascal como demasiado subjetiva: ele e os jesuítas se ocuparam de Deus apaixonadamente, mas tinham idéias muito diferentes. Como escolher entre eles? Esse "Deus" era apenas *tempérament*. Nesse ponto, três anos antes da publicação da *Carta sobre os cegos*, Diderot realmente acreditava que a ciência — e só a ciência — podia refutar o ateísmo. Tinha então uma nova e notável interpretação do argumento do plano divino. Instava as pessoas a examinar a estrutura básica da natureza, em vez do vasto movimento do universo. A organização de uma semente, de uma borboleta ou de um inseto era complexa demais para ter acontecido por acaso. Nos *Pensées*, Diderot ainda achava que a razão podia provar a existência de Deus. Newton se livrara da superstição e das tolices da religião: um Deus que fazia milagres não se diferenciava dos duendes com os quais assustamos as crianças.

Agora, porém, Diderot questionava Newton e já não estava convencido de que o mundo exterior fornecia alguma prova favorável a Deus. Acreditava que Deus nada tinha a ver com a nova ciência. Mas só podia expressar essa idéia revolucionária em termos de ficção. Na *Carta sobre os cegos*, imagina uma discussão entre um newtoniano, a quem chama de "sr. Holmes", e Nicholas Saunderson (1682–1739), matemático de Cambridge que perdera a vista ainda bebê. Saunderson pergunta a Holmes como se poderia conciliar o argumento do plano divino com "monstros" e acidentes como ele, que demonstravam qualquer coisa, menos um planejamento inteligente e benévolo:

> O que é este mundo, sr. Holmes, senão um conjunto sujeito a ciclos de mudanças, tendendo continuamente à destruição: uma rápida sucessão de seres que, um a um, aparecem, florescem e somem; uma simetria meramente transitória e uma fugaz aparência de ordem.[67]

O Deus de Newton — e, na verdade, de muitos cristãos convencionais —, que devia ser literalmente responsável por tudo que acontece, era não só um absurdo como uma idéia horrível. Usar "Deus" para explicar o que não se conseguia explicar no momento era falta de humildade. "Meu bom amigo, sr. Holmes", conclui o Saunderson de Diderot, "admita sua ignorância."

Diderot não vê necessidade de Criador. A matéria não é passiva e ignóbil, como Newton e os protestantes imaginavam, mas tem uma dinâmica própria, que obedece a outras leis. É essa lei da matéria — não uma Mecânica Divina — a responsável pelo plano que julgamos ver. Não existe nada além da matéria. Diderot dá um passo à frente de Spinoza. Em vez de dizer que não existe Deus afora a natureza, afirma que só existe natureza, e nenhum Deus. Não estava sozinho nessa crença: cientistas como Abraham Trembley e John Turbeville Needham haviam descoberto o princípio da matéria generativa, que agora surgia como uma hipótese em biologia, microscopia, zoologia, história natural e geologia. Poucos, porém, estavam preparados para romper em definitivo com Deus. Nem os filósofos que freqüentavam o salão de Paul Heinrich (1723–89), barão d'Holbach, esposavam publicamente o ateísmo, embora gostassem da discussão aberta e franca. Desses debates resultou *O sistema da natureza, ou as leis do mundo físico e do mundo moral* (1770), livro de Holbach que se tornou conhecido como a bíblia do materialismo ateu. Não existe alternativa sobrenatural para a natureza, que, segundo Holbach, não passa de "uma imensa cadeia de causas e efeitos, fluindo uns dos outros sem cessar".[68] Acreditar em Deus é desonesto, é negar nossa verdadeira experiência. Também é um ato de desespero. A religião criou deuses porque as pessoas não encontravam outra explicação que as consolasse da tragédia da vida neste mundo. Elas se voltavam para os confortos imaginários da religião e da filosofia, buscando um controle ilusório, tentando propiciar um "agente" oculto, pronto para afastar o terror e o desastre. Aristóteles estava errado: a filosofia não resultava de um nobre desejo de conhecimento, mas do desejo covarde de evitar a dor. A ignorância e o medo eram, portanto, o berço da religião, e o homem maduro e esclarecido devia deixá-lo.

Holbach tentou elaborar sua própria história de Deus. Os

primeiros homens adoravam as forças da natureza. Esse animismo primitivo era aceitável porque não tentara ir além deste mundo. A decadência começou quando as pessoas passaram a personificar o Sol, o vento e o mar para criar deuses à sua imagem e semelhança. Por fim, elas fundiram todos esses pequenos deuses numa grande Divindade, que era apenas uma projeção e um feixe de contradições. Ao longo dos séculos, poetas e teólogos nada têm feito além de

> criar um homem gigantesco, exagerado, a quem tornarão ilusório, à força de atribuir-lhe qualidades incompatíveis. A humanidade só verá em Deus um ser da espécie humana, cujas proporções se esforçará para engrandecer, até transformá-lo numa criatura totalmente inconcebível.

A história mostra que é impossível conciliar a chamada bondade de Deus com sua onipotência. Como lhe falta coerência, a idéia de Deus terá de se desintegrar. Os filósofos e os cientistas fizeram o máximo possível para salvá-lo, mas não se saíram melhor que os poetas e os teólogos. As "*hautes perfections*" que Descartes dizia ter provado eram simples produto de sua imaginação. Mesmo o grande Newton era "escravo dos preconceitos de sua infância". Descobrira o espaço absoluto e a partir do vazio criara um Deus que não passava de "*un homme puissant*", um déspota divino, aterrorizando seus criadores humanos e reduzindo-os à condição de escravos.[69]

Felizmente o Iluminismo habilitaria a humanidade a livrar-se dessa infantilidade. A ciência substituiria a religião. "Se a ignorância da natureza deu origem aos deuses, o conhecimento da natureza os destruirá."[70] Não há verdades superiores, nem padrões básicos, nem desígnio grandioso. Há só a natureza, que

> não é uma obra; sempre existiu por si mesma; é em seu seio que tudo se opera; ela é um imenso laboratório, equipado com os materiais, e produz os instrumentos dos quais se vale para atuar. Todas as suas obras são os efeitos de sua própria

energia e dos agentes ou causas que ela cria, que ela contém, que ela põe em ação.[71]

Deus era não só desnecessário como prejudicial. No fim do século, Pierre Simon de Laplace (1749-1827) expulsou Deus da física. O sistema planetário tornou-se uma luminosidade emitida pelo Sol, que esfriava pouco a pouco. Quando Napoleão lhe perguntou quem era o autor disso, Laplace respondeu: *"Je n'avais pas besoin de cette hypothèse lá"* [Não precisei dessa hipótese].

Durante séculos, devotos das três religiões monoteístas insistiram que Deus não era simplesmente mais um ser. Não existia como os outros fenômenos que percebemos. No Ocidente, porém, os teólogos cristãos adquiriram o hábito de falar de Deus como se ele *fosse* de fato uma das coisas existentes. Apoderaram-se da nova ciência para provar a realidade objetiva de Deus, como se ele pudesse ser testado e analisado como qualquer outra coisa. Diderot, Holbach e Laplace subverteram essa tentativa e chegaram à mesma conclusão dos místicos mais extremados: nada havia lá fora. Não demorou muito para que outros cientistas e filósofos declarassem triunfantemente que Deus estava morto.

10. A MORTE DE DEUS?

NO INÍCIO DO SÉCULO XIX, o ateísmo estava definitivamente na ordem do dia. Os avanços da ciência e da tecnologia criavam um novo espírito de autonomia que levou alguns a se declararem independentes de Deus. Foi o século em que Ludwig Feuerbach, Karl Marx, Charles Darwin, Friedrich Nietzsche e Sigmund Freud elaboraram filosofias e interpretações científicas da realidade que não deixavam lugar para Deus. No fim do século, um número significativo de pessoas começava a achar que, se Deus ainda não estava morto, os indivíduos racionais e emancipados deviam matá-lo. A idéia de Deus alimentada durante séculos no Ocidente cristão agora se revelava desastrosamente inadequada, e a Era da Razão parecia ter triunfado sobre séculos de superstição e fanatismo. Ou não? O Ocidente tomara a iniciativa, e suas atividades teriam conseqüências fatídicas para judeus e muçulmanos, que seriam obrigados a rever a própria posição. Muitas das ideologias que rejeitavam a idéia de Deus faziam sentido. O Deus antropomórfico e pessoal do cristianismo ocidental era vulnerável. Crimes apavorantes foram cometidos em seu nome. Contudo, em vez de uma alegre libertação, sua morte suscitava dúvida, temor e, em alguns casos, conflito. Algumas pessoas tentaram salvar Deus, concebendo novas teologias para libertá-lo dos inibidores sistemas de pensamento empírico, mas o ateísmo viera para ficar.

Houve também uma reação contra o culto da razão. Os poetas, romancistas e filósofos do movimento romântico observam que o racionalismo absoluto é redutivo porque deixa de fora as atividades ligadas à imaginação e à intuição. Alguns reinterpretaram dogmas e mistérios do cristianismo por um prisma secular. Essa teologia reconstituída traduzia os velhos temas de céu e inferno, renascimento e redenção, num idioma que os tornava intelectualmente aceitáveis ao pós-Iluminismo, privando-os de sua ligação com uma Realidade sobrenatural "que está lá fora". Um dos temas desse "sobrenaturalismo natural", como o chamou o crítico literário americano M. R. Abrams,[1] era o da imaginação criadora, vista como uma faculdade que podia se combinar com a realidade externa de modo a criar uma nova verdade. O poeta inglês John Keats (1795-1821) resume a questão: "A imaginação é como o sonho de Adão — ele acordou e descobriu que era verdade". Refere-se à história da criação de Eva em *Paraíso perdido*, de Milton, na qual, após sonhar com uma realidade ainda incriada, Adão desperta e descobre-a na mulher à sua frente. Na mesma carta, Keats considera a imaginação um dom sagrado: "Não estou certo de nada além da santidade dos sentimentos do coração e da verdade da imaginação — o que a imaginação toma como beleza deve ser verdade —, existisse antes ou não".[2] A razão desempenha um papel apenas limitado nesse processo criativo. Keats também descreve um estado de espírito que chama de "capacidade negativa", "quando o homem é capaz de conviver com incertezas, mistérios, dúvidas, sem buscar fato e razão".[3] Como o místico, o poeta deve transcender a razão e, silenciosamente, esperar.

Místicos medievais descrevem da mesma forma a experiência de Deus. Ibn al-Arabi chega a falar da imaginação criando sua própria experiência da realidade incriada de Deus nas profundezas do eu. Embora Keats criticasse William Wordsworth, que, juntamente com Samuel Taylor Coleridge, foi pioneiro do movimento romântico na Inglaterra, os dois tinham uma visão semelhante da imaginação. A melhor poesia de Wordsworth celebra a aliança entre a mente humana e o mundo natural, que interagem e se influenciam mutuamente para criar visão e sentido.[4] Wordsworth também era místico e teve experiências da natureza semelhantes à experiência de Deus. Nos *Versos compostos algumas milhas acima da abadia de Tintern*, descreve a receptividade mental que resulta numa visão extática da realidade:

> *aquele estado abençoado*
> *em que o fardo do mistério,*
> *em que o grande peso cansativo*
> *de todo o mundo ininteligível*
> *é aliviado: aquele estado sereno e abençoado*
> *em que os sentimentos delicadamente nos conduzem —*
> *até que, quase cessando o alento desta base corpórea*
> *e mesmo o movimento de nosso sangue humano,*
> *adormecemos no corpo*
> *e tornamo-nos um ser vivente:*
> *enquanto, com o olho aquietado pelo poder*
> *da harmonia e pela profunda força da alegria,*
> *vemos a vida das coisas por dentro.*[5]

Essa visão se deve ao coração e aos sentimentos, não ao que Wordsworth chama de "abelhudo intelecto", cuja capacidade puramente analítica pode destruir esse tipo de intuição. Não há necessidade de livros e teorias. Basta ter uma "sábia passividade" e "um coração que observa e recebe".[6] A percepção começa com uma experiência subjetiva, porém "sábia", e não desinformada e autocomplacente. Como diria Keats, uma verdade só se torna verdadeira quando, por força da paixão, pulsa e vive no coração.

Wordsworth discerniu um "espírito" que, ao mesmo tempo, é imanente aos fenômenos naturais e deles se distingue:

> *Uma presença que me perturba com a alegria*
> *de elevados pensamentos; uma sublime sensação*
> *de algo entremesclado muito mais profundamente,*
> *cuja morada é a luz de sóis poentes,*
> *e o vasto oceano, e o ar vital,*
> *e o céu azul, e a mente do homem:*
> *um movimento e um espírito, que impelem*
> *todas as coisas pensantes, todos os objetos de todo pensamento,*
> *e perpassam por todas as coisas.*[7]

Filósofos como Hegel encontrariam tal espírito nos acontecimentos da história. Wordsworth tinha o cuidado de não dar a essa experiência uma interpretação religiosa convencional, embora se comprouvesse em falar de "Deus" em outras ocasiões, sobretudo num contexto ético.[8] Os protestantes ingleses não estavam familiarizados com o Deus dos místicos, descartado pelos reformadores. Deus falava por meio da consciência, intimando ao cumprimento do dever; corrigia os desejos do coração, mas parecia ter pouco em comum com a "presença" que Wordsworth sentia na natureza. Sempre preocupado com a expressão exata, Wordsworth só a chama de "algo", termo que muitas vezes substitui uma definição precisa. "Algo" é o espírito que, com um agnosticismo místico, ele se recusa a nomear porque não se encaixa em nenhuma das categorias conhecidas.

Outro poeta místico da época é mais apocalíptico e anuncia a morte de Deus. Em seus primeiros poemas, William Blake (1757–1827) usa um método dialético: termos como "inocência" e "experiência", que parecem diametralmente opostos, são meias verdades de uma realidade mais complexa. Blake faz da antítese equilibrada, que caracteriza os dísticos da poesia inglesa na Era da Razão, um método para criar uma visão pessoal e subjetiva. Em *Cantos de inocência e experiência*, demonstra que dois estados contrários da alma humana são inadequados até ser sintetizados: a inocência deve tornar-se experiência, e a própria experiência mergulha nas profundezas ante a recuperação da mais pura inocência. O poeta se torna profeta, "que vê presente, passado e futuro" e ouve a Palavra Santa que falou à humanidade no tempo primordial:

> *Chamando a Alma caída*
> *e chorando no rocio da noite*
> *que podia controlar*
> *o estrelado pólo*
> *e, caída, caída, a luz renovar.*[9]

Como os gnósticos e os cabalistas, Blake visualiza a queda absoluta. Não poderia haver verdadeira visão enquanto os seres humanos não reconhecessem a própria queda. Como os místicos anteriores, Blake usa a idéia de uma queda original para simbolizar um processo continuamente presente na realidade que nos cerca.

Blake se rebela contra a visão do Iluminismo, que tentara sistematizar a verdade. Também se rebela contra o Deus do cristianismo, que fora usado para alienar homens e mulheres de sua humanidade. Fizera-se esse Deus promulgar leis inaturais para reprimir a sexualidade, a liberdade e a alegria espontânea. Em "O tigre", Blake deblatera contra a "terrível simetria" desse Deus inumano, que está distante do mundo, em "profundezas e céus longínquos". Mas o Deus inteiramente outro, Criador do Mundo, sofre mutação em seus poemas. Vem à terra e morre na pessoa de Jesus.[10] Até se converte em Satanás, o inimigo da humanidade. Como os gnósticos, os cabalistas e os primeiros trinitários, Blake imagina uma *kenosis*, um auto-esvaziamento da Divindade, que cai de seu céu solitário e se encarna na terra. Não há mais uma divindade autônoma num mundo próprio, exigindo que homens e mulheres se submetam a uma lei exterior, heteronômica. Não há atividade humana estranha a Deus; até a sexualidade reprimida pela Igreja se manifesta na paixão de Jesus. Deus morreu voluntariamente em Jesus, e o Deus transcendente e alienante não existe mais. Quando a morte de Deus for completa, o Divino Rosto Humano aparecerá:

> Jesus disse: "Amaríeis alguém que não morreu por vós, ou morreríeis por alguém que não morreu por vós?". E, se Deus não morresse pelo Homem e não se desse eternamente pelo Homem, o Homem não poderia existir; pois o Homem é Amor como Deus é Amor: toda bondade para com outrem é uma pequena Morte na Imagem Divina, e o Homem só pode existir pela irmandade.[11]

Blake se rebelava contra as igrejas institucionais, mas alguns teólogos tentavam incorporar a visão romântica no cristianismo oficial. Também achavam odiosa e, ao mesmo tempo, irrelevante a idéia de um Deus longínquo e transcendente e enfatizavam a importância da experiência religiosa subjetiva. Em 1799, ano seguinte à publicação das *Baladas líricas* de Wordsworth e Coleridge na Inglaterra, Friedrich Schleiermacher (1768–1834) publicou, na Alemanha, *Sobre a religião: Discursos a seus detratores esclarecidos*, seu manifesto romântico. Os dogmas não são fatos divinos, mas simples "verbalizações dos sentimentos religiosos cristãos".[12] A fé religiosa não pode limitar-se às proposições dos credos: envolve apreensão emocional e entrega interior. O pensamento e a razão são importantes, mas só podem nos levar até determinado ponto. Quando chegamos ao limite da razão, o sentimento completa a viagem para o Absoluto. "Sentimento" não quer dizer pieguice, mas uma intuição que nos impele ao infinito. O sentimento não se opõe à razão, mas é um salto da imaginação que nos faz ir além do particular e apreender o todo. A percepção de Deus assim adquirida provém das profundezas de cada indivíduo, e não de uma colisão com um fato objetivo.

A teologia ocidental tendia a superenfatizar a importância da racionalidade desde Tomás de Aquino e ainda mais após a Reforma. A teologia romântica de Schleiermacher era uma tentativa de restaurar o equilíbrio. Ele deixa claro que o sentimento não é um fim em si mesmo e não pode oferecer uma explicação completa da religião. A razão e o sentimento apontam para uma Realidade indescritível, que está além deles. Schleiermacher define a essência da religião como "o sentimento de dependência absoluta".[13] Essa é uma atitude que, como veremos, os pensadores progressistas do século XIX abominariam, mas não se trata de abjeto servilismo a Deus. Schleiermacher se refere à reverência que sentimos ante o mistério da vida e que resulta da experiência universal do numinoso. Os profetas de Israel ficaram profundamente chocados com suas visões da santidade. Românticos como Wordsworth experimentaram um sentimento semelhante de reverência e dependência em relação ao espírito que encontraram na natureza. Rudolf Otto, discípulo de Schleiermacher, exploraria essa experiência em seu importante livro *A idéia do sagrado*, mostrando que, quando nos deparamos com essa transcendência, já não nos vemos como o alfa e o ômega da existência.

No fim da vida, Schleiermacher pensou que talvez tivesse enfatizado demais a importância do sentimento e da subjetividade. O cristianismo começava a parecer um credo superado: algumas doutrinas cristãs eram enganadoras e tornavam a fé vulnerável ao novo ceticismo. A doutrina da Trindade, por exemplo, parecia sugerir que havia três deuses. Para Albrecht Ritschl (1822–89), outro discípulo de Schleiermacher, a doutrina constituía um flagrante exemplo de helenização. Corrompera a mensagem cristã, introduzindo "conceitos metafísicos derivados da filosofia natural dos gregos" e estranhos à experiência cristã original.[14] Mas Schleiermacher e Ritschl não se deram conta de que cada geração deve criar sua própria idéia de Deus, assim como cada poeta romântico tinha de experimentar a verdade por si mesmo. Os padres gregos simplesmente tentavam fazer o conceito semita de Deus funcionar para eles, expressando-o em termos de sua própria cultura. À medida que o Ocidente entrava na era técnica moderna, as velhas idéias de Deus se mostravam inadequadas. Contudo, Schleiermacher insistiu, até o fim, que a emoção religiosa não se opõe à razão. Em seu leito de morte, declarou: "Devo ter os pensamentos mais profundos e especulativos, que, para mim, são inseparáveis das mais íntimas sensações religiosas".[15] Os conceitos de Deus são inúteis, se o sentimento e a experiência religiosa pessoal não os transformam através da imaginação.

No século XIX, grandes filósofos contestaram a visão tradicional de Deus, pelo menos do "Deus" preponderante no Ocidente. Revoltavam-se especialmente com a noção de uma divindade sobrenatural "que está lá fora", dotada de existência objetiva. Vimos que, embora a idéia de Deus como o Ser Supremo prevalecesse no Ocidente, outras tradições monoteístas se esforçaram para separar-se desse tipo de teologia. Judeus, muçulmanos e cristãos ortodoxos insistiram, de maneiras diferentes, que nossa idéia humana de Deus não corresponde à realidade inefável da qual é um mero símbolo. Todos disseram que é mais exato descrever Deus como "Nada", não como o Ser Supremo, pois "ele" não existe de nenhum modo que possamos conceber. Ao longo dos séculos, o Ocidente pouco a pouco perdeu de vista essa concepção mais imaginativa de Deus. Católicos e protestantes passaram a considerá-lo mais uma realidade acrescentada ao mundo que conhecemos, um Ser que supervisiona nossas atividades como um Big Brother celestial. Não surpreende que essa noção de Deus fosse inteiramente inaceitável para muita gente no mundo pós-revolucionário, pois parecia condenar a humanidade a uma servidão e a uma dependência incompatíveis com a dignidade humana. Os filósofos ateus do século XIX rebelaram-se contra esse Deus com bom motivo. Suas críticas inspiraram muitos contemporâneos a imitá-los; o que diziam parecia novidade absoluta, mas, quando abordavam a questão de "Deus", muitas vezes reiteravam inconscientemente conclusões de monoteístas do passado.

Assim, Georg Wilhelm Hegel (1770–1831) elaborou uma filosofia muito semelhante à Cabala em alguns aspectos. O que é uma ironia, pois ele considerava o judaísmo uma religião ignóbil, responsável pelo conceito primitivo de Deus, fonte de grandes males. Para Hegel, o Deus judeu era um tirano que exigia submissão total a uma Lei intolerável. Jesus tentara libertar homens e mulheres dessa abjeta servidão, mas os cristãos caíram na mesma armadilha que os judeus e promoveram a idéia de um Déspota divino. Estava na hora de abandonar essa divindade bárbara e desenvolver uma visão mais esclarecida da condição humana. A maneira equivocada como Hegel, baseado na polêmica do Novo Testamento, via o judaísmo era um novo tipo de anti-semitismo metafísico. Para ele, como para Kant, o judaísmo constituía um exemplo de tudo que havia de errado na religião. Em *A fenomenologia do espírito* (1807), Hegel substitui a divindade convencional por um Espírito que é a força vital do mundo. Mas, como na Cabala, o Espírito se submete à limitação e ao exílio para alcançar a verdadeira espiritualidade e a autoconsciência. Ainda como na Cabala, o Espírito depende do mundo e dos seres humanos para realizar-se. Hegel afirma, assim, a velha idéia monoteísta — característica também do cristianismo e do islamismo — de que "Deus" não está separado da realidade terrena, não é um extra opcional num mundo próprio, mas está inextricavelmente ligado à humanidade. Como Blake, expressa essa conclusão de forma dialética: a humanidade e o Espírito, o finito e o infinito, são as duas metades interdependentes de uma única verdade e participam do mesmo processo de auto-realização. Em vez de apaziguar uma divindade distante, observando uma Lei estranha e indesejada, Hegel declara que o divino é uma dimensão de nossa humanidade. Sua visão da *kenosis* do Espírito, que se esvazia para tornar-se imanente e encarnar no mundo, tem muito em comum com as teologias da encarnação desenvolvidas nas três religiões.

Mas Hegel era um homem do Iluminismo, além de romântico, e portanto dava mais valor à razão que à imaginação. Também nisso, retomava inconscientemente idéias do passado. Como os *faylasufs*, considerava a razão e a filosofia superiores à religião, presa a modos representacionais de pensamento. Ainda como os *faylasufs*, Hegel extraía suas conclusões sobre o Absoluto do funcionamento da mente individual, envolvida, a seu ver, num processo dialético que espelhava o todo.

Sua filosofia parecia ridiculamente otimista a Arthur Schopenhauer (1788-1860), que, num gesto de desafio, programou suas conferências ao mesmo tempo que as de Hegel em Berlim, em 1819, ano da publicação de seu livro *O mundo como vontade e representação*. Para Schopenhauer, o que atua no mundo não é Absoluto, nem razão, nem Deus, nem espírito, mas apenas a vontade bruta e instintiva de viver. Essa visão sombria agradava aos românticos mais soturnos, porém não desprezava todas as intuições religiosas. Segundo Schopenhauer, hinduístas e budistas (bem como os cristãos que dizem que tudo é vaidade) chegaram a uma concepção correta da realidade, quando declararam que tudo no mundo é ilusão. Como não existe nenhum "Deus" para nos salvar, só a arte, a música e a disciplina da renúncia e da compaixão podem nos proporcionar um pouco de serenidade. Schopenhauer não se interessa pelo judaísmo nem pelo islamismo, pois considera sua visão da história absurdamente simplista e utilitarista. Quanto a isso, revelou-se presciente: veremos que, no século XX, judeus e muçulmanos constataram que sua antiga visão da história como teofania não é mais sustentável. Muitos já não aceitam um Deus que é Senhor da História. Mas a noção de salvação de Schopenhauer está próxima da convicção judaica e muçulmana de que os indivíduos devem criar para si mesmos um senso de significado último. E está bem longe da concepção protestante da soberania absoluta de Deus, segundo a qual homens e mulheres não podem contribuir com nada para a própria salvação, mas dependem inteiramente de uma divindade exterior.

Essas antigas doutrinas sobre Deus eram cada vez mais condenadas como incorretas e inadequadas. O filósofo dinamarquês Sören Kierkegaard (1813–55) diz que os velhos credos e doutrinas se tornaram ídolos, fins em si mesmos e substitutos para a inefável realidade de Deus. A verdadeira fé cristã é um salto para o desconhecido, para fora do mundo, para longe dessas crenças fossilizadas e dessas atitudes antiquadas. Outros, porém, queriam enraizar a humanidade neste mundo e abolir a noção de uma Grande Alternativa. Em seu influente livro *A essência do cristianismo* (1841), o filósofo alemão Ludwig Andreas Feuerbach (1804–72) afirma que Deus é mera projeção humana. A idéia de Deus nos alienou de nossa própria natureza, opondo uma perfeição impossível à nossa fragilidade humana. Assim, Deus é infinito, o homem é finito; Deus é todo-poderoso, o homem é fraco; Deus é santo, o homem é pecador. Feuerbach aponta na tradição ocidental uma fraqueza essencial, que sempre fora vista como um perigo para o monoteísmo. O tipo de projeção que empurra Deus para fora da condição humana pode resultar na criação de um ídolo. Outras tradições encontraram várias maneiras de enfrentar esse perigo, mas, no Ocidente, infelizmente a idéia de Deus tem se tornado cada vez mais exterior e contribuído para uma concepção muito negativa da natureza humana. Desde Agostinho, há uma ênfase na culpa e no pecado, na luta e na tensão, que é alheia, por exemplo, à teologia ortodoxa grega. Não surpreende que filósofos com uma visão mais positiva da humanidade, como Feuerbach ou Auguste Comte (1798–1857), quisessem livrar-se dessa divindade que no passado causara uma insegurança generalizada.

O ateísmo sempre foi a rejeição de uma concepção contemporânea do divino. Embora acreditassem num Deus, judeus e cristãos foram chamados de "ateus" porque negavam idéias pagãs de divindade. Os novos ateus do século XIX atacavam o conceito de Deus vigente no Ocidente, e não outras noções do divino. Assim, Karl Marx (1818-83) via a religião como "o suspiro da criatura oprimida [...] o ópio do povo, que torna esse sofrimento tolerável".[16] Embora adotasse uma visão messiânica da história calcada na tradição judaico-cristã, ele descarta Deus como irrelevante. Não havendo sentido, valor ou propósito fora do processo histórico, a idéia de Deus não pode ajudar a humanidade. O ateísmo, a negação de Deus, também é perda de tempo. Mas "Deus" é vulnerável à crítica marxista, pois muitas vezes o *establishment* o utiliza para aprovar uma ordem social em que o rico está em seu palácio, enquanto o pobre está no portão desse palácio. Isso não se aplica, porém, a toda religião monoteísta. Um Deus conivente com a injustiça social horrorizaria Amós, Isaías ou Maomé, que usaram a idéia de Deus para fins muito diferentes e estavam bem próximos do ideal marxista.

Do mesmo modo, a interpretação literal de Deus e das Escrituras tornava a fé de muitos cristãos vulnerável às descobertas científicas da época. *Princípios de geologia* (1830), obra de Charles Lyell que revela as imensas perspectivas do tempo geológico, e *A origem das espécies* (1859), de Charles Darwin, que apresenta a hipótese evolucionista, pareciam contradizer o relato bíblico da criação. Desde Newton, a criação era fundamental para a visão ocidental de Deus, e esqueceu-se que a história contada no Gênesis não pretendia ser uma descrição literal das origens físicas do universo. Na verdade, a doutrina da criação *ex nihilo* é problemática e relativamente tardia no judaísmo e no cristianismo; o islamismo acredita que Alá criou o mundo, mas não há um relato detalhado sobre isso. Como todos os outros discursos corânicos sobre Deus, a doutrina da criação é só uma "parábola", um sinal ou símbolo. Monoteístas das três grandes religiões vêem a criação como um mito, no sentido mais positivo da palavra: trata-se de uma narrativa simbólica que ajuda homens e mulheres a cultivar determinada atitude religiosa. Alguns judeus e muçulmanos interpretaram a história da criação à luz da imaginação, evitando qualquer literalismo. Já o Ocidente tendia a considerar a Bíblia factualmente verídica em todos os detalhes. Para muita gente, Deus é, sem exagero, responsável por tudo que acontece na terra.

Entretanto, um número significativo de cristãos logo percebeu que as descobertas de Darwin não eram fatais para a idéia de Deus. O cristianismo conseguiu adaptar-se à teoria evolucionista, e judeus e muçulmanos não se abalaram tanto com as novas descobertas científicas sobre as origens da vida: em termos gerais, suas preocupações acerca de Deus provinham de uma fonte inteiramente diferente, como veremos. É verdade, porém, que, à medida que se difundia, o secularismo ocidental afetava, de modo inevitável, adeptos de outras religiões. A visão literalista de Deus ainda prevalece, e muitos ocidentais — de todos os credos — acreditam que a moderna cosmologia desfechou um golpe mortal na idéia de Deus.

Ao longo da história, uma idéia de Deus é descartada sempre que não serve mais. Às vezes isso assumiu a forma de um violento iconoclasmo, como quando os antigos israelitas destruíram os santuários dos cananeus, ou quando os profetas se ergueram contra seus vizinhos pagãos. Em 1882, Friedrich Nietzsche recorreu a táticas igualmente violentas ao proclamar a morte de Deus. Anunciou o cataclísmico evento na parábola do louco que irrompe mercado adentro, gritando: "Estou procurando Deus! Estou procurando Deus!". Quando lhe perguntam para onde imagina que Deus tenha ido — ele fugira, talvez, ou emigrara? —, o louco os fuzila com o olhar: "Para onde Deus foi? Vou dizer a vocês. Nós o matamos — vocês e eu. Somos todos seus assassinos!". Um fato inimaginável, porém irreversível, arrancara a humanidade de suas raízes, tirara a Terra de seu curso e lançara-a à deriva num universo intransitável. Desaparecera tudo que antes dava aos seres humanos um senso de direção. A morte de Deus provocaria desespero e pânico sem paralelos. "Ainda existe um acima e um abaixo?", o louco pergunta, em sua angústia. "Não estamos perdidos, como num nada infinito?"[17]

Nietzsche compreendeu que a consciência do Ocidente passara por uma mudança radical, que tornaria cada vez mais difícil acreditar no fenômeno definido como "Deus" pela maioria das pessoas. Não só nossa ciência inviabilizara idéias como a interpretação literal da criação, como nosso maior controle e nosso maior poder tornavam inaceitável a noção de um supervisor divino. Tínhamos a impressão de testemunhar um novo amanhecer. O louco de Nietzsche garantiu que a morte de Deus inauguraria uma fase superior da história humana. Para ser dignos de nosso deicídio, teríamos de nos tornar deuses. Em *Assim falou Zaratustra* (1883), Nietzsche proclama o nascimento do super-homem que iria substituir Deus; o novo homem esclarecido declararia guerra aos velhos valores cristãos, pisotearia os baixos costumes da ralé e anunciaria uma humanidade nova e poderosa, livre das fracas virtudes cristãs de amor e misericórdia. Também se volta para o antigo mito do eterno retorno e renascimento, encontrado em religiões como o budismo. Agora que Deus estava morto, este mundo podia tomar seu lugar como o valor supremo. O que vai, volta; o que morre, refloresce; o que se quebra, recompõe-se. Nosso mundo podia ser reverenciado como eterno e divino, atributos que antes se aplicavam apenas ao Deus distante e transcendente.

Segundo Nietzsche, o Deus cristão era digno de pena, absurdo e "um crime contra a vida".[18] Levara-nos a temer nossos corpos, nossas paixões e nossa sexualidade, e promovera uma moralidade de compaixão que nos enfraquecera. Não havia sentido último, nem valor supremo, nem uma indulgente alternativa chamada "Deus". Mais uma vez, cabe dizer que o Deus ocidental era vulnerável a essa crítica. Fora usado para alienar as pessoas de sua humanidade e da paixão sexual com um ascetismo que negava a vida. Fora transformado numa fácil panacéia e numa alternativa para a vida aqui embaixo.

Sigmund Freud (1856–1939) sem dúvida vê a crença em Deus como uma ilusão que indivíduos maduros devem abandonar. A idéia de Deus não é uma mentira, mas um artifício do inconsciente que compete à psicologia decodificar. Um deus pessoal nada mais é que uma exaltada figura paterna: o desejo de tal divindade provém de anseios infantis por um pai poderoso e protetor, por justiça e equanimidade, por uma vida sem fim. Deus é simplesmente uma projeção desses desejos, temido e adorado em decorrência de nossa constante sensação de desamparo. A religião pertence à infância da raça humana; foi um estágio necessário na transição para a maturidade. Promoveu valores éticos essenciais à sociedade. Agora que atingimos a maioridade, podemos deixá-la para trás. A ciência, o novo *logos*, pode tomar o lugar de Deus, fornecer uma nova base para a moralidade e ajudar-nos a enfrentar nossos medos. Freud é enfático em relação à sua fé na ciência, tão ardente que parece quase religiosa: "Não, nossa ciência não é uma ilusão! Ilusão seria supor que o que a ciência não pode dar nós podemos encontrar em outra parte".[19]

Nem todos os psicanalistas concordam com sua visão de Deus. Alfred Adler (1870–1937) admite que Deus era uma projeção, mas acredita que ele fora útil à humanidade; fora um símbolo brilhante e eficaz de excelência. O Deus de Carl Gustav Jung (1875–1961) se assemelha ao Deus dos místicos, é uma verdade psicológica que cada indivíduo vivencia de modo subjetivo. Quando John Freeman lhe perguntou, em sua famosa entrevista no programa de televisão *Face to face*, se acreditava em Deus, Jung respondeu, enfático: "Não preciso acreditar. *Eu sei!*". Sua fé demonstra que um Deus subjetivo, misteriosamente identificado com a base do ser nas profundezas do eu, consegue sobreviver à ciência psicanalítica, ao contrário de uma divindade mais pessoal, antropomórfica e capaz de alimentar uma perpétua imaturidade.

Como muitos outros ocidentais, Freud aparentemente não se deu conta desse Deus internalizado, subjetivo. Apesar disso, acertou ao dizer que seria perigoso tentar abolir a religião. As pessoas superariam Deus no devido tempo: procurar impor-lhes o ateísmo ou o secularismo antes que estivessem prontas podia levar a uma negação nociva e a uma repressão igualmente prejudicial. Vimos que o iconoclasmo pode resultar de uma ansiedade latente e de uma projeção de nossos medos no "outro". Alguns ateus que queriam abolir Deus sem dúvida mostravam sinais de tensão. Assim, embora defendesse uma ética da compaixão, Schopenhauer não conseguia conviver com seus semelhantes e tornou-se um recluso que só se comunicava com seu poodle Atman. Nietzsche era um indivíduo bondoso e solitário, perseguido pela doença, muito diferente de seu super-homem. Acabou enlouquecendo. Não abandonou Deus alegremente, como o êxtase de sua prosa poderia nos levar a imaginar. Num poema recitado "após muito tremor, arrepios e contorções", Zaratustra suplica a Deus:

> *Não! Volta,*
> *com todos os teus tormentos!*
> *Oh, volta*
> *para o último de todos os solitários!*
> *Todos os rios de minhas lágrimas*
> *correm para ti!*
> *E a última chama de meu coração —*
> *arde por ti!*
> *Oh, volta,*
> *meu Deus desconhecido! Minha dor!*
> *Minha última — felicidade.*[20]

Posteriormente, as teorias de Nietzsche, como as de Hegel, foram usadas por uma geração de alemães para justificar as políticas do nacional-socialismo — um lembrete de que uma ideologia ateísta pode inspirar uma ética tão cruel quanto a idéia de "Deus".

Deus foi sempre uma luta no Ocidente. Sua morte também foi acompanhada de tensão, desalento e medo. Assim, em *In memoriam*, o grande poema vitoriano da dúvida, Alfred Tennyson recua, horrorizado ante a perspectiva de uma natureza sem propósito e indiferente, de presas e garras ensangüentadas. Publicado em 1850, nove anos antes de *A origem das espécies*, o poema mostra que Tennyson já sentira o desmoronamento de sua fé e se vira reduzido a

> *um bebê chorando na noite;*
> *um bebê chorando pela luz*
> *e sem outra linguagem além do choro.*[21]

Em "A praia de Dover", Matthew Arnold lamenta o refluxo inexorável do mar da fé, que deixou a humanidade vagando numa planície escura. A dúvida e a consternação se estenderam ao mundo ortodoxo, embora sua negação de Deus não adquirisse os contornos precisos da dúvida ocidental e se aproximasse mais da negação de um sentido último. Fiodor Dostoiévski, autor de *Os irmãos Karamazov* (1880), romance no qual podemos dizer que descreve a morte de Deus, expressou seu conflito religioso numa carta a um amigo, datada de março de 1854:

> Vejo-me como um filho da época, filho da descrença e da dúvida; é provável, ou melhor, sei com certeza que assim permanecerei até o dia de minha morte. Tenho sido torturado pelo anseio de acreditar — agora mesmo estou assim —, e o anseio se intensifica à medida que as dificuldades intelectuais se tornam mais convincentes.[22]

Seu romance é igualmente ambivalente. Ivan, descrito como ateu pelas outras personagens (que lhe atribuem a frase, hoje famosa: "Se Deus não existe, tudo é permitido"), afirma, de maneira inequívoca, que acredita em Deus. Mas não acha esse Deus aceitável, pois ele não proporciona um sentido último para a tragédia da vida. Ivan não se preocupa com a teoria evolucionista, mas com o sofrimento da humanidade ao longo da história: a morte de uma única criança é um preço demasiado alto a pagar pela perspectiva religiosa de que tudo ficará bem. Ainda neste capítulo, veremos que os judeus chegariam à mesma conclusão. Por outro lado, é o santo Aliocha quem admite que não acredita em Deus — e diz isso como que inadvertidamente, como se as palavras escapassem de algum desvão desconhecido de seu inconsciente. Ambivalência e um obscuro senso de abandono continuaram presentes na literatura do século XX, com suas imagens de deserto e de uma humanidade à espera de um Godot que nunca chega.

No mundo muçulmano, houve um mal-estar e uma inquietação semelhantes, embora provindos de uma fonte muito diferente. No fim do século XIX, a *mission civilisatrice* da Europa estava bem avançada. Os franceses conquistaram a Argélia em 1830, e em 1839 os ingleses tomaram Áden. Seguiu-se a ocupação da Tunísia (1881), do Egito (1882), do Sudão (1898), da Líbia e do Marrocos (1912). Em 1920, Inglaterra e França dividiram o Oriente Médio em protetorados e mandatos. Esse projeto colonial só oficializou um processo mais silencioso de ocidentalização, já que, no século XIX, os europeus vinham estabelecendo uma hegemonia cultural e econômica em nome da modernização. A Europa tecnicizada tornara-se a maior potência mundial e se apoderava do planeta. Na Turquia e no Oriente Médio, estabelecera postos comerciais e missões consulares que minaram a estrutura tradicional dessas sociedades muito antes de consolidar-se a dominação ocidental. Era um tipo inteiramente novo de colonização. Quando a dinastia Mogul conquistou a Índia, a população local absorveu muitos elementos muçulmanos, porém a cultura nativa acabou ressurgindo. A nova ordem colonial transformou para sempre a vida do povo subjugado, estabelecendo uma política de dependência.

Era impossível as colônias alcançarem as metrópoles. Velhas instituições haviam sido solapadas, e a própria sociedade islâmica estava dividida entre os "ocidentalizados" e os "outros". Alguns muçulmanos aceitaram a qualificação de "orientais" que os ocidentais lhes atribuíam, agrupando-os indiscriminadamente com indianos e chineses. Alguns desdenhavam seus compatriotas mais tradicionais. No Irã, o xá Nasiruddin (1848–96) dizia que desprezava seus súditos. O que tinha sido uma civilização viva, com identidade e integridade próprias, foi aos poucos se transformando num bloco de Estados dependentes, que eram cópias inadequadas de um mundo estranho. A inovação fora a essência do processo modernizante na Europa e nos Estados Unidos: não podia ser alcançada pela imitação. Hoje, antropólogos que estudam países ou cidades modernizadas do mundo árabe, como o Cairo, observam que a arquitetura e o plano urbano refletem dominação, e não progresso.[23]

Os europeus, por sua vez, passaram a acreditar que sua cultura não só era superior no presente como sempre estivera na vanguarda do progresso. Muitas vezes exibiam uma soberba ignorância da história mundial. Indianos, egípcios e sírios tinham de ser ocidentalizados para seu próprio bem. A atitude colonial foi expressa por Evelyn Baring, lorde Cromer, cônsul-geral no Egito de 1883 a 1907:

> Sir Alfred Lyall certa vez me disse: "A exatidão não agrada à mente oriental. Todo anglo-indiano deve sempre lembrar essa máxima". A inexatidão, que degenera facilmente em inverdade, é, com efeito, a principal característica da mente oriental.
>
> O europeu raciocina com precisão; suas declarações a respeito de um fato são isentas de ambigüidade; ele é um lógico inato, ainda que não tenha estudado lógica; é cético por natureza e exige provas para aceitar a verdade de qualquer proposição; sua inteligência bem treinada funciona como um mecanismo. Já a mente do oriental é eminentemente assimétrica, como suas ruas pitorescas. Seu raciocínio é do tipo mais desmazelado. Embora os antigos árabes tivessem adquirido, em grau um tanto elevado, a ciência da dialética, seus descendentes são singularmente deficientes na faculdade lógica. Muitas vezes são incapazes de extrair as mais óbvias conclusões de simples premissas cuja verdade possam admitir.[24]

Um dos "problemas" que precisavam ser superados era o islamismo. A imagem negativa que o profeta Maomé e sua religião adquiriram entre os cristãos, na época das cruzadas, persistira, juntamente com o anti-semitismo. No período colonial, o islamismo era tido como uma religião fatalista, cronicamente oposta ao progresso. Lorde Cromer, por exemplo, denegria os esforços do reformador egípcio Muhammad Abduh, dizendo que era impossível o islamismo reformar-se.

Os muçulmanos tinham pouco interesse ou energia para desenvolver sua concepção de Deus à maneira tradicional. Estavam empenhados numa luta para alcançar o Ocidente. Alguns viam o secularismo ocidental como a resposta, mas o que era positivo e animador na Europa só podia ser estranho e estrangeiro no mundo islâmico, pois não se desenvolvera naturalmente a partir da tradição local e no devido tempo. No Ocidente, "Deus" era a voz da alienação; no mundo muçulmano, era o processo colonial. Separadas de suas raízes culturais, as pessoas se sentiam desorientadas e perdidas. Alguns reformadores islâmicos tentaram apressar o progresso, relegando a religião a um papel menor. Os resultados não foram os que esperavam. Mustafá Kemal (1881–1938), depois conhecido como Kemal Atatürk, tentou ocidentalizar a Turquia, que emergira como Estado-nação após a derrota do Império Otomano, em 1917. Desoficializou o islamismo, fazendo da religião uma questão puramente pessoal; aboliu as ordens sufistas, que passaram à clandestinidade; fechou as *madrasahs* e acabou com a formação dos ulemás pelo Estado. Simboliza essa política de secularização a proibição do fez, que reduziu a visibilidade das classes religiosas e constituiu uma tentativa psicológica de impor a indumentária ocidental: "usar chapéu" em lugar do fez passou a significar "europeizar-se". Reza Khan, xá do Irã entre 1925 e 1941, admirava Atatürk e tentou uma política semelhante: baniu o véu; obrigou os mulás a se barbear e usar quepe em vez do tradicional turbante; e proibiu as tradicionais comemorações em honra de Husayn, imame e mártir xiita.

Freud sabia que qualquer repressão à religião só podia ser destrutiva. Como a sexualidade, a religião é uma necessidade humana que afeta a vida em todos os níveis. Sua supressão pode produzir resultados tão explosivos e destrutivos quanto os de uma severa repressão sexual. Os muçulmanos encaravam a nova Turquia e o novo Irã com desconfiança e fascínio. No Irã, já era tradicional a oposição dos mulás aos xás em favor do povo. Às vezes, os mulás obtinham extraordinário sucesso. Em 1872, quando o xá vendeu o monopólio da produção, comercialização e exportação de tabaco aos britânicos e com isso expulsou seus próprios súditos do setor, os mulás emitiram um *fatwa*, proibindo os iranianos de fumar. O xá foi obrigado a rescindir as concessões. A cidade santa de Qom tornou-se uma alternativa ao despótico regime de Teerã, cada vez mais draconiano. A repressão à religião pode gerar fundamentalismo, assim como formas inadequadas de teísmo podem resultar na rejeição de Deus. Na Turquia, o fechamento das *madrasahs* inevitavelmente abalou a autoridade dos ulemás. O elemento mais culto, sóbrio e responsável do islamismo declinou, e as modalidades mais extravagantes do sufismo clandestino eram as únicas formas de religião que restaram.

Outros reformadores estavam convencidos de que reprimir não era a solução. O islamismo sempre prosperara em contato com outras civilizações, e eles consideravam a religião essencial para qualquer reforma profunda e duradoura de sua sociedade. Muita coisa precisava ser mudada; muita gente se opunha a mudanças; havia superstição e ignorância. Mas o islamismo também contribuía para o entendimento das pessoas: caso se tornasse doentio, perturbaria o bem-estar espiritual de muçulmanos em todo o mundo. Os reformadores não eram hostis ao Ocidente. A maioria concordava com as idéias ocidentais de igualdade, liberdade e fraternidade, pois o islamismo partilhava os valores judaico-cristãos que haviam sido uma influência tão importante na Europa e nos Estados Unidos. A modernização da sociedade ocidental criara — em alguns aspectos — um novo tipo de igualdade, e os reformadores diziam a seu povo que aqueles cristãos pareciam islamitas melhores que os muçulmanos. Esse novo encontro com a Europa suscitou enorme entusiasmo. Os muçulmanos mais ricos eram educados na Europa, absorviam a filosofia, a literatura e os ideais europeus e voltavam a seus países ansiosos para divulgar o que haviam aprendido. No início do século XX, quase todo intelectual muçulmano era um ardoroso admirador do Ocidente.

Todos os reformadores tinham aptidões intelectuais e, no entanto, quase todos estavam ligados a alguma forma de misticismo. Os muçulmanos novamente se voltavam para as formas mais imaginativas e inteligentes do sufismo e do misticismo ishraquiano, que os ajudaram em crises anteriores. A experiência de Deus não era vista como um estorvo, mas como uma força transformadora que apressaria a transição para a modernidade. Assim, o reformador iraniano Jamal ad-Din al-Afghani (1838-97) era versado no misticismo ishraquiano de Suhrawardi e, ao mesmo tempo, apaixonado defensor da modernização. Percorrendo o Irã, o Afeganistão, o Egito e a Índia, tentava ser tudo para todos. Aos sunitas apresentava-se como sunita e aos xiitas como mártir xiita, e ainda como revolucionário, filósofo religioso e parlamentar. As disciplinas místicas do misticismo ishraquiano ajudaram os muçulmanos a sentir-se em sintonia com o mundo e livres dos limites que cerceiam o eu. Diz-se que al-Afghani era tão afoito e adotava diferentes papéis influenciado pela disciplina mística, com seu engrandecimento do eu.[25] A religião era essencial, embora a reforma fosse necessária. Al-Afghani era um teísta convicto, até mesmo apaixonado, mas pouco fala de Deus em *A refutação dos materialistas*, seu único livro. Como sabia que o Ocidente valorizava a razão e considerava o islã e o Oriente irracionais, tentou descrever o islamismo como uma fé que se distingue pelo culto à razão — descrição que mesmo racionalistas como os mutazilitas achariam estranha. Al-Afghani era mais ativista que filósofo, e não convém julgar sua carreira e suas convicções por essa única tentativa literária. Não obstante, esse retrato do islamismo, concebido para adequar-se ao que se via como um ideal ocidental, revela uma nova insegurança que em breve se tornaria extremamente destrutiva.

Muhammad Abduh (1849-1905), discípulo egípcio de al-Afghani, tinha uma visão diferente. Decidiu concentrar suas atividades no Egito e focalizar a educação intelectual dos muçulmanos. Criado na tradição islâmica, recebeu influência do xeque sufista Darwish, com quem aprendeu que a ciência e a filosofia eram os dois caminhos mais seguros para o conhecimento de Deus. Por conseguinte, quando começou a estudar na prestigiosa mesquita de al-Azhar, no Cairo, logo se desiludiu de seu currículo antiquado e voltou-se para al-Afghani, que o instruiu em lógica, teologia, astronomia, física e misticismo. Alguns cristãos do Ocidente achavam que a ciência era inimiga da fé, mas os místicos muçulmanos muitas vezes usavam a matemática e a ciência como subsídio para a contemplação. Hoje, algumas das seitas místicas mais radicais do xiismo, como a dos drusos ou a dos alauítas, interessam-se muito pela ciência moderna. No mundo islâmico, há graves reservas à política ocidental, mas poucos têm dificuldade em conciliar sua fé em Deus com a ciência ocidental.

Abduh se empolgou com a cultura ocidental e foi influenciado sobretudo por Comte, Tolstói e Herbert Spencer, seu amigo pessoal. Nunca adotou um estilo de vida totalmente ocidental, mas gostava de visitar a Europa com freqüência, para renovar-se intelectualmente. O que não significa que houvesse abandonado o islamismo. Longe disso: como qualquer reformador, queria retornar às raízes de sua fé. Assim, defendeu uma retomada do espírito do Profeta e dos primeiros quatro califas corretamente guiados (*rashidun*). Isso não implicava, porém, uma rejeição fundamentalista da modernidade. Abduh instava os muçulmanos a estudar ciência, tecnologia e filosofia secular, a fim de ocuparem seu lugar no mundo moderno. Também preconizava a reforma da *Shariah*, para que eles pudessem alcançar a necessária liberdade intelectual. Como al-Afghani, tentou apresentar o islamismo como uma fé racional, afirmando que no Corão a razão e a religião caminham de mãos dadas pela primeira vez na história humana. Antes do Profeta, a revelação era acompanhada de milagres, lendas e retórica irracional, porém o Corão não recorre a esses métodos mais primitivos: "Apresenta prova e demonstração, expõe as posições dos descrentes e ataca-os racionalmente".[26] A investida de al-Ghazzali contra os *faylasufs* fora excessiva. Causara divisão entre religiosidade e racionalismo, afetando a posição intelectual dos ulemás. Isso era visível no antiquado currículo de al-Azhar. Os muçulmanos deviam, portanto, retornar ao espírito mais receptivo e racional do Corão. Mas Abduh recusava um racionalismo totalmente reducionista. Citava a *hadith*: "Refleti sobre a criação de Deus, mas não sobre sua natureza, pois perecereis". A razão não consegue captar o ser essencial de Deus, que permanece envolto em mistério. Tudo que podemos afirmar é que Deus não se assemelha a nenhum outro ser. Todas as outras questões que preocupam os teólogos são frívolas e descartadas pelo Corão como *zanna*.

Na Índia, o principal reformador foi sir Muhammad Iqbal (1873-1938), que se tornou para os muçulmanos da Índia o que Gandhi era para os hinduístas. Foi essencialmente um contemplativo — sufista e poeta urdu —, mas também recebeu educação ocidental e doutorou-se em filosofia. Empolgado com Bergson, Nietzsche e A. N. Whitehead, tentou revigorar a *falsafah* à luz das idéias desses homens e se via como uma ponte entre o Oriente e o Ocidente. Ficou consternado com o que considerava a decadência do islamismo na Índia. Desde o declínio do Império Mogul, no século XVIII, os muçulmanos da Índia se sentiam numa posição delicada. Faltava-lhes a confiança de seus irmãos do Oriente Médio, onde o islamismo estava em casa. Por conseguinte, eram ainda mais defensivos e inseguros em relação aos ingleses. Iqbal tentou tranqüilizá-los com uma reconstrução criativa dos princípios islâmicos por intermédio da poesia e da filosofia.

Com filósofos ocidentais como Nietzsche, aprendera a importância do individualismo. O universo representava um Absoluto que era a forma suprema de individualismo e que a humanidade chamava de "Deus". A fim de realizar sua natureza única, todos os homens deviam se tornar mais parecidos com Deus. Isso significa que cada um devia se tornar *mais* individual e *mais* criativo e expressar sua criatividade através da ação. Cabia aos muçulmanos da Índia abandonar a passividade e a pusilânime humildade (que Iqbal atribuía à influência persa). O princípio do *ijtihad* (raciocínio independente) devia estimulá-los a ser receptivos a novas idéias: o próprio Corão exige constante revisão e auto-exame. Como al-Afghani e Abduh, Iqbal tentou mostrar que a atitude empírica, chave do progresso, se originara no islamismo e chegara ao Ocidente graças ao trabalho de cientistas e matemáticos muçulmanos durante a Idade Média. Antes do advento das grandes religiões confessionais, na Era Axial, o progresso da humanidade fora fortuito, dependendo de indivíduos talentosos e inspirados. A profecia de Maomé foi a culminação desses esforços intuitivos e tornou desnecessária qualquer revelação posterior. Daí em diante, as pessoas podiam contar com a razão e a ciência.

No Ocidente, o individualismo infelizmente se convertera numa nova forma de idolatria, pois era agora um fim em si mesmo. As pessoas haviam esquecido que toda verdadeira individualidade provinha de Deus. O gênio do indivíduo podia ser perigoso, se tivesse plena liberdade. Uma raça de super-homens que se julgassem deuses, como Nietzsche imaginara, era uma perspectiva assustadora: as pessoas precisavam de uma norma que transcendesse os caprichos do momento. Cumpria aos muçulmanos defender a natureza do verdadeiro individualismo contra a corrupção do ideal pelo Ocidente. Eles tinham seu ideal sufista do Homem Perfeito, fim da criação e propósito da existência. Ao contrário do super-homem, que se considerava supremo e desprezava a ralé, o Homem Perfeito caracterizava-se por sua total receptividade ao Absoluto e levava as massas consigo. O estado em que o mundo se encontrava demonstrava que o progresso dependia dos talentos de uma elite, capaz de ver além do presente e conduzir a humanidade futuro adentro. Todos atingiriam a perfeita individualidade em Deus. Embora parcial, essa visão do papel do islã era mais sofisticada que muitas tentativas dos ocidentais atuais para justificar o cristianismo às custas do islamismo. As apreensões de Iqbal sobre o ideal do super-homem revelaram-se plenamente válidas, ante o que ocorreu na Alemanha nos últimos dias de sua vida.

A essa altura, os muçulmanos árabes do Oriente Médio já não confiavam tanto em sua capacidade de conter a ameaça ocidental. O ano de 1920, no qual a Grã-Bretanha e a França entraram no Oriente Médio, tornou-se conhecido como *am-al-nakhbah*, o Ano do Desastre, palavra que tem conotações de catástrofe cósmica. Os árabes esperavam obter sua independência após a queda do Império Otomano, e essa nova dominação parecia mostrar que jamais controlariam o próprio destino: até correram rumores de que os ingleses iam entregar a Palestina aos sionistas, como se não existissem árabes locais. A vergonha e a humilhação foram intensas. O estudioso canadense Wilfred Cantwell Smith observa que a lembrança da passada grandeza exacerbou tais sentimentos: "No abismo entre [o árabe moderno] e, por exemplo, o americano moderno, uma questão de importância básica tem sido exatamente a profunda diferença entre uma sociedade com a lembrança da grandeza passada e [outra com] a consciência da grandeza presente".[27] Isso tinha implicações religiosas importantíssimas. O cristianismo é uma religião de sofrimento e adversidade e, ao menos no Ocidente, plenamente autêntica em tempos de crise: não é fácil conciliar a glória terrestre com a imagem de Cristo crucificado. O islamismo, porém, é uma religião do sucesso. O Corão ensina que uma sociedade que vive de acordo com a vontade de Deus (com justiça, igualdade e uma correta distribuição de riqueza) não pode fracassar. A história muçulmana parece confirmar isso. Ao contrário de Cristo, Maomé não foi um fragoroso desastre, mas um retumbante sucesso. Como se não bastassem seus feitos, o islã teve um avanço extraordinário nos séculos VII e VIII. Tudo isso parecia endossar a fé dos muçulmanos: Alá demonstrara extrema eficiência e cumprira sua palavra na arena da história. O sucesso continuou acompanhando seus devotos, que conseguiram superar até mesmo catástrofes como as invasões mongóis. Ao longo dos séculos, a *ummah* adquirira uma importância quase sacramental e revelara a presença de Deus. Agora, porém, parecia que alguma coisa dera errado, e isso inevitavelmente afetava a percepção de Deus. Daí em diante, muitos muçulmanos se dedicariam a recolocar nos trilhos a história islâmica e a fazer valer a visão corânica.

O sentimento de vergonha se exacerbou quando um relacionamento mais estreito com a Europa revelou a profundidade do desprezo ocidental pelo Profeta e por sua religião. Os eruditos muçulmanos se dedicavam cada vez mais à apologética ou a sonhar com triunfos passados — uma mistura perigosa. Deus não ocupava mais o centro do palco. Cantwell Smith acompanhou esse processo, examinando o jornal egípcio *Al-Azhar* entre 1930 e 1948. Nesse período, o jornal teve dois editores. De 1930 a 1933, foi dirigido por al-Khidr Husain, um tradicionalista da melhor espécie, que via sua religião como uma idéia transcendente, e não como uma entidade política e histórica. O islamismo era um imperativo, uma convocação à ação futura, não uma realidade concreta. Como é sempre difícil — e mesmo impossível — encarnar o ideal divino na vida humana, Husain não se afligia com fracassos passados ou presentes da *ummah*. Tinha segurança suficiente para criticar o comportamento dos muçulmanos e usou o verbo "dever" em todas as edições que comandou. Por outro lado, está claro que nem sequer imaginava a angústia de quem queria acreditar e não conseguia: a realidade de Alá é um fato. Num dos primeiros números, Yusuf al-Dijni expõe o antigo argumento teleológico da existência de Deus. Smith observa que o estilo é essencialmente reverencioso e expressa intensa apreciação da beleza e da sublimidade da natureza, que revela a presença divina. Al-Dijni não tem dúvida de que Alá existe. Em seu artigo, medita sobre a existência de Deus, em vez de procurar demonstrá-la logicamente, pouco lhe importando que cientistas ocidentais já tivessem demolido essa "prova". Contudo, sua atitude era anacrônica. A circulação do jornal despencou.

Quando Farid Wajdi assumiu a direção, em 1933, o número de leitores dobrou. A principal preocupação de Wajdi era assegurar a seus leitores que o islamismo estava "bem". Husain nunca teria pensado que o islamismo, uma idéia transcendente na mente de Deus, pudesse precisar de ajuda de vez em quando, mas Wajdi o via como uma instituição humana ameaçada. A necessidade básica é justificar, admirar e aplaudir. Como assinala Cantwell Smith, uma profunda irreligiosidade impregna a obra de Wajdi. Como seus antepassados, ele afirma constantemente que o Ocidente só estava ensinando o que o islamismo descobrira séculos atrás, porém, ao contrário deles, mal se refere a Deus. O que lhe interessa é a realidade humana do "islamismo", e, em certo sentido, esse valor terreno substituíra o Deus transcendente. Conclui Smith:

> O verdadeiro muçulmano não é quem acredita no islamismo — sobretudo o islamismo na história —, e sim quem acredita em Deus e está comprometido com a revelação feita através de seu Profeta. Este é suficientemente admirado. Mas falta o compromisso. E Deus bem pouco aparece em todas essas páginas.[28]

O que aparece é instabilidade, é falta de auto-estima: a opinião do Ocidente se tornara importante demais. Pessoas como Husain haviam compreendido a religião e a centralidade de Deus, mas ignoravam o mundo moderno. As pessoas que estavam a par da modernidade haviam perdido o senso de Deus. Dessa instabilidade se originaria o ativismo político que caracteriza o fundamentalismo moderno, também cada vez mais afastado de Deus.

Os judeus da Europa também foram afetados pela crítica hostil à sua fé. Na Alemanha, filósofos judeus desenvolveram o que chamaram de "ciência do judaísmo", reescrevendo a história judaica em termos hegelianos para refutar a acusação de que sua fé era servil e alienante. O primeiro a tentar essa reinterpretação da história de Israel foi Solomon Formstecher (1808–89), que, em *A religião do espírito* (1841), descreve Deus como uma Alma do mundo, imanente a todas as coisas. Mas, ao contrário do que diz Hegel, o Espírito não depende do mundo. A razão não consegue alcançá-lo, explica Formstecher, retomando a antiga distinção entre a essência e as atividades de Deus. Enquanto Hegel critica o uso da linguagem figurada, Formstecher afirma que o simbolismo é o único veículo apropriado para falar de Deus, pois ele está além dos conceitos filosóficos. Apesar disso, o judaísmo foi a primeira religião que chegou a uma concepção avançada do divino, e em breve mostraria ao mundo o que é uma religião verdadeiramente espiritual.

O paganismo primitivo identificava Deus com a natureza,

Formstecher prossegue. Esse período espontâneo e irrefletido representa a infância da humanidade. Quando atingiram um grau maior de autoconsciência, os seres humanos estavam prontos para uma idéia mais sofisticada da divindade. Começaram a compreender que esse "Deus" ou "Espírito" não estava contido na natureza, mas existia acima e além dela. Os profetas que chegaram a essa nova concepção do divino pregavam uma religião ética. No princípio, acreditavam que recebiam suas revelações de uma força exterior, mas aos poucos foram compreendendo que sua inspiração provinha de sua própria natureza, inundada pelo Espírito. Os judeus foram o primeiro povo a ter essa concepção ética de Deus. Seus longos anos no exílio e a perda de seu Templo os tornaram independentes de escoras e controles externos. E eles adquiriram uma consciência religiosa superior, que lhes possibilitava comunicar-se diretamente com Deus. Não dependiam de sacerdotes intermediários nem eram intimidados por uma Lei estranha, como diziam Hegel e Kant. Aprenderam a encontrar Deus através de sua mente e de sua individualidade. O cristianismo e o islamismo tentaram imitar o judaísmo, mas não tiveram o mesmo sucesso. O cristianismo, por exemplo, conservou muitos elementos pagãos em sua descrição de Deus. Agora que estavam emancipados, os judeus não demorariam a libertar-se inteiramente; deviam preparar-se para esse estágio final de seu desenvolvimento, abandonando as leis cerimoniais, resquício de uma fase menos evoluída de sua história.

Como os reformadores muçulmanos, os expoentes da ciência do judaísmo queriam apresentar sua religião como uma fé inteiramente racional. Mostravam-se particularmente ansiosos para livrar-se da Cabala, que se tornara um embaraço desde o fiasco de Shabbetai Zevi e o surgimento do hassidismo. Assim, Samuel Hirsch, autor de *A filosofia religiosa dos judeus* (1842), escreveu uma história de Israel que ignora a dimensão mística do judaísmo e apresenta uma história ética e racional de Deus, concentrando-se na idéia de liberdade. O ser humano se distingue por sua capacidade de dizer "eu". Essa autoconsciência corresponde a uma liberdade pessoal inalienável. A religião pagã não conseguiu cultivar essa autonomia, pois nos primeiros estágios do desenvolvimento humano o dom da autoconsciência parecia vir de cima. Os pagãos localizaram a fonte de sua liberdade pessoal na natureza e acreditavam que alguns de seus vícios eram inevitáveis. Abraão, porém, recusou esse fatalismo e essa dependência. Estava sozinho diante de Deus, com total comando de si mesmo. Um homem assim encontra Deus em cada aspecto da vida. Deus, o Senhor do Universo, organizou o mundo para nos ajudar a atingir essa liberdade interior e educa todo indivíduo para isso. O judaísmo não é a fé servil que os gentios imaginam. Sempre foi mais avançado que o cristianismo, por exemplo, que renegou suas raízes judaicas e regrediu à irracionalidade e às superstições do paganismo.

Nachman Krochmal (1785–1840), cujo *Guia para os perplexos de nossa época* foi publicado postumamente, em 1841, não recuou do misticismo como seus colegas. Chama "Deus" ou o "Espírito" de "Nada", como os cabalistas, e usa a metáfora cabalística da emanação para descrever a paulatina revelação de si mesmo, feita por Deus. Argumenta que as realizações dos judeus não resultavam de uma abjeta dependência de Deus, mas de obras da consciência coletiva. Ao longo dos séculos, os judeus aperfeiçoaram sua concepção de Deus. Assim, na época do Êxodo, precisavam que Deus revelasse sua presença por meio de milagres. Já na época do retorno da Babilônia, sua percepção mais avançada do divino dispensava sinais e portentos. Para eles, a adoração de Deus não é a ignóbil dependência que os *goyim* imaginam, mas corresponde quase exatamente ao ideal filosófico. A única diferença entre religião e filosofia está na forma de expressão: enquanto a filosofia utiliza conceitos, a religião recorre à linguagem figurada, como observa Hegel. Mas esse tipo de linguagem é apropriado, pois Deus excede todas as nossas idéias sobre ele. Na verdade, não podemos sequer dizer que ele existe, pois nossa experiência da existência é muito parcial e limitada.

A nova segurança decorrente da emancipação recebeu um duro golpe com a violenta onda de anti-semitismo que, em 1881, irrompeu na Rússia e na Europa oriental, sob o czar Alexandre III, e se espalhou para a Europa ocidental. Na França, primeiro país a emancipar os judeus, houve uma histérica onda de anti-semitismo quando o oficial judeu Alfred Dreyfus foi injustamente condenado por traição em 1894. Nesse mesmo ano, Karl Lueger, um anti-semita notório, foi eleito prefeito de Viena. Mas na Alemanha, antes de Adolf Hitler chegar ao poder, os judeus se consideravam seguros. Assim, Hermann Cohen (1842-1918) ainda parecia preocupado com o anti-semitismo metafísico de Kant e Hegel. Disposto a refutar a acusação de que o judaísmo é uma fé servil, nega que Deus seja uma realidade exterior, impondo obediência de cima para baixo, e o reduz a uma simples idéia formada pela mente humana, um símbolo do ideal ético. Discorrendo sobre o episódio bíblico da sarça ardente, em que Deus se define para Moisés como "Eu sou o que sou", argumenta que essa era uma forma primitiva de dizer que o que chamamos de "Deus" é apenas o próprio ser, o qual difere dos *seres* comuns que conhecemos e que só podem participar dessa existência essencial. Em *A religião da razão extraída das fontes do judaísmo* (publicada postumamente, em 1919), Cohen ainda insiste que Deus é mera idéia humana, porém admite o papel emocional da religião em nossa vida. Uma simples idéia ética — como "Deus" — não pode nos consolar. A religião nos ensina a amar o próximo, e por isso podemos dizer que o Deus da religião — em oposição ao Deus da ética e da filosofia — *é* amor.

Essas idéias foram desenvolvidas (a ponto de se tornar irreconhecíveis) por Franz Rosenzweig (1886-1929), que chegou a uma concepção do judaísmo inteiramente diversa da de seus contemporâneos. Além de ter sido um dos primeiros existencialistas, ele ainda formulou idéias semelhantes às das religiões orientais. Sua independência talvez se devesse à sua trajetória religiosa: Rosenzweig abandonou o judaísmo na juventude, tornou-se agnóstico, pensou em se converter ao cristianismo e acabou abraçando o judaísmo ortodoxo. A seu ver, a observância da Torá não estimula uma vil dependência a um Deus tirânico. A religião não se restringe à moralidade, mas é, essencialmente, um encontro com o divino. Como reles seres humanos poderiam encontrar o Deus transcendente? Rosenzweig não explica — esse é um dos pontos fracos de sua filosofia. A tentativa de Hegel de fundir o Espírito com o homem e a natureza não lhe inspira confiança: se vemos nossa consciência como um mero aspecto da Alma do Mundo, não somos realmente indivíduos. Verdadeiro existencialista, Rosenzweig enfatiza o isolamento absoluto de cada ser humano. Cada um de nós está sozinho, perdido e aterrorizado na vasta multidão da humanidade. Só quando Deus se volta para nós, somos redimidos do anonimato e do medo. Portanto, Deus não reduz nossa individualidade, mas nos possibilita atingir a plena autoconsciência.

É impossível encontrarmos Deus pela via antropomórfica. Deus é a Base do ser, está tão ligado à nossa existência que não podemos falar *com* ele como se fosse uma pessoa igual a nós. Não há palavras nem idéias que o descrevam. Porém os mandamentos da Torá estabelecem a ponte entre ele e os humanos. Não se trata apenas de proibições, como imaginam os *goyim*, mas de sacramentos, atos simbólicos que apontam para além de si mesmos e conduzem os judeus à dimensão divina existente em cada um de nós. Como os rabinos, Rosenzweig afirma que os mandamentos são tão obviamente simbólicos — pois muitas vezes não têm sentido em si mesmos — que nos fazem transpor nossas palavras e nossos conceitos limitados e nos levam até o Ser inefável. Ajudam-nos a cultivar uma atitude de escuta, de espera, para que estejamos a postos e atentos à Base de nossa existência. Portanto, os *mitzvot* não funcionam automaticamente. Cabe ao indivíduo apropriar-se de cada *mitzvah*, para que deixe de ser uma ordem exterior e expresse *sua* atitude interior, *seu* imperativo interior. Contudo, embora a Torá seja especificamente judaica, a revelação não se limita ao povo de Israel. Rosenzweig encontra Deus nos símbolos tradicionais judaicos, enquanto um cristão usa símbolos diferentes. As doutrinas sobre Deus não são, basicamente, declarações confessionais, mas símbolos de atitudes interiores. As doutrinas da criação e da revelação, por exemplo, não se referem a acontecimentos reais. Os mitos da revelação expressam nossa experiência pessoal de Deus. Os mitos da criação simbolizam a absoluta contingência da existência humana, o dilacerante reconhecimento de nossa total dependência da Base do ser que possibilita essa existência. Como Criador, Deus só se interessa por suas criaturas quando se revela a cada uma delas, mas, se ele não fosse o Criador, a Base de toda existência, a experiência religiosa não teria sentido para a humanidade e continuaria sendo uma série de ocorrências anormais. Por causa de sua visão universal da religião, Rosenzweig desconfiava do judaísmo político que surgia em resposta ao novo anti-semitismo. Dizia que Israel se tornara um povo no Egito, não na Terra Prometida, e só cumpriria seu destino como povo eterno, cortando os laços com o mundo terreno e não se envolvendo em política.

Mas as vítimas do anti-semitismo achavam que não podiam se dar ao luxo desse descompromisso político. Não podiam ficar sentadas, esperando que o Messias ou Deus as salvasse, mas tinham de redimir seu povo. Em 1882, ano do primeiro *pogrom* na Rússia, um grupo de judeus deixou a Europa oriental para se instalar na Palestina. Estavam convencidos de que continuariam sendo seres humanos incompletos e alienados enquanto não tivessem um país próprio. O anseio pelo retorno a Sião (antigo nome de Jerusalém) começou como um movimento secular, pois as vicissitudes da história haviam convencido os sionistas de que sua religião e seu Deus não funcionavam. Na Rússia e na Europa oriental, o sionismo foi um rebento do socialismo revolucionário, que punha em prática as teorias de Karl Marx. Os revolucionários judeus perceberam que seus camaradas eram tão anti-semitas quanto o czar e temiam que sua sorte não mudasse num regime comunista: os fatos provaram que estavam corretos. Portanto, jovens socialistas ardorosos, como David Ben-Gurion (1886–1973), fizeram as malas e partiram para a Palestina, decididos a criar uma sociedade-modelo que fosse uma luz para os gentios e anunciasse o milênio socialista. Outros não perderam tempo com esses sonhos marxistas. O carismático austríaco Theodor Herzl (1860–1904) viu a aventura judaica como um empreendimento colonial: sob a proteção de uma das potências imperiais européias, o Estado judeu seria uma vanguarda do progresso no deserto islâmico.

Apesar de seu declarado secularismo, o sionismo instintivamente se expressava numa terminologia religiosa convencional e, na essência, era uma religião sem Deus. Acalentava muitas esperanças extáticas e místicas para o futuro e recorria a antigos temas de redenção, peregrinação e renascimento. Os sionistas chegaram a adotar a prática de mudar de nome, como sinal do eu redimido. Assim, Asher Ginsberg, um dos primeiros propagandistas, passou a se chamar Ahad Ha'am (Alguém do Povo). Era agora seu próprio senhor, porque se identificara com o novo espírito nacional, embora não achasse viável um Estado judeu na Palestina. Queria ali apenas um "centro espiritual" que substituísse Deus como foco único do povo de Israel, funcionasse como "um guia para todos os assuntos da vida", alcançasse "as profundezas do coração" e tivesse relação com "todos os sentimentos pessoais". Os sionistas inverteram a velha orientação religiosa. Ao invés de voltar-se para um Deus transcendente, os judeus buscavam realização aqui na terra. O termo hebraico *hagshamah* (literalmente, "concretizar") tinha uma conotação negativa na filosofia judaica medieval, referindo-se ao hábito de atribuir a Deus características humanas ou físicas. No sionismo, passou a significar realização, a materialização das esperanças de Israel no âmbito mundano. A santidade não mais habitava no céu: a Palestina era uma terra "santa" no sentido mais pleno da palavra.

A medida dessa santidade transparece nos textos de um dos primeiros pioneiros, Aaron David Gordon (1856–1922), que foi um judeu ortodoxo e cabalista até os 47 anos, quando se converteu ao sionismo. Frágil e doente, de cabelo e barba brancos, Gordon trabalhava nos campos com os jovens colonos e, à noite, pulava com eles, em êxtase, gritando "Alegria!... Alegria!". Em tempos passados, escreveu, a experiência de reunião com a terra de Israel teria sido chamada de revelação da Shekinah. A Terra Santa se tornara um valor sagrado; tinha um poder espiritual acessível unicamente aos judeus, que haviam criado o espírito judaico. Ao descrever essa santidade, Gordon usa termos cabalísticos antes aplicados ao misterioso reino de Deus:

A alma do judeu é fruto do ambiente natural da terra de Israel. *Claridade*, as profundezas de um céu infinitamente claro, uma perspectiva clara, *névoas de pureza*. Mesmo o divino desconhecido como que desaparece nessa claridade, passando da *limitada luz manifesta* para a *infinita luz oculta*. As pessoas deste mundo não entendem nem essa clara perspectiva, nem esse luminoso desconhecido na alma judaica.[29]

No princípio, Gordon achou assustadora e estranha essa paisagem do Oriente Médio, tão diferente de sua Rússia natal. Mas percebeu que podia torná-la sua pelo trabalho (*avodah*, uma palavra que também se refere ao ritual religioso). Trabalhando a terra, que os sionistas diziam ter sido negligenciada pelos árabes, os judeus a conquistariam para si e ao mesmo tempo se redimiriam da alienação do exílio.

Os sionistas socialistas chamaram seu movimento pioneiro de Conquista do Trabalho: seus *kibbutzim* equivaliam a mosteiros seculares, onde viviam em comunidade e preparavam a própria salvação. O cultivo da terra levou a uma experiência mística de renascimento e amor universal. Gordon explica:

À medida que minhas mãos se acostumavam à labuta, que meus olhos e meus ouvidos aprendiam a ver e ouvir e meu coração a compreender o que tem dentro de si, também minha alma aprendia a saltar sobre as colinas, a elevar-se, a voar — a estender-se por distâncias que não conhecia, a abarcar toda a terra ao redor, o mundo e tudo que ele contém, e a ver-se nos braços do universo.[30]

O trabalho dos sionistas era uma prece secular. Por volta de 1927, o jovem pioneiro e erudito Avraham Schlonsky (1900–73), que se dedicava à construção de estradas, escreveu o seguinte poema à terra de Israel:

Veste-me, boa mãe, num glorioso traje de muitas cores,
e, ao amanhecer, conduz-me a meu trabalho.

Minha terra se envolve em luz como num xale de oração.
As casas se destacam como faixas na testa;
e as pedras, assentadas à mão, escorrem como filactérios.
Aqui a bela cidade diz a prece matinal a seu criador.
E entre os criadores está teu filho Avraham,
um bardo construtor de estradas em Israel.[31]

O sionista não precisa mais de Deus; ele próprio é o criador.

Outros sionistas retiveram uma fé mais convencional. O cabalista Abraham Isaac Kook (1865–1935), que atuou como rabino-chefe da comunidade judaica palestina, teve pouco contato com o mundo gentio antes de ir para Israel. Dizia que, enquanto fosse definido como o servo de um Ser especial, separado dos ideais e deveres da religião, o conceito de servir a Deus não estaria "livre da perspectiva imatura que sempre se concentra em seres especiais".[32] Deus não é mais um Ser: En Sof transcende todos os conceitos humanos, como, por exemplo, personalidade. Pensar em Deus como um ser especial é idolatria e denota mentalidade primitiva. Kook estava mergulhado na tradição judaica, porém não se afligia com a ideologia sionista. Os trabalhistas pensavam que haviam se livrado da religião, mas esse sionismo ateu era apenas uma fase. Deus atuava nos pioneiros: as "centelhas" divinas estavam presas nessas "cascas" de trevas e esperavam a redenção. Acreditassem nisso ou não, os judeus eram, em sua essência, inseparáveis de Deus e cumpriam o plano divino sem saber. Durante o exílio, o Espírito Santo os abandonara. Eles esconderam a Shekinah em sinagogas e salas de estudos, mas em breve Israel se tornaria o centro espiritual do mundo e revelaria a verdadeira concepção de Deus aos gentios.

Esse tipo de espiritualidade é potencialmente perigoso. O amor à Terra Santa daria origem à idolatria do fundamentalismo judaico em nossa época. A devoção ao "islã" histórico contribuíra para um fundamentalismo semelhante entre os muçulmanos. Judeus e muçulmanos lutavam para encontrar sentido num mundo sombrio. O Deus da história aparentemente lhes falhara. Os sionistas tinham razão em temer a eliminação de seu povo. Para muitos judeus, a idéia tradicional de Deus se tornaria uma impossibilidade após o Holocausto. Elie Wiesel, laureado com o prêmio Nobel, viveu apenas para Deus quando era criança; sua vida se pautava pelas disciplinas do Talmude, e ele esperava um dia iniciar-se nos mistérios da Cabala. Adolescente, foi levado para Auschwitz e depois para Buchenwald. Em sua primeira noite no campo da morte, vendo a fumaça negra que saía do crematório onde os corpos de sua mãe e sua irmã seriam lançados, ele entendeu que as chamas haviam consumido sua fé para sempre. Estava num mundo que era o objetivo correlativo do mundo sem Deus imaginado por Nietzsche. "Eu jamais esqueceria aquele silêncio noturno que me privou, por toda a eternidade, do desejo de viver", escreveu anos depois. "Jamais esquecerei aqueles momentos que assassinaram meu Deus e minha alma e reduziram meus sonhos a pó."[33]

Um dia a Gestapo enforcou uma criança. Até os SS se perturbaram com a perspectiva de enforcar um garoto diante de milhares de espectadores. O menino tinha o rosto de "um anjo de olhos tristes", lembra Wiesel, e subiu ao patíbulo em silêncio, lividamente pálido e quase calmo. "Onde está Deus? Onde está Ele?", um preso perguntou. A criança levou uma hora para morrer, e os prisioneiros foram obrigados a olhar para seu rosto. O mesmo homem tornou a perguntar: "Onde está Deus agora?". E Wiesel ouviu a resposta dentro de si: "Onde está Ele? Está ali, pendurado naquele patíbulo".[34]

Dostoiévski disse que a morte de uma única criança podia tornar Deus inaceitável, mas nem ele, que conhecia a desumanidade, imaginou a morte de uma criança nessas circunstâncias. O horror de Auschwitz desafia muitas das idéias convencionais sobre Deus. O Deus remoto dos filósofos, perdido numa transcendente *apatheia*, torna-se intolerável. Muitos judeus não conseguem mais aceitar a idéia bíblica de um Deus que se manifesta na história e que, dizem com Wiesel, morreu em Auschwitz. A idéia de um Deus pessoal, igual a nós, envolve numerosas dificuldades. Se esse Deus é onipotente, podia ter impedido o Holocausto. Se não podia, é impotente e inútil; se podia e não o fez, é um monstro. Os judeus não são o único povo a acreditar que o Holocausto pôs fim à teologia convencional.

Mas também é verdade que, mesmo em Auschwitz, alguns judeus continuaram estudando o Talmude e observando as festas tradicionais, não porque esperassem que Deus os resgatasse, e sim porque fazia sentido. Conta-se que um dia, em Auschwitz, alguns judeus levaram Deus a julgamento. Acusaram-no de crueldade e traição. Como Jó, não encontraram consolação nas respostas habituais para o problema do mal e do sofrimento. Não conseguiram encontrar desculpas para Deus, nem circunstâncias atenuantes, por isso o declararam culpado e, supõe-se, digno de morrer. O rabino pronunciou a sentença. Depois ergueu o olhar e declarou encerrado o julgamento: estava na hora da prece vespertina.

11. DEUS TEM FUTURO?

Ao nos aproximarmos do fim do segundo milênio, parece provável que o mundo que conhecemos esteja morrendo. Há décadas criamos armas capazes de varrer a vida humana do planeta. Embora a Guerra Fria possa ter acabado, a nova ordem mundial não é menos assustadora que a antiga. Enfrentamos a possibilidade de um desastre ecológico. O vírus da aids ameaça causar uma peste de proporções incontroláveis. Dentro de duas ou três gerações, a população se tornará grande demais para o planeta sustentar. Milhões estão morrendo de fome e sede. Gerações anteriores acharam que o fim do mundo estava próximo, mas parece que estamos diante de um futuro inimaginável. Como a idéia de Deus sobreviverá? Durante 4 mil anos, ela se adaptou constantemente para satisfazer às exigências do momento, mas no século XX já não funciona para um número cada vez maior de pessoas, e as idéias religiosas desaparecem quando perdem a eficácia. Talvez Deus seja de fato uma idéia do passado. O estudioso americano Peter Berger observa que muitas vezes usamos dois pesos e duas medidas quando comparamos o passado com o presente. Enquanto o passado é analisado e se torna relativo, o presente fica imune a esse processo, e nossa atual posição se converte num absoluto: assim, o analista considera "os autores do Novo Testamento aflitos com a falsa consciência enraizada na época *deles*, mas vê como pura bênção intelectual a consciência de sua *própria* época".[1] Para os secularistas do século XIX e início do XX, o ateísmo é a condição irreversível da humanidade na era científica.

Muita coisa sustenta essa opinião. Na Europa, as igrejas estão se esvaziando; o ateísmo já não é a ideologia de uns poucos pioneiros intelectuais, mas um estado de espírito predominante.

Antes, derivava de uma determinada idéia de Deus, porém agora parece que perdeu sua relação natural com o teísmo e se tornou uma resposta automática à experiência da vida numa sociedade secularizada. Como a multidão que se diverte com o louco de Nietzsche, muitos não se abalam com a perspectiva de uma vida sem Deus. Outros se sentem aliviados com sua ausência. Quem já teve problemas com a religião acha ótimo livrar-se de um Deus que lhe aterrorizou a infância. É maravilhoso não ter de se acovardar diante de uma divindade vingativa, que nos ameaça com a danação eterna, se não nos ativermos a suas regras. Temos uma nova liberdade intelectual e podemos seguir nossas próprias idéias; já não precisamos contornar difíceis artigos de fé, com a constante sensação de estar perdendo a integridade. Imaginamos que a divindade hedionda que conhecemos é o autêntico Deus dos judeus, dos cristãos e dos muçulmanos, e nem sempre percebemos que se trata apenas de uma lamentável aberração.

Há também desolação. Jean-Paul Sartre (1905–80) fala do buraco em forma de Deus na consciência humana, onde Deus sempre esteve. Apesar disso, insiste que, se Deus existisse, seria necessário rejeitá-lo, pois é uma idéia que anula nossa liberdade. A religião tradicional nos diz que devemos nos amoldar à idéia divina da humanidade para nos tornar plenamente humanos. Ao contrário, devemos ver os seres humanos como a liberdade encarnada. O ateísmo de Sartre não é um credo consolador, mas para outros existencialistas a ausência de Deus equivale a uma libertação. Maurice Merleau-Ponty (1908–61) afirma que, ao invés de aumentar nosso senso do prodígio, Deus na verdade o aniquila. Como representa a perfeição absoluta, nada nos resta para fazer ou conseguir. Albert Camus (1913–60) prega um ateísmo heróico. Incita-nos a rejeitar Deus, para dedicarmos toda a nossa solicitude à humanidade. Como sempre, os ateus têm certa razão. Deus realmente foi usado para tolher a criatividade; se fazem dele uma resposta para todo tipo de problema e toda contingência possíveis, ele pode mesmo anular nosso senso do prodígio ou da realização. Um ateísmo apaixonado e engajado pode ser mais religioso que um teísmo morno ou inadequado.

Na década de 1950, positivistas lógicos como Alfred Jules Ayer (1910-91) perguntaram se fazia sentido acreditar em Deus. As ciências naturais seriam a única fonte confiável de conhecimento, porque podem ser testadas empiricamente. Ayer não pergunta se Deus existe ou não, mas se a idéia de Deus tem algum sentido. Explica que uma afirmação não tem sentido se não sabemos como averiguar seu acerto ou erro. "Há vida inteligente em Marte" não é uma afirmação desprovida de sentido, pois sabemos como poderemos verificá-la, quando tivermos a tecnologia necessária. Do mesmo modo, o indivíduo simples que acredita no tradicional Pai Eterno não faz uma afirmação sem sentido, quando diz "Creio em Deus", pois poderá descobrir, após a morte, se acreditou em vão ou não. O crente mais sofisticado é que tem problemas, quando diz: "Deus não existe em qualquer sentido que possamos entender" ou "Deus não é bondoso no sentido humano da palavra". Tais declarações são muito vagas; é impossível saber como poderiam ser testadas; portanto, não têm sentido. "O teísmo é tão confuso, e as frases em que 'Deus' aparece são tão incoerentes e tão inverificáveis, que falar de crença ou descrença, fé ou não-fé, é logicamente impossível", diz Ayer.[2] O ateísmo é tão ininteligível e sem sentido quanto o teísmo. Nada no conceito de "Deus" é suscetível de negação ou ceticismo.

Como Freud, os positivistas consideravam a crença religiosa uma imaturidade que a ciência haveria de superar. Desde a década de 1950, filósofos da linguagem criticam o positivismo lógico, observando que é impossível verificar o que Ayer chama de Princípio da Verificação. Hoje já não somos tão otimistas em relação à ciência, que só pode explicar o mundo da natureza física. Wilfred Cantwell Smith lembra que os positivistas lógicos se afirmaram como cientistas numa época em que, pela primeira vez na história, a ciência via o mundo natural dissociado da humanidade.[3] O tipo de declaração a que Ayer se refere funciona muito bem com os fatos objetivos da ciência, mas não com as experiências humanas, menos definidas. Como a poesia ou a música, a religião não se presta a esse tipo de discurso e verificação. Mais recentemente, filósofos da linguagem como Antony Flew dizem que é mais racional chegar a uma explicação natural que a uma explicação religiosa. As velhas "provas" não funcionam: o argumento do plano divino se desfaz porque precisaríamos sair do sistema para verificar se os fenômenos naturais são motivados por suas próprias leis ou por Algo externo. O argumento de que somos "contingentes" ou "falhos" nada prova, pois sempre pode haver uma explicação última, mas não sobrenatural. Flew é menos otimista que Feuerbach, Marx e os existencialistas. Não há rebeldia heróica, mas apenas um compromisso objetivo com a razão e a ciência, o único caminho.

Vimos, porém, que nem todas as pessoas religiosas se voltavam para "Deus" em busca de uma explicação do universo. Para muitas as provas eram uma cortina de fumaça. A ciência só era vista como uma ameaça pelos cristãos ocidentais que interpretavam as Escrituras ao pé da letra e achavam que as doutrinas lidavam com fatos objetivos concretos. Os cientistas e os filósofos que não encontraram espaço para Deus em seus sistemas geralmente se referem à idéia de Deus como Causa Primeira, noção que judeus, muçulmanos e cristãos ortodoxos gregos acabaram abandonando na Idade Média. O "Deus" mais subjetivo que eles buscavam não podia ser provado como se fosse um fato objetivo, idêntico para todos. Localizá-lo num sistema físico do universo era tão impossível quanto localizar o nirvana budista.

Mais dramáticos que os filósofos da linguagem são os teólogos radicais da década de 1960, que entusiasticamente seguiram Nietzsche e proclamaram a morte de Deus. Em *The gospel of christian atheism* (1966), Thomas J. Altizer afirma que a "boa nova" da morte de Deus nos libertou da escravidão a uma tirânica divindade transcendente: "Só aceitando e mesmo querendo a morte de Deus em nossa experiência, podemos nos livrar de um além transcendente, um além estranho, esvaziado e escurecido pela auto-alienação de Deus em Cristo".[4] Altizer fala em termos místicos da noite negra da alma e da dor do abandono.

A morte de Deus representa o silêncio necessário para que Deus volte a ter sentido. Todas as nossas antigas concepções de divindade precisam morrer para que a teologia renasça. Estamos esperando uma linguagem e um estilo em que Deus mais uma vez se torne uma possibilidade. A teologia de Altizer é uma apaixonada dialética que ataca o tenebroso mundo sem Deus na esperança de que revele seu segredo. Paul van Buren é mais preciso e lógico. Em *The secular meaning of the Gospel* (1963), declara impossível falar de atuação de Deus no mundo. A ciência e a tecnologia invalidaram a velha mitologia. A fé simples no Pai Eterno é claramente inviável, assim como a crença mais sofisticada dos teólogos. Devemos passar sem Deus e apegar-nos a Jesus de Nazaré. O Evangelho é "a boa nova de um homem livre que libertou outros homens". Jesus de Nazaré é o libertador, "o homem que mostra o que significa ser homem".[5]

Em *Radical theology and the death of God* (1966), William Hamilton explica que esse tipo de teologia se originou nos Estados Unidos, que sempre tiveram inclinação para a utopia e não possuem grande tradição teológica. As imagens da morte de Deus representam a anomia e o barbarismo da era técnica, que torna impossível acreditar no Deus bíblico como antigamente. Hamilton vê essa disposição teológica como um modo de ser protestante no século XX. Lutero deixou o claustro e saiu para o mundo. Da mesma forma, ele e os outros cristãos radicais eram declaradamente homens seculares. Afastaram-se do lugar sagrado onde Deus estava para encontrar o homem Jesus em seu próximo, no mundo da tecnologia, do poder, do sexo, do dinheiro, da cidade. O homem secular moderno não precisava de Deus. Hamilton não tinha dentro de si nenhum buraco em forma de Deus: encontraria sua própria solução no mundo.

Há algo pungente nesse alegre otimismo da década de 1960. Sem dúvida, os radicais estavam certos ao dizer que os velhos modos de falar sobre Deus se tornaram impossíveis para muita gente, mas, na década de 1990, infelizmente é difícil pensar que a libertação e um novo amanhecer estão próximos. Mesmo naquela época, os teólogos da Morte de Deus foram criticados, pois sua perspectiva era a do americano branco, rico e de classe média. Teólogos negros como James H. Cone perguntavam com que direito os brancos proclamavam a liberdade decorrente da morte de Deus, se haviam escravizado pessoas em nome de Deus. O teólogo judeu Richard Rubenstein não conseguia entender como eles podiam estar tão seguros sobre a humanidade sem Deus logo após o Holocausto nazista. A seu ver, a divindade concebida como Deus da História morrera para sempre em Auschwitz. Mas os judeus não podiam jogar fora a religião nem abandonar seu passado, depois de quase ter sido extintos na Europa. O Deus decente e moral do judaísmo liberal de nada servia, porém. Era antisséptico demais; ignorava a tragédia da vida e pensava que o mundo haveria de se aprimorar. Rubenstein preferia o Deus dos místicos. Achava comovente a doutrina luriânica do *tsimtsum*, o afastamento voluntário de Deus que deu vida ao mundo criado. Para todos os místicos Deus é o Nada do qual viemos e ao qual retornaremos. Rubenstein concordava com Sartre em que a vida é vazia; via o Deus dos místicos como uma maneira criativa de entrar nessa experiência humana do nada.[6]

Outros teólogos judeus também encontraram conforto na Cabala luriânica. Hans Jonas considera impossível acreditarmos na onipotência de Deus depois de Auschwitz. Quando Deus criou o mundo, limitou-se voluntariamente e assumiu a fraqueza humana. Não pode fazer mais nada, e cabe a nós restaurar a plenitude da Divindade e do mundo mediante a prece e a Torá. Já o teólogo britânico Louis Jacobs não gosta dessa idéia; acha grosseira e antropomórfica a imagem do *tsimtsum* e nos encoraja a perguntar, de maneira demasiado literal, *como* Deus criou o mundo. Deus não limita a si mesmo prendendo a respiração, por assim dizer, antes de exalar. Um Deus impotente é inútil e não pode ser o sentido da existência humana. É melhor retomarmos a explicação clássica de que Deus é maior que nós e não pensa nem age como nós. Ele pode ser incompreensível, mas resta-nos a opção de confiar nesse Deus inefável e afirmar *um* sentido, mesmo em meio à falta de sentido. O teólogo católico romano Hans Kung concorda com Jacobs, preferindo uma explicação mais racional para a tragédia que o fantasioso mito do *tsimtsum*. Argumenta que não podemos ter fé num Deus fraco, mas no Deus vivo, que deu a seus devotos força suficiente para rezar em Auschwitz.

Algumas pessoas acham impossível encontrar sentido na idéia de Deus. O teólogo suíço Karl Barth (1886–1968) opunha-se ao protestantismo liberal de Schleiermacher, com sua ênfase na experiência religiosa, mas também combatia a teologia natural. Achava errado tentar explicar Deus em termos racionais, por causa das limitações da mente humana e porque a humanidade fora corrompida pela Queda. Portanto, qualquer idéia natural sobre Deus só pode ser falha, e adorar tal Deus é idolatria. A única fonte válida de conhecimento de Deus é a Bíblia. O que parece conter todas as desvantagens possíveis: a experiência está ausente, assim como a razão natural; a mente humana é corrupta e indigna de confiança; e não há possibilidade de aprender com as outras religiões, pois a Bíblia é a única revelação válida. Parece doentio combinar um ceticismo tão radical quanto aos poderes do intelecto com uma aceitação tão passiva das verdades das Escrituras.

Paul Tillich (1868–1965) estava convencido de que o Deus pessoal do teísmo ocidental tradicional deveria sumir, mas também considerava a religião necessária à humanidade. A ansiedade profunda faz parte da condição humana: não é neurótica, porque é inextirpável e imune a terapia. Vivemos com o medo da perda e o terror da extinção ante nossa paulatina mas inexorável decadência física. Para Tillich, como para Nietzsche, o Deus pessoal é uma idéia nociva e merece morrer:

> O conceito de um "Deus Pessoal" interferindo nos fatos naturais, ou sendo "uma causa independente de fatos naturais", faz de Deus um objeto natural como qualquer outro, um objeto entre outros, *um* ser entre seres, talvez supremo, porém, ainda assim, um ser. Isso é a destruição não só do sistema físico como, e mais ainda, de qualquer idéia significativa de Deus.[7]

Um Deus que se intromete no universo é absurdo; um Deus que cerceia a liberdade e a criatividade humanas é um tirano. Visto como um eu num mundo próprio, um ego que se relaciona com um tu, uma causa separada de seu efeito, "Deus" se torna *um* ser, não o Ser em si. Um tirano onipotente e onisciente não difere muito dos ditadores terrenos, que transformam tudo e todos em simples peças da engrenagem que controlam. Um ateísmo que rejeita tal Deus justifica-se plenamente.

Devemos, pois, buscar um "Deus" acima desse Deus pessoal. Não há nada de novo nisso. Desde os tempos bíblicos, os teístas sabiam da natureza paradoxal do Deus ao qual rezavam, sabiam que o Deus personalizado era contrabalançado pela divindade essencialmente transpessoal. A prece é uma contradição, pois tenta falar com alguém desprovido de fala; pede favores a alguém que já os concedera ou não; trata de "vós" um Deus que, como o Ser em si, está mais próximo do "eu" que nosso próprio ego. Tillich prefere a definição de Deus como a Base do ser. A participação num Deus acima de "Deus" não nos aliena do mundo, mas mergulha-nos na realidade, que retorna a nós. Temos de usar símbolos quando nos referimos ao Ser-em-si: falar literal ou realisticamente sobre ele é impreciso e inautêntico. Durante séculos, os símbolos "Deus", "providência" e "imortalidade" tornaram suportáveis o terror da vida e o horror da morte, mas, quando esses símbolos perdem seu poder, há medo e dúvida. As pessoas que sentem esse pavor e essa ansiedade devem buscar o "Deus" desacreditado de um teísmo que perdeu a força simbólica.

Dirigindo-se a leigos, Tillich preferia substituir o termo "Base do ser", um tanto técnico, por "interesse último". Enfatizava que a experiência humana da fé nesse "Deus acima de Deus" não é um estado peculiar, distinguível de outros em nossa vivência emocional ou intelectual. Não se pode dizer: "Estou tendo agora uma experiência 'religiosa'", pois o Deus que é Ser precede nossas emoções de coragem, esperança e desespero e lhes é fundamental. Não é um estado distinto, com um nome próprio, mas impregna cada uma de nossas experiências habituais. Um século antes, Feuerbach fizera uma afirmação semelhante ao declarar que Deus é inseparável da psicologia humana normal. Agora esse ateísmo fora transformado num novo teísmo.

Os teólogos liberais tentavam descobrir se era possível ter fé e pertencer ao mundo intelectual moderno. Ao formar sua nova concepção de Deus, voltaram-se para outras disciplinas: ciência, filosofia, psicologia, sociologia e outras religiões. Tampouco havia novidade nessa tentativa. Orígenes e Clemente de Alexandria eram cristãos liberais já no século III, quando introduziram o platonismo na religião semita de Javé. Agora o jesuíta Pierre Teilhard de Chardin (1881–1955) combinava essa crença em Deus com a ciência moderna. Paleontólogo com especial interesse pela vida pré-histórica, usou seu conhecimento da evolução para escrever uma nova teologia. Via toda a luta da evolução como uma força divina que impelia o universo da matéria em direção ao espírito, à personalidade e, finalmente, para além da personalidade, em direção a Deus. Deus era imanente e encarnado no mundo, que se tornara um sacramento de sua presença. Em vez de se concentrar no homem Jesus, os cristãos deviam cultivar o retrato cósmico de Cristo, presente nas epístolas de Paulo aos colossenses e aos efésios: nessa perspectiva, Cristo é o "ponto ômega" do universo, o clímax do processo evolutivo, em que Deus se torna tudo. As Escrituras nos dizem que Deus é amor, e a ciência mostra que o mundo natural avança para uma complexidade cada vez maior *e* para maior unidade nessa variedade. Essa unidade-na-diferenciação era outra forma de ver o amor que anima toda a criação. Chardin foi criticado por identificar Deus com o mundo de maneira tão cabal que esvaziava todo o seu sentido de transcendência, mas sua teologia voltada para as coisas deste mundo foi uma agradável mudança em relação ao *contemptus mundi* que tantas vezes caracterizou a espiritualidade católica.

Nos Estados Unidos, na década de 1960, Daniel Day Williams (n. 1910) desenvolveu a chamada teologia do processo, que também enfatiza a unidade entre Deus e o mundo. Williams recebeu forte influência do filósofo inglês Alfred North

Whitehead (1861-1947), para quem Deus está inextricavelmente ligado ao processo do mundo. Whitehead também não entendia Deus como outro Ser, auto-suficiente e impassível, mas formulou uma versão século XX da idéia profética do *pathos* divino:

> Afirmo que Deus sofre ao participar da vida em andamento na sociedade do ser. Sua participação no sofrimento do mundo constitui o exemplo supremo de conhecimento, aceitação e transformação do sofrimento do mundo em amor. Estou afirmando a sensibilidade divina. Sem ela, não consigo entender o ser de Deus.[8]

Para ele Deus é "o grande companheiro, o irmão sofredor, que compreende". Williams gostou dessa definição; gostava de falar de Deus como "comportamento" do mundo, ou "fato".[9] É errado contrapor a ordem sobrenatural ao mundo natural de nossa experiência. Existe apenas uma ordem de ser. Mas não se trata de reducionismo. Nosso conceito do natural deve abarcar *todas* as aspirações, capacidades e potencialidades que outrora pareciam miraculosas. Também deve incluir nossas "experiências religiosas", como os budistas sempre afirmaram. Quando lhe perguntavam se, a seu ver, Deus está separado da natureza, Williams respondia que não tinha certeza. Detestava a velha idéia grega da *apatheia*, que achava quase blasfema, por apresentar um Deus distante, indiferente e egoísta. Negava que estivesse defendendo o panteísmo. Sua teologia tentava simplesmente corrigir um desequilíbrio, que resultara num Deus alienador, inaceitável depois de Auschwitz e Hiroshima.

Outros eram menos otimistas em relação às conquistas do mundo moderno e queriam reter a transcendência de Deus como um desafio para homens e mulheres. O jesuíta Karl Rahner desenvolveu uma teologia mais transcendental, em que Deus é o supremo mistério e Jesus é a manifestação definitiva do que a humanidade pode vir a ser. Bernard Lonergan também enfatizou a importância da transcendência e do pensamento, em oposição à experiência. O intelecto sozinho não consegue alcançar a visão que busca: continuamente esbarra em obstáculos ao entendimento que exigem mudança de atitude. Em todas as culturas, os mesmos imperativos impelem os indivíduos a ser inteligentes, responsáveis, razoáveis, afetuosos e, se necessário, a mudar. A própria natureza da humanidade, exige, portanto, que transcendamos a nós mesmos e a nossas percepções, e esse princípio indica a presença do que se chamou de divino no âmago da investigação séria. Mas o teólogo suíço Hans Urs von Balthasar acredita que, em vez de buscar Deus na lógica e em abstrações, devíamos nos voltar para a arte: a revelação católica consiste, essencialmente, na Encarnação. Em brilhantes estudos de Dante e Boaventura, Balthasar mostra que os católicos "viram" Deus em forma humana. Sua ênfase na beleza dos gestos rituais, do drama e dos grandes artistas católicos indica que encontrar Deus cabe aos sentidos e não ao intelecto.

Muçulmanos e judeus também vasculharam o passado em busca de idéias de Deus adequadas ao presente. Abu al-Kalam Azad (m. 1959), notável teólogo paquistanês, procurou no Corão uma maneira de ver Deus não tão transcendente que o anulasse e não tão pessoal que o tornasse um ídolo. Azad destaca o simbolismo do discurso corânico, o equilíbrio entre as descrições metafóricas, figurativas e antropomórficas e os constantes lembretes de que Deus é incomparável. Outros recorreram aos sufistas para tentar entender a relação de Deus com o mundo. O sufista suíço Frithjof Schuon retomou a doutrina da Unicidade da Existência (*Wahdat al-Wujud*), segundo a qual Deus é a *única* realidade, nada existe além dele, e o mundo é divino. Schuon lembra que essa é uma verdade esotérica e só pode ser entendida no contexto das disciplinas místicas do sufismo.

Outros tornaram Deus mais acessível às pessoas e mais relevante para o desafio político da época. Nos anos que antecederam a revolução iraniana, o jovem filósofo leigo Ali Shariati atraiu multidões de admiradores entre pessoas cultas da classe média. Foi em grande parte responsável pela mobilização dessas pessoas contra o xá, embora os mulás desaprovassem boa parte de sua mensagem religiosa. Nas passeatas, os manifestantes levavam seu retrato junto com o do aiatolá Khomeini, embora não se soubesse bem qual seria sua posição no novo Irã. Shariati estava convencido de que a ocidentalização afastara os muçulmanos de suas raízes culturais e, para sanar esse mal, eles deviam reinterpretar os velhos símbolos de sua fé. Maomé fizera a mesma coisa, quando dera relevância monoteísta aos antigos ritos pagãos do *hajj*. Em seu livro *Hajj*, Shariati conduz seus leitores a Meca, formulando, paulatinamente, uma concepção dinâmica de Deus, que cumpre a cada peregrino recriar. Assim, chegando à Caaba, os peregrinos compreenderiam que o santuário tem de ser vazio: "Este não é vosso destino final; a Caaba é um sinal, para que não erreis o caminho; apenas vos mostra a direção".[10] A Caaba atesta a importância de transcender todas as expressões humanas do divino, que não devem se tornar fins em si mesmas. Por que a Caaba é um simples cubo, sem nenhum adorno? Porque representa "o segredo de Deus no universo: Deus não tem forma, nem cor, nem paralelo; qualquer figura ou condição que a humanidade escolha, veja ou imagine, não é Deus".[11] O *hajj* é a antítese da alienação de muitos iranianos no período pós-colonial. Simboliza o curso existencial de cada ser humano, que dá uma guinada e dirige sua vida para o Deus inefável. A fé ativista de Shariati era perigosa: a polícia secreta do xá torturou-o e deportou-o e pode ter sido responsável por sua morte em Londres, em 1977.

Martin Buber (1878–1965) tinha uma visão igualmente dinâmica do judaísmo como processo espiritual e luta pela unidade elementar. A religião consiste no encontro com um Deus pessoal, que quase sempre ocorre em nossos encontros com outros seres humanos. Existem duas esferas: o reino de espaço e tempo, em que nos relacionamos com outros seres como sujeito e objeto, como eu-isso; e o reino em que nos relacionamos com outros seres como realmente são, vendo-os como fins em si mesmos. Este é o reino do eu-tu, que revela a presença de Deus. A vida é um interminável diálogo com Deus, que não ameaça nossa liberdade nem nossa criatividade, pois Deus jamais nos diz *o que* nos pede. Nós o sentimos como uma presença e um imperativo e temos de decifrar a mensagem por nós mesmos. Buber rompia, assim, com grande parte da tradição judaica, e sua exegese dos textos tradicionais é às vezes forçada. Como kantiano, ele não tinha interesse na Torá, que achava alienadora: Deus não é legislador! O encontro eu-tu significa liberdade e espontaneidade, não o peso de uma tradição passada. Contudo, os *mitzvot* são fundamentais para boa parte da espiritualidade judaica, e isso pode explicar por que Buber tem sido mais popular entre os cristãos que entre os judeus.

Embora entendesse que o termo "Deus" fora conspurcado e degradado, Buber se recusava a abrir mão dele. "Onde iria encontrar uma palavra equivalente para descrever a mesma realidade?" Seu significado é amplo e complexo, suas conotações sagradas são numerosas. Deve-se respeitar os que o rejeitam, pois muitas coisas pavorosas foram feitas em seu nome:

> É fácil compreender por que alguns propõem um período de silêncio sobre "as últimas coisas", para que se possa redimir as palavras maltratadas. Mas essa não é a forma de redimi-las. Não podemos limpar o termo "Deus" nem torná-lo íntegro; contudo, manchado e machucado como está, podemos erguê-lo do chão e colocá-lo acima de uma hora de grande dor.[12]

Ao contrário de outros tradicionalistas, Buber não se opunha ao mito: considerava crucial o simbolismo do mito luriânico das centelhas divinas presas no mundo. A separação das centelhas da Divindade representa a experiência humana da alienação. Quando nos relacionamos com os outros, restauramos a unidade primordial e reduzimos a alienação no mundo.

Enquanto Buber se voltou para a Bíblia e o hassidismo, Abraham Joshua Heschel retornou ao espírito dos rabinos e do Talmude. Ao contrário de Buber, ele acreditava que os *mitzvot* ajudariam os judeus a enfrentar os aspectos desumanizadores da modernidade, por satisfazer a necessidade de Deus, e não a nossa. A vida moderna se caracteriza pela despersonalização e pela exploração: até mesmo Deus é reduzido a uma coisa que podemos manipular e usar para nossos propósitos. Por conseguinte, a religião se tornou maçante e insípida; precisamos de uma "teologia de profundidade", para escavar as estruturas e recuperar o respeito, o mistério, o encantamento originais. Não adianta tentar provar a existência de Deus através da lógica. A fé em Deus resulta de uma apreensão imediata, que nada tem a ver com conceitos e racionalidade. Devemos ler a Bíblia metaforicamente, como lemos poesia, para sentir o sagrado. Também devemos ver os *mitzvot* como gestos simbólicos que nos treinam para viver na presença de Deus. Cada *mitzvah* é um ponto de encontro nos mínimos detalhes da vida cotidiana, e, como uma obra de arte, o mundo dos *mitzvot* tem lógica e ritmo próprios. Acima de tudo, devemos ter em mente que Deus precisa de nós. Ele não é o Deus remoto dos filósofos, mas o Deus de *pathos*, descrito pelos profetas.

A idéia de Deus também atraiu filósofos ateus na segunda metade do século XX. Em *Ser e tempo* (1927), Martin Heidegger (1899-1976) vê o Ser mais ou menos como Tillich, ainda que não o reconheça como "Deus" no sentido cristão: ele é diferente de seres particulares e distinto das categorias normais de pensamento. Heidegger inspirou alguns cristãos, embora sua ligação com o regime nazista ponha em dúvida o valor moral de sua obra. Em *O que é metafísica?*, sua aula inaugural em Freiburg, ele desenvolve várias idéias que já haviam surgido em Plotino, Dionísio, o Areopagita, e Erígena. Como é "Inteiramente Outro", o Ser é, na verdade, Nada — coisa nenhuma, nem um objeto, nem um ente específico. Contudo, é o que torna possível toda existência. Os antigos acreditavam que nada provinha do nada, mas Heidegger inverte essa máxima: *ex nihilo omne qua ens fit*. Ele encerrou sua aula com a pergunta feita por Leibniz: "Por que existem seres, afinal, em vez de apenas nada?". É uma pergunta que evoca a surpresa e o encantamento que têm sido uma constante na reação do homem ante o mundo: por que deve existir alguma coisa, afinal? Heidegger começa sua *Introdução à metafísica* (1953) com a mesma pergunta. A teologia acredita que tem a resposta e atribui tudo a Outra Coisa, a Deus. Porém esse

Deus é apenas mais um ser, e não algo inteiramente outro. Heidegger tem uma idéia meio redutiva do Deus da religião — embora seja uma idéia partilhada por muitos religiosos —, mas com freqüência fala do Ser em termos místicos. Fala dele como um grande paradoxo; descreve o processo de pensamento como uma espera ou uma escuta do Ser; e parece experimentar um retorno e um afastamento do Ser, como os místicos sentem a ausência de Deus. Os humanos nada podem fazer para trazer Deus à existência pelo pensamento. Desde os gregos, os ocidentais tendem a esquecer o Ser e a se concentrar em *seres*, um processo que resultou em seu moderno sucesso tecnológico. Em "Só um Deus pode nos salvar", artigo que escreveu no fim da vida, Heidegger diz que a experiência da ausência de Deus em nossa época poderia nos libertar da preocupação com *seres*. Mas nada podemos fazer para trazer o Ser de volta ao presente. Só nos resta esperar um novo advento no futuro.

O filósofo marxista Ernst Bloch (1884–1977) considera a idéia de Deus natural à humanidade. Toda a vida humana é direcionada para o futuro: parece-nos incompleta. Ao contrário dos animais, nunca estamos satisfeitos e sempre queremos mais. É isso que nos obriga a pensar e a nos desenvolver, pois temos de nos transcender e passar ao estágio seguinte: o bebê precisa engatinhar, depois precisa superar suas incapacidades e começar a andar, e assim por diante. Todos os nossos sonhos e aspirações se voltam para o que virá. Mesmo a filosofia começa com o assombro, que é a experiência do não-saber, do ainda-não. O socialismo também almeja uma utopia, e, embora os marxistas rejeitem a fé, onde há esperança há religião. Como Feuerbach, Bloch vê em Deus o ideal humano que ainda não chegou, mas isso não lhe parece alienador, e, sim, essencial à condição humana.

De um modo que lembra os profetas, Max Horkheimer (1895–1973), cientista social alemão da escola de Frankfurt, também considera "Deus" um ideal importante. Se ele existe ou não, se "acreditamos nele" ou não, é supérfluo. Sem a idéia de Deus não há sentido, verdade ou moralidade absolutos: a ética se reduz a uma questão de gosto, a um estado de espírito ou a um capricho. A menos que incluam a idéia de "Deus", a política e a moralidade permanecerão pragmáticas e astutas, em vez de sábias. Sem absoluto, não há razão para não odiarmos, não há razão para a guerra ser pior que a paz. A religião é essencialmente uma impressão de que *existe* um Deus. Um de nossos mais sonhos antigos é que haja justiça (com freqüência ouvimos as crianças se queixarem: "Não é justo!"). A religião registra as aspirações e acusações de inúmeros seres humanos diante do sofrimento e da injustiça. Conscientiza-nos de nossa natureza finita; todos esperamos que a injustiça do mundo não seja a última palavra.

O fato de pessoas sem crenças religiosas convencionais estarem sempre retomando temas centrais da história de Deus indica que a idéia não é tão estranha como muitos supõem. Contudo, na segunda metade do século XX, tendeu-se a abandonar a idéia de um Deus pessoal, que se comporta como um ser humano em tamanho maior. Não há nada de novo nisso. Como vimos, as Escrituras judaicas, que os cristãos chamam de seu "Antigo" Testamento, mostram um processo semelhante; o Corão vê Alá em termos menos pessoais que a tradição judaico-cristã. Doutrinas como a Trindade e a mitologia e o simbolismo dos sistemas místicos tentam demonstrar que Deus ultrapassa a personalidade. Mas parece que isso não está claro para muitos fiéis. Quando John Robinson, bispo de Woolwich, publicou *Honest to God* (1963), dizendo que não podia mais aceitar o velho Deus pessoal "que está lá fora", houve um clamor na Inglaterra. Um furor semelhante atingiu as observações de David Jenkins, bispo de Durham, embora essas idéias sejam corriqueiras nos círculos acadêmicos. Don Cupitt, deão do Emmanuel College, em Cambridge, também foi apelidado de "o padre ateu": ele acha inadmissível o Deus realista tradicional do teísmo e propõe uma forma de budismo cristão, que prioriza a experiência religiosa e não a teologia. Como Robinson, Cupitt chegou, intelectualmente, a uma conclusão a que os místicos das três religiões chegaram por um caminho mais intuitivo. Contudo, a idéia de que Deus não existe e de que só há Nada "lá fora" está longe de ser nova.

Há uma crescente intolerância contra imagens inadequadas do Absoluto. É um iconoclasmo saudável, pois, no passado, a idéia de Deus foi usada com efeitos desastrosos. Uma das novidades mais características é a religiosidade, habitualmente chamada de "fundamentalismo", que, na década de 1970, surgiu na maioria das grandes religiões mundiais. Trata-se de uma espiritualidade altamente política, literal e intolerante. Nos Estados Unidos, que sempre tenderam a um entusiasmo extremista e apocalíptico, o fundamentalismo cristão se associou à nova direita. Os fundamentalistas fazem campanhas pela abolição do aborto legal e pela rigidez moral e social. A Maioria Moral de Jerry Falwell obteve um espantoso poder político durante os anos Reagan. Interpretando ao pé da letra os comentários de Jesus, outros evangelistas, como Maurice Cerullo, acreditam que os milagres são a marca distintiva da verdadeira fé. Deus concede ao crente qualquer coisa que ele peça em oração. Na Grã-Bretanha, fundamentalistas como Colin Urquhart dizem a mesma coisa. Os fundamentalistas cristãos parecem dar pouca atenção à compaixão pregada por Cristo. Apressam-se a condenar pessoas que vêem como "inimigos de Deus". A maioria não tem dúvida de que judeus e muçulmanos hão de arder no fogo do inferno, e Urquhart afirma que todas as religiões orientais são inspiradas pelo demônio.

No mundo muçulmano, ocorreram fatos semelhantes que receberam muita publicidade no Ocidente. Fundamentalistas islâmicos derrubaram governos e assassinaram ou ameaçaram com a pena de morte os inimigos de sua religião. Do mesmo modo, fundamentalistas judeus se instalaram nos territórios ocupados da Cisjordânia e da Faixa de Gaza, com a intenção de expulsar os habitantes árabes, usando a força, se necessário. Acreditam que, com isso, estão preparando o terreno para o advento do Messias, que está próximo. Em todas as suas formas, o fundamentalismo é ferozmente redutivo. O rabino Meir Kahane, que até 1990, quando morreu assassinado em Nova York, foi o membro mais radical da extrema direita israelense, dizia:

Não há várias mensagens no judaísmo. Há apenas uma. E essa mensagem é fazer o que Deus quer. Às vezes, Deus quer que guerreemos; às vezes, que vivamos em paz. [...] Mas só há uma mensagem: Deus quis que viéssemos para este país e criássemos um Estado judeu.[13]

Isso anula séculos de desenvolvimento, remetendo os judeus à perspectiva deuteronômica do livro de Josué. Não surpreende que tal profanidade, que faz "Deus" negar os direitos humanos de outras pessoas, nos leve a pensar que, quanto antes o abandonarmos, melhor.

Contudo, como vimos no capítulo anterior, quem adota esse tipo de religiosidade se afasta de Deus. Transformar em foco de devoção religiosa fenômenos históricos humanos, como os "valores da família" cristãos, o "islã" ou a "Terra Santa", é uma nova modalidade de idolatria. Em toda a longa história de Deus, essa probidade beligerante sempre tentou os monoteístas. Deve ser rejeitada como inautêntica. O Deus dos judeus, dos cristãos e dos muçulmanos começou mal, pois a divindade tribal Javé era violentamente parcial a favor de seu povo. Os cruzados modernos, que retomam esse *ethos* primitivo, estão elevando os valores da tribo a um status inaceitável e substituindo a realidade transcendente, que deve desafiar nossos preconceitos, por ideais criados pelo homem. Também estão negando um tema monoteísta crucial. Desde que os profetas de Israel reformaram o velho culto pagão de Javé, o Deus dos monoteístas tem promovido o ideal da compaixão.

Vimos que a compaixão caracteriza a maioria das ideologias criadas durante a Era Axial. O ideal da compaixão até levou os budistas a fazer uma grande mudança em sua orientação religiosa, introduzindo a devoção (*bhakti*) a Buda e aos *bodhisattvas*. Os profetas insistiram que o culto e a adoração nada valem se a sociedade não adotar um *ethos* mais justo e compassivo. Esses preceitos foram desenvolvidos por Jesus, por Paulo e pelos rabinos, que partilhavam os mesmos ideais judaicos e sugeriram grandes mudanças no judaísmo para aplicá-los. O Corão fez da criação de uma sociedade compassiva e justa a essência da religião reformada de Alá. A compaixão é uma virtude particularmente difícil. Exige que superemos as limitações de nosso egoísmo, de nossa insegurança, de nossos preconceitos. Não surpreende que em algumas épocas as três religiões monoteístas deixassem de atingir esses altos padrões. No século XVIII, os deístas rejeitaram o cristianismo ocidental tradicional em grande parte porque se tornara muito cruel e intolerante. Isso acontece ainda hoje. Com demasiada freqüência, crentes convencionais, que não são fundamentalistas, partilham a agressiva probidade dos fundamentalistas. Usam "Deus" como esteio de seus amores e ódios, que atribuem a ele. Mas judeus, cristãos e muçulmanos que assistem escrupulosamente aos ofícios divinos e denigrem pessoas de outros grupos étnicos e ideológicos negam uma das verdades básicas de sua religião. Indivíduos que se dizem judeus, cristãos e muçulmanos tampouco deveriam pactuar com um sistema social injusto. O Deus do monoteísmo histórico exige caridade, e não sacrifício; compaixão, e não impecável liturgia.

É comum a distinção entre pessoas que praticam uma forma ritualística de religião e as que cultuam o Deus da compaixão. Os profetas fulminaram os contemporâneos que achavam suficiente a adoração no templo. Jesus e são Paulo deixam claro que a observância dos rituais nada vale, se não é acompanhada da caridade: soar trombetas e címbalos tem o mesmo efeito. Maomé entrou em conflito com os árabes que queriam adorar as deusas pagãs juntamente com Alá sem adotar o *ethos* compassivo que Deus impõe como condição de toda religião verdadeira. Houve uma divisão semelhante entre os pagãos de Roma: a velha religião cultual celebrava o *status quo*, enquanto os filósofos pregavam uma mensagem que, acreditavam, iria mudar o mundo. Pode ser que apenas uma minoria observe a religião compassiva do Deus Uno e a maioria tenha dificuldade em assumir a experiência de Deus, com suas inflexíveis exigências éticas. Desde que Moisés desceu do monte Sinai com as Tábuas da Lei, a maioria prefere adorar o Bezerro de Ouro, imagem tradicional e não ameaçadora de uma divindade construída pelos próprios devotos e cercada de rituais consoladores e vetustos. Aarão, o sumo sacerdote, presidiu a fabricação da efígie de ouro. Muitas vezes o *establishment* religioso se mostra surdo à inspiração dos profetas e místicos que falam de um Deus muito mais exigente.

Deus também pode ser usado como uma panacéia indigna, uma alternativa à vida mundana e como objeto de indulgente fantasia. Com freqüência, a idéia de Deus atua como o ópio do povo. Há um perigo especial em concebê-lo como outro Ser — exatamente igual a nós, só que maior e melhor — em seu próprio céu, imaginado como um paraíso de prazeres terrenos. Originalmente, porém, "Deus" era usado para ajudar as pessoas a se concentrar neste mundo e enfrentar a dura realidade. Mesmo o culto pagão de Javé, apesar de todas as falhas, acentuava esse envolvimento nos acontecimentos do tempo profano, em oposição ao tempo sagrado do rito e do mito. Os profetas de Israel obrigavam seu povo a enfrentar as próprias culpas sociais e as catástrofes políticas em nome do Deus que se revelava nessas ocorrências históricas. A doutrina cristã da Encarnação enfatiza a imanência divina no mundo de carne e osso. A preocupação com o aqui e agora é particularmente notável no islamismo: ninguém podia ter sido mais realista que Maomé, um gênio espiritual e político. Como vimos, gerações posteriores de muçulmanos partilharam seu afã de inserir a vontade divina na história humana mediante a criação de uma sociedade justa e decente. Deus sempre foi visto como um imperativo à ação. Desde o momento em que — como El ou Javé — Deus ordenou a Abraão que deixasse sua família em Haran, o culto implicava ação concreta neste mundo e muitas vezes um doloroso abandono de velhos valores.

Esse deslocamento também envolveu grande tensão. Os profetas vivenciaram o Deus Santo, que era inteiramente outro, como um profundo choque. Ele exigia de seu povo uma santidade e um distanciamento semelhantes. Quando falou a Moisés no Sinai, os israelitas não puderam se aproximar da montanha. Entre a humanidade e o divino, abriu-se um fosso inteiramente novo, rompendo a visão holística do paganismo. Tornou-se possível alienar-se do mundo, e essa possibilidade refletia a incipiente consciência da inalienável autonomia individual. Não foi por acaso que o monoteísmo se consolidou durante o exílio na Babilônia, quando os israelitas também desenvolveram o ideal da responsabilidade pessoal, fundamental tanto no judaísmo quanto no islamismo.[14] Vimos que os rabinos usaram a idéia de um Deus imanente para ajudar os judeus a cultivar o senso dos direitos sagrados da responsabilidade humana. Mas a alienação continuou sendo um perigo nas três religiões: no Ocidente, o sentimento de culpa e uma antropologia pessimista constantemente acompanharam a experiência de Deus. No judaísmo e no islamismo, não há dúvida de que a observância da Torá e da *Shariah* às vezes é tida como uma submissão a uma lei externa, o que, como vimos, não passou pela cabeça dos homens que compilaram esses códigos legais.

Os ateus que instavam seus semelhantes a libertar-se de uma divindade que exige uma obediência tão servil protestavam contra uma imagem de Deus inadequada, mas, infelizmente, comum. Deve-se a uma concepção demasiado personalista do divino, a uma interpretação demasiado literal do julgamento divino, tal como as Escrituras o descrevem, e apresenta Deus como uma espécie de Big Brother no céu. Essa imagem do Tirano divino impondo uma lei estranha a seus relutantes servos humanos tem de desaparecer. Aterrorizar o povo com ameaças para levá-lo à obediência civil não é mais aceitável, nem mesmo viável, como demonstrou de modo tão impressionante a queda dos regimes comunistas no outono europeu de 1989. A idéia antropomórfica de Deus como Legislador e Governante não condiz com a pósmodernidade. Contudo, os ateus que consideravam inatural a idéia de Deus não estavam inteiramente corretos. Vimos que judeus, cristãos e muçulmanos desenvolveram idéias de Deus muito semelhantes entre si e a outras concepções do Absoluto. Quando tentamos encontrar sentido e valor na vida humana, nossas mentes parecem seguir determinada direção. Não somos coagidos a isso; é algo que parece natural à humanidade.

Entretanto, para que não degenerem em emocionalismo indulgente, agressivo ou doentio, os sentimentos precisam ser pautados pela inteligência crítica. A experiência de Deus deve acompanhar outros entusiasmos, inclusive os da mente. O experimento da *falsafah* foi uma tentativa de relacionar a fé em Deus com o novo culto do racionalismo entre muçulmanos, judeus e, depois, cristãos ocidentais. Muçulmanos e judeus acabaram se afastando da filosofia. Concluíram que o racionalismo tem sua utilidade, sobretudo em disciplinas empíricas como a ciência, a medicina e a matemática, mas não é inteiramente adequado na discussão de um Deus que está além de conceitos. Os gregos já haviam percebido isso e passaram a desconfiar de sua metafísica. Uma das falhas da elucubração filosófica sobre Deus está no risco de reduzir a Divindade Suprema a apenas outro Ser, ainda que supremo, em vez de tratá-la como uma realidade de uma ordem inteiramente diversa. Mas a *falsafah* foi importante, por reconhecer a necessidade de relacionar Deus com outras experiências — e por definir a medida em que isso é possível. Empurrar Deus para o isolamento intelectual, num gueto sagrado próprio, é doentio e inatural. Pode estimular as pessoas a acharem desnecessário aplicar padrões normais de decência e racionalidade a um comportamento supostamente inspirado por "Deus".

Desde o princípio, a *falsafah* esteve associada à ciência. Foi seu entusiasmo inicial por medicina, astronomia e matemática que levou os primeiros *faylasufs* muçulmanos a discorrer sobre Alá em termos metafísicos. A ciência causou uma grande mudança em sua perspectiva, e eles descobriram que não podiam pensar em Deus da mesma maneira que os outros muçulmanos. A concepção filosófica de Deus era bem diferente da visão corânica, mas os *faylasufs* recuperaram algumas intuições que a *ummah* daquela época corria o perigo de perder. Assim, o Corão tem uma atitude extremamente positiva para com outras tradições religiosas: Maomé não pretendia fundar uma religião exclusiva e acreditava que toda fé corretamente orientada provém do Deus Único. No século IX, porém, os ulemás começavam a perder isso de vista e promoviam o culto do islamismo como a única religião verdadeira. Os *faylasufs* retomaram a velha postura universalista, embora seguissem outro caminho. Hoje temos uma oportunidade semelhante. Em nossa era científica, não podemos pensar em

Deus da mesma forma que nossos antepassados, mas o desafio da ciência pode nos ajudar a admitir velhas verdades.

Vimos que Albert Einstein reconhecia a religião mística. Apesar de sua famosa observação de que Deus não joga dados, não achava que sua teoria da relatividade afetasse a concepção de Deus. Quando visitou a Inglaterra, em 1921, o arcebispo de Cantuária perguntou-lhe quais eram as implicações dessa teoria para a teologia. Einstein respondeu: "Nenhuma. A relatividade é uma questão puramente científica, que nada tem a ver com religião".[15] Os cristãos que se afligem com cientistas como Stephen Hawking, que não encontram lugar para Deus em sua cosmologia, talvez ainda tenham uma visão antropomórfica de Deus como um Ser que criou o mundo da mesma forma que nós o faríamos. No entanto, a criação não foi originalmente concebida de maneira tão literal. O interesse por Javé como Criador só entrou no judaísmo depois do exílio na Babilônia. Era uma concepção alheia ao mundo grego: a criação *ex nihilo* se tornou uma doutrina oficial cristã com o Concílio de Nicéia, em 341. A criação é uma doutrina central do Corão, mas, como todas as suas afirmações sobre Deus, é uma "parábola", ou "sinal" (*aya*), de uma verdade inefável. Os racionalistas judeus e muçulmanos achavam-na difícil e problemática, e muitos a rejeitaram. Sufistas e cabalistas preferiam a metáfora grega da emanação. De qualquer modo, a cosmologia não era uma descrição científica das origens do mundo, mas, originalmente, uma expressão simbólica de uma verdade espiritual e psicológica. Por conseguinte, a nova ciência não causou grande alvoroço no mundo muçulmano: como vimos, os fatos da história recente constituem uma ameaça maior que a ciência para a concepção tradicional de Deus. No Ocidente, porém, há muito predomina uma compreensão mais literal das Escrituras. Quando alguns cristãos ocidentais sentem sua fé abalada pela nova ciência, provavelmente imaginam Deus como o grande Mecânico de Newton — uma idéia personalista de Deus que talvez devesse ser rejeitada por motivos religiosos, além de científicos. O desafio da ciência pode chocar as igrejas e levá-las a reconhecer a natureza simbólica da narrativa bíblica.

Hoje em dia, a idéia de um Deus pessoal parece cada vez mais inaceitável por todos os tipos de motivos: morais, intelectuais, científicos e espirituais. As feministas repudiam uma divindade pessoal que é masculina desde sua época de deus tribal e pagão. Mas falar em "ela" — a não ser de maneira dialética — também pode ser limitador, pois restringe o Deus ilimitável a uma categoria puramente humana. Também se considera insatisfatória a velha idéia metafísica de Deus como o Ser Supremo, há muito popular no Ocidente. O Deus dos filósofos é produto de um racionalismo ultrapassado e por isso as "provas" tradicionais de sua existência não mais funcionam. A generalizada aceitação do Deus dos filósofos pelos deístas do Iluminismo pode ser vista como o primeiro passo do atual ateísmo. Como o antigo Deus Céu, essa divindade facilmente se torna *Deus Otiosus* e desaparece de nossa consciência.

O Deus dos místicos talvez seja uma alternativa possível. Os místicos há muito insistem que Deus não é Outro Ser, que ele na verdade não existe e que é melhor chamá-lo de Nada. Esse Deus está em sintonia com o espírito ateísta de nossa sociedade secular, com sua desconfiança de imagens inadequadas do Absoluto. Ao invés de ver Deus como um Fato objetivo, cientificamente demonstrável, os místicos afirmam que ele é uma experiência subjetiva e misteriosa que tem lugar na base do ser. Esse Deus deve ser abordado por meio da imaginação e pode ser visto como uma espécie de arte, semelhante aos outros grandes símbolos artísticos que expressam o mistério, a beleza e o valor inefáveis da vida. Os místicos têm usado música, dança, literatura, pintura, escultura e arquitetura para expressar essa Realidade que vai além dos conceitos. Como toda arte, porém, o misticismo exige inteligência, disciplina e autocrítica como salvaguarda contra o emocionalismo e a projeção indulgentes. O Deus dos místicos poderia satisfazer até as feministas, pois tanto sufistas quanto cabalistas há muito tentam introduzir um elemento feminino na divindade.

Há alguns problemas, porém. Desde o fiasco de Shabbetai Zevi e o declínio do sufismo, muitos judeus e muçulmanos vêem o misticismo com certa desconfiança. No Ocidente, o misticismo nunca foi um fervor religioso da maioria. Os reformadores protestantes e católicos o proscreveram ou marginalizaram, e a Era da Razão científica não estimulou esse modo de percepção. Desde a década de 1960, o misticismo tem despertado um novo interesse, expresso no entusiasmo pela ioga, pela meditação e pelo budismo, mas não se concilia facilmente com nossa mentalidade objetiva e empírica. Apreender o Deus dos místicos não é fácil. Exige longo treinamento com um especialista e, portanto, considerável investimento de tempo. O místico tem de trabalhar muito para adquirir esse senso da realidade conhecido como Deus (que muitos se recusaram a nomear). Os místicos dizem que é preciso criar esse senso de Deus para si mesmo com o mesmo grau de cuidado e atenção que a criação artística requer. Não parece algo capaz de atrair uma sociedade que se acostumou a satisfação rápida, *fast-food* e comunicação instantânea. O Deus dos místicos não vem embalado para pronta entrega. Não se pode experimentá-lo tão rapidamente quanto o êxtase instantâneo suscitado por um pregador da revivescência, que logo faz uma congregação inteira bater palmas e falar línguas.

É possível adquirir algumas das atitudes místicas. Mesmo que não consigamos alcançar os elevados estados de consciência atingidos por um místico, podemos aprender que Deus não existe num sentido simplista, por exemplo, ou que a palavra "Deus" apenas simboliza uma realidade que a transcende inefavelmente. O agnosticismo místico pode nos ajudar a adquirir uma contenção que nos impeça de lançar-nos sobre essas complexas questões com excessiva segurança. Mas, se não são assimiladas a fundo, essas idéias podem parecer abstrações sem sentido. Adotar um misticismo de segunda mão pode revelar-se tão insatisfatório quanto ler a explicação de um poema feita por um crítico literário, em vez de ler o original. Vimos que o misticismo muitas vezes foi tido como uma disciplina esotérica não porque os místicos quisessem excluir o profano vulgo, mas porque a parte intuitiva da mente só percebe essas verdades após um treinamento especial. Elas têm outro significado, quando são abordadas dessa forma, inacessível à lógica e à razão. Depois que os profetas de Israel passaram a atribuir seus próprios sentimentos e experiências a Deus, os monoteístas em certo sentido criaram um Deus para si mesmos. Raramente Deus foi visto como uma realidade evidente, que pode ser encontrada como qualquer outro ser objetivo. Hoje em dia, parece que muita gente não quer mais fazer esse esforço de imaginação. O que não precisa ser uma catástrofe. Quando perdem a validade, as idéias religiosas em geral se esvaecem sem causar dor: se a idéia humana de Deus já não funciona para nós na era empírica, será descartada. Contudo, no passado, as pessoas sempre criaram novos símbolos para atuar como focos de espiritualidade. Sempre criaram uma fé para si mesmas, a fim de cultivar seu senso do prodígio e do inefável significado da vida. A falta de sentido, a alienação, a anomia e a violência que caracterizam grande parte da vida moderna parecem indicar que, agora que não está criando uma fé em "Deus" ou em qualquer outra coisa — pouco importa no quê —, muita gente se entrega ao desespero.

Vimos que, nos Estados Unidos, 99% da população diz crer em Deus, mas a difusão do fundamentalismo, de doutrinas apocalípticas e de formas carismáticas de religiosidade "instantânea" não é nada tranqüilizadora. O aumento da criminalidade, a dependência de drogas e o ressurgimento da pena de morte não são sinais de uma sociedade espiritualmente saudável. Na Europa, há um crescente vazio onde antes existia Deus na consciência humana. Uma das primeiras pessoas a expressar essa árida desolação — muito diferente do heróico ateísmo de Nietzsche — foi Thomas Hardy. Em "O tordo do crepúsculo", escrito em 30 de dezembro de 1900, na virada do século XX, ele expressa a morte do espírito que não consegue mais acreditar no sentido da vida:

> *Encostei-me na entrada de um bosque*
> *quando a geada era cinza-espectro*
> *e fiapos do inverno tornavam desolado*
> *o declinante olho do dia.*
> *Os enredados ramos das trepadeiras riscavam o céu*
> *como cordas de liras partidas,*

*e todas as pessoas que por ali andavam
buscaram o calor de suas moradas.*

*Os nítidos traços da paisagem pareciam
o descarnado cadáver do século;
a cripta, o dossel de nuvens;
o vento, o lamento fúnebre.
O antigo pulso de semente e parto
encolhera, duro e seco.
E todo espírito sobre a terra
parecia tão sem fervor quanto eu.*

*De repente, ergueu-se uma voz
entre os galhos desfolhados
numa intensa prece vespertina
de ilimitada alegria;
um velho tordo, frágil, pequeno e magro,
a plumagem arrufada,
assim decidira lançar sua alma
na crescente escuridão.*

*Tão pouco motivo para cantorias
de tão extático som
estava escrito nas coisas terrestres,
distantes ou próximas,
que julguei vibrar ali, em meio
a sua alegre ária de boa-noite,
uma bendita esperança, da qual ele sabia
e eu não.*

Os seres humanos não suportam o vazio e a desolação; preenchem o vácuo criando novos focos de sentido. Os ídolos do fundamentalismo não são bons substitutos para Deus; se queremos criar uma fé nova e vibrante para o século XXI, devemos, talvez, estudar a história de Deus, em busca de algumas lições e advertências.

GLOSSÁRIO

ALAM AL-MITHAL (árabe) O mundo das imagens puras: o mundo arquetípico da imaginação que leva o místico muçulmano e o filósofo contemplativo a Deus.

APATHEIA (grego) Impassibilidade, serenidade e invulnerabilidade. Essas características do Deus dos filósofos gregos tornaram-se fundamentais para a concepção cristã de Deus, que era considerado impermeável ao sofrimento e à mudança.

APOFÁTICO (grego) Silencioso. Os cristãos gregos passaram a acreditar que toda teologia devia ter um elemento de silêncio, paradoxo e contenção, para enfatizar a inefabilidade e o mistério de Deus.

ARQUÉTIPO O padrão ou protótipo original de nosso mundo, identificado com o mundo divino dos deuses antigos. Para os pagãos, tudo que havia na terra era uma réplica ou cópia de uma realidade existente no mundo celestial. Ver também ALAM AL-MITHAL.

ASQUENAZE (corruptela hebraica de "Alemanha") Os judeus da Alemanha e de partes da Europa oriental e ocidental.

ATMAN (hindi) O poder sagrado de BRAHMAN (q.v.), que cada indivíduo experimenta dentro de si.

AVATAR No mito hinduísta, a descida de um deus à terra sob a forma humana. Em geral mais usado para uma pessoa que se acredita incorporar ou encarnar o divino.

AXIAL, ERA Termo usado por historiadores para denominar o período de 800–200 AEC, uma época de transição na qual surgiram as grandes religiões do mundo civilizado.

AYA (pl., AYAT) (árabe) Sinal, parábola. No Corão, a manifestação de Deus no mundo.

BANAT AL-LAH (árabe) As Filhas de Deus: no Corão, a expressão se refere às três deusas pagãs al-Lat, al-Uzza e Manat.

BAQA (árabe) Renascimento. O retorno do místico SUFISTA (q.v.) a seu eu realçado e ampliado após a absorção ('FANA) em Deus (q.v.).

BATIN (árabe) O significado oculto do Corão. Um *batini* é o muçulmano que se dedica à compreensão esotérica e mística da fé.

BHAKTI (hindi) Devoção à pessoa de BUDA (q.v.) ou aos deuses hindus que desceram à terra sob a forma humana.

BODHISATTVA (hindi) O que será BUDA (q.v.). O que retardou o próprio NIRVANA (q.v.) para guiar e salvar a humanidade sofredora e não iluminada.

BRAHMAN (hindi) Termo hinduísta para o poder sagrado que mantém todas as coisas existentes; o significado oculto da existência.

BUDA (hindi) O iluminado. O título aplica-se aos numerosos homens e mulheres que atingiram o NIRVANA (q.v.), mas geralmente é usado para Siddartha Gautama, o fundador do budismo.

CAABA (árabe) Santuário de granito em forma de cubo dedicado a Alá em Meca.

DESPEDAÇAMENTO DOS VASOS Na Cabala de Isaac Luria, termo que descreve a catástrofe primordial, quando as centelhas da luz divina caíram na terra e ficaram presas na matéria.

DEUS ALTO A suprema divindade adorada por muitos povos como o único Deus, criador do mundo, que acabou sendo substituído por um panteão de deuses e deusas mais imediatos e atraentes. Também conhecido como DEUS CÉU (q.v.).

DEUS CÉU Ver DEUS ALTO.

DHIKR (árabe) A "lembrança" de Deus prescrita no Corão. No SUFISMO (q.v.), assume a forma de uma recitação do nome de Deus como um mantra.

DIVINDADE A fonte inacessível e oculta da realidade que conhecemos como "Deus".

DOGMA Termo usado pelos cristãos gregos para designar as tradições ocultas, secretas, da Igreja, as quais só podiam ser compreendidas misticamente e expressas por meio de símbolos. No Ocidente, dogma passou a significar opinião declarada categoricamente e com autoridade.

DYNAMEIS (grego) Os "poderes" de Deus. Termo usado pelos gregos para denotar a atividade de Deus no mundo, a qual deve ser encarada como inteiramente distinta de sua essência inacessível.

EL O antigo DEUS ALTO (q.v.) de Canaã, que parece ter sido o Deus de Abraão, Isaac e Jacó, PATRIARCAS (q.v.) do povo de Israel.

EMANAÇÃO Processo pelo qual se imaginava que os vários graus de realidade fluíam de uma única fonte primordial, identificada pelos monoteístas como Deus. Alguns cristãos, judeus e muçulmanos, inclusive filósofos e místicos, preferiam usar essa antiga metáfora para descrever as origens da vida, em vez da história bíblica mais convencional de uma criação instantânea de todas as coisas por Deus em determinado momento.

EN SOF (hebraico: "sem fim") A essência inescrutável, inacessível e desconhecida de Deus na teologia mística judaica da Cabala.

ENCARNAÇÃO Incorporação de Deus em forma humana.

ENERGEIAI (grego: "energias") As "atividades" de Deus no mundo, pelas quais podemos vislumbrar alguma coisa dele. Como DYNAMEIS (q.v.), o termo é empregado para distinguir entre a concepção humana de Deus e a realidade inefável e incompreensível.

ENUMA ELISH Épico babilônio que relata a criação do mundo, cantado na festa de Ano-Novo.

EPIFANIA Aparecimento de um deus ou deusa na terra sob forma humana.

ESPÍRITO SANTO Termo usado pelos rabinos, muitas vezes intercambiável com SHEKINAH (q.v.), para indicar a presença de Deus na terra. Uma maneira de distinguir o Deus que experimentamos ou conhecemos da divindade absolutamente transcendente e inalcançável. No cristianismo, o Espírito se tornaria a terceira "pessoa" da Trindade.

ÊXTASE (grego) Literalmente, "sair do eu". Aplicado a Deus, indica uma KENOSIS (q.v.) do Deus oculto que transcende sua introspecção para fazer-se conhecido da humanidade.

'FANA (árabe) Aniquilamento. A extática absorção do místico SUFISTA (q.v.) em Deus.

FALSAFAH (árabe) Filosofia. A tentativa de interpretar o islamismo em termos do antigo racionalismo grego.

FAYLASUF (árabe) Filósofo. No Império Islâmico, designava muçulmanos e judeus que se dedicavam aos ideais racionais e científicos da FALSAFAH (q.v.).

GETIK (persa) O mundo terreno em que vivemos e que podemos perceber com os sentidos.

GOY (pl., GOYIM) (hebraico) Não-judeus, ou gentios.

HADITH (árabe) Tradições ou máximas coligidas do Profeta Maomé.

HAJJ (árabe) Peregrinação muçulmana a Meca.

HÉGIRA (árabe) A migração dos primeiros muçulmanos de Meca para Medina, em 622 EC, fato que marca o início da era islâmica.

HESYCHASMA, HESICASTA Do grego *hesychia*: silêncio interior, tranqüilidade. Contemplação silenciosa cultivada pelos místicos ortodoxos gregos, que fugiam de palavras e conceitos.

HOMMOUSION (grego) Literalmente, "feito do mesmo material ou substância". Termo controvertido, usado por Atanásio e seus seguidores para expressar a convicção de que Jesus é da mesma natureza (OUSIA) (q.v.) de Deus Pai e, portanto, divino como ele.

HYPOSTASIS (pl., HYPOSTASES) (grego) Expressão exterior da natureza interior de uma pessoa, em comparação com a OUSIA (essência) (q.v.), que representa a pessoa ou o objeto vistos de dentro. Um objeto ou uma pessoa vistos de fora. Termo usado pelos gregos para descrever as três manifestações da essência oculta de Deus: Pai, Filho e Espírito.

IDOLATRIA Adoração ou veneração de uma realidade humana ou feita pelo homem em lugar do Deus transcendente.

IJTIHAD (árabe) Raciocínio independente.

ILM (árabe) O "conhecimento" secreto de Deus, que, segundo os muçulmanos xiitas, só os IMAMES (q.v.) possuem.

IMAME (árabe) No XIISMO (q.v.), o imame é um descendente de Ali, o genro de Maomé. Os imames eram reverenciados como AVATARES (q.v.) do divino. Os muçulmanos SUNITAS (q.v.), porém, usam o termo para designar a pessoa que conduz a prece na mesquita.

IOGA Disciplina desenvolvida pelos indianos, que impõe "jugo" aos poderes da mente. Por meio de técnicas de concentração, o iogue adquire uma intensa e elevada percepção da realidade, que parece proporcionar paz, felicidade e tranqüilidade.

ISHRAQ (árabe) Iluminação. A escola ishraquiana de filosofia e espiritualidade foi fundada por Yahya Suhrawardi.

ISLĀM (árabe) Entrega (a Deus).

JAHILIYYAH (árabe) Tempo da ignorância: termo usado pelos muçulmanos para designar o período pré-islâmico na Arábia.

JAVÉ Nome de Deus em Israel. Javé pode originalmente ter sido o deus de outro povo, adotado por Moisés para os israelitas. Nos séculos III e II AEC, os judeus não mais pronunciavam o santo nome, que se escreve YHWH.

KALAM (árabe) Literalmente, "palavra ou discurso". Teologia muçulmana: tentativa de interpretar o Corão de maneira racional.

KENOSIS (grego) Auto-esvaziamento.

KERYGMA (grego) Termo usado pelos cristãos gregos para indicar o ensinamento público da Igreja, que pode ser expresso clara e racionalmente, em oposição ao DOGMA (q.v.).

LOGOS (grego) Razão; definição; palavra. Os teólogos gregos identificavam o "Logos" de Deus com a SABEDORIA (q.v.) de Deus nas Escrituras judaicas ou com o Verbo mencionado no prólogo do Evangelho de são João.

MADRASAH (árabe) Escola de estudos islâmicos.

MANA Termo originalmente usado nas ilhas dos Mares do Sul para descrever as forças invisíveis que impregnam o mundo físico e eram consideradas sagradas ou divinas.

MENOK (persa) Reino do ser celestial e arquetípico.

MERKAVAH (hebraico) Carruagem. Ver MISTICISMO DO TRONO.

MISHNAH (hebraico) Código da Lei judaica, compilado, editado e revisado pelos primeiros rabinos, conhecidos como TANNAIM (q.v.). O código, dividido em seis grandes unidades e 63 menores, é a base da discussão legal e dos comentários do TALMUDE (q.v.).

MISTICISMO DO TRONO Forma de misticismo judaico que se concentra na descrição da carruagem celeste (*Merkavah*) vista pelo profeta Ezequiel e envolve uma ascensão imaginária pelos salões (*hekhaloth*) do palácio de Deus até seu trono celestial.

MITZVAH (pl., MITZVOT) (hebraico) Mandamento.

MUSLĪM (árabe) Pessoa que se entrega a Deus.

MUTAZILITAS (árabe) Seita muçulmana que tentou explicar o Corão em termos racionais.

NIRVANA (hindi) Literalmente, "esfriamento" ou "apagamento"; extinção. Termo usado pelos budistas para indicar a realidade última, a meta e realização da vida humana e o fim da dor. Como Deus, o objetivo da busca monoteísta, o nirvana é indefinível em termos racionais, pois pertence a outra ordem de experiência.

NUMINOSO Do latim *numen*: espírito. O senso do sagrado, de transcendência e SANTIDADE (q.v.) que sempre inspirou respeito, fascínio e terror.

OIKUMENE (grego) O mundo civilizado.

ORTODOXIA, ORTODOXO Literalmente, "doutrina correta". Termo usado pelos cristãos gregos para distinguir entre os que seguiam as doutrinas corretas da Igreja e os hereges, como os arianos ou os nestorianos. O termo também se aplica ao judaísmo tradicional, com sua estrita observância da Lei.

OUSIA (grego) Essência, natureza. O que faz de uma coisa o que ela é. Uma pessoa ou um objeto vistos de dentro. Aplicado a Deus, o termo denota a essência divina, que foge à compreensão e à experiência humanas.

PARZUF (pl., PARZUFIM) (hebraico) Semblante. Assemelha-se às PERSONAE (q.v.) da Trindade; alguns tipos de Cabala imaginaram o Deus inescrutável revelando-se à humanidade por intermédio de vários "semblantes", cada um com feições distintas.

PATRIARCAS Termo usado para Abraão, Isaac e Jacó, os ancestrais dos israelitas.

PERSONA (pl., PERSONAE) (latim) Máscara usada pelo ator para caracterizar a personagem que está representando e fazer-se ouvir pela platéia. Termo preferido pelos cristãos ocidentais para indicar as três HYPOSTASES (q.v.) da Trindade. As três "pessoas" são Pai, Filho e Espírito.

PIR (árabe) Diretor espiritual dos místicos muçulmanos.

PROFETA O que fala em nome de Deus.

RIG-VEDA Coletânea de odes que datam de 1500–900 AEC e expressam as crenças religiosas dos arianos que invadiram o vale do Indo e impuseram sua fé ao povo nativo do subcontinente.

SABEDORIA Em hebraico, *Hokhmah*; em grego, *Sophia*. A personificação do plano divino nas Escrituras. Maneira de descrever a atividade de Deus no mundo, que representa a percepção humana de Deus, em oposição à realidade inacessível.

SANTIDADE Em hebraico, *kaddosh*: a absoluta alteridade de Deus; a radical separação entre o divino e o profano.

SEFARDITAS Os judeus da Espanha.

SEFIRAH (pl., SEFIROTH) (hebraico) "Numerações". Os dez estágios da paulatina auto-revelação de Deus na Cabala. As dez *sefiroth* são:
1) Kether Elyon: a Suprema Coroa.
2) Hokhmah: Sabedoria.
3) Binah: Inteligência.
4) Hesed: Amorosa Bondade.
5) Din: Severo Julgamento.
6) Tifereth: Beleza.
7) Netsah: Resistência.
8) Hod: Majestade.
9) Yesod: Fundamento.
10) Malkuth: Reino. Também chamada SHEKINAH (q.v.)

SHAHADAH Profissão de fé muçulmana: "Atesto que não há Deus senão Alá e que Maomé é seu Profeta".

SHARIAH A Santa Lei islâmica, baseada no Corão e na HADITH (q.v.).

SHEKINAH Do hebraico *shakan*: armar a tenda. Termo rabínico que designa a presença de Deus na terra, para distinguir entre a experiência de Deus e a realidade inefável. Na Cabala, é identificada com a última SEFIRAH (q.v.).

SHEMA Profissão de fé judaica: "Ouve (SHEMA), Israel; Javé é nosso Deus, Javé é Único!". (Deuteronômio 6, 4).

SHIUR QOMAH (hebraico) A medição da altura. Controvertido texto místico do século V que descreve a figura vista por Ezequiel na carruagem celeste.

SUFISTAS, SUFISMO Os místicos e a espiritualidade mística do islamismo. O termo talvez se deva ao fato de que os primeiros sufistas e ascetas preferiam usar trajes rústicos de lã (*suf*, em árabe), favoritos de Maomé e seus companheiros.

SUNA, SUNITAS O *ahl al-sunnah*: termo usado para indicar o grupo majoritário de muçulmanos cujo islamismo se baseia no Corão, nas HADITH (q.v.), na SUNNAH (q.v.) e na SHARIAH (q.v.), e não na devoção aos IMAMES (q.v.), como o do XIISMO (q.v.).

SUNNAH (árabe) Prática. Os costumes sancionados pela tradição que preservam hábitos e práticas religiosas do Profeta Maomé.

TALMUDE (hebraico) Literalmente, "estudo" ou "aprendizado". As clássicas discussões rabínicas do antigo código da Lei judaica. Ver também MISHNAH.

TANNAIM (hebraico) A primeira geração de estudiosos e juristas rabínicos que compilaram e editaram o antigo código da Lei oral judaica conhecido como MISHNAH (q.v.).

TAQWA (árabe) Consciência de Deus.

TARIQA (árabe) Ordem de místicos SUFISTAS (q.v.).

TAWHID (árabe) Unidade. Refere-se à unidade divina de Deus e também à integração exigida de cada muçulmano, que se esforça para se entregar inteiramente a Deus.

TAWIL Interpretação simbólica e mística do Corão advogada por seitas esotéricas como a dos ismailitas.

TEOFANIA Manifestação de Deus a homens e mulheres.

THEORIA (grego) Contemplação.

TFILLIN (hebraico) Ou filactérios: pequenas caixas pretas, contendo o texto do SHEMA (q.v.), que os homens e rapazes judeus que atingiram a maioridade usam amarradas à testa e ao braço esquerdo, perto do coração, durante o ofício matinal, como ordena Deuteronômio 6, 4-7.

TIKKUN (hebraico) Reintegração. Processo de redenção descrito na Cabala de Isaac Luria, pelo qual as centelhas divinas espalhadas durante o DESPEDAÇAMENTO DOS VASOS (q.v.) são reintegradas a Deus.

TORÁ (hebraico) A Lei de Moisés estabelecida nos cinco primeiros livros da Bíblia: Gênesis, Êxodo, Levítico, Números e Deuteronômio, também conhecidos coletivamente como Torá.

TRADICIONALISTAS O *ahl al-hadith*: o povo da HADITH (q.v.). Os muçulmanos que interpretavam literalmente o Corão e a HADITH, opondo-se às tendências racionalistas dos MUTAZILITAS (q.v.).

TSIMTSUM (hebraico) Encolhimento, retirada. No misticismo de Isaac Luria, Deus se contrai a fim de abrir espaço para a criação. É, portanto, um ato de KENOSIS (q.v.) e autolimitação.

ULEMÁ (árabe) Clérigo muçulmano.

UMMAH (árabe) A comunidade muçulmana.

UPANISHADS Escrituras hindus compostas durante a ERA AXIAL (q.v.), do século VIII ao II AEC.

VEDA Ver RIG-VEDA.

XIISMO O Partido de Ali. Os xiitas muçulmanos acreditam que Ali ibn Abi Talib (genro e primo do Profeta Maomé) e os IMAMES (q.v.), seus descendentes, devem chefiar a comunidade islâmica.

ZANNA (árabe) Conjetura. Termo usado no Corão para a especulação teológica sem finalidade.

ZIGURATE Torre-templo construída pelos sumérios cujo formato é encontrado em muitas outras partes do mundo. Os zigurates consistem em imensas escadas de pedras que levavam os homens ao encontro de seus deuses.

NOTAS

1. NO PRINCÍPIO... [pp. 15-58]

1. Mircea Eliade, *The myth of the eternal return or Cosmos and history*, trad. Willard R. Trask (Princeton, 1954).
2. De "The Babilonian creation", em N. K. Sandars (trad.), *Poems of heaven and hell from ancient Mesopotamia* (Londres, 1971), p. 73.
3. Ibid., p. 99.
4. Píndaro, Ode Neméia VI, 1-4, *The odes of Pindar*, trad. C. M. Bowra (Harmondsworth, 1969), p. 206.
5. Textos de Anat-Baal 49:11:5, citado em E. O. James, *The ancient gods* (Londres, 1960), p. 88.
6. Gênesis 2, 5-7.
7. Gênesis 4, 26; Êxodo 6, 3.
8. Gênesis 31, 42; 49, 24.
9. Gênesis 17, 1.
10. *Ilíada* XXIV, 393, trad. E. V. Rieu (Harmondsworth, 1950), p. 446.
11. Atos dos Apóstolos 14, 11-18.
12. Gênesis 28, 15.
13. Gênesis 26, 16-7. Elementos de J foram acrescentados a esta versão por E, daí o uso do nome Javé.
14. Gênesis 32, 30-1.
15. George E. Mendenhall, "The Hebrew conquest of Palestine", *The Biblical Archeologist* 25 (1962); M. Weippert, *The settlement of the Israelite tribes in Palestine* (Londres, 1971).
16. Deuteronômio 26, 5-8.
17. L. E. Bihu, "Midianite elements in Hebrew religion", *Jewish theological studies* 31; Salo Wittmeyer Baron, *A social and religious history of the Jews*, 10 vols., 2ª ed. (Nova York, 1952-67), vol. 1, p. 46.
18. Êxodo 3, 5-6.
19. Êxodo 3, 14.
20. Êxodo 19, 16-8.
21. Êxodo 20, 2.
22. Josué 24, 14-5.
23. Josué 24, 24.

24. James, *The ancient gods*, p. 152; Salmos 29, 89 e 93. Mas esses Salmos são posteriores ao Exílio.
25. I Reis 18, 20-40.
26. I Reis 19, 11-3.
27. Rig-Veda 10:29, em R. H. Zanner (trad. e ed.), *Hindu scriptures* (Londres e Nova York, 1966), p. 12.
28. Chandogya Upanishad VI. 13, em Juan Mascaró (trad. e ed.), *The Upanishads* (Harmondsworth, 1965), p. 111.
29. Kena Upanishad I, em Juan Mascaró (trad. e ed.), *The Upanishads*, p. 51.
30. Ibid., 3, p. 52.
31. Samyutta-Nikaya, parte II: Nidana Vagga, trad. e ed. Leon Feer (Londres, 1888), p. 106.
32. Edward Conze, *Buddhism: Its essence and development* (Oxford, 1959), p. 40.
33. Udana, 8.13, citado e traduzido em Paul Steintha, *Udanan* (Londres, 1885), p. 81.
34. *O banquete*, em *The Symposium*, trad. W. Hamilton (Harmondsworth, 1951), pp. 93-4.
35. *Filosofia*, frag. 15.
36. *Poética* 1461 b, 3.

2. UM ÚNICO DEUS [pp. 59-104]

1. Isaías 6, 3.
2. Rudolf Otto, *The idea of the holy, an inquiry into the non-rational factor in the idea of the divine an its relation to the rational*, trad. John W. Harvey (Oxford, 1923), pp. 29-30.
3. Isaías 6, 5.
4. Êxodo 4, 11.
5. Salmos 29, 89, 93. Dagon era o deus dos filisteus.
6. Isaías 6, 10.
7. Mateus 13, 14-5.
8. Inscrição numa tabuinha cuneiforme citada em Chaim Potok, *Wanderings, history of the Jews* (Nova York, 1978), p. 187.
9. Isaías 6, 13.
10. Isaías 6, 12.
11. Isaías 10, 5-6.
12. Isaías 1, 3.
13. Isaías 1, 11-5.
14. Isaías 1, 15-7.
15. Amós 7, 15-7.
16. Amós 3, 8.
17. Amós 8, 7.

18. Amós 5, 18.
19. Amós 3, 1-2.
20. Oséias 8, 5.
21. Oséias 6, 6.
22. Gênesis 4, 1.
23. Oséias 2, 23-4.
24. Oséias 2, 18-9.
25. Oséias 1, 2.
26. Oséias 1, 9.
27. Oséias 13, 2.
28. Jeremias 10; Salmos 31, 6; 115, 4-8; 135, 15.
29. A tradução inglesa deste versículo é de John Bowker, *The religious imagination and the sense of God* (Oxford, 1978), p. 73.
30. Ver Gênesis 14, 30.
31. II Reis 22, 3-10; II Crônicas 34, 14.
32. Deuteronômio 6, 4-6.
33. Deuteronômio 7, 3.
34. Deuteronômio 7, 5-6.
35. Deuteronômio 28, 64-8.
36. II Crônicas 34, 5-7.
37. Êxodo 23, 33.
38. Josué 11, 21-2.
39. Jeremias 25, 8,9.
40. Jeremias 13, 15-7.
41. Jeremias 1, 6-10.
42. Jeremias 23, 9.
43. Jeremias 20, 7, 9.
44. Na China, o Tao e o confucionismo são vistos como duas facetas de uma única espiritualidade, relativas ao homem interior e exterior. O hinduísmo e o budismo estão relacionados e podem ser vistos como um paganismo reformado.
45. Jeremias 2, 31, 32; 12, 7-11; 14, 7-9; 6, 11.
46. Jeremias 32, 15.
47. Jeremias 44, 15-9.
48. Jeremias 31, 33.
49. Ezequiel 1, 4-25.
50. Ezequiel 3, 14-5.
51. Ezequiel 8, 12.
52. Salmo 137.
53. Isaías 11, 15, 16.
54. Isaías 51, 9, 10. Este seria um tema constante. Ver Salmos 65, 7; 74, 13-4; 77, 16; Jó 3, 8; 7, 12.
55. Isaías 46, 1.
56. Isaías 43, 10, 12.

57. Isaías 51, 9, 10.
58. Isaías 55, 8, 9.
59. Isaías 19, 24, 25.
60. Êxodo 33, 20.
61. Êxodo 33, 18.
62. Êxodo 34, 29-35.
63. Êxodo 40, 34, 35; Ezequiel 9, 3.
64. Cf. Salmos 74 e 104.
65. Êxodo 25, 8, 9.
66. Êxodo 25, 3-5.
67. Êxodo 39, 32, 43; 40, 33; 40, 2, 17; 31, 3, 13.
68. Deuteronômio 5, 12-7.
69. Deuteronômio 14, 1-21.
70. Provérbios 8, 22, 23, 30, 31.
71. Eclesiástico 24, 3-6.
72. Sabedoria 7, 25-6.
73. *De Specialibus Legibus*, 1:43.
74. *God is immutable*, 62; *The life of Moses*, 1:75.
75. *Abraham*, 121-3.
76. *The migration of Abraham*, 34-5.
77. Shabbat 31a.
78. Aroth de Rabba Nathan, 6.
79. Louis Jacobs, *Faith* (Londres, 1968), p. 7.
80. Levítico Rabba 8, 2; Sotah 9b.
81. Êxodo Rabba 34, 1; Hagigah 13b; Mekhilta para Êxodo 15, 3.
82. Baba Metzia 59b.
83. Salmo da Mishnah 25, 6; Salmo 139, 1; Tanhuma 3, 80.
84. Comentário sobre Jó 11, 7; Salmo da Mishnah 25, 6.
85. Disse o rabino Yohannan B. Nappacha: "Aquele que fala ou relata demasiado louvor a Deus será arrancado deste mundo".
86. Gênesis Rabba 68, 9.
87. B. Berakoth 10a; Levítico Rabba 4, 8; Yalkut sobre o Salmo 90, 1; Êxodo Rabba.
88. B. Migillah 29a.
89. Cântico dos Cânticos Rabba 2; Jerusalém Sukkah 4.
90. Números Rabba 11, 12; Deuteronômio Rabba 7, 2, baseado em Provérbios 8, 34.
91. Mekhilta do rabino Simon sobre Êxodo 19, 6. Cf. Atos dos Apóstolos 4, 32.
92. Cântico dos Cânticos Rabba 8, 12.
93. Yalkut sobre Cântico dos Cânticos 1, 2.
94. Sifre sobre Deuteronômio 36.

95. A. Marmorstein, *The old rabbinic doctrine of God, the names and attributes of God* (Oxford, 1927), pp. 171-4.
96. Niddah 31b.
97. Yalkut sobre II Samuel 22; B. Yoma 22b; Yalkut sobre Ester 5, 2.
98. Jacob E. Neusner, "Varieties of Judaism in the formative age", em Arthur Green (ed.), *Jewish spirituality*, 2 vols. (Londres, 1986, 1988), vol. 1, pp. 172-3.
99. Sifre sobre Levítico 19, 8.
100. Mekhilta sobre Êxodo 20, 13.
101. Piske Aboth 6:6; Horayot 13a.
102. Sinédrio 4:5.
103. Baba Metziah 58b.
104. Arakin 15b.

3. UMA LUZ PARA OS GENTIOS [pp. 105-46]

1. Marcos 1, 18, 11.
2. Marcos 1, 15. Geralmente traduzido como "O Reino de Deus está próximo", mas em grego é mais forte.
3. Ver Geza Vermes, *Jesus the Jew* (Londres, 1973); Paul Johnson, *A history of the Jews* (Londres, 1987).
4. Mateus 5, 17-9.
5. Mateus 7, 12.
6. Mateus 23.
7. T. Sof. 13:2.
8. Mateus 17, 2.
9. Mateus 17, 15.
10. Mateus 17, 20; Marcos 11, 22-3.
11. Astasahasrika 15:293, em Edward Conze, *Buddhism: Its essence and development* (Oxford, 1959), p. 125.
12. *Bhagavad-Gita, Krishna's counsel in war* (Nova York, 1986), XI, 14, p. 97.
13. Ibid., XI: 21, p. 100.
14. Ibid., XI: 18, p. 100.
15. Gálatas 1, 11; 14.
16. Ver, por exemplo, Romanos 12, 5; I Coríntios 4, 15; II Coríntios 2, 17; 5, 17.
17. I Coríntios 1, 24.
18. Citado por Paulo no sermão que lhe atribui o autor dos Atos dos Apóstolos 17, 28. A citação provavelmente foi extraída de Epimênides.
19. I Coríntios 15, 3.
20. Romanos 6, 4; Gálatas 5, 16-25; II Coríntios 5, 17; Efésios 2, 15.
21. Colossenses 1, 24; Efésios 3, 1, 13; I Coríntios 1, 13.

22. Romanos 5, 12-8.
23. Filipenses 2, 6-11.
24. João 1, 3.
25. I João 1, 1.
26. Atos dos Apóstolos 2, 2.
27. Ibid. 2, 9, 10.
28. Joel 3, 1-5.
29. Atos dos Apóstolos 2, 22-36.
30. Ibid. 7, 48.
31. Citado em A. D. Nock, *Conversion, the old and the new in religion from Alexander the Great to Augustine of Hippo* (Oxford, 1933), p. 207.
32. *Ad Baptizandos*, Homilia 13:14, citado em Wilfred Cantwell Smith, *Faith and Belief* (Princeton, 1979), p. 259.
33. Versão dada por Irineu, *Heresias*, I.1.1. A maioria dos textos dos primeiros "hereges" foi destruída e sobrevive apenas nas polêmicas de seus adversários ortodoxos.
34. Hipólito, *Heresias*, 7.21.4.
35. Irineu, *Heresias*, 1.5.3.
36. Hipólito, *Heresias*, 8.15.1-2.
37. Lucas 6, 43.
38. Irineu, *Heresias*, 1.27.2.
39. Tertuliano, *Contra Marcion*, 1.6.1.
40. Orígenes, *Contra Celso*, 1.9.
41. *Exortação aos gregos*, 59.2.
42. Ibid., 10.106.4.
43. *O mestre*, 1.3.381.
44. *Exortação aos gregos*, 1.8.4.
45. *Heresias*, 5.16.2.
46. *Enéades*, 5.6.
47. Ibid., 5.3.11.
48. Ibid., 7.3.2.
49. Ibid., 5.2.1.
50. Ibid., 4.3.9.
51. Ibid., 4.3.9.
52. Ibid., 6.7.37.
53. Ibid., 6.9.9.
54. Ibid., 6.9.4.
55. Jaroslav Pelikan, *The Christian tradition, a history of the development of doctrine*, 5 vols., vol. 1: *The emergence of the Catholic tradition* (Chicago, 1971), p. 103.

4. TRINDADE: O DEUS CRISTÃO [pp. 147-76]

1. A fonte é Gregório de Nissa.
2. Numa carta a Eusébio, seu aliado, e na Thalia, citado em Robert C. Gregg e Dennis E. Groh, *Early arianism, a view of salvation* (Londres, 1981), p. 66.
3. Ário, *Epístola a Alexandre*, 2.
4. Provérbios 8, 22. Citado nas pp. 81-2.
5. João 1, 3.
6. João 1, 2.
7. Filipenses 2, 6-11, citado na p. 105.
8. Ário, *Epístola a Alexandre*, 6:2.
9. Atanásio, *Contra os infiéis*, 41.
10. Atanásio, *Da encarnação*, 54.
11. Isso difere do manifesto doutrinário em geral conhecido como o Credo de Nicéia, que, na verdade, foi elaborado no Concílio de Constantinopla, em 381.
12. Atanásio, *Dos sínodos de Arimínio e Selêucia*, 41.1.
13. Atanásio, *Vida de Antônio*, 67.
14. Basílio, *Do Espírito Santo*, 28.66.
15. Ibid.
16. Gregório de Nissa, *Contra Eunômio*, 3.
17. Gregório de Nissa, *Resposta ao Segundo Livro de Eunômio*.
18. Gregório de Nissa, *Vida de Moisés*, 2.164.
19. Basílio, Epístola, 234.1.
20. Oração, 31.8.
21. Gregório de Nissa, *Não há três deuses*.
22. G. L. Prestige, *God in patristic thought* (Londres, 1952), p. 300.
23. Gregório de Nissa, *Não há três deuses*.
24. Gregório de Nazianzo, *Oração*, 40:41.
25. Idem, ibid., 29:6-10.
26. Basílio, Epístola, 38:4.
27. *Da Trindade*, VII.4.7.
28. *Confissões*, 1.1, trad. Henry Chadwick (Oxford, 1991), p. 3.
29. Ibid., VIII vii (17), p. 145.
30. Ibid., VIII xii (28), p. 152.
31. Ibid., VIII xii (29), pp. 152-3. Trecho de são Paulo, Romanos 13, 13-4.
32. Ibid., X xvii (26), p. 194.
33. Ibid., V xxvii (38), p. 201.
34. Ibid.
35. *Da Trindade*, VIII. ii.3.
36. Ibid.
37. Ibid., X.x.14.
38. Ibid., X.xi.18.
39. Ibid.

40. Andrew Louth, *The origins of the Christian mystical tradition* (Oxford, 1983), p. 79.
41. Agostinho, *Da Trindade*, XIII.
42. Ibid.
43. *Enchyridion*, 26.27.
44. *Do traje feminino*, I, i.
45. Carta 243, 10.
46. *O sentido literal do Gênesis*, IX, v, 9.
47. Carta XI.
48. Ibid.
49. *A hierarquia celeste*, I.
50. *Os nomes divinos*, II, 7.
51. Ibid., VII, 3
52. Ibid., XIII, 3.
53. Ibid., VII, 3.
54. Ibid., I.
55. *Teologia mística*, 3.
56. *Os nomes divinos*, IV, 3.
57. *Ambigua*, Migne, PG 91.1088c.

5. UNIDADE: O DEUS DO ISLÃ [pp. 177-220]

1. Muhammad ibn Ishaq, *Sira*, 145, citado em A. Guillaume (trad.), *The life of Muhammad* (Londres, 1955), p. 160.
2. Corão 96, 1.
3. Ibn Ishaq, *Sira*, 153, em A. Guillaume (trad.), *The life of Muhammad*, p. 106.
4. Ibid.
5. Jalal ad-Din Suyuti, *al-itiqan fi'ulum al aq'ran*, em Rodinson, *Mohammed*, trad. Anne Carter (Londres, 1971), p. 74.
6. Bukhari, Hadith 1.3. Citado em Martin Lings, *Muhammad, his life based on the earliest source* (Londres, 1983), pp. 44-5.
7. "Expostulation and Reply".
8. Corão 75, 17-9.
9. Corão 42, 7.
10. Corão 88, 21-2.
11. Corão 29, 61-3.
12. Corão 96, 6-8.
13. Corão 80, 24-32.
14. Corão 92, 18; 9, 103; 63, 9; 102, 1.
15. Corão 24, 1, 45.
16. Corão 2, 158-9.
17. Corão 20, 114-5.

18. Ibn Ishaq, *Sira*, em A. Guillaume (trad.), *The life of Muhammad*, p. 159.
19. Ibid., 228, p. 158.
20. George Steiner, *Real presences: is there anything in what we say?* (Londres, 1989), pp. 142-3.
21. Corão 53, 19-26.
22. Karen Armstrong, *Muhammad: A western attempt to understand Islam* (Londres, 1991), pp. 108-17.
23. Corão 109.
24. Corão 112.
25. Citado em Seyyed Hossein Nasr, "God", em *Islamic spirituality: Foundation*, editado por Nasr (Londres, 1987), p. 321.
26. Corão 2, 11.
27. Corão 55, 26.
28. Corão 24, 35.
29. Armstrong, *Muhammad*, pp. 21-44, 86-8.
30. Corão 29, 46.
31. Ibn Ishaq, *Sira*, 362, em A. Guillaume (trad.), *The life of Muhammad*, p. 246.
32. Esta é a tradução de Muhammad Assad para *ahl al-kitab*, em geral traduzido como "o povo do Livro".
33. Corão 2, 135-6.
34. Ali Shariati, *Hajj*, trad. Laleh Bakhtiar (Teerã, 1988), pp. 54-6.
35. Corão 33, 35.
36. Citado em Seyyed Hossein Nasr, "The significance of the *Sunnah* and *Hadith*", em *Islamic spirituality*, pp. 107-8.
37. I João 1, 1.
38. W. Montgomery Watt, *Free will and predestination in early Islam* (Londres, 1948), p. 139.
39. Abu al-Hasan ibn Ismail al-Ashari, *Malakat* 1.197, citado em A. J. Wensinck, *The muslim creed, its genesis and historical development* (Cambridge, 1932), pp. 67-8.

6. O DEUS DOS FILÓSOFOS [pp. 221-66]

1. Traduzido por R. Walzer, "Islamic philosophy", citado em S. H. Nasr, "Theology, philosophy and spirituality", em *Islamic spirituality: Manifestations*, editado por Nasr (Londres, 1991), p. 411.
2. Pois ambos eram de Rayy, no Irã.
3. Citado em Azim Nanji, "Ismailism", em S. H. Nasr, *Islamic spirituality: Foundation*, editado por Nasr (Londres, 1987), pp. 195-6.
4. Ver Henri Corbin, *Spiritual body and celestial earth, from mazdean Iran to shiite Iran*, trad. Nancy Pearson (Londres, 1990), pp. 51-72.
5. Ibid., p. 51.

6. Rasai'il I, 76, citado em Majid Fakhry, *A history of islamic philosophy* (Nova York e Londres, 1970), p. 193.

7. Rasai'il IV, 42, ibid., p. 187.

8. *Metafísica XII*, 1074b 32.

9. *Al-Mundiqh al-Dalal*, traduzido em W. Montgomery Watt, *The faith and practice of Al-Ghazzali* (Londres, 1953), p. 20.

10. Citado em John Bowker, *The religious imagination and the sense of God* (Oxford, 1978), p. 202.

11. Quando os estudiosos ocidentais leram sua obra, acharam que al-Ghazzali *era* um *faylasuf*.

12. *Mundiqh*, em Watt, *The faith and the practice of Al-Ghazzali*, p. 59.

13. Bowker, *The religious imagination and the sense of God*, pp. 222-6.

14. Corão 24, 35, citado pp. 176-7.

15. *Mishkat al-Anwar*, citado em Fakhry, *A history of islamic philosophy*, p. 278.

16. *Kuzari*, livro II, citado em J. Abelson, *The immanence of god in rabbinic literature* (Londres, 1912), p. 257.

17. Corão 3, 5.

18. Relacionado em Fakhry, *A history of islamic philosophy*, pp. 313-4.

19. Relacionado em Julius Guttman, *Philosophies of Judaism, the history of Jewish philosophy from biblical times to Franz Rosenzweig*, trad. David W. Silverman (Londres e Nova York, 1964), p. 179.

20. Citado em Abelson, *The immanence of god in rabbinic literature*, p. 245.

21. Sobre as primeiras atitudes dos cruzados, ver Karen Armstrong, *Holy war, the Crusades and their impact on today's world* (Nova York, 1991, Londres, 1992), pp. 49-75.

22. *Exposition of the celestial hierarchies*, 2. 1.

23. *Periphsean*, Migne, PL 426C-D.

24. Ibid., 4287-B.

25. Ibid., 680 D-681-A.

26. Ibid.

27. Vladimir Lossky, *The mystical theology of the Eastern Church* (Londres, 1957), pp. 57-65.

28. *Monologion* I.

29. *Proslogion* I.

30. *Proslogion*, 2. Comentário sobre Isaías 7, 9.

31. John Macquarrie, *In search of deity: An essay in dialectical theism* (Londres, 1984), pp. 201-2.

32. Epístola 191.1.

33. Citado em Henry Adams, *Mont Saint-Michel and Chartres* (Londres, 1986), p. 296.

34. Armstrong, *Holy war*, pp. 199-234.

35. Tomás de Aquino, *De Potentia*, q.7, a.5, ad. 14.

36. *Summa theologica* ia, 13, 11.
37. *The journey of the mind to God*, 6.2.
38. Ibid., 3.1.
39. Ibid., 1.7.

7. O DEUS DOS MÍSTICOS [pp. 267-323]

1. John Macquarrie, *Thinking about God* (Londres, 1957), p. 34.
2. Hagigah 14b, citando Salmos 101, 7; 116, 15; 25, 16.
3. Citado em Louis Jacobs (ed.), *The Jewish mystics* (Jerusalém, 1976, Londres, 1990), p. 23.
4. II Coríntios 12, 2-4.
5. Cântico dos Cânticos 5, 10-5.
6. Traduzido em T. Carmi (ed. e trad.), *The Penguin Book of Hebrew verse* (Londres, 1981), p. 199.
7. Corão 53, 13-7.
8. *Confissões* IX, 24, trad. Henry Chadwick (Oxford, 1991), p. 171.
9. Joseph Campbell e Bill Moyers, *The power of myth* (Nova York, 1988), p. 85.
10. Annemarie Schimmel, *And Muhammad is his messenger: The veneration of the Prophet in islamic piety* (Chapel Hill e Londres, 1985), pp. 161-75.
11. *Confissões* IX, 24, p. 171.
12. *Confissões* IX, 25, pp. 171-2.
13. Ibid.
14. *Moral em Jó*, v, 66.
15. Ibid., xxiv, 11.
16. *Homilias sobre Ezequiel* II, ii, 1.
17. *Comentário ao Cântico dos cânticos*, 6.
18. Epístola 234.1.
19. *Da prece* 67.
20. Ibid., 71.
21. *Ambigua*, PG 91.1088c.
22. Peter Brown e Sabine MacCormack, "Artifices of eternity", em Brown, *Society and the holy in late Antiquity* (Londres, 1992), p. 212.
23. Nicéforo, *Maior apologia das imagens sacras*, 70.
24. *Orações teológicas* I.
25. *Orações éticas* 1. 3.
26. *Orações* 26.
27. *Orações teológicas* 5.
28. *Hinos de amor divino* 28.114-5, 160-2.
29. *Encyclopaedia of Islam*, 1ª ed. (Leiden, 1913), verbete "Tasawwuf".
30. Tradução de R. A. Nicholson, citado em A. J. Arberry, *Sufism, an account of the mystics of Islam* (Londres, 1950), p. 43.

31. Citado em R. A. Nicholson, *The mystics of Islam* (Londres, 1963), p. 115.

32. *Narrative*, citado em Marshall G. S. Hodgson, *The venture of Islam, conscience and history in a world civilization*, 3 vols. (Chicago, 1974), vol. 1, p. 404.

33. Citado em Arberry, *Sufism*, p. 59.

34. Citado em Nicholson, *The mystics of Islam*, p. 151.

35. Citado em Arberry, *Sufism*, p. 60.

36. Corão 2, 32.

37. *Hiqmat al-Ishraq*, citado em Henri Corbin, *Spiritual body and celestial earth, from mazdean Iran to shiite Iran*, trad. Nancy Pearson (Londres, 1990), pp. 168-99.

38. Mircea Eliade, *Shamanism*, pp. 9, 508.

39. J.-P. Sartre, *The psychology of the imagination* (Londres, 1972), passim.

40. *Futuhat al-Makkiyah* II, 326, citado em Henri Corbin, *Creative imagination in the sufism of Ibn Arabi*, trad. Ralph Manheim (Londres, 1970), p. 330.

41. *The Diwan, interpretation of ardent desires*, ibid., p. 138.

42. *La vita nuova*, trad. Barbara Reynolds (Harmondsworth, 1969), pp. 29-30.

43. *Purgatório* XVII, 13-8, trad. Barbara Reynolds (Harmondsworth, 1969), p. 196.

44. William Chittick, "Ibn al-Arabi and his school", em Sayyed Hossein Nasr (ed.), *Islamic spirituality: Manifestations* (Nova York e Londres, 1991), p. 61.

45. Corão 18, 69.

46. Citado em Henri Corbin, *Creative imagination in Ibn al-Arabi*, p. 111.

47. Chittick, "Ibn al-Arabi and his School", em Nasr (ed.), *Islamic spirituality*, p. 58.

48. Majid Fakhry, *A history of islamic philosophy* (Nova York e Londres, 1970), p. 282.

49. R. A. Nicholson, *The mystics of Islam*, p. 105.

50. R. A. Nicholson (ed.), *Eastern poetry and prose* (Cambridge, 1922), p. 148.

51. *Masnawi*, I, i, citado em Hodgson, *The venture of Islam*, II, p. 250.

52. Citado em Coleman Banks e John Moyne (eds. e trads.), *This longing, teaching stories and selected letters of Rumi* (Putney, 1988), p. 20.

53. "Canto de união", citado em Gershom Scholem, *Major trends in Jewish mysticism*, 2ª ed. (Londres, 1955), p. 108.

54. Ibid., p. 11.

55. Em Gershom Scholem (ed. e trad.), *The Zohar, the book of splendour* (Nova York, 1949), p. 27.

56. Ibid.

57. Scholem, *Major trends in Jewish mysticism*, p. 136.

58. Ibid., p. 142.

59. Citado em J. Clark, *Meister Eckhart, an introduction to the study of his works with an anthology of his sermons* (Londres, 1957), p. 28.

60. Simon Tugwell, "Dominican spirituality", em Louis Supre e Don E. Saliers (eds.), *Christian spirituality* III (Nova York e Londres, 1989), p. 28.

61. Citado em Clark, *Meister Eckhart*, p. 40.

62. Sermão, "Qui Audit Me Non Confundetur", em R. B. Blakeney (trad.), *Meister Eckhart, a new translation* (Nova York, 1957), p. 204.

63. Ibid., p. 288.

64. "On detachment", em Edmund Coledge e Bernard McGinn (eds. e trads.), *Meister Eckhart, the essential sermons, commentaries, treatises and defence* (Londres, 1981), p. 87.

65. *Theophanes*, PG 932D. (Itálico meu.)

66. Homilia, 16.

67. Tríades 1.3.47.

8. UM DEUS PARA OS REFORMADORES [pp. 324-65]

1. *Majma'at al-Rasail*, citado em Majid Fakhry, *A history of islamic philosophy* (Nova York e Londres, 1970), p. 351.

2. Marshall G. S. Hodgson, *The venture of Islam, conscience and history in a world civilization*, 3 vols. (Chicago, 1974), II, pp. 334-60.

3. *Kitab al hikmat al-arshiya*, citado em Henri Corbin, *Spiritual body and celestial earth, from mazdean Iran to shiite Iran* (Londres, 1990), p. 166.

4. Citado em M. S. Rashid, *Iqbal's concept of God* (Londres, 1981), pp. 103-4.

5. Citado em Gershom Scholem, *Major trends in Jewish mysticism*, 2ª ed. (Londres, 1955), p. 253.

6. Ibid., p. 271; sobre a Cabala luriânica, ver também Scholem, *The messianic idea in Judaism and other essays in Jewish spirituality* (Nova York, 1971), pp. 43-8; R. J. Zwi Weblosky, "The Safed revival and its aftermath", em Arthur Green (ed.), *Jewish spirituality*, 2 vols. (Londres, 1986, 1988), vol. 2; Jacob Katz, "Halakah and Kabbalah as competing disciplines of study", ibid.; Laurence Fine, "The contemplative practice of Yehudim in lurianic Kabbalah", ibid.; Louis Jacobs, "The uplifting of the sparks in later Jewish mysticism", ibid.

7. *A montanha da contemplação*, 4.

8. Thomas de Kempis, *The imitation of Christ*, trad. Leo Sherley Poole (Harmondsworth, 1953), I, i, p. 27.

9. Richard Kieckhafer, "Major currents in late medieval devotion", em Jill Raitt (ed.), *Christian spirituality: High Middle Ages and Reformation* (Nova York e Londres, 1989), p. 87.

10. Juliana de Norwich, *Revelations of divine love*, trad. Clifton Wolters (Londres, 1981), 15, pp. 87-8.

11. *Encomium Sancti Tomae Aquinatis*, citado em William J. Bouwsme, "The spirituality of Renaissance humanism", em Raitt, *Christian spirituality*, p. 244.

12. Carta a seu irmão Gherado, 2 de dezembro de 1348, em David Thompson (ed.), *Petrarch, a humanist among princes: An anthology of Petrarch's letters and translations from his works* (Nova York, 1971), p. 90.

13. Citado em Charles Trinkaus, *The poet as philosopher: Petrarch and the formation of Renaissance conciousness* (New Haven, 1979), p. 87.

14. *Da ignorância culta*, I.22.

15. *Da possibilidade e ser em Deus*, 17.5.

16. Norman Cohn, *Europe's inner Demons* (Londres, 1976).

17. Citado em Alister E. McGrath, *Reformation thought, an introduction* (Oxford e Nova York, 1988), p. 73.

18. *Comentário sobre o Salmo* 90.3.

19. *Comentário sobre Gálatas* 3, 19.

20. Citado em McGrath, *Reformation thought*, p. 74.

21. I Coríntios 1, 25.

22. *Polêmica de Heidelberg*, 21.

23. Ibid., 19-20.

24. Ibid.

25. Citado em Jaroslav Pelikan, *The Christian tradition, a history of the development of dogma*, 5 vols., vol. 4: *Reformation of Church and dogma* (Chicago e Londres, 1984), p. 156.

26. *Comentário sobre Gálatas* 2, 16.

27. *Orações éticas* 5.

28. *Pequeno catecismo* 2.4. Citado em Pelikan, *Reformation of Church*, p. 161. (Itálico meu.)

29. Alastair E. McGrath, *A life of John Calvin, a study in the shaping of western culture* (Oxford, 1990), p. 7.

30. Citado em McGrath, ibid., p. 251.

31. *Institutos da religião cristã*, I, xiii, 2.

32. Citado em Pelikan, *Reformation of Church*, p. 327.

33. Zinzendorf, citado ibid., p. 326.

34. Citado em McGrath, *Reformation thought*, p. 87.

35. McGrath, *A life of John Calvin*, p. 90.

36. William James, *The varieties of religious experience*, ed. Martine E. Marty (Nova York e Harmondsworth, 1982), pp. 127-85.

37. John Bossy, *Christianity in the West, 1400-1700* (Oxford e Nova York, 1985), p. 96.

38. McGrath, *A life of John Calvin*, pp. 209-45.

39. R. C. Lovelace, "Puritan spirituality: the search for rightly reformed church", em Louis Dupre e Don E. Saliers (eds.), *Christian spirituality: post Reformation and modern* (Nova York e Londres, 1989), p. 313.

40. *Exercícios espirituais* 230.

41. Citado em Hugo Rahner, S. J., *Ignatius the theologian*, trad. Michael Barry (Londres, 1968), p. 23.

42. Citado em Pelikan, *The Christian doctrine and modern culture (since 1700)* (Chicago e Londres, 1989), p. 39.

43. Lucien Febvre, *The problem of unbelief in the sixteenth century, the religion of Rabelais*, trad. Beatrice Gottlieb (Cambridge, Mass., e Londres, 1982), p. 351.

44. Ibid., pp. 355-6.

45. Citado em J. C. Davis, *Fear, myth and history, the ranters and the historians* (Cambridge, 1986), p. 114.

46. McGrath, *A life of John Calvin*, p. 131.

47. Citado em Robert S. Westman, "The copernicans and the churches", em David C. Lindberg e Ronald E. Numbers (eds.), *God and nature: Historical essays in the encounter between Christianity and sciences* (Berkeley, Los Angeles e Londres, 1986), p. 87.

48. Salmo 93, 1; Eclesiastes 1, 5; Salmo 104, 19.

49. William R. Shea, "Galileo and the Church", em Lindberg e Numbers (eds.), *God and nature*, p. 125.

9. ILUMINISMO [pp. 366-428]

1. Texto extraído de Blaise Pascal, *Pensées*, trad. e ed. A. J. Krailsheimer (Londres, 1966), p. 309.

2. *Pensées*, 919.

3. Ibid., 198.

4. Ibid., 418.

5. Ibid., 919.

6. Ibid., 418.

7. Romanos 1, 19-20.

8. René Descartes, *A discourse on method etc.*, trad. J. Veitch (Londres, 1912), 2.6.19.

9. René Descartes, *Discourse on method, optics, geometry and meteorology*, trad. Paul J. Olscamp (Indianapolis, 1965), p. 263.

10. Ibid., p. 361.

11. Citado em A. R. Hall e L. Tilling (eds.), *The correspondence of Isaac Newton*, 3 vols. (Cambridge, 1959-77), vol. 3, 10 de dezembro de 1692, pp. 234-5.

12. Ibid., p. 240, 17 de janeiro de 1693.

13. Isaac Newton, *Philosophiae naturalis principia mathematica*, trad. Andrew Motte, ed. Florian Cajavi (Berkeley, 1934), pp. 344-6.

14. "Corruptions of Scripture", citado em Richard S. Westfall, "The rise of science and decline of orthodox Christianity. A study of Kepler, Descartes and Newton", em David C. Lindberg e Ronald L. Numbers (eds.), *God and nature: Historical essays on the encounter between Christianity and science* (Berkeley, Los Angeles e Londres, 1986), p. 231.

15. Ibid., pp. 231-2.

16. Citado em Jaroslav Pelikan, *The Christian tradition, a history of the development of doctrine*, 5 vols., vol. 5: *Christian doctrine and modern culture (since 1700)* (Chicago e Londres, 1989), p. 66.

17. Ibid., p. 105.

18. Ibid., p. 101.

19. Ibid., p. 103.

20. *Paraíso perdido*, livro III, versos 113-9, 124-8.

21. Voltaire, *Philosophical dictionary*, trad. Theodore Besterman (Londres, 1972), p. 357.

22. Ibid., p. 57.

23. Citado em Paul Johnson, *A history of the Jews* (Londres, 1987), p. 290.

24. Baruch Spinoza, *A theologico-political treatise*, trad. R. H. M. Elwes (Nova York, 1951), p. 6.

25. Citado em Pelikan, *Christian doctrine and modern culture*, p. 60.

26. Ibid., p. 110.

27. Citado em Sherwood Eliot Wirt (ed.), *Spiritual awakening: Classic writings of the eighteenth century devotions to inspire and help the twentieth century reader* (Tring, 1988), p. 9.

28. Albert C. Outler (ed.), *John Wesley: Writings*, 2 vols. (Oxford e Nova York, 1964), pp. 194-6.

29. Pelikan, *Christian doctrine and modern culture*, p. 125.

30. Ibid., p. 126.

31. Citado em George Tickell, S. J., *The life of blessed Margaret Mary* (Londres, 1890), p. 258.

32. Ibid., p. 221.

33. Samuel Shaw, *Communion with God*, citado em Albert C. Outlet, "Pietism and Enlightment: Alternatives to tradition", em Louis Dupre e Don E. Saliers (eds.), *Christian spirituality: Post Reformation and modern*, p. 245.

34. Ibid., p. 248.

35. Norman Cohn, *The Pursuit of the millennium, revolutionary millennarians and mystical anarchists of the Middle Ages* (Londres, 1970), p. 172.

36. Ibid., p. 173.

37. Ibid., p. 174.

38. Ibid., p. 290.

39. Ibid., p. 303.

40. Ibid., p. 304.

41. Ibid., p. 305.

42. Citado em Wirt (ed.), *Spiritual awakening*, p. 110.

43. Citado ibid., p. 113.

44. Alan Heimart, *Religion and the American mind: From the Great Awakening to the Revolution* (Cambridge, Mass., 1968), p. 43.

45. "An essay on the Trinity", citado ibid., pp. 62-3.

46. Citado ibid., p. 101.

47. Observações de Alexander Gordon e Samuel Quincey, citadas ibid., p. 167.

48. Gershom Scholem, *Sabbati Sevi* (Princeton, 1973).

49. Citado em Gershom Scholem, "Redemption through sin", em *The messianic idea in Judaism and other essays on Jewish spirituality*, p. 124.

50. Ibid., p. 130.

51. Ibid.

52. Ibid.

53. Ibid., p. 136.

54. Citado em Scholem, "Neutralisation of messianism in early hasidism", ibid., p. 190.

55. Scholem, "Devekut or communion with God", ibid., p. 207.

56. Louis Jacobs, "The uplifting of the sparks", em Arthur Green (ed.), *Jewish spirituality*, 2 vols., vol. 2, pp. 118-21.

57. Ibid., p. 125.

58. Scholem, "Devekuth", em *The messianic idea in Judaism*, pp. 226-7.

59. Arthur Green, "Typologies of leadership and the hassidic zaddick", em *Jewish spirituality*, vol. 2, p. 132.

60. *Sifra De-Zeniuta*, trad. R. J. Za. Werblowsky, em Louis Jacobs (ed.), *The Jewish mystics* (Jerusalém, 1976, e Londres, 1990), p. 171.

61. Ibid., p. 174.

62. Arnold H. Toynbee, *A study of history*, 12 vols. (Oxford, 1934-61), vol. 10, p. 128.

63. Albert Einstein, "Strange is our situation here on earth", em Jaroslav Pelikan (ed.), *Modern religious thought* (Boston, 1990), p. 204.

64. Citado em Rachel Elin, "HaBaD: The contemplative ascent to God", em Green (ed.), *Jewish spirituality*, vol. 2, p. 161.

65. Ibid., p. 196.

66. Citado em Michael J. Buckley, *At the origins of modern atheism* (New Haven e Londres, 1987), p. 225.

67. "A letter to the blind for those who see", em Margaret Jourdain (trad. e ed.), *Diderot's early philosophical works* (Chicago, 1966), pp. 113-4.

68. Paul Heinrich Dietrich, barão d'Holbach, *The system of nature: Or laws of the moral and physical world*, trad. H. D. Robinson, 12 vols. (Nova York, 1835), vol. 1, p. 22.

69. Ibid., vol. 2, p. 227.

70. Ibid., vol. 1, p. 174.

71. Ibid., vol. 2, p. 232.

10. A MORTE DE DEUS? [pp. 429-65]

1. M. H. Abrams, *Natural supernaturalism: Tradition and revolution in romantic literature* (Nova York, 1971), p. 66.
2. Carta de 22 de novembro de 1817, em H. E. Rollins (ed.), *The letters of John Keats*, 2 vols. (Cambridge, Mass., 1958), pp. 184-5.
3. Carta para George e Thomas Keats, 21 (27?) de dezembro de 1817, ibid., p. 191.
4. *The prelude* II, 256-64.
5. "Lines composed a few miles above Tintern abbey", 37-49.
6. "Expostulation and reply"; "The tables turned".
7. "Tintern abbey", 94-102.
8. "Ode to duty"; *The prelude* XII, 316.
9. "Introduction", *The songs of experience*, 6-10.
10. *Jerusalem* 33:1-24.
11. Ibid., 96:23-28.
12. F. D. E. Schleiermacher, *The Christian faith*, trad. H. R. Mackintosh e J. S. Steward (Edimburgo, 1928).
13. Ibid., p. 12.
14. Albert Ritschl, *Theology and metaphysics*, 2ª ed. (Bonn, 1929), p. 29.
15. Citado em John Macquarrie, *Thinking about God*, p. 162.
16. "Contribution to the critique of Hegel's 'Philosophy of the right'", em Jaroslav Pelikan (ed.), *Modern religious thought* (Boston, 1990), p. 80.
17. Friedrich Nietzsche, *The gay science* (Nova York, 1974), p. 125.
18. Idem, *The Anticrist*, em *The twilight of the gods and the Antichrist*, trad. R. J. Hollingdale (Londres, 1968), p. 163.
19. Sigmund Freud, *The future of an illusion* (standard edition), p. 56.
20. Friedrich Nietzsche, *Thus spake Zarathustra, a book for every one and no one*, trad. R. J. Hollingdale (Londres, 1961), p. 217.
21. Alfred Tennyson, *In Memoriam* liv, 18-20.
22. Citado por William Hamilton em "The new optimism — From Prufrock to Ringo", em Thomas J. J. Altizer e William Hamilton (eds.), *Radical theology and the death of God* (Nova York e Londres, 1966).
23. Michael Gilsenan, *Recognizing Islam, religion and society in the modern Middle East* (Londres e Nova York, 1985), p. 38.
24. Evelyn Baring, lorde Cromer, *Modern Egypt*, 2 vols. (Nova York, 1908), vol. 2, p. 146.
25. Roy Mottahedeh, *The mantle of the Prophet, religion and politics in Iran* (Londres, 1985), pp. 183-4.
26. *Risalat al-Tawhid*, citado em Majid Fakhry, *A history of islamic philosophy* (Nova York e Londres, 1971), p. 378.
27. Wilfred Cantwell Smith, *Islam in modern history* (Princeton e Londres, 1957), p. 95.

28. Ibid., p. 146, também pp. 123-60 para a análise de *Al-Azhar*.
29. Citado em Eliezer Schweid, *The land of Israel: National home or land of destiny*, trad. Deborah Greniman (Nova York, 1985), p. 158. Termos cabalísticos em itálico.
30. Ibid., p. 143.
31. "Avodah" 1-8, em T. Carmi (ed. e trad.), *The Penguin Book of Hebrew verse* (Londres, 1981), p. 534.
32. "The service of God", citado em Ben Zion Bokser (ed. e trad.), *The essential writings of Abraham Issac Kook* (Warwick, N. Y., 1988), p. 50.
33. Elie Wiesel, *Night*, trad. Stella Rodway (Harmondsworth, 1981), p. 45.
34. Ibid., pp. 76-7.

11. DEUS TEM FUTURO? [pp. 466-92]

1. Peter Berger, *A rumour of angels* (Londres, 1970), p. 58.
2. A. J. Ayer, *Language, truth and logic* (Harmondsworth, 1974), p. 152.
3. Wilfred Cantwell Smith, *Belief and history* (Charlottesville, 1985), p. 10.
4. Thomas J. J. Altizer, *The gospel of Christian atheism* (Londres, 1966), p. 136.
5. Paul van Buren, *The secular meaning of the gospel* (Londres, 1966), p. 138.
6. Richard L. Rubenstein, *After Auschwitz, radical theology and contemporary Judaism* (Indianapolis, 1966), passim.
7. Paul Tillich, *Theology and culture* (Nova York e Oxford, 1964), p. 129.
8. Alfred North Whitehead, "Suffering and being", em *Adventures of ideas* (Harmondsworth, 1942), pp. 191-2.
9. *Process and reality* (Cambridge, 1929), p. 497.
10. Ali Shariati, *Hajj*, trad. Laleh Bakhtiar (Teerã, 1988), p. 46.
11. Ibid., p. 48.
12. Martin Buber, "Gottesfinsternis, Betrachtungen zur Beziehung zwischen Religion und Philosophie", citado em Hans Kung, *Does God exist? An answer for today*, trad. Edward Quinn (Londres, 1978), p. 508.
13. Citado em Raphael Mergui e Philippa Simmonot, *Israel's ayatollahs; Meir Kahane and the far right in Israel* (Londres, 1987), p. 43.
14. A responsabilidade pessoal também é importante no cristianismo, evidentemente, mas o judaísmo e o islamismo a têm acentuado na falta de um clero mediador, uma perspectiva que foi recuperada pelos reformadores protestantes.
15. Philipp Frank, *Einstein: His life and times* (Nova York, 1947), pp. 189-90.

SUGESTÕES DE LEITURA

GERAL

BAILLIE, John. *The sense of the presence of God* (Londres, 1962).

BERGER, Peter. *A rumour of angels* (Londres, 1970).

_____. (ed.) *The other side of God, a polarity in world religions* (Nova York, 1981).

Esclarecedora série de ensaios sobre o conflito entre um Deus interior e exterior de realidade última.

BOWKER, John. *The religious imagination and the sense of God* (Oxford, 1978).

_____. *Problems of suffering in religions of the world* (Cambridge, 1970).

Dois estudos eruditos, porém agradáveis, sobre as religiões mundiais.

CAMPBELL, Joseph. *The hero with a thousand faces* (Princeton, 1949).

CAMPBELL, Joseph e MOYERS, Bill. *The power of myth* (Nova York, 1988).

Texto da popular série de televisão sobre mitologia na sociedade tradicional e as principais religiões.

CUPITT, Don. *Taking leave of God* (Londres, 1980).

Defesa desafiadora e apaixonante de um "budismo cristão" — uma espiritualidade sem um Deus exterior, realístico.

ELIADE, Mircea. *The myth of the eternal return or cosmos and history* (Princeton, 1954).

_____. *The sacred and the profane*, trad. Williard J. Trask (Nova York, 1959).

_____. *The quest: History and meaning in religion*, trad. Williard J. Trask (Chicago, 1969).

Um dos maiores especialistas em espiritualidade comparada; leitura essencial.

JAMES, William. *The varieties of religious experience* (Nova York e Harmondsworth, 1982).

Obra clássica, ainda relevante e estimulante.

KATZ, Steven T. (ed.) *Mysticism and religious traditions* (Oxford, 1983).

Ensaios interessantes sobre a relação entre dogma e misticismo nas religiões do mundo.

LOUTH, Andrew. *Discerning the mystery, an essay on the nature of theology* (Oxford, 1983).

Altamente recomendado; um pequeno volume que vai ao âmago da questão.

MACQUARRIE, John. *Thinking about God* (Londres, 1975).

MACQUARRIE, John. *In search of deity. An essay in dialectical theism.*
  Dois livros excelentes sobre o sentido do Deus cristão e os limites e usos da razão na busca religiosa.
OTTO, Rudolf. *The idea of the holy, an inquiry into the non-rational factor in the idea of the divine and its relation to the rational,* trad. John W. Harvey (Oxford, 1923).
  Um livro clássico e essencial.
SMART, Ninian. *The philosophy of religion* (Londres, 1979).
  Ensaios acadêmicos e proveitosos.
_____. *The religious experience of mankind* (Nova York, 1969, e Glasgow, 1971).
  Estudo extremamente útil.
SMITH, Wilfried Cantwell. *Belief and history* (Charlottesville, 1977).
_____. *Faith and belief* (Princeton, 1979).
_____. *Towards a world theology* (Londres, 1981).
  Três livros magníficos e inspiradores do importante estudioso canadense.
WARD, Kwith. *The concept of God* (Oxford, 1974).
  Bom resumo de algumas idéias cristãs.
WOODS, Richard (ed.) *Understanding mysticism* (Londres e Nova York, 1980).
ZAEHNER, R. H. *Mysticism — Sacred and profane* (Londres, 1957).

A BÍBLIA

ALBRIGHT, W. F. *Yahweh and the gods of Canaan* (Londres, 1968).
ALTER, Robert e KERMODE, Frank (eds.) *The literary guide to the Bible* (Londres, 1987).
  Inclui alguns ensaios de grandes eruditos sobre as Escrituras judaicas e cristãs.
BARTLETT, John R. *The Bible, faith and evidence* (Londres, 1990).
  Excelente introdução, erudita e interessante.
CHILDS, Brerand S. *Myth and reality in the Old Testament* (Londres, 1959).
DRIVER, G. R. *Canaanite myths and legends* (Edimburgo, 1956).
FISHBANE, Michael. *Text and texture, close readings of selected biblical texts* (Nova York, 1979).
  Altamente recomendado.
FOHRER, G. *A history of Israelite religion* (Nova York, 1972).
FOX, Robin Lane. *The unauthorised version, truth and fiction in the Bible* (Londres, 1991). [Ed. bras.: *Bíblia: Verdade e ficção*, São Paulo, Companhia das Letras, 1993.]
  Análise erudita e extremamente interessante da Bíblia do ponto de vista do historiador.
FRANKFORT, H. *The intellectual adventure of ancient man* (Chicago, 1946).
GASTER, T. H. *Thespis, ritual, myth and drama in the Ancient Near East* (Nova York, 1950).

HESCHEL, Abraham J. *The prophets*, 2 vols. (Nova York, 1962).
Um clássico: leitura essencial e inspiradora.
HOOKE, S. H. *Middle Eastern mithology, from the Assyrians to the Hebrews* (Londres, 1963).
Resumo popular e muito útil.
JOSIPOVICI, Gabriel. *The book of God, a response to the Bible* (New Haven e Londres, 1988).
Um exame sensível e original da Bíblia do ponto de vista de um especialista em literatura.
KAUFMANN, Yehezkel. *The religion from Israel, from its beginnings to the Babylonian Exile*, traduzido e condensado por Moshe Greenberg (Chicago e Londres, 1961).
Versão acessível de uma obra clássica de erudição.
NICHOLSON, E. W. *God and his people* (Londres, 1986).
Excelente.
PEDERSON, J. *Israel: Its life and culture*, trad. H. Milford (Copenhague e Londres, 1926).
Outra obra seminal.
SMITH, Mark S. *The early history of God; Yahweh and the other deities in ancient Israel* (San Francisco, 1990).
Um estudo erudito e detalhado.

O NOVO TESTAMENTO

BORNKAMM, Gunther. *Jesus of Nazareth* (Londres, 1960).
_____. *Paul* (Londres, 1971).
Duas obras importantes e influentes.
BOWKER, John. *Jesus and the Pharisees* (Cambridge, 1983).
Excelente estudo de um erudito inspirador.
BULTMANN, Rudolf. *Jesus Christ and mythology* (Londres, 1960).
DAVIES, W. D. *Paul and rabbinic Judaism* (Londres, 1948).
HICK, John (ed.) *The myth of God incarnate* (Londres, 1977).
Ensaios polêmicos e estimulantes de importantes estudiosos britânicos.
KASEMANN, Ernst. *Perspectives on Paul* (Londres, 1971).
MOULE, C. F. D. *The origin of christology* (Cambridge, 1977).
SANDERS, E. P. *Paul and Palestinian Judaism* (Londres, 1977).
_____. *Jesus and Judaism* (Londres, 1989).
Dois livros eruditos e importantes.
THEISSEN, Gerd. *The first followers of Jesus — A sociological analysis of the earliest christianity*, trad. John Bowden (Londres, 1978).

VERMES, Geza. *Jesus the Jew* (Londres, 1973).
  Um estudo muito valioso.
WILSON, R. Mc L. *Gnosis and the New Testament* (Oxford, 1968).

OS RABINOS

ABELSON, J. *The immanence of God in rabbinical literature* (Londres, 1912).
  Uma obra que dá vida ao Talmude.
BELKIN, Samuel. *In his image, the Jewish philosophy of man as expressed in rabbinic tradition* (Londres, 1961).
  Livro excelente, que mostra a relevância dos rabinos no mundo atual.
FINKELSTEIN, L. *Akiba, scholar, saint and martyr* (Cleveland, 1962).
KADDUSHIN, Max. *The rabbinic mind*, 2ª ed. (Nova York, 1962).
MARMORSTEIN, A. *The old rabbinic doctrine of God*, vol. 1: *The names and attributes of God* (Londres, 1927).
_____. *Studies in Jewish theology*, ed. J. Rabinowits e M. S. Law (Oxford, 1950).
MONTEFIORE, C. G. e LOEWE, H. (eds.) *A rabbinic anthology* (Nova York, 1974).
MOORE, George F. *Judaism in the first centuries of the Christian era*, 3 vols. (Oxford, 1927-30).
NEUSNER, Jacob. *Life of Yohannan ben Zakkai* (Leiden, 1962).
SCHECHTER, Solomon. *Aspects of rabbinic theology* (Nova York, 1909).

PRIMÓRDIOS DO CRISTIANISMO

CHADWICK, Henry. *The early Church* (Londres, 1967).
_____. *Early Christian thought and the classical tradition* (Oxford, 1966).
FOX, Robin Lane. *Pagans and Christians in the Mediterranean world from the second century AD to the conversion of Constantine* (Londres, 1986).
  Indispensável.
FREND, W. H. C. *Martyrdom and persecution in the early Church — A study of the conflict from the Maccabees to Donatus* (Oxford, 1965).
  Estudo fascinante das perseguições, com muita informação valiosa sobre assuntos gerais.
GEFFCKEN, J. *The last days of Greco-Roman paganism* (Londres, 1978).
  Excelente.
GRANT, R. M. *Gnosticism and early Christianity* (Oxford e Nova York, 1959).
KELLY, J. N. D. *Early Christian creeds* (Londres, 1950).
_____. *Early Christian doctrines* (Londres, 1958).
LIEBESCHUETZ, J. H. W. G. *Continuity and change in Roman religion* (Oxford, 1979).
  Provavelmente o melhor estudo do tema.

LILA, Salvatore, R. C. *Clement of Alexandria: A study in Christian platonism and gnosticism* (Oxford, 1971).
NOCK, A. D. *Early Christianity and its Hellenistic background* (Oxford, 1904).
_____. *Conversion, the old and the new in religion from Alexander the Great to Augustine of Hippo* (Oxford, 1933).
Obra clássica e esclarecedora.
PAGELS. *The gnostic gospels* (Londres, 1970).
_____. *Adam, Eve and the serpent* (Londres, 1988).
PAYNE, Robert. *The holy fire: The story of the Fathers of the Eastern Church* (Nova York, 1957).

OS PADRES DA IGREJA E A TRINDADE

BROWN, Peter. *Augustine of Hippo: A biography* (Londres, 1967).
_____. *Religion and society in the age of st. Augustine* (Chicago e Londres, 1972).
_____. *The making of late Antiquity* (Cambridge, Mass., e Londres, 1978).
_____. *Society and the holy in late Antiquity* (Londres, 1982).
Livros eruditos, eloqüentes, de um dos estudiosos mais inspiradores do período. Fundamentais.
CHESNUT, R. C. *Three monophysite christologies* (Oxford, 1976).
Altamente recomendado.
DANIELOU, Jean. *The origins of Latin Christianity* (Filadélfia, 1977).
GREGG, Robert C. e GROH, Dennis E. *Early arianism: A view of salvation* (Londres, 1981).
GRILLMEIER, Aloys. *Christ in Christian tradition: Apostolic age to Chalcedon* (Nova York, 1965).
LACUGNA, Catherine Mowry. *God for us, the Trinity and Christian life* (Chicago e San Francisco, 1973, 1991).
LOUTH, Andrew. *The origins of the Christian mystical tradition. From Plato to Denys* (Oxford, 1981).
Um texto magnífico, que mostra como as doutrinas estão enraizadas na experiência religiosa.
_____. *Denys, the Areopagite* (Londres, 1989).
MCGINN, Bernard e MEYENDORFF, John (eds.) *Christian spirituality: Origins to the twelfth century* (Londres, 1985).
Excelentes ensaios de importantes eruditos sobre todo o período, com contribuições esclarecedoras sobre a Trindade.
MEYENDORFF, John. *Byzantine theology, historical trends and doctrinal themes* (Nova York e Londres, 1975).
Uma excelente exposição geral e particularmente interessante sobre as questões da Trindade e cristológicas.
_____. *Christ in Eastern Christian thought* (Nova York, 1975).

MURRAY, Robert. *Symbols of Church and kingdom: A study in early syriac tradition* (Cambridge, 1975).

PANNIKKAR, Raimundo. *The Trinity and the religious experience of man.*
Livro brilhante, que associa a teologia da Trindade com outras tradições religiosas.

PELIKAN, Jaroslav. *The Christian tradition, a history of the development of doctrine*, 5 vols. Uma série indispensável. Para esse período: Vol. 1: *The emergence of the catholic tradition (100-600)* (Chicago e Londres, 1971). Vol. 2: *The spirit of the eastern tradition (600-1700)* (Chicago e Londres, 1974). Sobre Máximo, o Confessor. Vol. 3: *The growth of medieval theology (600-1300)* (Chicago e Londres, 1978). Sobre Anselmo de Cantuária e a visão latina da Trindade e da cristologia.

PRESTIGE, G. L. *God in patristic thought* (Londres, 1952).
Particularmente útil em relação aos termos técnicos gregos.

WILLIAMS, Rowan. *Arius, heresy and tradition* (Londres, 1987).

O PROFETA MAOMÉ E O ISLÃ

ANDRAE, Tor. *Mohammed, the man and his faith*, trad. Theophil Menzel (Londres, 1936).
Em parte desatualizado, mas com percepções úteis.

ARMSTRONG, Karen. *Muhammad, a Western Attempt to Understand Islam* (Londres, 1991, e San Francisco, 1992).

GIMARET, Daniel. *Les noms divins en Islam: Exégèse lexicographique et théologique* (Paris, 1988).

HODGSON, Marshall G. S. *The venture of Islam, conscience and history in a world civilisation*, 3 vols. (Chicago e Londres, 1974).
Muito mais que uma história do islamismo: Hodgson situa o desenvolvimento da tradição num contexto universal. Leitura essencial.

JAFRI, H. M. *Origins and early development of shia Islam* (Londres, 1981).

LINGS, Martin. *Muhammad, his life based on the earliest sources* (Londres, 1983).

KHAN, Muhammad Zafrulla. *Islam, its meaning for modern man* (Londres, 1962).

NASR, Seyyed Hossein. *Ideals and realities of Islam* (Londres, 1971).

_____. *Islamic spirituality*, 2 vols. Vol. 1: *Foundation* (Londres e Nova York, 1987). Vol. 2: *Manifestations* (Londres e Nova York, 1991).
Inspirador estudioso iraniano. Altamente recomendado.

RAHMAN, Fazlur. *Islam* (Chicago, 1970).
Talvez o melhor estudo num só volume.

RODINSON, Maxime. *Mohammad*, trad. Anne Carter (Londres, 1971).
Interpretação secularista feita por estudiosa marxista.

RUTHVEN, Malise. *Islam and the world* (Londres, 1984).

VON GRUNEBAUM, G. E. *Classical Islam, A history (600-1258)*, trad. Katherine Watson (Londres, 1970).
WATT, W. Montgomery. *Muhammad at Mecca* (Oxford, 1953).
_____. *Muhammad at Medina* (Oxford, 1956).
_____. *Islam and the integration of society* (Londres, 1961).
_____. *Muhammad's Mecca: History and the Qur'an* (Edimburgo, 1988).
Bons livros de um autor prolífico.
WENSINCK, A. J. *The muslim creed, its genesis and historical development* (Cambridge, 1932).
Uma fascinante obra de erudição.

FALSAFAH, KALAM E TEOLOGIA NA IDADE MÉDIA

AL-FARABI. *Philosophy of Plato and Aristotle*, trad. e introd. de Muhsin Mahdi (Glencoe, Ill., 1962).
Uma excelente apresentação da posição dos *faylasufs*.
CORBIN, Henri. *Histoire de la philosophie islamique* (Paris, 1964).
FAKHRY, Majid. *A history of islamic philosophy* (Nova York e Londres, 1970).
Uma exposição erudita e interessante até a época atual, que inclui novos enfoques teológicos.
GILSON, Etienne. *The spirit of medieval philosophy* (Londres, 1936).
GUTTMANN, Julius. *Philosophies of judaism: the history of Jewish philosophy from biblical times to Franz Rosenzweig* (Londres e Nova York, 1964).
Leitura essencial.
HUSIK, I. *A history of medieval Jewish philosophy* (Filadélfia, 1940).
LEAMAN, Oliver. *An introduction to medieval islamic philosophy* (Cambridge, 1985).
MCCARTHIE, Richard. *The theology of al-Ashari* (Beirute, 1953).
MEYENDORFF, John. *Gregory Palamas and orthodox spirituality* (Nova York, 1974).
MOREWEDGE, P. (ed.) *Islamic philosophical theology* (Nova York, 1979).
_____. (ed.) *Islamic philosophy and mysticism* (Nova York, 1981).
_____. *The metaphysics of Avicenna* (Londres, 1973).
NETTON, I. R. *Muslim neoplatonists, an introduction to the thought of the Brethren of Purity* (Edimburgo, 1991).
PEGIS, Anton C. *At the origins of the thomistic notion of man* (Nova York, 1963).
Um estudo brilhante das raízes agostinianas da escolástica ocidental.
PELIKAN, Jaroslav. *The Christian tradition: A history of the development of doctrine*, 5 vols. Vol. 2: *The spirit of eastern tradition (600-1700)* (Chicago e Londres, 1974). Vol. 3: *The growth of medieval theology (600-1300)* (Chicago e Londres, 1978).
ROSENTHAL, F. *Knowledge triumphant, the concept of knowledge in medieval Islam* (Leiden, 1970).

SHARIF, M. M. *A history of muslim philosophy* (Wiesbaden, 1963).
Desigual, mas bom em relação a ar-Razi e al-Farabi.
VON GRUNEBAUM, G. E. *Medieval Islam* (Chicago, 1946).
WATT, W. Montgomery. *The formative period of islamic thought* (Edimburgo, 1973).
_____. *Free will and predestination in early Islam* (Londres, 1948).
_____. *Muslim intellectual: The struggle and achievement of Al-Ghazzali* (Edimburgo, 1963).

MISTICISMO

AFFIFI, A. E. *The mystical philosophy of Ibnu 'l-Arabi* (Cambridge, 1938).
ARBERRY, A. J. *Sufism: An account of the mystics of Islam* (Londres, 1950).
BAKHTIAR, L. *Sufi expression of the mystic quest* (Londres, 1979).
BENSION, Ariel. *The Zohar in muslim and Christian Spain* (Londres, 1932).
BLUMENTHAL, David. *Understanding Jewish mysticism* (Nova York, 1978).
BUTLER, Dom Cuthbert. *Western mysticism, the teaching of saints Augustine, Gregory and Bernard on contemplation and the contemplative life, neglected chapters in the history of religion*, 2ª ed. (Londres, 1927).
CHITTICK, William C. *The sufi path of love: The spiritual teachings of Rumi* (Albany, 1983).
CORBIN, Henri. *Avicenna and the visionary recital*, trad. W. Trask (Princeton, 1960).
_____. *Creative imagination in the sufism of Ibn Arabi*, trad. W. Trask (Londres, 1970).
_____. *Spiritual body and celestial earth, from mazdean Iran to shiite Iran*, trad. Nancy Pearson (Londres, 1990).
Excelente em relação a *alam al-mithal*. Três livros altamente recomendados.
GREEN, Arthur. *Jewish spirituality*, vol. 1 (Londres, 1986).
GRUENWOLD, Ithamar. *Apocalyptic and merkavah mysticism* (Leiden, 1980).
JACOBS, Louis (ed.) *The Jewish mystics* (Jerusalém, 1976, e Londres, 1990).
LECLERCQ, J. (ed.) *Spirituality of the Middle Ages* (Londres, 1968).
LOSSKY, Vladimir. *The mystical theology of the Eastern Church* (Londres, 1957).
Leitura essencial.
MARCUS, Ivan G. *Piety and society: The Jewish pietists of medieval Germany* (Leiden, 1981).
MASSIGNON, Louis. *The passion of al-Hallaj*, trad. H. Mason, 4 vols. (Princeton, 1982).
Uma obra clássica.
NASR, Seyyed Hossein (ed.) *Islamic spirituality*, vol. 1: *Foundations* (Londres, 1987). Vol. 2: *Manifestations* (Londres, 1991).
NICHOLSON, Reynold A. *The mystics of Islam* (Londres, 1914).
Interessante introdução.

SCHAYA, Leo. *The universal meaning of the Kabbalah* (Londres, 1971).
SCHIMMEL, A. M. *Mystical dimensions of Islam* (Chapel Hill, 1975).
_____. *The triumphant sun: A study of Mawlana Rumi's life and work* (Londres e Haia, 1978).
SCHOLEM, Gershom G. *Major trends in Jewish mysticism*, 2ª ed. (Londres, 1955).
_____. (ed.) *The Zohar, the book of splendor* (Nova York, 1949).
_____. *On the Kabbalah and its symbolism* (Nova York, 1965).
_____. *Jewish gnosticism, Merkabah mysticism and talmudic tradition* (Nova York, 1960).
A principal autoridade no assunto; leitura essencial.
SMITH, Margaret. *Rabia the mystic and her fellow saints in Islam* (Londres, 1928).
TEMPLE, Richard. *Icons and the mystical origins of Christianity* (Shaftesbury, 1990).
VALIUDDIN, Mir. *Contemplative disciplines in suffism* (Londres, 1980).

O PERÍODO DA REFORMA

BOSSY, John. *Christianity in the West, 1400-1700* (Oxford e Nova York, 1985).
Excelente estudo conciso.
COLLINSON, P. *The religion of protestants* (Londres, 1982).
CREW, P. Mack. *Calvinist preaching and iconoclasm in the Netherlands* (Cambridge, 1978).
Bom em relação à destruição de imagens.
DELUMEAU, Jean. *Catholicism between Luther and Voltaire: A new view of the counter-reformation* (Londres e Filadélfia, 1977).
Desigual, mas com algumas informações importantes.
EVENNETT, H. O. *The spirit of the counter-reformation* (Cambridge, 1968).
FEBVRE, Lucien. *The problem of unbelief in the sixteenth century*, trad. Beatrice Gottlieb (Cambridge, Mass., 1982).
GREEN, Arthur (ed.) *Jewish Spirituality*, vol. 1 (Londres, 1988).
Alguns artigos excelentes sobre a Cabala luriânica.
MCGRATH, Alister E. *The intellectual origins of the European Reformation* (Oxford e Nova York, 1987).
_____. *Reformation thought, an introduction* (Oxford e Nova York, 1988).
_____. *A life of John Calvin: A study in the shaping of western culture* (Oxford, 1990).
NUTTALL, G. F. *The Holy Spirit in puritan faith and experience* (Oxford, 1946).
PELIKAN, Jaroslav. *The Christian tradition, a history of the development of doctrine*, 5 vols., vol. 4: *Reformation of Church and dogma* (Chicago e Londres, 1984).
POTTER, G. *Zwingli* (Cambridge, 1976).
RAITT, Jill; MCGINN, Bernard; e MEYENDORFF, John (eds.) *Christian spirituality: High Middle Ages and Reformation* (Nova York, 1988, e Londres, 1989).

TRINKAUS, Charles. *In our image and likeness: Humanity and divinity in Italian and humanist thought*, 2 vols. (Londres, 1970),
TRINKAUS, Charles e OBERMAN, H. (eds.) *The pursuit of holiness in late medieval and Renaissance religion* (Leiden, 1974).
WILLIAMS, G. H. *The radical Reformation* (Filadélfia, 1962).
WRIGHT, A. D. *The Counter-Reformation, catholic Europe and the non-christian world* (Londres, 1982).

O PERÍODO DO ILUMINISMO

ALTMANN, Allexander. *Essays in Jewish intellectual history* (Hanover, N. Y., 1981).
_____. *Moses Mendelssohn: A biographical study* (Alabama, 1973).
BUBER, Martin. *Hasidism and modern man* (Nova York, 1958).
_____. *Jewish mysticism and the legend of Baal Shem* (Londres, 1932).
BUCKLEY, Michael J. *At the origins of modern atheism* (New Haven e Londres, 1987).
   Uma análise penetrante do ateísmo e da ortodoxia no Ocidente cristão do século XVIII.
CASSIRER, Ernst. *The philosophy of Enlightenment* (Princeton, 1951).
COHN, Norman. *The pursuit of the millennium, revolutionary millennarians and mystical anarchists of the Middle Ages* (Londres, 1957).
   Inclui uma parte sobre os *ranters* e os adeptos da teologia da encarnação na Inglaterra puritana.
CRAGG, Gerald G. *The Church in the Age of Reason 1648-1789* (Harmondsworth e Nova York, 1960).
_____. *Reason and authority in the eighteenth century* (Cambridge, 1964).
DUPRE, Louis e SALIERS, Don E. (eds.) *Christian spirituality: Post Reformation and Modern* (Nova York e Londres, 1989).
GAY, Peter. *The Enlightenment, an interpretation*, 2 vols. (Nova York, 1966).
GUARDINI, Romano. *Pascal for our times*, trad. Brian Thompson (Nova York, 1966).
HALLER, William. *The rise of puritanism* (Nova York, 1938).
HEIMART, Alan. *Religion and the American mind: From the Great Awakening to the Revolution* (Cambridge, Mass., 1968).
LINDBERG, David C. e NUMBERS, Ronald L. (eds.) *God and nature, historical essays on the encounter between Christianity and science* (Berkeley, Los Angeles e Londres, 1986).
OUTLER, Albert C. *John Wesley* (Oxford e Nova York, 1964).
OZMENT, S. E. *Mysticism and dissent* (New Haven e Londres, 1973).
PELIKAN, Jaroslav. *The Christian tradition, a history of the development of doctrine*, 5 vols., vol. 5: *Christian doctrine and modern culture (since 1700)* (Chicago e Londres, 1989).

SCHOLEM, Gershom G. *The messianic idea in Judaism and other essays on Jewish spirituality* (Nova York, 1971).
Ensaios sobre shabbetaísmo e hassidismo.
_____. *Sabbati Sevi* (Princeton, 1973).

DEUS NO PERÍODO MODERNO

AHMED, Akbar S. *Postmodernism and Islam, predicament and promise* (Londres e Nova York, 1992).
ALTIZER, Thomas J. J. e HAMILTON, William. *Radical theology and the death of God* (Nova York e Londres, 1966).
BAECK, Leo. *The essence of Judaism* (Nova York, 1948).
BARTH, Karl. *The knowledge of God and the service of God*, trad. J. M. L. Haire e I. Henderson (Londres, 1938).
BALTHASAR, Hans Urs von. *The glory of the Lord*, 3 vols. (Edimburgo, 1982-86).
_____. *Love alone: The way of revelation* (Londres, 1968).
CHADWICK, Owen. *The secularization of the European mind in the 19th century* (Cambridge, 1975).
CONE, James H. *Black power and black theology* (Nova York, 1969).
D'ANTONIO, Michael. *Fall from grace: The failed Crusade of the Christian right* (Londres, 1990).
DE CHARDIN, Pierre Teillard. *The divine milieu: An essay on the interior life* (Nova York, 1987).
_____. *The phenomenon of man* (Nova York, 1959).
HESCHEL, Abraham J. *The insecurity of freedom* (Nova York, 1966).
_____. *God in search of man* (Filadélfia, 1959).
HUSSAIN, Asaf. *Islamic Iran, revolution and counter-revolution* (Londres, 1985).
IQBAL, Mohammed. *Six lectures on the reconstruction of religions thought in Islam* (Lahore, 1930).
KEDDIE, Nikki R. (ed.) *Religion and politics in Iran, shi'ism from quietism to revolution* (New Haven e Londres, 1983).
KOOK, Abraham Isaac. *The essential writings of Abraham Isaac Kook*, ed. e trad. Ben Zion Bokser (Warwick, N. Y., 1988).
KUNG, Hans. *Does God exist? An answer for today*, trad. Edward Quinn (Londres, 1978).
MALIK, Hafeez. *Iqbal, poet-philosopher of Pakistan* (Nova York, 1971).
MASTERSON, Patrick. *Atheism and alienation, a study of the philosophic sources of contemporary atheism* (Dublin, 1971).
MERGUI, Raphael e SIMONNOT, Philippe. *Israel's ayatollahs: Meir Kahane and the far right in Israel* (Londres, 1987).

MOTTAHEDEH, Roy. *The mantle of the Prophet, religion and politics in Iran* (Londres, 1985).

Altamente recomendado.

O'DONOVAN, Leo (ed.) *A world of grace, an introduction to the themes and foundations of Karl Rahmer's theology* (Nova York, 1978).

SCHLEIERMACHER, Friedrich Daniel Ernst. *On religion, speeches to its cultured despisers* (Nova York, 1958).

_____. *The Christian faith*, trad. H. R. Mackintosh e J. S. Steward (Edimburgo, 1928).

RICHES, John (ed.) *The analogy of beauty: The theology of Hans Urs von Balthasar* (Edimburgo, 1986).

ROBINSON, J. A. T. *Honest to God* (Londres, 1963).

_____. *Exploration into God* (Londres, 1967).

ROSENZWEIG, Franz. *The star of redemption*, 3 vols. (Nova York, 1970).

RUBENSTEIN, Richard L. *After Auschwitz, radical theology and contemporary Judaism* (Indianapolis, 1966).

SCHWEID, Eliezer. *The land of Israel: National home or land of destiny*, trad. Deborah Greniman (Nova York, 1985).

SMITH, Wilfred Cantwell. *Islam in modern history* (Princeton e Londres, 1957).

Um estudo brilhante e presciente.

STEINER, George. *Real presences, is there anything in what we say?* (Londres, 1989).

TILLICH, Paul. *The courage to be* (Londres, 1962).

TRACY, David. *The achievement of Bernard Lonergan* (Nova York, 1971).

WHITEHEAD, A. N. *Process and reality* (Cambridge, 1929).

_____. *Religion in the making* (Cambridge, 1926).

ÍNDICE REMISSIVO

Aarão, sumo-sacerdote, 61, 485
Abássida (califado), 207, 209, 211, 220-1, 223, 234
Abba (Pai), 338
Abduh, Muhammad, 447, 450-1
Abelardo, Pedro, 260-3
Abgeschiedenheit (separação), 319
abiru, apiru, habiru, 25
abismo *ver* caos primordial
Abraão, 10, 25, 27-33, 36, 40, 156, 181-2, 203-5, 332, 371, 385, 411, 457, 485, 494, 497; e Javé/El, 28, 30, 37; verdadeira religião dos árabes, 182, 203; epifanias, 28, 30, 93; no islamismo, 200, 218, 276
Abrams, M. R., 430
Absoluto, 44, 434; e Spinoza, 388-9; no hinduísmo, 112-3, 124, 175
Abu Bakr, 208, 218, 226
Abulafia, Abraham, 315-7, 340
Acab, rei de Israel, 41-2
acádios, 19
Acaz, rei de Judá, 59
achra sitra (o Outro Lado), 415
Adam Kadmon, 336-7
adāmah, 27
Adão, 28, 67, 124, 166-7, 173, 289, 291, 314, 339, 345, 363, 384-5, 396, 412, 430
Adeptos do Duodécimo *ver* imamitas
Adeptos do Sétimo *ver* ismailitas
Adler, Alfred, 442
Afghani, Jamal ad-Din al-, 449-51
Afrodite, 17

Agar, 203, 205
Agostinho, 161-3, 262, 353, 374-5, 438; autoconhecimento, 165, 233; *Confissões*, 161, 163, 343; e a Trindade, 165-6, 255, 257-8, 262, 266, 319; e o pecado original, 167; e oração, 282; e predestinação, 354; retorno a, no Renascimento, 343, 349
ahl al-hadith (tradicionalistas), 211, 214-5, 218, 499
ahl al-kitab, 208
AIDS, 466
Akbah, xeque al- *ver* Ibn al-Arabi, Muid ad-Din
Akbar, terceiro imperador mogul, 331-2
Akhenaton, faraó, 38
Akiva, rabino, 98, 103, 271, 274
Al-Haqq (a Verdade), 290
al-Lah (Alá), 13, 181, 187, 189, 194; atributos, 214, 217, 219; comparação com Javé, 189; eficácia, 453; submetido ao racionalismo, 222
al-Lat (deusa árabe), 194-5, 493
al-Uzza (deusa árabe), 194-5, 493
Alacoque, Margarida Maria, 394
alam al-malakut (mundo da inteligência platônica), 244
alam al-mithal (mundo de puras imagens), 294-5, 329, 493
alam al-shahadah (mundo visível), 244
alauítas, seita dos, 450
Alberto Magno, 248

531

Alexandre III, czar da Rússia, 457
Alexandre, bispo, 147-9
Alexandre, o Grande, 89, 130
Alexandria, 91-2, 95, 105, 132, 136, 138, 140, 147-8, 168, 474
Ali ibn Abi Talib (quarto califa), 208, 212, 229, 499
Aliança: Arca da, 41, 87; entre Javé e israelitas, 38-40, 66, 68, 73, 79
alienação de Deus, 469, 485
Alípio, 162
aliquo modo superesse (aquele que é mais que ser), 255
Alkabaz, Solomon, 333
Allahu Akhbah (Deus é maior!), 197
Allami, Abulfazl, 331
alma: concepção de Pitágoras, 52; e Deus, 138
almorávida, perseguição, 250
Altizer, Thomas J., 469
alucinação, 273
am-al-nakkhab (o Ano do Desastre), 452
Ama, al- (a Nuvem, a Cegueira), 301
Amasias, sacerdote, 64
Ambrósio, santo, bispo de Milão, 161, 166
América: colonização, 324-5, 356; revivescência, 401, 403; visita de Wesley, 393
americanos, crença dos, em Deus, 12
Amon, rei de Judá, 72
Amônio Sacas, 140
amoraim (eruditos), 98
amoritas, 19
Amós, profeta, 64-8, 76, 78, 439
an-Nur (a Luz), 199
ana al-Haqq (Eu sou a Verdade!), 291
Anat (deusa), 17, 24, 28, 39-40, 70, 91
angelologia *ver* Ibn Sina, Abu Ali
animismo, 427
anjos, 30, 93, 98, 101, 166, 195, 237, 254, 273, 291, 324, 345, 363, 384

Anselmo de Cantuária, 174, 259-60, 263, 265
Ansher, 21
anti-semitismo *ver* judeus: perseguição aos
antiintelectualismo: americano, 405
Antíoco IV Epífanes, 90
Antônio, santo, 153
Anu (deus), 21
anubhara (experiência), 48
apatheia (impassibilidade), 136-7, 154, 168, 300, 307, 464, 475, 493
apocalípticos, movimentos, 396, 406, 482
apofático (silencioso), 493
apologistas, provando a racionalidade da Bíblia, 132
Apolônio, 168
Apsu (deus), 20
Aquino, Tomás de, 248, 262-5, 321, 331, 348, 355, 365, 389, 434
ar-Razi, Abu bakr Muhammad ibn Zakaria, 226, 230
árabe, língua, 183, 191
árabes, 177, 180-1, 187, 192-3, 196, 199-203, 206, 208, 218, 224, 232, 262, 423, 446, 452, 462, 484; atacados em Israel, 482; crença em *jinn*, 17; divindades, 195; e o monoteísmo, 182; e o Ocidente, 451, 455; e os judeus, 181, 238, 247; e textos gregos, 221; movimento político no islamismo, 204
Aranyakas, 46
arianos, 44, 153, 209, 497
arif (místico), 303
Arik Anpin (o Antepassado), 338
Ário de Alexandria, 147-9, 151-2, 160
Aristóteles, 44, 55, 130, 136, 155, 169, 225, 234, 254, 259, 264, 298, 318, 374; atacado, 361, 426; e idéia de Deus, 56-7, 68, 92-3,

222-3, 236-7, 251, 263, 265, 321, 333, 377, 410; e o misticismo, 292; e Tomás de Aquino, 262, 355; obra existente no Ocidente, 248-9, 262
aristotelismo, 265, 321; na Reforma, 355, 364
Arjuna, príncipe, 113
Arminius, Jakob, 354
Arnold, Gottfried, 382
Arnold, Matthew, 444
arquétipos, 231, 260, 277, 295, 299, 493
Arquimedes, 419
arte, 8-9, 11, 193, 296, 381, 383, 420, 437, 476, 479, 489; religiosa, 282, 284
as-Samad (Causa Incausada de todo ser), 197
ascensão, visões da, 271-2
ascetas muçulmanos, 286; *ver também* sufistas
asceticismo dos cristãos, 145, 307, 441
Asera (deusa), 23, 39, 41, 66, 69-70, 72, 353
Ashari, Abu al-Hasan ibn Ismail al-, 216-8
asharismo, 218-9, 223, 326
asquenaze, 306, 308, 334, 493; ligações messiânicas, 409, 412
assírios, 19, 74; e Javé, 83
astrologia árabe, 233
astronomia: condenação pela Igreja Católica, 362
Atanásio, 147-9, 153, 156, 165, 168, 175, 197, 216, 219, 285, 495; credo, 152; criticado por Newton, 380; redenção, 153; *Vida de Antônio*, 153
ataque de Al-Ghazzali aos *faylasufs*, 242, 450
Atenas, 71, 136; fechamento da escola de filosofia, 168

Atika Kadisha (o Santo Antigo), 411, 413
Atman (alento, poder sagrado), 47-8, 61, 78, 101, 175, 268, 493
atomismo (ocasionalismo), 218
Atos dos Apóstolos, 29, 107, 126-7
Aufklärung (iluminismo), 404
Aurengzebe, imperador da Índia, 331
Auschwitz, 464, 471-2, 475
autoconhecimento: Agostinho, 233; árabe, 237; Habad, 420; Platão, 266
avatar: corporificação do divino, 112-3, 144, 298, 301, 493; imãs venerados, 298, 418; Jesus, o Único, 176
Averróis *ver* Ibn Rushd, Abu al-Walid ibn Ahmad
Avicena *ver* Ibn Sina, Abu ali
avodah (trabalho, ritual religioso), 462
Axial, Era, 43, 57, 60, 62, 64, 69-70, 104, 206, 452, 483, 493, 499
ayat (mensagens, sinais), 188, 190, 197, 329, 493
Ayer, A. J., 468
ayin (Nada), 313
Azad, Abu al-Kalam, 476
Azhar, Al (jornal), 454
Azhar, al-, mesquita no Cairo, 229, 450

Baal-Habab (deus), 23-4, 28, 34, 37, 39-40, 61, 66-8, 83, 145; luta com Javé, 41-2, 70
Bab-ili (Porta dos deuses), 31
Babel, torre de, 27, 385
Babilônia, 17, 19, 77; e os judeus, 68, 77, 79-80; festa do Ano-Novo, 19
babilônios, 19, 22, 44; contra israelitas, 19, 79; contra os persas, 74, 85; mitologia, 20, 69; *ver também* Ishtar
Baer, Dov, 418, 421

533

Bagdá, 241, 245, 259, 288, 303; califado sunita, 225, 229
Bahir, 314
Bahya ibn Pakudah, 240-1
balbutive (linguagem infantil), 362
Balthasar, Hans Urs von, 476
banat al-Lah (Filhas de Deus), 194-5, 198, 493
baqa (ressureição), 288, 493
Baqillani, Abu Bakr al-, 218-9
bar nasha (Filho do Homem), 108
bárbaros, invasões dos, 165
Barlaam, o Calabrês, 321-2
Barnabé, visto como Hermes, 30
Barth, Karl, 472
Baruch de Medzibozh, 417
Basílides, 132-3
Basílio, são, bispo de Cesaréia, 154-6, 159, 169, 280
Basri, Hasan al-, 286
bat qol (Filha da Voz), 108-9
batin (sentido oculto), 230, 232-3, 493
batinis, 232, 237
batismo, 106, 108, 162, 325, 333, 359, 412
Bauthumely, Jacob, 399-400
Beard, Thomas, 361
beduínos, 25, 181, 206
beleza, concepção de Platão, 53
Bellarmino, cardeal Roberto, 363-4
Ben-Gurion, David, 460
beneditinos, contra o islamismo, 253
Bentley, Richard, 378
Bereshit (Gênesis), 271, 313
Berger, Peter, 466
Bergson, Henri, 140, 451
Beseleel, 87
Besht, o (Israel ben Eliezer, rabino) (Baal Shem Tov), 415-8, 420-1
Betel, 31, 41, 64, 66, 82
Beza, Theodorus, 354
bhakti (devoção), 110-3, 175, 483, 493
Bíblia: comprovada pela razão, 382; fontes, 23, 25; ignorada por Newton, 379; importância, 472; literalidade, 355, 362, 364; mítica, 478; Septuaginta, 90; Vulgata, 362
Binah (Inteligência), 309, 312-3, 336, 338, 420, 497
Bistami, Abu Yazid, 287-9, 292
bizantina, arte religiosa, 283
bizantina, teologia, 173
Bizantino, Império, destruição, 257
Blake, William, 432-3, 437
Blandrata, Giorgio, 351-2
Bloch, Ernst, 480
Boaventura, 265
bode expiatório, 19, 41
bodhisattvas, 111-3, 273, 483, 493
Bowker, John, 243
Brahma (deus), 112-3
Brahman (poder sagrado), 46, 48-9, 61, 76, 144, 175, 215, 268, 493-4
Brígida da Suécia, 342
britânica, colonização, 445, 452; da Índia, 366, 422
Brown, Peter, 140
Bruni, Leonardo, 344
Bruno, Giordano, 360
bruxaria, 345, 402
Buber, Martin, 477-8
Buda, 49-52, 60, 65, 75, 105, 110, 112, 156, 175, 230, 268, 282, 294, 483, 493-4; citado, 350
budas, 113, 124, 273
budismo, 11-2, 44, 46, 49-52, 62, 70-2, 110-1, 113, 124, 144, 163, 173-5, 201, 281, 316, 383, 437, 441, 469, 475, 494; compassivo, 483; cristão, 481; iluminação, 173, 295; mediadores no, 124; visões, 273, 278, 283; voga, 270, 490
Buren, Paul van, 470
burguesia, crescimento da, 112
But, Giovanni, 382
Buyid, dinastia, 234

Caaba, 181-2, 188, 192, 195, 203, 205-6, 230, 297, 302, 477, 494
Cabala, 174, 252, 271-2, 308, 312, 314-5, 317, 325, 333-4, 389, 406-7, 418, 421, 436, 464, 494, 497-8; conforto, 471; e o mal, 256; embaraço, 456
cabalismo, 335, 415; nova forma entre os sefarditas, 333-4
cabalistas, 228, 256, 308-10, 313-5, 318, 322, 329, 334, 336-8, 340, 348, 363-4, 414, 416, 432, 457, 488; e a mulher, 489; e o movimento messiânico, 407, 409-10; e pecado, 401
caça às bruxas, 345
cadeia do ser: Agostinho, 277; al-Farabi, 227; Tomás de Aquino, 365
Cadija, esposa de Maomé, 184, 201, 207
calvinistas, 350, 354, 358, 405; Povo Eleito, 35, 76, 350; predestinação, 353-5
Calvino, João, 326, 340, 348, 350, 352-5, 357, 361-2; Genebra, 351
Campbell, Joseph, 13, 270, 277
Camus, Albert, 467
Canaã, 17, 19, 23-7, 29, 31-2, 34-5, 39-40, 69, 71-2, 75, 314, 494; cultos de fertilidade, 39, 66
cananeus, 23, 29, 40, 195, 440; israelitas contra seus deuses, 70, 76; mitologia, 31, 41
Cântico dos Cânticos, 274, 280
cântico: hinduísta, 232; muçulmano, 287
caos primordial, 19-21, 44, 83, 87, 148
Cardazo, Abraham, 410-3
caridade: mensagem de Jesus, 107, 484; *ver também* misericórdia
Carlos Magno, imperador, 257
carma, 45, 50
Carmelo, monte, 41-2

Carrin, Pierre, 360
carruagem, visão de Ezequiel, 98, 271
castração, 140
Causa Primeira, 93, 264, 410-1, 469
caverna, mito de Platão, 53
celebrações de cultos israelitas, 63, 66
celibato, 144, 162
Celso, 136, 140
centelha divina, 135, 415, 418
Céu, para os místicos, 295, 362
Chandogya Upanishad, 47
Chantal, Joana Francisca de, 358
Chardin, Teilhard de, 474
Chauncey, Charles, 405
ciência do judaísmo, 455-6
ciência, 396, 488; desenvolvimento da, 367, 370, 405, 429; e a existência de Deus, 360, 379; e ateísmo, 425; e islamismo, 190, 219, 221, 223-5, 230, 233, 238, 245, 322, 326, 450; e jesuítas, 363; e positivistas lógicos, 468, 470; no processo evolutivo, 474; o novo logos, 442; renascimento, 343-4; substituindo a religião, 427
Cirilo, bispo de Alexandria, 168
Ciro, rei da Pérsia, 85
cismas, 256, 258, 341
cisterciense, ordem, 261
Clarkson, Laurence, 399-401
Clemente de Alexandria, 136-9, 145, 148, 154, 474
Cobar, 79
Cogito, ergo sum (Penso, logo existo), 374
Cohen, Hermann, 458
Cohn, Norman, 345, 397
Coleridge, Samuel Taylor, 417, 430, 434
coletivo, inconsciente (Jung), 295
Colombo, Cristóvão, 325
compaixão, 50, 64, 261-2, 268, 305, 309, 338, 441

535

Comte, Auguste, 438, 450
comunismo, queda do, 486
concentração, campos de, 464
concepção ética de Deus, judaica, 456
concupiscência, 166, 168
Cone, James H., 471
confucionismo, 44
Constantino, imperador, 96, 146-7, 152
Constantinopla, 257, 283-4, 324, 341
contemplação, 54, 56-7, 94, 98, 130, 139, 141, 154-5, 159-60, 230, 237, 258, 269, 273, 279, 283-4, 332, 357, 365, 377, 420-1, 450, 495, 498
contemplatio, 165
conversão, 441; Agostinho, 162-3; ao islamismo, 192, 208-9, 229; Calvino, 352; Clemente, 136; e católicos romanos, 355; e puritanismo, 355; Lutero, 346; Mendelsohn, 391; Pascal, 371; Umar, 192; Wesley, 393
Conze, Edward, 51
Copérnico, Nicolau, 362-3
Coppe, Alastair, 400-2
Coppin, Richard, 399
coraixitas, 177, 181-2, 184, 187-9, 192-4, 196, 201-2
Corbin, Henri, 232
Cordovero, Moisés ben Jacob, 335
cosmo, ausência de desígnio do, sem Deus, 374
cosmologia, 111, 130, 133, 161, 210, 292-3, 364, 405, 440, 488
Cowper, William, 394
credo ut intellegam (Creio para entender), 259
credos: cristão, 131; de Lutero, 349; tornando-se ídolos, 438
Criação, mitos da: babilônico, 20-2; israelita, 26
Criação: Cabala, 312, 364; concepção de Aristóteles, 56; do nada (*ex nihilo*), 20, 139, 148, 151, 225, 228, 234, 239-40, 252, 313, 439, 488; e arianos, 44; e Calvino, 362; e Darwin, 440; e mito, 459; Gênesis, 86
cristão, fundamentalismo, 401, 482
cristãos no norte da África, 145
cristãos renascidos, 402-3
cristianismo, 460; concepção de Deus criticada, 135; concepção inicial de Deus, 125; e a morte de Jesus, 114; e os romanos, 128; e platonismo, 144; Guerras de Reconquista, 253; lutando para uma teologia, 131, 139; misticismo, 277, 279-82, 284-6, 341; movimentos messiânicos posteriores, 409; na Europa Ocidental e África do Norte, 145; no Oriente, 145; problemas atuais, 417-23, 425-46; reforma do Renascimento, 341-66
Cristo, 114; vinda prevista, 132; *ver também* Jesus Cristo
Cromer, Evelyn Baring, lorde, 446
Cromwell, Oliver, 350, 396-7, 402
Cruz, teologia luterana da, 348
Cruzadas, 257, 328, 383, 446
cultos de fertilidade em Canaã, 31
Cupitt, Don, 481

D (autor bíblico), 26, 35
da'i (diretor espiritual), 229
daath (conhecimento), 67
Dagon, 61
danação, 347; e os puritanos, 354
Daniel, 89
Dante Alighieri, 265, 298-9, 363, 476
darh (tempo, destino), 178
Dario III, rei da Pérsia, 89
Darwin, Charles, 429, 439-40
Darwish, xeque, 449

Davi, rei de Israel, 41, 63, 99, 103, 105-6, 385
Débora, 71
deificação de nossa própria natureza, 170, 288
deísmo (religião da razão), 393, 395
Demétrio, são, 253
demiourgo (éon criador), 134-5, 226
dependência de Deus, 434
dervixes rodopiantes *ver mawlawiyya*
Descartes, René, 164, 362, 370, 373-8, 380, 387-9, 427
Deserto, Padres do, 153
Despedaçamento dos Vasos, 337, 339, 341, 494, 498
Despertar, Nova Inglaterra (revivescência religiosa), 402, 404
deus (Deus), 378, 386
Deus Alto (Deus Céu), 15-7, 23, 29, 31, 36, 113, 180, 489, 494
Deus Céu (Divindade Suprema; Deus Alto), 15-7, 113, 489
deus otiosus (Deus desnecessário), 424, 489
Deus, 279, 392, 473; afirmações apofáticas, 254, 258, 490; antropomórfico (invenção humana), 61, 161, 216, 238-9, 429, 488; assustador, 145; ausência de, 371-2; base do Ser, 473; cegueira, 329; como Amigo, 307; como Nada, 133, 141, 170, 175, 232, 255-6, 313, 316, 319, 321, 435, 457, 468, 471, 479, 481, 489; como opressor, 467; como poder, 257; como realização, 247; como Tudo, 255; de revolução, 35; desaparecimento de, 16; deus grego equivalente a Alá, 221; dez nomes, 309 (*ver também sefiroth*); campos de concentração, 464; e gênero, 268, 299, 489; e o mal, 315, 335; e processo evolutivo, 474; economia de mercado, 43; em ícones, 283; espectro de acepções, 10; essência, 215, 217, 308, 320-1, 329; estóico, 360; experiência de, preocupação judaica, 336; figura paterna do inconsciente, 442; futuro, 466; humanidade, 344, 440, 461, 474, 480; humanitário, 172; imaginação, 296; impassível, 136; inacessível, 100, 110, 133-4, 147, 158, 197, 251, 263, 320, 333, 344; incognoscível, 92; incompreensível, 93, 99, 126, 132, 157, 173, 197, 220, 234, 246, 251, 254-5, 258, 280, 284, 335, 471; indescritível, 251; inefável, 139, 159, 198, 234, 251, 275, 438, 459, 471, 477; inescrutável, 13, 215, 338; inumano, 433; irado e vingativo, 350, 383, 401; irrelevância da existência de, 348, 439, 442; Mecânico divino, 377-8, 488; medidas, 275; meditação sobre as letras do Nome de, 316, 340; morte de, 160, 433, 440, 469 (*ver também* ateísmo); negação de, 423, 444; no comportamento do mundo, 474; nomes de, no islamismo, 198; oculto (gnósticos), 132; paliativo (ópio do povo), 485; pessoal, 76, 175, 215, 239, 267-8, 278, 390, 442, 464, 472, 477, 481, 489; predestinação, 214, 354; problemas da autora com, 6; provas, 187, 218, 223, 235, 245-6, 251, 260, 264, 299, 364-5, 370, 372-3, 375, 378, 388, 424-5, 479; queda de, 433; realidade de, 12, 84, 92, 124, 239, 246, 263, 301-2, 438; relação com a humanidade, 137; "Se Deus não existe, tudo é per-

537

mitido", 444; Senhor da História, 438; soberania, 218, 340-1, 361, 377; tratamento dado por Milton, 384; Trindade, 137, 160; tristeza de, 301; união com, 285, 288, 290, 317, 319, 329, 417 *(ver também* misticismo); Único, 138, 330; visão de, rara, mesmo para os místicos, 279

Deusa Mãe, paleolítica, 17

deusas, israelitas sentem falta, 70

deuses e mitologia, 17; criação no mito da Mesopotâmia, 19; permutabilidade, 36; religião védica, 45; territorialismo, 31

Deutero-Isaías, 82, 84

Deuteronômio, 26, 35, 73, 88, 101, 498-9

devekuth (concentração), 416-8

Dharma, 49, 52

Dhat, al- (essência de Deus), 13, 197, 246, 301

dhikr (lembrança constante de Deus), 210, 303, 494

dhimmis (grupos minoritários), 209

Diderot, Denis, 424-6, 428

Diggers (cavadores) (seita), 396

Dijni, Yusuf al-, 454

dilectio, 165

dillug (pular), 316

Din (Poder), 309, 312, 336, 338, 497

Diódoco, bispo de Fótice, 281

Dionísio, o Areopagita, 169, 217, 227, 280, 284, 321; em latim, 254; influência, 318

Diotima, 54

Divina comédia, 298

divina imanência em Jesus, 113

divina providência, A, 364

Divindade Suprema, 15, 487

divindade, 494; dos gnósticos, 132; em três partes, 411

divindade, caráter divino da, 23

divindades árabes, 194

djim (espíritos caprichosos), 183

dogma (tradição oculta), 155, 159, 169, 171, 175, 228, 284, 340, 343, 351, 354, 382, 386, 396, 429, 494; criticado, 434, 438

dominatio (domínio), 378

donmeh (apóstatas), 409, 412, 414

Dostoiévski, Fiodor, 444, 464

doutrinas, reação contra as, 386

Dreyfus, Alfred, 458

drusos, seita dos, 450

Du'at (conhecimento), 420

dukkha, 50

Duns Scotus, de Oxford, 341

Duppi Tashed, 39

Dwight, Timothy, 405

dynameis (poderes de Deus), 93, 108-9, 494; e Deus, 441

E (autor bíblico), 26, 30, 35, 45, 75, 85, 88

Ea (deusa), 21

Eckhart, Meister, 318-20

éclaircissement (iluminação), 404

Édipo, 56, 270

Edwards, Jonathan, 402-5

Edwards, Thomas, 398

egípcios e israelitas, 25; *ver também* Ísis

Egito: e Javé, 84; êxodo do, 25, 33-4; moderno, 445-6, 449

ego, perda do, 269, 281

Einstein, Albert, 420, 488

Eisbeschütz, Jonathan, 411

El (Sumo Deus), 23, 28-32, 36, 39, 71-2, 485, 494

El Elyon, 29, 72

El Shaddai (Javé), 28, 36

Eleição, teologia da, 35, 63, 66, 76-7, 391

Eliade, Mircea, 295

Elias, profeta, 41-3, 108

Eliezar ben Judah, rabino (Kalonymos), 307, 312
elilim (Nadas), 69
Eliot, T. S., 6, 140
Elohim (Deus), 26, 31, 39-40, 67, 69-70, 72-3
emanação: cabalista, 335, 488; emanação de deuses, 21, 172; Platão e Plotino, 142, 148, 292, 379
emanações do Uno, 227, 231, 233, 237, 240, 252, 314, 388, 494
En Sof (Deus), 308-9, 312-3, 320, 335-7, 341, 389, 463, 494
Encarnação, 153, 348, 380, 382, 394, 398-9, 423, 485, 494; rejeição pelo islamismo, 12, 110, 189, 197, 290; Shabbetai, 412; visão hassídica, 418
energeiai (atividades de Deus), 93, 156, 158, 170, 280, 494
Enuma Elish, 20, 22, 26, 86-7, 133, 142, 494
Epicteto, 130
epifanias, 29-30, 297, 301, 494; festa da Transfiguração, 282
Erígena, João Escoto, 254-6, 260, 479
escada (*miraj*), 276
Escolasticismo: ataque de Lutero, 348-9
esotérica, tradição, 155, 213, 228, 248, 312
Espanha, expulsões da: muçulmanos, 325; sefarditas, 333
especialização, 367-9
Espírito (força da vida), 436
Espírito de Deus (revivalismo), 403
Espírito Santo, 494
espiritualidade, como compensação pela falta de pátria, 334
essênios, seita dos, 96
estações da cruz, 342
Ester, 71, 103
Estêvão, santo, 127

estóicos, e *logos*, 132, 150
Etz Hayim (A árvore da vida), 335
Eucaristia, natureza, 258
Europa: atitude para com os "orientais", 445, 453; dominante, 366, 445, 451-2
Eutíquio, 168, 175
Evagrius Pontus, 281
evolução, teoria da, 440, 444
Exercícios espirituais, 356
exercícios para místicos, 272
existencialismo, 467, 469; e Rosenzweig, 458-60
Êxodo, livro do, 26, 38, 64, 86
Êxodo, mito do, 33-7, 39-40, 75, 82-3, 88, 385, 457
expiação, 383
êxtase, 495; Dionísio, o Areopagita, 171; divino, 172; no Habad, 421; segundo Plotino, 172; *ver também 'fana*
Ezequiel, visões, 79-81, 85, 98, 177, 271, 274, 418, 496, 498

falsafah (filosofia), 221-6, 228, 234-5, 239-41, 247-8, 250, 252, 293, 316, 330-1, 369-70, 451, 487, 495; atacada por al-Ghazzali, 242, 245-6; atacada, 326, 333; e cristãos ocidentais, 259; e Ibn Rushd, 249; e misticismo, 291, 293, 297, 310, 316; e xiitas, 328; inspiração para os judeus, 238
Falwell, Jerry, 482
'fana (aniquilamento), 288, 304, 319, 421, 495
Farabi, Abu Nasr al-, 226-8, 231, 234, 242, 248, 292, 327
fariseus, seita dos, 96-7, 107
Fátima, esposa de Ali, 192, 231
fatimidas *ver* ismailitas
faylasufs, 221-4, 226, 228, 230, 233, 235, 237-8, 240, 248, 252, 254,

259-60, 262, 265, 293, 296, 303, 308, 335, 365, 369, 388, 390, 437, 487, 495
fé, 32, 109; esotérica e exotérica, 155; justificação pela, 347-8
Febvre, Lucien, 359
Fédon, 390-1
feministas, e o Deus masculino, 13
festa da Transfiguração, 282
festa dos Tabernáculos, 41
Feuerbach, Ludwig Andreas, 429, 438, 469, 474, 480
filioque (cláusula), 257, 382
Fílon de Alexandria, 92-5, 105, 125, 156, 175
filosofia: caminho para Deus (Erígena), 254; como paliativo, 426; e Deus, 219-20; e os romanos, 128; *ver também falsafah*
Findiriski, Mir Abu al-Qasim, 332
Flew, Anthony, 469
Fonte divina (Plotino), 133
formas, idéia platônica, 53-7
Formstecher, Solomon, 455
Fox, George, 396, 398, 400-1
França: anti-semitismo, 457; colonialismo, 445
Francisco de Assis, são, 265, 307
Francisco Xavier, são, 357
Frank, Jacob, 409, 412-4
frankismo, 413
Franklin, William, 399
Freeman, John, 442
Fréjus, sínodo de, 257
Freud, Sigmund, 270, 447, 468; e Deus, 441-2; idéia de separação, 288
fundamentalismo, 10, 35, 76, 250, 455, 482, 491-2; cristão, 401, 482; judaico, 463, 482; muçulmano, 448, 463

Gabirol, Solomon ibn, 240

Gabriel, anjo, 183, 185, 191, 195, 237, 276, 294
Gadbury, Mary, 399
Galilei, Galileu, 362-3
Gamaliel, rabino, 105, 107
Gaon de Vilna (rabino Elijah ben Solomon Zalman), 419
Gautama, Siddharta, 48-9, 111-2, 174, 494
gênero sexual, 140; e Deus, 70, 133, 143, 268, 314, 489; nos primórdios da Igreja, 139, 145
Gênesis, 25-7, 30, 86, 148, 312, 314, 336-7
Gerson, Jean de, 341
Gerson, Levi ben, 252
Gertrude, a Grande, 318
getik (mundo material), 18, 231-2, 294, 495
Ghazzali, Abu Hamil al-, 241-7, 259, 262, 291, 391, 450
Gibbon, Edward, 152, 420
Ginsberg, Asher (Ahad Ha' Am), 461
gnosis (conhecimento), 139
gnósticos, 132-5, 139, 142, 145, 226, 337, 339, 410, 432
Gomer, esposa de Oséias, 67-8
Gordon, Aaron D., 461
goyim, 65, 69, 73, 83, 88, 106, 109, 112, 124, 246, 341, 411, 457, 459, 495; capacidade para compartilhar Deus, 109
Grande Cisma do Ocidente, 256, 341
gravidade, lei da, 377
Grécia, 408; Afrodite, 17; cultura disponível, 221, 223-4, 254, 258, 262, 270, 277, 321; e as mulheres, 70; e Deus/Homem, 23; epifanias, 29; interesse em Javé, 90; racionalismo filosófico, 52-5, 487
Gregório Akindynos, 321
Gregório de Nazianzo, são, 154, 157, 159

Gregório Magno, 279
Gregório Palamas, arcebispo de Salônica, 320
Gregório, são, bispo de Nissa, 154, 156, 158, 165, 171, 279-80
Grünewald, Mathias, 343

Habad, 420
hadith (tradição), 197, 210-1, 216, 232, 291, 300-1, 326, 329, 451, 494-5, 498-9
hadith qudsi (tradição sacra), 210, 291
hagshamah (realização), 461
Hai Gaon, 272
hajj (peregrinação), 181, 205-6, 297, 409, 477, 495
Halevi, Judá, 246-7
Hallaj, al (Husain Ibn Mansur), 290-2, 320
Hamilton, William, 470
hanifiyyah, seita, 182, 203
Haran, 27, 485
Hardy, Thomas, 491
haskalah (iluminismo judaico), 414
Hassan ibn Thabit, 183
hassidismo, 415-6, 418, 420, 456, 478
Hawking, Stephen, 488
Hayim, Nehemiah, 411
Hayyim, rabino de Volojin, 419
hebreus, em Canaã, 25
Hebron, 25, 30, 41, 75, 82
Hedjaz, 177-8, 194, 423
Hegel, Georg Wilhelm, 432, 436-7, 443, 457-9; influência sobre a ciência do judaísmo, 455-6
hégira, 201, 204, 495
Heidegger, Martin, 479-80
Heimart, Alan, 404-5
hekhaloth (Salões Celestiais), 272, 496
Henoc, profeta, 89
Hermes, 29, 292
Herzl, Theodor, 460
Heschel, Abraham Joshua, 417, 478

hesed (Amor/Misericórdia), 67, 309, 312, 315, 336, 338, 497
hesycastas (*hesychasma*, *hesychia*), 280-1, 283, 329, 363
hesychasma (*hesicasta*, *hesychia*), 398
hesychia (*hesychasma*, *hesicasta*), 280, 495
Hira, 177, 180, 182, 191
Hirsch, Samuel, 456
Hod (Majestade), 310, 312, 338, 497
Hokhmah (Sabedoria), 309, 312, 336, 338, 420, 497
Holda, profetisa, 73
homem: criação babilônica do, 22; criação, Gênesis, 86
homoousion, 495
Horas matinais, 390
humanidade deificada, 230, 283
humanismo liberal, 9, 267
humanistas do Renascimento, 343
Hume, David, 424
Huna, rabino, 99
Husain, al-Khidr, 454-5
Husayn ibn Ali, 208, 212-3, 447
hypostases (manifestações da natureza interior), 157-9, 161, 239, 257, 411, 495, 497

Iao (Javé), 90
ibn al-Arabi, Muid ad-Din, 250, 291, 296-300, 302, 309, 312, 332; influência, 303, 327, 329, 335, 422, 430, 476
ibn Ala, Wasil, 286
ibn Hanbal, Ahmad, 215
ibn Ishaq, 182
ibn Rushd, Abu al-Walid ibn Ahmad (Averróis), 247-50, 263, 296
ibn Saddiq, José, 246
ibn Sadiq, Jafar, 229
ibn Saud, Muhammad, 423
ibn Sina, Abu Ali (Avicena), 234-5, 237-8, 240, 242, 248, 250, 262,

541

264, 330; misticismo, 238, 291, 294, 329
ibn Tabul, Joseph 335
ibn Taymiyah, 326
ícones, 282-3
iconoclastas, 283; na Grã-Bretanha, 482
idéia do sagrado, A, 17
idéias, Platão e, 52-3
idolatria, 495; e a encarnação, 175; e o islamismo (*shirk*), 196; e o judaísmo, 69-70, 72
Idris, profeta (Hermes), 292
Iêmen, 180
Igreja ortodoxa grega, 156, 283; arte religiosa, 284; e Agostinho, 161; e Deus, 173, 354; e Jesus, 173; e Palamas, 320; e técnicas místicas, 282; e Trindade, 158, 258
Igreja ortodoxa oriental, 154
igualitarismo: islâmico, 206; quacre, 396
ijtihad, 325, 328, 451, 495
Ikwan al-Safa, 233
ilah, 300
Ilíada, epifanias na, 29
ilm (conhecimento secreto), 495
ilm (verdadeiro conhecimento), 212, 229
iluminação budista, 174, 295; *ver também* luz
Iluminismo, 366-70, 372-83, 385-407, 409-27; aversão ao mistério, 269, 366
ilusão, 437
Ima (Mãe), 338
imaginação: criadora, 9; definição, 295; dez inteligências puras, 237; no misticismo judaico, 295; visões, 278, 294, 490
imames, 213, 217, 229, 231, 233, 303, 328, 330, 412, 423, 495, 498-9
Imitação de Cristo, A, 342

Inácio de Loyola, 356-7, 371
Inana, 17, 24
inconsciente, 163, 185, 272, 295, 328, 345, 419, 442, 445
Índia, 17, 45, 49, 52, 110, 124, 140, 306; e a Grã-Bretanha, 357, 366; moderna, 449, 451; mogóis, 327, 331, 445; religiões, 44, 144, 422
individualismo, 178, 180, 346, 452; no islamismo, 451
inferno, 298, 363; e os puritanos, 355; no Corão, 330; para os místicos, 295
injustiça e sua intolerância pelos muçulmanos, 200
Inocêncio VIII, 345
inquisição: contra a bruxaria, 345; contra convertidos judeus, 325; e ciência, 362; e místicos, 215, 323
insan i-kamil (Homem Perfeito), 301
integritas, 166
intolerância, 153, 200, 302, 330, 332, 356, 482; histórico da Igreja, 383; Ishmael, rabino, 98, 271; pelos monoteístas, 69 *ver também* perseguição
invisível, sentido primitivo do, 16
ioga, 45, 47, 50, 270, 272, 330, 490, 495; cristã, 281; judaica, 315
Iqbal, Muhammad, 451-2
Irã, 18, 44, 226, 231, 234, 250, 327-8, 445; atual, 44, 447, 449; safávida, 327
Irineu, bispo de Lyon, 137
Irmãos do Livre Espírito, 397
Irmãos Karamazov, Os, 444
Isaac, 28, 30, 33, 36-7, 40, 203-4, 371
Isaías Segundo, 82-4
Isaías, 60, 63, 439; visão de Javé, 59, 61-2
Isfahan, 328, 330
ishraq (iluminação), 238, 292-3, 496

Ishraq, xeque al- (Suhrawardi), 292 *ver também* Surhawardi
ishraquiano, misticismo, 293, 449
Ishtar (deusa), 17, 24, 70, 79, 91
Ísis, 17, 24, 91, 128
islã (rendição), 189, 205, 288, 325, 352, 496
islamismo, 455; disseminação, 208; e Deus pessoal, 268; e os judeus, 201-2; e reforma, 208; exclusividade, 487; guerras cristãs, 253; Iluminismo, 421-3; religião bemsucedida, 265; tolerância, 200
Ismael, filho de Abraão, 203-5
Ismail, xá, 327
ismailitas (Adeptos do Sétimo), 213, 229-31, 233-4, 241-2, 248, 251, 293, 300, 363
Isra-El, 29
Israel (Jacó) *ver* Jacó
Israel, 25, 333, 339, 406-7, 434; estado de, 455
israelitas, 19, 26, 34-5, 37, 455; e Deus, 28-9, 36; e outros deuses, 38
istaqa (auto-suficiência), 178
Istgkeit (É-ísmo), 320
Italos, João, 258

J (autor bíblico), 26-8, 30-1, 35, 45, 67, 75, 85, 88, 94
Jabbok, 32
Jacó: epifania, 30, 279; Israel, 25, 28
Jacobs, Louis, 471
Jafar ibn Sadiq, 229, 233
jahiliyyah (tempo da ignorância), 179, 182, 206, 496
James, William, 353
Jansen, Cornélio, 358
jansenismo, 370
Javé (Deus), 25, 496; amor, não sacrifício, 67; batalha com Baal, 42; como Espírito Santo, 98; concepção de Josué, 40; Deus Uno, 153, 484; diferenciado de El, 36; e a Criação, 27; e a crueldade, 34; e Alá, 189; e as deusas, 70; e Jacó, 30; e Jeremias, 78; e Moisés, 36-8; e o Deus grego, 92, 136; e o eu, 101; e os israelitas, 61-6; e outros deuses, 40; experiência de Ezequiel, 80; invisibilidade, 85; luta pela supremacia, 71-2; masculinidade de, 70; natureza de, 28; no mundo, 485; parcialidade, 483; realidade transcendente, 60, 99; variedade de experiências de, 99; visão de Fílon, 93-4; visão de Isaías, 59-63; visão de Jeremias, 77-8; visão de, 93-4; YHWH, 99-100, 125, 268, 275, 309, 314, 496
Javé Sabaot (o Deus dos Exércitos), 34, 59-60, 79
Javne, comunidade farisaica, 97
Jawziyah, Ibn, 326
jejum: como técnica mística, 287
Jenkins, David, bispo de Durham, 481
Jeroboão I, rei de Israel, 66
Jeroboão II, 59
Jerônimo, são, 140, 157, 167; tradução da Bíblia, Vulgata, 362
Jerusalém: destruição, 76, 79, 254; e os romanos, 96; *ver também* Templo
jesuítas, 331, 356-7, 371, 394, 425
Jesus ben Sirac, 91
Jesus Cristo: batismo, 106; biografia escrita, 382; caridade, 107, 484; como Logos, 137; como o Espírito Santo (seitas apocalípticas), 399; conceito grego, 173; conceito latino, 173; criador ou criado, 147, 151; descida às profundezas, 413; e Deus Pai, 138, 158;

e os cruzados, 253; e os fariseus, 107; encarnação, 108-10, 114, 124; ênfase, 342; expiação, 382; filho de Deus, 106, 108, 110, 137, 174, 282; Filho do Homem, 80, 108; humanidade de, 342; mensagem, 62; missão, 106; não divino, 219, 290, 380; nascimento virgem, 139; no monte Tabor, 108, 173, 230, 281-2, 321; pintura proibida, 283; profeta islâmico, 200, 276, 286; salvador, 148; sem Deus, 469; senhor feudal, 253; transfiguração, 109 (*ver também* monte Tabor); vida de, 106-8

Jezabel, rainha de Israel, 41-2

Jezrael, 68

jihad (guerra santa), 305; contra os britânicos, 422; contra os otomanos, 423

Jó, 89, 465

João Batista, são, 106-7

João Damasceno, 283

João, Apóstolo, são, 108

João, são, evangelho de, 125, 149, 496

Joaquim, rei, 77

Jonas, Hans, 471

Jorge, são, 253

Josias, rei de Judá, 72

Josué, 40; aliança, 39; Livro de, 39, 76, 483

Judá, conquistada pela Assíria, 78

Judah (Kalonymos), o Pietista, rabino, 307

Judaísmo Reformado, 414

judaísmo, 85; ciência, 455; credo de Maimônides, 251; crítica de Hegel, 436; Deus personalizado, 268; e al-Ghazzali, 246; e Iluminismo, 390; hoje, 455-7; movimento de renascimento, 406-7; nascimento, 84; reformado por Paulo, 112

judeus: carismáticos, 413; convertidos ao cristianismo, 89; convertidos ao islamismo, 407; desnorteados pela Trindade, 174; e árabes, 181, 238, 248; e Iluminismo, 306; e islamismo, 200; e o Sagrado Nome, 11; e os romanos, 96; e tribos na Arábia, 181; e Yathrib, 201; expulsões, 333; *faylasufs*, 253; filosofia em árabe, 238, 315; misticismo, 271-6, 307-10, 312-7, 414, 416-8, 456; na Espanha, 324-5; perseguição aos, 253-4, 306, 325, 415, 457, 460; pietistas, 307; *pogroms* no mundo grego, 95; problemas hoje, 455-65; *progroms* na Polônia, 406, 414; visões, 273; zelotes, 96

Judite, 71

Juízes, Livro dos, 76

Juízo Final, 295; pinturas do, 401

Juliana de Norwich, 318, 342, 401

Junayd, 288-90

Jung, Carl G., 270, 295, 442

justa, guerra, 204

justiça, 206, 211, 215, 285

Justiniano, imperador, 168

Justino de Cesaréia, 132

Juwayni, 241

kaddosh (santidade), 60, 184, 497

Kahane, rabino Meir, 482

kahin (adivinhadores), 183, 193

kalam (discurso, teologia), 218, 220, 223, 240-2, 245, 248, 259, 326, 496; inspiração para os judeus, 238, 240

Kalonymos, família, 306

Kant, Immanuel, 391-2, 395, 399, 414, 436, 456, 458

Karabisi, al-Huayan al-, 216

karibu, 79
Karo, Joseph, 333
katharsis (catarse, purificação), 55, 141
kavod (glória), 80, 86, 100, 281, 307
kawwanah (concentração), 307
Keats, John, 430-1
kefitsah (saltar), 316
kelipoth (conchas), 337, 406, 408
Kemal Atatürk, 414, 447
Kempis, Thomas à, 342
kenosis (êxtase auto-esvaziante), 125, 174, 336, 433, 437, 495-6, 499
kerygma (mensagem, ensinamento), 127, 155-6, 160, 169, 171, 175, 496
Kether Elyon (Coroa Suprema), 309, 312-3, 336, 338, 497
Khalk al-baqq fi' l-itiqad (o Deus criado pelas fés), 302
Khidr, 299-300
Khomeini, Ayatollah, 477
kibbutzim, 462
Kierkegaard, Soren, 348, 438
Kindi, Yaqub ibn Ishaq al-, 224-5
Kingu (deus), 22
Kirmani, Hamid al-Din, 233
Kishar (deus), 21
Kitab al-Asherat (Livro das Admoestações), 238
Kohn, Benjamim, 409
Kook, Abraham Isaac, 463
Krishna, 112
Krochmal, Nachman, 457
Kung, Hans, 471
Kuzari, O, 247
kyrios (senhor), 125, 150

Lahamn (deus), 21
Lahmu (deus), 21
Laplace, Pierre Simon de, 428
latinos, crença nos *numina*, 17
Lavater, Johann Casper, 391

Leibnitz, Gottfried Wilhelm, 479
León de Castro, 363
Lessius, Leonard, 364-5, 372-3
levellers (niveladores) (seita), 397
Leviatã (Lotan), 24
Levítico, Livro do, 26, 85, 499
Lewis, C. S., 385
liberais americanos, 405
línguas de fogo, 114
liturgia, importância para Dionísio, o Areopagita, 169
livre arbítrio, e islamismo, 214
Livre Espírito, Irmãos do, 397
Livro da Lei, 73, 388
Lo Ammi, 68
Lo-Ruhama, 68
logikoi, 139
Logos (éon criador), 134, 149-50, 153, 158, 173, 175, 211, 253, 316, 496; Fílon, 94; gnósticos, 139; Jesus como encarnação, 137, 151-2, 154, 186, 212, 283
Lonergan, Bernard, 475
Lotan (deus, Leviatã), 24, 83, 86
lótus, árvore do, 276
Lucas, são, sobre Jesus, 106
Lueger, Karl, 458
Luria, Isaac, 335-40, 348, 356, 358, 406-7, 411, 414, 416, 419, 471, 494, 498-9
Lutero, Martinho, 326, 340, 346-50, 352, 361-2, 470
Luz Interior, 396, 399
luz, 293; cabala, 336-9; cristã, 284; *ishraq* (islamismo), 238, 292; *ver também ishraq* (iluminação); línguas de fogo; centelhas divinas
Luz, vale do Jordão, 30
Lyell, Charles, 439

Ma'aseh Merkavah (Estudo da Carruagem), 271
MacDonald, George, 385

Macquarrie, John, 260
madianita, teoria, 36
madrasah (escola de estudos islâmicos), 325, 447-8, 496
magos zoroastrianos, 292
Maimônides (Moses ibn Maimon) 248, 250-2, 310, 318-9, 411; e misticismo, 248
Maioria Moral, 482
mal: criação de Deus, 336; no *Zohar*, 315; problema do, 256
Malka Kadisha (Deus de Israel), 411-2
Malkuth (Reino), 310, 338, 497
Mamun, califa al-, 215, 225
mana (forças invisíveis), 16, 19, 28, 31, 38, 148, 170, 496; de Javé, 28-9
Manassés, 72, 75
Manat, a Fatídica (deusa árabe), 194, 493
mandamentos, 131, 210, 380, 416, 459613, 88; Dez, 38, 88
maniqueísmo, 161
mantra, técnica muçulmana, 198, 287, 303, 315, 494
Maomé, 177-8, 180, 182, 184, 188-9, 191-3, 196-7, 199, 201, 204-5, 207-8, 210, 212, 216, 218-9, 224, 227, 229, 231, 234, 238, 276, 287, 295, 298, 315, 328, 331, 439, 446, 452, 477, 495, 498; como padrão, 209; compaixão, 483; e islamismo, 189; e o Corão, 192; e os judeus, 201; e Yathrib, 201-2; Homem Perfeito, 301; independência, 203; influência da família, 212; misticismo, 286; morte, 206; nas esferas proféticas, 231; o Profeta, 198; oposição ao culto do túmulo, 423; Peregrinação do Adeus, 205; politeísmo, 193, 196; problemas, 194; realismo de, 485; revelação, 182-7; Viagem Noturna, 276, 295
Marcelo, bispo de Ancyra, 152
Marcion, análise dos tipos de Deus, 135-6, 145
Marcos, Evangelho de, 105-6
Marduc, 21-3, 28, 30, 34, 37, 41, 61, 69, 82-3, 85, 87
Mares do Sul, ilhas dos, *mana*, 16, 496
Maria, Virgem, 166; como visão, 273; culto da, 353
marranos, 409
mártires, reforma, 359
martírio, a ser buscado, 138
Marx, Karl, 429, 439, 460, 469
maskilim (judeus reformadores), 390
Masnawi (Bíblia sufista), 304-5
Massignon, Louis, 286
matemática, 450, 487; árabe, 221, 225, 230, 233-4, 242, 452; e a existência de Deus, 374, 377; e renascimento, 344
materialismo, 426
Mateus, sobre Jesus, 107
Mawlana (Jalal ad-din Rumi), 304
mawlawiyyah (ordem sufi), 304
Maximila, 144
máximo e mínimo, 344
Máximo, o Confessor, 173, 175, 282, 285
Mayer, John Friedmann 383
Meca, 177-8, 181-2, 187, 193-4, 201-5, 297, 423, 477, 494-5
Medina, 181, 201-4, 207, 209, 286, 423, 495
meditação, entusiasmo pela, 490
Melanchthon, Philipp, 362
memoria (o inconsciente), 163
Memra (palavra), 125
Mendelssohn, Moses, 390-1, 414
menok (reino celestial), 18, 231-2, 294, 496

menstruação, código rabínico, 102
Merkavah, 271
Merleau-Ponty, Maurice, 467
Mersenne, Marin, 360, 362
Meslier, Jean, 423
Mesopotâmia, espiritualidade, 18; *ver também* babilônios
messiânicas, seitas, 396; no judaísmo, 406, 415
Messias, 106, 114, 131, 153, 202, 250, 273, 317, 338, 398, 406-7, 413-4, 460, 482; Abulafia, 315; alegação dos *ranters*, 399; Frank, 409; Jesus, 105, 107, 114; Shabbetai Zevi como, 406
Metafísica, 55, 265
metafísica, dos gregos aos árabes, 221
metodistas, 393
mezuzah, 101
migração *ver* hégira
milagres, verdade dos, 482
Milton, John, 383-5, 430
Mir Dimad, 328, 330
miraj (escada) nas visões, 276
Mishkat al-Anwar, 244
Mishnah, 496
misoginia *ver* sexualidade; mulheres
missa, como êxtase, 172
Missa Negra, 346
mistério: religiões de, 129, significado, 269
mística: experiências, 269-73, 275-6, 278-80, 294-8; redescoberta, 270; tradição, 268
misticismo, 415, 489; Blake, 432; dificuldades com a Inglaterra, 433; e Descartes, 374; e *falsafa*, 291 e Ibn Sina, 234, 244; e islamismo, 288, 291; e Spinoza, 389; grego, 280; judaico, 270-1; Newton, 378; perigos, 270-1, 276, 290; Platão, 130, 136; talento para, 244; técnicas, 279, 282, 287

místicos, 292; revelações, 301-5
mito, significado, 269
mitologia: cananéia, 24; deuses antigos, 17; do hassidismo, 416-8; na Babilônia, 17; profetas contra, 269; revivescência, 13, 270
mitzvah (mandamento), 416
mitzvot (mandamentos), 88, 93, 101, 107, 127, 247, 340, 417, 459, 478-9, 496
mogóis, na Índia, 327, 331, 445, 453
Moisés de León, 312, 334
Moisés, 10, 28, 36-7, 40, 60-3, 73-4, 78, 85, 87, 136, 156, 184, 191, 202, 204, 251, 263, 305, 406, 411, 458, 484, 496, 498; e as tábuas, 38-9; e Dionísio, o Areopagita, 171; e Javé, 25-6, 28, 72, 181, 279, 485; e Jesus, 109; e o Êxodo, 33; e o pastor e Deus, 305; e o Templo, 72; epifania, 28-9; profeta islâmico, 200, 276, 299
Moisés, Vida de (Gregório), 156
monasticismo: budista, 111; cristão, 153
mongóis, 303-4, 325
Mônica, santa, 163, 277
monismo, 335
monoteísmo, 182; Alá, 189; conceito de Deus, 9-11; primitivo, 15
Montaigne, Michel, 360, 373
montanismo, 144
monte Carmelo, 41-2
monte Hira, 177, 180, 182, 191
monte Moriá, 33
monte Sinai, 29, 37-8, 60, 98, 156, 185; e Javé, 59; e Moisés, 171, 484
monte Tabor, 108, 173, 230, 281-2, 321
More, Thomas, 353
moriscos, 325

547

morte de Deus, 160, 429, 433, 440, 444, 469-70
Mosheim, Johann Lorenz von, 382
Mot (deus), 24
Motor Imóvel, 56, 68, 136, 225, 236
muçulmanos, 189, 496; a salvação requer determinadas crenças, 248; conservadorismo, 326; e a Trindade, 176; e Deus, hoje, 478; e encarnação de Jesus, 110; e hindus, 330; e judeus em Yathrib, 201-2; expulsão da Espanha, 325; migração para Yathrib, 201; misticismo, 276, 286-8, 290-6, 298-306, 331-2, 447; potência mundial, século XV, 327-30; problemas, 445-6, 448-55; proibidos de adorar deuses pagãos, 194-5; proibidos de representar o divino, 11; reformadores, século XX, 449
Muhammad ibn Ishaq, 182
Muhammad ibn Ismail al-Bukhari, 210
Muhammad Reza Pahlavi, xá do Irã, 200, 328
mulás (poder no Irã), 447
mulher: apelo do cristianismo, 145; como tentação, 167-8; Deus encarnado na, 13; e a lei rabínica, 102; e o islamismo, 206-7; marginalizadas, 70; ordenação, 168
Mummu (deus), 21
Mursil II, rei dos hititas, 39
muruwah (masculinidade, ideologia), 178-9
Musa, filho de Jafar, 229
música, como experiência, 284
Muslim ibn al-Hijjal al-Qushayri, 210
musteion (para fechar os olhos ou boca), 269
mutazilitas, seita, 214-20, 223-4, 286, 449, 496, 499

Nabucodonosor, rei da Babilônia, 74, 76
nacional-socialismo (nazismo), 333, 443, 464, 471
nacionalismo, 346
Nada, 133, 389; Deus como, 141, 170, 175, 232, 255-6, 259-60, 313, 316, 319, 321, 435, 457, 468, 471, 479, 481, 489;
nafas rahmani (suspiro), 300
Nagarjuna, 111
Nahum, rabino Menahem, 418
Namak, guru, 330
Nascimento Virginal, 139, 319
Nashe, Thomas, 361
Nasiri al-Khusraw, 229
Nasiruddin, xá do Irã, 445
Nathan de Gaza, 406, 408
natureza, 425-7; e os românticos, 430, 432; templo de Deus, 380
Nawfal, Waraka ibn, 182, 184, 199
Naylor, James, 396
Necessário, Ser, dos *faylasufs*, 236, 240, 263-4, 293
Needham, John Turbeville, 426
negativa, concepção, 442
negativas (*via negativa*) para definir Deus, 232, 236, 252, 254, 260, 398
neoplatonismo, 169, 172
Nestório e o nestorianismo, 168, 175, 283
Netsah (Paciência), 338
Netsah (Resistência Eterna), 310, 312, 497
Newton, Isaac, 377-81, 388, 404-5, 422, 425-7, 439, 488; espaço, 423
Nicéforo Grégoras, 321
Nicéforo, 284
Nicéia, sínodo de, 147, 151-3, 156, 160, 257, 348, 351, 488
nicênico, credo, 151-3, 257

Nicolau de Cusa, 344
Nietzsche, Friedrich, 429, 440-1, 443, 451-2, 464, 467, 469, 472, 491
niilismo e Jacob Frank, 412, 414
nirvana (realidade última), 49-52, 65, 110, 144, 268, 278, 469, 493, 496; e o Vazio, 112
Nizam, como visão da sabedoria, 297
Noé, 200, 363, 380, 385
noiva e seu amado, visão da, 274
Noris, Henry, 382
nous (mente), 142-3
Nova Inglaterra, 350, 357, 396, 402, 405
nova teologia, 10, 84, 474
Nova York, 403, 482
Números, Livro dos, 26
numina (senso do sagrado), 17
numinoso, 497
Nuqrah de Zeir (mulher de Zeir), 338
nur al-Muhammad (Luz de Maomé), 229
nuvem de ignorância, A, 318

oikumene, 19, 43, 63-4, 70, 78, 168, 207, 324, 366, 368, 497
Omíadas, 208, 211, 214
ontológicas, provas de Deus, 265, 374, 388, 392
Oral, Lei, 203
orientais: cultos, 129
Oriente, origem do misticismo islâmico, 292
Orígenes, 138, 140, 145, 148, 154, 474
original, pecado, 124, 166-7
ortodoxas, igrejas, festa da Transfiguração, 282; *ver também* Igreja ortodoxa russa
ortodoxia, alienígena para os judeus, 131, 251
ortodoxo, 497

ortopraxia, 251
Otomano, Império, 328, 333, 368, 406-7, 447, 453
otomanos, turcos, 324, 327, 423
Otto, Rudolph, 17, 60, 434
OUM, 232
ousia (essência de Deus), 93, 151, 156-7, 280, 495, 497
Outler, Albert C., 396
Ozias, rei de Judá, 59

P (autor bíblico), 26-8, 85-8, 91, 93
padres gregos, 435
paganismo, 457, 485; Deus é natureza, 455, 457; e israelitas, 41; tolerância, 69, 85
pagãos, deuses, muçulmanos proibidos de adorar, 194
pagãos: convite aos muçulmanos, 201; deuses, 31; e o cristianismo, 128, 136; israelitas como, 31
Pai, Filho e Espírito, 152, 157-8, 319, 495; mal-entendido no mundo ocidental, 174
Palamas, arcebispo Gregório, 320
paleolítico, período, 17
panteísmo, e seitas apocalípticas, 397
panteões, substituindo a Divindade Suprema, 15
Paraíso perdido, 384-5, 430
paraíso: Corão, 329; Dante, 298-9
parousia, 144
parzufim (semblantes), 338, 411-3, 497
Pascal, Blaise, 348, 362, 370-2, 378
Pater, Walter, 284
patriarcas, 10, 28, 32, 36, 411, 494, 497
Patrício, são, 255
Paulo de Samosata, 138
Paulo, são, 107, 109, 112, 114, 343, 374, 474, 483; absolvição pela fé, 347; caridade, 484; como Zeus,

30; e a Expiação, 382; e Deus, 374; e misticismo, 273; e o Espírito Santo, 157; e o judaísmo, 127; sobre Jesus, 109, 114
pecado: e expiação, 174; ênfase, 438; santidade do, 400
Pedro, são, apóstolo, 108, 126
pensamento, como visto por Platão, 54
Pentateuco, 26, 38, 75, 85-6, 88, 192
Pentecostes, 126, 403
percepção de Deus, 12, 315, 373, 402, 434, 455, 490
perdão, 97, 124, 174, 260, 351, 398; Dia do Perdão, 41, 201
peregrinação, 181, 205-6, 253, 461, 495
Perfeito, Homem, 301-2, 304-5, 331-2, 452
permissividade, 401
persas contra os babilônios, 85
perseguição: dos desviados, pelos cristãos, 228; dos judeus; *ver* judeus, perseguição
personae (máscaras), 112, 138, 161, 337, 497
Peste Negra, 341
Petrarca, Francesco, 343
phronesis, 57
pietista, seita, 395, 415
pietistas (judeus alemães), 307-8, 400
Píndaro, sobre Deus e Homem, 23
pirs, 304, 497
Pitágoras, 52, 130, 292, 381
Platão, 44, 52-4, 227, 389; Deus único, 132; e Agostinho, 162-3; e Aristóteles, 55; e misticismo, 44, 54; e Orígenes, 138-9; e Plotino, 140, 142; equiparado a Moisés, 136; formas divinas, 54, 93; herói romano, 130; redescoberto pelo Ocidente, 93, 262; sobre filosofia e mitologia, 154; *ver também* neoplatonismo; *theoria*

platonismo, e os romanos, 130
Pleroma, o (Mundo Divino), 133-5, 149, 314
Plotino, 140-4, 162-3, 168, 172, 175, 222, 227, 234-5, 237, 479; influência sobre Agostinho, 161; visões, 277-8, 397
Pococke, Edward, 378
poder Criador, 93
poder Real, 93
poligamia, árabe, 206
população, expansão atual, 466
positivismo lógico, 468
pragas, 34
Prajna-paramiter Sutra, 111
prece: como uma atividade psicossomática, 282; sempre atendida, 482
predestinação: e calvinismo, 354, 405; e Corão, 214; e Milton, 384
Presença, na natureza (Wordsworth), 431
Príamo, 29
primitiva, idéia, de Deus, 15
Primo, Samuel, 411
primordial, caos, 19, 87, 148
Priscila, 144
processo, teologia do, 474
Prochoros Cydones, 321
Proclo, 168, 170
profecia e Ibn Sina, 237
profeta, 497
profetas islâmicos, 200
profético, espírito, 229, 244, 247
profundidade, teologia em, 479
progresso, 326, 368-9, 396, 405, 446-7, 451-2, 460; como visto pelos romanos, 128
progresso, EUA, 405
prosopon (força), 157
protestantes: e ciência, 362; igrejas, 323
provas *ver* Deus: provas
Provérbios, Livro dos, 90, 106, 149

psicanálise, 270, 289; e Deus, 442; exercícios, 356; paralelo na Cabala, 315
psicologia, religiosa, árabe, 233
ptolomaicas, esferas, 227, 231, 237, 294
Purgatório, monte, 299
Puritana, Revolução, 350, 404

qibla (direção da prece), 203
qiyas (analogias), 218
quacres (seita), 394, 396-9, 401
Querido, Jacob, 409
Quincey, Samuel, 405
Qumran, seita, 96
qutb (polo líder), 293-4

Raab, o Crocodilo (mitologia cananéia), 83, 86
Rabiah, 286-7
rabínicos, ideais, 98-104
racionalidade, e o Iluminismo, 382
racionalismo: e Maimônides, 252; e *faylasufs*, 221-4; e Ibn Rushd, 248; e os judeus, 89; inadequações, 487
racionalismo filosófico, 44, 53; e o islamismo, 226
radical, teologia, 470
Rahaf al-aql (Bálsamo para o intelecto), 233
Rahamin (Compaixão) (Tifereth), 309, 338
Rahner, Karl, 475
ranters (bradadores) (seita), 397-402; blasfêmia por, 401
Rasail (Epístolas), 233
rashidun (califas corretamente guiados), 209, 450
razão: aplicada por Anselmo, 260; e imaginação, 295-6; e Lutero, 349; não pode conduzir a Deus, 244; pode conduzir a Deus, 390

realidade: como Deus, 9, 84, 219, 239, 430; de Deus (islamismo), 199; e Aristóteles, 55-6
redenção, 153; para os judeus, 406; prerrogativa do Criador, 197; visão de Milton, 209
reflexo no espelho, 165
Reforma, 258, 323, 328, 346-7, 349-50, 356, 358, 360, 364-5, 377, 383, 434
reformadores, 75, 323-4, 326, 340, 346, 351, 355, 358, 361, 414, 423, 432, 447-8, 456, 490
Reimarus, Hermann Samuel, 382-3
Reis, Livro dos, 75
relatividade, 488
religião do coração, 393-6, 400
religião, 386; alternância de repressão e permissividade, 402; artifício (ópio do povo), 423, 439; ativa, 268; carismática, 415, 490; inerente à humanidade, 9; influências econômicas na, 44; na China, 44; origens, 15; pragmatismo da, 11; ultrapassada (Freud), 442
religiosa, arte, no Ocidente e Oriente, 282
religiosa, devoção, como idolatria, 483
Renan, Ernest, 248
renascimento (Nietzsche), 441
Renascimento italiano, 324, 326; lado escuro, 343
repressão, 401, 443, 447
retineo (manter verdades), 165
revelação: como requisito para conhecer Deus, 89; de Deus, 389; mitos, 459
reverência a Deus, 434
revivalismo do misticismo, 490
Revolução Francesa, 368
Revolução Industrial, 367
Reza Khan, xá do Irã, 447

Ricci, Matteo, 357
Rig-Veda, 44, 497, 499
Ritschl, Albrecht, 435
rituais, função dos, 129
Robbins, John, 399
Robinson, John, bispo de Woolwich, 481
Rolle, Richard, 318
Roma, queda de, 166
Romana, Igreja Católica, 323, 350, 362; predestinação, 353; Reforma, 356; religião do coração, 393
romanos: e cristianismo, 128-9, 131; e cultura grega, 95; e deuses, 129; e judeus, 97; *ethos*, 128, 136
romântico, movimento, 429
Rorigo, Abraham, 409
Rosenzweig, Franz, 458-60
ruach Elohim (espírito de Deus), 87
Rubenstein, Richard, 471
rukn (pilares), 189
Rushdie, Salman, 194
russa, igreja ortodoxa, 415
Rússia, anti-semitismo, 457-8
Rússia, Igreja Ortodoxa, 324; e Trindade, 159

Saadia ibn Yusuf (Saadia Gaoan), 239-41, 307, 310, 411
Sabbath, 18, 87-8, 407
Sabedoria (*Sophia*), 92
sabedoria, 497
sabedoria, literatura da, 90-1
Sabélio, 138
sacrifício: Isaac, 33; religião védica, 45; *ver também* Expiação
Sade, marquês de, 413
Sadra, Mulla (Sadr al-Din Shirazi), 328-30, 332, 335, 364
Safan, 73
safávidas, governo no Irã, 327
safsafah (ceticismo), 245

Sagrado Coração de Jesus, 394-5
sagrado Nome, e os judeus, 11
salat (oração ritual), 188, 197
Salih, 200
Salmos, 41, 61, 82, 106, 352
Salomão, 40-1, 59
Salutati, Coluccio, 344
salvação do homem, 150
salvação, 174; como acontecia, 258; e judeus, 338; e necessidade de aceitação da verdade, 248; história da, 231, 385
Samuel (Kalonymos), 306
santidade, 497
Santo dos Santos, 20
santos: culto dos, 353; em movimentos apocalípticos, 398; estranho comportamento dos místicos, 270; relíquias, 343
Sara, mulher de Abraão, 25, 33, 203
Sargão II, rei da Assíria, 59, 62
Sartre, Jean-Paul, 296, 467, 471
Satanás: e Milton, 384; e puritanos, 355; no islamismo (Shaitan), 196, 345; substituindo Deus no Despertar, 403; venerado, 345
Saunderson, Nicholas, 425
Schleiermacher, Friedrich, 434-5, 472
Schlonsky, Avraham, 462
Schmidt, Fr. Wilhelm, 15
Scholem, Gershom, 341, 408, 413
Schopenhauer, Arthur, 437, 443
Schuon, Frithjof, 476
secularismo, 9, 366, 414, 440, 442, 447, 461
sefarditas, 333-4, 340, 406-7, 409, 414, 497
Sefer ha-Yirah (O Livro do Temor de Deus), 307
Sefer Hasidim (O Livro dos Pietistas), 307
Sefer Yezirah (O Livro da Criação), 275

sefiroth, 309-10, 312-4, 316, 320, 335-9, 407, 497-8; simbolismo sexual, 338
seita dos irmãos morávios, 393
Sêmele, 128
Senaquerib, rei da Assíria, 62
Sens, Concílio de, 261
separação: Freud e Klein, 288; na versão do Gênesis, 86, 88
Septuaginta, 90
Ser: Deus de Anselmo, 260; *faylasuf*, 225, 245; Heidegger, 480
Servet, Miguel, 351-2
sexo, ritual, cananeu, 24
sexual, simbolismo, das *sefiroth*, 338
sexualidade: e cristianismo, 166-8, 433, 441; e *ranters*, 399-400; repulsa pela, 70
Shabbetai, Zevi, 406-9, 411-5, 419, 456
shabbetaístas, 409-11, 414, 416
Shahadah, 198, 286, 288, 291, 297, 332, 498
shakan (tenda), 87, 100, 498
shakers, 394
Shammai, o Velho, 97, 105, 108
Shams ad-Din, 304-5
Shariah (Lei), 209-10, 248, 304, 325-6, 422, 450, 486, 494, 498
Shariati, 205, 476-7
Shekinah (presença de Deus), 100-1, 126, 307, 310, 314, 333, 338, 413, 416, 461, 463, 494, 497-8; exílio da, 314, 340-1, 411; feminilidade de, 314
shema (ouvir), 73-4, 101, 498
Sherivath Ha-Kelim (O Despedaçamento dos Vasos), 337-9, 341, 498
Shiah-i-Ali (os Partidários de Ali), 208
shirk (idolatria), 196, 319
Shiur Qomah (A medição da altura), 273, 498

Shiva, 112
Sijistani, Abu Yaqub al-, 232
sikhismo, 330
Silêncio, 133, 141, 495; em visões, 280; quacres, 398; *ver também* teoria
símbolos, 45, 74, 79, 111-2, 153, 155, 170, 190, 273, 276, 295-6, 298, 388, 459, 473, 477, 489, 491, 494
Simeão, o Novo Teólogo, 75, 284-5, 321
Simeon ben Yohai, 312
sinagoga, 66, 90, 101-2, 128, 302, 387, 409, 411
Sinai, 29, 37-8, 43, 60, 64, 85, 87, 98, 109, 126, 156, 171, 185, 191, 385, 484-5
sionistas, 453, 460-3
Sirhindi, xeque Ahmad, 332
Smith, Wilfred Cantwell, 453-4, 468
sobrenaturalismo natural, 430
sociais, valores, muçulmanos, 189
social, justiça *ver* misericórdia
social, mudança, 367
Sociedade de Amigos, 397, 401
sociedade: agrícola, 366; capitalista, 367
Socinus, Faustus, 351
Sócrates, 52, 54, 130
sod ha-elohu (mistério da Divindade), 411
sofrimento, problema do, 89, 239
sol, adoração do, 17, 21, 38, 81, 113, 427
Solomon Zalman, rabino Elijah ben, 419
sono, papel do, 419
Sozomeno, 182
Spencer, Herbert, 450
Spinoza, Baruch, 387-9, 391, 398-9, 417, 426
Steiner, George, 193

Suetônio, Gaio, 129
sufismo, 174, 228, 243, 248, 286-7, 289, 291-2, 297, 312, 326, 422-3, 476, 489, 494, 498; misticismo, 299, 303; ordem de Akbar, 330-1; *tariqas*, 303; Turquia, 448
sufistas, 9, 228, 233, 235, 237-8, 240, 242-4, 262, 291, 293, 303-5, 308, 315, 318-9, 322, 328, 330, 332, 345, 363, 423, 447, 488, 498; atacados, 326; e a mulher, 489; inspiração moderna, 476; místicos, 286-91
Suhrawardi, Yahya, 238, 250, 291-6, 328, 449, 496
Suméria, 17, 19
Summa theologica, 263-4, 321
Suna (sunitas), 208, 233, 241, 325, 327-8, 330, 422, 449, 495, 498; no Irã, 327
Sung, dinastia, 326
Sunnah (prática), 210-1, 498
super-homem, 441, 443, 452
sura da Luz, 244
suras (capítulos do Corão), 186-7, 190
Suso, Heinrich, 318

Talmude, 98, 101, 238-9, 247, 308, 314, 316-7, 334, 337, 339, 341, 415, 419, 464-5, 478, 496, 498
Tamuz, 81
tannaim (eruditos), 98, 105, 126, 271, 496, 498
tannin (crocodilo), 83-4
taoísmo, 44
taqlid (emulação), 325
taqwa (consciência de Deus), 198, 210, 498
Taré (pai de Abraão), 27
targums, 125
tariqas, 303, 328
Tauler, Johannes, 318

Tawhid (Unidade), 218, 289, 498
tawhid-e-ilahi (monoteísmo divino), 331
tawil (restituir), 232-3, 498
técnica, sociedade, 366-8
Teerã, 328, 448
Teglat-Falasar III, rei da Assíria, 59
tehom (caos primordial), 83, 86
Teilhard, Pierre, 474
Teitelbaum, Moses, 417
Tel Aviv, 79-81, 85
tementes a Deus, 95, 109, 126-7
Templo, Jerusalém, 33, 41, 59, 63-6, 74, 81; criticado, 127; destruição pelos romanos, 79, 82, 96-7
Teodoro de Studius, 283
Teodoro, bispo de Mopsuestia, 131
teofania (aparições divinas), 43, 193, 222-3, 255-6, 305, 438, 498
teologia: como poesia, 254; da Cruz, 348; da família, 258; da graça, 258; da libertação, 470
Tertuliano, 136, 145, 167, 358
teurgia (Deus), 170-1
tfillin (filactérios), 101, 498
theoria (contemplação), 54, 57, 94, 139, 141, 155, 160, 171, 258, 283, 498
theosis, 170
Tiago, apóstolo, 108
Tiamat (o mar salgado), 20-3, 86
Tifereth (Rahamin), 309, 312, 497
Tikkun (reintegração), 337-41, 498
Tillich, Paul, 472-3, 479
Tindal, Matthew, 381, 383
tohu bohu (terra sem forma e vazia), 336-7
Toland, John, 381
Tolstói, Leon, 450
Torá, 88, 90, 95, 97, 101-3, 107, 114, 126, 182, 185, 203, 209, 211, 215, 251, 302, 312, 314, 316, 339, 385, 387, 389, 406, 410, 416-8, 421,

458, 471, 478, 486, 498; leitura da, 191; recusa a observar, 127
Toynbee, Arnold, 420
trabalhistas (sionistas socialistas) em Israel, 462
tradicionalistas, 499; *ver também ahl al-haith*
transcendente, realidade, 13
Trembley, Abraham, 426
Trento, Concílio de, 356, 362
três em um *ver* Trindade
Trevor-Roper, Hugh, 350
Trindade: concepção de Abelardo, 260; controvérsia entre o Oriente e o Ocidente, 256; e a igreja ortodoxa russa, 159; e a religião do coração, 394; e a Tríade de Plotino, 142; e Agostinho, 164-5; e as *sefiroth*, 316; e Calvino, 351; e *kenosis*, 336; e Lutero, 348; e Milton, 384; e Newton, 380-1; e o Renascimento, 344; e os capadócios, 152-5, 157-8, 160; e os judeus, 174; e os movimentos apocalípticos, 397; e os muçulmanos, 174; mal compreendida no Ocidente, 174; teologia de Cardazo, 413; um problema no século XIX, 435, 437
trinitarismo, 164, 176, 262, 265, 381; odiado por judeus, 411
Trono de Deus, e os místicos, 271-2, 274, 329, 376
Trono, misticismo do, 270, 272-6, 295, 306, 308, 496
tsimtsum (retirada), 336, 341, 471-2, 499
Tudo, Deus como, 255
Túnis, califado xiita, 229
Turquia, 27, 30, 109, 144, 148, 154, 304, 325, 407-8, 414, 445, 447
tzaddikim (homens santos), 335, 418
tzitzit (franjas do ritual judaico), 101

ubiqüidade da, séculos XVI e XVII, 359
ulemá (clérigo muçulmano), 228, 248, 286, 289, 291, 300, 303, 320, 325, 328, 447-8, 450, 487, 499
Umar ibn al-Khattab, 182, 192, 208
ummah (comunidade tribal), 180, 202, 204-9, 212-3, 286, 328, 423, 453-4, 487
Unicidade, 196, 249, 332, 398, 476
unitarista, religião, 352
Uno, o, 159, 234; e os árabes, 236; e Platão, 130; e Plotino, 141, 278
Upanishads, 46-7, 51, 61, 112, 499
Ur, 19, 25, 27, 79
Urbano II, papa, 253
Urquhart, Colin, 482
Uthman ibn Affan, 208

Valentim, 134
Valla, Lorenzo, 343
valores tribais, árabes, 177-80
Vaughan, William, 361
Vazio, Escola do, 112
Vedanta, 46
Vedas, 45-7, 499
verdade: Eu sou a Verdade, 290
Versículos Satânicos, 194, 196
Vespasiano, imperador, 96
Vicente de Paulo, são, 358
Vida Única, românticos ingleses, 47
Virgem, A, encarnação de Shekinah, 413
Vishnu, 112-3
visões místicas, 271, 273-8, 285, 295, 329; dolorosas, 280; relaxamento para, 281
visões, 277-8, 358
Vital, Hayim, 335, 340-1
Voltaire, François-Marie Arouet, 386, 423-4
vontade de viver (Schopenhauer), 437
Vulgata, Bíblia, 362

wahabismo, 423
Wahdat al-Wujud (Unicidade de Existência), 332
Wahhab, Muhammad ibn al-, 423
wajada (ele encontrou), 243
wajd (aparições de Deus), 243
Wajdi, Farid, 454
wajh al-Lah (face de Deus), 197
Walch, Georg, 382
Walli-Ullah, xá, 422
Wehte, Joseph, 414
Wesley, Charles, 393
Wesley, John, 392-4, 396, 400, 402
Whitefield, George, 402, 405
Whitehead, A. N., 451, 475
Wiesel, Elie, 464
Williams, Daniel Day, 474-5
Wingfield, John, 361
Winstanley, Gerard, 396, 398
Wordsworth, William, 185, 417, 430-2, 434
wujud, 243, 245, 329

xamãs, transe dos, 277
xiismo (partido de Ali), 499
xiitas, 208, 211-4, 217, 228-9, 234, 286, 303, 412, 422, 449-50, 499; do Irã, 328; fundamentalismo, 213; imamitas, 213, 229, 327; misticismo, 330-1; no Irã, 327

yada, 67
Yam (mar), 41
Yam-Nahar (deus), 23
yaqin (certeza), 243
Yathrib, 181, 183, 201
Yazid, califa, 208
Yesod (Fundamento), 310, 312, 314, 338, 497
Yohannan ben Zakkai, rabino, 97-8, 108, 271
Yozrenu (Nosso Criador), 274

zakat (doação de esmolas), 189
Zalman, Elijah ben Solomon, rabino, 419
Zalman, Shneur, rabino, 420
Zamzam (fonte sagrada), 203
zanna (palpite), 189, 451, 499
Zayd ibn Amr, 182
Zeir Anpin (o Impaciente), 338-9
Zeitlin, Hillel, 416
zen, 245, 272
Zeus, 90; Paulo confundido com, 30
zigurate, 19, 22, 30, 499
Zinzendorf, conde Nikolaus Ludwig von, 393-5, 400
ziwwug (cópula), 338
Zohar, 312-5, 334-6, 338-9, 341, 419
Zoroastro e zoroastrismo, 44, 292
Zwinglio, Ulrico, 351-2

KAREN ARMSTRONG nasceu em 1945 e foi durante sete anos freira católica. Após romper seus votos em 1969, formou-se pela Universidade de Oxford e passou a ensinar literatura moderna. Atualmente leciona no Leo Baeck College for the Study of Judaism, e é membro honorário da Associação Muçulmana de Ciências Sociais. É autora, entre outras obras, de *Jerusalém*, *Maomé*, *Em nome de Deus*, *A escada espiral*, *Breve história do mito* e *A grande transformação* — todos publicados pela Companhia das Letras.

1ª edição Companhia das Letras [1994] 4 reimpressões
1ª edição Companhia de Bolso [2008] 3 reimpressões

Esta obra foi composta pela Verba Editorial
em Janson Text e impressa pela Gráfica Bartira em
ofsete sobre papel Pólen Soft da Suzano S.A.

A marca FSC® é a garantia de que a madeira utilizada na fabricação do papel deste livro provém de florestas que foram gerenciadas de maneira ambientalmente correta, socialmente justa e economicamente viável, além de outras fontes de origem controlada.